A

ABC-Staaten

Mit A. werden die Staaten **A**rgentinien, **B**rasilien und **C**hile bezeichnet. In zahlreichen Verträgen vereinbarten die drei südamerikanischen Länder seit Beginn des 20. Jahrhunderts eine enge wirtschaftliche und politische Zusammenarbeit. Dennoch betrieben sie im 2. Weltkrieg eine unterschiedliche Außenpolitik: Brasilien schlug sich frühzeitig auf die Seite der → Alliierten (1942), Argentinien und Chile erklärten dem Deutschen Reich erst 1945 den Krieg.
Nach dem 2. Weltkrieg waren die drei Staaten lange Zeit durch Diktaturen geprägt. Seit der Demokratisierung (Argentinien 1983; Brasilien 1985; Chile 1990) wurde der Handelsaustausch verstärkt.

ABC-Waffen

A. ist die Sammelbezeichnung für → **A**tomwaffen, → **B**iologische Waffen und → **C**hemische Waffen.

Abessinienkrieg ❑

Bereits 1896 hatte der italienische König Humbert I. versucht, das Kaiserreich Äthiopien (Abessinien) zu erobern, jedoch in der Schlacht bei Adua eine Niederlage erlitten. 1935 provozierte Italiens Diktator Benito Mussolini Grenzstreitigkeiten mit dem Ziel, ein neues römisches Imperium zu verwirklichen: Aus den italienischen Kolonien Eritrea und Somaliland fielen am 3.10. Truppen in Abessinien ein. Sieben Monate später floh der abessinische Kaiser Haile Selassie I. ins Exil; Mussolini erklärte die Annexion Abessiniens und vereinigte das Land 1936 mit Eritrea und Somaliland zur Kolonie Italienisch-Ostafrika.
Der Völkerbund beschloß Sanktionen, die nur zögernd angewandt wurden, da Frankreich und Großbritannien Italien als Gegengewicht zum Deutschen Reich benötigten. Im Oktober 1936 schloß Italien ein Geheimabkommen mit Deutschland.
Die offenkundige Machtlosigkeit des Völkerbunds stärkte die Entwicklung des afrikanischen Nationalismus. Nach der Eroberung durch britische Truppen wurde Abessinien 1942 wieder unabhängig.

Haile Selassie I.
(23.7.1892–27.8.1975)

Haile Selassie (= Macht der Dreifaltigkeit) ließ sich 1928 zum äthiopischen König krönen und bestieg zwei Jahre später den Kaiserthron. Nachdem Italien das Land besetzt hatte, floh der Kaiser und kehrte erst 1941 mit britischer Unterstützung nach Äthiopien zurück. In der Folgezeit regierte er mit absoluten Machtbefugnissen. Die dringend notwendige Modernisierung des immer wieder unter Hungersnöten leidenden Landes leistete Haile Selassie nicht. 1974 entmachtete ihn das Militär.

ABM
→ Arbeitsbeschaffungsmaßnahmen

ABM-Vertrag
Die USA und die Sowjetunion schlossen den A. zur Begrenzung der ballistischen Raketenabwehrsysteme (**A**nti **B**allistic **M**issiles) 1972 im Rahmen des sog. SALT-I-Vertrags (→ SALT). Der Vertrag war gemeinsam mit dem ebenfalls in SALT I vereinbarten Baustopp für Abschußvorrichtungen von Interkontinentalraketen die erste Übereinkunft der beiden Supermächte zur Rüstungskontrolle.
Der von US-Präsident Richard Nixon und dem sowjetischen Parteichef Leonid Breschnew in Moskau unterzeichnete A. (Ergänzungsprotokoll 1974) erlaubte beiden Seiten je ein Stationierungsgebiet mit maximal 100 ABM-Abschußrampen. Die ABM sollten eindringende gegnerische Interkontinentalraketen zerstören. 1976 beendeten die USA die Einrichtung eines ABM-Systems und begannen mit der Entwicklung eines weltraumgestützten Raketenabwehrsystems (→ SDI); dieses Vorhaben wurde 1993 aufgegeben.

Abrüstung ❑
Während vor 1945 Vereinbarungen über die Reduzierung von Waffen und Streitkräften zumeist an Friedensverträge gekoppelt war, kam es in den 60er Jahren angesichts des sog. Gleichgewichts des Schreckens zwischen den Militärblöcken in Ost und West zu Verhandlungen über Rüstungskontrolle und -begrenzung. Das erste Abkommen, das den Abbau militärischen Potentials vorsah, war 1987 der → INF-Vertrag.

Vor 1945: Bereits zu Beginn des Jahrhunderts forderte die im → Liberalismus und → Sozialismus wurzelnde pazifistische Bewegung Maßnahmen zur Kriegsächtung und A., die in den → Haager Friedenskonferenzen (1899 und 1907) teilweise umgesetzt wurden. So schränkte die 2. Haager Konferenz (1907) u.a. die Umwandlung von Fracht- in Kriegsschiffe ein. Die Friedensverhandlungen nach dem 1. Weltkrieg verlangten den unterlegenen → Mittelmächten weitgehende Rüstungsbeschränkungen ab (→ Pariser Vorortverträge). Die anschließenden Initiativen des Völkerbunds (A.-Kommission, ab 1925, und A.-Konferenz, ab 1932) blieben ebenso erfolglos wie der Versuch, den Krieg durch den → Briand-Kellogg-Pakt zu ächten (1928).
Ab 50er Jahre: Die von den beiden Militärblöcken → NATO und → Warschauer Pakt betriebene atomare → Aufrüstung nach dem 2. Weltkrieg führte zu internationalen Bemühungen zur A. Nachdem sich die Supermächte USA und UdSSR 1961 auf allgemeine Prinzipien zur A. geeinigt hatten, wurde ein Jahr später die Genfer Abrüstungskonferenz ins Leben gerufen.
Trotz zahlreicher internationaler A.-Abkommen in den 60er und 70er Jahren kam eine wirkliche A. nur durch direkte Gespräche zwischen den Vertretern der USA und der UdSSR zustande. Hauptgrund für die gegenseitige Verhandlungsbereitschaft war die Belastung der Staatshaushalte durch die Entwicklung neuer Raketen- und Abwehrsysteme. Zudem konnten sich beide Blöcke durch die immense Aufrüstung mehrfach gegenseitig vernich-

Vorwort der Herausgeber

Vor dem Schritt in das nächste Jahrtausend will dieses Lexikon der Weltpolitik Bilanz ziehen – eine Bilanz dessen, was sich bis zum Ausklang des 20. Jahrhunderts in der Weltpolitik als bestimmendes Ereignis, dauerhafte Entwicklung oder wichtige Institution erwiesen hat. Zu diesem Zweck wurden die Begriffe, Ereignisse und Theorien einer kritischen Würdigung unterzogen: Sie werden nicht nur aus historischer Sicht beleuchtet, sondern ihre Bedeutung wird auch – vom heutigen Standpunkt aus gesehen – weltpolitisch eingeordnet.
In das vorliegende Lexikon sind jedoch nicht nur Ereignisse und Entwicklungen von globaler Bedeutung eingeflossen, sondern auch solche, die in erster Linie für eine bestimmte Region große politische Wirksamkeit hatten. Im Interesse der Leser ist der Anteil der auf Deutschland bezogenen Artikel am größten; auch läßt sich eine auf Deutschland zentrierte Sicht bzw. Einordnung unter primär deutschen Gesichtspunkten nicht immer vermeiden.

Zum Ende des 20. Jahrhunderts wird deutlich, daß sich Politik weltweit nicht mehr in erster Linie an Theorien und Ideologien orientiert – wie noch vor wenigen Jahrzehnten. Bündnisse und Ereignisse rückten zunehmend in den Mittelpunkt. Entsprechend liegt der Schwerpunkt des Lexikons auf den politischen Ereignissen, deren Entstehung, Verlauf und Folgen dargestellt sind.

Ziel des Lexikons «Weltpolitik im 20. Jahrhundert» ist es, alle wesentlichen Entwicklungen und Ereignisse allgemeinverständlich zu präsentieren. Anstatt komplexe Sachverhalte auf theoretischer Ebene abstrakt abzuhandeln, erschließen die Autoren die Politik unseres Jahrhunderts anhand zahlreicher Beispiele. Innerhalb der Artikel wird auf weiterführende Einträge verwiesen.
Über 160 Zusätze bieten vertiefende Informationen: Bedeutende Personen des politischen Lebens sind Ereignissen und Begriffen zugeordnet, die sie maßgeblich beeinflußt bzw. geprägt haben. Ihre wichtigsten Lebensabschnitte werden kurz skizziert. Zusätzliche Fakten

enthalten auch die tabellarischen Übersichten; die Entwicklungen vor dem Beginn des 20. Jahrhunderts, die für einen Begriff oder ein Ereignis wesentlich sind, werden in den sog. Grundlagentabellen zusammengefaßt.

Das Lexikon «Weltpolitik im 20. Jahrhundert» richtet sich nicht nur an Leserinnen und Leser, die Informationen zu allen wichtigen Bereichen des internationalen politischen Geschehens schnell finden möchten. Es bietet darüber hinaus allen Nutzern, die sich erstmals einen globalen Überblick verschaffen wollen (z. B. Schülern und Studenten), einen leichten Einstieg in die Weltpolitik.

Dortmund, im März 1996 Bernd Jordan / Alexander Lenz

Hinweise für Leserinnen und Leser:
Namen (z. B. von Parteien und Organisationen) fanden zumeist unter ihren gängigen Abkürzungen Aufnahme.
Verweise auf andere Stichwörter wurden nur dann vorgenommen, wenn sie inhaltlich sinnvoll sind (Hinweis auf weiterführende, vertiefende Informationen).
Das Symbol ❑ hinter einem Stichwort verweist auf eine zusätzliche Tabelle zu dem jeweiligen Eintrag.

Die wichtigsten Abrüstungsverträge

1922	**Washingtoner Flottenabkommen**	Frankreich, Großbritannien, Italien, Japan und die USA vereinbaren die Reduzierung ihrer Flotten.
1925	**Genfer Protokoll**	Verbot von Giftgaseinsatz und bakteriologischer Kriegführung.
1935	**Deutsch-Britisches Flottenabkommen**	Verhältnis von deutscher und britischer Flotte wird festgelegt (35:100).
1963	**Atomteststoppabkommen**	Verbot von Kernwaffenversuchen in der Atmosphäre sowie im Weltraum und unter Wasser.
1967	**Weltraumvertrag**	Verbot der Waffenstationierung im All.
1968	**Atomwaffensperrvertrag**	Verbot, Kernwaffen zu verbreiten (Atommächte) bzw. herzustellen oder zu erwerben (Staaten ohne atomare Waffen).
1971	**Meeresbodenvertrag**	Keine Vorrichtung für den Waffenabschuß im Meer.
1972	**Konvention zur biologischen Kriegführung**	Verbot der Entwicklung, Herstellung und Lagerung biologischer Kampfstoffe.
1972	**SALT-I-Verträge**	Das Vertragswerk zwischen den USA und der UdSSR besteht aus dem ABM-Vertrag, der die Errichtung von Raketenabwehrsystemen begrenzt, und einem Interimsabkommen über die Begrenzung taktischer Offensivwaffen.
1977	**Umweltkonvention**	Verbot militärischer Einwirkung auf die Umwelt.
1979	**SALT-II-Verträge**	USA und UdSSR verpflichten sich, ihr strategisches Waffenpotential und die Entwicklung neuer strategischer Offensivwaffen zu begrenzen.
1985	**Vertrag von Rarotonga**	Verbot von Atomwaffentests im Südpazifik.
1987	**INF-Vertrag**	USA und UdSSR vereinbaren vollständige Vernichtung ihrer atomaren Mittelstreckenraketen.
1990	**KSE-Abkommen**	Die Unterzeichnerstaaten verzichten auf einen militärischen Erstschlag.
1991	**START-Abkommen**	Reduzierung konventioneller strategischer Waffen.
1992	**C-Waffen-Abkommen**	Verbot der Entwicklung, Herstellung und Lagerung von chemischen Waffen.

ten (sog. Overkill). Zunächst verhandelten die Großmächte Rüstungsbegrenzungen und -kontrollen, die 1972 im SALT-I-Abkommen (→ SALT) festgeschrieben wurden. Der Folgevertrag SALT II verbot die Entwicklung neuer Offensivwaffen, wurde aber vom US-Senat nach dem Einmarsch sowjetischer Truppen in Afghanistan (→ Afghanistankrieg) nicht ratifiziert.
Ende der 70er Jahre benutzte die NATO die Aufrüstung, um vom Osten Zugeständnisse bei der A. zu erreichen (NATO-Doppelbeschluß). Im Zuge seiner Reformpolitik unterzeichnete der sowjetische Staats- und Parteichef Michail Gorbatschow mit US-Präsident Ronald Reagan 1987 den → INF-Vertrag über die vollständige Vernichtung der atomaren Mittelstreckenraketen.
Nach dem Ende der militärischen Blöcke und dem Wegfall des Ost-West-Gegensatzes konzentrieren sich die A.-Bemühungen seit Beginn der 90er Jahre auf den internationalen Abbau konventioneller Waffen (→ START, 1991). Zudem sollen regionale Konflikte entschärft und es soll verhindert werden, daß außer den Atommächten andere Staaten in den Besitz von Atomwaffen gelangen (z. B. Irak, Nordkorea). Eine wachsende Bedeutung kommt hierbei der → UNO zu, die z. B. Inspektoren in «verdächtige» Länder entsenden kann.

Abschreckung

Von Anfang der 50er bis Ende der 80er Jahre war die A. das militärstrategische Prinzip der → NATO gegenüber den Staaten des → Warschauer Pakts. Durch atomare → Aufrüstung sollte die UdSSR, die bei konventionellen Waffen überlegen war, am militärischen Erstschlag gehindert (ab 50er Jahre) und zur Abrüstung gezwungen werden (ab Ende der 70er Jahre).
Dem Ziel der A. waren die verschiedenen NATO-Konzepte untergeordnet. Während des → Kalten Krieges setzte das Verteidigungsbündnis auf «Massive Vergeltung», die zur Abwehr auch einen sofortigen Atomschlag vorsah. Folge war die atomare Aufrüstung in Ost und West, die zum sog. Gleichgewicht des Schreckens führte. Ab 1968 galt das Konzept der → Flexible Response («Flexible Antwort»), nach dem auf einen Angriff nur mit militärisch gleichen Mitteln geantwortet werden sollte. Auch der sog. NATO-Doppelbeschluß folgte dem Prinzip der A.: Die Androhung der Aufrüstung sollte die Sowjetunion zwingen, Zugeständnisse bei den Abrüstungsverhandlungen zu machen.

Abtreibungsdebatte ❑

Die A. verlagerte sich im Laufe des 20. Jahrhunderts von der Frage nach Strafwürdigkeit auf die Festlegung der Bedingungen für einen Schwangerschaftsabbruch. Neben eher juristischen Überlegungen spielen in der A. ethische und sozialpolitische Aspekte eine Rolle. Dabei stoßen zwei Interessensphären aufeinander: das Selbstbestimmungsrecht der Frau und der Schutz des ungeborenen Lebens, auf den insbesondere die Kirche und militante religiöse Organisationen immer wieder verweisen.
Deutsches Reich: Der 1871–1976 in Deutschland gültige §218 des Straf-

gesetzbuchs bedrohte die «Abtötung der Leibesfrucht» mit Zuchthausstrafen bis zu fünf Jahren. In der Weimarer Republik wurde die Zuchthaus- in eine Gefängnisstrafe abgemildert (1926) und ein Schwangerschaftsabbruch erlaubt, sofern Gesundheitsschäden für die Frau zu erwarten waren (medizinische Indikation, 1927). Das nationalsozialistische Regime definierte Abtreibung als «Angriff auf die Lebenskraft des deutschen Volkes» und drohte bereits bei Beihilfe mit der Todesstrafe.

BRD und DDR: Ab 1949 entwickelten sich in den beiden deutschen Staaten unterschiedliche Regelungen: Während in der DDR die sog. Fristenlösung galt, die eine Abtreibung in den ersten zwölf Schwangerschaftswochen ohne Angabe von Gründen erlaubte, übernahm die BRD zunächst die Regelung des §218 von 1871.

Ende der 60er Jahre startete die → Frauenbewegung die «Aktion 218» mit Protestdemonstrationen und Selbstbezichtigungen («Ich habe abgetrieben»). Ziel war es, den Frauen das alleinige Entscheidungsrecht für eine Abtreibung zu überlassen (Slogan: «Mein Bauch gehört mir»). Im Rahmen der Strafrechtsreform der SPD/FDP-Regierung wurde am 5.6. 1974 eine Fristenregelung verabschiedet (Abtreibung bei vorheriger Beratung in den ersten zwölf Wochen straffrei), 16 Tage später vom Bundesverfassungsgericht jedoch wieder außer Kraft gesetzt. Daraufhin galt die sog. Indikationslösung (Abtreibung unter bestimmten Bedingungen und durch ärztliche Legitimation erlaubt). Nach der deutschen Einheit behielten die neuen Bundesländer die Fristenregelung und die alten Bundesländer das Indikationsmodell bei. Eine vom Bundestag verabschiedete Mischform beider Modelle (Abtreibung in den ersten zwölf Monaten straffrei, wenn die Frau sich beraten läßt und eine dreitägige Bedenkzeit einhält) scheiterte erneut am Bundesverfassungsgericht.

Europa: In anderen europäischen Ländern führte die A. zu unterschiedlichen Lösungen. Die meisten Länder (z. B. Belgien, die Niederlande, Österreich, die Türkei sowie mit Einschränkungen Italien) entschieden sich für die Fristenregelung. Indikationsmodelle wie in Deutschland haben Portugal und Spanien, während Abtreibungen in Irland generell verboten sind.

Abtreibungsmodelle

Fristenlösung
Bei der Fristenlösung sind Abtreibungen bis zu einem festgelegten Zeitpunkt der Schwangerschaft erlaubt (zumeist bis zur zwölften Woche).

Indikationslösung
Die Indikationslösung erlaubt Abtreibungen nur unter bestimmten Voraussetzungen; unterschieden werden vier Formen: **medizinische Indikation** bei Gefahr für Leben und Gesundheit der Schwangeren; **eugenische Indikation** bei Gefahr einer schwerwiegenden, nicht behebbaren Gesundheitsschädigung des Kindes; **ethische Indikation** bei einer durch Vergewaltigung verursachten Schwangerschaft; **soziale Indikation** bei existentieller Notlage der Frau infolge der Schwangerschaft (häufigste Form).

Achsenmächte

Der Begriff A. bezeichnet das Deutsche Reich und Italien (engerer Sinn) bzw. alle mit dem nationalsozialistischen Deutschland vor dem und im 2. Weltkrieg verbündeten Staaten (weiterer Sinn). Die am 25.10.1936 erzielte Übereinkunft zwischen Adolf Hitler und Benito Mussolini – vom italienischen Duce «Achse Berlin–Rom» genannt – veränderte die Bündnisgruppierungen in Europa zugunsten des Deutschen Reichs.

In einem in Berlin unterzeichneten geheimen Kooperationsvertrag erkannte Hitler die Annexion Abessiniens durch Italien an. Gleichzeitig vereinbarte er mit Mussolini, im → Spanischen Bürgerkrieg die Aufständischen unter General Francisco Franco Bahamonde zu unterstützen. Einen Monat später stellte sich Japan durch den Beitritt zum → Antikominternpakt sowie durch eine Neutralitätszusicherung im Kriegsfall mit der Sowjetunion ebenfalls auf die Seite Deutschlands. Die Übereinkünfte mit Italien und Japan mündeten 1940 in den → Dreimächtepakt.

Afghanistankrieg

Seit Mitte der 70er Jahre hatte die Sowjetunion versucht, Einfluß auf das erdöl- und erdgasreiche Afghanistan zu gewinnen. Zwar kamen 1978 die afghanischen Kommunisten um Babrak Karmal durch einen Putsch an die Macht, doch eroberten moslemische Guerillas 23 der 28 Provinzen des Landes. Daraufhin sandte die Regierung einen «Hilferuf» an den sowjetischen Parteichef Leonid Breschnew, der am 26.12.1979 Afghanistan besetzen ließ. Am folgenden neunjährigen A. waren 115000 Soldaten der Roten Armee und auf der Gegenseite ca. 15 Widerstandsgruppen (sog. → Mudschaheddin) beteiligt, die Waffenhilfe von den USA und dem Iran erhielten. Die militärischen Auseinandersetzungen forderten 1–1,5 Mio. Tote.

Durch die sowjetische Intervention verschärfte sich der Ost-West-Konflikt; zudem boykottierten zahlreiche westliche Staaten aus Protest gegen den Einmarsch die Olympischen Spiele 1980 in Moskau. 1988 führte der vom sowjetischen Parteichef Michail Gorbatschow eingeleitete politische Kurswechsel zum Truppenrückzug (1989 abgeschlossen). Seitdem kämpfen rivalisierende Mudschaheddin-Truppen um die Vormacht im Land.

Afrikanischer Nationalkongreß

→ ANC

Agitprop

Im Gegensatz zum Westen, wo jede Form politischer Werbung als → Propaganda bezeichnet wird, trennt der kommunistische Sprachgebrauch zwischen **Agit**ation und **Prop**aganda. Diese Unterscheidung geht zurück auf Wladimir I. Lenin und Georgi W. Plechanow, nach deren Definition die Agitation der Aufklärung der Massen über die tatsächlichen Verhältnisse dient, während die Propaganda die ideologischen Grundsätze und Lehren vermittelt. Mithilfe von A. sollen die Massen ein revolutionäres Bewußtsein entwickeln und zur Teilnahme an der kommunistischen Bewegung veranlaßt werden.

Die Bezeichnung A. wurde nach der → Oktoberrevolution 1917 in erster

Linie für Agitation und Propaganda mit den Mitteln der Kunst verwendet. So entstanden in Rußland sowie im Deutschland der 20er Jahre zahlreiche sog. Agitproptheater.
Ab Anfang der 60er Jahre stand das Begriffspaar «Agitation und Propaganda» in den sozialistischen Staaten vielfach gleichberechtigt neben dem Terminus «ideologische Erziehung».

Agrarpolitik

Bis Ende der 40er Jahre bestimmten – bedingt durch die wirtschaftlichen Krisenperioden der beiden Weltkriege und der Nachkriegszeit – Ernährungsfragen weltweit die A. Seit Anfang der 70er Jahre zielte die A. der westlichen Industrienationen auf Existenzsicherung ihrer Landwirte, was zu Überproduktion führte. Hingegen strebten die → Entwicklungsländer im Rahmen ihrer A. eine ausreichende Versorgung der Bevölkerung mit Nahrungsmitteln an.
Europäische Gemeinschaft: Die → Römischen Verträge zur Gründung der Europäischen Wirtschaftsgemeinschaft (1958) forderten eine gemeinsame A. der Mitgliedsländer. Ab 1964 wurden die Agrarpreise in diesen Mitgliedsstaaten einheitlich festgelegt bzw. angeglichen. Zur Kompensation von Einkommenseinbußen erhielten die Landwirte Ausgleichszahlungen und Subventionen. Der Produktionsanreiz durch garantierte Abnahmepreise und der technische Fortschritt in der Landwirtschaft führten ab Ende der 60er Jahre zu wachsender Überproduktion. Gleichzeitig traten die ökologischen Schäden durch monokulturellen Anbau sowie infolge des Einsatzes von Düngemitteln und Pestiziden deutlich zutage.
Aufgrund der bestehenden Preisgarantien, die über dem Weltmarktniveau lagen, konnte die EG die A. ab Mitte der 80er Jahre kaum noch finanzieren. Mitte 1993 senkte die → EU die garantierten Abnahmemengen und Preise. Darüber hinaus sollten produktionsunabhängige Einkommensbeihilfen zu Flächenstillegungen animieren.
Dritte Welt: Die Kolonialmächte richteten die Landwirtschaft ihrer überseeischen Gebiete häufig auf nur ein Erzeugnis aus. Dadurch sind viele, insbesondere afrikanische Staaten, die ab den 60er Jahren unabhängig wurden, zum einen stark von den Weltmarktpreisen abhängig, zum anderen müssen sie dringend benötigte Nahrungsmittel einführen. Dies ist durch die schlechte finanzielle Situation jedoch oft nur unzureichend möglich und führt zu Versorgungsmängeln und Hunger. Andere Staaten der → Dritten Welt vernachlässigen ihre Landwirtschaft zugunsten der Produktion von Industriegütern für den Export. Internationale Unterstützung bei der notwendigen Umorientierung ihrer A. erhalten die Entwicklungsländer durch die Ernährungs- und Landwirtschaftsorganisation → FAO, die sich insbesondere um eine Verbesserung der Ernährungssituation bemüht und die Entwicklung der Landwirtschaft fördert.
Ein weiteres Problem für viele Dritte-Welt-Länder sind die von den Wirtschaftsbündnissen (z.B. EU) errichteten Zoll- und Handelsschranken, die Nichtmitgliedsstaaten den Marktzutritt verwehren

bzw. ihren Agrarprodukten die Konkurrenzfähigkeit nehmen (wegen hoher Zölle).

Auch Ende 1995 fehlte eine internationale A., die die Ernährung aller Menschen gewährleistet. Weltweit sind zwar genügend Nahrungsmittel vorhanden, doch verhindern wirtschaftliche Gesichtspunkte deren Verteilung: Die verbilligte oder kostenlose Lieferung von Agrarprodukten der Industrieländer in Entwicklungsländer würde deren Konkurrenzfähigkeit bzw. Existenz ihrer Landwirtschaft zerstören.

Agrarsozialismus

Um die Jahrhundertwende forderten die orthodoxen Vertreter des A. eine vollständige Verstaatlichung privaten Landbesitzes, um die sozialen Mißstände zu beseitigen, sowie die Abkehr vom → Kapitalismus. Hingegen wollten die nichtorthodoxen Vertreter einen eingeschränkten Bodenbesitz zulassen und am kapitalistischen Wirtschaftssystem festhalten. Ab Mitte der 20er Jahre rückten die deutschen Sozialdemokraten von ihren Verstaatlichungsforderungen ab und setzten sich für den Schutz privaten Bodenbesitzes ein. Als letzte sozialdemokratische Partei Westeuropas gab die britische → Labour Party ihre agrarsozialistischen Forderungen auf.

Nach 1945 war der A. wesentlicher Bestandteil des sozialistischen Wirtschaftssystems in Osteuropa. In zahlreichen Staaten der → Dritten Welt wurden nach Umstürzen zunächst Bodenreformen eingeleitet, um den Großgrundbesitz zu zerschlagen. Nach dem Niedergang des → Sozialismus spielt der A. seit Beginn der 90er Jahre in wirtschaftspolitischen Überlegungen keine Rolle mehr.

AKP-Staaten

A. ist die Bezeichnung für die Entwicklungsländer **A**frikas, des **K**aribik- und **P**azifikraums, die durch das → Lomé-Abkommen (erstmals 1975 in Lomé, der Hauptstadt Togos, geschlossen) der → EU assoziiert sind. Dadurch erhalten sie Handelsvergünstigungen (freien Zugang auf den EU-Markt; Ausnahme: Agrarprodukte), Kredite und Zuschüsse ohne Rückzahlung. Im Anschluß an die Unterzeichnung der Übereinkunft konstituierten sich die AKP-Staaten in Georgetown (Guayana) als Organisation, der bis Ende 1995 insgesamt 69 Staaten beitraten.

Aktives Wahlrecht

Das A. bezeichnet das Recht zu wählen. Voraussetzung für das A. ist die jeweilige Staatsbürgerschaft sowie die Volljährigkeit (BRD: 18 Jahre). Als erstes deutsches Bundesland senkte Niedersachsen 1995 das A. bei Kommunalwahlen auf 16 Jahre.

1992 legten die → Maastrichter Verträge fest, daß jeder Bürger der → EU bei Kommunalwahlen das aktive und → passive Wahlrecht in dem EU-Staat ausüben darf, in dem er wohnt, ohne dessen Staatsbürgerschaft besitzen zu müssen (→ Wahlen).

Al Alamein ❑

Der am Mittelmeer gelegene nordägyptische Ort markierte am 3.7.1942 den Endpunkt des Vormarsches deutscher Panzerverbände in Afrika. Im April 1941 war es dem deutschen Afrikakorps unter Generalfeldmarschall Erwin Rommel gelungen, bis an die ägyptische Grenze vorzustoßen. 14 Monate später nahm es die strategisch wichtige Stadt Tobruk ein und drang Richtung Alexandria vor. Nachdem der deutsche Vormarsch aufgrund von Versorgungsproblemen zum Erliegen gekommen war, leitete die britische 8. Armee unter Oberbefehlshaber Bernard Law Montgomery am 23. 10. 1942 eine Gegenoffensive ein. Die deutsche Panzerarmee wurde zum Rückzug und schließlich am 13. 5. 1943 zur Kapitulation gezwungen. Damit hatten die deutschen Truppen nach der Schlacht von → Stalingrad an einer zweiten Stelle eine kriegsentscheidende Niederlage erlitten.

Die Gegner von Al Alamein

Erwin Rommel (15. 11. 1891 – 14. 10. 1944)
Mit geschickten Manövern und frontnaher Truppenführung errang der «Wüstenfuchs» zunächst große Erfolge in Afrika. 1943 wurde er Oberbefehlshaber an der Kanalküste. Als er 1944 nach der Landung der Alliierten in der Normandie Adolf Hitler zu Verhandlungen mit den Westmächten aufforderte, wurde er zum Selbstmord gezwungen.

Bernard Law Montgomery (17. 11. 1887 – 24. 3. 1976)
Nach dem Erfolg in Al Alamein führte der Feldmarschall die britischen Truppen bei den alliierten Landungen in Italien (1943) und in der Normandie (1944). 1945/46 war er Vertreter Großbritanniens im → Alliierten Kontrollrat, 1951 – 58 stellvertretender Oberbefehlshaber der NATO-Streitkräfte.

Aldo-Moro-Affäre

Im März 1978 entführten die → Roten Brigaden Aldo Moro, den ehemaligen italienischen Ministerpräsidenten (1963–68, 1974–76) und führenden Politiker der konservativen → Democrazia Cristiana (DC). Im Austausch für Moro verlangten die Terroristen die Freilassung des Gründers der Roten Brigaden, Renato Curcio, sowie weiterer Gesinnungsgenossen. Nachdem die italienische Regierung unter Ministerpräsident Giulio Andreotti (DC) ein Entgegenkommen abgelehnt hatte, brachten die Roten Brigaden ihre Geisel um. Bis in die 90er Jahre wurden in Italien die Hintergründe der Entführung und die starre Haltung der Regierung diskutiert: Moro hatte den sog. historischen Kompromiß betrieben, der eine Regierungsbeteiligung der Kommunisten vorsah, und so heftige Flügelkämpfe innerhalb der DC ausgelöst. Andreotti gehörte zu den Gegnern dieser Linksöffnung.

Al Fatah

Die von Yassir Arafat gegründete A. ist die größte palästinensische Befreiungsorganisation. 1965 nahm die eher gemäßigte A. vom Libanon aus den bewaffneten Kampf gegen Israel auf. Blutige Anschläge der Palästinenser sowie massive Vergeltungsaktionen Israels gegen die arabischen Nachbarn bildeten die Voraussetzungen für den → Sechstagekrieg (1967). 1969 trat die von den arabischen Golfstaaten unterstützte A. der → PLO, der Dachorganisation der palästinensischen Befreiungsbewegungen, bei und ist dort seitdem die beherrschende Kraft.

Wie ihr Führer Arafat setzte sich die A. ab Beginn der 90er Jahre für einen Frieden mit Israel ein. Zu den Hauptgegnern der A. im palästinensischen Lager gehören die Volksfront zur Befreiung Palästinas (Führer: George Habasch), die radikalen Fatah-Gruppen von Abu Mussa und Abu Nidal sowie die islamisch-fundamentalistische Hamas unter Scheich Ahmad Jasin.

Algeciras-Konferenz

Die Konferenz (16.1.–7.4.1906) in der spanischen Hafenstadt beendete die 1. → Marokkokrise, nachdem 1905 die Interessen der europäischen Kolonialmächte in Marokko die Welt an den Rand eines Krieges geführt hatten: Deutschland hatte die Vereinnahmung des Landes durch Frankreich verhindern wollen.

In dem am 7.4.1906 von den zwölf Teilnehmerstaaten (Belgien, Deutschland, Frankreich, Großbritannien, Italien, Niederlande, Österreich-Ungarn, Portugal, Rußland, Schweden, Spanien, USA) unterzeichneten Abschlußdokument (Algeciras-Akte) wurden die Souveränität des afrikanischen Staates anerkannt und internationale Handelsfreiheit garantiert. Damit war zwar nach außen hin die deutsche Forderung erfüllt worden, doch hatten die Verhandlungen gezeigt, daß das Deutsche Reich aufgrund seines Weltmachtstrebens politisch isoliert war.

Algerienkrieg ❑

Der Befreiungskrieg Algeriens gegen die Kolonialmacht Frankreich (1954–62) führte zum Sturz der IV. Republik in Frankreich (1958) und zur Unabhängigkeit Algeriens.

Nach blutigen nationalistischen Demonstrationen gegen die Kolonialmacht Frankreich, die seit 1830 über Algerien herrschte, töteten französische Truppen 1945 bei der sich anschließenden Strafaktion 6000–8000 Algerier. In den folgenden Jahren erlebte die radikale algerische Nationalistenbewegung starken Zulauf, der im November 1951 zur Gründung der Unabhängigkeitsbewegung → FLN (**F**ront de **L**ibération **N**ationale) unter Achmed Ben Bella und Belkassem Krim führte. Bombenanschläge des militärischen Arms der FLN, der ALN, eröffneten im November 1954 den A. Frankreich entsandte fast eine halbe Million Soldaten nach Algerien, die den Guerillatruppen durch Folter und durch Zwangsumsiedlungen der Bevölkerung die Unterstützung entziehen sollten.

Der Versuch des französischen Ministerpräsidenten Félix Gaillard, 1958 mit dem Algerienstatut (Algerien bleibt französisch, der Bevölkerung wird aber Eigenständigkeit garantiert), den A. zu beenden, scheiterte. Teile des in Algerien stationierten Militärs putschten, die IV. Republik in Frankreich wurde aufgelöst. Der neue Präsident, General Charles de Gaulle, forcierte den Militäreinsatz. Erst als Frankreichs Wirtschaft zunehmend unter den hohen Kriegskosten litt, nahm de Gaulle 1961 Verhandlungen mit der algerischen Exilregierung unter Ferhat Abbas auf. Trotz eines Putschversuchs der von französischen Algeriensoldaten dominierten Geheimorganisation OAS (**O**rganisation **A**rmée **S**ecrète) am 22.4.1961, die eine Lösung des Landes von Frankreich verhindern wollte, erhielt Algerien am 18.3.1962 im

Vertrag von Evian die Unabhängigkeit (ab 3.7.1962). Damit hatte sich erstmals ein afrikanisches Land mit Waffengewalt die Unabhängigkeit erkämpft.

Achmed Ben Bella
(* 25.12.1919)
Der algerische Befreiungsheld löste im November 1954 den Aufstand gegen die Franzosen aus. 1957 wurde er verhaftet, blieb aber Symbolfigur des Widerstands gegen die Kolonialmacht. Nach der Unabhängigkeit Algeriens wurde Ben Bella Ministerpräsient (1962) und Staatspräsident (1963–65).

Alliierte

Der Begriff A. bezeichnet die Gegner der Mittelmächte Deutschland und Österreich-Ungarn im 1. Weltkrieg sowie die Kontrahenten der Achsenmächte Deutschland, Italien, Japan und deren Verbündeter im 2. Weltkrieg. Nach Kriegsende wurde zwischen den West.-A. (Frankreich, Großbritannien, USA) sowie der UdSSR unterschieden.

1. Weltkrieg: Die Kriegskoalition der A. setzte sich zunächst aus Frankreich, Großbritannien und Rußland (sog. Tripelentente) zusammen, der sich u.a. Japan (1914) und Italien (1915) anschlossen. Weitere Staaten wie die USA (1917) traten der Kriegskoalition als sog. assoziierte Mächte bei. In zahlreichen Abmachungen einigten sich die A. und die assozierten Mächte zwar über territoriale Gebietsansprüche, eine Koordination der Kriegshandlungen unterblieb jedoch weitgehend.

Die Nachkriegsordnung sowie ihre Politik gegenüber dem Deutschen Reich legten die A. 1919 im → Versailler Vertrag fest. Das Abkommen, dem Deutschland zustimmen mußte, setzte die neuen deutschen Grenzen fest, schuf die Basis für die Zahlung von → Reparationen und für die Besatzungspolitik der A.: Sie besetzten das linke deutsche Rheinufer mit den Brückenköpfen Kehl, Koblenz, Köln und Mainz. Das Saarland kam 1920 unter die Verwaltung des Völkerbunds, die Kohlegruben gingen an Frankreich.

2. Weltkrieg: Die Kriegskoalition der A. gegen Nazi-Deutschland formierte sich ab 1940. Grundlage der A.-Politik war die → Atlantikcharta, deren Grundsätze 26 Staaten in der Erklärung der Vereinten Nationen Anfang 1942 anerkannten. 19 weitere Staaten schlossen sich bis Kriegsende an.

Nach 1945 – Deutschland: Die Rechte der A. in Deutschland legte das → Potsdamer Abkommen (2.8.1945) fest. Ziel der West-A. war die Demokratisierung und Westintegration ihrer Besatzungszonen bzw. der späteren BRD. Die Sowjetunion versuchte, den Aufbau des → Sozialismus in der DDR zu verwirklichen. Aus diesen unterschiedlichen Interessen entstand ab den 50er Jahren ein Konflikt zwischen den einstmals Verbündeten, der im → Kalten Krieg und dem Streit um Berlin gipfelte.

Der Einfluß der A. in der BRD nahm seit den 50er Jahren kontinuierlich ab: Am 26.5.1952 erhielt die Bundesrepublik durch den → Deutschlandvertrag mit den westlichen A. die Rechte eines teilweise souveränen Staates zugesichert. Die A. behielten die Kontrollaufsicht über

Berlin sowie für Deutschland als Ganzes, was auch eine Wiedervereinigung und einen späteren Friedensvertrag einschloß. Drei Jahre später trat das Abkommen nach Unterzeichnung der → Pariser Verträge (5.5.1955) in Kraft; das Besatzungsstatut wurde aufgehoben und der Beitritt der BRD zur → NATO (9.5.1955) vorbereitet. In einer Zusatznote zum → Grundlagenvertrag (Dezember 1972) erkannte die BRD die Rechte der A. erneut an. Die DDR erhielt ihre eingeschränkte Souveränität durch einen Vertrag mit der UdSSR (20.9.1955).
Mit dem sog. → Zwei-plus-Vier-Vertrag (12.9.1990), der die deutsche Vereinigung besiegelte, erhielt die BRD die volle staatliche Souveränität zurück; vier Jahre später zogen die letzten Militärverbände der A. ab. Internationale Truppen sind seitdem nur noch im Rahmen der NATO im vereinigten Deutschland stationiert.
Nach 1945 – Österreich: Nachdem die A. bereits 1943 beschlossen hatten, Österreich als eigenständigen Staat wiederherzustellen, vereinbarten sie im Februar 1945 die Aufteilung des Landes in vier Besatzungszonen. Im Österreichischen Staatsvertrag von 1955 erhielt das Land seine völlige Unabhängigkeit zurück und verpflichtete sich freiwillig zur immerwährenden Neutralität.

Alliierter Kontrollrat

Der A. wurde am 5.6.1945 (sog. Berliner Deklaration) als oberstes Entscheidungsgremium der Siegermächte im besetzten Deutschland mit Sitz in Berlin gegründet. Die jeweiligen Oberbefehlshaber der alliierten Truppen Frankreichs, Großbritanniens, der USA und der UdSSR bestimmten die deutsche Politik, wobei Entscheidungen, die für alle vier Besatzungszonen gültig sein sollten, einstimmig getroffen werden mußten. Nachdem die Westmächte die Gründung eines eigenständigen westdeutschen Staats propagiert hatten, zog sich die UdSSR am 20.3.1948 unter Protest aus dem A. zurück, der damit faktisch aufhörte zu existieren.

Alternative Bewegung

Der Begriff faßt die Organisationen zusammen, die sich für eine neue Kultur- und Werteordnung einsetzen und sich als Gegenbewegung zu etablierten Institutionen (z.B. Parteien und Verbänden) verstehen. Im ersten Viertel des 20. Jahrhunderts entstand die sog. Jugendbewegung, die aus der Wandervogel-Bewegung (um 1895 von Hermann Hoffmann begründet) hervorgegangen war. Der Wandervogel wollte die Großstadtzivilisation überwinden und einen jugendspezifischen Lebensstil entwickeln.
Als Reaktion auf die wachsende Opposition vorwiegend Jugendlicher gegen die moderne Wohlstands- und Leistungsgesellschaft bildeten sich in den 60er Jahren sog. Alternativkulturen. Vorreiter waren die Hippies («Flower Power») in den USA. Die → Studentenbewegung in Europa, die sich Mitte der 60er Jahre von Frankreich ausgehend formierte, revolutionierte zum einen etablierte Lebensformen (z.B. Zusammenleben in Kommunen bzw. Wohngemeinschaften, keine traditionelle Rollenverteilung zwischen Mann

und Frau) und erhob zum anderen politische Forderungen nach gesellschaftlich-demokratischen Reformen. In der Folge entstand eine breite A. (Umweltschutz-, Friedens- und Antiatomkraftbewegung), aus der sich Ansätze für eine alternative Politik entwickelten. So bündelte in der BRD die aus einer Bürgerinitiative für Umweltschutz hervorgegangene Partei der → Grünen feministische, radikaldemokratische, pazifistische und ökologische Interessen.
In den 80er Jahren nahm die Akzeptanz der A. in den westeuropäischen Gesellschaften zu: Bürger- und Wählergemeinschaften sowie alternative Umweltschutz- und Verkehrsverbände waren nicht länger reine Interessenvertretungen kleiner Protestgruppen. Darüber hinaus rückten andere Themen (z. B. → Dritte Welt, → Asyl) in den Blickpunkt alternativer politischer Organisationen. Bis Mitte der 90er Jahre sorgten A. für die Sensibilisierung der Gesellschaft in westlichen Industrienationen in Fragen des → Umweltschutzes, der → Abrüstung, der → Emanzipation sowie der Rechte von → Minderheiten.

Alternative Energien

A. bezeichnen die wiederverwertbaren bzw. unerschöpflichen Energieträger wie Biomasse (Müll), Erdwärme, Sonne, Wasser und Wind, deren Umwandlung in Sekundärenergie (z. B. Elektrizität) im allgemeinen zu nur geringen Umweltbelastungen führt. Bereits in der ersten Hälfte des 20. Jahrhunderts wurden Wasserkraftwerke und Müllverbrennungsanlagen (Lieferant von Wärmeenergie) betrieben. In Italien förderte die faschistische Regierung in den 30er Jahren Projekte zur Nutzung von Erdwärme (in Lardarello und der südlichen Toskana).
Verstärkte Forschungen im Bereich der A. setzten erst in den 70er Jahren ein. Vorreiter sind die USA (Bereich Solarenergie) sowie die skandinavischen Länder und Großbritannien, die aufgrund ihrer günstigen Meereslage einen Teil ihres Stroms durch Windkraftanlagen produzieren. In der BRD wird Windenergie seit Mitte der 80er Jahre vor allem an der Nord- und Ostsee erforscht, das erste Solarkraftwerk liefert seit 1983 auf der Insel Pellworm Strom. Im Gegensatz zu Energie aus (nicht erneuerbaren) Rohstoffen wie Erdgas, Erdöl, Kohle sind die Kosten für A. hoch, da Grundlagenforschung teuer ist und die Massenproduktion von Geräten zur Energiegewinnung nur zögerlich angegangen wird. Mitte der 90er Jahre entfielen erst rund 2 % der weltweit benötigten Energiemenge auf die umweltfreundlicheren A. Politisch wird die Forderung nach A. insbesondere von ökologisch orientierten Parteien (z. B. Die → Grünen) erhoben.

Alternativer Nobelpreis ❑

Der A. ist ein von dem deutsch-schwedischen Journalisten Jakob von Uexküll (* 1944) angeregter und durch seine Londoner Right Livelihood Foundation (Stiftung für verantwortungsbewußte Lebensführung) seit 1980 jährlich vergebener Preis (Right Livelihood Award). Die mit rund 400000 DM dotierte Auszeichnung wird an Personen verliehen, die Herausragendes bei der Lösung wichtiger Probleme der Menschheit geleistet haben. Dar-

über hinaus wird seit 1982 ein undotierter Ehrenpreis vergeben.
Uexküll wollte durch den A. die Fixierung der traditionellen Nobelpreise auf die Bereiche Chemie, Frieden, Medizin/Physiologie, Literatur und Physik (alle seit 1901) sowie Wirtschaft (seit 1969) aufbrechen.

Altonaer Blutsonntag
Mit A. wird die Straßenschlacht am 17.7.1932 in Altona bei Hamburg zwischen Anhängern der → KPD und der → NSDAP bezeichnet. Er stellte den Höhepunkt der gewalttätigen Auseinandersetzungen zwischen Rechten und Linken im Vorfeld der Reichstagswahlen dar. Ausgangspunkt war eine NSDAP-Kundgebung in der zu Preußen gehörenden, kommunistisch geprägten Stadt Altona. Bei den folgenden Kämpfen, in die auch die Polizei eingriff, starben 18 Personen, 68 Menschen wurden verletzt. Als Konsequenz verbot die Reichsregierung alle öffentlichen Versammlungen. Der ultrakonservative Reichskanzler Franz von Papen nutzte den A. für einen Schlag gegen die Sozialdemokratie und setzte die preußische Landesregierung von Otto Braun (SPD) per → Notverordnung ab, da sich die Sozialdemokraten der «kommunistischen Gefahr» nicht ausreichend entgegengestellt hätten.

Amalmiliz
Die Mitte der 70er Jahre gegründete schiitische A. zählte in den 80er Jahren zu den Bürgerkriegsgruppen im → Libanon-Konflikt und strebte stär-

Träger des Alternativen Nobelpreises

1980	**Hassan Fathy (Ägypten)** Entwicklung einer «Architektur für Arme». **Plenty International/Steven Gaskin (Guatemala, Lesotho, USA)** Einsatz für Hilfsbedürftige in aller Welt.
1981	**Mike Cooley (Großbritannien)** Umgestaltung von Rüstungsproduktion auf humanitäre (sozialverantwortliche) Produktion (Konversion). **Bill Mollison/Permakultur-Institut (Australien)** Theorie und Anwendung der Permakultur (dauerhafte, selbstregenerierende, ökologiebewußte Systeme). **Patrick van Rensburg/Education with Production (South Africa/Botswana)** Praktische Erziehung für Arme der Dritten Welt.
1982	**Anwar Fazal/Consumer Interpol (Malaysia)** Einsatz für Verbraucherrechte und -selbstschutz. **Petra Kelly (BRD)** Gründungsmitglied der deutschen Grünen; Einsatz für eine gerechte und friedliche Welt. **Participatory Institute for Development Alternatives (Sri Lanka)** Für selbstbewußte Entwicklung der Dritten Welt. **George Trevelyan/Wrekin Trust (Großbritannien)** Vermittlung eines nicht-materiellen Menschenbildes in der Erwachsenenerziehung.
1983	**Amory und Hunter Lovins (USA)** Forschung zur Unwirtschaftlichkeit von Kernenergie. **Manfred Max-Neef/CEPAUR (Chile)** Wiederbelebung kleinerer Kulturgemeinschaften. **Volk der Palauinseln** Einsatz für atomwaffenfreie Zone.
1984	**Ela Bhatt (Indien)** Gründung einer Frauengewerkschaft. **Windefreda**

Geonzon (Philippinen) Aufbau einer Hilfsorganisation für Gefangene. Wangari Maathai (Kenia) Gründerin der sog. Grüngürtel-Wiederaufforstungs-Bewegung.

1985 **Duna Kör (Ungarn)** Umweltschutz-Organisation gegen Donau-Kanalisierung. **Lokayan (Indien)** Selbsthilfegruppe, die sich für Menschenrechte, Frauen und Umwelt engagiert. **Pat Mooney / Cary Fowler (USA)** Einsatz für bedrohte Flora in der Dritten Welt.

1986 **Ladakh Ecological Development Group (Indien)** Forschungsprojekt zur Solarenergie. **Evaristo Nugkuag (Peru)** Einsatz für Rechte der Amazonas-Indianer. **Alice Stewart / Rosalie Bertell (Großbritannien / Kanada)** Arbeiten zu den Gefahren schwach radioaktiver Strahlung.

1987 **Hans-Peter Dürr (BRD)** SDI-Kritik und Ideen zum friedlichen Technologie-Einsatz. **Chipko-Bewegung (Italien)** Schutz der Himalaya-Wälder. **Francis Moore-Lappé (USA)** Analyse der politischen und wirtschaftlichen Gründe des Hungers. **Mordechai Vanunu (Israel)** Veröffentlichung eines geheimen israelischen Atomprogramms (18 Jahre Haft wegen Landesverrats).

1988 **José Lutzenberger (Brasilien)** Einsatz für Umweltschutz in Südamerika. **Organisation Sahabat Alam (Freunde der Erde; Malaysia)** Einsatz für malaiische Tropenwälder. **John Turner (Großbritannien)** Alternativen beim Wohnungsbau der Dritten Welt.

1989 **Aklilu Lemma / Legesse Wolde-Yohannes (Äthiopien)** Neue Therapie gegen die in Afrika verbreitete Leberkrankheit Bilharziose. **Survival International (Großbritannien)** Weltweiter Einsatz zur Erhaltung der Kultur von Ureinwohnern. **Melaku Worede (Äthiopien)** Bau von Getreidesilos zum Schutz von Saatgut.

1990 **(Land-)Arbeiter von Carare (Kolumbien)** Friedensvermittlung zwischen Militär, Regierung und Rebellen. **Felicia Langer (Israel)** Einsatz für Menschenrechte der Palästinenser. **Bernard Lédéa Ouedraogo (Burkina Faso)** Verbindung traditioneller afrikanischer Lebensweise mit moderner Wirtschaft (NAAM-Bewegung).

1991 **Bengt und Marie-Thérèse Danielsson (Polynesien)** Kampf gegen Atomwaffentests im Pazifik. **Landkommission der Erde** Einsatz für Umverteilung des Bodens in Brasilien. **Narmadatal-Bewegung (Indien)** Einsatz gegen weltweit größtes Staudammprojekt. **Volk des Rongelap-Atolls (Marshall-Inseln)** Kampf gegen Atomwaffenversuche im Pazifik.

1992 **John Gofman (USA) / Alla Jaroschinskaja (Ukraine)** Veröffentlichung zum GAU in Tschernobyl 1986. **Helen Mack (Guatemala)** Einsatz für Menschenrechte. **Gesundheitszentrum Bangladesch** Medizinische Volksbetreuung.

1993 **Carrie und Mary Danne (USA)** Indianerinnen im Kampf um Landrechte. **Sithembiso Nyoni (Zimbabwe)** Bildung von afrikanischen Landwirtschaftskooperativen. **Vandana Shiva (Indien)** Thematisierung von Frauen- und Ökologiefragen.

1994 **Ken Saro-Wiwa / MOSOP (Kenia)** Einsatz für Menschenrechte und gegen die Ausbeutung des Ogoni-Volkes. **SERVOL (Service Volunteered for All /**

Trinidad) Hilfe für Arme. **Hannumappa Sudarshan / VGKK (Indien)** Einsatz für das bedrohte Solinga-Volk.

1995 **Bosnisch-serbischer Bürgerrat** Einsatz für friedliches, multi-ethnisches Bosnien-Herzegowina. **Andras Biro (Ungarn)** Engagement für Minderheiten in Ungarn. **Sulak Sivaraksa (Thailand)** Arbeit für Gewaltlosigkeit, soziale Gerechtigkeit und Selbstbestimmung in Thailand. **Carmel Budiardjo (Indonesien)** Führung der Menschenrechtsorganisation TAPOL.

Träger des Alternativen Ehrennobelpreises

1982 **Erik Dammann (Norwegen)** Einsatz für Umwelt und Dritte Welt.

1983 **Leopold Kohr (Österreich)** «Human Scale»-Bewegung: Propagierung kleiner Lebensgemeinschaften.

1984 **Iman Khalifeh (Libanon)** Organisatorin der Beiruter Friedensbewegung.

1985 **Theo van Boven (Niederlande)** Würdigung seines internationalen Einsatzes für Menschenrechte.

1986 **Robert Jungk (Österreich)** Einsatz für Frieden und Ökologie.

1987 **Johan Galtung (Norwegen)** Interdisziplinäre Friedensforschung.

1988 **Inge Kemp Genefke (Dänemark)** Unterstützung von Folteropfern.

1989 **Seikatsu Club Consumers' Cooperative (Japan)** Alternative Wirtschaft durch Kooperation und Ökologie.

1990 **Alice Tepper Marlin (USA)** Mobilisierung von Verbrauchern für gerechte Wirtschaftsprinzipien.

1991 **Edward Goldsmith (Großbritannien)** Pioniertätigkeit im Bereich ökologischer Bewußtseinsbildung.

1992 **Finnish Village Action Movement (Finnland)** Wege zur Erneuerung ländlicher Gebiete und zur Dezentralisierung.

1993 **Arna Mer-Khamis (Israel)** Bau von Palästinenserschulen in von Israel besetzten Gebieten.

1994 **Astrid Lindgren (Schweden)** Friedensstiftendes Lebenswerk.

1995 **Nicht vergeben**

kere Rechte für die Schiiten in einer neugeordneten libanesischen Gesellschaft an. Seit Ende des Bürgerkriegs (1990) ist die A. nahezu bedeutungslos.

amnesty international
Die weltweite Organisation (Abkürzung: ai) tritt für die Freilassung politischer Häftlinge sowie die Durchsetzung der Menschenrechte ein und finanziert sich ausschließlich über Spenden. 1961 in London (Hauptsitz) gegründet (erster Präsident Sean MacBride), bestand ai Mitte der 90er Jahre aus über 6000 lokalen Kleingruppen, deren ehrenamtliche Mitglieder je einen Gefangenen in Ost, West und der Dritten Welt betreuen. Nach einer ersten internationalen Kampagne gegen Folter (1972) klagte ai in der Folge-

zeit Regimes an, die Gegner verschleppten und umbrachten, bezog gegen Rüstung und Todesstrafe Position und avancierte zum einflußreichen, unabhängigen Sprachrohr aller politisch Verfolgten. 1974 erhielt ai den Friedensnobelpreis. Die Organisation veröffentlicht jährlich den «Bericht zur Lage der Menschenrechte».

Ampelkoalition
Mit A. wird eine Regierungskoalition von SPD, FDP und Bündnis 90/Grünen in Anlehnung an die den Parteien zugeordneten Farben Rot – Gelb – Grün bezeichnet. Eine A. auf Landesebene kam in der BRD erstmals 1990 in Brandenburg zustande, gefolgt von Bremen (1991).

Anarchismus ❑
Als Theorie und gesellschaftliche Utopie aus dem 19. Jahrhundert propagiert der A. den Verzicht auf Herrschaft und Macht von Menschen über Menschen. Ziel des A. sind Freiheit, Gerechtigkeit, Gleichheit und Humanismus ohne gesetzliche Regelungen. In der Hauptsache wird zwischen individualistischem, sozialem, kollektivem und kommunistischem A. unterschieden.
Zu Beginn des 20. Jahrhunderts versuchten Anarchisten in zahlreichen Ländern die staatliche Ordnung zu erschüttern. So fielen u. a. der italienische König Humbert I. (1900), der amerikanische Präsident William McKinley (1901) und der russische Ministerpräsident Pjotr A. Stolypin (1911) anarchistischen Attentaten zum Opfer. In den romanischen Ländern erlangte die sozialrevolutionäre → Arbeiterbewegung des Anarchosyndikalismus erheblichen politischen Einfluß und ließ u. a. in Frankreich und Italien mächtige → Gewerkschaften entstehen. In Spanien förderten die Anarchisten mit teils gewalttätigen Aktionen die Auflösung des Staates. Nach Ausbruch des → Spanischen Bürgerkriegs (1936) sorgten die Anarchosyndikalisten gemeinsam mit den Linkssozialisten für politische Umwälzungen im republikanischen Herrschaftsbereich, beispielsweise kollektivierten sie die Wirtschaft und errichteten räteähnliche Macht- und Verwaltungsorgane. Infolge des Zusammenbruches der Republik (1939) erreichten sie ihr Ziel, eine sozialistische Wirtschafts- und Gesellschaftsordnung, allerdings nicht.
A.-Utopien fanden im linkspolitischen Spektrum bis in die späten 60er Jahre des 20. Jahrhunderts Befürworter: Ansätze des sog. Neuen A. (Herbert Marcuse) wurden im Rahmen der → Studentenbewegung diskutiert und flossen in antiautoritäre Erziehungsansätze der 70er Jahre ein. Bis zum Ende des 20. Jahrhunderts wurden die Ideen des A. noch in keiner Gesellschaft vollständig verwirklicht.

ANC ❑
Der afrikanische Nationalkongreß (**A**frican **N**ational **C**ongress) wurde 1912 in Südafrika als Partei der Bantu von Intellektuellen gegründet, die damit gegen die Verweigerung des Wahlrechts für die schwarze Bevölkerungsmehrheit protestieren wollten. In den 50er Jahren organisierte der ANC unter seinem Generalsekretär Nelson Mandela mehrere Kampagnen zivilen Ungehorsams gegen die herrschenden Buren. 1959

Grundlagen des Anarchismus

Individualistischer Anarchismus

William Godwin (England, 1756–1836): Godwin legte erste anarchistische Ideen dar. Im Mittelpunkt steht der von Geburt an freie, nicht vorbestimmte Mensch, dessen Freiheit von Staat und Ehe bedroht wird. Eigentum dient allein der Existenzsicherung, ungerechte Besitzverhältnisse führen zu Krieg und Verbrechen. Der Sinn des Staates liegt in der Sicherung ungerechter Eigentumsverhältnisse; eine Staatsmacht ist daher überflüssig, wenn die Besitzverhältnisse umfassend geändert werden. Die einzige erlaubte «Macht» zwischen Menschen ist die des besseren Arguments.

Johann Kasper Schmidt (alias Max Stirner; Deutschland, 1806–1856): Das Individuum soll sich gegen alle ihn einengenden Bereiche (z. B. Gott, Gesetz, Moral, Recht) durchsetzen, um eigene Verhaltensideale entwickeln zu können. Im Mittelpunkt aller Entscheidungen soll der Egoismus des einzelnen (Genuß) stehen. So ist z. B. auch Mord erlaubt, wenn der einzelne ihn für richtig hält. Das freiwillige Zusammenleben der Egoisten wird durch einen «Verein» geregelt. Endpunkt der Entwicklung ist ein völliger Nihilismus, da nichts außer dem eigenen Leben zählt. Ein kollektives Bewußtsein kann sich nicht entwickeln.

Sozialer Anarchismus

Pierre-Joseph Proudhon (Frankreich, 1809–1865): Proudhon wurde bekannt durch sein Schlagwort: «Eigentum ist Diebstahl». Das Eigentum wird als Quelle allen Übels angesehen und soll daher auf ein unerläßliches Minimum reduziert werden. So kann jeder zum Kleinproduzenten auf einer gemeinsamen Tauschbörse werden. Kapitalisten und Proletarier werden zur gleichartigen gesellschaftlichen Mittelschicht. Im Zentrum seiner Überlegungen steht die Gegenseitigkeit (Mutualismus): gegenseitige Hilfe statt Staatsgewalt, frei bestimmbare Verträge statt starrer Gesetze, absolute Freiheit statt Sklaverei durch Regierungen – auch der demokratisch legitimierten.

Kollektiver Anarchismus

Michail A. Bakunin (Rußland; 1814–1876): Bakunin trat für eine revolutionäre Veränderung der kapitalistischen Gesellschaft ein, ohne eine geschlossene Theorie vorzulegen. Im Gegensatz zu sozialistischen Ideen von Karl Marx lehnte er die Führung einer Partei (Avantgarde) bei der Revolution ab, da sie nur eine neue Herrschaftsform über das Volk darstellt. Für die Befreiung der Proletarier sind Gewalt und Terror legitime Mittel, um Staat, Ehe, Kirche und Gerichte zu zerschlagen. Autoritäten und Herrschaft werden abgelehnt, da sie dem Freiheitsideal widersprechen. Diese absolute Freiheit wird nicht durch isolierte Individuen, sondern in einer sozial gerechten Gesellschaft (Kollektivismus) erreicht. Das Eigentum geht nicht an Individuen, sondern an Zusammenschlüsse von Arbeitern über.

Kommunistischer Anarchismus

Pjotr A. Kropotkin (Rußland; 1842–1921): Der russische Fürst war Vordenker der seit den 1880er Jahren wichtigsten anarchistischen Strömung, die anarchistisches und kommunistisches Gedankengut vereinigte. Nach – notfalls gewaltsamer – Revolution, Zerstörung des Staats und Abschaffung des Privateigentums sollen sich

die Menschen freiwillig in Kommunen zusammenschließen, in denen gemeinsam produziert und konsumiert wird. Die Unterschiede zwischen Stadt (Industrieraum) und Land (Agrargebiet) sollen aufgehoben werden. Zur Realisierung seiner Ziele forderte Kropotkin den Einsatz von Agitation und Propaganda.
Variiert wurden die Ideen im → Syndikalismus (z. B. durch den Franzosen Pierre Monatte, 1881–1960), der auf die Masse der Industriearbeiter setzte. Durch sog. direkte Aktionen (z. B. Fabrikbesetzungen, Sabotage, Streiks) sollten die Ziele realisiert werden.

---

spaltete sich der militante Panafrikanische Kongreß (PAC) vom ANC ab. Ein Jahr später gab auch der ANC seine bisherige Politik der Gewaltlosigkeit auf, nachdem die Polizei in Sharpeville 67 Schwarze bei Demonstrationen gegen die Paßgesetze erschossen hatte.
Die Regierung verbot den ANC, der aus dem Untergrund und Exil den bewaffneten Krieg gegen das Apartheidregime vorbereitete. Federführend war hierbei die von Mandela gegründete Organisation «Speer der Nation». Die Inhaftierung Mandelas machte den Freiheitskampfer zum Mythos des schwarzen Südafrika. Die Zulassung als Beobachter bei der → UNO bedeutete 1972 eine Aufwertung das ANC. Der bewaffnete Flügel des ANC operierte vorwiegend von Angola aus.
1990 setzte Südafrikas Präsident Frederik Willem de Klerk Mandela nach 26 Jahren Haft wieder auf freien Fuß und ließ den ANC als Partei zu. In den folgenden Verhandlungen über ein Ende der Apartheid erreichte die Organisation freie Wahlen unter Beteiligung der Schwarzen.
Mit dem linksgerichteten ANC konkurriert die konservative, in den ländlichen Zulu-Gebieten verwurzelte → Inkatha um die Vormachtstellung bei den Schwarzen. 1992/93 kam es zu blutigen Auseinandersetzungen zwischen Angehörigen beider Organisationen, die mehrere tausend Tote forderten. Die ersten freien Parlamentswahlen im April 1994 machten die beherrschende politische Stellung des ANC deutlich, der knapp zwei Drittel aller abgegebenen Stimmen erhielt. Mandela wurde zum Präsidenten Südafrikas gewählt und führt eine Regierung der nationalen Einheit unter Einbeziehung aller politischen Organisationen.

Präsidenten des ANC

1952–67: Albert Luthuli (1898–21. 7. 1967)
Der ehemalige Häuptling von Natal (1935–52) propagierte den gewaltlosen Kampf für Rassengleichheit. 1956 wurde er wegen angeblichen Hochverrats verhaftet und drei Jahre später zum Zwangsaufenthalt in Stanger verurteilt. 1960 erhielt er den Friedensnobelpreis.

1967–91: Oliver Tambo (* 27. 10. 1917)
Der Stammesangehörige der Xhosa leitete den ANC vom provisorischen Hauptquartier in Tansania aus. 1990 kehrte er nach 30jährigem Exil in seine Heimat zurück.

Ab 1991: Nelson Mandela (* 18. 7. 1918)
Die Symbolfigur der Schwarzen im Kampf gegen die Apartheid wurde 1964 wegen Sabotageaktionen zu lebenslanger Haft verurteilt. Seit 1994 ist Mandela erster schwarzer Präsident in seiner Heimat.

Andenpakt

Im Vertrag von Cartagena (Kolumbien) beschlossen die lateinamerikanischen Länder Bolivien, Chile (Austritt 1976), Ecuador, Kolumbien, Peru und Venezuela (Beitritt 1973) eine enge wirtschaftliche Zusammenarbeit. Der A. soll ein Gegengewicht zu den großen Industrienationen und Wirtschaftsgemeinschaften bilden. Die Zusammenarbeit wurde 1992 durch gemeinsame Zollvereinbarungen (z. B. Wegfall gegenseitiger Handelsschranken; Einfuhrzölle für Produkte aus anderen Staaten) intensiviert.

Angolakrieg ❑

Der Bürgerkrieg zwischen der langjährigen sozialistischen Regierungspartei → MPLA (Volksbewegung für die Befreiung Angolas) und der rechtsgerichteten Rebellenbewegung → UNITA (Nationalunion für die völlige Unabhängigkeit Angolas) brach 1975 aus, als nach der Unabhängigkeit von Portugal keine Einigung über den künftigen Weg des Landes gefunden wurde.
Die MPLA gründete am 11. 11. 1976 einen marxistischen Einparteienstaat, die UNITA agierte überwiegend vom Nachbarstaat Zaïre aus. 1991 beendete ein UN-Friedensvertrag den A. Nach dem Wahlsieg der MPLA im September 1992 flammten die Kämpfe wieder auf. Die USA, die zuvor die UNITA unterstützt hatten, erkannten die freigewählte Regierung an. Ende 1994 unterzeichneten MPLA und UNITA ein Friedensabkommen zur Beendigung des A., das u. a. die Bildung einer gemeinsamen Regierung vorsah. Zwei Monate später beschloß die UNITA gegen den Widerstand ihrer Militärführung die Umbildung der Organisation in eine politische Partei. Die seit 1988 im Land stationierten UN-Friedenstruppen sollten die Einhaltung des Waffenstillstands überwachen. Der A. trug entscheidend zur katastrophalen wirtschaftlichen Lage des Landes bei, in dem Hunderttausende Menschen jährlich durch Gewalt oder Hunger sterben.

Die Gegner im Angolakrieg

José Eduardo dos Santos (* 28. 8. 1942)
Dos Santos trat 1961 in die von der UdSSR (seit 70er Jahren auch von Kuba) geförderte MPLA ein. Ab 1979 Staats- und Parteichef, wurde er 1992 in freien Wahlen auch zum Präsidenten bestimmt und seitdem vom Westen gegen die UNITA unterstützt.

Jonas Savimbi (* 3. 8. 1934)
Dem Gründungsmitglied der UNITA (1966) gelang es Mitte der 70er Jahre mit Unterstützung Südafrikas (später auch der USA), den angolanischen Süden unter seine Kontrolle zu bringen.

Annexionspolitik ❑

Ziel der A. ist die zumeist gewaltsame staatsrechtliche Aneignung eines zuvor fremden Territoriums. Die A. wurde in der ersten Hälfte des 20. Jahrhunderts vor allem von europäischen Großmächten praktiziert, während nach dem 2. Weltkrieg vorwiegend die Nahoststaaten betroffen waren. Nachdem Annexionen bereits 1928 durch den → Briand-Kellogg-Pakt geächtet worden waren, wurden sie 1991 erstmals durch multinationale Organisationen (UNO) verhindert (→ Golfkrieg).

Antarktisvertrag

Das am 1.12.1959 in Washington für 30 Jahre unterzeichnete Abkommen schrieb den Ausbau der wissenschaftlichen Forschung in der Südpolregion und die ausschließlich friedliche Nutzung des Gebietes (z.B. Verzicht auf Nukleartests) fest. Der A., der am 23.6.1961 in Kraft trat, wurde zunächst von zwölf Ländern ratifiziert (Argentinien, Australien, Belgien, Chile, Frankreich, Großbritannien, Japan, Neuseeland, Norwegen, Südafrika, UdSSR, USA). 1979 schloß sich die BRD an. Im Folge- und Zusatzabkommen von 1991 wurde der Abbau von Bodenschätzen in der Region für 50 Jahre verboten; in einem Um-

Annexionen

Annexionen durch europäische Staaten

1899–1902	Großbritannien annektiert die Burenrepubliken Oranje und Transvaal und gliedert sie dem britischen Kolonialgebiet Südafrika ein (→ Burenkrieg).
1908/09	Österreich-Ungarn annektiert Bosnien-Herzegowina. Folge: Proteste durch Großbritannien, Rußland und Serbien.
1935/36	Italien annektiert Äthiopien. Die Aktion ist trotz Sanktionen des Völkerbunds erfolgreich (→ Abessinienkrieg).
1939	Das Deutsche Reich annektiert die tschechoslowakischen Gebiete Böhmen und Mähren. 1938 war der «Anschluß» des Sudetenlandes erfolgt (→ Münchner Abkommen).
1940	Die UdSSR annektiert die baltischen Staaten Estland, Lettland und Litauen und gliedert sie an das sowjetische Staatsgebiet an.

Annexionen im Nahen Osten

1967	Israel annektiert Ost-Jerusalem. Folge des Sechstagekriegs.
1981	Israel annektiert die syrischen Golanhöhen, die 1967 erobert worden waren.
1990/91	Irak annektiert Kuwait. Von UN-Truppen aufgehoben (→ Golfkrieg).

Weitere wichtige Annexionen

1950/51	China annektiert Tibet. Der Dalai Lama flieht 1959 nach Indien.
1962	Äthiopien annektiert Eritrea. Seit 1952 Föderation (seit 1993 unabhängig).
1978	Marokko annektiert Westsahara. 13 Jahre Befreiungskrieg (→ Polisario).

weltschutzprotokoll legten die 40 Unterzeichnerstaaten 1994 strenge ökologische Richtlinien für alle Aktivitäten in der Antarktis fest. Nationale Gebietsansprüche einzelner Staaten konnten nicht geklärt werden.

Anti-Atomkraft-Bewegung

Der Zusammenschluß verschiedener – zuerst regionaler – Gruppen und Initiativen macht seit den 70er Jahren auf die Gefahren der friedlichen Nutzung von Kernenergie aufmerksam. Die A. entstand zusätzlich zur → Friedensbewegung, die sich seit Ende des 2. Weltkriegs weltweit gegen den militärischen Einsatz der Atomkraft engagiert. Nachdem die Regierungen westlicher Staaten infolge von Ölkrisen verstärkt auf Kernenergie setzten, wurde die A. zur internationalen Bewegung (z. B. Proteste gegen den Kernreaktor und die Wiederaufbereitungsanlage in Sellafield/England).
In der BRD kam es u. a. zu Protestaktionen gegen das Kernkraftwerk in Wyhl am Rhein, die atomare Wiederaufbereitungsanlage in Wackersdorf/Bayern sowie das Atommüll-Endlager in Gorleben/Niedersachsen. Erste Ausstiegsdiskussionen bei den politisch Verantwortlichen setzten 1986 nach dem Reaktorunfall von Tschernobyl (UdSSR) ein.

Antifaschismus

Die antifaschistische Bewegung entstand 1924 in Italien nach der Ermordung des Sozialistenführers Giacomo Matteotti durch Anhänger des Faschistenführers Benito Mussolini. Zur internationalen Bewegung entwickelte sich der A. in den 30er Jahren während des → Spanischen Bürgerkriegs, als internationale Brigaden gegen den faschistischen General Francisco Franco Bahamonde kämpften und 1939 unterlagen. Im Deutschen Reich wurde der Widerstand gegen die Hitler-Diktatur ab 1933 ebenfalls mit A. bezeichnet, obwohl strenggenommen von einem Antinationalsozialismus gesprochen werden müßte.
Bereits Mitte der 20er Jahre hatte die kommunistische Bewegung den Begriff A. ideologisch für sich vereinnahmt und verstand darunter allgemein die Zerstörung der bürgerlichen → Demokratie und die Bekämpfung der → Sozialdemokratie (Sozialfaschismus). Die Volksfrontregierung in Frankreich ab 1934 galt als Modell einer antifaschistischen Front aller demokratischen Gruppen in einer Nation. Nach dem 2. Weltkrieg und dem Ende der faschistischen Regime in Europa erfolgte eine ideologische Gleichsetzung von kommunistisch/sozialistisch und antifaschistisch. Entsprechend verstand sich die DDR als antifaschistischer Staat, zumal die Herrschenden den Anspruch erhoben, im Gegensatz zur BRD eine konsequente → Entnazifizierung durchgeführt zu haben.
Ab den 70er/80er Jahren erhielt der Begriff A. eine neue, aktuelle Bedeutung: Er wendet sich nunmehr gegen neofaschistische und neonazistische Gruppierungen, die in westeuropäischen Staaten – insbesondere in der BRD – durch Anschläge gegen Ausländer hervortraten und in Frankreich und Italien (Regierungsbeteiligung) auf wachsende Zustimmung bei den Wählern treffen.

Antikominternpakt

Das am 25.11.1936 in Berlin geschlossene Abkommen zwischen dem Deutschen Reich und Japan richtete sich gegen die **Kom**munistische → **Intern**ationale und die UdSSR (1941 um fünf Jahre verlängert). In einem geheimen Zusatzprotokoll wurden gegenseitige Neutralität und Gespräche bei Militärinterventionen oder Angriffsdrohungen der Komintern vereinbart. 1937 schloß sich Italien dem A. an, während des 2. Weltkriegs traten weitere Staaten bei (u.a. 1939: Mandschukuo, Spanien, Ungarn; 1941: Bulgarien, Dänemark, Finnland, Kroatien, Rumänien, Slowakei), die meisten davon auf deutschen Druck. Durch die Erweiterung des A. wollte Adolf Hitler die deutsche Vormachtstellung gegen Josef Stalin in Europa festigen. Die Niederlage des Deutschen Reichs und seiner Verbündeten bedeutete 1945 das Ende des A.

Antikommunismus

Nach Gründung der Kommunistischen → Internationale (1919; Komintern) wandten sich in den 20er Jahren zahlreiche Gruppierungen in Europa gegen die Kommunisten und deren Ziel der Weltrevolution. Der → Antikominternpakt zwischen dem Deutschen Reich und Japan (1936) war die erste zwischenstaatliche Übereinkunft zur Bekämpfung der Komintern.

Im Zuge des → Kalten Kriegs setzte in den 50er Jahren eine weltweite ideologische Auseinandersetzung ein. Die schärfste Form des A. etablierte sich in den USA durch Senator Joseph R. McCarthy, vor dessen Ausschuß gegen «unamerikanische Umtriebe» sich 1950–54 zahllose Bürger wegen vermeintlicher Befürwortung des Kommunismus verantworten mußten. In der BRD wurde die Kommunistische Partei (→ KPD) 1956 verboten. Die friedliche Koexistenz zwischen Ost und West (Anerkennung sozialistischer Staaten durch den Westen; Aufgabe des Anspruchs einer kommunistischen Weltrevolution durch den Osten) milderte in den 70er Jahren den A. Durch den Zusammenbruch des Sozialismus ist er seit Ende der 80er Jahre ohne große politische Bedeutung.

Antisemitismus ❑

A. ist die Bezeichnung für den rassisch motivierten Haß gegenüber Juden. Die Anerkennung des Christentums als Staatsreligion führte in vielen Ländern zur Ausschließlichkeit des christlichen Heilsanspruchs. Da die semitischen Völker, insbesondere die Juden, an ihrem Glauben festhielten, wurden sie verfolgt.

Motive des A.: Der Begriff A. wurde 1879 in Deutschland von Wilhelm Marr geprägt. Im selben Jahrhundert entstanden auch die wichtigsten pseudo-theoretischen Ansätze des A. – darunter der «Versuch über die Ungleichheit der Menschenrassen» des französischen Schriftstellers Joseph Arthur Graf von Gobineau –, die die Grundlage für den → Holocaust im Deutschen Reich gegen Juden bildeten (1933–45). Als Hauptmotive für A. galten in der Phase des wirtschaftlichen und sozialen Umbruchs um die Jahrhundertwende:

– Wirtschaftliche Motive: Im Mittelalter durften Juden qua Gesetz nur im Handel und Geldgeschäft tätig sein. Die entsprechenden Berufe wie

Grundlagen des Antisemitismus

Nachdem es im Zuge der Aufklärung und der Französischen Revolution zur zwischenzeitlichen rechtlichen Gleichstellung der Juden in Europa gekommen war, bewirkten der Niedergang des → Liberalismus und die Betonung nationalstaatlicher Interessen ab Mitte des 19. Jahrhunderts eine Kehrtwendung. Die pseudotheoretische Begründung des Antisemitismus entstand vor allem in Deutschland und in Österreich-Ungarn, wo der Antisemitismus zur parteipolitischen Bewegung sowie ab 1920 zur Grundlage der NSDAP-Politik wurde.

Hauptvertreter des Antisemitismus

Theodor Fritsch (1852–1933): Der deutsche Verleger und Reichstagsabgeordnete der Deutschvölkischen Freiheitspartei, die der NSDAP nahestand, sorgte durch unzählige Schriften für eine Neubelebung insbesondere des rassischen A. und bereitete durch seine Publikationen den Boden für den Nationalsozialismus. Sein «Antisemiten-Katechismus» wurde als «Handbuch der Judenfrage» im Dritten Reich millionenfach verbreitet.

Otto Glagau (1839–1892): Der deutsche Journalist sah die soziale Frage in Deutschland im wesentlichen als «Judenfrage». Sein Antisemitismus richtete sich an den Mittelstand (Handwerker, Kleinunternehmer, Bauern), der durch den wirtschaftlichen Liberalismus verarmt war.

Friedrich Wilhelm Adolf Marr (1819–1904): Mit seinem Werk «Der Sieg des Judentums über das Germanentum» (1879) begründete er die rassistische Richtung des Antisemitismus. Marr rief die Antisemiten-Liga ins Leben (1879), mit der er Deutschland «vor der vollständigen Verjudung» retten wollte.

Georg Ritter von Schönerer (1842–1921): Das Mitglied des österreichischen Reichsrats galt als einer der wichtigsten Propagandisten des Antisemitismus in Österreich-Ungarn, dessen Publikationen den jungen Hitler nachhaltig beeinflußten. 1882 verfaßte von Schönerer ein deutschnationales antisemitisches Programm (sog. Linzer Programm), in dem u. a. «die Beseitigung des jüdischen Einflusses auf allen Gebieten des öffentlichen Lebens» gefordert wurde.

Adolf Stoecker (1835–1909): Der evangelische Theologe verschaffte dem Antisemitismus eine Parteibasis. Um die Arbeiterklasse von der Sozialdemokratie zu lösen, gründete er die Christlich-soziale Arbeiterpartei (1878), in der er vor dem Hintergrund der schwierigen sozialen Situation von Arbeitern und Kleinbürgertum Antisemitismus und Nationalbewußtsein verband. 1882 war Stoecker am «Ersten Internationalen Antijüdischen Kongreß» in Dresden beteiligt.

Heinrich von Treitschke (1834–1896): Der deutsche Historiker, Publizist und Universitätsprofessor setzte die parteipolitischen Anfänge Stoeckers fort. Er lehnte Sozialismus und soziale Reformen ab und trat für militanten Imperialismus ein. Ab 1879 widmete er sich dem Antisemitismus und kreierte den Satz «Die Juden sind unser Unglück». Der hochangesehene Treitschke fand in weiten Teilen des deutschen Bürgertums Gehör und machte den Antisemitismus salonfähig. Wesentliche Teile seiner Ideologie wurden von Adolf Hitler in seinem politisch-rassistischen Bekenntnis «Mein Kampf» aufgenommen.

Geldverleiher, Bankier, Steuerpächter behielten sie in späteren Generationen bei und erwarben wirtschaftliche Macht, die Antisemiten zur Warnung vor einer jüdischen Weltherrschaft benutzten.
– Religiöse Motive: Das nach der Bibel von Gott «auserwählte Volk» grenzte sich zumeist deutlich von anderen Glaubensgemeinschaften ab, was die Vorurteile gegenüber den Juden schürte. Von Christen wurden Juden als das Volk gebrandmarkt, das Christus gekreuzigt habe, und immer wieder für angebliche Ritualmorde an Christen verantwortlich gemacht.
– Politische und rassische Motive: Im Deutschen Reich dienten Juden als Sündenböcke für den politischen Umsturz im Kaiserreich und damit für die Niederlage im 1. Weltkrieg. Demokratie, Liberalismus und Kapitalismus galten für viele Gegner der Weimarer Republik fortan als jüdische «Unterwanderung», die es zu bekämpfen gelte.
Ab Ende des 19. Jahrhunderts benutzten politische Extremisten der Rechten die einzelnen Motive für ihre Zwecke: Juden mußten für alle politischen, sozialen und wirtschaftlichen Mißstände herhalten. In Krisenzeiten fiel diese einfache Demagogie auf fruchtbaren Boden, z. B. in Osteuropa mit antikapitalistischer Ausrichtung im Rahmen der revolutionären Umwälzungen (Rußland 1905 und 1917).
Deutschland bis 1945: Während der A. in Westeuropa im 20. Jahrhundert eher eine Randerscheinung blieb bzw. abflaute (z. B. Frankreich nach der Dreyfus-Affäre), erreichte er in Deutschland seinen Höhepunkt: Mit dem Satz «Die Juden sind unser Unglück» des deutschen Historikers Heinrich von Treitschke kennzeichnete Adolf Hitler seine demagogische Rassenlehre und machte den vorhandenen A. im Volk zum massenhaft unterstützten Staatsziel im Dritten Reich. Er stigmatisierte die Organisationen aller politischen Gegner als «jüdisch unterwandert» und grenzte die Juden durch die Rassenpolitik aus (→ Nürnberger Gesetze, 1935). 1942 setzte nach der → Wannseekonferenz die sog. Endlösung der Judenfrage ein, die systematische Ermordung des jüdischen Volkes (insgesamt etwa 6 Mio. Tote).
Seit 50er Jahren: Obwohl A. insbesondere im deutschen Kleinbürgertum latent vorhanden blieb, spielte er in der europäischen Politik der zweiten Hälfte des 20. Jahrhunderts keine Rolle mehr. Nach Gründung des Staates Israel (1948) trat er in den arabischen Staaten des Nahen Ostens verstärkt auf. Bei den folgenden → Israelisch-Arabischen Kriegen stand jedoch nicht die rassische oder wirtschaftliche Komponente im Mittelpunkt, sondern der Kampf um zuvor arabische Gebiete (→ Palästina-Konflikt). In den 80er Jahren nahmen in Westeuropa rechtsextremistische Anschläge gegen jüdische Einrichtungen und Schändungen jüdischer Friedhöfe zu, ohne daß es zu einem erneuten politischen A. kam.

Antisklavereiakte

In der A., einer am 25.9.1926 in Genf beschlossenen Konvention des → Völkerbundes, verpflichteten sich die Unterzeichnerstaaten, Sklaverei, Sklavenhandel und Zwangsarbeit abzuschaffen. Zahlreiche Länder, darunter Japan, die UdSSR sowie südamerikanische Staaten ratifizierten die A. nicht. Erste internationale Übereinkünfte gegen die Sklaverei hatte es bereits im 19. Jahrhundert gegeben (u. a. Erklärung des Wiener Kongresses, 1815). Die A. wurde durch Menschenrechtskonventionen der Vereinten Nationen (1950) und eine Zusatzerklärung zum → Genfer Abkommen (1956) ergänzt. Moderne Formen der Sklaverei wie Kinderarbeit und Ausbeutung von Ureinwohnern treten Ende des 20. Jahrhunderts insbesondere in den Staaten der → Dritten Welt auf.

ANZUS-Pakt

A. ist die Bezeichnung für den Pazifik-Pakt, einen 1951 geschlossenen gegenseitigen Verteidigungsvertrag (seit 1952 in Kraft) zwischen **A**ustralien, Neuseeland (englisch: **N**ew **Z**ealand) und den **US**A. 1986 wurde Neuseeland aus dem A. ausgeschlossen: Das Land, das eine strikte Antiatompolitik verfolgt, hatte sich geweigert, US-Kriegsschiffe mit Atomwaffen in sein Hoheitsgebiet zu lassen. Die USA zogen daraufhin ihre Schutzgarantien für Neuseeland zurück. Der A. erreichte keine den großen Militärbündnissen → NATO, → SEATO und → Warschauer Pakt vergleichbare Bedeutung.

Apartheid ❑

Der Begriff A. bezeichnet die in Südafrika von 1911 bis 1994 praktizierte Politik der Rassentrennung zwischen Weißen (Bevölkerungsanteil Mitte der 90er Jahre: 16,3%) und Nichtweißen (Schwarze: 70%; Farbige: 10,4%; Asiaten: 3,1%).
Während in der ersten Hälfte des 20. Jahrhunderts Schwarze, Farbige und Asiaten von den Weißen durch einzelne Maßnahmen ausgegrenzt wurden, schrieb die Nationalistische Partei der Buren die A. 1948 in der Verfassung des Landes fest (als einziger Staat der Erde).
Grundlagen: Das Mines-and-Works-Gesetz von 1911 erlaubte Nichtweißen, nur ungelernte Arbeiten zu verrichten. Im selben Jahr erließ die Regierung das Natives-Land-Gesetz als erste Maßnahme zur territorialen Rassentrennung (Nichtweiße durften außerhalb der ihnen zugewiesenen Reservate kein Land erwerben). 1936 schaffte der südafrikanische Ministerpräsident James Barry Munnick Hertzog das Wahlrecht für Nichtweiße ab.
Ab 1948: 1948 schrieb die Nationalistische Partei der Buren die A. in der Verfassung des Landes fest. Einen weiteren Höhepunkt erlebte die A. in den 50er und 60er Jahren: Die Group Areas Act (1950) ordnete jeden Staatsangehörigen einer Rasse und damit einem Wohnort zu; vier Jahre später begann die Zwangsumsiedlung Nichtweißer in → Homelands. In allen öffentlichen Einrichtungen galt strikte Rassentrennung. Der bei der Ausarbeitung der Gesetze federführende Hendrik Frensch Verwoerd wurde 1958 zum Ministerpräsidenten gewählt, verbot 1960 die Schwarzenbewegung → ANC und ließ deren Führer Albert Luthuli (1960) und Nelson Mandela (1961) verhaften. In den 70er Jahren verhängte die Völkergemeinschaft erste Sanktionen gegen Südafrika, die in den 80er Jahren verstärkt wurden (weltweites Handelsembargo; Ausschluß von internationalen Veran-

staltungen). Gleichzeitig verstärkten sich die Proteste gegen die Inhaftierung Mandelas.
90er Jahre: Infolge des zunehmenden internationalen Drucks lockerte Ministerpräsident Frederik Willem de Klerk (ab 1989) die A. und ließ Mandela frei (1990). 1991 hob er die Trennung der Wohngebiete und die Registrierung der Bevölkerung auf. Nach einem Gewaltverzichtsabkommen aller beteiligten Bevölkerungsgruppen (1991) entschieden sich zwei Drittel der weißen Wähler bei einer Volksbefragung 1992 für die Unterstützung der Anti-A.-Politik. Eine demokratische Übergangsverfassung (22.12.1993; in Kraft seit 27.4.1994) beteiligte erstmals Schwarze an der Regierung. Die A. wurde offiziell aufgehoben.
Folgen der A.: 90% des Landes sind im Besitz von Weißen. Mehr als zwei Drittel aller Nichtweißen leben unter der Armutsgrenze und haben aufgrund fehlender Bildung kaum Aussicht auf qualifizierte Arbeitsplätze, was gewaltbereiten radikalen Gruppen Zulauf bringt.

Wichtige Apartheid-Politiker

James Barry Munnick Hertzog (3.4.1866–21.11.1942)
Der Teilnehmer des → Burenkriegs war 1910–12 Justizminister und gründete 1914 die Nationalistische Partei. Als Ministerpräsident (1924–39; ab 1929 auch Außenminister) zeichnete er für eine Reihe wichtiger Gesetze zur Rassentrennung verantwortlich.
Hendrik Frensch Verwoerd (8.9.1901–6.9.1966)
Der Ministerpräsident und Vorsitzende der Nationalistischen Partei (1958–66) hatte sich schon als Minister für Eingeborenenfragen (1950–58) mit Gesetzen für die Verschärfung der Apartheid hervorgetan, wodurch er sich den Ruf eines Hardliners der Apartheidpolitik erwarb. Verwoerd war für brutale Polizeieinsätze gegen Schwarze verantwortlich, verbot ihre Organisationen und ließ ihre Führer inhaftieren, die in Schauprozessen verurteilt wurden. In den 60er Jahren gründete er die sog. Homelands als Wohngebiete für Nichtweiße.

APEC

Die **A**sia-**P**acific **E**conomic **C**ooperation (Asiatisch-pazifische wirtschaftliche Zusammenarbeit) wurde 1991 als Zusammenschluß aus 17 Staaten gegründet (Australien, Brunei, China, Hongkong, Indonesien, Japan, Kanada, Malaysia, Mexiko, Neuseeland, Papua-Neuguinea, Philippinen, Singapur, Südkorea, Taiwan, Thailand, USA). Ziel der APEC ist der Abbau von Handelsschranken zwischen den Mitgliedern. Dadurch soll die wirtschaftlich und handelspolitisch gute Ausgangslage der Mitgliedsstaaten (Mitte der 90er Jahre rund 40% der weltwirtschaftlichen Leistung) weiter gefestigt werden.

APO ❑

Allgemein bezeichnet der Begriff **A**ußer**p**arlamentarische **O**pposition eine politisch-gesellschaftliche Opposition, die nicht im Parlament vertreten ist. Im engen Sinn meint APO die studentisch-politische Protestbewegung, die sich – beeinflußt durch die amerikanische und französische → Studentenbewegung –

Ende der 60er Jahre in der BRD bildete und mit Massendemonstrationen für gesellschaftliche Reformen eintrat.
Die APO entstand im Dezember 1966, nachdem sich in Bonn die → Große Koalition von CDU/CSU und SPD gebildet hatte. Durch den Tod des Studenten Benno Ohnesorg, der am 2.6.1967 bei einer Kundgebung gegen den Besuch des Schahs von Persien in Berlin von einem Polizisten erschossen worden war, nahmen die Proteste gegen Staat und Regierung sowie die Forderungen nach gesellschaftlichen Reformen und Mitbestimmung an den Universitäten drastisch zu. Proteste gegen den US-Militäreinsatz in Vietnam (Februar 1968) und Brandanschläge auf Frankfurter Kaufhäuser (April 1968) führten zur Eskalation: Nach massiven Kampagnen – insbesondere der «BILD-Zeitung» (Springer-Verlag) – gegen die Studenten wurde der Vorsitzende der Sozialistischen Deutschen Studentenschaft (SDS), Rudi Dutschke, bei einem Attentat schwer verletzt. Es kam zu Ausschreitungen gegen den Konzern.
Auf diese «Gefährdung des inneren Friedens» reagierte die Bundesregierung mit der Verabschiedung von Notstandsgesetzen (30.5. 1968; → Notstand). Nach der Regierungsübernahme durch die sozialliberale Koalition (1969) löste sich die APO zunehmend auf. Eine Reihe der geforderten Reformen versuchte Bundeskanzler Willy Brandt umzusetzen (Schlagwort: «Mehr Demokratie wagen»).
Seit den 80er Jahren gehen reformorientierte politische Organisationen (z. B. Die → Grünen) dazu über, eine Opposition außerhalb der Parlamente nur noch als Ergänzung zur parlamentarischen Präsenz im Bundestag zu sehen.

Rudi Dutschke
(7.3.1940–24.12.1979)
Das Mitglied des Sozialistischen Deutschen Studentenbunds (SDS) war zwischen 1965 und 1968 der führende Vertreter der APO und Organisator zahlreicher Protestaktionen. Mit diesen «Offensivaktionen» wollte Dutschke Minderheiten innerhalb und außerhalb der Universitäten mobilisieren. Am 11.4.1968 wurde er niedergeschossen und schwer verletzt. Ab 1969 studierte er in London, wurde jedoch zwei Jahre später wegen subversiver Tätigkeit ausgewiesen. 1979 starb Dutschke an den Spätfolgen des Attentats.

Appeasement ❑

A. bezeichnet die Grundtendenz britischer Außenpolitik zwischen den beiden Weltkriegen, insbesondere ab 1933. Premierminister Arthur Neville Chamberlain hoffte, durch eine Politik des Nachgebens gegenüber Adolf Hitler einen drohenden 2. Weltkrieg zu vermeiden.
Höhepunkt der Konzessionen gegenüber dem Deutschen Reich war das → Münchner Abkommen (29.9. 1938), das Hitlers Annexion des tschechoslowakischen Sudetenlandes vertraglich festschrieb. Die Besetzung von Böhmen und Mähren im März 1939 sowie der deutsche Überfall auf Polen (1.9.1939) machten deutlich, daß die A.-Politik fehlgeschlagen war.

Arthur Neville Chamberlain (18.3.1869–9.11.1940)
Der britische Premierminister (1937–40) war 1918 als konservativer Abgeordneter in das Unterhaus eingezogen. In den 20er und 30er Jahren machte er sich als Gesundheits- und Finanzminister (Schatzkanzler) einen Namen. Nach ersten militärischen Rückschlägen im 2. Weltkrieg wurde er im Mai 1940 von Winston Churchill als Ministerpräsident abgelöst.

Arabische Liga

Ziel des 1945 in Kairo gegründeten Zusammenschlusses arabischer Staaten ist die politische, militärische, wirtschaftliche und kulturelle Kooperation. 1965 riefen die Mitglieder der A. den gemeinsamen arabischen Markt ins Leben. Ende 1995 gehörten der Organisation 22 Staaten sowie die → PLO an. Entscheidungsorgan ist der Rat der Liga, in dem jedes Mitglied einen stimmberechtigten Vertreter stellt.

Da an die gefaßten Beschlüsse nur die Staaten gebunden sind, die ihnen auch zugestimmt haben, scheiterte die vereinbarte außenpolitische Zusammenarbeit immer wieder an Interessengegensätzen. Der ägyptische Friedensvertrag mit Israel (1979) wurde von den übrigen Mitgliedern heftig kritisiert; Ägypten verließ die A., um dem drohenden Ausschluß zuvorzukommen (Wiedereintritt: 1989). Der Sitz der A. wurde nach Tunis/Tunesien verlegt. Auch militärische Auseinandersetzungen unter den Mitgliedern konnte die A. nicht verhindern (z. B. → Libanon-Konflikt 1975–91, 1. → Golfkrieg 1980–88). Im 2. Golfkrieg 1991 unterstützten nur zwölf Mitglieder die militärische Aktion zur Befreiung des vom Irak besetzten Kuwait. 1993 billigte die A. das zwischen Israel und der PLO ausgehandelte Friedensabkommen (→ Gaza-Jericho-Abkommen). Dennoch waren anschließend noch nicht alle Mitgliedsländer (z. B. Syrien) zum Friedensschluß mit dem jüdischen Staat bereit.

Arbeiterbewegung ❑

Der Zusammenschluß abhängiger Lohnarbeiter verfolgt das Ziel, die wirtschaftlichen, sozialen und politischen Verhältnisse zu verändern. Die Wurzeln der A. gehen zurück auf die Industrialisierung in der ersten Hälfte des 19. Jahrhunderts. Durch die sozialistischen Arbeiterparteien wurde die A. ab Beginn des 20. Jahrhunderts zu einem Machtfaktor in den Parlamenten und erreichte zahlreiche Verbesserungen der Arbeitsbedingungen (z. B. → Arbeitslosenversicherung, Verkürzung der → Arbeitszeit).

Vor 1945: Die unterschiedlichen politischen Ziele innerhalb der sozialistischen A. traten während des 1. Weltkriegs offen zutage. Die Sozialdemokratischen Parteien wollten gemeinsam mit den → Gewerkschaften Reformen im parlamentarischen System durchsetzen. Hingegen strebten die ab 1919 entstandenen Kommunistischen Parteien die revolutionäre Umwälzung zur Überwindung des → Kapitalismus an. Sprachrohr war die Kommunistische → Internationale unter Führung der Sowjetunion. Im → Faschismus und → Nationalsozialismus waren linke Arbeiterorganisationen verboten, die A. bekämpfte die Diktaturen aus dem Untergrund.

Nach 1945: Die «Arbeiter- und Bauernstaaten» Osteuropas stützten nach eigenem Verständnis ihre Existenz auf die A., deren Ziele sie in der praktizierten sozialistischen Staatsform («Diktatur des Proletariats») verwirklicht sahen. Der Zusammenbruch des → Sozialismus Ende der 80er Jahre zeigte jedoch, daß keineswegs die Interessen der A. und das Wohlergehen der arbeitenden Bevölkerung im Vordergrund gestanden hatten. In Polen spielte die A. bei den demokratischen Umwälzungen eine entscheidende Rolle (Gewerkschaft → Solidarność).

In den westlichen Industrieländern ging die A. in den Gewerkschaften auf, die sich für die Interessen der Arbeitnehmer einsetzen. Der zunehmende Wohlstand ließ die Klassengegensätze und damit das Selbstverständnis vieler abhängig Beschäftigter als Arbeiter schwinden.

In Südamerika, Asien und Afrika war die A. stets entscheidend an den sozialen Umwälzungen beteiligt (z. B. Kuba, China, Südafrika). In den wirtschaftlich aufstrebenden Ländern Asiens spielt sie hingegen eine untergeordnete Rolle.

Grundlagen der Arbeiterbewegung

Durch die industrielle Revolution entstand zu Beginn des 19. Jahrhunderts die neue Klasse der besitzlosen, lohnabhängigen Industriearbeiter, die in katastrophalen sozialen Verhältnissen lebten. Bereits 1811/12 kam es zu ersten Protesten, woraufhin den Arbeitern die Organisierung verboten wurde. Erste politische Arbeiterorganisation war der 1839 entstandene Londoner Arbeiterverein (sog. Chartisten, benannt nach der von ihnen vorgelegten People's Charter, die politische Mitbestimmung forderte). Mit dem «Kommunistischen Manifest» veröffentlichten Karl Marx und Friedrich Engels 1848 das erste Programm der A., das zum Kampf gegen die bürgerliche Gesellschaft aufrief. Die Losung «Proletarier aller Länder, vereinigt Euch!» wurde zur Parole der Arbeiterbewegung, die sich 1864 in der Internationalen Arbeiterassoziation (London) zusammenschloß.

In Deutschland war die Sozialistische Arbeiterpartei Deutschlands die führende Interessenvertretung. Die Partei war 1875 aus Allgemeinem Deutschem Arbeiterverein (1863 von Ferdinand Lassalle gegründet) und Sozialdemokratischer Arbeiterpartei (1869 von August Bebel und Karl Liebknecht gegründet) entstanden. Daneben entwickelte sich ab 1868 eine deutsche Gewerkschaftsbewegung, die u. a. Arbeiterbildungsvereine und Unterstützungskassen ins Leben rief. Reichskanzler Otto von Bismarck versuchte erfolglos, den Einfluß der Sozialdemokraten auf die A. zurückzudrängen (Sozialistengesetze 1878) und die A. ins bürgerliche Lager zu ziehen (Einführung der Sozialversicherung 1883).

Arbeiterräte

Die A. entstanden in den 50er Jahren als politische Interessenvertretung und betriebliche Selbstverwaltungsorgane in sozialistischen Staaten. Dadurch sollte die Arbeiterschaft in Jugoslawien, Polen, Ungarn und der DDR stärker an betrieblichen Entscheidungsprozessen beteiligt werden. Die Machtposition der jeweiligen Einheitspartei konnten die A. jedoch nicht einengen: Sie blieben politisch bedeutungslos und wurden teilweise kurz nach ihrer Einführung wieder aufgelöst (DDR: 1958). Lediglich in Jugoslawien erreichten sie als Produzentenräte beschränkten Einfluß.

Arbeiter- und Soldatenräte

Erste Räte (russisch: sowjet) wurden während der Revolution 1905 in Moskau als politische Selbstverwaltungsorgane der Arbeiterschaft gebildet. Im Zuge der → Oktoberrevolution 1917 übernahmen die A. gemeinsam mit einer provisorischen Regierung zunächst die Macht, die sie jedoch bald an die KPdSU abtreten mußten. Im Deutschen Reich entstanden während der Revolution ab dem 9.11.1918 zahlreiche regionale A., ihr oberstes Organ war der Berliner Vollzugsrat der A. (je sieben Vertreter von sog. Revolutionären Obleuten und der SPD sowie 14 Soldaten). Die A. übertrugen dem → Rat der Volksbeauftragten als neuer Regierung die legislative und exekutive Gewalt, schafften es aber nicht, die Macht der reaktionär durchsetzten Verwaltungsapparate auszuschalten. Nachdem große Teile der SPD für eine parlamentarische Demokratie – und gegen ein Rätesystem – eingetreten waren, verloren die A. im Reich zugunsten der Weimarer Nationalversammlung schnell an Bedeutung. Lediglich auf regionaler Ebene (Bayern, Bremen) übernahmen A. 1919 kurzzeitig die Macht, wurden aber von der Reichswehr und rechtsextremen → Freikorps im Auftrag der neuen Weimarer Reichsregierung vertrieben.

Nach dem 2. Weltkrieg wurden in zahlreichen sozialistischen Staaten → Arbeiterräte als Selbstverwaltungsorgane in Betrieben eingeführt. Zum Ende des 20. Jahrhunderts ist das Rätesystem international bedeutungslos.

Arbeitgeberverbände

Die ersten A. gründeten sich Ende des 19. Jahrhunderts als Antwort auf die wachsende Organisierung der Arbeitnehmer. Die A. in Deutschland wollen gegenüber Staat und → Gewerkschaften, deren Vertrags- und Verhandlungspartner sie sind (→ Tarifpolitik), Eigeninitiative, Selbstverantwortung, Privateigentum, Unternehmerfreiheit und preisneutrale Lohnpolitik durchsetzen. Dachverband ist die Bundesvereinigung der Deutschen Arbeitgeberverbände (BDA) mit Sitz in Köln (1949 gegründet). Die wirtschaftlichen Interessen der Industrie vertritt der Bundesverband der Deutschen Industrie (BDI, Köln, 1949). Der Deutsche Industrie- und Handelstag (DIHT, Bonn, 1949) ist Spitzenverband der regionalen Industrie- und Handelskammern, der Selbstverwaltungsorgane der gewerblichen Wirtschaft.

Arbeitnehmerverbände

→ Gewerkschaften

Arbeitsbeschaffungsmaßnahmen

Mit A. will der Staat in Zeiten hoher → Arbeitslosigkeit Arbeitsplätze schaffen. So gab es nach dem 1. Weltkrieg in der Weimarer Republik die sog. wertschaffende Arbeitslo-

senfürsorge; u.a. war der Bau von Autobahnen vorgesehen, den allerdings erst die Nationalsozialisten in großem Maßstab verwirklichten. Auch die militärische Aufrüstung, die in den 20er Jahren viele Staaten betrieben, galt als eine Form der A.
Die hohe Dauerarbeitslosigkeit in den 80er Jahren führte zu verstärkten Anstrengungen der Bundesanstalt für Arbeit, durch A. schwer vermittelbare Arbeitslose in den Wirtschaftsprozeß wiedereinzugliedern. Für ein Jahr finanziert der Bund Arbeitsplätze, die private oder öffentliche Unternehmen zusätzlich einrichten. Zudem muß die Arbeit gemeinnützig sein. Ziel ist es, die A. in einen Dauerarbeitsplatz umzuwandeln. Infolge der angespannten Finanzlage der öffentlichen deutschen Haushalte wurde das A.-Programm, an dem 1992 fast eine halbe Million Arbeitslose teilnahmen, ab 1993 stark reduziert.

Arbeitslosenversicherung

Die A. wurde als staatliche Pflichtversicherung der Arbeitnehmer gegen die Folgen von Arbeitslosigkeit bis zum 2. Weltkrieg in den meisten Industrienationen etabliert; Vorreiter war Großbritannien (1911).
1927 erfolgte in Deutschland die Einführung der A. mit den in ihren Grundzügen noch heute gültigen Bestimmungen: Die Beiträge waren je zur Hälfte von Arbeitgeber und Arbeitnehmer aufzubringen und wurden von einer staatlichen Stelle (Reichsanstalt für Arbeitsvermittlung und A.) verwaltet. Der Arbeitslose erhielt als Arbeitslosengeld einen bestimmten Prozentsatz seines vorherigen Lohns. In der BRD ist seit 1952 eine Bundesanstalt (ab 1969 Bundesanstalt für Arbeit) für die A. zuständig. Die Beitragshöhe wird vom Gesetzgeber nach Finanzlage der Bundesanstalt festgesetzt. Die Leistungen der A. umfassen nicht nur Zahlungen der Arbeitslosenunterstützung, sondern auch Arbeitsvermittlung und Berufsberatung sowie die Finanzierung von → Arbeitsbeschaffungsmaßnahmen und beruflicher Fortbildung. Die hohe → Arbeitslosigkeit seit den 80er Jahren führte bei der Bundesanstalt für Arbeit zu steigenden Defiziten (Ausgleich durch den Bund), die Leistungskürzungen nach sich zogen.

Arbeitslosigkeit

Zu A. kommt es, wenn Arbeitnehmer ohne Arbeit sind (z.B. infolge eines Überangebots an Arbeitskräften) und ihnen somit die Möglichkeit des Erwerbs genommen wird. Den Höhepunkt der A. brachte die Weltwirtschaftskrise Anfang der 30er Jahre. Nach einer Phase der Vollbeschäftigung in der Nachkriegszeit kam es ab Mitte der 70er Jahre in den Industrienationen durch Rationalisierungen zu hoher Dauer-A.
Vor 1945: Die Abhängigkeit der Weltwirtschaft von der Konjunktur in den USA führte 1929/30 zur höchsten A. im 20. Jahrhundert. Nach dem Zusammenbruch der New Yorker Börse riefen die USA ihre Auslandskredite zurück, die nach dem 1. Weltkrieg zum Wiederaufbau der Wirtschaft in Europa gewährt worden waren. In der Folge gerieten viele europäische Länder in eine schwere Wirtschaftskrise. Die daraus resultierende hohe A. führte im Deutschen Reich (1932: 6,1 Mio. Ar-

beitslose) zu politischer Instabilität und begünstigte den Aufstieg der Nationalsozialisten, die mit dem Versprechen antraten, die A. abzubauen. Mittel hierzu waren u.a. der schon in der → Weimarer Republik geplante Autobahnbau sowie die militärische Aufrüstung.
Nach 1945: Nach dem 2. Weltkrieg war die A. in den westlichen Industrienationen zunächst nur eine Begleiterscheinung von Konjunkturschwankungen (konjunkturelle A.) bzw. in bestimmten Berufen Folge jahreszeitlich bedingter schlechter Witterung (saisonale A.). Die Strukturkrise in den Bereichen Kohle und Stahl führte gegen Ende der 60er Jahre erstmals zu länger anhaltender A. in einzelnen Wirtschaftszweigen (strukturelle A.). Die Rationalisierungswelle ab Mitte der 70er Jahre machte deutlich, daß industrielles Wachstum nicht immer steigende Nachfrage nach Arbeitskräften bedeutet. Folge war hohe Dauerarbeitslosigkeit, die sich ab den 80er Jahren durch die Verlagerung der Produktion in die sog. Billiglohnländer Südostasiens noch verschärfte.
Osteuropa: Die Staaten Osteuropas wurden mit der A. erst nach dem Zusammenbruch des Sozialismus konfrontiert, da sie zuvor Vollbeschäftigung auf Kosten der internationalen Wettbewerbsfähigkeit garantiert bekamen. Privatisierungen und die Umstellung von → Planwirtschaft auf → Marktwirtschaft ließen viele unrationell arbeitende Unternehmen zusammenbrechen.
Dritte Welt: Die sog. → Entwicklungsländer können wegen kaum ausgeprägter Industrialisierung mit modernen westlichen Industrienationen nicht konkurrieren. Fehlende Exporterlöse verhindern eine Verbesserung der Wirtschaftsstruktur. Die infolgedessen hohe A. wird durch das rapide Bevölkerungswachstum weiter verschärft.

Arbeitsmarktpolitik

Die A. soll Angebot und Nachfrage auf dem Arbeitsmarkt beeinflussen, ihre Ziele sind Vollbeschäftigung sowie berufliche Widereingliederung Arbeitsloser. In den westlichen Industrieländern betreiben in erster Linie staatliche Stellen durch Konjunkturprogramme und Finanzleistungen A. Zudem regelt der Gesetzgeber durch rechtliche Vorgaben die Beziehung zwischen Arbeitgebern und -nehmern (z. B. durch Tarif- und Arbeitsrecht sowie durch Regelungen zur → Mitbestimmung). Einfluß auf die A. haben auch die Tarifparteien (→ Arbeitgeberverbände und → Gewerkschaften).
Nachfrage nach Arbeitskräften: Bei Wirtschaftskrisen versuchen die Regierungen die Nachfrage nach Arbeitskräften durch staatliche Maßnahmen anzukurbeln. So fuhrten Deutschland, die Niederlande, Polen, die Tschechoslowakei und die USA auf dem Höhepunkt der Weltwirtschaftskrise in der ersten Hälfte der 30er Jahre Beschäftigungsprogramme ein. Im sog. Arbeitsdienst wurden insbesondere Jugendliche für landwirtschaftliche Tätigkeiten eingesetzt.
Die seit Mitte der 70er Jahre in den Industrienationen bestehende Arbeitslosigkeit versucht der Staat mit konjunkturpolitischen Maßnahmen zu bekämpfen: Unternehmen erhalten Steuererleichterungen bzw. Zu-

schüsse für die Schaffung neuer Arbeitsplätze. Bestehende Arbeitsplätze sollen ebenfalls durch finanzielle Entlastung der Arbeitgeber erhalten werden (z. B. Zahlung von Kurzarbeiter- und Schlechtwettergeld). Mit → Arbeitsbeschaffungsmaßnahmen (ABM) errichtet der Staat zeitlich befristete neue Arbeitsstellen. Weitere Maßnahmen dienen der Eingliederung bestimmter Arbeitnehmergruppen (z. B. Schwerbehinderter).
A. betreiben auch Arbeitgeberverbände und Gewerkschaften im Rahmen ihrer Tarifverhandlungen. Dabei sind die Auswirkungen der Lohnpolitik auf Konjunktur und Arbeitsmarkt von jeher umstritten. Im Zuge weitreichender Rationalisierungen ab Mitte der 70er Jahre zielte die A. der Gewerkschaften verstärkt darauf, Rationalisierungsschutzabkommen durchzusetzen, um so Arbeitsplätze zu erhalten.
Angebot an Arbeitskräften: In Zeiten von Arbeitskräftemangel – wie Mitte der 50er Jahre in der BRD – wird die Anwerbung ausländischer Arbeitnehmer erleichtert. Herrscht hingegen ein Überangebot an Arbeitskräften, werden die Arbeitsmöglichkeiten für → Ausländer erschwert.
Im Rahmen seiner A. versucht der Staat, durch Lohnersatzleistungen (z. B. Arbeitslosengeld) sowie durch Finanzierung von Fortbildungsmaßnahmen und Umschulungen Arbeitslose wieder in das Berufsleben einzugliedern bzw. ihre beruflichen Chancen zu erhöhen. Weitere Maßnahmen zur Verbesserung der A. sind u. a. flexible Arbeitszeitmodelle, job sharing und die Unterstützung von Existenzgründungen. Die längere Zeit praktizierte Frühpensionierung (Vorruhestand) gerät als kostenintensives arbeitsmarktpolitisches Element zunehmend in die Kritik. 1996 wurde zudem in Deutschland die Senkung der im internationalen Vergleich hohen Lohnnebenkosten diskutiert.

Arbeitsteilung, internationale

Im Lauf der Jahrhunderte bildete sich die sog. klassische A. zwischen rohstoffliefernden und kapitalvermehrenden bzw. konsumgüterproduzierenden Ländern heraus. Diese Entwicklung wurde durch → Imperialismus und → Kolonialismus noch verstärkt, da die Kolonialmächte viele der heutigen → Entwicklungsländer in die Rolle von Rohstofflieferanten zwangen und gleichzeitig dort vorhandene Industrien zerstörten, z. B. vernichteten die Briten die indische Textilindustrie.
Auch in der zweiten Hälfte des 20. Jahrhunderts erfolgte eine A. insbesondere zwischen Entwicklungs- und Industrieländern. Dabei steht für die Industrieländer eine möglichst kostengünstige Produktion im Mittelpunkt des Interesses. Hier bieten sich die Staaten der → Dritten Welt an, da die Arbeitskräfte infolge des niedrigen Lebensstandards billig sind; Lohnnebenkosten entfallen weitgehend. Zudem fehlen für Unternehmen kostenintensive Arbeits- und Umweltschutzbestimmungen. Viele Industriestaaten leisten der A. Vorschub, indem sie die Gewährung von → Entwicklungshilfe u. a. von günstigen Investitionsbedingungen für ihre Unternehmen im Ausland abhängig machen.
Im Zuge des technischen Fortschritts, der es erlaubt, die Fertigungsprozes-

se in verschiedene Teilschritte zu zerlegen, wurde die A. seit den 70er Jahren forciert. So werden viele elektronische Bauteile in Asien gefertigt und in den Industrieländern allenfalls noch montiert. Die westliche Textilindustrie läßt größtenteils in der Dritten Welt fertigen.
Befürworter der A. sehen insbesondere für die Entwicklungsländer den Vorteil sinkender Arbeitslosigkeit, besserer Ausbildung der Arbeiterschaft und Zugang zu modernen Industrietechniken. Gegner weisen darauf hin, daß durch die zunehmende A. in den Industrieländern immer mehr Arbeitsplätze verlorengehen. Zudem werde die Beschäftigungsstruktur in den Entwicklungsländern einseitig ausgebildet, und es komme zu verstärkter Konkurrenz unter den sog. Billiglohnländern, die zu einer wachsenden Ausbeutung der Arbeitnehmer führe.
Mitte der 90er Jahre drohten vor allem die deutschen Unternehmerverbände mit den Möglichkeiten der A., um eine Senkung der Abgabenlast, günstigere Investitionsbedingungen und eine bessere Auslastung ihrer Maschinen zu erreichen (Infragestellung der Fünftagewoche).

Arbeitszeit

Die A., während der die Arbeitnehmer dem Arbeitgeber ihre Arbeitskraft zur Verfügung stellen, wurde im Lauf des 20. Jahrhunderts schrittweise verringert und flexibler gestaltet (Gleitzeit, Teilzeitarbeit).
Deutschland: Nachdem das Arbeitsschutzgesetz von 1891 die Sonntagsruhe und damit die Sechstagewoche im Deutschen Reich eingeführt hatte, setzten die Gewerkschaften 1900 den Zehnstundentag für alle Arbeitnehmer durch. 1918 wurde die tägliche A. auf acht Stunden reduziert (gesetzlich festgeschrieben in der Arbeitszeitordnung von 1938). Tarifverträge sorgten bis 1975 für eine schrittweise Verkürzung der Wochenarbeitszeit von 48 Stunden auf 40 Stunden, ab 1990 sollte die 35-Stunden-Woche stufenweise eingeführt werden. Sonderregelungen gelten für Jugendliche und für Frauen (z. B. Einschränkung der Nachtarbeit).
Infolge der anhaltend hohen → Arbeitslosigkeit kam es in den 90er Jahren zu Diskussionen über die A. Die → Gewerkschaften forderten, die vorhandene Arbeit auf mehr Menschen zu verteilen, d. h. kürzere A. und mehr Teilzeitarbeit. Die Arbeitgeber lehnten weitere A.-Verkürzungen wegen zu hoher Lohnnebenkosten (vom Arbeitgeber zu leistende Sozialabgaben) ab und plädierten für flexiblere A., um ihre Maschinen besser auslasten zu können. Diesem Wunsch entsprach das A.-Gesetz von 1994, das unter bestimmten Bedingungen Sonn- und Feiertagsarbeit erlaubt sowie den Zehnstundentag wieder zuläßt. Allgemein wird für die Zukunft erwartet, daß die → Tarifverträge bei der A. der Gestaltungsfreiheit mehr Raum geben und individuelle Lösungen zulassen werden.
International: In Europa galten Mitte der 90er Jahre keine einheitlichen Regelungen zur A. In den EU-Ländern soll bis 1997 eine maximale Wochen-A. von 48 Stunden festgeschrieben werden. Im Vergleich mit anderen Industriestaaten haben Japan und die USA die längsten A.; in Europa nimmt Portugal die Spitzenstellung ein.

Arias-Plan ❑

Der 1987 in Guatemala-Stadt unterzeichnete Friedensplan für Mittelamerika (→ Mittelamerika-Konvention) wurde von dem costaricanischen Staatspräsidenten Oscar Arias Sánchez erarbeitet. Der A. sah die Befriedung und Demokratisierung der Krisenregion vor: Nicaragua verpflichtete sich zu freien demokratischen Wahlen; im Gegenzug stellten die USA ihre jahrelange Unterstützung der sog. Contras ein – Rebellenverbände, die gegen die marxistisch orientierten → Sandinisten in Nicaragua gekämpft und für einen ständigen Flüchtlingsstrom in die Nachbarstaaten gesorgt hatten. Zudem sagten die Unterzeichnerstaaten Costa Rica, El Salvador, Guatemala, Honduras und Nicaragua die Freilassung politischer Gefangener und die Zulassung von Oppositionsparteien zu.

Oscar Arias Sánchez (* 13. 9. 1941)

Der Planungsminister (1972–77) der regierenden sozialdemokratischen Partei der Nationalen Befreiung (PLN) wurde 1979 PLN-Generalsekretär. Der Wirtschaftsfachmann gewann 1986 die Wahlen zum Staatschef in Costa Rica. Er beseitigte die Fixierung des Landes auf die traditionellen Exportgüter (Bananen, Kaffee, Kakao, Zucker) durch gezielte Investitionsförderung in der Kunststoff- und Textilindustrie und sorgte so für stetiges Wirtschaftswachstum. Er senkte die Schuldenlast seines Landes sowie die Arbeitslosigkeit und engagierte sich für die Gleichberechtigung der Frauen. Für seinen Friedensplan erhielt er 1987 den Nobelpreis. Da die costaricanische Verfassung eine zweite Amtszeit verbietet, mußte Oscar Arias Sánchez 1990 zurücktreten.

Armut

Da eine einheitliche Definition des Begriffs A. fehlt, ist zum einen von absoluter A., zum anderen von relativer A. die Rede. Absolute A. (definiert durch das körperliche Existenzminimum und das Fehlen eigener materieller Lebensgrundlagen) wird durch Kriege, Hunger, Katastrophen, fehlende medizinische Versorgung, Bevölkerungswachstum oder Analphabetismus ausgelöst bzw. verschärft. Der Begriff relative Armut beschreibt die international je nach Pro-Kopf-Einkommen und Lebenshaltungskosten unterschiedliche A.-Schwelle. Entscheidend für die politische Bedeutung der A. ist das jeweilige soziale Netz eines Staates, insbesondere in Krisenzeiten. Wächst die A., steigt die politische Unzufriedenheit der Bevölkerung.

Bis 1945: Zu Beginn des 20. Jahrhunderts existierte A. in vielen Teilen der Welt infolge wirtschaftlicher Ausbeutung der Bevölkerung, insbesondere durch die europäischen Kolonialstaaten in Afrika.

In den Industrienationen waren die unterprivilegierten gesellschaftlichen Klassen (Arbeiter) trotz Beschäftigung der ganzen Familie (oft auch der Kinder) ebenso betroffen wie Personen, die aufgrund von Krankheit nicht arbeiten konnten. Eine → Arbeitslosenversicherung wurde zuerst 1911 in Großbritannien (Deutschland: 1927) zur sozialen Absicherung eingeführt. Die → Krankenversicherung existierte in

Deutschland (1883) und Österreich (1888) schon im 19. Jahrhundert; alle anderen Industrienationen folgten im 20. Jahrhundert.
Durch die ökonomischen Folgen zweier → Weltkriege verschärfte sich die A. weltweit.
Ab 1945: Im Zuge des wirtschaftlichen Aufschwungs spielte A. in den Industriestaaten seit den 50er Jahren eine geringere Rolle. Während A. in sozialpolitischen Musterländern (z. B. Schweden) nicht auftrat, machte sie sich in anderen Wohlstandsländern (z. B. den USA) aufgrund fehlender sozialer Absicherung seit den 70er Jahren verstärkt bemerkbar. In der BRD nahm die relative A. seit den 80er Jahren durch höhere Arbeitslosigkeit und Lebenshaltungskosten zu (sog. Neue A.), was sich u.a. an der wachsenden Zahl von Menschen zeigt, die → Sozialhilfe erhalten.
Nach dem Zusammenbruch des → Sozialismus nimmt A. in den osteuropäischen Staaten in den 90er Jahren zu. Dringend benötigte wirtschaftliche Hilfe des Westens setzt nur zögerlich ein, da die politische Situation in vielen neuentstandenen (Klein-)Staaten noch unübersichtlich ist. Bleibt die Hilfe aus, droht langanhaltende politische Instabilität des jeweiligen Landes.
Dem relativen Wohlstand auf der Nordhalbkugel stehen absolute A. und Hunger in der → Dritten Welt (insbesondere in Afrika, Bangladesch, China, Indien und Indonesien) gegenüber, wo rund 1,3 Mrd. Menschen betroffen sind (20% der Weltbevölkerung). Dieser → Nord-Süd-Konflikt wird seit den 80er Jahren verstärkt thematisiert – eine grundlegende Änderung des Systems der → Entwicklungshilfe durch die reichen Staaten konnte auch die 1977 gegründete Nord-Süd-Kommission nicht erreichen.

ASEAN

Die **A**ssociation of **S**outh **E**ast **A**sian **N**ations (Vereinigung südostasiatischer Nationen) zur politischen und wirtschaftlichen Kooperation wurde am 8. 8. 1967 von fünf südostasiatischen Staaten (Indonesien, Malaysia, Philippinen, Singapur, Thailand) in Jakarta (Indonesien) geschlossen. Ziele waren die Erhöhung des Lebensstandards in den Mitgliedsländern sowie eine einheitliche Haltung zur Stationierung amerikanischer und britischer Truppen.
Bis Ende der 80er Jahre entwickelte sich die Ländergemeinschaft, der auch Brunei angehört, zur Wirtschaftsregion mit den höchsten Wachstumsraten weltweit. 1994 trat die Freihandelszone AFTA in Kraft, in der mittels Zollsenkungen der Binnenhandel der A.-Länder verstärkt und der Konkurrenz anderer Freihandelszonen – insbesondere dem europäischen Binnenmarkt – begegnet werden soll. Bis 1999 ist die Aufnahme von Kambodscha, Laos, Myanmar und Vietnam als weitere A.-Mitglieder geplant.

Asyl

Der Begriff A. bezeichnet die schon im Altertum praktizierte Aufnahme zu Unrecht Verfolgter in einem anderen Land. In demokratischen Staaten garantieren Verfassung oder spezielle Asylgesetze (BRD: Artikel 16a Grundgesetz) das Recht auf Zuflucht. A. wird vorwiegend aus politischen, religiösen oder rassischen Gründen beantragt. Mit dem zunehmenden Wohlstandsgefälle reicher Industrie- und armer → Entwicklungsländer kam seit den 70er Jahren A. aus wirtschaftlichen Motiven hinzu. In der Folge verschärften die traditionellen westlichen A.-Länder (z. B. BRD, Schweiz, skandinavische Staaten, USA) ihr A.-Recht.

Politische Gründe: Politisches A. beantragen Personen, die in ihrem Heimatland aufgrund ihrer politischen Überzeugung verfolgt werden. Da dies besonders in totalitären Staaten der Fall ist, war die politische A.-Bewegung immer dann stark ausgeprägt, wenn ein Regime (z. B. die Nationalsozialisten in Deutschland) rigoros gegen Andersdenkende vorging. Hermetisch geschlossene Grenzen (z. B. in den sozialistischen Staaten Osteuropas) sollten die Flucht Oppositioneller verhindern.

Religiöse und rassische Gründe: Diese Gründe machen Personen geltend, die wegen ihrer Hautfarbe oder ihrer Religionszugehörigkeit verfolgt werden. Hauptopfer religiöser Verfolgung waren bereits im Mittelalter die Juden; mit dem Aufkommen des extremen → Nationalismus im 19. Jahrhundert wurden sie auch aus rassischen Gründen verfolgt. Anfang des 20. Jahrhunderts waren sie Opfer von Pogromen in Osteuropa, in den 30er Jahren entgingen Millionen Juden ihrer Ermordung in Nazi-Deutschland nur durch Flucht, wobei die USA zum wichtigsten A.-Land avancierten. Auch zum Ende des Jahrhunderts suchten Angehörige nationaler Minderheiten A.: So werden beispielsweise kurdische Minderheiten nicht nur in den diktatorisch regierten Staaten Irak, Iran und Syrien, sondern auch in der laut Verfassung demokratischen Türkei verfolgt.

Wirtschaftliche Gründe: Bis in die 80er Jahre beantragten vor allem Personen aus der → Dritten Welt Wirtschafts-A. in den reichen Industrieländern, um der ökonomischen Situation in ihrer Heimat zu entkommen. Seit dem Zusammenbruch des Sozialismus 1989 und der Öffnung der Grenzen suchen vermehrt Menschen aus Osteuropa A. Allerdings ist die Aufnahmekapazität der Industriestaaten begrenzt; eine Massenflucht aus ökonomisch rückständigen Gebieten verschärft die dortige Krise weiter und verhindert den Aufbau einer eigenen Wirtschaft.

A.-Recht: Die Verschärfung des A.-Rechts in zahlreichen Industriestaaten führte zu einem deutlichen Rückgang der A.-Bewerber. In der BRD müssen seit 1993 A.-Bewerber, die aus einem sog. sicheren Drittland (alle Staaten, die die Genfer Flüchtlingskonvention anerkannt haben) eingereist sind, in dieses Land zurückkehren. Da das Gros der A.-Bewerber über Polen und Tschechien in die BRD gelangt, vereinbarte die Bundesregierung mit diesen beiden Staaten besondere «Rücknahmeregelungen».

Atlantikcharta ❑

In der A. erklärten US-Präsident Franklin D. Roosevelt und der britische Premierminister Winston Churchill am 14. 8. 1941 auf zwei Schlachtschiffen vor Neufundland die Grundsätze ihrer angestrebten Nachkriegspolitik. Das Dokument nannte acht Prinzipien für die künftige Weltpolitik, darunter Selbstbestimmung, Sicherheit und Frieden für alle Nationen. Diese Forderungen bildeten 1945 die Basis für die Gründung der → UNO. Die A. war das erste offizielle Signal für die Bereitschaft der USA, ihre Neutralitätspolitik aufzugeben, und der Beginn einer alliierten Zusammenarbeit gegen die Expansionsbestrebungen der → Achsenmächte (Deutsches Reich, Italien, Japan). Im September 1941 stimmte auch die Sowjetunion dem Dokument zu. Die A. wurde am 1.1.1942 in der Erklärung der Vereinten Nationen von 26 Staaten als gemeinsames Programm anerkannt. Bis Kriegsende schlossen sich weitere 19 Staaten an.

Grundsätze der Atlantikcharta

1. Verzicht auf territoriale Vergrößerungen.
2. Keine territorialen Veränderungen ohne Zustimmung der betroffenen Staaten.
3. Freie Wahl der Regierungsform und Wiederherstellung des Selbstbestimmungsrechts aller Völker.
4. Freier Zugang zum Welthandel und zu den Rohstoffen.
5. Internationale wirtschaftliche Zusammenarbeit.
6. «Endgültige Vernichtung der nationalsozialistischen Tyrannei» und Aufbau einer internationalen Friedensordnung.
7. Freier Zugang zu den Meeren.
8. Entwaffnung der Aggressorstaaten und Aufbau eines internationalen Sicherheitssystems.

Atomenergie

Die Grundlagen für die friedliche wie für die militärische Nutzung der A. schufen die deutschen Physiker Otto Hahn und Fritz Straßmann, als ihnen 1938 die erste Spaltung von Urankernen gelang. Vier Jahre später entstand in Chicago der weltweit erste Kernreaktor, der Aufschlüsse über die Möglichkeiten einer Atombombe geben sollte. Im August 1945 zerstörten die USA mit je einer Atombombe die japanischen Städte Hiroshima und Nagasaki.

Die Nutzung der Kernspaltung als Energiequelle begann Anfang der 50er Jahre. Erstes Atomkraftwerk (AKW), das als Stromlieferant diente, war ein Atommeiler bei Obninsk (UdSSR). In der Folgezeit setzten viele Industrienationen auf die Entwicklung der A., um den wachsenden Energiebedarf zu befriedigen. 1957 gründeten die meisten Staaten Westeuropas die → EURATOM und verpflichteten sich, die Voraussetzungen für den Aufbau von Atomindustrien zu schaffen. Das erste AKW in der BRD wurde 1961 in Kahl am Main in Betrieb genommen. Trotz eines ersten schweren nuklearen Zwischenfalls 1957 im britischen Windscale (Sellafield) bestimmten die möglichen negativen Auswirkungen der A. erst zu Beginn der 70er Jahre die Diskussion über die Nutzung der A. Die Gefahr gesundheitsschädigender radioaktiver Strahlung bei Unfällen führte zu massiven Protesten gegen die A. (BRD: → Anti-Atomkraft-Bewegung). Nach der Reaktorkatastrophe in Tschernobyl (UdSSR) 1986 erreichte die Kritik am Einsatz der A. ihren Höhepunkt. Dennoch setzte die Mehrzahl der westlichen Industrieländer weiterhin auf diese Form der Energieerzeugung; auch die asiatischen Länder bauten die A. weiter aus. Die meisten AKW gab es 1995 in den USA (109 in Betrieb), Frankreich (57), Japan (48) und den Staaten der ehemaligen UdSSR. Die BRD (20 Kernreaktoren) plante Ende 1995 keine weiteren AKW.

Hauptprobleme sind Mitte der 90er Jahre die weiterhin ungelöste Frage der Entsorgung radioaktiven Abfalls (sog. Endlagerung) sowie die Sicherheit veralteter Kernkraftwerke, insbesondere in Osteuropa. Hier soll die Internationale Atomenergie-Agentur (IEAE, Gründung 1956, Sitz Wien) mit Inspektoren für die Durchsetzung einheitlicher Strahlenschutzvorschriften sorgen. Für eine entsprechende Nachrüstung stellten die westlichen Industrieländer 900 Mio. DM bereit. Weiteres Problem ist der zunehmende Schmuggel mit radioaktivem Material, das bei der Erzeugung von A. anfällt und das zum Bau von → Atomwaffen benutzt werden kann.

Atommächte

Über atomare Waffen verfügen offiziell China, Frankreich, Großbritannien, die USA sowie als Staaten der ehemaligen Sowjetunion Kasachstan, Rußland, die Ukraine und Weißrußland. Von Indien, Israel, Pakistan und Südafrika wird angenommen, daß sie – trotz fehlender offizieller Bestätigung – → Atomwaffen besitzen.

Atommüll

A., d.h. radioaktiver Abfall, entsteht bei der Erzeugung von → Atomenergie (ausgebrannte Brennelemente), in nuklearmedizinischen Labors sowie bei der Verschrottung von → Atomwaffen. Obwohl nahezu alle Industrienationen über Atomkraftwerke verfügen, ist die Entsorgung des A. ungeklärt. Ende 1995 gab es weltweit kein Endlager für hochradioaktiven Abfall, der erst innerhalb von mehreren 10000 Jahren zerfällt und daher unterirdisch gelagert werden soll: So beträgt die Halbwertzeit (Zeitspanne, in der von den ursprünglich vorhandenen Atomen die Hälfte zerfallen ist) von Plutonium 24100 Jahre, von Uran 235 knapp 704 Mio. Jahre.

In den weltweit drei Wiederaufarbeitungsanlagen in Frankreich (La Hague), Großbritannien (Sellafield) und Japan wird der noch nutzbare Brennstoff aus den Brennelementen zurückgewonnen. Der übrige radioaktive Abfall (knapp 5% der vorherigen A.-Menge) muß endgelagert werden. Wegen der gefährlichen Transporte des A. von den Kernkraftwerken zu den Wiederaufarbeitungsanlagen kam es seit den 80er Jahren immer wieder zu Bürgerprotesten. Da die Anlagen überlastet sind, muß der A. in den Erzeugerländern zunächst zwischengelagert werden.

In der BRD wurde 1989 der Bau einer Wiederaufarbeitungsanlage im bayerischen Wackersdorf aus wirtschaftlichen Gründen und wegen heftigen Widerstands der Bevölkerung aufgegeben. Die Novellierung des deutschen Atomgesetzes von 1994 sieht vor, daß künftig die direkte Endlagerung des A. aus Kostengründen Vorrang vor der Wiederaufarbeitung hat (Wiederaufarbeitung ist etwa doppelt so teuer wie die Endlagerung). Bis 2008 soll im ehemaligen Salzbergwerk Gorleben/Niedersachsen ein Endlager für hochradioaktiven Abfall entstehen. Einziges Endlager für mittel- und schwachradioaktiven Abfall in der BRD ist Morsleben/Sachsen-Anhalt, wo der A. vergraben wird.

Atomteststoppabkommen

Am 5. 8. 1963 schlossen die → Atommächte Großbritannien, Sowjetunion und USA einen Vertrag über das Verbot von Kernwaffenversuchen in der Atmosphäre, im Weltraum und unter Wasser. Die drei Unterzeichnerstaaten betrachteten dieses A. als ersten Schritt auf dem Weg zu einem Abrüstungsabkommen, um das Wettrüsten zu beenden. Am 30. 3. 1976 vereinbarten die USA und die UdSSR auch den Verzicht auf unterirdische Kernwaffentests mit einer Sprengkraft von mehr als 150 Kilotonnen TNT. Obwohl dem A. mehr als zwei Drittel aller Staaten beitraten – darunter die BRD 1964, China 1992, Frankreich 1992 –, konnte es weitere Atombombentests (z. B. auf dem Mururoa-Atoll und in Sibirien) nicht verhindern.

Atomwaffen

A., deren Wirkung auf Spaltung (Atom-) oder Verschmelzung (Wasserstoffbomben) von Atomkernen beruht, bestimmten die Ära des Wettrüstens zwischen Ost und West und der → Abschreckung seit Ende der 40er Jahre.

Die ersten A. entwickelten die USA im Forschungslabor Los Alamos/New Mexico unter Leitung von J. Robert Oppenheimer. 1945 warfen US-Flugzeuge Atombomben über den japanischen Städten Hiroshima (6.8.) und Nagasaki (9.8.) ab, um Japan zur Kapitulation zu zwingen.

1949 verfügte auch die Sowjetunion über Atombomben. Drei Jahre später erprobten die USA die erste Wasserstoffbombe, 1953 zog die UdSSR nach. Durch → Aufrüstung von A. mit immer größerer Zerstörungskraft entstand bis Anfang der 60er Jahre das sog. Gleichgewicht des Schreckens. In der Folgezeit entwickelten die beiden Supermächte Abwehrsysteme gegen A. sowie taktische A., die die gegnerische Abwehr überwinden (Raketen mit Mehrfachsprengköpfen) oder einen Einsatz der A. auf begrenztem Raum erlauben sollten. Da sich beide Supermächte mit ihrem A.-Potential mehrfach gegenseitig vernichten konnten (Overkill) und die Neuentwicklung von Waffen immense finanzielle Mittel verschlang, gab es Anfang der 60er Jahre erste Ansätze zur Rüstungsbegrenzung (ab 1962: Genfer Abrüstungskonferenzen).

Der 1968 geschlossene → Atomwaffensperrvertrag verbot die Weiterverbreitung von A. Allerdings unterzeichneten weder alle → Atommächte (nicht China und Frankreich) das Abkommen, noch untersagte ihnen das Vertragswerk eine Fortsetzung des Wettrüstens. Auch die Weiterverbreitung von A. konnte nicht verhindert werden, so daß in den 70er Jahren einige Länder kurz vor der Entwicklung von A. standen bzw. bereits über diese verfügten (Indien, Israel, Pakistan, Südafrika).

Das SALT-I-Abkommen (→ SALT) von 1972 begrenzte erstmals die A. der Supermächte. Ein Abbau der A.

kam allerdings erst 1987 durch den → INF-Vertrag zustande, in dem die USA und die Sowjetunion vereinbarten, ihre atomaren Mittelstreckenraketen komplett zu vernichten.
In den 90er Jahren versuchten zahlreiche Länder, eigene A. zu entwikkeln – z. B. Algerien, der Irak und der Iran. Unsicherheit herrscht über den Verbleib der A. aus der ehemaligen Sowjetunion.

Atomwaffensperrvertrag

Am 1. 7. 1968 unterzeichneten die → Atommächte Großbritannien, Sowjetunion und USA in ihren jeweiligen Hauptstädten diesen Vertrag über die Nichtverbreitung von Kernwaffen. Staaten, die nicht über atomare Waffen verfügen, verpflichten sich durch ihren Beitritt zum A. (BRD 1975), diese nicht herzustellen oder zu erwerben. Im Mai 1995 wurde der A. auf unbefristete Zeit verlängert, allerdings weigerten sich die sog. heimlichen Atommächte (Staaten, die nicht offiziell zugeben, über → Atomwaffen zu verfügen) Israel, Indien und Pakistan wegen regionaler Konflikte, den A. zu ratifizieren.
Da der A. keine atomaren Rüstungsbeschränkungen enthielt, konnte das Wettrüsten ungehindert fortgesetzt werden. Der indische Atombombenversuch war 1974 die erste offensichtliche Verletzung des A., denn das Land war allein nicht in der Lage gewesen, eine Atomwaffe zu bauen. Seit Anfang der 90er Jahre setzten die Vereinten Nationen auf stärkere Kontrollen (z. B. der Atomkraftwerke) in Ländern, die nach Geheimdiensterkenntnissen den Atombombenbau anstreben (z. B. der Irak und Nordkorea).

Aufrüstung

Waren die Anstrengungen eines Staates, sein militärisches Potential zu vermehren, in den vergangenen Jahrhunderten im wesentlichen auf die Vergrößerung der Heeresstärke gerichtet, steht im 20. Jahrhundert die Entwicklung neuer Waffen im Vordergrund. Seit dem 2. Weltkrieg bestimmen → Atomwaffen die A.
Vor 1945: Nach der Jahrhundertwende rüsteten insbesondere die Kolonialmächte mit Kriegsschiffen und U-Booten sowie mit → chemischen Waffen auf, die erstmals im 1. Weltkrieg verwendet wurden. 1916 kamen Panzer (durch Großbritannien) zum Einsatz.
In Nazi-Deutschland verwirklichte Adolf Hitler ab 1933 das bis dahin weltweit größte A.-Programm, um die militärtechnischen Voraussetzungen zum Erreichen seiner Kriegsziele zu schaffen. In den Kämpfen ab 1939 stützte sich die Deutsche Wehrmacht auf neue Flugzeugentwicklungen – z. B. Sturzkampfbomber (Stuka), Düsenflugzeug – und Panzertypen. Gegen Ende des 2. Weltkriegs stand die A. im Zeichen der Entwicklung der Atombombe.
Nach 1945: In der zweiten Hälfte des 20. Jahrhunderts war die A. vom sog. Wettrüsten zwischen Ost und West gekennzeichnet. Nachdem die Supermächte USA und UdSSR ab 1953 über Atom- und → Wasserstoffbombe verfügten (atomares Patt), zielte die A. in der Folgezeit darauf, den potentiellen Gegner vom militärischen Erstschlag abzuhalten (→ Abschreckung). Neben strategische

Waffen (Raketen mit großer Reichweite) traten taktische → Atomwaffen (kurze Reichweite, Einsatz in genau umrissenen Zielgebieten) und die Entwicklung von Abwehrsystemen (z. B. das geplante weltraumgestützte Raketenabwehrsystem der USA, → SDI). Trotz Ächtung durch das → Genfer Protokoll von 1925 entwickelten die Großmächte weiterhin chemische und → biologische Waffen. Auch im Bereich der konventionellen Rüstung (Infanteriewaffen, Kampfflugzeuge, nichtatomare Raketen, Panzer, U-Boote) zielte die A. auf immer effizienteres Kriegsgerät. Die forcierte Waffenentwicklung verschlang Unsummen und brachte insbesondere die Staaten des Ostblocks in wirtschaftliche Schwierigkeiten, da die Produktionskapazitäten vorwiegend für die A. eingesetzt wurden und es dadurch zu Engpässen in der Grundversorgung der Bevölkerung kam. Durch Vereinbarungen zur atomaren → Abrüstung (→ INF-Vertrag) wurde 1987 die A. der Militärblöcke → NATO und → Warschauer Pakt gestoppt.
Begünstigt durch den Ost-West-Konflikt, trieben in der zweiten Hälfte des 20. Jahrhunderts die Staaten der → Dritten Welt die A. voran. Die beiden Supermächte führten in Asien und Afrika sog. Stellvertreterkriege und versorgten die von ihnen unterstützten Staaten oder politisch-militärischen Bewegungen großzügig mit Waffen. Mitte der 90er Jahre hält die A. in der Dritten Welt unvermindert an. Die Rüstungsindustrien der einstigen Supermächte und ihrer Verbündeten suchen nach neuen Absatzmärkten. Die zunehmende Anzahl militärischer Konflikte in Asien und Afrika droht durch den hohen Grad der A. in vielen Regionen unkontrollierbar zu werden.

Ausbürgerung
Der Entzug der Staatsangehörigkeit wird in der Regel nach eklatanten Verstößen gegen wichtige Interessen des jeweiligen Staats ausgesprochen (z. B. Landesverrat). Im Rahmen der → Oktoberrevolution in Rußland kam es zur sog. kollektiven A. gegen politische Gegner. In den 30er Jahren wendete das nationalsozialistische Deutsche Reich die kollektive A. gegen jüdische Bürger an. In der BRD ist A. nach Art. 16 Abs. 1 Satz 1 des Grundgesetzes nicht möglich. Hingegen war A. in der DDR – wie auch in anderen sozialistischen Staaten – ein politisches Mittel, um gegen Oppositionelle vorzugehen. Insbesondere Künstler waren seit den 70er Jahren betroffen (z. B. Wolf Biermann, 1976).

Auschwitz
Das → Konzentrationslager A. wurde 1940 am Rand der polnischen Kleinstadt Oswięcim von der → SS angelegt. Zusätzlich zu diesem Stammlager entstand ein Jahr später das → Vernichtungslager A.-Birkenau. Ab März 1942 wurden vor allem Homosexuelle, Juden, Sinti und Roma sowie politische Häftlinge aus Deutschland und Polen nach A. transportiert. Als im November 1944 die Befreiung durch die Rote Armee kurz bevorstand, zerstörten die Deutschen die Krematorien des Lagers, in dem sie nach Schätzungen zwischen 2 Mio. und 4 Mio. Menschen – zumeist Juden – umgebracht hatten. Die meisten der Gefangenen

starben in eigens eingerichteten Gaskammern; die Leichen wurden in Krematorien verbrannt.
Seit Ende der 80er Jahre bestritten immer häufiger neonazistische Gruppierungen den Massenmord an mehr als 6 Mio. Juden in deutschen Vernichtungslagern (sog. A.-Lüge). Durch eine Strafgesetzverschärfung im Mai 1994 kann das öffentliche Leugnen, Billigen oder Verharmlosen der Judenvernichtung mit Freiheitsentzug bis zu drei Jahren oder Geldstrafe geahndet werden.

Auschwitz-Prozesse

Gegen die Verantwortlichen des Konzentrationslagers Auschwitz wurden insgesamt drei Prozesse geführt – einer in Polen, zwei in der BRD: Am 2.4.1947 verurteilte ein Gericht in Warschau den Lagerkommandanten Rudolf Höß ebenso wie einige Angehörige des Wachpersonals zum Tode; andere Aufseher erhielten Zuchthausstrafen.
Nach fünfjährigen Vorermittlungen und zweijährigem Prozeß wurden 1965 weitere sechs Aufseher im ersten A. in der BRD (Frankfurt a.M.) zu lebenslangem Freiheitsentzug und zehn Täter zu Zuchthausstrafen zwischen dreieinhalb und 14 Jahren verurteilt. Drei Angeklagte kamen frei. Ein Jahr später verhängte das Frankfurter Schwurgericht im zweiten A. gegen weitere Angeklagte nur geringe Freiheitsstrafen und löste damit internationale Proteste aus.

Ausländer

A. sind alle in einem Staat lebenden Personen, die im Sinne der jeweiligen nationalen Gesetze nicht als Staatsbürger gelten bzw. die Staatsangehörigkeit eines anderen Landes besitzen. Aufgrund historischer Entwicklungen können Personen das Recht auf mehrere Staatsbürgerschaften haben. So gelten in der BRD alle Personen, die im Deutschen Reich (Stichtag 31.12.1937) Aufnahme gefunden hatten, nicht als A. (z.B. Rumänien- und Rußlanddeutsche, Ostpreußen); in den früheren Kolonialstaaten (z.B. Großbritannien, Frankreich, Niederlande) haben die Einwohner der ehemaligen Kolonialgebiete ebenfalls ein Recht auf Staatsbürgerschaft. Im 20. Jahrhundert waren Kriege, totalitäre politische Regime und wirtschaftliche Krisen die Hauptgründe, die eigene Heimat zu verlassen und sich in einem anderen Staat anzusiedeln. Die klassischen Einreiseländer (z.B. Schweiz, USA) reagierten mit Gesetzen, in denen der Zuzug von A. beschränkt wurde. Das Recht auf → Asyl blieb von diesen Regelungen ausgenommen.
Zu Beginn des 20. Jahrhunderts waren die aufstrebenden Industrienationen die wichtigsten Einwanderungsländer, da sie den Arbeitskräftemangel durch A. zu beheben versuchten (Deutsches Reich: insbesondere Polen für das Ruhrgebiet). Durch die Oktoberrevolution in Rußland (1917) sowie den 1. und 2. Weltkrieg setzte eine politisch motivierte Flüchtlingswelle ein: Oppositionelle und rassisch Verfolgte flohen aus den diktatorisch regierten Staaten und fanden in demokratischen Ländern – z.B. Frankreich (aus Rußland), USA (aus Deutschland) – Zuflucht. Mit dem Wiederaufbau in Europa und dem wirtschaftlichen Aufschwung wurden

seit den 60er Jahren A. (z. B. aus Griechenland, Italien, Jugoslawien, Portugal, Spanien und der Türkei) als Arbeitskräfte geholt, um den aufkeimenden Wohlstand zu sichern. Das zunehmende Wohlstandsgefälle zwischen den Industriestaaten und den Ländern der → Dritten Welt führte weitere A. in die westlichen Staaten. Diese Entwicklung verstärkte sich noch nach dem Zusammenbruch der sozialistischen Länder in Osteuropa.

Ausländerfeindlichkeit

Die A., die sich in physischer oder psychischer Gewalt äußert, zielt darauf, eine Integration von → Ausländern zu verhindern und sie zum Verlassen des Landes zu bewegen. A. entsteht aus persönlicher wirtschaftlicher und sozialer Unsicherheit: Personen, die von Arbeits- und Perspektivlosigkeit betroffen sind, suchen nach sozial Schwächeren, um Aggressionen gewaltsam abzubauen. Ausländer, deren Kulturen als eher fremd angesehen werden (z. B. Menschen aus islamischen Staaten), oder Menschen mit anderer Hautfarbe werden eher zur Zielscheibe von A. als Ausländer, die aus kulturell oder ökonomisch gleichrangig angesehenen Staaten (z. B. Großbritannien, Frankreich) stammen.
Seit den 80er Jahren wird A. zunehmend politisch kanalisiert: In Frankreich (→ Front National) und Italien verzeichnen Rechtsextreme zweistellige Wahlergebnisse; in der BRD spielen deren Parteien bei Wahlen keine vergleichbare Rolle. Dennoch nehmen → Rechtsextremismus und Gewaltbereitschaft gegenüber Ausländern auch unter deutschen Jugendlichen zu: Dabei wird auch vor Mord (Brandanschläge 1992 in Mölln, 1993 in Solingen) und öffentlicher Jagd auf Ausländer (Hoyerswerda 1991, Rostock 1992, Magdeburg 1994) nicht zurückgeschreckt.

Ausländerwahlrecht

Das A. umfaßt das Wahlrecht für Menschen in einem Staat, in dem sie leben, ohne dessen Staatsbürgerschaft zu besitzen. Die zunehmende Zahl von Ausländern, die seit Generationen im Gastgeberland wohnen, veranlaßte europäische Regierungen (z. B. in den Niederlanden und den skandinavischen Ländern), auch diesen Bürgern das kommunale Wahlrecht zuzugestehen. Innerhalb der Europäischen Union haben Staatsangehörige aus Mitgliedsländern, die in einem anderen EU-Staat leben, ab 1996 kommunales Wahlrecht. Ein A. für Landtags- oder Parlamentswahlen gibt es nicht.

Ausnahmezustand

Der A., ein durch besondere Umstände eingetretener staatlicher → Notstand, wird in Krisengebieten und -zeiten häufig angewandt und berechtigt die Regierung zu außerordentlichen Maßnahmen. Zumeist werden die Grundrechte (z. B. Meinungs- und Versammlungsfreiheit) eingeschränkt, das Militär erhält polizeiliche, die Exekutive gesetzgebende Befugnisse.
In vielen europäischen Ländern ist der A. durch eine eigene Notstandsverfassung nicht vorgesehen (z. B. Benelux-Staaten, Dänemark, Großbritannien, Norwegen, Österreich, Schweiz); in Ausnahmefällen erhält

die Regierung jedoch Sondervollmachten. Infolge der negativen Erfahrungen mit dem Notverordnungsartikel der → Weimarer Republik (Art. 48) sieht das deutsche → Grundgesetz einen solchen Passus nicht mehr vor. Durch die Notstandsgesetze von 1968 versuchte die Große Koalition aus CDU/CSU und SPD während der Studentenunruhen, die Autorität des Staates zu stärken.
Während der A. bis 1945 auch in Europa mehrmals aus politischen Gründen (z. B. Kriege) angewandt wurde, riefen westliche Staaten in der zweiten Hälfte des Jahrhunderts den A. zumeist regional begrenzt bei Naturkatastrophen aus. In Ländern, in denen die Demokratie noch nicht gefestigt ist, wird der A. oft verhängt, um demokratiefeindliche Kräfte abzuwehren, aber auch, um politischen Gegnern ein legitimes Forum zu entziehen (z. B. in Peru).

Außenhandel

Der A., wichtigster Bereich der → Außenwirtschaft, umfaßt alle Exporte und Importe eines Staates. Ziel der A.-Politik ist ein Gleichgewicht der → Handelsbilanz (gleiche Höhe von Ein- und Ausfuhren). Zudem sollen Exportüberschüsse vermieden werden, da sie trotz größeren Bruttoinlandsprodukts häufig inflationssteigernd wirken. Seit Anfang der 50er Jahre weisen vor allem die Handelsbilanzen der BRD und Japans hohe Exportüberschüsse aus.

Außenpolitik

A. umschreibt die Beziehungen eines Staates zu anderen Staaten in allen politischen Bereichen. In der ersten Hälfte des 20. Jahrhunderts bestimmten Kriege und bilaterale militärische Bündnisse die A. Durch die Erfahrungen zweier → Weltkriege stieg die Einsicht in langfristige friedenssichernde Abkommen zwischen möglichst vielen Staaten. Als Nachfolgeorganisation des politisch bedeutungslosen → Völkerbunds wurde 1945 die → UNO gegründet, die zunächst an ideologischen Differenzen zwischen sozialistischen und kapitalistischen Staaten zu scheitern drohte. In den 40er und 50er Jahren etablierten sich die großen Militärblöcke → NATO und → Warschauer Pakt, die in der Folgezeit die außenpolitischen Weichen für multinationale Zusammenarbeit stellten.
In den 60er Jahren verloren die zuvor tonangebenden Kolonialmächte an Einfluß, als zahlreiche Staaten der → Dritten Welt (insbesondere in Afrika) unabhängig wurden. Diese neuen Länder konnten sich dem Einfluß der die Militärblöcke beherrschenden Supermächte jedoch nicht entziehen: Zwischen amerikanisch und sowjetisch kontrollierten Staaten kam es zu Stellvertreterkriegen, die erst mit dem Wegfall der ideologischen Auseinandersetzungen zwischen Ost und West Ende der 80er Jahre ein Ende fanden.
Während nationale Regierungen über weite Phasen des 20. Jahrhunderts ihre A. durch Verträge und Abkommen selbst bestimmten, sollen in der letzten Dekade außen- und sicherheitspolitische Kompetenzen verstärkt an multinationale Gemeinschaften (z. B. → EU und UNO) abgetreten werden. Ziel dieser Zusammenarbeit ist es, gemeinsame außen-

politische Richtlinien zu vertreten, die nationale Interessen zurückdrängen und Stabilität z. B. in der Sicherheitspolitik garantieren.

Außenwirtschaft

Als A. werden über die nationalen Grenzen hinausreichende wirtschaftliche Geschäfte zusammengefaßt, die in der Zahlungsbilanz eines Landes berücksichtigt sind: Warenhandel, Handel mit Dienstleistungen, unentgeltliche Übertragungen und Kapitalverkehr.

Ordnungspolitische Komponente: Im politischen Bereich wird die A. in der BRD durch das Außenwirtschaftsgesetz (1961) geregelt, das die Basis für wirtschaftliche Beziehungen zum Ausland bildet. In den westlichen Industrienationen herrscht eine liberale A.-Politik vor, die auf der Grundlage der freien → Marktwirtschaft basiert. Um ein außenwirtschaftliches Gleichgewicht (Ziel der A.-Politik) zu erreichen, gibt der Staat einen Gesetzesrahmen vor, der sich an den wirtschaftspolitischen Richtlinien orientiert (gelenkte A.). Die sozialistischen Staaten betrieben eine monopolistische A.-Politik. Strengste Form ist das Außenhandelsmonopol, bei dem staatliche Stellen die einzelnen Geschäfte mit dem Ausland zentral vorgeben, genehmigen und durchführen. Beim sog. Dirigismus müssen sich einzelne Unternehmen/Kooperativen ihre Transaktionen ebenfalls genehmigen lassen, dürfen diese aber selbst abwickeln. Durch den Zusammenbruch des → Sozialismus in Osteuropa haben monopolistische Formen der A. stark an Bedeutung verloren.

Prozeßpolitische Komponente: sie bezeichnet staatliche Engriffe in die Wirtschaft, um spezielle, zeitlich eingegrenzte Ziele zu realisieren. Dabei kann die ein- oder auszuführende Menge Gegenstand der A.-Politik sein (sog. Kontingentierung), um das Gleichgewicht der → Handelsbilanz zu sichern oder die heimische Wirtschaft zu unterstützen (z. B. durch Einfuhrbeschränkungen für ausländische Güter).
Im Rahmen der Preispolitik werden ausländische Produkte z. B. durch Einfuhrzölle verteuert und damit deren Konkurrenzfähigkeit gesenkt (zumeist Schutz vor Billigimporten). Subventionen (z. B. Steuerleichterungen) an die Produzenten halten zu exportierende nationale Waren wettbewerbsfähig oder sichern bestehende Wettbewerbsvorteile.
Weiteres Instrument der A.-Politik ist die → Währungspolitik. So fördert die Herabsetzung des Wechselkurses einer Währung Exporte (die Waren werden im Ausland billiger, der Kaufanreiz steigt) und hemmt Importe (für eingeführte Waren erhalten die Hersteller weniger Geld); die Heraufsetzung des Wechselkurses hat entgegengesetzte Folgen. Im gemeinsamen europäischen Markt mit einheitlicher Währung (→ Währungsunion) soll die nationale A.-Politik wegfallen. Die ordnungs- und prozeßpolitischen Komponenten werden dann dazu dienen, den sog. → Europäischen Binnenmarkt gegenüber anderen Wirtschaftsgemeinschaften (z. B. → APEC, → NAFTA) abzugrenzen.

Aussiedler

Als A. werden alle deutschstämmigen Personen bezeichnet, die aus osteuropäischen Staaten in die BRD übersiedeln. Der Anspruch von A., in der BRD zu leben, geht zurück auf das Bundesvertriebenengesetz von 1959, in dem deutschstämmigen Bevölkerungsgruppen (z.B. Ostpreußen, Pommern, Rumänien- und Rußlanddeutschen, Schlesiern und Ungarndeutschen) ein Rechtsanspruch auf Einbürgerung zuerkannt worden war. Nach Artikel 116 des Grundgesetzes gilt u.a. als Deutscher, wer im Deutschen Reich (Stichtag 31.12.1937) Aufnahme gefunden hat.

Dem starken Anstieg der A. infolge der Demokratisierung in Osteuropa (1989: rd. 721000 A.; Verdreifachung gegenüber 1988) wirkte die Bundesregierung mit gesetzlichen Bestimmungen entgegen: Seit 1990 müssen A. ihren Antrag in ihrem Herkunftsland stellen und dürfen erst nach Erteilung eines Aufnahmebescheids in die BRD einreisen. Durch das sog. Kriegsfolgenbereinigungsgesetz (1993) dürfen die Zahlen der jährlich neuaufgenommenen A. die Werte der beiden Vorjahre nicht übersteigen. Probleme bei der Integration von A. ergeben sich insbesondere bei der Arbeitsplatz- und Wohnraumsuche.

Aussperrung

Die Arbeitgeber setzen die A. als Maßnahme gegen → Streiks der Arbeitnehmer im Arbeitskampf ein. Dabei werden die Beschäftigten, die während der A.-Phase keinen Lohn erhalten, von der jeweiligen Arbeit ausgeschlossen. A. wurde im Deutschen Reich seit dem späten 19. Jahrhundert praktiziert. Da es noch kein umfassendes Arbeitsrecht gab, bedeutete A. zumeist den völligen Verlust des Arbeitsplatzes. In der BRD bestehen die Arbeitsverhältnisse nach der A. fort. 1980 erklärte das Bundesarbeitsgericht in Kassel A. als eingeschränkt legitim, sofern die A. nur im betroffenen Tarifgebiet – und zudem nicht als Präventivmaßnahme – erfolgt.

Austerity-Politik

Der Begriff A. bezeichnet die Finanz- und Wirtschaftspolitik der Labour-Regierung Großbritanniens um Premierminister Clement Richard Attlee und Schatzkanzler Stafford Cripps zwischen 1945 und 1951. Die A. zielte darauf, durch strikte Sparmaßnahmen die infolge des 2. Weltkriegs zerstörte britische Wirtschaft zu sanieren. Der erhoffte wirtschaftliche Aufschwung blieb aus. Daraufhin verlor Attlee 1951 die Parlamentswahlen gegen seinen Vorgänger Winston Churchill.

Austrofaschismus ❑

Die austrofaschistische Bewegung, die sich auf den rechten Flügel der Heimwehren stützte, bildete sich kurz nach dem 1. Weltkrieg in Österreich. Der A. bekämpfte die → Sozialdemokratie, vertrat ständestaatliche Ziele und sah die Veränderung der Gesellschaft nach dem Vorbild des italienischen → Faschismus vor.

Nach zunehmend eskalierender Gewalt zwischen Rechten und Linken setzten sich die Befürworter des A. Anfang der 30er Jahre durch: Bundeskanzler Engelbert Dollfuß schaltete die linken Parteien und das Parlament durch → Notverordnungen aus und etablierte ein autoritäres Regime. Obwohl er politisch weit rechts stand und zu den Verfechtern des österreichischen Deutschtums zählte, setzte sich Dollfuß auch gegen die Nationalsozialisten zur Wehr, die den Anschluß an das Deutsche Reich propagierten. Er starb während eines gescheiterten nationalsozialistischen Putschversuchs am 25. 7. 1934. Sein Nachfolger Kurt Schuschnigg führte die ständisch und klerikal ausgerichtete Politik des A. fort, den die Angliederung Österreichs an das Deutsche Reich 1938 hinfällig machte.

Engelbert Dollfuß
(4. 10. 1892 – 25. 7. 1934)
Dollfuß wurde 1931 Minister für Landwirtschaft und übernahm ein Jahr später in Personalunion das Amt des Bundeskanzlers und Außenministers. Er errichtete eine autoritäre Herrschaft nach katholisch-ständestaatlichen Prinzipien. Gewaltsam schaltete Dollfuß die Sozialdemokratie aus. 1934 fiel er einem Umsturzversuch der Nazis zum Opfer.

Austromarxismus ❑

Diese eigenständige theoretische Ausrichtung des → Marxismus in Österreich wurde im ersten Drittel des 20. Jahrhunderts von Max Adler, Otto Bauer, Rudolf Hilferding und Karl Renner entwickelt. Der A. ging von den besonderen Verhältnissen des Vielvölkerstaats Österreich-Ungarn aus und versuchte, den Marxismus mit den Erkenntnislehren von Immanuel Kant zu verbinden. Im Mittelpunkt dieses Ansatzes stand nicht – wie bei Karl Marx – das gesellschaftliche Sein (ökonomische Situation) einer Klasse, das das Bewußtsein bestimmt, sondern das Bewußtsein der Individuen selbst. Nur ein entwickeltes Bewußtsein aller Arbeiter könne den Übergang von der kapitalistischen zur sozialistischen Gesellschaftsordnung herbeiführen. Der A. setzte dabei zunächst nicht auf die gewaltsame Änderung der Herrschaftsverhältnisse, wie in der marxistisch-leninistischen Theorie gefordert, sondern strebte einen geistigen und politischen Kampf sowie eine Veränderung durch Wahlen an. Im Zuge der zunehmenden innenpolitischen Auseinandersetzungen in Österreich gewannen die Befürworter von Gewalt zur Durchsetzung der politischen Ziele an Einfluß (z. B. Adler).

1926 vollzogen die österreichischen Sozialdemokraten mit dem sog. Linzer Programm ihre Hinwendung zum A. Durch den innenpolitischen Sieg des → Austrofaschismus Anfang der 30er Jahre verlor der A. seine Bedeutung.

Marxistische Kritiker warfen den Vertretern des A. → Revisionismus (Verzicht auf die sozialistische Revolution) vor und bezeichneten sie als «Kaisersozialisten», da viele österreichische Sozialdemokraten eine Zusammenarbeit mit der Krone nicht ablehnten (sog. Interessengemeinschaft). Darüber hinaus habe aber der A. durch Betonung der nationalen Belange die internationale sozialistische Bewegung geschwächt.

Max Adler
(15. 1. 1873–28. 6. 1937)
Der österreichische Soziologe, Philosoph und Politiker gründete 1903 in seiner Heimatstadt Wien zusammen mit seinen sozialdemokratischen Weggefährten Otto Bauer, Rudolf Hilferding und Karl Renner den politischen Diskussionszirkel «Verein Zukunft». In den Folgejahren erarbeitete Adler die theoretischen Grundlagen des Austromarxismus. 1925 veröffentlichte der Wiener Universitätsprofessor sein Hauptwerk und politisches Bekenntnis «Kant und der Marxismus», dem das zweibändige «Lehrbuch der materialistischen Geschichtsauffassung» (1930–32) und «Die Rätsel der Gesellschaft» (1936) folgten.

Autarkie

Der aus dem Griechischen (Selbstgenügsamkeit) abgeleitetete Begriff meint die rein theoretische Vorstellung der vollständigen ökonomischen Selbstversorgung eines Staates. Wirtschaftliche Beziehungen mit anderen Ländern sind in einer A. nicht vorgesehen. Der Versuch einer A. beschränkte sich in der Regel auf essentielle Wirtschaftsbereiche. Bestrebungen, das eigene Land völlig von internationalem Handel auszuschließen, bewirkten zumeist eine langanhaltende Rückständigkeit, so z. B. bis Ende der 80er Jahre in Albanien.

Autokratie

Der Begriff (von griechisch: Selbstherrschaft) bezeichnet eine Regierungsform, bei der ein einzelner Herrscher (z. B. Monarch, Diktator) die Staatsgewalt auf sich vereinigt.

Autonomie

Der Begriff meint zum einen die staatliche Unabhängigkeit, zum anderen die rechtliche Selbstverwaltung eines Gebiets durch eine Volksminderheit in einem Staat sowie die teilweise rechtliche Selbstbestimmung eines Bundesstaats (BRD: Bundesland; → Föderalismus). A.-Bestrebungen traten zumeist dort auf, wo verschiedene Volksgruppen und Nationalitäten über längere Zeit in großen Staatsgebilden zusammengefaßt waren (z. B. UdSSR) oder ehemals eigenständige Regionen einem anderen Staat angeschlossen wurden (z. B. Korsika, Südtirol).
Zu Beginn des 20. Jahrhunderts waren A.-Bewegungen im Osmanischen Reich und im Vielvölkerstaat Österreich-Ungarn stark ausgeprägt. Nach dem 1. Weltkrieg wurden diese Staatsgebiete durch → Friedensverträge in einzelne Nationalstaaten aufgeteilt (z. B. Österreich, Ungarn, Tschechoslowakei).
Als die großen Kolonialmächte infolge des 2. Weltkriegs militärisch geschwächt waren, setzte in den Kolonien ein verstärkter Kampf nach A. ein, der in den 60er Jahren zahlreichen afrikanischen Staaten die Unabhängigkeit brachte (→ Kolonialismus).
Ende der 80er Jahre begann durch den Zusammenbruch des Sozialismus eine dritte große A.-Welle. Die ehemaligen Sowjetrepubliken entwickelten sich zu einzelnen Staaten, in denen wiederum kleinere Volksgruppen ihre A.-Ansprüche geltend machen. In Jugoslawien führte der Zerfall des Vielvölkerstaats in einen Bürgerkrieg (→ Jugoslawienkrieg). Weitere Schauplätze des Kampfes

nach A. sind Sri Lanka und die Türkei, wo sich Minderheiten (Tamilen bzw. Kurden) blutige Auseinandersetzungen mit den ethnischen bzw. religiösen Mehrheiten liefern. Andere Regionen (z. B. Baskenland, Korsika, Québec, Südtirol) streben nach eher kultureller A. Der Grat zwischen dem (verständlichen) Wunsch nach Selbstbestimmung und einem Rückfall in nationalistische Kleinstaaterei ist dabei schmal.

B

Baader-Meinhof-Gruppe
→ RAF

Baath-Partei ❑
Der syrische Untergrundkämpfer Michel Aflak gründete 1942 die Kampforganisation, aus der 1946 die politische B. hervorging. Ideologisch vereint sie arabischen Nationalismus mit sozialistischen Inhalten. Vorrangiges außenpolitisches Ziel ist die Befreiung aller arabischen Gebiete von Fremdherrschaft bzw. Fremdeinfluß und die föderative Vereinigung aller arabischen Staaten. Innenpolitisch strebt die B. Verstaatlichungen, Planwirtschaft und soziale Reformen (u. a. Neuverteilung des Grundbesitzes) an. Im Gegensatz zu anderen sozialistischen Parteien ist die B. nicht atheistisch, sondern akzeptiert den Islam in seiner Verknüpfung mit der arabischen Geschichte.
International erlangte die B. seit den 60er Jahren Bedeutung, als sie sich in Syrien (1963) und im Irak (1968) durchsetzte. Beide Staaten pflegten enge Beziehungen zur UdSSR und behinderten durch aggressive, expansionistische Außenpolitik den Friedensprozeß im Nahen Osten. Syrien intervenierte unter Hafez al Assad mehrfach im → Libanon-Konflikt. Der Irak löste unter Saddam Hussein 1980 und 1991 die → Golfkriege aus.

Hafez al Assad
(* 6. 10. 1930)
Der Oberbefehlshaber der syrischen Luftwaffe kam 1970 durch einen Putsch an die Macht und wurde im Folgejahr Staatspräsident. Er leitete eine eher liberale Wirtschaftspolitik ein und forcierte die Annäherung an die Sowjetunion. Der Versuch, durch ein Eingreifen im libanesischen Bürgerkrieg eine beherrschende Position im Nachbarland zu gewinnen, brachte Assad in Konflikt mit fast allen arabischen Staaten. 1979 avancierte er zum Wortführer des Widerstands gegen den israelisch-arabischen Friedensvertrag. Assad lehnt eine Friedenslösung ohne Schaffung eines unabhängigen Palästinenserstaates ab und wandte sich gegen das → Gaza-Jericho-Abkommen zwischen Israel und PLO.

Bagdad-Pakt
→ CENTO

Balfour-Deklaration ❑
In einem Brief, der sog. B., sagte der britische Außenminister Arthur James Balfour am 2. 11. 1917 dem Führer der Zionisten, Walter Rothschild, zu, sein Land werde nach dem Ende des 1. Weltkriegs eine Heimstätte des jüdischen Volkes in Palästina unterstützen. Allerdings müßten die Rechte nichtjüdischer Gemeinschaften respektiert werden.

Die B. wurde zur Grundlage der jüdischen Siedlungsbewegung in Palästina, obwohl sie anderen britischen Versprechungen und Verträgen der Kriegszeit widersprach: So hatte sich Großbritannien im Sykes-Picot-Abkommen bereits 1916 mit Frankreich über die Aufteilung des mit dem Deutschen Reich verbündeten Osmanischen Reiches, zu dem Palästina gehörte, geeinigt. Diese widersprüchliche Politik zielte darauf, in Kriegszeiten möglichst viele Interessengruppen an sich zu binden. Als Großbritannien 1920 vom → Völkerbund das Mandat über Palästina erhielt, mußte die Verwaltung die jüdische Einwanderung stark drosseln, da bürgerkriegsähnliche Auseinandersetzungen mit den Palästinensern ausbrachen.

Arthur James Balfour (25.7.1848–19.3.1930)

Der konservative Unterhausabgeordnete wurde 1902 britischer Premierminister. Zwei Jahre später leitete er durch den Abschluß der Entente cordiale mit Frankreich eine außenpolitische Neuorientierung ein. Nach der Wahlniederlage 1907 blieb Balfour nur die Rolle als Oppositionsführer. 1916 übernahm er das Amt des Außenministers und sicherte den Juden die britische Unterstützung für die Errichtung einer «Nationalen Heimstätte» zu. 1919 vertrat Balfour sein Land bei der Pariser Friedenskonferenz. Sieben Jahre später definierte er den seither gültigen Status der britischen → Dominions.

Balkanbund

Der B. bestand aus einem System bilateraler Verträge, in denen sich zwischen dem 13.3. und 6.10.1912 Bulgarien, Griechenland, Montenegro und Serbien gegen das Osmanische Reich verbündeten. Ziel des B. war es, Makedonien von der Türkenherrschaft zu befreien. Das Bündnis kam mit maßgeblicher Unterstützung Rußlands zustande, das ebenfalls die Kontrolle über die Meeresengen am Bosporus anstrebte. Der B. bewährte sich, als die Vertragspartner im 1. → Balkankrieg gemeinsam gegen die Türkei kämpften. Nach dem siegreichen Abschluß der Kämpfe führte der Streit um die Aufteilung der Gebietsgewinne zum Ende des B.

Balkanisierung

Das Schlagwort beschreibt eine negative Entwicklung politischer Zustände, die zu Kleinstaaterei sowie politischer, wirtschaftlicher und kultureller Instabilität der betreffenden Regionen führt. Der Begriff B. wurde Ende des 19. Jahrhunderts geprägt, als sich das Osmanische Reich auflöste und sich der Balkan (d.h. die unter osmanischer Herrschaft stehenden Gebiete) zum Konfliktherd entwickelte. Zwischen den auf dem Balkan lebenden Völkern kam es immer wieder zu Nationalitätenkonflikten, die die Großmächte bewußt förderten.

Im 20. Jahrhundert wurde der Begriff B. auch für andere Regionen verwendet. So sprach man bei der → Entkolonisierung Afrikas und den dabei entstehenden Einzelstaaten von der B. des afrikanischen Kontinents. Bei der Auflösung der UdSSR (1991) sahen viele Beobachter die

Gefahr, daß es zu einer B. der Randgebiete kommen könne.

Balkankriege

Im 1. B. (1912/13) kämpften die im → Balkanbund vereinigten Staaten Bulgarien, Griechenland, Montenegro und Serbien gegen das Osmanische Reich. Ziel war es, die Türken vom Balkan zu vertreiben. Nach ihrer militärischen Niederlage mußte die Türkei auf alle Gebietsansprüche westlich der Linie Enos-Midia verzichten und verlor alle ägäischen Inseln; Makedonien wurde befreit. Der am 30.5.1913 von den Großmächten in London vermittelte Frieden führte zum Streit unter den Siegern über die Aufteilung Makedoniens. Zudem versperrte der neu geschaffene Staat Albanien Serbien und Montenegro den erhofften Zugang zur Adria.
Die entstandenen Rivalitäten führten am 29.6.1913 zum 2. B., als Bulgarien im Konflikt um Makedonien Serbien und Griechenland angriff, die von der Türkei und Rumänien unterstützt wurden. Bulgarien unterlag und mußte im Frieden von Bukarest (10.8.1913) die Landgewinne aus dem 1. B. mit der Süddobrudscha an Rumänien abtreten. Folge des 2. B. war eine Machtverschiebung auf dem Balkan zugunsten Serbiens.

Balkanpakt

Den B. von 1934 zur Sicherung des territorialen Status quo und zur gegenseitigen Unterstützung im Verteidigungsfall unterzeichneten Griechenland, Jugoslawien, Rumänien und die Türkei am 9.2.1934 in Athen. Der von Frankreich geförderte B. richtete sich auch gegen jene europäischen Staaten, die eine Revision der nach dem 1. Weltkrieg geschlossenen → Pariser Vorortverträge anstrebten (z.B. Bulgarien). Zudem sollte der B. das Eigengewicht Südosteuropas gegenüber den Großmächten Deutsches Reich und UdSSR stärken. Da Albanien und Bulgarien dem B. nicht angehörten, blieb das Bündnis politisch schwach. Als nach dem italienischen Angriff auf Griechenland 1940 keine Reaktion der Bündnispartner erfolgte, zerfiel der B.
Der B. von 1954 ergänzte als Militärbündnis den von Griechenland, Jugoslawien und der Türkei geschlossenen Freundschaftsvertrag (Vertrag von Ankara, 1953). Der in Bled (heute Slowenien) unterzeichnete B. richtete sich gegen die Expansionsbestrebungen der Sowjetunion auf dem Balkan und verpflichtete die Mitgliedsstaaten zu militärischem Beistand im Falle eines Angriffs von außen. Der auf 20 Jahre vereinbarte B. verlor wegen der Differenzen zwischen Griechenland und der Türkei um Zypern bereits in der zweiten Hälfte der 50er Jahre an Bedeutung.

Baltenpakt

In dem «Vertrag über das Einvernehmen und die Zusammenarbeit der drei baltischen Staaten» Estland, Lettland und Litauen vereinbarten die Außenminister der Länder am 12.9.1934 in Genf eine engere (außen-)politische Kooperation. Der B., der sich nicht als Militärabkommen verstand, sollte die Eigenständigkeit gegenüber den Großmächten Deutsches Reich und UdSSR betonen. 1939 wurde der B. hinfällig: Im → Hitler-Stalin-Pakt hatte sich die

Sowjetunion die baltischen Staaten als Territorium gesichert, mit Beginn des 2. Weltkriegs verloren Estland, Lettland und Litauen ihre Souveränität.

Baltische Entente
1922 bildeten Estland, Finnland, Lettland und Polen das Schutzbündnis der B. gegen den Machtbereich der UdSSR. Die B. erreichte keine große politische Bedeutung; lediglich das Bündnis zwischen Estland und Lettland erwies sich als längerfristig und wurde 1934 in den → Baltenpakt umgesetzt.

Baltischer Rat
Im Mai 1990 beschlossen Estland, Litauen und Lettland, die sich Anfang 1990 für unabhängig von der UdSSR erklärt hatten (ab 1991 eigenständige Republiken), in der estnischen Hauptstadt Tallinn die Einrichtung des B. Ziel des gemeinsamen Gremiums ist die wirtschaftlich-politische Zusammenarbeit der drei Staaten. Darüber hinaus sollte der B. das Vorgehen der drei Länder gegenüber der UdSSR bei der Sicherung der Autonomie vereinheitlichen. Eine vom B. für 1992 vorbereitete Zollunion und Freihandelszone wurde durch die Einführung jeweils eigener Währungen in den drei Staaten verhindert.

Bandung-Konferenz
Diese erste bedeutende afro-asiatische Konferenz von 23 asiatischen und sechs afrikanischen → Blockfreien Staaten fand vom 18. bis 24. 4. 1955 in Bandung (Indonesien) statt. Die B. verdeutlichte den Anspruch der Dritte-Welt-Staaten auf Mitbestimmung in der internationalen Politik.
Als Ergebnis verurteilten die Teilnehmer den → Kolonialismus und dessen Folgen und bekannten sich zur Einhaltung der Menschenrechte. Insbesondere Frankreich wurde wegen seiner Unterdrückungspolitik in Nordafrika kritisiert und die Selbstbestimmung Marokkos und Algeriens gefordert. In einer weiteren Entschließung verlangte die B. die friedliche Koexistenz der Machtblöcke sowie ein Verbot von → Atomwaffen und allgemeine Maßnahmen zur → Abrüstung. Auf die künftige wirtschaftliche Entwicklung der Teilnehmerstaaten nahm ein Forderungskatalog Bezug. Eckpunkte waren die Zusammenarbeit bei Industrieprojekten und die Einführung von Vorzugszöllen. Als Ziel wurde die selbständige Verarbeitung der eigenen Rohstoff-Ressourcen bei finanzieller und technologischer Unterstützung durch die Industriestaaten postuliert.
Zwar ging von der B. eine weitere Schwächung des Kolonialismus aus, doch die angestrebte enge Zusammenarbeit über alle ideologischen Grenzen hinweg ließ sich nicht realisieren: Die Macht- und Führungsansprüche einzelner Staaten verhinderten eine für 1965 einberufene Bandung-Folgekonferenz.

Barschel-Affäre
Während des Landtagswahlkampfes in Schleswig-Holstein initiierte der damalige Ministerpräsident Uwe Barschel (CDU) 1987 eine Verleumdungskampagne gegen seinen Herausforderer Björn Engholm (SPD). Die B. wurde bekannt, als der Me-

dienreferent der Kieler Staatskanzlei, Reiner Pfeiffer, wenige Tage vor der Wahl aussagte, er habe Engholm im Auftrag Barschels bespitzelt. Nachdem Barschel auf einer Pressekonferenz wissentlich die Unwahrheit gesagt hatte, mußte er zurücktreten. Am 11.10.1987 wurde er tot in einem Genfer Hotelzimmer gefunden. Vermutlich beging er Selbstmord.

Als Engholm 1993 zugeben mußte, von Barschels Kampagne schon vor der Aussage Pfeiffers gewußt, dies aber verschwiegen zu haben, trat er als Ministerpräsident Schleswig-Holsteins zurück. Die bis heute teilweise ungeklärten Begleitumstände der B. – z.B. widersprüchliche Aussagen Pfeiffers – belasteten das politische Klima in der BRD und verstärkten das Mißtrauen vieler Bürger gegenüber Politikern.

Befreiungsbewegungen ❑

B. sind nationale Organisationen, die Fremdherrschaft oder diktatorische Regime beseitigen wollen, gegen die Unterdrückung einzelner Volksgruppen vorgehen oder die Loslösung eines Teilgebiets aus einem Staat anstreben. Da die Machthaber ihre Herrschaft zumeist durch Gewalt abzusichern versuchen, münden B. überwiegend in militärische Auseinandersetzungen. Trotz aller Unterdrückungsversuche durch die jeweils Herrschenden konnten sich die B. im 20. Jahrhundert nach teilweise langjährigen → Bürgerkriegen zumeist durchsetzen.

Während des 2. Weltkriegs bildeten sich B. als Widerstandsgruppen gegen die Fremdherrschaft der deutschen Besatzungstruppen, z.B. in Frankreich (→ Résistance) und Osteuropa (→ Partisanenbewegung). Nach 1945 bestimmten B. den Unabhängigkeitskampf in den Kolonialgebieten in Afrika und Asien. Im Rahmen des → Kalten Kriegs und der ideologischen Gegensätze zwischen Ost und West erhielten die B. bei ihrem Kampf häufig finanzielle und militärische Mittel der Supermächte USA und UdSSR (sog. → Stellvertreterkriege). So unterstützten die sozialistischen Staaten im → Vietnamkrieg die Vietcong, die gegen die von den USA gestützte südvietnamesische Regierung vorging. Seit den 70er Jahren rückte der Kampf von Volksgruppen für staatliche Eigenständigkeit in den Mittelpunkt: So kämpfen einige Gruppen der Kurden im Grenzgebiet zwischen Türkei und Irak (→ Kurdenkonflikt) ebenso für einen eigenen Staat wie die Tamilen in Sri Lanka.

Berlin-Abkommen

Im B. legten die alliierten Besatzungsmächte am 3.9.1971 den Status Berlins fest. Die Sowjetunion akzeptierte die enge Bindung der Westsektoren an die BRD und verpflichtete sich, den zivilen Verkehr zwischen beiden Territorien nicht zu behindern. Im Gegenzug bestätigten die Westmächte Frankreich, Großbritannien und USA, daß die Westsektoren der Stadt kein Bestandteil der BRD seien, und erkannten die DDR de facto an.

Die im B. umrissenen Rahmenbedingungen wurden in mehreren deutsch-deutschen Verträgen konkretisiert. Dazu gehörten Vereinbarungen über die Verbesserung des Funk- und Fernmeldeverkehrs, des

Wichtige Befreiungsbewegungen nach 1945

Afghanistan	Nach sowjetischer Invasion des Landes kämpften die moslemischen Mudschaheddin ab 1979 gegen die Besatzer; 1989 zog die UdSSR ihre letzten Truppen ab.
Algerien	Befreiungskampf der → FLN gegen die Kolonialmacht Frankreich; nach Unabhängigkeit 1962 Staatspartei.
Angola	Die von der UdSSR unterstützte → MPLA stellte nach der Autonomie des Landes (1975) und jahrelangem Bürgerkrieg mit der US-finanzierten → UNITA ab 1992 die Regierungspartei.
Kuba	Die Befreiungsbewegung unter Revolutionsführer Fidel Castro beendete 1959 die Batista-Diktatur und schuf die Voraussetzungen für den Aufbau eines sozialistischen Staates.
Mosambik	Die marxistische → Frelimo erreichte nach elfjährigem Kampf 1975 die Unabhängigkeit des Landes von Portugal.
Namibia	Der Kampf der → SWAPO für Selbstbestimmung hatte 1990 Erfolg; die SWAPO wurde Regierungspartei.
Nicaragua	Die → Sandinisten stürzten 1979 das Somoza-Regime und führten bis 1990 die Regierung.
Palästina	Die → PLO setzte 1993 die Gründung eines autonomen Gebiets durch und wurde von Israel als Vertreterin des palästinensischen Volkes anerkannt.
Südafrika	Der 1960 verbotene → ANC, die schwarze Oppositionsbewegung, wurde 1990 offiziell als Partei anerkannt und übernahm 1994 die Regierung.
Vietnam	Die vietnamesische Befreiungsbewegung kämpfte nach dem 2. Weltkrieg gegen Frankreich und im → Vietnamkrieg gegen die USA; 1976 stellte sie die Einheit des Landes wieder her.
Westsahara	Nach der Proklamierung einer eigenständigen Republik durch die → Polisario (1976) besetzte Marokko das Land; 1991 wurde der Krieg beendet.

Reise- und Güterverkehrs sowie des Zugangs nach West-Berlin (Transitabkommen).

Das B., das am 3.6.1972 in Kraft trat, stellte den Berlin-Verkehr erstmals auf eine sichere Rechtsgrundlage und führte zu einem Anstieg der Besucherzahlen von der BRD nach West-Berlin sowie vom West- in den Ostteil der Stadt. Eine Einigung über den Rechtsstatus Berlins brachte das Abkommen jedoch nicht, die Stadt blieb geteilt.

Berlin-Blockade

Die Blockade Berlins durch die Sowjetunion löste 1948 die erste große Krise des → Kalten Krieges aus. Der Konflikt zwischen der UdSSR und den Westmächten (Frankreich, Großbritannien, USA) hatte sich bereits im März angekündigt, als die Sowjetunion begann, den ungestörten Zugang nach West-Berlin zu behindern, und ihr Vertreter aus dem → Alliierten Kontrollrat, dem obersten Entscheidungsorgan der Siegermächte im besetzten Deutschland, auszog. Am 24. 6. 1949 verhängte die UdSSR angeblich aufgrund «technischer Störungen» eine totale Blockade der Westsektoren und sperrte alle Bahnlinien, Straßen und Schiffahrtswege in die Stadt. Die B. war eine Reaktion auf die → Währungsreform vom 20. 6. 1948, mit der die Westmächte die Gründung der BRD unter Einbeziehung West-Berlins weiter vorantrieben. Der Abriegelungsversuch mißlang, da die Westalliierten die Berliner Bevölkerung durch eine Luftbrücke per Flugzeug versorgten. Am 12. 5. 1949 beendete das Jussip-Malik-Abkommen die B.

Berliner Mauer

Die B., mit deren Bau DDR-Grenztruppen am 13. 8. 1961 begannen, sollte den Ost- vom Westteil der Stadt trennen. Ziel der DDR-Regierung war es, die Flüchtlingsströme gen Westen einzudämmen und den drohenden wirtschaftlichen Zusammenbruch zu verhindern.
Bereits 1958 hatte die Sowjetunion ultimativ ein Ende des Viermächtestatus Berlins und die Umwandlung in eine freie Stadt bei gleichzeitigem Abzug der Westalliierten (Frankreich, Großbritannien, USA) gefordert. Als die Westmächte dies ablehnten, begann die DDR in Absprache mit der UdSSR den Ostsektor vom Westsektor zu trennen. Ab dem 8. 9. 1960 war West-Berlinern der Zugang nach Ost-Berlin verboten, ein knappes Jahr später errichtete die DDR die streng bewachte B., die sie offiziell als «antifaschistischen Schutzwall» bezeichnete. Das Überwinden der Grenzanlagen verhinderten die DDR-Soldaten mit Schußwaffengebrauch. Mehr als 70 Menschen kamen bei Fluchtversuchen ums Leben. Für die Westalliierten, die sich laut Viermächteabkommen frei in ganz Berlin bewegen durften, richteten die DDR-Behörden einen besonderen Grenzübergang (Checkpoint Charly) ein. Für die West-Berliner öffneten sich die innerstädtischen Grenzen erstmals zwei Jahre später (17. 12. 1963 – 4. 1. 1964) im Rahmen des → Passierscheinabkommens.
Mit der Öffnung der innerdeutschen Grenze durch die DDR am 9. 11. 1989 verlor die B. ihre Bedeutung und wurde in der Folgezeit abgebaut.

Berufsverbote

B. werden häufig von totalitären Staaten verhängt, die es insbesondere politisch mißliebigen Künstlern und Intellektuellen untersagen, ihren Beruf auszuüben. Das Nazi-Regime ging in den 30er Jahren gegen die seiner Meinung nach entartete Kunst vor und verhängte B. gegen bildende Künstler, Musiker und Schriftsteller. Nach 1945 benutzten vor allem die sozialistischen Staaten B. als Repression gegen politisch Andersdenkende. So verurteilte 1979 ein tschechoslowakisches Gericht den Dramatiker Václav Havel zu einem viereinhalbjährigen Schreibverbot. In der BRD wurde der Begriff B. als Ausdruck für die Folgen des → Extremistenbeschlusses von 1972 verwendet. Nach diesem sog. Radikalenerlaß durften Angehörige extremistischer Organisationen (insbesondere der DKP) nicht im öffentlichen Dienst arbeiten.

Besatzungsstatut

Das B., das am 21.9.1949 in Kraft trat (Unterzeichnung am 8.4.1949 in Washington), regelte die Beziehungen zwischen den Westmächten und der BRD und war der erste Schritt auf dem Weg zur Souveränität des westdeutschen Staates. Frankreich, Großbritannien und die USA übergaben die ihnen bisher zustehende gesetzgebende, vollziehende und rechtsprechende Gewalt an Bund und Länder, behielten sich jedoch die Weisungsbefugnis in bezug auf Entmilitarisierung und auswärtige Angelegenheiten vor. Die im B. festgelegten Rechte der Westmächte wurden nach der Fusion der bisherigen drei Besatzungszonen zentral von der Alliierten Hohen Kommission wahrgenommen.

Eine erste Modifizierung des B. erreichte Bundeskanzler Konrad Adenauer im Petersberger Abkommen (22.11.1949), das der BRD u.a. eine Beteiligung an internationalen Organisationen sowie die Wiederaufnahme von Handels- und Konsularbeziehungen mit den westlichen Ländern gestattete. Eine umfassende Revision des B. erfolgte am 6.3.1951 und billigte der BRD größere Vollmachten auf den Gebieten Außenhandel, Devisenwirtschaft und Außenpolitik zu. Mit dem Inkrafttreten des → Deutschlandvertrags, der das Ende der Besatzung regelte und der BRD die Rechte eines souveränen Staates gab, verlor das B. 1955 seine Gültigkeit.

Biafrakrieg

Die Unabhängigkeitserklärung der überwiegend von Angehörigen des Ibo-Volkes bewohnten Ostregion Nigerias löste am 30.5.1967 den B. aus. Nigerianische Truppen marschierten in die neue Republik von Biafra ein, um deren Rückgliederung zu erzwingen. Auslöser des B. waren innere Spannungen, die Nigeria seit seiner Unabhängigkeit von Großbritannien (1960) prägten: Die moslemischen Fulani und Haussa des Nordens versuchten ihre Machtansprüche gegen die christlich orientierten Yoruba im Süden durchzusetzen.

Trotz ihres Religionskonflikts einte diese Volksgruppen der Neid auf die im Osten lebenden Ibo, die aufgrund von Erdölvorkommen auf ihrem Gebiet relativ wohlhabend waren. Als der Einfluß der Ibo u.a. durch Wahlfälschungen immer weiter zurückgedrängt wurde, putschten 1966 einige Ibo-Offiziere gegen die Regierung in Lagos. Folge waren massive Ausschreitungen gegen die Ibo, die in großer Zahl in ihre Heimatregion flohen.

Im B. unterstützten Großbritannien und die UdSSR die nigerianischen Truppen, denen es gelang, die Ibo auf einem Fünftel des ursprünglichen Gebiets von Biafra zusammenzudrängen. Am 12.1.1970 kapitulierten die abtrünnigen Ibo. In den zweieinhalbjährigen Kämpfen waren mehr als 2 Mio. Menschen umgekommen, die meisten von ihnen starben an Unterernährung in dem von nigerianischen Truppen eingekesselten Gebiet von Biafra. In den folgenden Jahren kam es erneut zu schweren Hungerkatastrophen in Ostnigeria, da die Ibo nur mangelhaft mit Nahrungsmitteln versorgt wurden.

Billiglohnländer

Mit dem Begriff B. werden in den westlichen Industrienationen jene Länder bezeichnet, in denen Güter gleicher Qualität mit wesentlich niedrigeren Kosten hergestellt werden. Gründe für die Kostenunterschiede sind höhere Löhne und Sozialabgaben (Lohnnebenkosten) in den Industriestaaten. Den daraus resultierenden Wettbewerbsnachteilen begegnen die Unternehmen durch eine Verlagerung ihrer Produktion in die B., insbesondere bei Gütern, für deren Herstellung kein Fachwissen der Arbeitskräfte erforderlich ist (z. B. Fertigung elektronischer Bauteile oder von Kleidung). Die Produkte werden dadurch zwar für die Verbraucher billiger, gleichzeitig erhöht sich durch Abwanderung von Firmen in die B. jedoch die Arbeitslosigkeit in den Industrieländern. Insbesondere in Südostasien fördern viele B. (z. B. Indonesien, Thailand und Vietnam) durch günstige Konditionen (Steuererleichterungen) die Ansiedlung ausländischer Unternehmen. Nach dem Zusammenbruch des Sozialismus sind auch in Osteuropa B. für einzelne Produktionsbereiche entstanden.

Biologische Waffen

Als B. gelten alle lebenden Krankheitserreger (Viren und Bakterien), die zu militärischen Zwecken eingesetzt werden. Vorläufer der B. waren bereits im Altertum bekannt, als Tierkadaver in belagerte Städte katapultiert wurden, um dort Seuchen auszulösen. 1938 entwickelte ein japanisches Sonderkommando durch Menschenversuche Pesterreger, die in China und gegen die USA eingesetzt werden sollten. Auch in Nazi-Deutschland forschten Wissenschaftler an Formen der B., die nach 1945 ebenso wie die japanischen Erkenntnisse in die Hände der USA und der UdSSR fielen.

Die → Genfer Konvention von 1972 (von 131 Staaten unterzeichnet) verbietet Herstellung, Verbreitung und Lagerung von B., erlaubt jedoch Forschung zum Schutz vor B. 1993 vereinbarten 58 Staaten vertrauensbildende Maßnahmen, die u. a. den regelmäßigen Austausch über die Entwicklung neuer Labors und den aktuellen Forschungsstand vorsehen. Fortschritte in der Biotechnologie ermöglichten es Mitte der 90er Jahre, künstliche Erreger samt Impfstoffen zu erzeugen, die im Kriegsfall eine Immunisierung der eigenen Bevölkerung erlauben.

Bizone

Die B. entstand am 1. 1. 1947 durch Zusammenlegung der britischen und amerikanischen Besatzungszonen zu einem gemeinsamen Wirtschaftsgebiet. Bereits im Herbst 1946 hatten die USA beschlossen, einen neuen deutschen Staat zu gründen, der aus den Besatzungszonen der drei Westmächte (Frankreich, Großbritannien, USA) bestehen sollte.

Die B. wurde zur Vorstufe der Bundesrepublik Deutschland, als sie am 29. 5. 1947 die für einen Staat wesentlichen Funktionen der Legislative und Exekutive erhielt: Die Aufgaben der Legislative übernahm der unter deutscher Verantwortlichkeit stehende Frankfurter Wirtschaftsrat, den die Länderparlamente entsprechend den Fraktionsstärken beschickten. Exekutivorgan waren fünf

Verwaltungsabteilungen unter deutschen Direktoren, zuständig für unterschiedliche Sachgebiete. Die Direktoren (später Minister) waren dem Wirtschaftsrat als parlamentarischem Gremium verantwortlich.
Am 8.4.1949 wurde die B. durch den Anschluß des französischen Besatzungsgebiets zur Trizone erweitert und sechs Wochen später mit Gründung der BRD am 23.5.1949 aufgelöst.

Black Power ❑

B. ist seit Mitte der 60er Jahre die Parole des radikalen Flügels der schwarzen Bürgerrechtsbewegung in den USA sowie Synonym für das wachsende Selbstbewußtsein der Afroamerikaner und ihrer Rückbesinnung auf ihre kulturellen Wurzeln und Traditionen. Da sich die militanten Anhänger der B. trotz rechtlicher Gleichstellung der Farbigen keine Verbesserung ihrer sozialen Situation versprachen, forderten sie die «Befreiung der schwarzen Rasse» durch einen bewaffneten Aufstand mit dem Ziel eines unabhängigen Staates auf dem Territorium der USA. Führende Gruppen der B. waren die Black Muslims und die Black Panther. Obwohl die Bedeutung der B. zurückging, forderten Mitte der 90er Jahre zahlreiche politische Splittergruppen weiterhin einen «schwarzen» Bundestaat in den USA.

Führer der Black Power

Elijah Mohammed
(10.10.1897–25.2.1975)
Der Gründer der Black Muslims (1932) lehnte Gewalt ab. Die straff organisierte religiöse Bewegung forderte die Vereinigung aller Farbigen in einem Staat. Fernziel Mohammeds war die Regierung der Erde durch die Schwarzen islamischen Glaubens.
Malcolm X
(19.5.1925–21.2.1965)
Lange Jahre einer der Black-Muslims-Führer, trennte sich Malcolm X 1963 von der Gruppe und gründete die Organization of Afro-American Unity für einen sofortigen bewaffneten Kampf. Der radikale Moslem trat für eine Internationalisierung des schwarzen Befreiungskampfes ein. 1965 wurde er bei einer Rede in Harlem ermordet.
Stokeley Carmichael
(*29.6.1941)
Der Führer der Black Power Party (1967–69) lehnte jede Zusammenarbeit mit der Bürgerrechtsbewegung ab und befürwortete den revolutionären Kampf der Schwarzen gegen die Weißen (sog. bewaffnete Selbstverteidigung). Carmichael bezog marxistische Zielsetzungen in seine Befreiungsideologie mit ein.

Blitzkrieg

Der Begriff entstand zu Beginn des 2. → Weltkriegs für die schnellen militärischen Erfolge des Deutschen Reichs 1939–41. Beim Überfall auf Polen setzte die Wehrmacht erstmals auf das strategisch neue, kombinierte Zusammenspiel taktischer Bombereinheiten («Stukas») und motorisierter Verbände: Panzereinheiten drangen in zwei Keilen und ohne Rücksicht auf Flankensicherung vor, um die polnischen Verbände vom Nachschub abzuschneiden. Mit der gleichen Taktik des B. eroberten die Deutschen 1940 Dänemark, Norwe-

gen, die Niederlande, Belgien und Frankreich sowie 1941 Teile des Balkans. Ab Ende 1942 setzten auch die → Alliierten im Kampf gegen Deutschland auf die Mittel des B. (insbesondere die Rote Armee).
In der Folgezeit übernahmen alle Armeen der Welt die Strategie des B., die allerdings nur bei festen Frontverläufen und nicht im Guerillakrieg funktioniert. Daher scheiterten die hochgerüsteten modernen Armeen der Supermächte z. B. im → Vietnamkrieg (USA, 1966–74) und im → Afghanistankrieg (UdSSR, 1979–89). Erfolgreich eingesetzt wurde die Taktik des B. hingegen im 2. → Golfkrieg, wo ein internationales Truppenkontingent den Irak mit seiner Invasion überraschte.

Blockfreie Staaten

Die B. gehören keinem militärischen oder politischen Bündnis an. Nach dem 2. Weltkrieg entstand vor dem Hintergrund des sich verschärfenden Ost-West-Konflikts und der Herausbildung der militärischen Blöcke → NATO und → Warschauer Pakt die Bewegung der B., die zwei Ziele verfolgt: Integration kleiner und armer Staaten in das internationale Staatensystem; Garantie der Unabhängigkeit dieser Länder von den Großmächten.
Die durch den → Kalten Krieg bedingte bipolare weltpolitische Ausrichtung ließ vielen kleinen Staaten nur die Wahl zwischen kommunistischem und kapitalistischem Lager. Hier bot die Bewegung der B. eine Alternative. Entscheidende Impulse erhielt die Bewegung durch die enge Kooperation zwischen Gamal Abd el Nasser (Ägypten), Jawaharlal (Pandit) Nehru (Indien) und Josip Broz Tito (Jugoslawien).
Die erste bedeutende Konferenz von B. war 1955 die → Bandung-Konferenz. Die erste Zusammenkunft der B. fand 1961 in Belgrad statt. In einer 27-Punkte-Erklärung forderten die Teilnehmerstaaten u. a. die Abschaffung des → Kolonialismus und sagten den ehemaligen Kolonien Unterstützung im Kampf um völlige Unabhängigkeit von ihrem Mutterland zu.
In den 70er Jahren bauten die B. eine lockere Organisationsstruktur mit Parallelen zur → UNO auf. Allerdings gibt es kein ständiges Sekretariat, keine feste Mitgliedschaft, keine Satzung und keinen Verwaltungsapparat. Damit soll die Unabhängigkeit der Staaten unterstrichen werden. Bewaffnete Konflikte zwischen einzelnen B. sowie innerhalb einiger B. (beispielsweise in Jugoslawien) schwächten die Bewegung ab den 80er Jahren. Durch den Wegfall des Ost-West-Konflikts nahm die Bedeutung der Bewegung der B. nach 1989 ab.

Blockparteien

B. ist die allgemeine Bezeichnung für Parteien, die sich zu einem engen Bündnis zusammengeschlossen haben. In den kommunistisch regierten Staaten Osteuropas (Ausnahme UdSSR) wurden alle zugelassenen Parteien in einem Block unter Führung der KP zusammengefaßt. Ideologisch sollte die Blockbildung das Bündnis der Arbeiterklasse mit allen werktätigen Gruppen ausdrücken. Anders als Parteien in der parlamentarischen Demokratie besitzen B. keine Eigenständigkeit. Sie können nicht unabhängig vonein-

ander um Parlamentssitze werben, sondern nur auf einer Einheitsliste antreten. Die Anzahl der Sitze der Parteien war schon vor der Wahl festgelegt und konnte vom Wähler nicht beeinflußt werden.
In der DDR führte die → SED ab 1949 den Block der → Nationalen Front, der neben den Massenorganisationen vier Parteien angehörten: CDUD (Christlich-Demokratische Union Deutschlands), LDPD (Liberaldemokratische Partei Deutschlands), DBD (Demokratische Bauernpartei Deutschlands) und NDPD (National-Demokratische Partei Deutschlands). Von 500 Sitzen in der Volkskammer erhielt die SED 127 und die übrigen Parteien je 52. Dem Freien Deutschen Gewerkschaftsbund standen 68 Sitze zu, der FDJ 40, dem Demokratischen Frauenbund 35 und dem Deutschen Kulturbund 22.

Bolschewismus

B. ist die weitverbreitete Bezeichnung für den Sowjetkommunismus. Der Begriff faßt die Theorie und Praxis der Lehre Wladimir I. Lenins (→ Leninismus) zusammen.
Der Begriff B. geht auf die 1903 erfolgte Spaltung der Sozialdemokratischen Partei Rußlands zurück. Auf dem Parteitag erhielt der von Lenin geführte radikale Flügel der Partei die Mehrheit (Mehrheitler = Bolschewiki) gegenüber den → Menschewiki (Minderheitler). Ziel der Bolschewiki war der sofortige Umsturz. Doch erst die → Oktoberrevolution von 1917 brachte sie an die Macht. Ein Jahr später erfolgte die Gründung der Kommunistischen Partei Rußlands (Bolschewiki), die sich 1925 in «KPdSU, Bolschewiki» umbenannte und den Aufbau der Sowjetunion leitete, zunächst unter der Führung Lenins, ab 1924 unter Josef Stalin.
In den 20er Jahren fand der Begriff internationale Verbreitung. Die Kommunisten selbst bezeichneten sich als Bolschewisten und wurden auch von ihren Gegnern so genannt. Vor allem die 1919 gegründete Kommunistische → Internationale benutzte den Terminus. Die Kommunisten sahen im B. die einzig richtige Fortsetzung des → Marxismus. Alle ideologischen Abweichungen galten als reaktionär.
In der politischen Praxis errichteten die Bolschewisten eine Diktatur der Kommunistischen Partei in der UdSSR. Die Wirtschaft wurde sozialisiert, die politische Opposition mit Hilfe des Terrors ausgeschaltet. Die totalitäre Herrschaft der Partei über nahezu alle Lebensbereiche erreichte unter Stalin ihren Höhepunkt (→ Stalinismus). Den stalinistischen «Säuberungen» fielen viele Bolschewisten zum Opfer. 1952 ließ Stalin den Begriff B. auf dem XIX. Parteitag der KPdSU aus dem Parteinamen streichen. Nach seinem Tod 1953 verschwand der Begriff des B. aus dem Sprachgebrauch der sozialistischen Staaten, da er durch Stalins Terrorherrschaft diskreditiert worden war.

Boxeraufstand

Bereits seit Ende des 19. Jahrhunderts wandten sich die Mitglieder der chinesischen Geheimorganisation I-ho-t'uan (Schutzverband für Gerechtigkeit und Eintracht), in Europa Boxer genannt, gegen das imperialistische Vordringen der Groß-

mächte in China. Nach der von der Kaiserwitwe Tzu Hsi unterstützten Belagerung des Pekinger Gesandtschaftsviertels und der Ermordung des deutschen Gesandten, Klemens Freiherr von Ketteler, am 20.6.1900 eskalierte der B.
Ein internationales Expeditionskorps unter Beteiligung britischer, deutscher, französischer, japanischer und russischer Truppen besetzte Peking und schlug den B. blutig nieder (14.8.1900). In den sog. Boxerprotokollen zwangen die Großmächte China 1901, ihre Ansprüche zu garantieren (u.a. Gewährung von Stützpunkten an der Küste, Bestrafung der Rädelsführer, Zahlung von Kriegsentschädigungen). Die Besetzung der Mandschurei durch Rußland während der Niederwerfung des B. führte 1904/05 zum → Russisch-Japanischen Krieg.

Breschnew-Doktrin ❑

Mit der B. rechtfertigte der sowjetische KP-Chef Leonid Breschnew im September 1968 nachträglich die militärische Intervention mehrerer sozialistischer Staaten in der Tschechoslowakei (August 1968) zur Niederschlagung des → Prager Frühlings. Die B. billigte den mit der UdSSR verbündeten Ländern nur ein begrenztes Selbstbestimmungsrecht zu. Sei der Sozialismus in einem Staat bedroht, hätte die sozialistische Gemeinschaft das Recht, diesen wiederherzustellen. Die Prinzipien der B., die der KPdSU ein dauerndes Recht zum Eingriff in die inneren Angelegenheiten verbündeter Länder gab, wurden erst von Michael Gorbatschow 1985 im Zuge seiner Reformpolitik verlassen.

Leonid Iljitsch Breschnew (19.12.1906–10.11.1982)
Breschnew, der 1957 ins Politbüro der KPdSU aufstieg, löste 1964 Nikita Chruschtschow als KP-Chef ab. In seiner folgenden 18jährigen Amtszeit sicherte er mit militärischen Mitteln den Einflußbereich der Sowjetunion. Gegen den Widerstand der eigenen Partei bemühte sich Breschnew ab Ende der 60er Jahre um eine Begrenzung des Wettrüstens (→ Atomwaffensperrvertrag 1968, → SALT-Abkommen 1972 und 1979) und eine vorsichtige Annäherung an den Westen (Berlin-Abkommen 1971, Ostverträge 1972). Als der sowjetische Einmarsch in Afghanistan eine neue «Eiszeit» zwischen Ost und West einläutete, gewannen die Militärs zunehmend an Einfluß. Anfang der 80er Jahre galt Breschnew nur noch als «politische Marionette».

Brest-Litowsk, Friede von

Der am 3.3.1918 zwischen den → Mittelmächten und Rußland vereinbarte F. war der erste Friedensschluß im 1. Weltkrieg. Rußland erklärte sich in dem von seinen Unterhändlern nur unter Protest angenommenen Vertrag zu weitreichenden Gebietsabtretungen bereit: Kurland, Litauen und Polen gerieten in ein Abhängigkeitsverhältnis zum Deutschen Reich, Estland und Livland blieben von deutschen Truppen besetzt, Finnland und die Ukraine wurden unabhängig (unter deutschem Schutz), Teile Armeniens fielen an die Türkei. Der F. beendete für das Deutsche Reich den Zweifrontenkrieg und erlaubte den Militärs, sich ganz auf die Westoffensive zu konzentrieren, die allerdings keine Kriegswende mehr herbeiführen konnte. In Rußland verschärfte sich durch die Annahme des F. der Bürgerkrieg.

Bretton-Woods-Abkommen
Auf einer Konferenz über Währungs- und Außenhandelsfragen einigten sich 44 Staaten im Juli 1944 in Bretton Woods/New Hampshire auf ein neues Welwährungssystem (Beitritt BRD 1952). Kernpunkte der sog. B. waren die Schaffung eines Internationalen Währungsfonds und einer → Weltbank für Aufbau und Entwicklung. Die B. sollten die nationalen Währungen stabilisieren und den Welthandel beleben. Der US-Dollar wurde zur Leitwährung eines internationalen Währungssystems, das auf festen Wechselkursen basierte. Staaten, die sich in der schwierigen Übergangsphase von der Kriegs- zur Friedenswirtschaft befanden, sollten durch die Förderung von Auslandsinvestitionen unterstützt werden. Die B. wurden 1972/73 durch Novellierungen (sog. amendments) weitgehend modifiziert. Die Schwäche des US-Dollars sowie extreme Ungleichgewichte in der Zahlungsbilanz bedeutender Handelsnationen führten zur Aufgabe des Systems fester Wechselkurse.

Briand-Kellogg-Pakt ❑
Der am 27.9.1928 in Paris von 15 Staaten geschlossene B. erklärte den Krieg für völkerrechtswidrig und verpflichtete die Unterzeichnerländer zur friedlichen Lösung ihrer Konflikte. Der B. entwickelte sich aus dem französisch-amerikanischen Nichtangriffsvertrag, den die Außenminister Aristide Briand (Frankreich) und Frank Billings Kellogg (USA) vorbereitet hatten, und war Ausdruck der Bestrebungen, den Frieden nach dem 1. Weltkrieg durch eine Politik der kollektiven Sicherheit zu erhalten. Die aggressive Kriegspolitik des Deutschen Reiches und der Ausbruch des 2. Weltkriegs offenbarten das Scheitern des B., der keinerlei Sanktionen für einen eventuellen Aggressor vorsah.

Aristide Briand (28.3.1862–7.3.1932)
Der Mitbegründer der Französischen Sozialistischen Partei (Austritt 1906) war zwischen 1906 und 1932 insgesamt 19 Jahre lang Regierungsmitglied und mehrfach Ministerpräsident. Nach dem 1. Weltkrieg versuchte er, durch Abrüstungsmaßnahmen und die Aussöhnung mit Deutschland ein kollektives Sicherheitssystem zu schaffen, z. B. durch den → Locarnopakt von 1925. 1926 erhielt Briand, 1925–32 Außenminister seines Landes, gemeinsam mit seinem Amtskollegen, dem Deutschen Gustav Stresemann, den Friedensnobelpreis.
Frank Billings Kellogg (22.12.1856–21.12.1937)
Der Republikaner wurde 1925 US-Außenminister und schloß drei Jahre später den Briand-Kellogg-Pakt zur Ächtung des Krieges (Friedensnobelpreis 1929). Während seiner Amtszeit bis 1929 versuchte Kellogg, die hegemonialen Interessen der USA in Lateinamerika durchzusetzen. Ab 1930 war er fünf Jahre lang Mitglied des Internationalen Gerichtshofs in Den Haag.

Brussilow-Offensive

B. ist die Bezeichnung für zwei russische Großoffensiven (1916 und 1917) gegen das österreich-ungarische Heer im 1. Weltkrieg. Sie wurden nach ihrem Befehlshaber, General Alexej A. Brussilow, benannt. Durch das Überlaufen von slawischen Regimentern verzeichneten die Russen große Anfangserfolge, wurden im Verlauf ihres Vormarsches jedoch von deutschen Truppen gestoppt. Der ausbleibende militärische Erfolg führte in Rußland zur → Oktoberrevolution.

Bücherverbrennung

Am 10. 5. 1933 inszenierte die deutsche Studentenschaft in zahlreichen Universitätsstädten die öffentliche Verbrennung von Büchern jüdischer und politisch verfemter Autoren. Bei der Hauptaktion auf dem Berliner Opernplatz forderte Propagandaminister Joseph Goebbels die «Befreiung der deutschen Seele vom jüdischen Intellektualismus». Mit der B. fand die Säuberung der Bibliotheken von «undeutschem» Schrifttum ihren Höhepunkt. Zu den Autoren, deren Werke der B. zum Opfer fielen, zählten Sigmund Freud, Erich Kästner, Alfred Kerr, Heinrich Mann und Kurt Tucholsky.

Bundesrat

Durch das föderative Verfassungsorgan wirken die Gliedstaaten eines Bundesstaates an der Gesetzgebung des Bundes mit.

Deutsches Reich (1871–1918): Der B. war die Vertretung der Länder und der Freien Städte und mußte u. a. Reichsgesetzen zustimmen. Seine politische Bedeutung lag in erster Linie in der Schaffung eines guten Einvernehmens zwischen Reichs- und Länderregierungen. Die Leitung des B. oblag dem Reichskanzler. Nachfolgeorgan in der Weimarer Republik war der Reichsrat.

BRD (ab 1949): Der B. der BRD setzt sich aus den Vertretern der Länder zusammen, die von den jeweiligen Landesregierungen entsandt werden. Die Stimmenzahl im B. richtet sich nach der Bevölkerungsstärke des jeweiligen Bundeslandes. Der B. muß allen Gesetzen zustimmen, die Länderkompetenzen berühren. Gegen Bundesgesetze kann er Einspruch erheben, den jedoch der Bundestag zurückweisen kann. Bei Verfassungsänderungen ist eine Zustimmung des B. mit Zweidrittelmehrheit erforderlich. Im Vorsitz des B. wechseln sich die Ministerpräsidenten der Länder in halbjährlichem Turnus ab.

Bundestag

Die als einziges Bundesgremium direkt gewählte Volksvertretung ist das zentrale Staatsorgan in der Bundesrepublik Deutschland. Der B. hat vor allem zwei Aufgaben: Beratung und Beschluß von Gesetzen und parlamentarische Kontrolle der Bundesregierung. Leiter des auf vier Jahre gewählten B. ist der B.präsident. Der erste Deutsche B. konstituierte sich am 7. 9. 1949 in Bonn. Acht Tage später wählte er Konrad Adenauer (CDU) zum ersten Bundeskanzler. Nach der deutschen Vereinigung beschloß der B., bis zum Jahr 2000 seinen Sitz nach Berlin zu verlegen.

Die Zusammensetzung des B. wird in allgemeiner, freier, gleicher, unmittelbarer und geheimer Wahl bestimmt, an der grundsätzlich alle Bundesbürger teilnehmen dürfen, die das 18. Lebensjahr vollendet haben. Näheres bestimmt das Bundeswahlgesetz von 1956. Jeder Wähler hat zwei Stimmen: Die erste Stimme gibt er einem Kandidaten (→ Mehrheitswahlrecht), die Zweitstimme einer Partei (→ Verhältniswahlrecht). Die Zahl der B.-Mandate einer Partei errechnet sich aus dem Anteil der Zweitstimmen. Darauf werden die gewonnenen Erststimmen (Direktmandate) angerechnet. Werden von einer Partei mehr Kandidaten direkt gewählt, als sie Mandate aufgrund des Zweitstimmenanteils hat, erhält sie Überhangmandate. Bei der Vergabe der B.-Sitze werden nur Parteien berücksichtigt, die mindestens 5 % der Zweitstimmen oder drei Direktmandate erzielt haben.

Bundesversammlung

In der BRD wählt die B., die sich aus den Mitgliedern des Bundestages und einer gleich großen Zahl von Länderdelegierten zusammensetzt, den Bundespräsidenten. Erstmals trat die B. am 12. 9. 1949 zusammen und wählte Theodor Heuss (FDP) zum Staatsoberhaupt.

In Österreich besteht die B. aus Mitgliedern des Bundes- und des Nationalrates. Sie tritt zur Vereidigung des Bundespräsidenten und zur Erklärung eines Krieges zusammen.

In der Schweiz ist B. die Bezeichnung für das Parlament, das sich aus den Mitgliedern des Nationalrats und des Ständerats zusammensetzt. Die B. beschließt Gesetze, wählt u. a. Bundesrat, Bundespräsident und Bundesgericht und kontrolliert die Verwaltung.

Bundeswehr

Die Militärstreitkräfte der BRD, die der → NATO unterstellt sind, dienen vorrangig der Landesverteidigung. Einen Angriffskrieg verbietet das Grundgesetz. Oberster Dienstherr der B. ist der Bundesverteidigungsminister, dessen Befugnisse im Kriegsfall auf den Bundeskanzler übergehen. Voraussetzung für die umstrittene Neugründung nationaler Streitkräfte nach dem 2. Weltkrieg war 1954 der Beitritt der BRD zur → NATO. Nachdem die B. zunächst nur aus Freiwilligen bestand, wurde 1956 die allgemeine → Wehrpflicht eingeführt. Durch das Ende der Blockbildung zwischen Ost und West, Maßnahmen zur → Abrüstung sowie das Ende des → Kalten Krieges und die → deutsche Einheit befand sich die B. ab Anfang der 90er Jahre in einer Phase der Neuorientierung. Die Truppenstärke reduzierte sich infolge der Vereinbarung im → Zwei-plus-Vier-Vertrag von 495 000 auf 370 000 Mann. 1994 beschloß die Bundesregierung eine weitere Senkung des Personalstands auf 340 000 Mann. Mitte der 90er Jahre waren in der BRD die zukünftigen Aufgaben der B. umstritten. 1995 stimmte der Bundestag der Teilnahme der B. an NATO-Einsätzen zu.

Bündnis '90

Für die Wahlen zur → Volkskammer der DDR schlossen sich 1990 fünf → Bürgerrechtsbewegungen zum B. zusammen. Die basisdemokratisch, friedens- und umweltpolitisch orientierten Gruppen, die sich gegen einen Beitritt der DDR zur BRD aussprachen, zogen bei den ersten gesamtdeutschen Wahlen Ende 1990 gemeinsam mit den → Grünen der ehemaligen DDR in den Bundestag ein. 1993 erfolgte der Zusammenschluß zwischen B. und der westdeutschen Partei der → Grünen.

Bündnisse ❑
Ein B. ist ein völkerrechtlicher Vertrag zwischen zwei oder mehr Staaten, der im allgemeinen auf Machterweiterung zielt. Häufig entsteht eine Abhängigkeit zwischen den B.-Partnern, die von bloßer Rücksichtnahme bis zur Einschränkung der staatlichen Souveränität reichen kann.
Das erste B. des 20. Jahrhunderts, das Großbritannien und Japan 1902 schlossen, sicherte dem asiatischen Staat 1904/05 die britische Unterstützung im → Russisch-Japanischen Krieg. Im 1. Weltkrieg standen einander zwei Koalitionen gegenüber, die → Mittelmächte (Deutsches Reich, Österreich-Ungarn) und die → Entente. Die Gründung des → Völkerbunds markierte 1920 den ersten Versuch, ein globales B. zu schaffen.
In der Zeit vor dem 2. Weltkrieg erweiterte das Deutsche Reich durch Bündnisse zielstrebig seinen Machtbereich: Der → Antikominternpakt (1936) sicherte dem Nazi-Regime Japan als Verbündeten; → Hitler-Stalin-Pakt (1939) und → Stahlpakt (1939) waren die wichtigsten diplomatischen Instrumente zur Vorbereitung des Angriffs auf Polen.
Mit der Gründung der → UNO wurde unmittelbar nach dem 2. Weltkrieg die Idee eines weltumspannenden, internationalen B. wiederaufgenommen. Im Zuge des → Kalten Kriegs und der ideologischen Gegensätze zwischen West und Ost bildeten sich die Militärblöcke → NATO (1949) und → Warschauer Pakt (1955). Darüber hinaus schlossen die Supermächte in ihren jeweiligen Einflußbereichen weitere militärische B., so die USA den Südostasienpakt (→ SEATO, 1955) sowie zahlreiche bilaterale B.
Im letzten Drittel des 20. Jahrhunderts spielten Wirtschafts-B., die zudem auf eine stärkere außenpolitische Zusammenarbeit der Partner zielen, eine immer größere Rolle (z. B. → ASEAN, → EU). Durch diese B. soll der Binnenhandel zwischen den Mitgliedsländern gestärkt und gleichzeitig Nichtmitgliedsstaaten der Marktzutritt erschwert werden.

Burenkrieg
Der Konflikt zwischen Großbritannien und den Burenrepubliken Oranje und Transvaal brach 1899 aus. Ursachen waren die strenge Ausländerpolitik der Buren, die eingewanderten Ausländern (darunter viele Briten) die Bürgerrechte verweigerten, sowie die britischen Interessen an den Gold- und Diamantenfeldern Südafrikas. Ziel Großbritanniens war ein Kolonialreich vom «Kap bis Kairo», das als einheitlich britischer Wirtschaftsraum dienen sollte.
Im Zuge der Auseinandersetzungen eroberten die Briten 1900 Pretoria und besetzten die Burenrepublik. Auf den nachfolgenden Guerillakrieg reagierte das Empire mit äußerster Härte: Farmen wurden zerstört, Teile der Zivilbevölkerung in sog. Konzentrationslagern unter

Wichtige Bündnisse des 20. Jahrhunderts

1904	Entente cordiale: Militärbündnis Frankreichs und Großbritanniens.
1919	→ Völkerbund: Weltorganisation für Frieden und Zusammenarbeit.
1920/21	Kleine → Entente: Jugoslawien, Rumänien und die Tschechoslowakei strebten die Revision der → Pariser Vorortverträge an.
1936	→ Antikominternpakt: Antisowjetischer Bund Deutschlands und Japans.
1936	Achse Berlin–Rom: Bündnis der → Achsenmächte vor dem 2. Weltkrieg.
1945	→ UNO: Weltorganisation für Frieden und Völkerverständigung.
1945	→ Arabische Liga: Kooperationsbündnis arabischer Staaten.
1949	→ NATO: Verteidigungspakt westlicher (nordatlantischer) Staaten.
1949	→ RGW: Pakt zur gegenseitigen Wirtschaftshilfe der Ostblockstaaten.
1951	→ EGKS: Montanunion für Kohle- und Stahlmarkt in Westeuropa.
1954	→ WEU: Militärischer Beistandspakt westeuropäischer Staaten.
1954	→ Balkanpakt: Bündnis gegen Expansion der UdSSR auf dem Balkan.
1955	→ SEATO: Südostasienpakt zur Verteidigung und Kooperation.
1955	→ Warschauer Pakt: Militärbündnis der Ostblockstaaten.
1957	EWG: Wirtschaftsgemeinschaft sechs europäischer Staaten (→ EU).
1960	→ EFTA: Freihandelsassoziation westeuropäischer Staaten.
1961	→ OECD: Wirtschaftliche Kooperation marktwirtschaftlicher Länder.
1963	→ OAU: Koordinationspakt afrikanischer Staaten.
1967	→ ASEAN: Pakt zur Zusammenarbeit südostasiatischer Länder.
1981	→ Golf-Kooperationsrat: Zusammenarbeit der Ölförderländer am Golf.
1989	→ APEC: Wirtschaftsbündnis im asiatisch-pazifischen Raum.
1991	→ GUS: Zusammenschluß ehemaliger Teilrepubliken der UdSSR.
1993	→ EU: Wirtschaftlich-politischer Einheitspakt europäischer Staaten.
1994	→ NAFTA: Freihandelsabkommen nordamerikanischer Staaten.

elenden Bedingungen interniert. Im Frieden von → Vereeniging, der den B. 1902 beendete, wurden die Burenrepubliken zu britischen Kolonien erklärt. Im Gegenzug erhielten sie Kredite zum Wiederaufbau und freie Hand im Umgang mit den Afrikanern. Damit war eine der Voraussetzungen für die spätere Politik der → Apartheid erfüllt. Trotz des militärischen Erfolgs diskreditierte die Härte der Auseinandersetzung im B. den britischen Imperialismus. Zudem war deutlich geworden, daß das Empire die Selbständigkeitsbestrebungen der Kolonien – u. a. auch in Kanada und Australien – nicht verhindern konnte.

Bürgerinitiativen

In B. organisieren sich Bürger außerhalb von Parteien und Verbänden, um ihre – zumeist lokalen – Interessen wahrzunehmen, die ihrer Meinung nach von den politischen Vertretern vernachlässigt werden. B. engagieren sich im allgemeinen im sozial-, umwelt- und verkehrspolitischen Bereich. Eine breite B.-Bewegung auf nationaler Ebene entwickelte sich in der BRD in den 70er Jahren im Kampf gegen den Bau neuer Atomkraftwerke. Aus zahlreichen B. gingen freie Wählervereinigungen hervor, zum Teil auch neue Parteien wie Die → Grünen. Da gerade im Umweltschutz die Probleme nur global zu lösen sind, bildeten sich aus B. weltweit operierende Organisationen wie → Greenpeace und Robin Wood.

Bürgerkrieg

Der bewaffnete Machtkampf zwischen Bevölkerungsgruppen eines Staates entzündet sich an politischen, religiösen, ethnischen oder sozialen Konflikten. Die komplizierten Bestimmungen des Völkerrechts erschweren internationale Maßnahmen zur Beilegung eines solchen B., der als innere Angelegenheit eines Staates gilt. Häufig mischen sich Zweit- und Drittstaaten in die Auseinandersetzungen ein, indem sie eine der B.-Parteien militärisch unterstützen, um so eigene Interessen durchzusetzen (z. B. Installierung eines bestimmten Regimes).

Bis 1945: Die B. in der ersten Jahrhunderthälfte waren im allgemeinen politisch motiviert und spielten sich zumeist in Europa ab. In Rußland sicherten die in der → Oktoberrevolution siegreichen Bolschewisten in einem dreijährigen B. gegen Monarchisten, bürgerliche Demokraten, Sozialrevolutionäre und → Menschewiki ihre Macht im ehemaligen Zarenreich. Zwar griffen in den B. ausländische Staaten (alliierte Interventionsmächte) mit politischer und materieller Unterstützung für die Antibolschewisten ein, doch blieb ihr Einfluß letztlich gering.

Eine weit größere internationale Dimension hatte der → Spanische B. (1936–39). Die nach dreijährigen kriegerischen Auseinandersetzungen erfolgreichen faschistischen Truppen unter General Francisco Franco Bahamonde erhielten massive militärische Hilfe von Italien und dem Deutschen Reich; auf seiten der linksorientierten Republikaner kämpften internationale Brigaden mit Freiwilligen aus zahlreichen Ländern.

Im Gegensatz zu diesen rein politischen B. ist der B. in Nordirland (→ Nordirland-Konflikt) auch religiös motiviert. In dem Konflikt, der sich an der Teilung Irlands 1921 entzündete, strebt die katholische Minderheit in Nordirland den Anschluß der Region an die irische Republik an. Hingegen will die protestantische Bevölkerungsmehrheit die Anbindung an Großbritannien erhalten.

Nach 1945: Als die Kolonien in Afrika und Asien ab den 50er Jahren ihre Unabhängigkeit bekamen, legten die Kolonialmächte die Grenzen oft willkürlich fest. Folge waren blutige Auseinandersetzungen zwischen den verschiedenen Volksgruppen wie z. B. in Nigeria (→ Biafrakrieg) oder Ruanda. Im Zuge des Kalten Kriegs und der ideologischen Auseinandersetzungen zwischen Ost und West entwickelten sich B. häufig zum «Kampf der Systeme»: Die B.-Parteien erhielten militärische Unterstützung von den Supermächten USA und UdSSR. Folge waren sog. Stellvertreterkriege mit Millionen von Toten (z. B. in Angola, Äthiopien, Mosambik).

Im letzten Drittel des Jahrhunderts kam es vermehrt zu religiös motivierten B., zumeist unter Beteiligung moslemischer Gruppen. So basierte der → Libanon-Konflikt ab Mitte der 70er Jahre auf zwei unterschiedlichen Ursachen: zum einen die widerstreitenden Interessen der Araber in der Frage ihrer Politik gegenüber Israel und den Palästinensern, zum anderen die innenpolitischen Gegensätze zwischen Christen und den verschiedenen moslemischen Gruppierungen. Seit 1992 kämpft in Algerien die Islamische Heilsfront, die durch einen Staatstreich um ihren Wahlsieg betrogen wurde, für einen moslemischen Staat. Im Sudan eskalierten 1992 die Konflikte zwischen dem mohammedanischen Norden und dem christlichen Süden.

Bürgerrechtsbewegungen ❑
Die B. hatten ihren Ursprung in den USA, wo sie sich ab der Jahrhundertwende für die Gleichberechtigung der Farbigen einsetzten. Zu einer Massenbewegung wurden sie ab Mitte der 50er Jahre unter Führung von Martin Luther King. Auch in Südafrika kämpften seit Anfang der 60er Jahre B. gegen die → Apartheid. Seit Ende der 60er Jahre wandten sich die B. in den Staaten des Ostblocks gegen die Verfolgung Andersdenkender: 1970 gründete der sowjetische Physiker Andrej Sacharow ein Komitee zur Durchsetzung der Menschenrechte in der UdSSR. Sieben Jahre später rief u.a. Václav Havel die → Charta 77 zur «Respektierung der Bürgerrechte» in der Tschechoslowakei ins Leben. Nachdem der sowjetische KP-Chef Michail Gorbatschow im Rahmen seiner Reformpolitik den Einfluß auf die verbündeten sozialistischen Staaten lockerte, wurden die B. Ende der 80er Jahre zum maßgeblichen Träger der Demokratisierung Osteuropas – beispielsweise die 1980 gegründete Gewerkschaft → Solidarność in Polen.

Martin Luther King
(15.1.1929–4.4.1968)
Seit der zweiten Hälfte der 50er Jahre kämpfte King im Civil Rights Movement mit friedlichen Mitteln für die rechtliche Gleichstellung der Schwarzen. So mobilisierte er beim Marsch auf Washington 1963 mehr als 250000 Anhänger. In seiner Rede «I have a dream» entwarf er seine Vision von einer freien und gleichen Gesellschaft. Ein Jahr später erreichte King sein Ziel, als Präsident Lyndon B. Johnson das Bürgerrechtsgesetz zur Aufhebung der Rassentrennung unterzeichnete (Civil Rights Act). 1968 wurde King von einem weißen Südstaatler erschossen.

Burgfrieden
Der im Mittelalter entstandene Begriff bezeichnete den Zustand friedlichen (fehdefreien) Zusammenlebens im Bereich der Burg oder Stadt. Im 20. Jahrhundert meint B. die Abmachung gesellschaftlicher Gruppierungen, ihre politischen, wirtschaftlichen oder sozialen Gegensätze angesichts nationaler Ausnahmesituationen zurückzustellen. Zu einem typischen B. kam es am 4.8.1914 im Deutschen Kaiserreich: Alle im Parlament (Reichstag) vertretenen Parteien gelobten, innere Geschlossenheit zu zeigen, um den am 1.8. ausgebrochenen Krieg der → Mittelmächte gegen Frankreich, Großbritannien und Rußland (1. → Weltkrieg) zu bestehen. Durch die Zusammenarbeit mit den Regie-

rungsinstanzen konnten die Parlamentarier das Gewicht des Reichstages in der Monarchie steigern («stille Parlamentarisierung»).
Bis heute wird der Begriff B. – hauptsächlich im deutschsprachigen Raum – verwendet, wenn sich Regierung und Opposition einigen, um längerfristige politische Entwicklungen zu ermöglichen (z. B. Rentenregelung, Pflegeversicherung).

Bürokratie

B. ist die allgemein übliche Form öffentlicher Verwaltung. Kennzeichen sind ein streng hierarchischer Aufbau, klar abgegrenzte Zuständigkeiten, beruflicher Aufstieg in festgelegten Laufbahnen, Bezahlung entsprechend der jeweiligen Funktion sowie eine lückenlose Aktenführung sämtlicher Verwaltungsvorgänge.
Der staatlichen B. liegen schriftlich fixierte Regeln zugrunde (Gesetze, Verordnungen, Bestimmungen), die von hauptamtlichen Fachleuten (Beamte, Angestellte im öffentlichen Dienst) umgesetzt werden.
Der Begriff B. wird seit den 80er Jahren häufig polemisch benutzt, um der staatlichen Verwaltung mangelnde Flexibilität, inhumanen Formalismus, Obrigkeitshörigkeit und fehlende Wirtschaftlichkeit vorzuwerfen. Die Gleichförmigkeit und Regelhaftigkeit des bürokratischen Handelns macht es einerseits für den Bürger kalkulier- und einsehbar, birgt andererseits aber auch die Gefahr, daß sich die B. verselbständigt. Daher muß die politische Führung die Regeln der B. den sich wandelnden gesellschaftlichen Verhältnissen anpassen.

C

Camp-David-Abkommen ❑

Auf dem Landsitz Camp David/Maryland des US-Präsidenten Jimmy Carter unterzeichneten am 17.9. 1978 Ägyptens Staatspräsident Mohammad Anwar as Sadat und Israels Ministerpräsident Menachem Begin zwei Rahmenabkommen, die 1979 zum Friedensvertrag zwischen beiden Staaten führten. Kernpunkte der sog. C. waren die Aufnahme diplomatischer Beziehungen zwischen Äygpten und Israel, der Rückzug Israels von der seit dem Sechstagekrieg (1967; → Israelisch-Arabische Kriege) besetzten Sinai-Halbinsel (Rückgabe 1982) sowie die Einführung einer autonomen Verwaltung für die ebenfalls besetzten Gebiete Westjordanland und Gazastreifen. Der Friedensschluß isolierte Ägypten in der arabischen Welt, die Sadats Alleingang als Verrat bewertete. Den in den C. anvisierten Ausgleich zwischen Israel, den Palästinensern und den arabischen Nachbarn leitete erst 1994 das → Gaza-Jericho-Abkommen ein.

Menachem Begin
(16.8.1913–9.3.1992)

Begin, dessen Familie dem Nazi-Terror zum Opfer fiel, kämpfte ab 1942 mit Anschlägen gegen die britische Mandatsmacht in Palästina. Nach der Staatsgründung Israels lehnte er als Oppositionsführer (mit Unterbrechungen 1949–77) jegliche Konzessionen an die arabischen Nachbarn ab. 1977 wurde er als Führer des konservativen → Likud-Blocks zum Ministerpräsidenten gewählt und unterzeichnete zwei Jahre später einen Friedensvertrag mit Ägypten. Einen vollständigen Rückzug Israels lehnte er jedoch ebenso ab wie Autonomieregelungen für die Palästinenser.

Mohammad Anwar as Sadat
(25.12.1918–6.10.1981)

Nach dem plötzlichen Tod von Ägyptens Staatschef Gamal Abd el Nasser übernahm dessen enger Vertrauter Sadat die Regierungsgeschäfte. Nachdem er 1973 im Jom-Kippur-Krieg den Mythos der Unbesiegbarkeit Israels zerstört hatte, setzte er in der zweiten Hälfte der 70er Jahre auf eine friedliche Lösung des → Nahostkonflikts. Die Unterzeichnung des Friedensvertrags mit Isarel 1979 isolierte Sadat in der arabischen Welt. 1981 wurde er während einer Militärparade von religiösen Fanatikern erschossen.

Casablanca-Konferenz

In der marokkanischen Hafenstadt Casablanca legten vom 14. bis 26.1.1943 US-Präsident Franklin D. Roosevelt und der britische Premierminister Winston Churchill das weitere militärische Vorgehen nach der erfolgreichen alliierten Landung in Französisch-Nordwestafrika (1942) fest. Dabei setzte Churchill eine Landung auf Sizilien nach Ende des Afrikafeldzugs durch. Erst nach einer weiteren Schwächung des Deutschen Reichs sollte die Invasion in Frankreich begonnen werden. Auf Initiative Roosevelts forderte die C. eine bedingungslose Kapitulation des Deutschen Reichs, Italiens und Japans.

Castroismus ❑

Das von Fidel Castro Ruz entwickelte sozialrevolutionäre Gesellschaftskonzept war auf die Verhältnisse im Lateinamerika der 50er Jahre zugeschnitten. Laut Castro kann eine Revolution nur mit Gewalt vollzogen werden und breitet sich vom Land auf die Stadt aus. Träger der Revolution sind Partisanentrupps, die sich aus Intellektuellen, Bauern und Städtern zusammensetzen. Diese sog. Elite gruppiert sich um einen Guerillaführer. Die Partisanen müssen nicht warten, bis alle Revolutionsbedingungen erfüllt sind, sondern können den Aufstandsherd selbst schaffen. Ähnlich wie Ernesto «Che» Guevara betrachtete Castro den Guerillakampf in einem Land als Vorphase des Gesamtbefreiungskampfes, der schließlich auf ganz Lateinamerika übergreift.
Nach seiner Machtübernahme in Kuba (1959) setzte Castro zentrale Forderungen des C. um: Enteignung der Großgrundbesitzer, soziale Reformen sowie eine Alphabetisierungskampagne. Zudem strebte er die nationale Unabhängigkeit aller lateinamerikanischen Staaten von den Supermächten USA und UdSSR an. Diesen → Dritten Weg konnte Castro ab Mitte der 60er Jahre jedoch nur mit Einschränkungen beschreiten, da er sich aufgrund wirtschaftlicher Probleme Kubas (Abhängigkeit vom Hauptexportgut Zucker) stark an die Sowjetunion anlehnte.

Fidel Castro Ruz
(* 13.8.1927)
Der Rechtsanwalt stürzte 1959 den kubanischen Diktator Fulgenico Batista y Zaldívar. In der Folgezeit errichtete Castro eine Diktatur kommunistischer Prägung. Als «Lider máximo» verfügt er über nahezu unumschränkte Machtfülle. Auf wirtschaftlichen und politischen Druck der USA reagierte Castro, der wegen seiner sozialpolitischen Erfolge in Lateinamerika hohes Ansehen genießt, mit Aufrüstung und enger Anlehnung an die UdSSR. Auch nach dem Zusammenbruch des Sozialismus hält Castro an seiner sozialistischen Politik fest. Allerdings zwingt ihn die kubanische Wirtschaftskrise durch das Ende der engen Handelsbeziehungen zum ehemaligen Ostblock zu einer vorsichtigen Öffnung des Landes für westliche Investoren.

CDU ❑

1. Die **C**hristlich **D**emokratische **U**nion entstand als Partei 1945 in Deutschland auf regionaler Ebene in den westlichen Besatzungszonen. Mit der Parteigründung sollte eine konservative, christlich-überkonfessionelle politische Vereinigung geschaffen und damit die Schwäche der rein katholischen → Zentrumspartei überwunden werden.
Erstes Parteiprogramm war das Ahlener Programm, am 3.2.1947 von der CDU der britischen Besatzungszone (Vorsitzender: Konrad Adenauer) verabschiedet. Es enthielt

u. a. die Forderungen nach der Vergesellschaftung von Schlüsselindustrien. Bereits 1948 wurde es durch Ludwig Erhards Konzept der sozialen → Marktwirtschaft revidiert.
Im Oktober 1950 schlossen sich die Landesverbände zu einer Bundespartei unter dem Vorsitz von Adenauer zusammen. Das 1953 beschlossene Hamburger Programm der CDU in der BRD war geprägt von Erhards marktwirtschaftlichen Vorstellungen. Kernpunkte der CDU-Politik bildeten die von Adenauer betriebene Westintegration sowie die Wiederbewaffnung. Im Verhältnis zur DDR bekräftigte Adenauer den Alleinvertretungsanspruch der BRD mit der → Hallstein-Doktrin.
Nach der Bundestagswahl 1969 mußte die CDU nach 20 Jahren Regierungsverantwortung unter Adenauer (1949–63), Erhard (1963–66) und Kurt-Georg Kiesinger (1966–69; → Große Koalition mit SPD) erstmals in die parlamentarische Opposition. Im 1978 auf dem Parteitag in Ludwigshafen verabschiedeten neuen Grundsatzprogramm definiert sich die CDU als Volkspartei, deren Grundwerte Freiheit, Solidarität und Gerechtigkeit sind. Gleichzeitig erneuerte die CDU ihr Bekenntnis zur sozialen Marktwirtschaft und den sog. festen sozialen Lebensformen (Ehe, Familie, Staat, Kirche). 1982 kehrte die Partei mit Helmut Kohl, der eine geistig-moralische Wende propagierte, als Bundeskanzler in die Regierungsverantwortung zurück. Nach dem Zusammenbruch des → Sozialismus in Osteuropa und der DDR wollte die CDU die → Deutsche Einheit möglichst schnell verwirklichen. Als «Partei der Einheit» gelang ihr bei den ersten gesamtdeutschen Wahlen 1990 ein deutlicher Sieg. Mitte der 90er Jahre sind vorrangige Ziele der von Bundeskanzler Kohl dominierten Partei die zügige Vollendung der europäischen Einheit sowie eine bedeutendere Rolle Deutschlands in der internationalen Politik (z. B. in der UNO).
Im Bundestag bildet die CDU eine Fraktionsgemeinschaft mit der CSU. Während die CSU ihre Aktivitäten auf Bayern beschränkt, tritt die CDU bei Wahlen in allen Bundesländern außer Bayern an.
2. Die CDU der ehemaligen sowjetischen Besatzungszone und späteren DDR gehörte zu den sog. → Blockparteien, die nach einem festgelegten Schlüssel an der von der → SED geführten Regierung beteiligt wurden. Nach der Vereinigung von BRD und DDR 1990 erfolgte die Integration der Ost-CDU in die Westpartei.

Parteivorsitzende der CDU

1950–1966	Konrad Adenauer
1966–1967	Ludwig Erhard
1967–1972	Kurt Georg Kiesinger
1972–1973	Rainer Barzel
Seit 1973	Helmut Kohl

CENTO

Die **Cen**tral **T**reaty **O**rganization (Zentrale Pakt-Organisation), ein Verteidigungsbündnis zwischen Großbritannien, dem Iran, Pakistan und der Türkei, ging 1959 aus dem vier Jahre vorher geschlossenen Bagdad-Pakt hervor. Der Irak, der ursprünglich auch dem Bagdad-Pakt angehört hatte, war nach dem Ende der Monarchie 1958 ausgetreten.

Die CENTO entstand auf Initiative der USA, die mit diesem Bündnis geopolitisch die Lücke zwischen dem NATO-Bereich in Westeuropa und dem Mittelmeer bis hin zur kleinasiatischen Türkei und dem → SEATO-Pakt im pazifisch-asiatischen Raum schließen wollten.
Anfang der 70er Jahre zeigten sich erste Risse in der CENTO: Wegen der amerikanischen Finanzhilfen verließ Pakistan 1972 das Bündnis. Nach Beginn der islamischen Revolution folgte 1979 der Iran. Im selben Jahr wurde die CENTO aufgelöst.

Chacokrieg

Die militärische Auseinandersetzung zwischen Bolivien und Paraguay um den Gran Chaco begann 1932 mit dem Einmarsch bolivianischer Truppen in das wirtschaftlich bedeutsame Grenzgebiet. Grund waren die territorialen Einbußen, die Bolivien hatte hinnehmen müssen: Im sog. Salpeterkrieg (1879–84) verlor es das Antofagasta-Gebiet an Chile und mit den dortigen Salpetervorkommen die wichtigste Stütze seiner Ökonomie. Geographisch wurde Bolivien vom Pazifikanrainer zum Binnenstaat. Nach dem Krieg gegen Brasilien (1902/03) mußte es das Acre-Gebiet im Nordosten abtreten. Bolivien spekulierte auf Ausgleich im Gran Chaco, dessen Besitz umstritten war. Paraguay lehnte eine friedliche Abtretung ab. Ein erster Waffengang 1928 blieb für Bolivien ebenso erfolglos wie der C. Im Frieden von Buenos Aires erhielt Paraguay den größten Teil des Chaco-Gebiets, Bolivien bekam einen Atlantikzugang über die Flüsse Paraguay und Paraná zugesprochen.

Charta 77 ❑

Die am 1. 1. 1977 von tschechoslowakischen Regimekritikern gegründete Bürgerrechtsgruppe forderte die Einhaltung der Menschenrechte sowie die uneingeschränkte Gewährung der Bürgerrechte in ihrem Heimatland.
Die Mitglieder der C. beriefen sich dabei auf die 1975 auch von den Ostblockstaaten unterzeichnete KSZE-Akte von Helsinki. Zu den Initiatoren der C. gehörte der Dramatiker Václav Havel, der nach dem Ende der komunistischen Ära 1989 erster demokratisch gewählter Staatspräsident der Tschechoslowakei wurde.

Václav Havel
(* 5. 10. 1936)
Der tschechoslowakische Schriftsteller, der sich in seinen Dramen mit den Gefahren totalitärer Machtansprüche auseinandersetzte, leitete während des → Prager Frühlings den reformerischen Club unabhängiger Schriftsteller. Nach der blutigen Niederschlagung der Reformbewegung verfolgte das kommunistische Regime Havel über zwei Jahrzehnte als Dissident. 1989 gehörte Havel zu den Wortführern der Demokratiebewegung, die den kommunistischen Staatschef Gustav Husák zum Rücktritt zwang. 1990 siegte Havel bei den ersten freien Präsidentenwahlen der ČSFR, mußte jedoch machtlos das Ende eines einheitlichen Staates der Tschechen und Slowaken erleben. 1993 wurde er zum Präsidenten der Tschechischen Republik gewählt.

Chemische Waffen

Die Waffen enthalten zumeist flüssige oder gasförmige chemische Substanzen, die militärisch eingesetzt werden, um Lebewesen durch erstikkende, giftige oder ätzende Wirkung zu schädigen oder zu töten. Trotz des Verbots von C. durch die → Haager Landkriegsordnung von 1907 setzte das Deutsche Reich im 1. Weltkrieg (1915 bei Ypern) erstmals C. ein.
Das → Genfer Protokoll von 1925 verbietet die Verwendung von Gift- und Reizgasen im Krieg. Darunter fallen nicht Brandstoffe wie Napalm, das zuerst im 2. Weltkrieg und dann im → Vietnamkrieg von den USA benutzt wurde. In Vietnam verwendeten die USA zusätzliche C. zur Entlaubung der Wälder. Im 1. → Golfkrieg (1980–89) setzte der Irak Giftgas gegen den Iran ein.
Anfang der 80er Jahre wurden sog. Binärwaffen entwickelt, die sicherer zu lagern und zu transportieren sind als herkömmliche C.: Binärwaffen erzielen ihre vernichtende Wirkung erst nach dem Abschuß durch die Vermischung zweier chemischer Substanzen, die jede für sich genommen nur gering giftig sind.
Im Juni 1992 einigten sich die Teilnehmer der → Genfer Abrüstungskonferenz auf ein C-Waffen-Abkommen, das die Entwicklung, Herstellung und Lagerung von C. verbietet. Alle C. müssen innerhalb von zehn Jahren vernichtet werden. Die GUS-Staaten erhielten eine Fristverlängerung von fünf Jahren, um ihr Waffenarsenal umweltgerecht zu entsorgen. Das C-Waffen-Abkommen konnte allerdings nicht wie vorgesehen Anfang 1995 in Kraft treten, weil erst 19 statt der notwendigen 65 Staaten ihre Ratifikationsurkunde hinterlegt hatten. Bei der Entsorgung der C. der USA und Rußlands, die über die größten C.-Bestände verfügen, ergaben sich hohe Sicherheitsprobleme.

Chinesischer Bürgerkrieg ❑

Mit C. wird die Phase im Kampf um die Macht in China zwischen 1905 und 1949 bezeichnet. Der chinesische Revolutionsbund unter Sun Yatsen plante ab 1905 den Sturz des letzten chinesischen Kaisers und löste 1911 den Bürgerkrieg aus. Nach Abdankung Pu Yis (1912) rief Sun Yatsen die Republik aus, mußte aber den Militärführer und Monarchisten Yuan Shikai zum Präsidenten des Landes ernennen. Yuan baute eine Militärdiktatur auf, Sun Yatsen ging ins Exil. 1919 reaktivierte er im Rahmen der studentischen Vierte-Mai-Bewegung seinen Revolutionsbund als Guomindang (Nationale Volkspartei) und setzte sich an die Spitze der republikanischen Zentralregierung. Die Macht der Militärführer (sog. Warlords) in den Provinzen beendete die Guomindang unter ihrem neuen Befehlshaber Chiang Kaishek zusammen mit der 1921 gegründeten Kommunistischen Partei Mao Zedongs. Um den Einfluß der Kommunisten zu brechen, ließ Chiang ab 1927 in Vernichtungsfeldzügen Tausende ihrer Anhänger ermorden, was die Guerillaverbände Maos 1934 zu ihrem → Langen Marsch über 10000 km nach Nordchina zwang. Im Krieg gegen Japan wurde die Einheitsfront von Nationalisten und KP 1937–45 erneuert, ehe der C. erneut aufflammte. 1948/49 schlug Maos Volksbefreiungsarmee die Nationaltruppen Chiang Kaisheks in der Mandschurei vernichtend. Chiang floh nach Taiwan, Mao proklamierte im Oktober 1949 die Volksrepublik China.

Chiang Kaishek
(31.10.1887–5.4.1975)
Der Vorsitzende der Nationalregierung in Nanking (1928–49) und Chef der Guomindang setzte sich für die Einheit Chinas ein. Der Oberbefehlshaber der alliierten Streitkräfte in China zeichnete für den militärischen Erfolg gegen Japan verantwortlich und sorgte so für den Aufstieg des Landes zur Großmacht. Nach der Niederlage im Bürgerkrieg floh er nach Taiwan, das er mit Unterstützung der USA zu wirtschaftlicher Blüte führte.

Chinesisch-Indischer Krieg

Der Grenzkonflikt zwischen China und Indien führte zwischen 1959 und 1962 zu militärischen Auseinandersetzungen. Der Konflikt ging zurück auf die Grenzfestsetzung zwischen der damaligen Kolonie Britisch-Indien und China im Vertrag von Simla (1914). Kriterium für diese sog. McMahon-Linie – benannt nach dem Bevollmächtigten der britisch-indischen Regierung, Henry McMahon – war die Sprachgrenze. Historische Ansprüche beider Staaten, die Jahrhunderte zurückreichen, blieben hingegen unbeachtet. China erkannte die Grenze im Kaschmir und in der Region Ladakh im äußersten Norden Indiens nicht an, da die entscheidende Übereinkunft zwischen dem britischen und dem tibetischen Unterhändler erzielt worden war. China beanspruchte die Vertretung Tibets nach außen jedoch für sich.
1959 kam es zu ersten bewaffneten Zusammenstößen zwischen Indien und China. Gespräche beider Staaten über die Beilegung des Konflikts endeten 1960 ergebnislos. Auf dem Höhepunkt der Auseinandersetzungen marschierten im Oktober 1962 chinesische Truppen in Nordindien ein, mußten sich im folgenden Jahr aber auf internationalen Druck wieder zurückziehen. Obwohl China seitdem inoffiziell die McMahon-Linie akzeptiert, steht eine dauerhafte Regelung aus.

Chinesisch-Japanischer Krieg

Die seit 1931 (Besetzung der Mandschurei) von den Japanern provozierten Zwischenfälle mündeten am 7.7.1937 in den C. Auslöser war ein Gefecht an der strategisch wichtigen Marco-Polo-Brücke bei Peking.
Seit Ende des 19. Jahrhunderts wollte Japan ein asiatisches Imperium von Neu-Guinea über die Philippinen bis Nordchina errichten. Ziel des rohstoffarmen Kaiserreichs war der Aufstieg zur Weltmacht und die Verbesserung seiner wirtschaftlichen Situation. Nach Ausbruch des C. eroberten die Japaner bis 1938 die meisten chinesischen Hafenstädte sowie die wichtigsten Städte im Landesinneren. Der anschließende Stellungskrieg ging nach dem Eintritt der USA in den 2. Weltkrieg in den Pazifikkrieg über. Erst nach der Kapitulation 1945 zogen sich die Japaner aus China zurück. Der Abzug führte in China zwischen Nationalisten und Kommunisten zu einem Wettlauf um die Macht und damit zum Bürgerkrieg.

1992 entschuldigte sich der japanische Kaiser Akihito bei China für die Kriegsgreuel, die von der japanischen Vorstellung der Überlegenheit ihrer Rasse geprägt gewesen waren und unter den Chinesen 9 Mio. Tote gefordert hatten. Die Entschuldigung blieb in Japan heftig umstritten.

Chinesisch-Vietnamesischer Krieg

Am 17.2.1979 überfielen Truppen der Volksrepublik China das benachbarte Vietnam. Grund für die von Peking offiziell als «Strafaktion» bezeichnete Intervention gegen den einstigen Verbündeten war dessen Hegemoniestreben in Indochina (Laos, Thailand, Kambodscha, Vietnam). China hatte das Regime in Hanoi während des → Vietnamkriegs unterstützt, 1978 aber faktisch die Beziehungen abgebrochen, da das hochgerüstete Vietnam (viertgrößte Armee der Welt) zu einer Bedrohung der versteckten chinesischen Vorherrschaft in Südostasien geworden war. Ende 1978 besetzten vietnamesische Einheiten Kambodscha und beendeten die Schreckensherrschaft der → Roten Khmer unter dem chinatreuen Pol Pot. Diese Invasion nahm China zum Anlaß, seine Truppen entlang der gesamten Grenze auf vietnamesisches Territorium vorrücken zu lassen. Bereits am 16.3.1979 mußten sich die Chinesen zurückziehen. Die Spannungen zwischen Hanoi und Peking dauern seitdem an, u.a. kam es 1988 zu einem Seegefecht bei den Spratley-Inseln.

CIA

Das 1947 gegründete Zentralamt des Nachrichtendienstes (**C**entral **I**ntelligence **A**gency) ist die oberste amerikanische Geheimdienstbehörde. Der CIA war besonders während des → Kalten Krieges neben Spionage für subversive Aktionen verantwortlich. So steuerte der CIA 1961 das Landeunternehmen von Exilkubanern in der sog. Schweinebucht (→ Schweinebucht-Invasion), das ein Ende des kommunistischen Regimes unter Fidel Castro herbeiführen sollte. Auch beim Sturz des Chilenen Salvador Allende, des einzigen frei gewählten marxistischen Staatspräsidenten Lateinamerikas, spielte der CIA 1973 eine führende Rolle. Mitte der 70er Jahre wurde bekannt, daß der CIA auch innerhalb der USA agiert und Gegner des Vietnamkriegs nachrichtendienstlich überwacht hatte. Dies führte ab 1976 zu einer stärkeren Kontrolle des Geheimdienstes durch den US-Kongreß. Anfang der 80er Jahre erweiterte US-Präsident Ronald Reagan die Handlungsmöglichkeiten des CIA wieder. In seine Amtszeit fiel die Verwicklung des CIA in dubiose Waffengeschäfte, die als → Iran-Contra-Affäre bekannt wurden.

Club of Rome

Der informelle Zusammenschluß von Wirtschaftsführern, Wissenschaftlern und Politikern entstand 1968 auf Anregung des italienischen Managers Aurelio Peccei (bis 1973 Vorstandsmitglied des Elektronikkonzerns Olivetti). In mehreren Untersuchungen befaßte sich der C. mit der Lage der Menschheit. Die 1972 vom C. veröffentlichte Studie «Die Grenzen des Wachstums» analysierte erstmals die Schattenseiten des ungebremsten industriellen Wachstums und wies auf die Begrenztheit der natürlichen Ressourcen sowie die Gefahr der Umweltzerstörung hin. 1992 erschien mit «Die neuen Grenzen des Wachstums» eine Aktualisierung des Erstlingswerks.

CoCom

Das **Co**ordinating **Com**mittee for Multilateral Strategic Export Controls (Koordinationskomitee für Mehrseitige Strategische Exportkontrollen) wurde 1949 von westlichen Industriestaaten gegründet, um die Ausfuhr militärisch verwertbarer Güter zu kontrollieren und den technischen Vorsprung des Westens im Rüstungsbereich zu sichern. Das C., dem 17 Länder angehörten – die NATO-Mitglieder (Ausnahme Island), Australien und Japan – führte Listen mit Waffen und Nukleargütern, deren Export untersagt war, sowie mit Industriegütern, die sowohl zivil als auch militärisch nutzbar waren (sog. Dual-use-Waren) und eine Ausfuhrgenehmigung erforderten. Betroffen von den C.-Kontrollen waren zunächst Exporte in kommunistische Länder, insbesondere in Mitgliedsstaaten des östlichen Militärbündnisses → Warschauer Pakt und nach China. Das Ende des Ost-West-Konflikts und des Sozialismus führte Ende der 80er Jahre zu einer Lockerung der Vorschriften. 1990 wurde der Geltungsbereich der C.-Listen auf Entwicklungsländer ausgedehnt, die im Verdacht standen, gelieferte Industriewaren zu Rüstungszwecken zu verwenden oder weiterzuverkaufen. Im März 1994 wurde das C. aufgelöst. Allerdings soll die Ausfuhr von Dual-use-Gütern weiter auf der Grundlage der C.-Listen erfaßt werden.

Cohabitation ❑

Der Begriff bezeichnet im französischen Regierungssystem die Zusammenarbeit zwischen einem Staatspräsidenten und einer Parlamentsmehrheit – und damit auch einem Ministerpräsidenten – aus unterschiedlichen politischen Lagern. Nach der Verfassung von 1958 ist der vom Volk gewählte Staatspräsident zugleich Regierungschef und ernennt den Ministerpräsidenten, der die Tätigkeit der Regierung leitet. Allerdings kann dieser vom Parlament durch ein Mißtrauensvotum zum Rücktritt gezwungen werden. Zur ersten C. kam es nach den Parlamentswahlen vom 16. 3. 1986, als der sozialistische Präsident François Mitterrand den aus dem bürgerlichen Lager stammenden Jacques Chirac zum Minsterpräsidenten berief. Die von einem ständigen Dissens geprägte C. endete nach den Wahlen 1988. Im März 1993 folgte eine C. zwischen Mitterrand und dem bürgerlichen Ministerpräsidenten Edouard Balladur (bis 1995).

François Mitterrand (26. 10. 1916–8. 1. 1996)

Mitterrand, der während des 2. Weltkriegs im französischen Widerstand kämpfte, war 1944–57 als Minister in zahlreichen Regierungen der Vierten Republik tätig. Im dritten Anlauf siegte er 1981 bei den Präsidentenwahlen. Nachdem er sich zunächst reformfreudig gab (bessere Sozialleistungen, Verstaatlichung von Banken und Schlüsselindustrien), wandelte er sich zum pragmatischen Staatsmann der Mitte, der 1988 als «Vater aller Franzosen» wiedergewählt wurde.

Mitterrand nutzte die Verfassung, um seine Machtbefugnisse besonders in der Außen- und Sicherheitspolitik zu erweitern. Zusammen mit dem deutschen Bundeskanzler Helmut Kohl galt er als Motor auf dem Weg zur europäischen Einheit.

COMECON

→ RGW

Commonwealth of Nations

Der losen Interessengemeinschaft souveräner Staaten gehören die große Mehrzahl der ehemaligen Mitglieder des britischen Weltreichs an. Staatsoberhaupt aller C.-Staaten (Ausnahme: Republiken) ist der britische König bzw. die Königin.

Der Begriff C. wurde zunächst nur für die weißen Völker im britischen Weltreich verwendet und erst nach dem Ende des 2. Weltkriegs im Zuge der Entkolonisierung auch auf die farbigen Völker übertragen. 1948 erhielten alle Bürger des C. einen besonderen Rechtsstatus, durch den sie in Großbritannien nicht als Ausländer gelten. Ein Jahr später erklärte Irland seinen Austritt aus dem C., 1961 folgte Südafrika, 1987 verließen die Fidschi-Inseln die Gemeinschaft. In der zweiten Hälfte des 20. Jahrhunderts verlor das C. sein einstiges politisches Gewicht und durch den EG-Beitritt Großbritanniens (1973) auch seine wirtschaftliche Bedeutung.

Compiègne, Waffenstillstand von ❑

Im Wald des nordöstlich von Paris gelegenen Compiègne unterzeichneten Vertreter der alliierten und assoziierten Mächte und des besiegten Deutschen Reichs am 11.11.1918 den Waffenstillstand im 1. Weltkrieg. Dabei mußte sich die deutsche Delegation unter dem Reichtagsabgeordneten Matthias Erzberger den Bedingungen des Oberbefehlshabers der Alliierten, des französischen Marschalls Ferdinand Foch, beugen. Die Bestimmungen des Waffenstillstands garantierten die Wehrlosigkeit Deutschlands während der folgenden Friedensverhandlungen. Das Abkommen von Compiègne galt bis zur Unterzeichnung des → Versailler Vertrags (1919).

Im 2. Weltkrieg ließ das Deutsche Reich als Demütigung des unterlegenen Kriegsgegners Frankreich den Waffenstillstand zwischen beiden Staaten am 22.6.1940 ebenfalls im Wald von Compiègne unterzeichnen. Das Abkommen teilte Frankreich in eine besetzte Hälfte und einen unbesetzten Teil, der der → Vichy-Regierung unterstand.

Bestimmungen des Waffenstillstands von Compiègne

Deutschland akzeptierte u.a. folgende Bedingungen:

- Sofortige Räumung Belgiens, Elsaß-Lothringens und Frankreichs in 15 Tagen.
- Räumung des linken Rheinufers binnen 25 Tagen.
- Besetzung von Koblenz, Köln und Mainz durch alliierte Truppen.
- Schaffung einer entmilitarisierten Zone auf dem rechten Rheinufer.
- Unterhalt der im Rheinland stationierten Besatztungstruppen.
- Auslieferung von Waffen.

- Aufhebung des Vertrags von → Brest-Litowsk.
- Aufrechterhaltung der Blockade Deutschlands.

Conservative Party

Die Konservative Partei Großbritanniens entwickelte sich 1832 aus der Adelsorganisation der Tories. Unter Benjamin Disraeli setzte die C. bis ins 20. Jahrhundert auf wirtschaftliche Expansion und sozialpolitisches Engagement und öffnete sich dem Mittelstand (Volkspartei). Außenpolitisch vertrat die Partei zunächst den britischen → Imperialismus und → Kolonialismus. 1912 fusionierte die C. mit den sog. Liberalen Unionisten, einer Abspaltung der → Liberal Party.

Nachdem Premierminister Neville Chamberlain Ende der 30er Jahre zunächst eine sog. Beschwichtigungspolitik (→ Appeasement) gegenüber dem Deutschen Reich betrieben hatte, um den Frieden zu sichern, schwor Winston Churchill das gesamte Land ab 1940 bedingungslos auf den 2. Weltkrieg ein. Die konservative Regierungschefin Margaret Thatcher betrieb einen harten marktwirtschaftlichen Kurs mit Abbau von Subventionen und Sozialleistungen (→ Thatcherismus). Zudem stand die C. – insbesondere unter Thatcher – einer weitreichenden europäischen Integration skeptisch gegenüber.

Contadora-Gruppe

Als C. werden die Staaten Kolumbien, Mexiko, Panama und Venezuela bezeichnet, deren Vertreter sich erstmals 1983 auf der panamaischen Insel Contadora trafen. Ziel war eine Vermittlung im Mittelamerika-Konflikt, in den El Salvador, Guatemala, Honduras und Nicaragua verwickelt waren. Nachdem die Bemühungen um den Friedensprozeß (Friedensplan 1987, Entwaffnung der Contras 1990) Früchte getragen hatten, löste sich die C. 1991 auf.

CSU ❑

Bei ihrer Gründung 1945 verstand sich die konservative **C**hristlich **S**oziale **U**nion als überkonfessionelle Fortsetzung der Bayerischen Volkspartei, die ähnlich wie die → Zentrumspartei nur Katholiken aufgenommen hatte. Die CSU setzt sich für eine Stärkung des Föderalismus sowie den Schutz von Familie und Eigentum ein. Die Partei vertritt insbesondere die Interessen von Handel und Industrie sowie des bürgerlichen und bäuerlichen Mittelstandes. Die Verabschiedung des → Grundgesetzes im Parlamentarischen Rat lehnte die CSU 1949 aus föderativen Motiven ab.

Seit 1949 bildet die CSU im Bundestag eine Fraktionsgemeinschaft mit der → CDU und hatte in allen CDU-geführten Bundesregierungen Ministerposten inne. Den Schwerpunkt ihrer politischen Aktivitäten legt die CSU auf Bayern; im Gegenzug verzichtet die CDU auf eine Kandidatur in diesem Bundesland. Mit Ausnahme der Jahre 1954–57 (SPD) stellte die CSU stets den bayerischen Ministerpräsidenten. Seit 1962 verfügt die Partei im Landtag über die absolute Mehrheit.

Entscheidenden Anteil an diesem Erfolg hatte Franz Josef Strauß.

Der langjährige Parteivorsitzende (1961–88) setzte stärkere Akzente in der Bundespolitik und gehörte zu den entschiedensten Gegnern der von der sozialliberalen Koalition ab 1969 betriebenen → Ostpolitik. Nach der Vereinigung von BRD und DDR (1990) forderte die CSU unter ihrem Vorsitzenden Theo Waigel eine stärkere Rolle Deutschlands in der internationalen Politik (ständiger Sitz im UN-Sicherheitsrat, Beteiligung deutscher Soldaten an internationalen Kampfeinsätzen außerhalb des NATO-Gebietes).

Parteivorsitzende der CSU

1946–49	Josef Müller
1949–55	Hans Ehard
1955–61	Hanns Seidel
1961–88	Franz Josef Strauß
Seit 1988	Theo Waigel

Curzon-Linie

Der Begriff C. bezeichnet den am 8.12.1919 vom britischen Außenminister George Curzon vorgeschlagenen Grenzverlauf zwischen der Sowjetunion und Polen. Die C. verlief von der Bahnlinie Dünaburg-Wilna-Grodno nach Brest, von dort über Krylów, quer durch Galizien über Rawa Ruska nach Przemysl und weiter nach Süden. Polen erkannte die C. nicht an und erreichte im Frieden von → Riga 1921 eine weiter nach Osten vorgeschobene Grenzziehung. 1939 diente die C. als Grundlage für die im → Hitler-Stalin-Pakt festgelegte Grenze nach der deutschen Invasion in Polen. Auf der Konferenz von → Teheran gestanden die Westmächte Großbritannien und USA der UdSSR im November 1943 die C. als polnische Ostgrenze zu. Für die im Osten an die Sowjetunion verlorenen Gebiete sollte Polen im Westen auf Kosten Deutschlands entschädigt werden (sog. Westverschiebung Polens). In dem 1945 unterzeichneten polnisch-sowjetischen Grenzvertrag folgte die Staatsgrenze zwischen beiden Ländern im wesentlichen der C. (heute Grenze zwischen der Ukraine, Weißrußland und Polen).

CVP

Die **C**hristlich-Demokratische **V**olks**p**artei der Schweiz geht auf die 1912 gegründete Schweizerische Konservative Volkspartei zurück, die sich 1957 in Konservativ-Christliche Volkspartei der Schweiz und 1970 in CVP umbenannte. Die Partei ist seit 1959 ununterbrochen Mitglied der Regierung des Landes.
Nach der sog. Zauberformel stehen ihr seitdem zwei der sieben Sitze im Bundesrat (Regierung) zu. Die CVP setzt sich vor allem für die Stärkung christlicher Werte und der Familie sowie die innere Sicherheit und eine eigenständige Wirtschaft der Schweiz ein.

D

Datenschutz

Der Begriff, der die Rechte des Bürgers an den über ihn ermittelten und gespeicherten Daten umschreibt, entstand in den 70er Jahren vor dem Hintergrund des wachsenden Einsatzes elektronischer Datenverarbeitung. 1978 trat in der BRD das erste D.-Gesetz in Kraft, das jede Behörde und jeden Betrieb verpflichtete, ausreichenden D. zu garantieren.
Zu einer breiten öffentlichen Auseinandersetzung über den D. kam es im Vorfeld der für 1985 geplanten Volkszählung. Viele Bürger kritisierten die detaillierte Datenerhebung und befürchteten, der Staat könnte den «gläsernen Menschen» schaffen.
Das D.-Gesetz von 1990 verbietet in der BRD den Austausch von Daten, die bei verschiedenen Behörden bzw. Unternehmen gespeichert sind. Über die Einhaltung des D. wacht der Bundesbeauftragte für den D., der seit 1990 vom Bundestag gewählt wird (Amtszeit: fünf Jahre) und alle zwei Jahre einen Tätigkeitsbericht vorlegt.
Ein Beispiel für ungenügenden D. sind die Archive des Ministeriums für Staatssicherheit der DDR. Die sog. Stasi sammelte Daten über mehr als 2 Mio. Menschen, um sie dadurch unter Druck setzen zu können. Ohne rechtliche Beschränkungen konnte in die Privatsphäre angeblicher Dissidenten eingedrungen werden (z. B. Abhöraktionen, Observierungen).
In den europäischen Staaten differieren die gesetzlichen Regelungen zum D. stark. Daher soll in der EU ein einheitliches D.-Recht geschaffen werden.

Dawes-Plan ❑

Der nach dem amerikanischen Wirtschaftspolitiker Charles Gates Dawes benannte Wirtschaftsplan regelte ab 1924 die deutschen → Reparationen neu. Dies war erforderlich geworden, da das Deutsche Reich die ihm auferlegten Zahlungsverpflichtungen (→ Versailler Vertrag) nicht erfüllen konnte. Die Gründe hierfür lagen in der Schwächung der Wirtschaft durch die starke Inflation sowie im zunehmenden passiven Widerstand von Regierung, Wirtschaft und Bevölkerung gegen die → Ruhrbesetzung durch Belgien und Frankreich.
Der D., den die Londoner Konferenz am 16. 8. 1924 billigte (vom Reichstag am 30. 8. 1924 angenommen), sah vor, daß Deutschland an die Alliierten jährlich 2,5 Mrd. RM zahlen sollte, machte die Höhe der Zahlung aber von der Leistungsfähigkeit der deutschen Wirtschaft abhängig. Gleichzeitig sollte das Ruhrgebiet ab Juli 1925 geräumt werden. Reichsbank und Reichsbahn kamen zur Sicherung der Gläubigeransprüche unter internationale Kontrolle. Zur Verbesserung seiner ökonomischen Situation erhielt Deutschland

eine Auslandsanleihe in Höhe von 800 Mio. RM.
Zwar erfüllte das Deutsche Reich in den Folgejahren seine Zahlungsverpflichtungen, allerdings auf Kosten wachsender Auslandsverschuldung. Zudem erwies sich das Fehlen einer endgültigen Festsetzung des Gesamtvolumens der Reparationen als nachteilig. Ende der 20er Jahre scheiterte der D. an Transferschwierigkeiten und wurde 1929 durch den → Young-Plan ersetzt.

Charles Gates Dawes
(27.8.1865–23.4.1951)
Der in Marrietta/Ohio geborene amerikanische Politiker erhielt 1925 für den nach ihm benannten Plan den Friedensnobelpreis. Im selben Jahr wurde er von US-Präsident Calvin Coolidge zum Vizepräsidenten ernannt (bis 1929). 1933 übernahm der Wirtschaftsexperte die Leitung der City National Bank in Chicago.

D-Day

Als **D**ecision-**Day** wird der Tag der alliierten Landung in der Normandie am 6.6.1944 bezeichnet. Der Erfolg der Operation «Overlord», an der 850000 Soldaten und die mit 5000 Schiffen größte Invasionsflotte aller Zeiten teilnahmen, hatte entscheidende Wirkung im 2. → Weltkrieg.
Der Tag der Landung war zwischen Großbritannien und den USA auf der einen und der mit ihnen verbündeten UdSSR auf der anderen Seite lange Zeit strittig gewesen. Josef W. Stalin hatte mehr als zwei Jahre auf eine alliierte Invasion in Westeuropa gedrängt, um durch eine zweite Front den Druck der deutschen Wehrmacht im Osten zu mindern. US-Präsident Franklin D. Roosevelt setzte auf eine langfristig geplante Operation, da das Scheitern einer ungenügend vorbereiteten Invasion Hitlers Position in Europa auf Jahre stärken würde.
Durch die Überlegenheit ihrer Luftwaffe und strategische Fehlentscheidungen Hitlers gelang es den Alliierten, Mitte Juli die deutsche Front zu durchbrechen und die Wehrmachtsverbände einzuschließen («Kessel von Falaise»). Am 25.8 befreiten sie Paris.
Das Scheitern der Ardennenoffensive Hitlers im Dezember 1944 sowie das Überschreiten des Rheins bei Remagen im März 1945 leiteten das Kriegsende ein. Ende April erreichten amerikanische Einheiten die Demarkationslinie an der Elbe bei Torgau.

Deflation

Der Begriff D. bezeichnet einen Überschuß des Güterangebots gegenüber der Nachfrage. Im Gegensatz zur → Inflation läßt das Überangebot Preise und Einkommen sinken und führt zu höherer Arbeitslosigkeit, da die Produktion zurückgeht. Anfang der 30er Jahre betrieben zahlreiche Staaten durch Kürzungen der Staatsausgaben und einen Lohn- und Preisstopp eine D.-Politik. Das angestrebte Ziel, damit die Konjunktur zu beleben, verfehlte die Wirtschaftspolitik jedoch, die → Weltwirtschaftskrise verschärfte sich.

Demagogie

Der Begriff bezeichnet die Aufwiegelung des Volkes oder einer Volks-

gruppe durch Hetze, Lüge oder Verunglimpfung. Häufiges Mittel der D. ist es, auf inszenierten Massenveranstaltungen übertriebene Ängste oder Feindbilder zu wecken.
Bereits in früheren Jahrhunderten war D. – insbesondere in Diktaturen – ein erfolgreiches Mittel, um politische Ziele zu verwirklichen. Traurige Berühmtheit als Demagogen erreichten der deutsche Führer und Reichskanzler Adolf Hitler sowie Reichspropagandaminister Joseph Goebbels, der die Massen im Angesicht der drohenden deutschen Niederlage im 2. Weltkrieg mit rücksichtslosen Parolen mobilisierte («Wollt ihr den totalen Krieg»). Zu den gefürchteten Demagogen aus der zweiten Jahrhunderthälfte gehört der irakische Staatschef Saddam Hussein.

Democrazia Cristiana

Die konservativ-katholische Partei Italiens wurde 1943 unter Führung Alcide De Gasperis gegründet und ging aus dem antifaschistischen Widerstand hervor. Ab 1945 war die D. als einzige Partei des Landes ununterbrochen an der Regierung beteiligt. In den 60er/70er Jahren kam es zu heftigen Flügelkämpfen innerhalb der D. um den sog. historischen Kompromiß, die Zusammenarbeit mit den Kommunisten und deren mögliche Regierungsbeteiligung. Die Verwicklung führender Parteipolitiker, darunter der langjährige Ministerpräsident und Außenminister Giulio Andreotti, in Korruptionsskandale brachte der Partei ab 1992 schwere Wahlniederlagen bei. Daraufhin benannte sich die C. 1994 in Partido Popolare Italiano (PPI) um, versank jedoch bei den Parlamentswahlen desselben Jahres in der politischen Bedeutungslosigkeit: Erstmals blieben die Christdemokraten von der Regierungsverantwortung ausgeschlossen.

Demokratie ❑

Bei dieser Regierungsform legitimiert das Volk die Staatsgewalt durch Mehrheitsentscheidungen. Wesentliche Merkmale der D. sind die verfassungsrechtlich garantierte Freiheit und Gleichheit aller Bürger, die Teilung der drei Staatsgewalten → Exekutive (vollziehende Gewalt), → Judikative (Rechtsprechung) und → Legislative (Gesetzgebung), freie → Wahlen und das Mehrheitsprinzip bei Beschlüssen in allen politischen Gremien.
D.-Formen: Im allgemeinen wird zwischen zwei verschiedenen Formen der D. unterschieden. In der direkten (plebiszitären) D. ist das Volk unmittelbar an der politischen Willensbildung beteiligt; in der indirekten (repräsentativen) D. wird die Ausübung der Herrschaft auf gewählte Volksvertreter übertragen.
Im 20. Jahrhundert setzten sich in Europa und vielen Staaten der übrigen Welt liberale demokratische Vorstellungen durch, die zu unterschiedlichen Ausformungen der D. führten. Am weitesten verbreitet ist die repräsentative D., da die Größe der meisten Staaten die direkte Volkssouveränität unpraktikabel erscheinen läßt. Diese indirekten D. unterscheiden sich untereinander durch den Grad der → Gewaltenteilung und die Übernahme plebiszitärer Elemente. So ist in der Schweiz eine striktere Gewaltenteilung als in den meisten übrigen parlamentari-

schen Systemen verankert: An der Spitze der Exekutive steht anstelle eines einzelnen ein Kollegium (sog. Direktorialsystem). In Staaten wie Frankreich und den USA wird der Präsident als Spitze der Exekutive direkt vom Volk gewählt (sog. Präsidialsystem).
Formen direkter D. wie Volksbegehren, Referenden oder Volksversammlungen sind Elemente in einigen D.: Am weitesten geht hierbei die Schweiz, wo das Volk in Referenden über wichtige politische Fragen entscheidet. In Frankreich kann sich der Präsident durch einen Volksentscheid seine Politik vom Volk bestätigen lassen, auch wenn er sich damit in Gegensatz zur parlamentarischen Mehrheit stellt. Charles de Gaulle benutzte dieses Mittel mehrfach während seiner Amtszeit (1958–68). In der BRD fehlen auf Bundesebene plebiszitäre Elemente, während sie in einigen Länderverfassungen verankert sind (z. B. ostdeutsche Bundesländer, Bayern, Hessen).
Als direkte D. verstand sich die Räte-D., die in Rußland – kurzzeitig – 1905 und 1917/18 existierte. Die Willensbildung in der Räte-D. erfolgte über ein System gestaffelter Vertretungsgremien, wobei der jeweilige Vertreter des Volkswillens mit einem imperativen Mandat ausgestattet war (d. h. er mußte sich in seinem Abstimmungsverhalten nach dem Willen seiner Wähler richten). Einem ähnlichen System folgten auch die Revolutionskomitees, die 1977 in Libyen etabliert wurden. Allerdings wird das Land faktisch von einem diktatorisch regierenden Revolutionsrat mit Muammar al Khadafi an der Spitze beherrscht.

D.-Entwicklung im 20. Jahrhundert: Die Entwicklung der D. verlief je nach Land unterschiedlich. So scheiterte das demokratische System der → Weimarer Republik mit seinen plebiszitären Elementen an den autoritär organisierten Interessen verbänden. Auch in der → Dritten Welt konnte sich in vielen Staaten die D. nicht dauerhaft etablieren. Wirtschaftliche Schwierigkeiten, Auseinandersetzungen zwischen einzelnen Volksgruppen oder die ungebrochene Macht von Großgrundbesitzern und Militär brachten autoritäre Regime an die Regierung.
Zahlreiche der nach 1945 entstandenen kommunistischen Staaten beanspruchten den Begriff der D. für ihre totalitäre Staatsform. Am verbreitetsten waren die sog. Volks-D. (z. B. in Albanien, Polen, Rumänien, Tschechoslowakei). Dabei handelte es sich jedoch um Diktaturen, in denen einzelne oder eine bestimmte Schicht die alleinige, unkontrollierte Macht ausübten. Die Unzufriedenheit der Bevölkerung mit der wirtschaftlichen Situation und dem politischen System führte 1989 zum Ende der Volks-D. in Osteuropa. Statt dessen etablierten sich indirekte D. Hingegen gibt es in Afrika und Asien nach wie vor Volks-D., beispielsweise in Nordkorea.

Probleme der D.: In den westlichen D. setzte Ende der 80er Jahre eine zunehmende Politikverdrossenheit ein, die sich insbesondere im Rückgang der Wahlbeteiligung äußerte. Grund für dieses Verhalten ist zum einen ein massiver Vertrauensschwund der Politiker infolge von Korruptionsaffären sowie der Ein-

Grundlagen der Demokratie

Als erste Demokratien galten einige griechische Staaten, darunter Athen, das 508 v. Chr. eine von Kleisthenes geschaffene Verfassung erhielt. Aristoteles unterschied im 4. Jahrhundert die Herrschaftsformen anhand der Anzahl derjenigen, die die Macht ausüben, und stellte die Demokratie (Volksherrschaft) neben Monarchie (Herrschaft eines einzelnen) und Oligarchie (Herrschaft weniger). In Europa wurden erste demokratische Tendenzen ab dem 12. Jahrhundert verzeichnet, als das Bürgertum mit dem Aufschwung der Städte die Selbstverwaltung durchsetzte. Die drei Urkantone der Schweiz (Schwyz, Unterwalden und Uri) verfügten ab 1291 über eine eigene gewählte Gerichtsbarkeit.
Im 16. Jahrhundert verbreiteten die Calvinisten den Gedanken von der Gleichheit aller Menschen als «Kinder Gottes». 100 Jahre später machte die sog. Glorreiche Revolution England zum Mutterland des → Parlamentarismus: Die Bill of Rights (1689) begründete die Herrschaft des Parlaments.
Entscheidend für die allmähliche Durchsetzung der D. war das 18. Jahrhundert: Die amerikanische Unabhängigkeitserklärung von 1776 schrieb die Menschen- und Bürgerrechte fest. In Frankreich formulierte Jean-Jacques Rousseau sein Demokratieverständnis, in dem er den Staat als ein vom Willen des Volkes beherrschtes Gebilde auffaßte. Die Bürger sollten zugleich Regierende und Regierte sein. Diese Gedanken der Aufklärung, die auf die menschliche Vernunft vertraute, fanden ihren politischen Niederschlag in der Französischen Revolution 1789. Ein halbes Jahrhundert später (1848) hatte eine Revolutionswelle in Europa, die das allgemeine und gleiche Wahlrecht forderte, nur geringe Erfolge. Erst um die Jahrhundertwende verbreiteten sich liberale demokratische Vorstellungen endgültig.

---

druck, die Volksvertreter würden das eigene Fortkommen über die Interessen der Wähler stellen. Zudem fühlen sich viele Bürger nicht angemessen an politischen Entscheidungen beteiligt und fordern stärkere Elemente der direkten D.

Demokratiebewegungen

Der in der zweiten Hälfte des 20. Jahrhunderts entstandene Begriff bezeichnet den Zusammenschluß von einzelnen Menschen oder Organisationen in zumeist diktatorischen Staaten mit dem Ziel der Demokratisierung des Landes. Im allgemeinen lehnen D. Gewalt als Mittel zur Durchsetzung ihrer Ziele ab, um sich dadurch von Herrschenden, die sie bekämpfen, abzuheben.
Ab Mitte der 50er Jahre bildeten sich in vielen Kolonien D. – zumeist als → Befreiungsbewegungen (z. B. die Tanganisch-Afrikanische Nationalunion in Tanganjika und der Demokratische Senegalesische Block) –, die auch mit Gewalt für staatliche Unabhängigkeit und neue demokratische Staatsformen kämpften. Nach der Unabhängigkeit kam es in den meisten Staaten jedoch zu blutigen

Bürgerkriegen oder zur Installierung von Diktaturen: So verbot Sese-Seko Mobutu 1965 nach einem Putschversuch alle Parteien in Zaïre, im → Angolakrieg bekämpften sich ab 1975 prowestliche und kommunistische Gruppierungen.

Ab den 60er Jahren entstanden in zahlreichen Ostblockstaaten D., die im Untergrund arbeiteten (z. B. → Charta 77 in der ČSSR) und staatlichen Repressionen ausgesetzt waren. Als D. läßt sich auch die unabhängige Gewerkschaft → Solidarność verstehen, die ab 1980 für demokratische Reformen in Polen kämpfte. Ende der 80er Jahre erreichten die D. in vielen sozialistischen Staaten (z. B. DDR, Polen, Tschechoslowakei) einen unblutigen Umsturz. Hingegen scheiterte 1989 der Protest der chinesischen D. Die Regierung ließ Demonstrationen niederschlagen (Massaker auf dem Platz des Himmlischen Friedens).

In zahlreichen Staaten Asiens und Afrikas (z. B. Myanmar, Nepal, Oman, Zaïre) fordern sie verstärkt die Zulassung von Oppositionsparteien und freie Wahlen in den zumeist diktaturähnlichen Präsidialrepubliken bzw. autokratisch-absolutistischen Systemen.

Demokratische Partei ❑

Die 1828 gegründete amerikanische Partei entstand aus politischen Strömungen, die die Kompetenzen der Einzelstaaten stärken wollten. Im 20. Jahrhundert setzte sich die D. 1913, als Thomas Woodrow Wilson zum US-Präsidenten gewählt wurde, erstmals gegen die Republikaner durch. Zwischen 1933 und 1980 hielt die D. fast durchgängig die Mehrheit der Sitze im Kongreß. Sie besitzt kein einheitliches politisches Programm und unterscheidet sich ideologisch nur unwesentlich von der → Republikanischen Partei. Eine nationale Parteiorganisation existiert nicht und wird nur bei Präsidentschaftswahlen ins Leben gerufen. Wegen ihrer im Vergleich zu den Republikanern ausgeprägteren Politik im Sinne der sozial Schwächeren stammt die Anhängerschaft der D. vor allem aus den unteren Gesellschaftsschichten.

Präsidenten der Demokratischen Partei

1913–21	Thomas Woodrow Wilson
1933–45	Franklin D. Roosevelt
1945–53	Harry S. Truman
1961–63	John F. Kennedy
1963–69	Lyndon B. Johnson
1977–81	James E. Carter
Seit 1993	Bill Clinton

John F. Kennedy (29. 5. 1917–22. 11. 1963)

Kennedy wurde 1952 zum Senator seines Heimatstaates Massachusetts gewählt und setzte sich acht Jahre später im Präsidentschaftswahlkampf gegen den Republikaner Richard Nixon durch. Der jüngste Präsident der USA avancierte während seiner zweijährigen Amtszeit zur Symbolfigur für die Hoffnung auf Frieden, Freiheit und Fortschritt. Insbesondere bei der jungen Generation belebte er die Grundwerte der amerikanischen Demokratie neu. Außenpolitisch erreichte Kennedy, der sich um ein Ende des → Kalten Kriegs bemühte, 1963 die Unterzeichnung des Moskauer → Atomteststoppabkommens. Kennedy starb 1963 bei einem Attentat in Dallas, dessen Hintergründe bis heute nicht völlig geklärt sind.

Demokratischer Sozialismus

Der D. setzt sich bewußt vom «wissenschaftlichen Sozialismus» der Marxisten und Leninisten ab und strebt eine Gesellschaft an, die freie Entfaltung des einzelnen, Grundrechte sowie demokratische Mitwirkung der Bürger in allen Bereichen garantiert. Erhebliche Meinungsunterschiede zwischen den Vertretern des D. bestehen u. a. in der Frage der Vergesellschaftung der Produktionsmittel, der Funktionsweise der angestrebten sozialistischen Marktwirtschaft und der Ausgestaltung einer sozialistischen Demokratie.

Entstehung: Nach der russischen → Oktoberrevolution 1917 verschärfte sich in Europa die ideologische Auseinandersetzung um Form und Inhalt des → Sozialismus. Die Kommunisten betrachteten die Sozialdemokraten als «Abweichler», da diese ihre Ziele nicht mittels einer Revolution im Sinne einer totalen Umwälzung, sondern in einem demokratisch organisierten Staat erreichen wollten. Die Folge war ein jahrzehntelanger, international geführter Streit, in dem beide Seiten den wissenschaftlichen Sozialismus im Sinne der einzig wahren Lehre für sich in Anspruch nahmen. Schließlich entstand in bewußter Absetzung vom → Marxismus der Terminus des D., der 1951 in die Prinzipienerklärung der Sozialistischen → Internationale Eingang fand. Eine absichtlich weitgefaßte Definition des Begriffs sollte Sozialisten aller Strömungen ermöglichen, sich zum D. zu bekennen. Eine Revolution zur gesellschaftlichen Umwälzung wurde konsequent abgelehnt: «Der Sozialismus kann nur durch die Demokratie verwirklicht, die Demokratie nur durch den Sozialismus vollendet werden.»

Wirkung in Europa: Der D. prägte die meisten sozialdemokratischen und kommunistischen Strömungen in Westeuropa (→ Eurokommunismus). Angesichts der langen Periode des wirtschaftlichen Aufschwungs in den 50er und 60er Jahren gaben viele Parteien das Ziel der Überwindung des → Kapitalismus auf und wollten lediglich die Sozialgesetzgebung verbessern. In Frankreich und Spanien wurden kommunistische Parteien, die dem D. nahestanden, ebenso als regierungsfähig angesehen wie in Italien. Dort setzten sich Mitte der 70er Jahre die Christdemokraten für den sog. historischen Kompromiß über eine Regierungsbeteiligung der KPI ein. Im kommunistischen Ostblock galt der D. hingegen als abweichlerisch und wurde massiv verfolgt und unterdrückt (→ Prager Frühling).

Der Zusammenbruch des Sozialismus in Osteuropa führte zu einer tiefen Sinnkrise des orthodoxen → Kommunismus. In den meisten osteuropäischen Staaten bildeten sich neokommunistische Parteien, die die Ziele des D. proklamieren. In der BRD vertritt die Partei des Demokratischen Sozialismus (→ PDS), die 1989 aus der Sozialistischen Einheitspartei Deutschlands (→ SED) hervorging, den D.

Demonstration

In den Verfassungen demokratischer Staaten ist das Recht, sich öffentlich unter freiem Himmel zu versammeln und seine Meinung zu äußern, als Grundrecht ausdrücklich festgeschrieben (z. B. BRD: Art. 5 Grundgesetz, Recht auf freie Meinungsäußerung; Art. 8 Grundgesetz, Versammlungsfreiheit). Da bei D. oft gegen Maßnahmen einer Regierung oder gegen ein Regime demonstriert wird, werden sie von nicht-demokratischen Ländern häufig unterdrückt, auch wenn sie laut Verfassung formal gestattet sind, wie es in der DDR der Fall war.

Bis 1945: Die erste große, blutig niedergeschlagene D. des 20. Jahrhunderts war der → Petersburger Blutsonntag: Bei einer Kundgebung vor dem Zarenpalast forderten 30000 Arbeiter Reformen. In Deutschland kam es bis 1918 immer wieder zu D. gegen die Monarchie, die zumeist von → SPD und → Gewerkschaften organisiert wurden. Hingegen wollten Massenorganisationen wie Wehr- und Flottenverein mit ihren Kundgebungen zunächst die Regierung stützen. Kurz vor Ausbruch des 1. Weltkriegs protestierten sie dann gegen die ihrer Meinung nach «zu lasche» Politik des Kaiserreichs.

In den 20er und 30er Jahren vermehrten sich in vielen europäischen Staaten Zahl und Ausmaß der D. In Frankreich und Spanien war das innenpolitische Klima ebenso von scharfen Gegensätzen zwischen Links und Rechts geprägt wie in der → Weimarer Republik. Hinzu kamen D. von Arbeitslosen, die angesichts der → Weltwirtschaftskrise für ihre Belange kämpften, und von Gewerkschaften, die sich für arbeitsrechtliche Reformen einsetzten. In vielen Fällen entwickelten sich aus zunächst friedlichen D. blutige Auseinandersetzungen.

Ab 1945: Die erste große D.-Welle nach dem 2. Weltkrieg richtete sich ab Mitte der 60er Jahre gegen das Engagement der USA im → Vietnamkrieg. Aus diesen D. entwickelte sich insbesondere in der BRD und Frankreich die → Studentenbewegung, die mit D. für ihre Forderung nach gesellschaftlichen Veränderungen eintrat. In den USA kämpfte die → Bürgerrechtsbewegung mit D. für die Gleichberechtigung der farbigen Bevölkerung (Marsch auf Washington, 1963).

In kommunistischen Staaten bedienten sich die Herrschenden des Mittels der D., um ihre Macht zu demonstrieren (z. B. Maikundgebungen).

Nachdem sich in den 70er Jahren die D. in der BRD vornehmlich gegen die gesetzlichen Regelungen zum Schwangerschaftssabbruch sowie gegen den Bau von Atomkraftwerken gerichtet hatten, erfaßte Anfang der 80er Jahre eine weitere D.-Welle Westeuropa. Die Demonstranten protestierten gegen den sog. NATO-Doppelbeschluß (1979), der eine weitere → Aufrüstung mit atomaren Mittelstreckenraketen vorsah.

In den Staaten des Ostblocks erreichte die Bevölkerung Ende der 80er Jahre auf friedlichem Weg demokratische Reformen, die letztlich zum Zusammenbruch des → Sozialismus führten. Berühmt wurden u.a. die Leipziger Montags-D. ab September 1989. Kurz vor dem Fall der Mauer versammelten sich am 4.11.1989 in

Ost-Berlin 1 Mio. Menschen. Im selben Jahr schlugen die Behörden in China D. für mehr Demokratie blutig nieder.

Demontagen

Nach dem Ende des 2. Weltkriegs bauten die Siegermächte in Deutschland Industrieanlagen ab. Mit diesen sog. D. sollten die deutsche Rüstungsindustrie zerstört und das industrielle Potential beschnitten werden. Gleichzeitig wollten die Siegermächte Wiedergutmachung in Form von Sachleistungen (→ Reparationen) erlangen.

Die → Alliierten vereinbarten die D. bei den Konferenzen von → Jalta und Potsdam (→ Potsdamer Abkommen) und führten sie ab 1946 durch. Die Grundlage der D. bildeten D.-Listen, die insbesondere Betriebe der Eisen-, Stahl- und chemischen Industrie sowie des Maschinen- und Schiffbaus erfaßten.

Zweifel am Sinn der D. sowie zunehmender politischer Widerstand in Deutschland führten ab 1949 mehrfach zur Revision der D.-Politik (z. B. im → Petersberger Abkommen von 1949). Offiziell abgeschlossen wurde die D. erst durch die Unterzeichnung des → Deutschlandvertrags 1952.

Die ostdeutsche Wirtschaft war von den D. wesentlich härter betroffen als die westdeutsche, da die Alliierten den Sowjets zugebilligt hatten, alles zu entnehmen, was für den Aufbau der UdSSR nützlich sein könnte. In der Folge betrugen die D. in Ostdeutschland 40–60% des Industriepotentials, in Westdeutschland hingegen nur etwa 5%.

Deportation

Der Begriff bezeichnet die Verschleppung oder Verschickung von Bevölkerungsgruppen durch verschiedene Zwangsmaßnahmen. Ein häufiger Grund für großangelegte D. waren ethnische Konflikte. So wurde der größte Teil des armenischen Volkes vor und während des 1. Weltkriegs deportiert (angeordnet von Türken und Russen) und ermordet. Ende der 20er Jahre befahl der sowjetische KP-Chef Josef W. Stalin im Zuge seiner Kollektivierungsmaßnahmen die D. der Kulaken, weitere D. folgten im 2. Weltkrieg (Wolgadeutsche, Krimtataren).

Im nationalsozialistischen Deutschen Reich dienten D. zum einen zur Vorbereitung der Judenvernichtung, zum anderen der Zwangsrekrutierung von Arbeitskräften, insbesondere aus dem besetzten Polen. Nach dem 2. Weltkrieg nutzte vor allem die sowjetische Führung D. als Mittel, um Regimegegner auszuschalten (sog. Verbannung). Die D. seit den 90er Jahren beruhten wiederum auf ethnischen Konflikten: So war die moslemische Bevölkerung im ehemaligen Jugoslawien Zwangsumsiedlungen durch die Serben unterworfen.

Deutsch-deutsche Beziehungen

Die Gründung der DDR am 7.10.1949 besiegelte die politische und rechtliche Teilung Deutschlands nach dem 2. Weltkrieg. Da die BRD den neuen sozialistischen Staat nicht anerkannte und auf ihrem Alleinvertretungsanspruch für ganz Deutschland beharrte, gestalteten sich die D. schwierig. Hierzu trugen auch die westdeutschen Versuche bei, die

DDR durch die → Hallstein-Doktrin (keine diplomatische Beziehungen der BRD zu Staaten, die Beziehungen zur DDR unterhalten) international zu isolieren. Dennoch entwikkelten sich bereits ab Anfang der 50er Jahre Handelsbeziehungen zwischen beiden deutschen Staaten, die durch das Interzonenabkommen (auch Berliner Abkommen, 1951; Neufassung 1961) geregelt wurden.
Nachdem der Mauerbau (1961) die D. stark belastet hatte, trat Anfang der 70er Jahre im Zuge der von der sozialliberalen Koalition eingeleiteten neuen Ostpolitik eine Verbesserung des Verhältnisses zwischen beiden deutschen Staaten ein: Der 1972 von BRD und DDR unterzeichnete → Grundlagenvertrag regelte die D. neu. Die BRD verzichtete auf den Alleinvertretungsanspruch, die DDR akzeptierte das Streben der BRD nach einem Ende der deutschen Teilung. Das Abkommen ermöglichte die Aufnahme beider Staaten in die → UNO (18.9.1973).
Zahlreiche Übereinkünfte der Folgejahre erleichterten die menschlichen und verbesserten die wirtschaftlichen Beziehungen. Unzufriedenheit mit der politischen und ökonomischen Situation führte ebenso wie in vielen anderen sozialistischen Staaten auch in der DDR 1989 zu einer friedlichen Revolution, die mit der Ablösung der regierenden Kommunisten endete. 1990 folgte die Auflösung des ostdeutschen Staates und die Vereinigung mit der BRD (3.10.; → Deutsche Einheit).

Deutsche Einheit ❑

D. bezeichnet die Vereinigung der beiden deutschen Staaten BRD und DDR, die am 3.10.1990 mit dem Beitritt der DDR zur BRD vollzogen wurde. Im Herbst 1989 kam es in der DDR – vor allem in Leipzig – zu Massendemonstrationen für politische Reformen. Gründe waren die ablehnende Haltung der DDR-Führung gegenüber der Reformpolitik des sowjetischen KP-Chefs Michail Gorbatschow, die fehlende Reisefreiheit in den Westen und die schlechte wirtschaftliche Situation. Unter dem Druck der Demonstranten und innerparteilicher Kritiker trat Staats- und Parteichef Erich Honecker am 18.10.1989 zurück. Wenige Tage später gestattete die SED-Spitze um Egon Krenz die Ausreise von DDR-Bürgern über die Tschechoslowakei und öffnete am 9.11. die Grenzen zur BRD. Im Folgemonat wurde die führende Rolle der SED aus der Verfassung gestrichen – eine Voraussetzung für die ersten demokratischen Wahlen, die am 18.3.1990 mit einem Sieg der konservativen Allianz für Deutschland endeten.
In Verhandlungen vereinbarten BRD und DDR eine Wirtschafts-, Währungs- und Sozialunion: Am 1.7.1990 wurde die D-Mark in der DDR Landeswährung, die DDR übernahm das bundesdeutsche Sozialversicherungssystem. Der → Einigungsvertrag vom 31.8.1990 regelte den Beitritt der DDR zur BRD und schrieb die Gültigkeit des → Grundgesetzes auch für Ostdeutschland fest. Zudem sah er die Schaffung der → Treuhand zur Privatisierung der DDR-Betriebe vor.
Entscheidend für die D. war die Zustimmung der → Alliierten des 2. Weltkriegs. Frankreich, Großbritannien, Sowjetunion und USA einigten

sich mit Vertretern beider deutscher Staaten am 12.9.1990 auf den → Zwei-plus-Vier-Vertrag. Er legte die deutschen Grenzen völkerrechtlich verbindlich fest (u. a. Anerkennung der polnischen Westgrenze) und beendete die Verantwortlichkeiten der Alliierten für Deutschland. Mit dem 3. 10. 1990 erhielt das Land seine volle Souveränität zurück, die durch den → Deutschlandvertrag von 1952 eingeschränkt gewesen war (Stationierungsrecht für alliierte Truppen auf deutschem Territorium). Die ersten gesamtdeutschen Wahlen am 2. 12. 1990 entschied die regierende CDU/CSU/FDP-Koalition für sich. Bis zur Jahrtausendwende sollen die Lebensbedingungen im Osten Deutschlands denen im Westen angeglichen werden. Dies ist jedoch nur durch größere Staatsverschuldung und Steuererhöhungen (Solidaritätszuschlag) möglich.

Helmut Kohl
(* 3. 4. 1930)
Nach einer zehnjährigen Tätigkeit als Referent der chemischen Industrie in Ludwigshafen übernahm das CDU-Mitglied (ab 1947) 1969 das Amt des Ministerpräsidenten in Rheinland-Pfalz. 1973 wurde er Bundesvorsitzender der Union und scheiterte drei Jahre später als Kanzlerkandidat an Helmut Schmidt (SPD). 1982 stürzte er mit Hilfe der zuvor regierenden FDP um Hans-Dietrich Genscher die Regierung Schmidt, wurde Bundeskanzler und gewann die Neuwahlen 1983. Innenpolitisch blieb die angekündigte «geistig-moralische Wende» aus. In der Außenpolitik betonte Kohl die Sicherheitspartnerschaft mit den USA sowie die Freundschaft zu Frankreich und avancierte zum Motor der europäischen Einigung. Geschickt nutzte Kohl die Reformpolitik Michail Gorbatschows in der UdSSR und schuf die Grundlagen für die Deutsche Einheit. Bis Mitte der 90er Jahre machte er die Beteiligung deutscher Soldaten an Militäreinsätzen der NATO mehrheitsfähig.

Deutsche Kolonien ❑
Im Gegensatz zu anderen europäischen Staaten erwarb das Deutsche Reich erst relativ spät überseeische Besitzungen. Nachdem die Kolonien zunächst als Kompensationsobjekte betrachtet wurden, spielten ab Ende des 19. Jahrhunderts ökonomische Motive die vorrangige Rolle. Im 1. Weltkrieg verlor Deutschland alle Kolonien, die nach Kriegsende rechtlich Mandatsgebiete des → Völkerbundes wurden. Faktisch befanden sie sich jedoch im Besitz der Mandatsmächte.

Deutsch-Französischer Vertrag
→ Elysée-Vertrag

Deutschlandvertrag
Der am 26. 5. 1952 in Bonn unterzeichnete D. regelte die Beziehungen zwischen den drei Westmächten und der BRD. Die Bundesrepublik erhielt die Rechte eines souveränen Staates. Allerdings behielten sich die Alliierten spezielle Sonderrechte wie die Truppenstationierung vor. Als Ziel formulierte der D. das Streben nach der Wiedervereinigung sowie einen frei vereinbarten Friedensvertrag für ganz Deutschland.
Der D. ebnete den Weg für die Westintegration der BRD, die einen Tag

Deutsche Kolonien

Name (Jahr des Erwerbs)	Mandatsmacht	Heutiger Name (Unabhängigkeit)
Deutsch-Südwestafrika (1884)	Südafrikanische Union	Namibia (1990)
Deutsch-Neuguinea (1885)	Australien	zu Papua-Neuguinea (1975)
Deutsch-Ostafrika (1885)	Großbritannien (Tanganjika)	Tansania (1964)
Ruanda-Urundi (1885)	Belgien	Ruanda (1962) Burundi (1962)
Kamerun (1885)	Großbritannien (westlicher Teil) Frankreich (östlicher Teil)	Kamerun (1960)
Marshallinseln (1885)	Japan	Marshall-Inseln (1991)
Togo (1885)	Großbritannien (östlicher Teil) Frankreich (westlicher Teil)	zu Ghana (1952) Togo (1960)
Nauru (1888)	Australien, Großbritannien, Neuseeland	Nauru (1968)
Karolinen (1899)	Japan	Mikronesien (1986)
Marianen (1899)	Japan	Marianen, Guam (seit 1978 den USA angegliedert)
Palauinseln (1899)	Japan	Belau (seit 1947 Treuhandgebiet der USA)
Samoa (1899)	Australien, Großbritannien, Neuseeland	Samoa (1962)
Kiautschou (1899)	China	Teil der chinesischen Provinz Shandong (seit 1920)

später mit der Unterzeichnung des Vertrags über die Europäische Verteidigungsgemeinschaft (EVG) bekräftigt wurde. Nach dem Scheitern der EVG (1954) trat der D. erst mit dem NATO-Beitritt der BRD am 5. 5. 1955 in Kraft. Gleichzeitig endete das Besatzungsstatut.

Deutsch-Polnischer Vertrag
→ Ostverträge

Deutsch-Sowjetischer Nichtangriffspakt
→ Hitler-Stalin-Pakt

Deutsch-Sowjetischer Vertrag

→ Moskauer Vertrag; → Ostverträge

Deutsch-Tschechoslowakischer Vertrag

→ Ostverträge

D'Hondtsches Verfahren ❑

Das nach dem belgischen Rechtswissenschaftler Victor d'Hondt benannte Verfahren wurde in der BRD bis 1985 bei den Bundestagswahlen angewandt. Beim D. werden die auf die einzelnen Parteien entfallenden gültigen Wählerstimmen nacheinander durch die Zahlen 1, 2, 3, 4, 5 usw. geteilt. Den nach der Division entstandenen Höchstwerten werden entsprechend ihrer Rangfolge die Mandate zugeteilt.

Das ausschließlich bei der Verhältniswahl angewandte D. begünstigt große und benachteiligt kleine Parteien. Daher wurde es in der BRD auf Bundesebene sowie in den meisten Ländern durch das → Hare-Niemeyer-Verfahren ersetzt.

Diäten

Der Begriff bezeichnet die finanzielle Entschädigung für Parlamentsabgeordnete, die den Verdienstausfall ersetzen und die politische Unabhängigkeit sicherstellen soll. In Deutschland wurden D. erstmals 1906 im Reichstag eingeführt. Mitte der 90er Jahre erhielten die Abgeordneten aller europäischen Demokratien D., zu denen häufig noch eine steuerfreie Kostenpauschale hinzukommt. D. über 10000 DM pro Monat wurden in der BRD, Frankreich und Italien gezahlt. Die D. sind häufig Gegenstand öffentlicher Kritik, da die Parlamentarier die Höhe selbst festlegen können.

Dien Bien Phu

Die Eroberung von D., einem von französischen Truppen besetzten Ort im Nordwesten Vietnams, am 7.5.1954 durch die Vietminh entschied den → Indochinakrieg und damit die erste Phase des → Vietnamkriegs zugunsten der nationalkom-

Beispiel für das d'Hondtsche Verfahren

In einem Wahlkreis werden 90000 gültige Stimmen abgegeben. Davon entfallen auf Partei A 44726 Stimmen, auf Partei B 25812 Stimmen, auf Partei C 19462 Stimmen. Zu vergeben sind zehn Sitze, die den Höchstzahlen und der Rangfolge entsprechend zugeteilt werden:

Division	Partei A		Partei B		Partei C	
	Stimmen	Nr.	Stimmen	Nr.	Stimmen	Nr.
:1	44726	1	25812	2	19462	4
:2	22363	3	12906	6	9731	8
:3	14909	5	8604	10	6487	–
:4	11182	7	6453	–	4865	–
:5	8945	9	5162	–	3892	–
Sitze		5		3		2

munistischen Unabhängigkeitsbewegung. Die Kolonialmacht Frankreich mußte sich entsprechend dem Beschluß der Genfer Indochina-Konferenz aus diesem Teil Asiens zurückziehen; Vietnam wurde geteilt. Die Niederlage stärkte die Unabhängigkeitsbestrebungen in zahlreichen anderen französischen Kolonien (insbesondere in Algerien).

Diktatur ❑

In der Regierungsform der D. konzentriert sich die staatliche Macht in der Hand einer Person oder einer kleinen Gruppe. Kennzeichen der D. ist das Fehlen der → Gewaltenteilung, wie sie in → Demokratien vorherrscht; die → Grundrechte der Bürger (z. B. Meinungsfreiheit) sind ebensowenig gewährleistet wie freie und geheime Wahlen. Um ihre Macht zu sichern, lassen die Diktatoren die Opposition verfolgen; angeblich freie Wahlen werden manipuliert.

Im allgemeinen wird zwischen zwei D.-Formen unterschieden: In der Partei-D. stützt der Herrscher seine Macht auf eine Staatspartei – z. B. sicherte in Äygpten die → Einheitspartei Arabische Sozialistische Union Staatschef Gamal Abd el-Nasser die Regierung (1954–70), in Argentinien bildete die Peronistische Partei die Machtbasis von Juan Domingo Perón (1943–55). In Militär-D. üben die Streitkräfte die politische Herrschaft aus (z. B. 1976–83 in Argentinien, 1963–85 in Brasilien).

Eine Unterform ist die Klassen-D., in der die Macht in den Händen der Kommunistischen Partei liegt; als Begründung dient das Selbstverständnis der KP als Avantgarde des Proletariats (sozialistische Staaten Europas; → Diktatur des Proletariats).

Bis 1945: Als Wiege der D. gilt die römische Republik, wo ein Diktator ernannt wurde, wenn der Staat von innen oder außen gefährdet war und schnelle, energische Entscheidungen notwendig erschienen. Die D., die Anfang des 20. Jahrhunderts insbesondere in den Ländern Lateinamerikas bestanden, wurden zum Teil von den USA unterstützt (z. B. in Guatemala, Mexiko, Peru). Im Gegenzug ließen die Diktatoren US-Investoren (z. B. United Fruit Company) ins Land.

In Westeuropa riefen infolge wirtschaftlicher Krisen nach dem 1. Weltkrieg breite Bevölkerungsschichten nach einem «starken Mann». Konsequenz war ein Erstarken von → Faschismus und → Nationalsozialismus. Die erste faschistische D. errichtete Benito Mussolini ab 1922 in Italien; in Deutschland schuf Adolf Hitler ab 1933 einen nationalsozialistischen Führerstaat.

Ab 1945: Nach dem 2. Weltkrieg bildeten sich D. im Herrschaftsbereich der UdSSR. Der sowjetische Diktator Josef W. Stalin, der sein Land mit rücksichtslosem Terror regierte (→ Stalinismus), übertrug die Herrschaftsform der Sowjetunion auf die Staaten Osteuropas. Die Regierung lag in den Händen einiger weniger Funktionäre der jeweils regierenden sozialistischen Einheitspartei.

Im Zuge der → Entkolonisierung etablierten sich in den 50er/60er Jahren vor dem Hintergrund wirtschaftlicher Krisen sowie politischer und ethnischer Unruhen in den neu entstandenen Staaten Afrikas und

Asiens zahlreiche D. – häufig mit Unterstützung des Militärs und unter Anerkennung der ehemaligen Kolonialmacht.
Der Tod des spanischen «Caudillo» Francisco Franco Bahamonde beendete 1975 die letzte D. in Westeuropa. Bereits im Jahr zuvor waren Griechenland und Portugal zu demokratischen Staatsformen zurückgekehrt.

Diktatur des Proletariats

Der von Karl Marx in seinem «Kommunistischen Manifest» (1848) geprägte Begriff bezeichnet die Herrschaft der Arbeiterklasse (Proletariat) in der Übergangsphase von der bürgerlichen zur klassenlosen Gesellschaft. Nach Marx führt die geschichtliche Entwicklung zwangsläufig zur Ablösung des → Kapitalismus durch den → Kommunismus. Zwar beriefen sich im 20. Jahrhundert zwei politische Hauptrichtungen auf Marx, doch unterschieden sie sich in ihrer Haltung zur D.: Die → Sozialdemokratie, die sich nur in der ersten Jahrhunderthälfte an Marx orientierte und sich vor allem in Westeuropa durchsetzte, strebte eine friedliche Veränderung der wirtschaftlichen und gesellschaftlichen Verhältnisse an. Hingegen hielten die sozialistischen Staaten, z. B. in Osteuropa, an der revolutionären Umgestaltung der Gesellschaft unter Führung der Arbeiterklasse fest. Nach dem Ende des → Sozialismus in Osteuropa verlor der Begriff der D. seine Bedeutung.

Diskontsatz

Der D. wird von der Zentralbank eines Landes (z. B. Deutsche Bundesbank) festgesetzt und wirkt als sog. → Leitzins, an dem sich das Zinsniveau orientiert. Ein Bankkunde muß den D. für einen Kredit zahlen, den er gegen Inzahlunggabe eines Wechsels erhält. Der Zinssatz für einen Wechselkredit ist besonders niedrig, weil der Wechsel, der eine befristete Zahlungsverpflichtung enthält, eine hohe Kreditsicherheit verkörpert.
Die Kreditinstitute reichen bei der Notenbank Wechsel ein, die sie von ihren Unternehmenskunden angekauft haben, um sich damit selbst wieder Geld zu beschaffen. Die Kosten, die ihnen durch diese sog. Refinanzierung entstehen, versuchen sie in den Zinsen, die sie ihren eigenen Kunden berechnen, weiterzugeben. Ein Mittel der Geldpolitik ist neben der Höhe des D. auch der Höchstumfang der Diskontkredite, die die Zentralbank den Banken gewährt (sog. Rediskontkontingent).

Dissidenten

Die ursprüngliche Bezeichnung für Personen, die außerhalb einer Religionsgemeinschaft stehen, wird heute für Regimekritiker – insbesondere in sozialistischen und diktatorisch regierten Ländern – verwendet. In den 70er und 80er Jahren protestieren D. in den Staaten des Ostblocks gegen die Verletzung der Menschenrechte und setzten sich für die Verwirklichung demokratischer Grundrechte in ihren Ländern ein. Die Regierungen antworteten darauf mit massiven Repressionen: Berufs- und Publikationsverbot (Václav Havel, Tschechoslowakei), Verbannung (Andrej Sacharow, UdSSR), Ausbürgerung (Alexander Solschenizyn,

Diktatoren des 20. Jahrhunderts (Auswahl)

Idi Amin Dada (Uganda, 1971–79): Der ehemalige Hauptmann der britischen Kolonialarmee wurde zum Sinnbild des blutigen Terrors in Afrika. Während seiner achtjährigen Gewaltherrschaft verloren mehr als 300 000 Menschen ihr Leben.
Fulgenico Batista y Zaldívar (Kuba, 1952–59): Batista kam durch einen Militärputsch an die Macht. Die USA unterstützten sein polizeistaatliches Regime, das 1959 von Fidel Castro gestürzt wurde.
Nicolae Ceauşescu (Rumänien, 1965–89): Die Diktatur des «Conducators» beruhte auf Personenkult, Vetternwirtschaft und Unterdrückung. Ceauşescus Sturz bedeutete das Ende des letzten stalinistischen Machthabers in Osteuropa.
Francisco Franco Bahamonde (Spanien, 1936/39–75): Der General löste 1936 den → Spanischen Bürgerkrieg aus, der ihn an die Macht brachte. Der «Caudillo» schuf ein rechtsgerichtetes Staatssystem mit faschistischen Tendenzen.
Adolf Hitler (Deutsches Reich, 1933–45): Der deutsche Führer und Reichskanzler begann einen beispiellosen Vernichtungsfeldzug gegen das jüdische Volk. Er stürzte die Welt in den 2. Weltkrieg, der 50 Mio. Menschen das Leben kostete.
Miklós Horthy (Ungarn, 1920–44): Der Reichsverweser des 1920 wiedererrichteten Königreichs Ungarn lehnte sich außenpolitisch eng an das nationalsozialistische Deutsche Reich an.
Saddam Hussein (Irak, ab 1979): Das «Schwert der arabischen Welt», wie er sich selbst gern feiern läßt, gilt international als gefährlichster Aggressor (→ Golfkriege). Mit westlicher Hilfe rüstete er seine Armee zur zahlenmäßig viertstärksten der Welt auf.
Kim Il Sung (Nordkorea, 1946–94): Der am längsten regierende Machthaber des 20. Jahrhunderts errichtete einen einzigartigen Kult um seine Person und schottete Nordkorea hermetisch ab.
Ferdinand Edralin Marcos (Philippinen, 1965–86): Marcos schwang sich mit Unterstützung der USA zum Diktator auf. Mit seiner Frau Imelda beutete er den Inselstaat systematisch aus.
Sese-Seko Mobutu (Zaïre, ab 1965): Mobutu stieg seit seiner Machtübernahme zu einem der reichsten Männer der Welt auf, während sein Land verelendete. Dennoch gilt er als Integrationsfigur der über 200 Stämme des schwarzafrikanischen Staates.
Benito Mussolini (Italien, 1922–43): Der international zunächst geachtete Propagandist verwandelte Italien in einen totalitären Staat. Seine imperialistischen Pläne verbanden ihn mit Hitler zu einer verhängnisvollen Kriegskoalition.
Juan Domingo Perón (Argentinien, 1943–55, 1973/74): Peróns populistische und soziale Bewegung wurde als «Dritter Weg» zwischen Kapitalismus und Kommunismus zum Vorbild für zahlreiche Entwicklungsländer.
Józef Klemens Pilsudski (Polen, 1926–35): Der polnische Unabhängigkeitskämpfer begründete nach dem 1. Weltkrieg die Republik Polen. 1926 kehrte er als Volksheld an die Macht zurück und errichtete eine Militärdiktatur.
Pol Pot (Kambodscha, 1976–79): Der Schreckensherrschaft des Militärs fielen mehr als 1 Mio. Menschen zum Opfer. Pol Pots sog. Steinzeitkommunismus sah

die Abschaffung von Städten, Geld und Handel sowie den Aufbau eines reinen Agrarstaats vor.
António de Oliveira Salazar (Portugal, 1932–68): Salazar errichtete einen autoritären Ständestaat (→ Estado Novo) und kämpfte gegen die Auflösung des portugiesischen Kolonialreichs in Afrika.
Anastasio Somoza Debayle (Nicaragua, 1967–79): Der letzte Diktator des Somoza-Clans beutete sein Volk systematisch aus und brachte eine halbe Milliarde Dollar außer Landes. 1979 wurde er durch die sandinistische Revolution gestürzt.
Josef Wissarionowitsch Stalin (UdSSR, 1924–53): Der sowjetische KP-Chef ging als Schreckensgestalt des Sozialismus in die Geschichte ein. Seinen Verfolgungsmaßnahmen fielen Millionen von Menschen zum Opfer. Nach 1945 wurde Stalin zum Begründer und Herrscher des Ostblocks.
Getulio Dornelles Vargas (Brasilien, 1930–45): Als Diktator leitete Vargas die wirtschaftliche und soziale Modernisierung Brasiliens ein. Fünf Jahre nach seiner Entmachtung kehrte er 1950 als vom Volk gewählter Präsident zurück.

UdSSR), Gefängnisstrafen (Wolfgang Harich, DDR), Einweisung in die Psychiatrie (Leonid Pljuschtsch, UdSSR), Ermordung (Witold Dabrowski, Polen). Der Einsatz der D. wurde mehrfach durch die Verleihung des Friedensnobelpreises gewürdigt (1975 an den sowjetischen Physiker Sacharow, 1991 an die burmesische Bürgerrechtlerin Aung San Suu Kyi).

DNVP ❑

Die **D**eutsch**n**ationale **V**olks**p**artei entstand nach dem 1. Weltkrieg im November 1918 als Sammelbecken verschiedener rechtskonservativer Gruppierungen. Die DNVP trat für die → Monarchie ein, wandte sich gegen jede Form des → Sozialismus und bekämpfte den → Versailler Vertrag. Finanzielle Unterstützung erhielt sie vornehmlich von Großgrundbesitzern und Schwerindustriellen.
Im Mai 1924 wurde die DNVP erstmals stärkste bürgerliche Partei im Reichstag (bis 1928) und trat in der Folgezeit mehrfach in bürgerliche Kabinette ein.
Nach starken Verlusten bei den Wahlen 1928 übernahm Alfred Hugenberg den Parteivorsitz und drängte die Partei an den rechten Rand des politischen Spektrums. Ziel war es, auch mit außerparlamentarischen Mitteln die Weimarer Republik zu beseitigen. Die von Hugenberg betriebene völkische Radikalisierung der Partei gipfelte im Bündnis mit der → NSDAP in der → Harzburger Front (1931). Die DNVP förderte die Kanzlerschaft Adolf Hitlers und trat 1933 in dessen Kabinett ein. Noch im selben Jahr löste sich die Partei auf.

Alfred Hugenberg (19.6.1865–13.3.1951)
Der deutsche Unternehmer baute während des 1. Weltkriegs ein Presseimperium auf, das er für stramm nationalistische Propaganda nutzte. 1920 trat er der DNVP bei, deren Vorsitz er 1928 übernahm. Mit Hilfe seiner Zei-

tungen betrieb Hugenberg die politische Radikalisierung und förderte den Aufstieg der NSDAP. 1933 ernannte Hitler nach seiner Wahl zum Reichskanzler Hugenberg zum Wirtschafts- und Finanzminister. Fünf Monate später trat Hugenberg zurück. Seine Unternehmen (darunter die Ufa) gerieten allmählich unter nationalsozialistische Kontrolle. 1944 mußte Hugenberg seinen letzten Verlag abtreten.

Dolchstoßlegende

Der Begriff kennzeichnet die von den konservativ-nationalistischen Gegnern der → Weimarer Republik verbreitete These, Grund für die deutsche Niederlage im 1. Weltkrieg seien das Versagen der politischen Führung und die Revolution von 1918 gewesen. Fehler der Heeresleitung sowie die Überlegenheit des militärischen Gegners wurden hingegen ausgeschlossen. Als einer der Urheber der D. gilt Feldmarschall Paul von Hindenburg, der 1919 vor einem Untersuchungsausschuß vom «Dolchstoß in den Rücken der siegreichen Armee» sprach. Allerdings hatten bereits 1918 die Militärs um Erich Ludendorff sowie Kaiser Wilhelm II. die D. verbreitet.

Dominion

Der Begriff bezeichnete britische Kolonien mit weitgehenden Autonomierechten. Die von einer starken weißen Einwanderungsschicht bewohnten Länder konnten ihre inneren Angelegenheiten selbst regeln, lediglich in der Außenpolitik und in Verfassungsfragen behielt sich die britische Regierung das Entscheidungsrecht vor. Den Status eines D. erhielten beispielsweise Kanada (1867), Australien (1901), Neuseeland (1907), Südafrika (1909/10), Irland (1921) und Indien. Die D. setzten sich für eine unbegrenzte Eigenstaatlichkeit innerhalb der britischen Staatengemeinschaft ein. 1926 wurde die vollständige Unabhängigkeit der D. gesetzlich verankert, fünf Jahre später entfiel durch das sog. Westminster Statut das letzte britische Vetorecht gegenüber der Gesetzgebung in den D. Bis 1947 behielten alle Bürger der D. die britische Staatsbürgerschaft. Im selben Jahr sprach Großbritannien auch den «farbigen Völkern» das Recht auf Unabhängigkeit zu. Fortan bedeutete der Status des D. die bloße Mitgliedschaft als selbständiges Land im britischen → Commonwealth of Nations.

Doppelmonarchie

Durch den sog. Ausgleich entstand 1867 die D. Österreich-Ungarn mit Franz Joseph I. als Kaiser von Österreich und König von Ungarn an der Spitze. Aus dem vorherigen zentralisierten Einheitsstaat wurden zwei Reichshälften mit eigenständigen Parlamenten und Regierungen. Gemeinsam betrieben beide Teile nur noch die Außen-, Kriegs- und Finanzpolitik.

Die inneren Spannungen innerhalb des Vielvölkerstaats nahmen Anfang des 20. Jahrhunderts durch die nationalen Bestrebungen der slawischen Völker auf dem Balkan zu. Die Okkupation von Bosnien-Herzegowina (1908) durch die D. verschärfte die Konflikte, die 1914 im Attentat von Sarajevo auf Thronfolger Franz Ferdinand kulminierten. Unmittelbare Folge war der Ausbruch des 1. Weltkriegs, in dem die D. in zunehmende Abhängigkeit vom Deutschen Reich geriet. Mit dem Tod von Kaiser Franz Joseph I. (1916), der als Integrationsfigur im Vielvölkerstaat galt, begann der Zerfall der D., der durch die Niederlage im 1. Weltkrieg besiegelt wurde. Am 31.10.1918 trennte sich Ungarn von Österreich. Die Friedensverträge von → Saint-Germain-en-Laye (1919) und → Trianon (1920) bestätigten das Ende der D. Als Nachfolgestaaten gingen Österreich, die Tschechoslowakei und Ungarn hervor. Teile der D. fielen an Italien, Polen, Rumänien und Serbien.

Dreibund
Das geheime Verteidigungsbündnis schlossen das Deutsche Reich, Italien und Österreich-Ungarn am 20.5.1882 in Wien. Es ging aus dem Zweibund (1879) zwischen Deutschem Reich und Österreich-Ungarn hervor und wurde bis zum 1. Weltkrieg mehrfach verlängert (zuletzt am 5.12.1912).
In dem Abkommen sicherten sich Italien und Deutschland Unterstützung bei einem französischen Angriff zu. Für alle Partner trat der Bündnisfall nur beim Krieg eines D.-Mitglieds mit einer anderen Großmacht ein. Sollte einer der Partner einen Präventivschlag gegen eine ihn bedrohende Großmacht führen, sagten ihm die übrigen «wohlwollende Neutralität» zu.
Als Reaktion auf den D. gründeten Frankreich, Großbritannien und Rußland 1907 die Tripelentente (→ Entente). In Europa standen sich nun zwei Machtblöcke gegenüber. Damit waren die Konstellationen für den 1. Weltkrieg geschaffen.
Bei Kriegsausbruch 1914 erklärte Italien zunächst seine Neutralität, trat aber am 24.5.1915 auf seiten der Tripelentente in den Krieg ein; der D. zerbrach.

Dreimächtepakt
In dem am 27.9.1940 in Berlin geschlossenen Vertrag sicherten sich das Deutsche Reich, Italien und Japan gegenseitige Unterstützung im Fall eines Angriffs sowie die Anerkennung ihrer territorialen Interessen zu. Der D. bestätigte Japans Führungsrolle in Ostasien, den → Achsenmächten Deutschland und Italien diejenige in Europa.
Die Spannungen zwischen Japan und den USA hatten sich seit den 20er Jahren verschärft, da beide Großmächte um Rohstoffe im asiatischen Raum konkurrierten. In Europa befürchteten die Achsenmächte eine Intervention der USA an der Seite des geschwächten Großbritannien. Der D. sollte einen Kriegseintritt der USA verhindern, die in einen Zweifrontenkrieg geraten wären.
Die Vereinbarungen des D. führten 1941 zur Kriegserklärung Deutschlands und Italiens an die USA, nachdem Japan mit dem Angriff auf → Pearl Harbor den Krieg gegen die Großmacht eröffnet hatte. Der D., dem Rumänien, die Slowakei und Ungarn (alle 1940) sowie Bulgarien, Jugoslawien und Kroatien (alle 1941) beitraten, blieb bis zur Niederlage der Gründungsmitglieder 1945 bestehen.

Dritter Weg
Der Begriff bezeichnet zumeist einen politischen Kurs zwischen Kapitalismus und Kommunismus bzw. das

Streben nach Unabhängigkeit von den Militärblöcken. In Argentinien propagierte Staatspräsident Juan Domingo Perón den nach ihm benannten → Peronismus als D., der zum Vorbild für zahlreiche → Entwicklungsländer wurde. Der Bewegung der → Blockfreien Staaten schlossen sich Staaten an, die während des → Kalten Kriegs außenpolitische Neutralität bewahren und von keinem der von UdSSR (→ Warschauer Pakt) und USA (→ NATO) dominierten Militärbündnisse abhängig werden wollten. Jugoslawiens Staatschef Josip Broz Tito brach mit dem Sowjetkommunismus, um eine eigene Variante des Sozialismus zu entwickeln (→ Titoismus), und avancierte zu einem der Wortführer der Blockfreien.

In den sozialistischen Staaten Osteuropas nahm die Opposition für sich einen D. in Anspruch: Beispielsweise befürworteten die sog. Reformkommunisten in Ungarn (1956) und der Tschechoslowakei (1968) zwar die Vergesellschaftung der Produktionsmittel, lehnten aber gleichzeitig stalinistische Tendenzen ab und forderten die Demokratisierung von Staat und Gesellschaft. In der Folge wurde der Begriff D. zum Schlagwort in der Auseinandersetzung zwischen Reformern und orthodoxen Kommunisten, die zumeist mit dem Vorwurf des → Revisionismus auf die Befürworter eines D. reagierten.

Drittes Reich

Der Begriff, der in der christlichen Geschichtsphilosophie ein nach dem Weltgericht und der Erlösung entstehendes Reich bezeichnet, wurde in den 20er Jahren vom → Nationalsozialismus als Schlagwort aufgegriffen. Der Schriftsteller A. Moeller van den Bruck prohezeite in seinem Hauptwerk «Das Dritte Reich» (1923) nach dem Heiligen Römischen Reich Deutscher Nation (Erstes Reich) und der Bismarck-Ära (Zweites Reich) ein D. aus dem «Geist der Rassenseele». 1939 verbot Reichspropagandaminister Joseph Goebbels den Medien den Gebrauch des Schlagworts D.: Der Hitlerstaat und die sog. nationalsozialistische Revolution sollten einen eigenen, originären Platz in der Geschichte erhalten. Heute wird unter dem D. die gesamte Zeit der Hitler-Diktatur verstanden, die insbesondere durch die → Judenverfolgung sowie die Entfesselung des 2. Weltkriegs gekennzeichnet war.

Dritte Welt

Unter dem Begriff D. werden Staaten zusammengefaßt, die als unterentwickelt gelten (→ Entwicklungsländer). Kriterien für die Einordnung sind der wirtschaftliche und soziale Entwicklungsstand sowie der Grad der Alphabetisierung.

Der Begriff entstand in den 50er Jahren und bezeichnete zunächst jene Länder, die durch Wahrung der Blockfreiheit einen → Dritten Weg neben den beiden von den Großmächten Sowjetunion und USA dominierten Verteidigungsbündnissen anstrebten. In wirtschaftspolitischer Hinsicht diente die Bezeichnung als Abgrenzung zur Ersten Welt (westliche, kapitalistische Industriestaaten) und der Zweiten Welt (sozialistische planwirtschaftlich orientierte Länder des Ostblocks). Ein vergleichbar klares Wirtschaftsmodell für die Industrialisierung und Kennzeichnung der D. fehlt bisher. Die unterschiedliche wirtschaftliche Entwicklung innerhalb der D. führte in den 80er Jahren zu einer neuen Klassifizierung: Die extrem armen Länder werden als Vierte Welt bezeichnet, die aufstrebenden Wirtschaftsnationen hingegen als → Schwellenländer (an der Schwelle zur Ersten bzw. Zweiten Welt stehend).

Wirtschaftliche Aspekte: Die Mehrzahl der D.-Länder in Afrika, Asien, Lateinamerika und Ozeanien gehörte zu den Kolonialstaaten. Entsprechend war ihre Wirtschaft allein auf die Interessen der einstigen Kolonialmacht ausgerichtet und konzentrierte sich häufig auf wenige Agrarprodukte bzw. Rohstoffe. Als Konsequenz sind die Länder bis heute sehr anfällig gegenüber Preisschwankungen auf dem Weltmarkt. Der Grad der Industrialisierung ist wenig ausgeprägt, manuelle Arbeitskraft dominiert. Viele Staaten der D. sind aufgrund von Mißernten und Preisverfall auf dem Weltmarkt hoch verschuldet (→ Schuldenkrise). Zwar erhalten die meisten Länder der D. → Entwicklungshilfe von den Industrienationen, doch sind die Zuwendungen zu gering und von vielfältigen wirtschaftlichen und politischen Zugeständnissen abhängig.

Als typisches Merkmal der D. gilt ein starkes Bevölkerungswachstum. Ein Großteil der Menschen verelendet infolge fehlender Arbeits- und Verdienstmöglichkeiten. Eine ausreichende Grundversorgung wird zudem durch Klimakatastrophen (z. B. Dürre, Überschwemmungen) erschwert.

Politische Aspekte: Symptomatisch für die D. sind undemokratische Herrschaftsstrukturen (→ Diktatur). Nach Durchsetzung der nationalen Unabhängigkeit lag die Macht zumeist in den Händen einer kleinen Oberschicht, die sich den an wirtschaftlichen Ressourcen bereicherte. Im Zuge des → Kalten Kriegs wurden zahlreiche D.-Staaten trotz ihrer Blockfreiheit in die ideologischen Auseinandersetzungen zwischen Ost und West hineingezogen (→ Stellvertreterkriege): Die jeweiligen politischen Führer erhielten finanzielle und militärische Unterstützung, da sie den Status quo garantierten.

Dualismus

Von D. wird gesprochen, wenn zwei politische Kräfte oder Machtfaktoren nebeneinander existieren. Häufig verfolgen beide unterschiedliche Interessen. So ist D. gegeben, wenn sich in einem Staat neben der Regierung eine selbständige Opposition bildet oder ein Staat in teilweise selbständige Einheiten gegliedert ist. Ein typisches Beispiel hierfür ist die BRD, wo neben dem Bundestag der Bundesrat als Vertretung der Bundesländer eine entscheidende Rolle spielt. In den USA spricht man von einem dualistischen Rechtssystem, in dem sowohl der Bund wie die einzelnen Staaten über ein eigenes Gerichtswesen verfügen.

Als Ausdruck von D. wurde auch die Teilung Deutschlands nach dem 2. Weltkrieg in zwei unabhängige Staaten mit unterschiedlichen politischen Systemen bezeichnet.

Die Vorteile des D. liegen in der Möglichkeit, gegensätzliche Auffassungen und Interessen zu vertreten.

Nachteilig ist die häufig fehlende Bereitschaft der beiden Machtfaktoren, im Interesse des Ganzen zu einem Ausgleich zu kommen.

Duma

Im Zuge der Revolution von 1905 gewährte Zar Nikolaus II. eine Verfassung für Rußland, die u.a. die Bildung einer Volksvertretung, der D. (sog. Reichs-D.), mit begrenzten Gesetzgebungs- und Kontrollfunktionen vorsah – z.B. mußte der Zar weiterhin neuen Gesetzen zustimmen. Nach der raschen Auflösung von erster (Mai/Juni 1906) und zweiter D. (März–Juni 1907) änderte Nikolaus II. das Wahlrecht und sicherte dadurch eine rechte Mehrheit in der D. Die unteren Schichten blieben praktisch aus dem Parlament ausgeschlossen.

In der → Februarrevolution 1917 löste der Zar die D. auf. Nach seiner Abdankung wählte das Provisorische D.-Komitee den parteilosen Fürsten Georgi Lwow zum Ministerpräsidenten einer provisorischen Regierung. Die bolschewistische → Oktoberrevolution führte im selben Jahr zum Ende der D.

Nach dem Zusammenbruch der UdSSR nahm das neue russische Parlament 1991 die Tradition der D. wieder auf und nannte sich fortan Staats-D. In der Folge kam es immer wieder zu Kompetenzstreitigkeiten mit Rußlands Präsident Boris Jelzin, der nahezu unumschränkte Vollmachten für sich beansprucht.

Dünkirchen, Schlacht von

Von der französischen Hafenstadt Dünkirchen aus evakuierte Großbritannien zwischen dem 26.5. und 4.6.1940 seine von der deutschen Wehrmacht bedrohten Landstreitkräfte sowie die Reste der nördlichen französischen Armeen nach England. Der Erfolg der Aktion wurde durch Hitlers Befehl ermöglicht, den Vormarsch der deutschen Panzerverbände auf Dünkirchen zu stoppen. Die Wehrmacht sollte die britischen und französischen Truppen einkesseln und zur Aufgabe zwingen. Durch den Rückzug der etwa 340000 Soldaten konnte Großbritannien den Krieg gegen Deutschland weiterführen. Die britische Kontinentalarmee bildete 1944 bei der Invasion Frankreichs den Kern der alliierten Truppenverbände.

DVP ❑

Die **D**eutsche **V**olks**p**artei ging im Dezember 1918 aus nationalliberalen Gruppierungen des Kaiserreichs hervor. Die rechtsliberale Partei vertrat vorwiegend Wirtschaftsinteressen und hatte ihren größten Rückhalt in der Industrie- und Finanzwelt. Unter ihrem Vorsitzenden Gustav Stresemann orientierte sich die ursprünglich antirepublikanische, monarchistisch eingestellte Partei zur politischen Mitte und arbeitete in der → Weimarer Republik, deren Verfassung die DVP abgelehnt hatte, mit. Außenpolitisch schwankte die DVP zwischen einer Revision des → Versailler Vertrags und der Verständigung mit dem Westen.

In den 20er Jahren entfernte sich die DVP zunehmend von der rechtsorientierten → DNVP und beteiligte sich an mehreren Koalitionsregierungen, in denen Stresemann zumeist das Außenministerium übernahm. Nach seinem Tod (1929) gewannen wieder antidemokratische Kräfte die Oberhand in der DVP. Anfang der 30er Jahre versank die Partei in der Bedeutungslosigkeit und wurde 1933 von den Nationalsozialisten verboten.

Gustav Stresemann
(10.5.1878–3.10.1929)
Stresemann war Funktionär in verschiedenen Industriellenverbänden und trat als 25jähriger in die Nationalliberale Partei ein. 1907 wurde er Reichstagsabgeordneter und übernahm zehn Jahre später die Parteiführung. Er machte sich einen Namen als unerbittlicher Verfechter deutschen Großmachtstrebens und lehnte während des 1. Weltkriegs alle Friedensbemühungen ab. 1918 gehörte er zu den Gründern der DVP, zu deren Vorsitzendem er sich ernannte. 1925 wurde Stresemann Reichskanzler und Außenminister. Dieses Amt behielt er nach seinem Sturz als Kanzler noch kurzzeitig bei. Mit diplomatischem Geschick gelang es ihm, die deutsche Isolation zu beseitigen (→ Locarnopakt, Beitritt zum → Völkerbund) und eine endgültige Regelung der → Reparationen zu erreichen (→ Young-Plan).
1926 erhielt Stresemann, gemeinsam mit dem französischen Außenminister Aristide Briand, den Friedensnobelpreis.

E

ECOSOC ❑

Der **Eco**nomic and **So**cial **C**ouncil (Wirtschafts- und Sozialrat) ist eines der fünf Hauptorgane der → UNO. Ihm gehören 54 Mitglieder an, die durch die Generalversammlung für jeweils drei Jahre bestimmt werden (pro Jahr 18). Der ECOSOC, der halbjährlich tagt, koordiniert wirtschaftliche und soziale sowie kulturelle, erzieherische und gesundheitliche Fragen von internationaler Bedeutung in der vielfältig aufgegliederten UNO-Struktur. Dadurch sollen Doppelarbeit und Kompetenzstreitigkeiten vermieden werden. Bei der Behandlung von wirtschaftlichen Problemen kann der Wirtschafts- und Sozialrat auf fünf regionale Kommissionen zurückgreifen. Ebenso kann der ECOSOC für spezifische Fragestellungen (z. B. in den Bereichen Bevölkerungspolitik, Drogenpolitik, Menschenrechte) Kommissionen einsetzen, deren Arbeitsergebnisse anderen UNO-Haupt- und Unterorganisationen zur Verfügung gestellt werden.

Die politische Bedeutung des ECOSOC beschränkt sich auf beratende und proklamatorische Funktionen; direkte Machtbefugnisse fehlen. So forderte die ECOSOC-Konferenz in Genf 1977 die europäischen Staaten und die USA erfolglos auf, ihr wirtschaftliches Engagement in Südafrika wegen der dortigen Apartheidpolitik einzustellen.

Regionale Wirtschaftskommissionen der UNO

CEPALC (**C**omisión **E**conómica **p**ara **A**mérica **L**atina y el **C**aribe): 33 Staaten sowie die früheren europäischen Kolonialmächte und USA/Kanada.

ECA (**E**conomic **C**ommission for **A**frica): Rein afrikanische Organisation mit 52 Mitgliedsstaaten.

ECE (**E**conomic **C**ommission for **E**urope): West- und osteuropäische Staaten, auch ehemalige Sowjetrepubliken, USA/Kanada, Israel und Japan sowie das Nicht-UNO-Mitglied Schweiz.

ESCAP (**E**conomic and **S**ocial **C**ommission for **A**sia and the **P**acific): Süd- und ostasiatische Staaten (außer Taiwan) und ehemalige Kolonialmächte.

ESCWA (**E**conomic and **S**ocial **C**ommission for **W**estern **A**sia): Staaten des Nahen und Mittleren Ostens sowie die → PLO.

ECU

Die **E**uropean **C**urrency **U**nit (Europäische Währungseinheit) ist das Geld in der Ende des 20. Jahrhunderts geplanten Europäischen → Währungsunion. Der ECU wurde 1979 als Rechengröße im Europäischen Währungssystem (→ EWS) der EG eingeführt. Sein Wert setzt sich als sog. Korbwährung aus den Mitgliedswährungen zusammen, deren Anteile am ECU sich nach dem wirtschaftlichen Gewicht der Länder richteten. In den 90er Jahren nutzten Unternehmen den ECU außerdem bereits als Währung, in der sie Kapital ausliehen bzw. anlegten. Zwischen 1997 und 1999 soll der ECU in den Ländern, die die Bedingungen der Europäischen Währungsunion erfüllen, an die Stelle der bisherigen Zahlungsmittel treten. Bis dahin muß ein Verfahren für die Einführung der neuen Währung, die den Namen «EURO» erhält, festgelegt werden. Der ECU soll den Handel zwischen den Staaten der Europäischen Union (→ EU) erleichtern und durch den Wegfall von Umtauschkosten verbilligen.

EFTA

Die **E**uropean **F**ree **T**rade **A**ssociation (Europäische Freihandelsassoziation), ein Wirtschaftsbündnis westeuropäischer Staaten, wurde 1960 als Gegengewicht zur Europäischen Wirtschaftsgemeinschaft (EWG, → EU) gegründet. Sitz ist Genf. Gründungsmitglieder waren Dänemark, Großbritannien, Irland, Norwegen, Österreich, Portugal, Schweden und die Schweiz. Bis 1969 erreichte die EFTA ihr Ziel, im Handel zwischen den Mitgliedsstaaten alle Zölle auf Industrieprodukte abzuschaffen. 1972 kam es zur ersten Freihandelsvereinbarung mit der EG. Ein Jahr später verließen Dänemark, Großbritannien und Irland die EFTA und traten der EG bei, 1986 folgte Portugal. Seit 1994 ist die EFTA (außer Schweiz) durch das Abkommen über den Europäischen Wirtschaftsraum (→ EWR) mit der EU verbunden. In den 90er Jahren wurde diskutiert, ob der EFTA-Beitritt für osteuropäische Staaten einen Zwischenschritt vor einer EU-Mitgliedschaft darstellen könnte. Allerdings bevorzugten die osteuropäischen Länder die direkte Bewerbung um eine EU-Mitgliedschaft. Daher scheint der Bestand der EFTA fraglich, zumal das Bündnis nach dem Beitritt Finnlands, Österreichs und Schwedens zur EU Ende 1995 nur noch aus Island, Liechtenstein und Norwegen besteht.

EG

→ EU

EGKS ❑

Die Gründung einer **E**uropäischen **G**emeinschaft für **K**ohle und **S**tahl (sog. Montanunion) wurde am 18.4.1951 in Paris von Belgien, der BRD, Frankreich, Italien, Luxemburg und den Niederlanden beschlossen und trat 1952 in Kraft. Ziel war die Schaffung eines gemeinsamen Marktes für Kohle und Stahl. Die EGKS ging auf einen Vorschlag des französischen Außenministers Robert Schumann zurück. Die Organisation, die allen europäischen Staaten offenstand, wurde zum Vorläufer der 1957 gegründeten Europäischen Wirtschaftsgemeinschaft (EWG, → EU).

Robert Schumann (29.6.1886–4.9.1963)

Als Außenminister Frankreichs legte der in Luxemburg geborene Schumann nach dem 2. Weltkrieg den Grundstein für die friedliche Kooperation in Europa auf politischer, wirtschaftlicher und militärischer Ebene. 1949 hatte er großen Anteil am Beitritt seines Landes zur NATO. Kernstück von Schumanns

Integrationsbemühungen war der nach ihm benannte Plan einer Montanunion, der 1951 zur Gründung der EGKS führte. 1958 wurde Schumann zum ersten Präsidenten des neu geschaffenen Europäischen Parlaments gewählt.

Eichmann-Prozeß

Nach anderthalbjähriger Verhandlung verurteilte ein israelisches Gericht im Dezember 1961 in Jerusalem den Organisator der nationalsozialistischen Judenvernichtung, Adolf Eichmann, wegen Verbrechens gegen die Menschlichkeit und das jüdische Volk zum Tod durch den Strang. Der E. war erst möglich geworden, nachdem Israels Geheimdienst den nach Südamerika geflohenen ehemaligen Leiter des Judenreferats im Reichssicherheitshauptamt in Argentinien aufgespürt und 1959 entführt hatte. In seiner Verteidigung berief sich der Angeklagte darauf, lediglich auf Befehl gehandelt zu haben. Eichmann wurde am 31.5.1962 hingerichtet. Durch den E. geriet in der BRD die verdrängte nationalsozialistische Vergangenheit und die Judenverfolgung wieder ins Blickfeld der Öffentlichkeit.

Eigentum

Im juristischen Sinn bezeichnet der Begriff das Recht, über eine Sache innerhalb des geltenden gesetzlichen Rahmens frei zu bestimmen. In der Ökonomie wird zwischen Wirtschaftssystemen mit privatem E. und mit gesellschaftlichem (Volks-)E. unterschieden: Kennzeichen des → Kapitalismus und der → Marktwirtschaft ist das Privat-E. an Produktionsmitteln. Merkmal des → Sozialismus und der damit verbundenen → Planwirtschaft ist hingegen die Verstaatlichung der Produktionsmittel. Sie geht zurück auf Karl Marx' Forderung, das (Privat-)E. abzuschaffen, um der Ungleichheit in der Verteilung des E. und dadurch den unterschiedlichen Lebensbedingungen entgegenzuwirken.

Die Mischform einer Marktwirtschaft mit Volks-E. versuchten nach dem 2. Weltkrieg Jugoslawien und Ungarn aufzubauen. Nach dem Zusammenbruch der sozialistischen Staaten Europas Ende der 80er Jahre wurde dort mit dem Übergang zur Marktwirtschaft das P.-Eigentum wieder eingeführt. Auch in marktwirtschaftlichen Wirtschaftsordnungen verfügt der Staat über E. an Unternehmen bzw. unterhält Beteiligungen (z. B. Deutschland: Lufthansa, Volkswagen; Frankreich: Renault; Großbritannien: Shell).

Einheitsfront

Die E. ist der Zusammenschluß linksgerichteter politischer Gruppierungen, um gemeinsame Ziele durchzusetzen. Häufig richtet sich die E. gegen rechtsextreme oder faschistische Machthaber bzw. Regierungen.

Der Gedanke der E. geht zurück auf Wladimir I. Lenin, der eine «Partei neuen Typs» forderte, in der Klassenbündnisse zu Trägern der Revolution werden sollten. Ziel war die → Diktatur des Proletariats, durch die der → Kapitalismus überwunden und der klassenlose → Sozialismus erreicht werden sollte. Für die koloniale Welt propagierte die Kommunistische → Internationale eine antiimpe-

rialistische E. von Proletariat, Bauernschaft und Bourgeosie, um den → Kolonialismus zu beenden.
In Europa gestaltete sich die Verbindung von Kommunisten und Sozialdemokraten äußerst schwierig, auch wenn es z. B. im Deutschen Reich 1923 in Sachsen und Thüringen zu Koalitionsregierungen aus SPD und KPD kam (von der Reichsregierung durch die sog. Reichsexekution abgesetzt). Schon 1924 prägte Josef W. Stalin die These, Sozialdemokratie und Faschismus seien «Zwillingsbrüder» und sprach vier Jahre später vom → «Sozialfaschismus».
Nach der Machtübernahme der Nationalsozialisten kam es zu Diskussionen, ob eine E. von KPD und SPD den Aufstieg Adolf Hitlers hätte verhindern können. Ab 1933 riefen die kommunistischen Parteien Europas zur Bildung antifaschistischer E. auf. Während in Griechenland und Rumänien solche E. entstanden, war dies in Deutschland nicht mehr möglich, da die Nazis KPD und SPD verboten hatten. Die antifaschistische E., die ab 1936 mit Internationalen Brigaden am → Spanischen Bürgerkrieg kämpfte, zerbrach, als der → Hitler-Stalin-Pakt bekannt wurde (1939).
Im → Chinesisch-Japanischen Krieg (1937–45) bildete der Führer der chinesischen Guomindang (Nationale Volkspartei), Chiang Kaishek, eine E. mit den Kommunisten, die er zuvor bekämpft hatte.
Nach 1945 entstanden in den Staaten des Ostblocks E. aus sozialistischen/kommunistischen Parteien (Einheitsparteien) und Massenorganisationen (Gewerkschaften, Jugendverbände), um den kommunistischen Machtanspruch durchzusetzen. In der DDR war dies die → Nationale Front unter Führung der → SED. Nach dem Zusammenbruch des Sozialismus und der nachfolgenden Demokratisierung verlor der Gedanke der E. in Europa an Bedeutung. Hingegen existieren in den kommunistisch regierten Staaten Afrikas und Asiens nach wie vor E.

Einigungsvertrag

Der am 31. 8. 1990 unterzeichnete E. regelte den Beitritt der DDR zur BRD und befaßte sich vorwiegend mit rechtlichen Fragestellungen. Inhaltlich schloß er sich an den Vertrag über die Schaffung einer Währungs-, Wirtschafts- und Sozialunion vom 1. 7. 1990 an.
Der E. schrieb die Gültigkeit des → Grundgesetzes auch für das Gebiet der DDR fest. Das DDR-Recht sollte in Kraft bleiben, sofern es mit Bundes- und EG-Recht vereinbar war. Gleiches galt bezüglich der Rechtsgültigkeit von Verträgen, die die DDR-Regierung geschlossen hatte. Ferner sah der E. die Schaffung einer Treuhandanstalt (→ Treuhand) zur Privatisierung der DDR-Betriebe vor; die DDR-Löhne sollten allmählich dem Westniveau angeglichen werden. Als problematisch erwies sich die Regelung von Vermögensfragen. Enteignetes Grundvermögen sollte grundsätzlich an die ehemaligen Eigentümer bzw. deren Erben zurückgegeben werden. Da diese Personen zumeist aus der DDR in die BRD geflohen waren und ihr Besitz an DDR-Bürger übereignet worden war, zog diese Regelung eine Fülle von Prozessen nach sich.

Einparteiensystem
Im E. ist lediglich eine Partei zugelassen, alle anderen Parteien sind verboten bzw. gleichgeschaltet. Diese Einheitspartei versteht sich als Staatspartei, die eine bestimmte Weltanschauung vertritt, und erhebt den Anspruch, die gesamte Gesellschaft zu repräsentieren. Alle wichtigen Stellen des staatlichen Herrschaftsapparates werden von Mitgliedern der Einheitspartei besetzt. Oft gliedert sich die Partei politisch relevante Organisationen wie Gewerkschaften oder Jugendverbände an und unterwirft damit den gesamten gesellschaftlichen Bereich ihrem Totalitätsanspruch.
Besonders häufig wurde das E. in kommunistischen oder faschistischen Diktaturen praktiziert, z. B. in der Sowjetunion mit der KPdSU (1917–91), im Deutschen Reich mit der → NSDAP (1933–45) und in Spanien mit der → Falange (1939–76).
Eine Besonderheit unter den E. bildeten nach 1945 die kommunistischen Diktaturen Osteuropas – Ausnahme: UdSSR –, in denen zwar die Kommunistische Partei Staatspartei war, formell jedoch auch andere Parteien zugelassen waren. Allerdings wurden alle Parteien zu einem Block oder einer Nationalen Einheitsfront zusammengeschlossen, in der die Kommunistische Partei dominierte. Gleiches gilt für China, wo die KPCh die Führungsrolle innerhalb der Nationalen Front innehat.
E. etablierten sich auch in zahlreichen Entwicklungsländern, z. B. im Senegal mit der Progressiven Union Léopold Sédar Senghors. Allerdings ist die Einheitspartei in den Dritte-Welt-Staaten weniger Vertreterin einer bestimmten Ideologie als vielmehr Instrument zur Sicherung einer zumeist diktatorischen Herrschaft.

Einwanderung
Die freiwillige E. in ein fremdes Land mit dem Ziel, sich dort dauerhaft niederzulassen, war im 20. Jahrhundert zumeist wirtschaftlich motiviert. Die Einwanderer erhofften sich günstigere Lebensbedingungen. Demgegenüber wird E. aus politischen Motiven als → Asyl bezeichnet.
Zu Beginn des Jahrhunderts avancierten vor allem Australien, Kanada und die USA zu den bedeutendsten E.-Ländern – insbesondere durch Menschen aus Osteuropa. Ende der 40er Jahre erlebte der neugegründete Staat Israel die größte E.-Welle des 20. Jahrhunderts. Juden aus aller Welt verließen ihre Heimatländer, um im «gelobten Land» Palästina seßhaft zu werden. Die E. dokumentierte zugleich den Anspruch der Juden auf einen eigenen Staat, den ihnen die arabischen Nachbarn streitig machten.
Die → Entkolonisierung zog ab den 50er Jahren die massenhafte E. von Bewohnern der ehemaligen Kolonien in die einstigen Mutterländer nach sich. So ließen sich beispielsweise in Frankreich in den 50er Jahren zahlreiche Algerier nieder. Gezielt warb die BRD ab Mitte der 50er Jahre ausländische Arbeitnehmer an, da der deutschen Wirtschaft Arbeitskräfte fehlten.
Mit den wirtschaftlichen und politischen Krisen nahm ab den 70er Jahren der E.-Druck auf die wohlhaben den Industrieländer bzw. die wirt-

schaftlich stärksten Staaten einer Region (z. B. Argentinien und Brasilien in Südamerika) zu. In den 80er Jahren entwickelten sich Staaten wie Australien und Kanada zu sog. Aussteigerländern, in die zahlreiche Menschen aus Westeuropa strebten. Motiv für die E. war häufig die Sehnsucht nach unberührter Natur und einem Leben abseits der modernen Leistungsgesellschaft.

Die E.-Länder versuchen, die Einwandererzahlen durch Beschränkungen zu senken (z. B. durch spezielle Anforderungen an die Berufsausbildung und die Vermögensverhältnisse oder durch Kontingentierungen). Gründe für diese Maßnahmen sind Arbeitslosigkeit, steigende Soziallasten und zunehmender Unmut in der Bevölkerung, der zu Gewaltaktionen gegen Ausländer führt. Allerdings wird z. B. eine Kontingentierung der E. dadurch erschwert, daß bestimmte Personen ein gesetzlich verankertes Recht auf Einwanderung haben – z. B. die Bürger einiger ehemaliger Kolonien in die Ex-Kolonialmacht. Gleiches gilt für deutschstämmige Personen und deren Familien aus Ost- und Südosteuropa.

Eisenhower-Doktrin ❑

In der nach Präsident Dwight D. Eisenhower benannten Grundsatzerklärung gaben die USA am 9. 3. 1957 eine Schutzgarantie für alle Staaten des Mittleren Ostens, die sich vom → Kommunismus bedroht fühlten. Die Länder sollten auf Anforderung verstärkte Wirtschafts- und Militärhilfe sowie Truppenunterstützung erhalten. Hintergrund der E. war die Verschärfung des → Kalten Kriegs durch die → Suezkrise und den → ungarischen Volksaufstand 1956.

Nachdem der ägyptische Staatspräsident Gamal Abd-el Nasser infolge von Differenzen mit dem Westen Beziehungen zur Sowjetunion aufgenommen hatte, wollten die USA mit der E. ein Gegengewicht zum kommunistischen Einfluß in dieser Region setzen. Mit der E. wurden die Stützung des Regimes von König Hussein von Jordanien (1957) sowie das Eingreifen amerikanischer Marine-Infanteristen im libanesischen Bürgerkrieg (1985) begründet.

Dwight D. Eisenhower
(4. 10. 1890 – 28. 3. 1969)

Der amerikanische General leitete 1944 die alliierte Invasion in der Normandie und nahm 1945 die deutsche Kapitulation entgegen. 1952 wurde Eisenhower als Kandidat der Republikaner zum US-Präsidenten gewählt. In seiner achtjährigen Amtszeit war die Beendigung des → Koreakriegs (1953) sein größter Erfolg. Innenpolitisch wurde er wegen fehlender Sozialreformen und Bürgerrechtsgesetze als zu zögerlich kritisiert. Auch der Rückstand der USA gegenüber der UdSSR in der Weltraumfahrt wurde Eisenhower vorgehalten.

Eiserne Front

Die E. wurde 1931 als Reaktion auf den Zusammenschluß rechtsextremer Gruppen in der → Harzburger Front zur Verteidigung der → Weimarer Republik gegründet. Der E., die unter Einfluß der SPD stand, gehörten das militärisch organisierte Reichsbanner «Schwarz-Rot-Gold», der Allgemeine Deutsche Gewerkschaftsbund (ADGB) sowie die Arbeitersportverbände an. Sowohl beim Staatsstreich von Reichskanzler Franz von Papen, der 1932 die Reichsregierung absetzte, als auch bei der Machtergreifung der Nazis 1933 verhielt sich die E. passiv. Sie zerfiel noch im selben Jahr nach dem Verbot der Gewerkschaften.

Eiserne Garde

Der faschistische rumänische Geheimbund ging 1930 aus der drei Jahre zuvor von Corneliu Zelea Codreanu gegründeten Legion Erzengel Michael hervor. Die E. verstand sich als nationale Erneuerungsbewegung und vertrat eine von mystischen, nationalistischen und antisemitischen Elementen geprägte Ideologie. Nachdem ein Mitglied der E. 1933 den rumänischen Ministerpräsidenten Jon G. Duca erschossen hatte, wurde die Organisation verboten, betrieb jedoch ab 1938 aus dem Untergrund den Umsturz. 1940 trat der neue Führer der E., Horia Sima, als Vizepräsident in die Regierung Ion Antonesu ein. Ein fehlgeschlagener Putschversuch der E. führte im Folgejahr zur endgültigen Auflösung der Organisation.

Eiserner Vorhang

Das Schlagwort beschreibt die Abschottung des sowjetischen Herrschaftsbereiches in Europa gegenüber dem Westen zwischen 1945 und 1989. Erstmals benutzte der deutsche Reichspropagandaminister Joseph Goebbelsin einem 1945 veröffentlichten Aufsatz mit dem Titel «Das Jahr 2000» den Begriff: Es werde ein E. quer durch Europa entstehen, um dem → Bolschewismus Einhalt zu gebieten. Goebbels brachte damit die Hoffnung der NS-Führung auf einen Bruch der alliierten Anti-Hitler-Koalition zum Ausdruck.
1946 griff der britische Oppositionsführer und ehemalige Kriegspremier Winston Churchill das Schlagwort auf und umschrieb damit die Abgrenzungspolitik der UdSSR gegenüber dem Westen. Churchills Rede markierte den Wendepunkt in der bis dahin eher abwartenden Politik der Westmächte gegenüber der Sowjetunion.
Nachdem Ungarn 1989 als erster Warschauer-Pakt-Staat seine Grenzen geöffnet hatte, wurde der E. durchlässiger.

Elysée-Vertrag ❑

Der E. regelte die deutsch-französische Zusammenarbeit und beendete die jahrhundertelangen Rivalitäten zwischen beiden Staaten. Das Dokument wurde am 21. 1. 1963 vom französischen Staatspräsidenten Charles de Gaulle und dem deutschen Bundeskanzler Konrad Adenauer im Elysée-Palast in Paris unterzeichnet. Der E. sah ein weitreichendes Zusammenwirken in politischen, wirtschaftlichen und kulturellen Fragen vor. So vereinbarten beide Staaten das regelmäßige Zusammentreffen von Regierungsmitgliedern sowie die Abstimmung ihrer Außenpolitik. Durch den E., der die nach dem 2. Weltkrieg betriebene Einigungspolitik zwischen der BRD und Frankreich ausdrückt, lockerte Adenauer zugleich das bis dahin enge Verhältnis zu den USA. In der Folgezeit wurde die Achse Paris-Bonn zur Hauptantriebskraft auf dem Weg zu einem gemeinsamen Europa.

Konrad Adenauer (5. 1. 1876–19. 4. 1967)
Adenauer war 1917–33 Oberbürgermeister von Köln und kehrte nach dem 2. Weltkrieg kurzzeitig in dieses Amt zurück. 1946 übernahm er den Vorsitz der neugegründeten CDU und stand zwei Jahre später dem → Parlamentarischen Rat vor, der das → Grundgesetz der BRD ausarbeitete. Am 15. 9. 1949 wählte das Parlament Adenauer zum ersten Bundeskanzler der BRD. Zielstrebig betrieb der CDU-Politiker die Westintegration seines Landes. Er setzte den Beitritt zur NATO (1955) ebenso durch wie die Wiederbewaffnung (1957). Als 85jähriger trat Adenauer 1961 noch einmal als Kanzlerkandidat für die CDU an, verlor jedoch die absolute Mehrheit. Letzter außenpolitischer Erfolg Adenauers war der → Elysée-Vertrag 1963. Im selben Jahr gab er sein Amt an Ludwig Erhard (CDU) ab.

Emanzipation
Der Begriff bezeichnet die Befreiung von Individuen oder gesellschaftlichen Gruppen aus politischer, rechtlicher oder sozialer Abhängigkeit. Anfang des 20. Jahrhunderts kämpfte die → Arbeiterbewegung für die E. der Arbeiterschaft. Ziele waren die soziale und politische Gleichstellung sowie ein Ende der wirtschaftlichen Abhängigkeit. In der zweiten Jahrhunderthälfte bildete die Forderung der → Frauenbewegung nach Gleichstellung von Mann und Frau einen Schwerpunkt der gesellschaftspolitischen Diskussion. E. verlangen auch die seit vielen Jahren in einem fremden Staat beheimateten → Ausländer. In den Ländern Afrikas, Asiens und Lateinamerikas streben unterdrückte Volksgruppen nach E. (z. B. Indios in Bolivien, Schwarze in Südafrika).

Embargo
Ein E. ist ein zumeist politisch motiviertes Ausfuhrverbot für Waren – zumeist Waffen und kriegswichtige Rohstoffe – in bestimmte Länder und soll deren Wohlverhalten erzwingen. Das E. kann sowohl von Einzelstaaten als auch von der internationalen Staatengemeinschaft verhängt werden. So versuchte die UNO in den 60er Jahren mit einem E. gegen Rhodesien ein Ende der → Apartheid zu erreichen. Nach dem → Golfkrieg zur Befreiung Kuwaits verhängte die UNO ein Wirtschafts-E. (Verbot jeglichen Handels) gegen den Irak. Dadurch soll das Land gezwungen werden, eine Überwachung seiner Nuklear- und Rüstungsbetriebe zuzulassen und alle Massenvernichtungswaffen zu zerstören. Allerdings wurde das E., das die Nahrungsmittelversorgung der Bevölkerung erheblich beeinträchtigt und die Machtbasis von Iraks Diktator Saddam Hussein erschüttern soll, von zahlreichen Staaten unterlaufen. Im ehemaligen Jugoslawien versuchte die UNO seit Anfang der 90er Jahre vergeblich, durch Waffen-E. ein Ende des Bürgerkriegs herbeizuführen.

Endlagerung
→ Atommüll

Endlösung
Als E. bezeichneten die Nationalsozialisten die systematische Ermordung der europäischen Juden während des 2. Weltkriegs. Die → Juden-

verfolgung im Deutschen Reich hatte mit der → Machtübernahme der Nazis (1933) begonnen und war u. a. durch die → Nürnberger Gesetze (1935) systematisch verschärft worden. Nachdem die nationalsozialistische Führungsspitze zunächst den Plan favorisiert hatte, die Juden in bestimmte Territorien zu deportieren (z. B. Madagaskar), fiel 1941 der Entschluß zur systematischen Vernichtung. Die Planungen der E. durch den Chef der Sicherheitspolizei und des Sicherheitsdienstes, Reinhard Heydrich, sahen die Errichtung von → Vernichtungslagern und die Ermordung der Juden durch Gas vor. Die E. wurde am 20. 1. 1942 auf der → Wannseekonferenz endgültig gebilligt. Bis zum Kriegsende starben 5–6 Mio. Menschen jüdischen Glaubens oder mit jüdischen Vorfahren in den Arbeits- und Vernichtungslagern sowie durch Erschießungen von Kommandos der → SS.

Energieversorgung

Die wachsende Weltwirtschaft entwickelte im 20. Jahrhundert einen immer höheren Bedarf an Energie in der Form von Strom, Treibstoff und Heizmaterial (insbesondere für Industrie und Verkehr). Neben traditionellen Energieträgern wie Steinkohle und Braunkohle gewann das Erdöl eine beherrschende Rolle bei der E. Da die Ölvorkommen jedoch auf einige wenige Länder beschränkt sind, gerieten die westlichen Industrienationen in Abhängigkeit – besonders von den arabischen Staaten und dem Iran.

Erste Konflikte entstanden, als sich die arabischen Länder von den ehemaligen Kolonialmächten lösten und westlich orientierte Monarchien stürzten. In der Folge kam es zu → Enteignungen ausländischer Unternehmen, insbesondere der Mineralölgesellschaften. Mehrfach nahm der Westen politischen Einfluß, z. B. im Iran 1953, als die Armee mit US-Unterstützung Ministerpräsident Mohammed Mossadegh stürzte, der 1951 die Erdölindustrie verstaatlicht hatte.

Eine weitere Nationalisierungswelle der Ölquellen setzte 1960 nach Gründung der → OPEC ein. In der Folge entstand ein Rohstoffkartell, das in gemeinsamen Absprachen Preise und Fördermengen festlegte. Im → Israelisch-Arabischen Krieg 1973 wurde das Öl erstmals zur politischen Waffe. Die OPEC-Staaten boykottierten die westlichen Länder, die Israel unterstützten. Das Fehlen der Rohstoffe für die Energieversorgung zog wirtschaftliche Probleme der Industrieländer nach sich. Gleichzeitig setzten sie auf den verstärkten Ausbau der Atomenergie als nicht-endliche Energiequelle.

Ende der 80er Jahre geriet die Verbrennung von Energieträgern wie Kohle und Erdöl wegen des Schadstoffausstoßes in die Kritik. Die Kohlendioxidemissionen wurden für eine allmähliche Erwärmung der Erdatmosphäre mit der Gefahr von Klimaveränderungen verantwortlich gemacht. Die Atomenergie ist wegen ihres hohen Sicherheitsrisikos umstritten. Noch im Forschungsstadium befanden sich die Nutzung des Wasserstoffs als Energiequelle und die Kernfusion, die Energieerzeugung durch Verschmelzung von Atomkernen. Da die Rohstoffvorräte auf der Erde begrenzt sind, gewannen erneuerbare Energien (Biomasse, Sonne, Wasser, Wind) zunehmende Bedeutung. Allerdings befinden sich die Forschungen und technischen Entwicklungen zur effektiven Energiegewinnung aus diesen Quellen noch im Anfangsstadium.

Enklave

Als E. werden Territorien innerhalb eines Staatsgebietes bezeichnet, die zu einem anderen Staat gehören. So trennte die Friedensregelung von Versailles, die den 1. Weltkrieg beendete, Ostpreußen vom Deutschen Reich. Es bildete eine E. in Polen bzw. Litauen und wurde für die nationalistische Rechte zum Symbol der für Deutschland unbefriedigenden Friedensordnung. Eine E. war nach dem 2. Weltkrieg West-Berlin, das zur BRD gehörte, jedoch völlig vom Staatsgebiet der DDR umschlossen wurde. Seit Ende der 80er Jahre kam es zu bewaffneten Auseinandersetzungen um die autonome Republik Nagorny-Karabach. Die E. liegt in Aserbaidschan, betrachtet sich aber seit 1992 als Teil Armeniens.

Enteignung

E. ist der Entzug von Vermögens- oder sonstigen Besitzwerten des einzelnen durch den Staat. In demokratischen Staaten kann die verfassungsrechtlich garantierte Eigentumsgarantie nur zum Wohle der Allgemeinheit aufgehoben werden (z. B. E. von Land für den Straßenbau) und ist streng reglementiert; die Enteigneten müssen angemessen entschädigt werden.
Zu Beginn des Jahrhunderts wurden insbesondere in den Ländern Mittel- und Südamerikas Forderungen nach E. laut. Infolge der Kolonialzeit verfügte lediglich eine kleine Oberschicht über Eigentum an Boden, der unter der verarmten Bevölkerung aufgeteilt werden sollte (Bodenreform). Zu einer der ersten Bodenreformen kam es während der mexikanischen Revolution (1911–20).
In vielen Staaten wurde E. als Unterdrückungsmaßnahme mißliebiger Bevölkerungsgruppen eingesetzt. So verfolgte das Nazi-Regime in Deutschland ab 1938 im Zuge der sog. Arisierung die E. jüdischen Besitzes. Nach dem 2. Weltkrieg kam es beim Aufbau des Sozialismus in Osteuropa zu massiven Enteignungen mit dem Ziel der Vergesellschaftung von Betrieben, Grund und Boden. Beispielsweise war die stalinistische Wirtschaftspolitik u. a. durch die E. der Bauern und die → Kollektivierung der Landwirtschaft gekennzeichnet. Auch das Ende einiger Monarchien im arabischen Raum (z. B. Ägypten, Libyen) sowie die → Entkolonisierung in Afrika und Asien zogen in den neu entstandenen Staaten – sofern sie sich als sozialistisch verstanden – E. der Großgrundbesitzer nach sich.
In den westlichen Besatzungszonen Deutschlands dienten die E. nach 1945 in erster Linie der Beschaffung von Land für die heimatvertriebenen Bauern. In der Sowjetischen Besatzungszone wurde nach 1945 E. in der gewerblichen Wirtschaft sowie bei den großen landwirtschaftlichen Betrieben (Gutshöfe über 100 ha) durchgeführt. In den 50er Jahren strebte die DDR-Führung weitergehende E. in der Landwirtschaft an, die schließlich zum Ende des bäuer-

lichen Privatbesitzes führten. Der Einigungsvertrag zwischen BRD und DDR von 1990 akzeptierte die E., die 1945–49 aufgrund sowjetischen Besatzungsrechts erfolgt waren, als unumkehrbar; dem widersprach jedoch das Bundesverfassungsgericht. Ein 1994 verabschiedetes Gesetz sieht Ausgleichzahlungen für die E. zwischen 1945 und 1949 sowie Entschädigungen für E. nach 1949 vor.

Entente

Mit E. wird das Einverständnis zwischen Staaten bezeichnet, das einem Bündnis gleichkommt. E. spielten in der Zeit vor den Weltkriegen eine große Rolle, nach dem 2. Weltkrieg traten die militärisch-politischen Blöcke → NATO und → Warschauer Pakt an die Stelle von E.

E. cordiale: Erste E. des 20. Jahrhunderts war die E. cordiale, das «herzliche Einverständnis» zwischen Frankreich und Großbritannien ab 1904. Die beiden Staaten zogen damit einen Schlußstrich unter die durch Faschoda-Krise (1898/99, Konfrontation am oberen Nil) und → Burenkrieg entstandenen Spannungen und verständigten sich über Kolonialfragen: Die Engländer erhielten freie Hand in Ägypten, die Franzosen bekamen Marokko als Einflußzone zugesichert.

Tripel-E.: Der russisch-britische Ausgleich zog 1907 die Erweiterung der E. cordiale zur Tripel-E. nach sich (zwischen Frankreich und Rußland bestand bereits seit 1894 der sog. Zweibund). In der Folgezeit arbeiteten Frankreich, Großbritannien und Rußland außenpolitisch eng zusammen und trafen militärische Absprachen für den Fall eines Krieges mit Deutschland. Damit hatte sich ein Gegengewicht zum → Dreibund von Deutschland, Italien und Österreich-Ungarn gebildet. Durch den Londoner Vertrag wurde die Tripel-E. 1914 in ein festes Kriegsbündnis umgewandelt. Es hielt bis zum Ausscheiden Rußlands aus dem 1. Weltkrieg (Frieden von → Brest-Litowsk, März 1918).

Kleine E.: Dieses 1920/21 entstandene Bündnissystem zwischen Jugoslawien, Rumänien und der Tschechoslowakei richtete sich gegen eine Revision der → Pariser Vorortverträge, insbesondere gegen ungarische Gebietsansprüche im Balkanraum und eine befürchtete Wiedererrichtung Österreich-Ungarns. Die Kleine E. zerbrach 1938 durch das → Münchner Abkommen und die darin festgelegte Abtretung des zur Tschechoslowakei gehörenden Sudetenlandes an das Deutsche Reich.

Entkolonisierung

Die Kolonialreiche der europäischen Mächte Belgien, Frankreich, Großbritannien, Niederlande und Portugal wurden in der zweiten Hälfte des 20. Jahrhunderts aufgelöst. Die USA hatten die meisten ihrer Kolonien bereits im 19. Jahrhundert in die Unabhängigkeit entlassen, das deutsche Kolonialreich wurde nach dem 1. Weltkrieg aufgelöst. Die meisten asiatischen Kolonien erlangten in den 40er Jahren ihre Selbständigkeit, die afrikanischen Staaten in den 50er und 60er Jahren.

Vor dem 2. Weltkrieg erhielten nur wenige Kolonien Souveränität (z. B. Australien, Panama, Saudi-Arabien), hingegen setzte nach Kriegsende eine Welle der E. ein. Gründe

waren die Schwächung der Kolonialstaaten durch den Krieg sowie der wachsende Widerstand in den Kolonien gegen die Fremdherrschaft. Zudem verlangte die internationale Staatengemeinschaft in der UN-Charta, allen Völkern das Selbstbestimmungsrecht zu gewähren.
Die E. des British Empire (Ausnahme: Ägypten, 1922) begann 1947 mit der Entlassung Britisch-Indiens in die Unabhängigkeit und der Teilung des Subkontinents in die Indische Union und Pakistan. Die Macht wurde stufenweise an einheimische, meist von einer Nationalbewegung getragene Kräfte übergeben. Während die E. des britischen Einflußbereichs überwiegend friedlich verlief, mußten sich die französische Kolonien in Indochina (→ Indochinakrieg) sowie Algerien (→ Algerienkrieg) die Freiheit in blutigen Auseinandersetzungen erkämpfen. Gleiches galt für die portugiesischen Kolonien Angola, Mosambik und Portugiesisch-Guinea (alle 1975). Die Niederlande, die sich ab 1945 mit Unabhängigkeitsbestrebungen in ihrem Kolonialreich (z. B. in Indonesien) konfrontiert sahen, erteilten 1975 Surinam als letzter Kolonie die volle Unabhängigkeit.
Obwohl die E. Ende des 20. Jahrhunderts weitgehend abgeschlossen ist, sind die Folgen des Kolonialismus noch nicht beseitigt. Die von den Kolonialmächten geschaffenen innenpolitischen, sozialen und wirtschaftlichen Strukturen wirken weiter, zumal die während der Kolonialzeit privilegierten Gruppen vielerorts ihren Einfluß behalten haben. Viele Staaten sind weiterhin von den ehemaligen Mutterländern abhängig. Einige kleinere überseeische Gebiete gehören weiterhin zu ihrer Kolonialmacht – z. B. die Falkland-Inseln zu Großbritannien. Frankreich nutzte noch 1995/96 das Muroroa-Atoll im Pazifik für seine Atomwaffenversuche.

Entnazifizierung

Mit E. werden die Maßnahmen der alliierten Siegermächte des 2. Weltkriegs bezeichnet, die Mitglieder der → NSDAP zu überprüfen und aus politischen, wirtschaftlichen und kulturellen Schlüsselpositionen zu entfernen sowie alle nationalsozialistischen Organisationen aufzulösen. Die E. wurde 1945 auf den Konferenzen in Jalta und Potsdam beschlossen und begann unmittelbar nach Kriegsende, allerdings erfolgte ihre Durchführung in den einzelnen Besatzungszonen mit unterschiedlicher Intensität.
Westzonen: Ab Januar 1946 galt die in der US-Zone entwickelte Einstufung als verbindlich für ganz Deutschland. Es wurde unterschieden zwischen 1. Hauptschuldigen, 2. Belasteten (Aktivisten, Militaristen und Nutznießer), 3. Minderbelasteten, 4. Mitläufern, 5. Entlasteten. Die Einordnung nahm eine sog. Spruchkammer anhand eines Fragebogens vor, den alle Deutschen über 18 Jahre auszufüllen hatten. Als Sanktionen konnten Freiheitsentzug, Geldbußen oder Berufsverbote verhängt werden. Während sich KPD und SPD für umfassende Säuberungen aussprachen, lehnten es die Konservativen ab, Bürger für ihre politische Teilnahme an der NS-Herrschaft zur Rechenschaft zu ziehen. Statt dessen setzten sie auf umfassende Rehabilitierung.

Auf Kritik stieß die Praxis der Spruchkammern, sich zumeist mit Bagatellfällen zu befassen und die Auseinandersetzung mit ehemaligen Parteigrößen zu verzögern. Als sich die Alliierten im Zuge des → Kalten Kriegs von der Kontrolle über die E. zurückzogen, kam dies gerade den stark Belasteten zugute.

Sowjetische Zone: In der sowjetischen Besatzungszone erfolgten die intensivsten Säuberungen, da hier das Hauptgewicht auf Ermittlungen gegen Angehörige der Führungsschicht des Dritten Reichs lag. Sie wurden aus ihren Positionen entfernt, ihr Eigentum ging in staatlichen Besitz über.

Folgen: Insgesamt blieben die Folgen der E. in Deutschland gering, da nur ein Bruchteil der mehr als 6 Mio. eingeleiteten Verfahren mit einem Schuldspruch endete. In der BRD kam es zur Rehabilitation der meisten belasteten Nationalsozialisten. Sie spielten beim Aufbau des neuen Staats-, Gerichts- und Militärwesens eine oft entscheidende Rolle. So wirkte Hans Globke, der an einem Kommentar zu den → Nürnberger Gesetzen mitgewirkt hatte, mehr als zehn Jahre als Staatssekretär (1953–63) unter Bundeskanzler Konrad Adenauer (CDU). Der baden-württembergische Ministerpräsident Hans Filbinger (CDU) mußte nach zwölfjähriger Amtszeit 1978 zurücktreten, nachdem Todesurteile aus seiner Tätigkeit als Marinerichter während der Nazi-Zeit bekannt geworden waren.

Entspannungspolitik

Der Begriff E. bezeichnet die Bemühungen um einen Wandel des im Zuge des → Kalten Kriegs angespannten Verhältnisses zwischen den östlichen und westlichen Machtblökken. Hauptziele der E. waren Abrüstung und friedliche Koexistenz der Staaten.

60er Jahre: Anfang der 60er Jahre machte US-Präsident John F. Kennedy die E. zum bestimmenden Element der amerikanischen Außenpolitik. Erste konkrete Ergebnisse waren die Unterzeichnung des → Atomteststoppabkommens (1963) sowie die Einrichtung eines heißen Drahts zwischen Moskau und Washington, um sich in Krisenlagen auf höchster Ebene besprechen zu können.

Die sog. neue → Ostpolitik der sozialliberalen Koalition in der BRD sorgte ab 1969 für bessere Beziehungen zu den ehemaligen Kriegsgegnern im Osten (Moskauer und Warschauer Vertrag, beide 1970, → Ostverträge). Auch im Verhältnis zur DDR setzten Bundeskanzler Willy Brandt (SPD) und Außenminister Walter Scheel (FDP) auf Entspannung (Treffen Brandts mit Ministerpräsident Willy Stoph in Erfurt und Kassel, 1970; → Grundlagenvertrag 1972).

70er Jahre: Hochphase der E. auf internationaler Ebene waren die 70er Jahre: Die UdSSR und die USA einigten sich auf die Begrenzung ballistischer Raketenabwehrsysteme (SALT-I-Vertrag, 1972; → SALT) und des strategischen Waffenpotentials (SALT-II-Vertrag, 1979). 1973 nahmen in Wien 19 Staaten die Verhandlungen über Abrüstung und Truppenabzug in Europa (→ MBFR) auf, zwei Jahre später eröffneten in Helsinki 35 Außenminister aus Europa, Kanada und den USA die Konferenz über

Sicherheit und Zusammenarbeit in Europa (→ KSZE). In der Schlußakte von 1975 verständigten sie sich auf zehn – allerdings nicht verbindliche – Prinzipien für die künftigen Beziehungen untereinander, u. a. Verzicht auf Gewaltanwendung, Garantie von Souveränität und Grenzen, Achtung der Menschenrechte.
1979 führten zwei Ereignisse zum vorläufigen Ende der E.: Mit dem NATO-Doppelbeschluß wollte der Westen die UdSSR zu Zugeständnissen bei der → Abrüstung zwingen. Der sowjetische Einmarsch in Afghanistan (1979) zog eine Verhärtung des Ost-West-Verhältnisses (Olympia-Boykotts 1980 und 1984) nach sich.
80er Jahre: Die entscheidende Etappe der E. leitete die Reformpolitik des sowjetischen Staats- und Parteichefs Michail Gorbatschow ein, der 1987 mit US-Präsident Ronald Reagan den → INF-Vertrag über die vollständige Vernichtung der atomaren Mittelstreckenraketen unterzeichnete. Der Wegfall des Ost-West-Konflikts durch den Zusammenbruch des Sozialismus am Ende der 80er Jahre beendete die Phase der E.

Entstalinisierung ❑

Die Abkehr vom → Stalinismus und dessen Personenkult leitete der sowjetische KP-Chef Nikita S. Chruschtschow mit einer Geheimrede am 25. 2. 1956 auf dem XX. Parteitag der KPdSU ein. Er übte heftige Kritik an seinem Vorgänger Josef W. Stalin und bezichtigte ihn zahlreicher Verbrechen (z. B. Ermordung innerparteilicher Konkurrenten). Zudem machte er Stalin dafür verantwortlich, daß die Sowjetunion im 2. Weltkrieg nach dem deutschen Überfall (1941) am Rande einer Niederlage gestanden habe.
Nach dem Parteitag wurden in der UdSSR und anderen Ostblockstaaten Porträts und Standbilder Stalins entfernt, nach ihm benannte Straßen, Plätze und Städte umbenannt. Die Ablösung von Stalinisten in den Parteiführungen stieß jedoch zum Teil auf heftigen Widerstand. So mündeten die Auseinandersetzungen mit der stalinistischen Parteiführung 1956 in den → ungarischen Volksaufstand, der blutig niedergeschlagen wurde. In Rumänien setzte die Abrechnung mit den Stalinisten erst in der zweiten Hälfte der 60er Jahre ein. Während sich die E. in den meisten sozialistischen Ländern auf personelle Veränderungen beschränkte, strebte die tschechoslowakische KP auch eine Demokratisierung von Partei und Gesellschaft an. Dieser Reformversuch (sog. → Prager Frühling) wurde 1968 blutig durch das Eingreifen der Warschauer-Pakt-Staaten beendet.
Ende der 60er Jahre zeichnete sich in der UdSSR wieder eine positivere Bewertung Stalins ab, die auch die übrigen sozialistischen Staaten übernahmen: So baute der rumänische Diktator Nicolae Ceauşescu seine Macht auf einem kaum vorstellbaren Personenkult auf. Zu einer endgültigen E. kam es erst mit dem Zusammenbruch des Sozialismus (1989). Allerdings sind beispielsweise in Rumänien auch Mitte der 90er Jahre stalinistische Tendenzen (insbesondere bei der nationalistischen Partei der Nationalen Einheit) nicht zu übersehen.

Nikita Sergejewitsch Chruschtschow (17.4.1894–11.9.1971)
Aus dem Machtkampf nach Stalins Tod ging Chruschtschow 1953 als Sieger hervor. 1956 erteilte er dem → Stalinismus eine Absage. Im selben Jahr ließ er den Ungarnaufstand von sowjetischen Truppen beenden. Der zu emotionalen Ausbrüchen neigende Politiker verfolgte gegenüber dem Westen eine unklare Linie: Einerseits trat er für friedliche Koexistenz der Systeme ein, andererseits drohte er während der → Kubakrise mit dem Einsatz von Atomwaffen. Sein Eingeständnis, es gebe mehrere Weg zum Sozialismus, führte 1961 zum Bruch zwischen der UdSSR und China, das Chruschtschow zudem eine zu gemäßigte Politik gegenüber dem Westen vorhielt. 1964 wurde Chrutschschow von Leonid I. Breschnew entmachtet.

Entwicklungshilfe

Als E. wird die Unterstützung der → Entwicklungsländer durch private und staatliche Leistungen bezeichnet. Ziel ist es, die wirtschaftliche Entwicklung der Empfängernationen sowie die Lebensbedingungen der dortigen Bevölkerung zu verbessern. Mittel der E. sind Finanzhilfen (z.B. Kredite), handelspolitische Maßnahmen (z.B. niedrige Zölle) sowie der Transfer von Gütern, Technologie und Know-how. Die von der UNO empfohlene E. in Höhe von 0,7% des Bruttosozialprodukts der Industrieländer wurde Mitte der 90er Jahre nur von wenigen Staaten eingehalten (skandinavische Länder und Niederlande).

Die Industrienationen nutzen die E. zur Sicherung ihres politischen und wirtschaftlichen Einflusses. So war die E. während des → Kalten Kriegs ein Instrument, um den eigenen Machtbereich abzusichern bzw. auszuweiten. Militärhilfe half genehmen Regierungen, an der Macht zu bleiben. Nach dem Ende des ideologischen Konflikts zwischen West und Ost machen die Industrieländer die Gewährung von E. zunehmend davon abhängig, ob die Entwicklungsländer die Menschenrechte achten und ein demokratisches und marktwirtschaftliches System aufbauen.

Bis Mitte der 60er Jahre verlangten die Industrieländer für die Gewährung von Krediten im Rahmen der E. marktübliche (hohe) Zinsen, was zur weiteren Verschuldung der Entwicklungsländer führte. Deren finanzielle Situation verschärfte sich noch, da sie als Gegenleistung für Kredite häufig überteuerte Waren in einem festgelegten Umfang aus dem Geberland beziehen mußten. Die Industrieländer binden bis heute die Gewährung von E. auch an wirtschafts- und handelspolitische Zugeständnisse, die ihrem Export förderlich sind oder ihre Rohstoffversorgung sichern (z.B. erleichterter Zugang für ihre Waren, Lieferung von Rohstoffen unter Weltmarktpreis).

Die E. erfolgt vornehmlich auf bilateraler Ebene. Erst durch die → Schuldenkrise gewann die E. durch internationale Institutionen (z.B. → IWF) an Bedeutung.

Nichtstaatliche Hilfsorganisationen zweifeln am Nutzen der E. in ihrer üblichen Form und fordern direkte, an den Erfordernissen in den Entwicklungsländern ausgerichtete Hilfe. Beispiele für falsche E. sind gigantische Großprojekte (z. B. Bewässerungssysteme, Staudämme, Anlagen der Schwerindustrie), die in den 60er bis 80er Jahre an den länderspezifischen Erfordernissen vorbei geplant wurden: E. umfaßte zumeist den Export des europäischen Industrialisierungsmodells (hoher Technologiestandard, niedriger Arbeitskräftebedarf). Zudem wurden im landwirtschaftlichen Bereich Monokulturen intensiviert. Angesichts der entstandenen Investitions- und Bauruinen wird vielfach gefordert, Projekte vor Ort mit Einheimischen zu planen und sie dadurch auf die tatsächlichen Bedürfnisse abzustimmen. Das langfristige Ziel der E., die Empfänger in die Lage zu versetzen, ohne E. auszukommen, kann nach Meinung vieler E.-Organisationen erst erreicht werden, wenn das Weltwirtschaftssystem nicht mehr ausschließlich an den Interessen der Industrieländer ausgerichtet sein wird.

Entwicklungsländer
Als E. werden die Staaten bezeichnet, die im Vergleich zu den Industrieländern einen Rückstand in ihrer wirtschaftlichen, sozialen und/oder kulturellen Entwicklung aufweisen. In den E. leben drei Viertel der Weltbevölkerung. Die Mehrzahl der E. in Asien, Afrika, Lateinamerika und Ozeanien wird auch als → Dritte Welt bezeichnet. Zur sog. → Vierten Welt rechnet die UNO die etwa 50 ärmsten Länder. Als → Schwellenländer gelten jene E., die höher entwickelt sind und kurz vor dem Sprung unter die Industrienationen stehen.

Zu den typischen Merkmalen von E. zählen insbesondere ein niedriges Pro-Kopf-Einkommen, unzureichende Nahrungsmittelversorgung, mangelhafte medizinische Betreuung, hohe Analphabetenquote und Überbevölkerung.

Die Gründe für die Situation in den E. liegen zum einen in überkommenen hierachischen Gesellschaftsstrukturen, zum anderen in den Folgen des → Kolonialismus. Viele E. erhielten erst in der zweiten Hälfte des 20. Jahrhunderts ihre Unabhängigkeit. Ihre Wirtschaft war allein auf die Interessen der ehemaligen Kolonialmacht ausgerichtet und konzentrierte sich häufig auf ein oder zwei Agrarprodukte bzw. Rohstoffe. Dies machte die E. vor allem von den Weltmarktpreisen für ihre Ware abhängig. Mißernten führten ebenso zur Verschuldung wie der Preisverfall infolge zunehmender Konkurrenz bzw. mangelnder Nachfrage.

Zwar erhalten die E. von den Industrieländern → Entwicklungshilfe, doch sind die finanziellen Zuwendungen zu niedrig und zudem von vielfältigen wirtschaftlichen und politischen Zugeständnissen abhängig. Bis Mitte der 90er Jahre vergrößerte sich das Wohlstandsgefälle zwischen Industrienationen und E. Hierzu trug neben politischer Instabilität und Bevölkerungsexplosion in den E. die Ausrichtung des Weltwirtschaftssystems auf die Interessen der Industrieländer bei. Die bestehenden Freihandelszonen (z. B. → EWR) erschweren den E. den Absatz ihrer Produkte (z. B. durch hohe Zölle auf Waren aus Nicht-Mitgliedsländern). Als Chance für eine bessere wirtschaftliche Entwicklung betrachten die E. daher das internationale Zoll- und Handelsabkommen

Wichtige Enzykliken des 20. Jahrhunderts

Pascendi dominici gregis (Pius X., 1907): Gegen die Verbreitung der modernen Kultur.
Borromäus (Pius X., 1910): Angriff auf den Protestantismus; die Enzyklika wird in Deutschland nicht verlesen.
Quadragesimo anno (Pius XI., 1931): Neugestaltung der katholischen Soziallehre.
Mit brennender Sorge (Pius XI., 1937): Angriff auf die Politik des Nationalsozialismus.
Humani generis (Pius XII., 1950): Gegen naturwissenschaftliche Hypothesen; Dogmatisierung der Himmelfahrt Marias.
Mater et magistra (Johannes XXIII., 1961): Neuregelung der katholischen Soziallehre; Würdigung des demokratischen Pluralismus.
Pacem in terris (Johannes XXIII., 1963): Grundlagen des friedlichen Zusammenlebens der Völker.
Populorum progressio (Paul VI., 1967): Reform der katholischen Kirche.
Humanae vitae (Paul VI., 1968): Position der Kirche zu Ehe und Geburtenregelung; Verbot der Benutzung von Verhütungsmitteln.
Laborem exercens (Johannes Paul II., 1981): Forderung nach gerechter Verteilung der irdischen Güter.
Evangelium vitae (Johannes Paul II., 1995): Verbot von Abtreibung, Euthanasie und künstlicher Fortpflanzung.

→ GATT, das die Welthandelsstrukturen durch Öffnung der Märkte gerechter machen soll.

Enzyklika ❑

Die E., ein in lateinischer Sprache verfaßtes Lehrschreiben des Papstes an die gesamte katholische Kirche, ist – im Gegensatz zum Dogma – keine unfehlbare Aussage, verlangt allerdings die Zustimmung der Gläubigen. Eine freie Diskussion über das Thema der jeweiligen E. ist untersagt. Einzige deutschsprachige E. war das 1937 veröffentlichte Lehrschreiben «Mit brennender Sorge» von Papst Pius XI. Darin kritisierte er die Kirchenfeindlichkeit des nationalsozialistischen Deutschen Reichs, das zuvor von der katholischen Kirche anerkannt worden war.

Erdgas-Röhren-Vertrag

Das am 1.2.1970 in Essen unterzeichnete Abkommen regelte die Lieferung sowjetischen Erdgases in die BRD sowie bundesdeutscher Großröhren für sowjetische Gaspipelines. Zudem gewährte die Bundesregierung der UdSSR einen Kredit für die Zahlung der Röhren. Der E. war das bis dahin größte Geschäft im Ost-West-Handel. Für die Sowjetunion besaß er in erster Linie wirtschaftlichen, für die BRD politischen Wert. Die sozialliberale Bundesregierung setzte den E. im Rahmen ihrer → Entspannungspolitik als Anreiz für die sowjetische Führung ein, die Gespräche über den sog. Moskauer Vertrag zu einem Abschluß zu bringen. (Unterzeichnung am 12.8.1970; → Ostverträge).

Ermächtigungsgesetz

Der Deutsche Reichstag verabschiedete am 23.3.1933 das «Gesetz zur Behebung der Not von Volk und Reich». Dieses sog. E. räumte der Reichsregierung unter Reichskanzler Adolf Hitler für einen Zeitraum von vier Jahren das Recht ein, Gesetze ohne Zustimmung von Reichstag, Reichsrat und Reichspräsident zu erlassen und internationale Verträge abzuschließen.
Als einzige der im Parlament vertretenen Parteien stimmte die SPD gegen das E.; die KPD konnte an der Abstimmung nicht teilnehmen, da ihre Abgeordneten verhaftet worden waren, ebenso einige Mitglieder der SPD-Fraktion. 1937 und 1939 wurde das Gesetz bestätigt, 1943 durch Erlaß Hitlers auf unbestimmte Zeit verlängert. Das E. bedeutete faktisch das Ende der demokratischen Weimarer Verfassung und bildete die formale Grundlage für die nationalsozialistische Diktatur.

Erneuerbare Energien

→ Alternative Energie

Erster Weltkrieg

→ Weltkriege

Estado Novo ❑

Sowohl der portugiesische Ministerpräsident António de Oliveira Salazar als auch Brasiliens Staatschef Getulio Dornelles Vargas prägten für die von ihnen errichteten autoritären Systeme, die ihnen unumschränkte Machtfülle einräumten, die Bezeichnung E. («Neuer Staat»).
Portugal: Salazar verankerte den E. 1933 in der portugiesischen Verfassung. Den autoritären Rahmen der Gesellschaftsordnung bildeten sog. Körperschaften (z. B. wurden Arbeitgeber und Arbeitnehmer in berufsständischen Körperschaften zusammengefaßt). Als Kern aller Körperschaften galt die Familie. Mit dem E. wollte Salazar, der jede Opposition durch die Geheimpolizei PIDE im Keim ersticken ließ, die Nation in ihrem Recht auf Unabhängigkeit und Kolonialbesitz stärken. Er machte jedoch aus Portugal ein wirtschaftlich rückständiges Land, da er die überseeischen Besitzungen unbedingt erhalten wollte. Der Militärputsch von 1974 beendete den E.
Brasilien: Vargas löste 1937 das brasilianische Parlament auf und schrieb seine Vorstellung vom E. in der Verfassung fest: Brasilien sollte wirtschaftlich und sozial modernisiert werden. Mit staatlichen Bildungs- und Arbeitsprogrammen verbesserte er die Lebenssituation in den Städten und sorgte für die soziale Absicherung der Arbeiter. In krassem Gegensatz zur sozialreformerischen Komponente des E. stand die diktatorische Machtfülle des Präsidenten. Ein Militärputsch beendete 1945 den E. und setzte Vargas ab.

António de Oliveira Salazar (28.4.1889–27.7.1970)
1928 wurde Salazar Finanzminister und sanierte unter dem Schutz einer Militärjunta die darniederliegende portugiesische Wirtschaft. 1932 erfolgte seine Ernennung zum Ministerpräsidenten. Ein Jahr später schaltete er das Parlament weitgehend aus. Nach dem 2. Weltkrieg suchte der Diktator die Annäherung an den Westen (Gründungsmitglied der NATO 1949) und

kämpfte gegen die Auflösung des portugiesischen Kolonialreichs in Afrika. Zwei Schlaganfälle beendeten 1968 seine politische Karriere.

Getulio Dornelles Vargas (19.4.1883–24.8.1954)
Vargas kam 1930 durch eine Revolution an die Macht und schaffte die weitgehende Autonomie von Brasiliens Bundesländern zugunsten eines zentralistischen Systems ab. Als Diktator des Estado Novo führte er u.a. das Frauenwahlrecht ein. 1945 entmachtete ihn das Militär. Fünf Jahre später trat Vargas erfolgreich bei den Präsidentschaftswahlen an. Als 1954 seine Verwicklung in zahlreiche Korruptionsskandale bekannt wurde, setzte ihn erneut das Militär ab. Einen Tag später nahm sich Vargas das Leben.

ETA

Die 1959 gegründete terroristische Untergrundorganisation **E**uzkadi **t**a **A**zkatasuna («Baskenland und Freiheit») kämpft für die Autonomie des Baskenlandes von Spanien. Die Basken hatten nach der Machtübernahme von Francisco Franco Bahamonde 1936 ihre Teilautonomie verloren. Seit Anfang der 60er Jahre versuchen ETA-Mitglieder, die Unabhängigkeit durch Attentate und Entführungen zu erzwingen. 1976 spaltete sich die ETA in einen militärischen und einen politischen Flügel, der sich in der linksextremen Partei Herri Batasuna sammelte. Ein Jahr später erhielten die Basken eine teilweise Autonomie (1977), Legislative und Exekutive verblieben jedoch bei der spanischen Regierung. In der Folge verübten beide ETA-Zweige weiterhin Terrorakte, die bis Mitte der 90er Jahre mehr als 800 Menschenleben gefordert hatten. Die Verhaftung ihrer militärischen Führer 1992/93 lähmte die ETA nur vorübergehend, allerdings fordert ein wachsender Teil der baskischen Bevölkerung ein Ende der Gewaltaktionen.

EU ❑

Die **E**uropäische **U**nion strebt als Bündnis westeuropäischer Staaten die wirtschaftliche und politische Einheit der Mitgliedsländer an.

Entwicklung: Erste Ansätze zu einer Europapolitik entstanden nach dem 1. Weltkrieg, in dem sich die Folgen einer innereuropäischen Rivalität tragisch gezeigt hatten. Mitte der 20er Jahre sorgten die Außenminister Gustav Stresemann und Aristide Briand für den Versuch einer deutsch-französischen Verständigung. Ihr Plan, einen europäischen Bund souveräner Staaten zu schaffen, scheiterte 1929/30 an dem für vorrangig gehaltenen → Völkerbund. Erst nach dem 2. Weltkrieg entwikkelte sich allmählich eine engere Zusammenarbeit in Westeuropa. Auf die Gründung der Organisation für Europäische Wirtschaftliche Zusammenarbeit (→ OEEC, 1948; ab 1960 → OECD) folgte ebenfalls 1948 der Zusammenschluß mehrerer Organisationen und Staaten zur Europäischen Bewegung. 1949 gründeten in Straßburg zehn Staaten den → Europarat, die erste politische Institution Europas.

Treibende Kraft auf dem Weg zu einem Bündnis war der französische Außenminister Robert Schumann. Der nach ihm benannte Plan führte 1951 zum Entstehen der Montanunion (→ EGKS) zwischen Belgien, der

BRD, Frankreich, Italien, Luxemburg und den Niederlanden. Die Staaten strebten einen gemeinsamen Markt für Kohle, Stahl, Eisenerz und Schrott an. Die Einrichtung einer Europäischen Verteidigungsgemeinschaft (→ EVG) scheiterte 1954 am Veto Frankreichs gegen eine Beteiligung der BRD. Die drei Jahre später in der italienischen Hauptstadt unterzeichneten → Römischen Verträge bildeten die Grundlage der Europäischen Wirtschaftsgemeinschaft (EWG), mit der schrittweise ein gemeinsamer Markt verwirklicht werden sollte, und der Europäischen Atomgemeinschaft → EURATOM, die die friedliche Nutzung der Atomenergie fördern sollte. Mit dem sog. Fusionsvertrag von 1967 schlossen sich EGKS, EURATOM und EWG als Europäische Gemeinschaft (EG) zusammen.

Ab den 70er Jahren erfolgte die allmähliche Erweiterung der EG: 1973 traten Dänemark, Großbritannien und Irland bei und verließen gleichzeitig das kleinere Wirtschaftsbündnis → EFTA. In den 80er Jahren kam es zur sog. Süderweiterung mit Griechenland (1981) sowie Portugal und Spanien (1986) als neuen Mitgliedern. Durch die Einheitliche Europäische Akte von 1986 (in Kraft ab 1987) wurden u. a. Mehrheitsentscheidungen eingeführt, das → Europäische Parlament, das die EG-Bürger seit 1979 direkt wählen, an der Gesetzgebung beteiligt und die Schaffung des → Europäischen Binnenmarkts beschlossen. Die → Maastrichter Verträge (1991) legten die Umbenennung der EG in EU ab 1993 fest. Die neue Bezeichnung sollte eine engere Zusammenarbeit der Staaten zum Ausdruck bringen. In dem Vertragswerk vereinbarten die Unterzeichnerstaaten die Entwicklung einer politischen und einer → Währungsunion, das Europäische Parlament erhielt erweiterte Rechte. 1995 wurde die EU um Finnland, Österreich und Schweden auf 15 Mitgliedsstaaten erweitert.

Nach dem Zusammenbruch des Sozialismus (1989) strebten ab Anfang der 90er Jahre zahlreiche osteuropäische Staaten einen EU-Beitritt an. Die EU gewährte zunächst Handelserleichterungen und schloß Assoziierungsverträge (sog. Europa-Abkommen). Ende des Jahrhunderts soll die EU um mittel- und osteuropäische Länder erweitert werden. Bis Anfang 1996 hatten u. a. Polen, die Schweiz und Ungarn Aufnahmeanträge gestellt. Nach Menschenrechtsverletzungen der Türkei (u. a. politischer Prozeß gegen demokratisch gewählte, prokurdische Abgeordnete) setzte die EU geplante Verhandlungen über eine für 1996 geplante Zollunion mit der Türkei aus.

Die politische Diskussion innerhalb der EU konzentriert sich auf die Frage, inwieweit sich die politische Einheit der Mitgliedsstaaten tatsächlich verwirklichen läßt und nationales Denken zurückgestellt wird. Hauptforderung ist eine Stärkung der Demokratie in der EU, z. B. durch Aufgabe des Zwangs zur Einstimmigkeit in allen Organen und bei allen Entscheidungen.

Wirtschaft: Seit 1979 besteht das Europäische Währungssystem → EWS, das für stabile Wechselkurse sorgen soll. Bis Ende des 20. Jahrhunderts streben die meisten EU-Mitglieder eine → Währungsunion

Wichtige Organe der EU

Europäische Kommission: Ausführendes Organ der EU.
Europäischer Gerichtshof: Oberstes Organ der Rechtsprechung.
Europäischer Ministerrat: Zusammenkünfte der für das jeweilige Problem zuständigen nationalen Fachminister.
Europäischer Rat: Zusammenkunft der Staats- und Regierungschefs, die für Grundsatzentscheidungen zuständig sind.
Europäisches Parlament: Vertreter der Völker in der EU mit Mitentscheidungsrechten in einigen Punkten.
Europäische Politische Zusammenarbeit (EPZ): Koordinierendes Organ für eine gemeinsame Außenpolitik, 1993 zur GASP (Gemeinsame Außen- und Sicherheitspolitik) erweitert.
Europol: Die 1994 eingerichtete Polizeibehörde bekämpft insbesondere den organisierten Drogenhandel.
Schengener Abkommen: Das Abkommen gestattet den freien Personenverkehr zwischen einigen EU-Staaten.
WEU: Das seit 1955 bestehende Verteidigungsbündnis Westeuropäische Union soll zum Organ der EU-Sicherheitspolitik ausgebaut werden.

an, die zu einer Vereinheitlichung der Geld- und Konjunkturpolitik führen soll. Der Handel zwischen den Mitgliedsstaaten wird seit 1993 durch den Europäischen Binnenmarkt erleichtert, der den weitgehend freien Verkehr von Waren, Dienstleistungen, Kapital und Personen ermöglicht. Das Abkommen zum → EWR (Europäischer Wirtschaftsraum) bezieht seit 1994 auch einige Staaten der EFTA ein.
Der EU-Haushalt wird im wesentlichen durch Beiträge der Mitgliedsstaaten finanziert, eine Kreditaufnahme ist untersagt. Über die Hälfte des Haushalts bindet die gemeinsame → Agrarpolitik. Daneben spielt die Regionalförderung eine immer wichtigere Rolle: Etwa ein Drittel des Budgets dient der Unterstützung strukturschwacher Regionen, insbesondere an den geographischen Rändern der Gemeinschaft. Hierzu tragen u.a. die Europäische Investitionsbank in Luxemburg (gegründet 1958), mehrere Strukturfonds und der Kohäsionsfonds (seit 1993) bei. Als Kernstück der europäischen Entwicklungspolitik gilt das → Lomé-Abkommen. Für die Ausgabenkontrolle wurde 1977 der Europäische Rechnungshof in Luxemburg geschaffen.
Auf wirtschaftlichem Gebiet soll nach der weitgehenden Liberalisierung des Handels durch den Binnenmarkt die für Ende des Jahrhunderts geplante Währungsunion zur wichtigen Klammer werden. Sie wird eine Vereinheitlichung der Geld- und Konjunkturpolitik nach sich ziehen.

EURATOM

Die **Eur**opäische **Atom**gemeinschaft mit Sitz in Brüssel wurde gemeinsam mit der Europäischen Wirtschaftsgemeinschaft (EWG) am 25.3.1957 von Belgien, der BRD, Frankreich,

Italien, Luxemburg und den Niederlanden gegründet. Ziele der E. sind die Förderung der friedlichen Nutzung der Kernenergie sowie die Durchführung von Untersuchungen zur Atomphysik und Reaktorsicherheit. 1967 wurde die E. Bestandteil der Europäischen Gemeinschaft (EG; seit 1993 Europäische Union, → EU). Wichtigstes Gremium der E. ist der aus Regierungsvertretern der Mitgliedsstaaten (alle EU-Mitglieder) bestehende Rat, der Rechtsetzungs- und Entscheidungsbefugnisse hat.

EUREKA

Die **Eu**ropean **Re**search **C**oordination **A**gency (Europäische Behörde zur Zusammenarbeit in der Forschung) wurde 1985 von zahlreichen europäischen Staaten gegründet. Durch Forschungs- und Technologieförderung ziviler Projekte (bis zu 50% ihrer Kosten) soll die E. die europäische Wettbewerbsfähigkeit international stärken. Die Behörde entstand als Reaktion auf den Vorsprung Japans und der USA in der Entwicklung sog. Zukunftstechnologien. Schwerpunkt der E.-Förderung sind Projekte aus den Bereichen Mikroelektronik und Informationstechnik sowie Bio- und Umwelttechnologie. Mitte der 90er Jahre gehörten der E. (Sitz: Brüssel) 22 Staaten an.

Eurokommunismus

In den 60er und 70er Jahren war der E. die Leitidee vieler kommunistischer Parteien Westeuropas, insbesondere in Frankreich, Italien und Spanien. Die Vertreter des E. lehnten die Führungsrolle der sowjetischen KP ab und strebten einen eigenen nationalen Weg zum → Kommunismus an. Der E. verband sozialistische Ideen mit der Garantie bürgerlicher Freiheiten und demokratischer Prinzipien (z. B. Parteienpluralismus). Ziel war die Zusammenarbeit mit anderen politischen Parteien sowie die Regierungsbeteiligung, um einen schrittweisen Übergang zu einer neuen, pluralistischen Form des → Sozialismus zu erreichen. Zwar einigten sich im Juli 1976 in Berlin zahlreiche kommunistische Parteien auf gemeinsame Grundsätze, doch gelang es dem E. nicht, eine einheitliche Theorie zu entwickeln. Seit dem Zusammenbruch des Sozialismus in Osteuropa hat der E. nur noch geringen Einfluß. Eine Ausnahme bildet die linksdemokratische PDS in Italien, die bei den Parlamentswahlen 1994 mit 20,4% der Stimmen zweitstärkste politische Kraft im Lande wurde. Ziele des E. verfolgt auch die → PDS in Deutschland.

Europäische Energiecharta

Die E., für die 46 Staaten am 17.12.1994 in Lissabon einen Rahmenvertrag unterzeichneten, soll die Zusammenarbeit der westlichen Industrienationen mit den osteuropäischen Ländern bei der Energienutzung verbessern. Ziel ist die Schaffung eines gesamteuropäischen Energienetzes. Das Abkommen zur E. regelt den freien Zugang zu Energiequellen und -märkten und legt Richtlinien für die Absicherung von Investitionen in anderen Ländern fest (z. B. wenn britische Mineralölgesellschaften in ein Ölfeld in Rußland investieren). Für Umweltschäden, die bei der Ausbeutung der

Energieressourcen entstehen, haftet der Verursacher. Voraussetzung für das Inkrafttreten der E. ist die Ratifizierung in mindestens 30 Unterzeichnerstaaten.

Europäische Kommission
Das 1967 gegründete, ausführende Organ der → EU erarbeitet Vorschläge, über die der → Europäische Ministerrat bzw. der → Europäische Rat entscheidet. Deren Beschlüsse führt die E., die vom → Europäischen Parlament kontrolliert wird, aus. Zudem verwaltet die E. den EU-Haushalt und führt internationale Verhandlungen. Richtlinien der E. müssen von den Mitgliedstaaten in nationales Recht umgesetzt werden. Mit Verordnungen kann die E. auch geltendes Recht setzen. Sitz der E. ist Brüssel.
Jeder EU-Staat ernennt je nach Größe für fünf Jahre (bis 1994 für vier Jahre) einen bis zwei Kommissare, die jedoch nicht an Weisungen der nationalen Regierungen gebunden und für jeweils unterschiedliche Sachgebiete verantwortlich sind. Seit 1993 müssen die Kommissionsmitglieder vom Europäischen Parlament bestätigt werden. Auch kann das Parlament die E. durch einen Mißtrauensantrag mit absoluter Mehrheit zum Rücktritt zwingen.
Durch ihre Initiativen kann die E. die Einigung Europas entscheidend voranbringen. So erreichte z. B. der französische Kommissionspräsident Jacques Delors in seiner Amtszeit (1985–95) die Gründung des → Europäischen Binnenmarkts, die Weiterentwicklung der EG zur EU und leitete eine europäische → Währungsunion ein.

Europäischer Binnenmarkt
Der 1993 in Kraft getretene E. ermöglicht den freien Verkehr von Waren, Dienstleistungen, Kapital und Personen zwischen den Staaten der → EU. Dadurch soll die Einheit der europäischen Staaten auf wirtschaftlichem Gebiet gefördert werden. Der E. gibt allen EU-Bürgern das Recht auf freie Wahl des Wohnortes und des Arbeitsplatzes innerhalb der EU. Nationale Bildungsabschlüssse werden allgemein anerkannt. Für Warentransporte entfallen Grenzkontrollen. Öffentliche Aufträge müssen EU-weit ausgeschrieben, Dienstleistungsunternehmen dürfen überall tätig werden. Zahlungen und Investitionen unterliegen keinen Beschränkungen.
1985 hatte die → Europäische Kommission unter ihrem französischen Präsidenten Jacques Delors ein Weißbuch zur Vollendung des E. vorgelegt. Bei Inkrafttreten des E. waren etwa 90 % der darin enthaltenen 282 Rechtsbestimmungen umgesetzt worden. Noch nicht verwirklicht war der unkontrollierte Personenverkehr innerhalb der EU. Einige Mitgliedstaaten einigten sich jedoch im → Schengener Abkommen auf den Abbau der Personenkontrollen an den Grenzen. Der Warenverkehr wurde durch eine komplizierte Übergangsregelung für die zwischenstaatliche Verrechnung von Verbrauchsteuern belastet.
1994 wurden die Staaten des Wirtschaftsbündnisses → EFTA durch das Abkommen über den Europäischen Wirtschaftsraum → EWR weitgehend in den E. einbezogen, mit dem Nicht-EWR-Mitglied Schweiz nahm die EU gesonderte Verhandlungen

auf. Ziel der im E. gültigen Handelserleichterungen ist es, den Wohlstand der europäischen Staaten zu steigern. Anderen Ländern und Wirtschaftsblöcken (z. B. → ASEAN, → NAFTA) kann der E. jedoch den Absatz ihrer Produkte innerhalb der EU erschweren (→ Protektionismus).

Europäischer Gerichtshof

Das oberste Gericht der → EU mit Sitz in Luxemburg wurde 1953 gegründet und ist zuständig für die Auslegung der EU-Verträge. Mit Hilfe des E. soll eine europäische Rechtsordung geschaffen werden, die von allen Mitgliedstaaten der EU anerkannt wird.
Die Rechtsprechung des E. hat Vorrang vor nationalem Recht, doch verfügt der E. nicht über Zwangsmittel, um seine Entscheidungen durchzusetzen. Vielmehr ist er darauf angewiesen, daß die Mitgliedstaaten seine Urteile freiwillig befolgen. Die Entscheidungen des E. sind unanfechtbar. Dem E. gehören 13 Richter und sechs Generalanwälte an, die für sechs Jahre von den Mitgliedsländern ernannt werden. 1989 wurde zur Entlastung des E. ein Gericht Erster Instanz (GEI) ins Leben gerufen. Gegen dessen Entscheidungen können Rechtsmittel vor dem E. eingelegt werden.

Europäischer Ministerrat

Das beschlußfassende Organ der → EU (offizielle Bezeichnung: Rat der Europäischen Union) wurde 1967 gegründet. Arbeitsorte sind Brüssel und Luxemburg. Entscheidungen von grundsätzlicher und richtungweisender Bedeutung trifft allerdings nicht der E., sondern der → Europäische Rat, die Versammlung der nationalen Regierungschefs.
Zum E. treffen sich entsprechend dem zur Entscheidung anstehenden Thema die für das Sachgebiet zuständigen Minister der Mitgliedstaaten. Die Präsidentschaft im E. liegt abwechselnd für jeweils ein halbes Jahr bei den einzelnen Mitgliedsnationen. Jedes Land verfügt je nach seinem politischen Gewicht über zwei bis zehn Stimmen. Bis 1986 war für Entscheidungen Einstimmigkeit erforderlich. Seitdem werden Entscheidungen in der Regel mit sog. qualifizierter Mehrheit (70 % der Stimmen) getroffen. In Steuerangelegenheiten ist jedoch weiterhin Einstimmigkeit erforderlich. Der E. befindet über Vorschläge der → Europäischen Kommission, die seine Beschlüsse auch ausführt, und erläßt Verordnungen und Richtlinien. Verordnungen haben in den Mitgliedsländern unmittelbar Geltung, Richtlinien müssen in nationales Recht umgesetzt werden. Der E. entwirft z. B. den EU-Haushalt. Mitte der 90er Jahre strebte das → Europäische Parlament, das nur auf bestimmten Gebieten ein Veto- oder Mitbestimmungsrecht hat, eine stärkere Rolle bei der europäischen Gesetzgebung gegenüber dem E. an.

Europäischer Rat

Der E. besteht aus den Staats- und Regierungschefs der Europäischen Union (→ EU) sowie dem Präsidenten der → Europäischen Kommission. Mindestens zweimal jährlich tritt der E. zusammen und legt die Leitlinien für die Entwicklung der EU fest. Die Beschlüsse des E. werden vom → Europäischen Ministerrat verabschiedet. Der E. entwickelte sich aus den regelmäßigen Gipfeltreffen der Staats- und Regierungschefs der EU.

Europäische Sozialcharta
Die 1989 von den Mitgliedstaaten der EG – Ausnahme: Großbritannien – beschlossene E. legt zwölf allgemein gehaltene Grundrechte der Arbeitnehmer in der EG (seit 1993 → EU) fest. Dazu gehören u. a. das Recht auf freie Berufsausübung in einem EU-Land nach Wahl, die Gleichbehandlung von Frauen und Männern und die Einhaltung von Arbeitsschutzbestimmungen. Die E. bildet die Grundlage für soziale Mindeststandards, mit denen im Europäischen Wirtschaftsraum (→ EWR) Wettbewerbsvorteile von Mitgliedstaaten mit niedrigeren Sozialstandards abgebaut werden sollen. Zudem will die E. verhindern, daß Arbeitnehmer aus diesen Ländern in anderen EU-Staaten als billige Arbeitskräfte mißbraucht werden. So traten 1994 Richtlinien zur Arbeitszeit in Kraft, die einen jährlichen Mindesturlaub von vier Wochen garantieren. Die regelmäßige Wochenarbeitszeit darf 48 Stunden (ohne Überstunden) nicht überschreiten. Die Beschäftigung von Kindern unter 14 Jahren ist untersagt.

Europäisches Parlament ❑
Das E., das Organ zur Vertretung der Völker in der → EU, konstituierte sich 1958 in Straßburg. Die Abgeordneten wurden von den nationalen Parlamenten entsandt. Seit 1979 wird das E. alle fünf Jahre direkt gewählt (1995: 626 Abgeordnete). Das E. kontrolliert die → Europäische Kommission und hat das Recht zur Stellungnahme zu den Gesetzesvorlagen dieses ausführenden Organs der EU. Mit absoluter Mehrheit kann das E. Vorschläge des → Europäischen Ministerrats, des beschlußfassenden Organs der EU, ablehnen. Zudem stellt das E. den EU-Haushalt fest. Erweiterung und Assoziierungsabkommen der EU sind von der Zustimmung des E. abhängig.
Die Kompetenzen des E. wurden seit seiner Gründung schrittweise erweitert. So bedarf seit 1993 die Ernennung der Mitglieder der Europäischen Kommission seiner Zustimmung. Auch kann das E. sie durch einen Mißtrauensantrag mit absoluter Mehrheit zum Rücktritt zwingen. Über einen Vermittlungsausschuß hat das E. ebenfalls seit 1993 ein Mitentscheidungsrecht auf den Gebieten Verbraucher- und Umweltschutz, Forschung und → Europäischer Binnenmarkt. Für eine weitere Kompetenzausweitung des E. zur Stärkung der Demokratie auf EU-Ebene trat Mitte der 90er Jahre u. a. Deutschland ein. Großbritannien und Dänemark dagegen befürworteten eine stärkere Rolle der nationalen Parlamente bei der europäischen Gesetzgebung.

Sitzverteilung im Europäischen Parlament ab 1995

Deutschland 99	Portugal 25
Frankreich 87	Schweden 22
Großbritannien 87	Österreich 21
Italien 87	Dänemark 16
Spanien 64	Finnland 16
Niederlande 31	Irland 15
Belgien 25	Luxemburg 6
Griechenland 25	

Europäische Zentralbank

Die E. ist die oberste Behörde im Bereich der geplanten europäischen → Währungsunion (ab 1999) und soll für die Stabilität der europäischen Währungseinheit → ECU sorgen, die sie auch herausgibt. Um dieses Ziel unbeeinflußt verfolgen zu können, ist die E. unabhängig von Weisungen nationaler Regierungen und europäischer Behörden. Sie darf den öffentlichen Haushalten keine Kredite zur Verfügung stellen, weil damit neues Geld geschaffen und der Geldwert verringert wird. Im Europäischen Zentralbanksystem (EZBS) wird sie die Zusammenarbeit der nationalen Notenbanken leiten.

Im Rahmen des Europäischen Währungssystems → EWS stimmten die Präsidenten der nationalen Zentralbanken ihre Politik zunächst im 1964 gegründeten Ausschuß der Notenbank-Gouverneure ab, der in Basel tagte. 1994 wurde das Europäische Währungsinstitut EWI mit Sitz in Frankfurt a.M. gegründet, das die europäische Währungsunion vorbereiten soll. Aus dem EWI soll ein halbes Jahr vor dem Start der Währungsunion die E. hervorgehen.

Europarat

Der E. wurde 1949 von zehn westeuropäischen Staaten als erste politische Institution Europas gegründet. Ziel ist die Förderung der Zusammenarbeit auf wirtschaftlichem, sozialem, kulturellem und wissenschaftlichem Gebiet sowie Schutz und Weiterentwicklung von pluralistischer Demokratie und Menschenrechten. Der E. mit Sitz in Straßburg hat lediglich beratende Funktion; wichtigstes Gremium ist das Komitee der Außenminister der Mitgliedstaaten. 1950 beschloß der E. die Europäische Konvention der Menschenrechte und Grundfreiheiten, die 1953 in Kraft trat. Seit dem Zusammenbruch des Sozialismus Ende der 80er Jahre traten dem E. auch zahlreiche Länder Osteuropas bei (z. B. Estland, Litauen, Slowakei, Tschechische Republik), im Januar 1996 folgte Rußland.

Europol

Das **Euro**päische kriminal**poli**zeiliche Zentralamt, die Polizeiorganisation der → EU mit Sitz in Den Haag, nahm seine Arbeit 1994 auf. Die E., deren Name an die internationale Polizeibehörde → Interpol angelehnt ist, soll insbesondere gegen den grenzüberschreitenden organisierten Drogenhandel vorgehen. Der Zuständigkeitsbereich soll auf weitere Delikte internationaler Banden sowie Finanzvergehen ausgedehnt werden. Allerdings hat die Behörde keine Befugnis zu selbständigen Ermittlungen und Einsätzen, sondern sammelt Daten, um sie an die nationalen Polizeibehörden weiterzugeben.

EVG

Der Vertrag über die Einrichtung einer **E**uropäischen **V**erteidigungs**g**emeinschaft wurde am 27.5.1952 von den Außenministern Belgiens, der BRD, Frankreichs, Italiens, Luxemburgs und der Niederlande in Paris unterzeichnet. Er sah die Vereinigung der nationalen Streitkräfte der Unterzeichnerstaaten zu einer Armee unter gemeinsamem Oberbefehl vor.

Die EVG ging auf die Initiative des französischen Ministerpräsidenten René Pleven zurück (daher auch Pleven-Plan). Er schlug vor, angesichts der sowjetischen Bedrohung Westeuropas eine europäische Streitmacht unter Einschluß westdeutscher Kontingente aufzustellen. Die EVG wurde jedoch nicht verwirklicht, weil die französische Nationalversammlung 1954 die Ratifizierung des Vertrags verweigerte. Gründe waren Bedenken gegen einen Souveränitätsverzicht und Vorbehalte gegen die Beteiligung deutscher Soldaten nur neun Jahre nach Ende des 2. Weltkriegs. Das Scheitern der EVG führte zur Aufnahme der BRD in die Westeuropäische Union (→ WEU; 1955) und in die → NATO (1955).

EWG

→ EU

EWR

Das ab 1994 gültige Abkommen über einen **E**uropäischen **W**irtschafts**r**aum ermöglicht den freien Verkehr von Personen, Waren, Dienstleistungen und Kapital zwischen der → EU und Ländern des europäischen Staatenbündnisses → EFTA. Der EWR löste die seit 1973 bestehenden Freihandelsabkommen zwischen EFTA und EG ab. Das Abkommen verlor seine Bedeutung, nachdem 1995 die EFTA-Mitglieder Finnland, Österreich und Schweden der EU beigetreten waren. Die EFTA besteht seitdem nur noch aus Island, Liechtenstein und Norwegen.

EWS

Das 1979 in Kraft getretene **E**uropäische **W**ährungs**s**ystem, ein Abkommen zwischen den Staaten der → EU (Ausnahme: Großbritannien), soll für ein stabiles Wechselkursverhältnis der nationalen Währungen untereinander sorgen. Stabile Kurse sollen den Handel erleichtern. Für die Landeswährungen wurden sog. Leitkurse vereinbart. Als Rechengröße dient dabei die Europäische Währungseinheit → ECU. Für den täglichen Marktwert jeder Währung gegenüber den anderen legte das EWS höchstzulässige Schwankungsbreiten nach oben und nach unten fest. Sind diese Bandbreiten gefährdet, haben die nationalen Zentralbanken durch Währungskäufe bzw. -verkäufe die Kurse zu stützen. Wenn der Kurs einzelner Währungen dennoch nicht gehalten werden kann, müssen sich die EWS-Mitglieder auf ein sog. Realignment (Neuordnung) einigen, bei dem neue Leitkurse festgelegt werden. Nach einer Krise im EWS wurden die Schwankungsbreiten 1993 auf je 15 % nach oben oder unten erweitert (zuvor: 2,25 %, zum Teil 6 %). Bis zum Ende des Jahrhunderts soll das EWS zur → Währungsunion ausgebaut und eine einheitliche Währung (EURO) für die ganze EU geschaffen werden.

Exekutive

Die E. (ausführende Gewalt) ist neben → Judikative und → Legislative eine der drei Gewalten im → Rechtsstaat. Sie hat in erster Linie die Gesetze auszuführen, die vom Parlament (Legislative) beschlossen werden. An der Spitze der E. steht in parlamentarischen Systemen die Regierung, in → Präsidialsystemen wie Frankreich und den USA der Präsident. Der Vollzug der Gesetze liegt in den Händen der Verwaltung.

Exilregierung

Eine E. ist eine Regierung, die durch einen Krieg oder einen Staatsstreich gezwungen ist, ihr Heimatland zu verlassen, und von einem fremden Staat aus weiterhin die Hoheitsgewalt für sich beansprucht. Die Tätigkeit der E., die sich um diplomatische Anerkennung durch andere Staaten bemüht, ist in erster Linie ein Protest gegen die unrechtmäßige Herrschaft im eigenen Land.
Nach den deutschen Eroberungen im 2. Weltkrieg flüchteten viele europäische Regierungen ins Exil, die meisten von ihnen nach London. So übersiedelte die niederländische Königin Wilhelmina nach dem deutschen Einmarsch in die britische Hauptstadt. Charles de Gaulle rief von London aus seine Landsleute auf, gegen die deutschen Besatzer zu kämpfen, und baute eine Gegenregierung auf.
Die meisten osteuropäischen E. erhielten nach Ende des 2. Weltkriegs die Regierungsgewalt in ihrer Heimat nicht zurück. So hatten die Westalliierten zwar die polnische E. unter Wladyslaw Sikorski anerkannt, doch setzte die UdSSR nach dem Einmarsch der Roten Armee in Polen ein sog. Provisorisches Komitee ein, das auch die Westmächte auf der Konferenz von → Jalta als legitime Regierung anerkannten.
Mitte der 50er Jahre spielte im → Algerienkrieg gegen die Kolonialmacht Frankreich die algerische E. in Kairo eine entscheidende Rolle. Der stellvertretende Ministerpräsident der E., Achmed Ben Bella, wurde 1963 erster Präsident des unabhängigen Algerien. Im Konflikt um Kambodscha bildete Norodom Sihanouk 1982 gemeinsam mit den von den Vietnamesen vertriebenen Roten Khmer eine E. und konnte 1991 an die Macht zurückkehren.

Extremismus

Der Sammelbegriff bezeichnet extrem rechts- oder linksgerichtete politische Positionen, deren Vertreter für die kompromißlose Durchsetzung ihrer Ziele auch Gewalt als Mittel einsetzen.
Anfang des 20. Jahrhunderts nahm der Marxismus-Leninismus linksextremistische Züge an, als Wladimir I. Lenin 1915 die weltweite Revolution des Proletariats forderte. Nach dem 1. Weltkrieg führten Nationalitätenkonflikte zur Entstehung extremistischer Unabhängigkeitsbewegungen wie der Irisch Republikanischen Armee → IRA. Mit der faschistischen Bewegung in Italien formierte sich 1922 der europäische E. von rechts, der sich 1933 mit der Machtübernahme Adolf Hitlers endgültig im Deutschen Reich etablierte. Auch in den USA hatten rechtsextremistische Organisationen großen Zulauf, z. B. gehörten dem Geheimorden → Ku Klux Klan 1925 über 5 Mio. Mitglieder an.
Nach 1945 führten erneut Nationalitätenkonflikte zur Entwicklung extremistischer Gruppierungen in Europa, z. B. im zu Spanien gehörigen Baskenland und auf der französischen Insel Korsika. In Afrika und Asien richteten sich → Befreiungsbe-

wegungen zunächst gegen die Kolonialmächte, nach der → Entkolonisierung häufig gegen diktatorische Regime.
Nach den Studentenunruhen Ende der 60er Jahre formierten sich in Westeuropa linksextremistische Terrorgruppen wie die Action directe in Frankreich, die → RAF in der BRD und die → Roten Brigaden in Italien. Seit Beginn der 80er Jahre gewinnt der → Rechtsextremismus in Europa wieder an Bedeutung. Nationalistische Parteien und Politiker verzeichnen wachsenden Zuspruch bei Präsidentschafts- und Parlamentswahlen (z. B. Jean-Marie LePen in Frankreich, Jörg Haider in Österreich, Wladimir Schirinowski in Rußland und die Republikaner in Deutschland).

Extremistenbeschluß
1972 beschlossen Bundeskanzler Willy Brandt (SPD) und die Ministerpräsidenten der Länder, daß Angehörige extremistischer Organisationen, die sich nicht zum Grundgesetz und der freiheitlich-demokratischen Grundordnung der BRD bekennen, nicht in den öffentlichen Dienst übernommen werden dürfen. Gleichzeitig können Bewerber für den öffentlichen Dienst routinemäßig vom → Verfassungsschutz überprüft werden.
Der E. wurde vorwiegend gegen Mitglieder der DKP angewendet, obwohl die Partei nicht als verfassungsfeindlich verboten ist. Mitglieder rechtsextremer Organisationen blieben von den Folgen des E. verschont. Die Kritik im In- und Ausland am E. richtete sich gegen die mögliche Überschreitung der Grenzen des Rechtsstaats («Gesinnungsschnüffelei») sowie gegen die Einschränkung der Meinungsfreiheit. Vielfach wurde der E. als → Berufsverbot bezeichnet, da er bestimmten Personen eine Beschäftigung im öffentlichen Dienst verwehrte. Der E. wird in den einzelnen Bundesländern unterschiedlich gehandhabt. Die SPD-regierten Länder verzichten im allgemeinen auf die vom E. gedeckte Überprüfung der Bewerber für den öffentlichen Dienst, die in den CDU- und CSU-regierten Ländern weiterhin vorgenommen wird.

F

Fair Deal

Mit dem Schlagwort F. bezeichnete US-Präsident Harry S. Truman sein 1949 verkündetes wirtschafts- und sozialpolitisches Reformprogramm, das für eine gerechtere Verteilung des Wohlstands und die Gleichstellung der Schwarzen sorgen sollte. Mit dem F. wollte Truman an den → New Deal (1932–38) von Präsident Franklin D. Roosevelt anknüpfen. Das Programm des F. war eingebettet in ein weltweites Freihandels- und Entwicklungskonzept und forderte außenpolitisch den Abbau von Handelsbarrieren. Wirtschaftshilfe der Industrienationen sollte den unterentwickelten Ländern die Teilnahme am weltweiten Handel ermöglichen. Truman konnte sein Programm nur punktuell verwirklichen, da durch die Beteiligung der USA am → Koreakrieg (ab 1950) andere politische Schwerpunkte entstanden.

Falange

Die nationalistische spanische F. wurde 1933 von José Antonio Primo de Rivera gegründet und schloß sich im Folgejahr mit den faschistischen nationalen Syndikalisten zusammen. In einem 27-Punkte-Programm forderte die F. u. a. die Hegemonie für Spanien auf der Iberischen Halbinsel. Nach dem Wahlsieg der Volksfront wurde die Partei 1936 kurzzeitig verboten und unterstützte im → Spanischen Bürgerkrieg Francisco Franco Bahamonde. 1937 setzte Franco die Zwangsfusion der F. mit anderen Rechtsparteien zur neuen Einheitspartei der F. durch. Er verstand die F. als «Sammelbecken aller patriotischen Kräfte». Unter seiner Führung erhielt die ehemals antimonarchistische F. autoritär-monarchistische Züge.

Nach Francos Tod vereinte die 1970 in Nationale Bewegung umbenannte F. die rechtsgerichteten antirepublikanischen Kräfte, blieb politisch jedoch bedeutungslos und wurde 1976/77 aufgelöst.

Falklandkrieg

Der F. brach am 2.4.1982 aus, als argentinische Truppen die seit 1833 zu Großbritannien gehörenden Falklandinseln wegen der dort vermuteten Ölvorkommen besetzten. Da einer der Grundsätze britischer Außenpolitk lautet, britisches Land niemals unter äußerem Zwang preiszugeben, entsandte Premierministerin Margaret Thatcher einen Flottenverband zur Rückeroberung der Inselgruppe in den Südpazifik. Am 14.6.1982 kapitulierten die Argentinier. Ihre Niederlage leitete das Ende der seit 1976 regierenden Militärdiktatur in dem südamerikanischen Land ein. Die argentinische Regierung hielt jedoch auch nach der Demokratisierung des Landes ihren Anspruch auf die Falklandinseln aufrecht.

FAO

Die **F**ood and **A**griculture **O**rganization of the United Nations (Ernährungs- und Landwirtschaftsorganisation der UNO) wurde 1945 gegründet. Sitz war zunächst Washington, seit 1951 Rom. Die FAO soll die Ernährungslage insbesondere in der → Dritten Welt verbessern und für eine sinnvollere Verteilung der Nahrungsmittel sorgen. Durch frühzeitige Analysen soll die FAO vor möglichen Hungerkatastrophen warnen und Sofortmaßnahmen einleiten. Ende der 80er Jahre geriet die FAO in eine Krise, da der Organisation Ineffektivität vorgeworfen wurde. Daraufhin hielten die USA, die den Hauptteil des FAO-Etats finanzieren, einen Teil ihrer Zahlungen zurück, um den Industriestaaten größeren Einfluß zu verschaffen. Unabhängig von seinem Etatbeitrag verfügt jedes Mitgliedsland bei der alle zwei Jahre stattfindenden Generalkonferenz der FAO über eine Stimme. Mitte der 90er Jahre dauerten die Finanzschwierigkeiten der FAO an, da viele Mitglieder mit ihren Beiträgen im Rückstand waren.

Faschismus

Ursprünglich bezeichnet der Begriff das totalitäre Herrschaftssystem, das Benito Mussolini 1922–45 in Italien errichtete. F. wird zudem als Sammelbegriff für Bewegungen bzw. politische Systeme verwendet, deren herausragende Merkmale ein extremer → Nationalismus, Antiliberalismus und -kommunismus, ein ausgeprägtes Führerprinzip und der Haß auf Minderheiten sind. Das Wort F. leitet sich ab vom italienischen «fascio», dem Rutenbündel der römischen Amtsdiener, das zum einen deren Amtsgewalt symbolisierte, zum anderen als Synonym für «Bund, Vereinigung» steht.

Bis Ende der 20er Jahre: Bereits um 1890 nannten sich in Sizilien die agrarrevolutionären Vereinigungen der Landarbeiter «faschistische Revolutionäre» («Fasci Rivoluzionari»). 1915 nahm Mussolini den Ausdruck als Bezeichnung für jene auf, die den Eintritt Italiens in den 1. Weltkrieg an der Seite der → Entente forderten. 1919 gründete er den Kampfbund «Fascio di Combattimento». Zwei Jahre später folgte die Partido Nazionale Fascista (PNF), ein paramilitärischer Verband, der zumeist aus ehemaligen Frontkämpfern (sog. Schwarzhemden) bestand. Geschickt nutzte Mussolini die Schwäche der parlamentarisch-demokratischen Regierungen und bahnte sich mit Hilfe seiner Anhänger durch den → Marsch auf Rom (27./28. 10. 1922) den Weg zur Macht. Die PNF erhielt zunächst vor allem Unterstützung vom konservativ-reaktionären Kleinbürgertum, das sich der modernen Welt von Großindustrie und Kapital hilflos ausgesetzt fühlte.

Als Ministerpräsident schuf Mussolini ab 1922 einen totalitären Staat nach seinen Vorstellungen: Auf allen Ebenen setzte er das Führerprinzip durch und verfügte über unumschränkte Macht. Der Staat besaß das Propaganda- und Informationsmonopol; die Geheimpolizei unterdrückte brutal jede Opposition. Der F. proklamierte die Volksgemeinschaft, d.h. das bedingungslose Zusammenstehen gegen alle inneren und äußeren Feinde. Die PNF wurde zur Einheitspartei, unter deren Führung ein System von Massenorganisationen die totale Vereinnahmung der Bevölkerung gewährleistete. Aus Gewerkschaften und Unternehmerverbänden entstanden sog. Korporationen unter staatlicher Aufsicht.

Ende der 20er Jahre bis 1945: Ab Ende der 20er Jahre, als die Weltwirtschaftskrise die Lage breiter Bevölkerungsschichten verschlechterte, erhielten auch die faschistischen Bewegungen, die sich in zahlreichen anderen europäischen Staaten gebildet hatten (z. B. Österreich: → Austrofaschismus, Rumänien: → Eiserne Garde, Spanien: → Falange, Ungarn: Pfeilkreuzler), starken Zulauf. Gemein war allen faschistischen Gruppierungen sowie dem → Nationalsozialismus im Deutschen Reich ein extremer Militarismus und ein übersteigertes Nationalgefühl, das die angestrebte Herrschaft über andere Völker rechtfertigen sollte. So sah sich der italienische F. als legitimer Nachfolger des Römischen Reichs und beanspruchte die Vorherrschaft am Mittelmeer. Deutschland betrieb unter Reichskanzler Adolf Hitler eine aggressive Außenpolitik, um «neuen Lebensraum im Osten» zu erobern.

Der Ausbruch des → Spanischen Bürgerkriegs brachte 1936 eine Annäherung zwischen Nazi-Deutschland und dem faschistischen Italien (sog. Achse Berlin–Rom). Mussolini und Hitler sagten der faschistischen Falange unter General Francisco Franco Bahamonde militärische Unterstützung zu, um eine weitere Ausbreitung des → Bolschewismus zu verhindern, der allerdings in Spanien nicht drohte. Dem gleichen Ziel diente der im selben Jahr geschlossene → Antikominternpakt zwischen Japan und Deutschland, dem Italien 1937 beitrat.

Der im italienischen F. zunächst wenig ausgeprägte → Rassismus erhielt erst nach dem Entstehen der Achse Berlin–Rom größere Bedeutung. Der F. folgte dem → Antisemitismus der Nazis: 1938 bekannte sich die PNF zu den Grundlehren des «razzismo» und schloß die Juden vom gesellschaftlichen, politischen und wirtschaftlichen Leben aus. Seine extremste Zuspitzung erlebte der Rassismus in der Vernichtung der europäischen Juden durch den deutschen Nationalsozialismus (→ Judenverfolgung) im 2. Weltkrieg.

Nach 1945: Nach dem Ende des 2. Weltkriegs blieben in Portugal und Spanien faschistische Systeme bestehen. António de Oliveira Salazar hatte 1926 in Portugal den → Estado Novo aufgebaut, der am Vorbild des Ständestaates orientiert war und bis 1974 bestehen blieb. In Spanien entstand nach dem Bürgerkrieg (1936–39) mit Hilfe der Falange ein faschistisches Regime, das bis zu Francos Tod (1975) bestand. Auch in Südamerika (Argentinien bis 1983, Chile bis 1990) konnten sich faschistisch orientierte Diktaturen etablieren.

In den 90er Jahren verzeichneten insbesondere die Neofaschisten in Italien wachsenden Zulauf. Die Benennung von fünf Ministern der Nationalen Allianz durch Ministerpräsident Silvio Berlusconi im Mai 1994 bedeutete die erste Regierungsbeteiligung von Faschisten in Europa nach dem 2. Weltkrieg.

FDP ❑

Die **F**reie **D**emokratische **P**artei entstand 1948 aus dem Zusammenschluß linksliberaler und nationalliberaler Gruppen. Vorläufer waren die Deutsche Demokratische Partei (DDP, linksliberal) und die Deutsche Volkspartei (→ DVP, nationalliberal). Damit gelang es nach 1945 zum erstenmal in der Geschichte des deutschen → Liberalismus, die politischen Kräfte in einer Partei zu bündeln. Mit Ausnahme der Jahre 1957–61 (absolute Mehrheit der Union) und 1966–69 (Große Koalition aus CDU/CSU und SPD) war die FDP seit Bestehen der BRD an jeder Bundesregierung beteiligt.
1949 stellte die Partei mit Theodor Heuss den ersten Bundespräsidenten und trat in eine Regierungskoalition mit der CDU/CSU ein, mit der sie bereits seit 1948 im Wirtschaftsrat zusammengearbeitet hatte. Die FDP sprach sich gegen staatliche Eingriffe in die Wirtschaft aus und betonte in den 50er Jahren ihre neoliberalen Züge. Außenpolitisch stand die Partei der Union nahe (Westintegration der BRD).
Unter ihrem Vorsitzenden Walter Scheel vollzog die FDP Ende der 60er Jahre eine Wende zum Linksliberalismus und bildete 1969–72 eine Koalition mit der → SPD. Als Außenminister prägte Scheel gemeinsam mit Bundeskanzler Willy Brandt maßgeblich die neue → Ostpolitik. Linksliberale Vorstellungen bestimmten auch das 1971 verabschiedete Freiburger Programm, das u. a. die betriebliche → Mitbestimmung forderte und den Umweltschutz vor das Gewinnstreben der Unternehmen stellte.
1982 nahm die FDP einen erneuten Koalitionswechsel hin zur CDU/CSU vor. Die Programmatik wurde von wirtschaftsliberalen Tendenzen bestimmt. Andauernde innerparteiliche Kursdebatten und fehlendes politisches Profil führten ab Beginn der 90er Jahre zu einer Serie von Wahlniederlagen der Partei auf Länderebene.

Parteivorsitzende der FDP

1948/49	Theodor Heuss
1949–54	Franz Blücher
1954–57	Thomas Dehler
1957–60	Reinhold Maier
1960–68	Erich Mende
1968–74	Walter Scheel
1974–85	Hans-Dietrich Genscher
1985–88	Martin Bangemann
1988–92	Otto Graf Lambsdorff
1992–95	Klaus Kinkel
Ab 1995	Wolfgang Gerhardt

FDP der Schweiz

Die liberal-konservativ orientierte **F**reisinnig-**D**emokratische **P**artei wurde 1894 gegründet. Sie ging aus dem sog. Freisinn, einer Gegenbewegung zur politischen Restauration in der ersten Hälfte des 19. Jahrhunderts hervor. 1919 verlor die Partei ihre absolute Mehrheit im schweizerischen Nationalrat, die sie seit ihrer Gründung innegehabt hatte, blieb aber an der Regierung beteiligt. Seit 1959 bildet die FDP mit Sozialdemokraten (SPS) und Christdemokraten (→ CVP) eine Große Koalition.

Februarrevolution

Die F. führte Anfang März 1917 (nach dem russischen Kalender Ende

Februar) zum Sturz des → Zarismus in Rußland. Ursache der Unruhen, die mit einem Streik der Arbeiter in einem Petersburger Rüstungsbetrieb begannen, waren die lange Kriegsdauer und die militärischen Niederlagen Rußlands im 1. Weltkrieg sowie die akute Versorgungskrise im Land. Zwar erteilte Zar Nikolaus II. den Befehl, die Aufstände gewaltsam niederzuschlagen, doch solidarisierte sich die Petersburger Garnison mit den Streikenden. Der Zar verlor die Unterstützung der Armee und dankte am 15.3. ab.
Das entstandene Machtvakuum versuchte die bürgerliche Provisorische Regierung von Fürst Georgi J. Lwow auszufüllen. Dabei konkurrierte sie mit den von den Revolutionären gebildeten Arbeiter- und Soldatenräten (Sowjets), allen voran dem Petersburger Sowjet. Es entstand die sog. Doppelherrschaft. Die Sowjets bekämpften die Provisorische Regierung, der es weder gelang, die Ordnung im Land herzustellen, noch die Lebensmittelversorgung zu verbessern. Die Dauerkrise mündete in die → Oktoberrevolution, in der die Sowjets endgültig die Macht eroberten.

Fedajin

Als F. («die sich Opfernden») bezeichnen sich die Mitglieder zahlreicher palästinensischer Terrororganisationen. Ursprünglich meinte der Begriff die Angehörigen politisch-religiöser Geheimorganisationen im Orient. Nachdem Persien 1907 von Rußland und Großbritannien aufgeteilt worden war, sammelten sich im russisch verwalteten Nordpersien revolutionäre Arbeiter- und Bauernräte, die mit Hilfe der F. eine Bodenreform durchführen wollten. 1910 entwaffneten die einmarschierenden britischen Truppen die F. 1917 schlossen sich die F. – nach Unterzeichnung der → Balfour-Deklaration – dem Kampf gegen einen israelischen Staat an, und gingen 1964 in der → PLO auf. Sieben Jahre später wurden die F.-Gruppen gemeinsam mit der palästinensischen Befreiungsarmee dem Oberbefehl Yassir Arafats unterstellt. Nach der Aussöhnung zwischen Israel und der PLO im → Gaza-Jericho-Abkommen kämpfen die F.-Gruppen jedoch weiterhin mit Waffengewalt gegen den jüdischen Staat.

Feminismus

Der F. ging in den 60er Jahren aus der sog. Neuen → Frauenbewegung hervor und strebt die Befreiung der Frau von gesellschaftlicher Diskriminierung an. Dies soll durch eine Veränderung der gesellschaftlichen Verhältnisse und damit der geschlechtsspezifischen Rollen erreicht werden. Wie die übrige Frauenbewegung kämpfte der F. seit Anfang der 70er Jahre gegen das gesetzliche Abtreibungsverbot und für Gleichberechtigung der Frau im öffentlichen Leben und Beruf (Frauenquote). Daneben gilt das Engagement insbesondere weiblichen Minderheiten wie Lesben und Alleinerziehenden.

Fischereiabkommen

Die F. treffen spezielle Regelungen über die Aufteilung von Fischfanggebieten in internationalen Gewässern und nationalen Küstengewässern (→ Seerecht). Der hochtechnisierte und rücksichtslose Fischfang auf den Weltmeeren verringerte seit den

70er Jahren stark die Fischbestände in traditionellen Fanggründen. Staaten, in denen die Fischerei einen wichtigen Wirtschaftszweig darstellt, weiteten daraufhin einseitig ihre Fischereizonen (Meeresgebiet, in dem die Fischerei den Staatsangehörigen des Uferlandes vorbehalten bleibt) aus. Dies führte immer wieder zu Konflikten, die wie im Fall Spanien und Portugal erst durch F. beigelegt werden konnten.
Da durch die unkontrollierte Ausbeutung des Meeres die Bestände einiger Fischarten bedroht sind, einigten sich die EG-Staaten 1983 erstmals auf Höchstfangmengen für bestimmte Speisefische. Diese Fischfangquoten gelten u. a. für Hering, Kabeljau, Schellfisch und Seelachs.

Fiume-Konflikt

Die Hafenstadt Rijeka (italienischer Name: Fiume) an der Adriaküste gehörte bis zum Ende des 1. Weltkriegs zu Österreich-Ungarn und war nach dem Untergang der Doppelmonarchie zwischen Italien und Jugoslawien umstritten. Nachdem die USA die Bildung eines Freistaats vorgeschlagen hatten, besetzte 1919 der italienische Schriftsteller Gabriele D'Annunzio mit einer Gruppe Freiwilliger die Stadt. Im Folgejahr wurde er mit Militärgewalt vertrieben und der Freistaat Fiume proklamiert. 1923 zwangen die Faschisten die autonome Regierung zum Rücktritt; im Folgejahr erkannte Jugoslawien die italienische Souveränität über Fiume an.
Im 2. Weltkrieg besetzten deutsche Truppen die Stadt, die im Frieden von Paris endgültig Jugoslawien zugesprochen wurde.

Flexible Response

Die F., Schlagwort für die offizielle Militärstrategie des westlichen Verteidigungsbündnisses → NATO ab 1968, sah bei einer Aggression von außen eine abgestufte Reaktion unterhalb des Einsatzes von → Atomwaffen vor. Eine Eskalation bis zum Gebrauch von Atomwaffen blieb ausdrücklich nicht ausgeschlossen.
Die F. löste 1968 das Konzept der «massiven Vergeltung» ab, das die NATO seit ihrer Gründung verfolgt hatte. Durch die Androhung eines Gegenschlags mit US-Atomwaffen sollte der → Warschauer Pakt von einem Angriff auf europäische NATO-Mitglieder abgehalten werden. Angesichts der sowjetischen Aufrüstung im koventionellen Bereich verlor dieses Konzept jedoch seine Glaubwürdigkeit. Nach dem Wegfall des Ost-West-Konflikts und dem Ende des Warschauer Pakts erklärte die NATO die Abschreckungsstrategie der F. 1991 für überflüssig.

FLN

Zur algerischen **F**ront de **L**ibération **N**ationale (Nationale Befreiungsfront) als politischer Sammlungsbewegung schlossen sich 1951 die für die Unabhängigkeit von Frankreich eintretenden Kräfte zusammen. Unterstützt wurden sie von Geheimorganisationen in Frankreich und anderen Ländern sowie von der algerischen Befreiungsarmee. Ende 1954 begann die FLN den offenen bewaffneten Kampf gegen Frankreich und bildete 1958 in Kairo (später in Tunis) eine provisorische Exilregierung. Nach der Autonomie Algeriens (1962; → Algerienkrieg) setzte der erste Ministerpräsident Achmed

Ben Bella eine autoritäre Verfassung mit der FLN als Einheitspartei von arabisch-nationalistischer Prägung durch. 1989 beendete eine neue Verfassung das Einparteiensystem. Als zwei Jahre später bei den ersten demokratischen Parlamentswahlen die Islamische Heilsfront FIS (Front Islamique du Salut) siegte, ließ die regierende FLN die Wahl annullieren. Noch im selben Jahr übernahm ein sog. Hoher Sicherheitsrat die Macht im Land. Neuwahlen sind frühestens 1997 zu erwarten.

Flottenabkommen

Bilaterale oder internationale Verträge zur Begrenzung der Seerüstung spielten bis zum Ausbruch des 2. Weltkriegs 1939 eine bedeutende Rolle in der internationalen Politik, da die Marine als wichtigste und prestigeträchtigste Waffengattung galt.

Vor 1914: Seit Beginn des Jahrhunderts war ein britisch-deutsches F. Gegenstand diplomatischer Bemühungen. Die beiden konkurrierenden Seemächte konnten sich jedoch nicht einigen, da das Deutsche Reich Zugeständnisse (Verlangsamung des Bautempos) nur bei einer offiziellen Bündniszusage der Briten machen wollte. Großbritannien befand sich jedoch in Bündnissen mit Frankreich (Entente cordiale) und Rußland (Tripelentente). 1912 scheiterte mit der sog. Haldane-Mission (benannt nach dem britischen Kriegsminister Richard B. Haldane) der letzte Versuch Großbritanniens, ein F. zu erreichen. Die anhaltende Flottenrivalität war ein wichtiger Faktor für den Ausbruch des 1. Weltkriegs.

Washingtoner F.: Eine Begrenzung der Seerüstung wurde erstmals mit der Unterzeichnung des Washingtoner F. am 6. 2. 1922 erzielt. Frankreich, Großbritannien, Italien, Japan und die USA legten ihre Flottenstärke in einem festen Verhältnis zueinander fest. Für den Bau neuer Schlachtschiffe galt eine Größenbegrenzung von 35000 t. Die Abmachungen wurden 1930 im Londoner Fünfmächtevertrag bestätigt, der ein sechsjähriges Baumoratorium für Panzerschiffe vorsah. 1934 kündigte Japan beide Verträge, da es sich mit Hilfe seiner Flotte als Hegemonialmacht in Ostasien etablieren wollte.

Deutsch-britisches F.: Das am 18. 6. 1935 in London unterzeichnete Abkommen begrenzte die deutsche Flottenstärke auf 35 % der Commonwealth-Flotte. Für die U-Boot-Tonnage galt das Verhältnis von 1:1. Das F. war ein diplomatischer Erfolg Adolf Hitlers, der damit die Rüstungsbeschränkungen des → Versailler Vertrags offiziell überwand. Zudem wurde die deutsche Aufrüstung zur See international gebilligt. Als Reaktion auf französisch-britische Garantieerklärungen für Polen kündigte Deutschland 1939 das F.

Ab 1945: Nach dem Ende des 2. Weltkriegs und mit Beginn der atomaren Aufrüstung spielten F. in der internationalen Politik eine untergeordnete Rolle. Im Rahmen der SALT-Verträge (→ SALT) wurden u. a. Kapazitätsbegrenzungen für U-Boote festgelegt, die mit Nuklearraketen ausgestattet sind.

Flüchtlingskonvention

Das Genfer Abkommen über die Rechtsstellung von Flüchtlingen wurde am 28. 7. 1951 verkündet. Diese F. regelt die Behandlung von Menschen, die ihre Heimat aus politischen, religiösen oder ethnischen Gründen verlassen haben und daher keinen diplomatischen Schutz im Ausland mehr genießen. Eine Zurückweisung der Flüchtlinge in Länder, in denen ihre Freiheit bedroht ist, untersagt die F.

Föderalismus

Das staatliche Organisationsprinzip beruht auf dem Zusammenschluß mehrerer Einzelstaaten zu einem Gesamtstaat, dessen Regierung übergeordnete Aufgaben im Namen der Gemeinschaft wahrnimmt. Auf vielen Politikfeldern behalten die Gliedstaaten (in der BRD u. a. in der Bildungspolitik) ihr Selbstbestimmungsrecht und ihre Eigenverantwortung.

Bundesstaat: Das föderale Prinzip ist in der Staatenwelt weit verbreitet. So besteht die BRD aus 16 Bundesländern mit eigenen Parlamenten und Regierungen, die mit dem Bundesrat über eine Interessenvertretung auf Bundesebene verfügen. Ähnlich strukturierte Bundesstaaten sind auch Australien, Brasilien, Indien, Kanada, Österreich, die Schweiz und die USA. Gegenteil des F. im Staatswesen ist der Einheitsstaat (Unitarismus), in dem eine Zentralgewalt die untergeordneten Territorien beherrscht (z. B. in Frankreich).

Als Hauptproblem des F. gilt die Kompetenztrennung zwischen Bundesstaat und Einzelstaaten. Zwar ist die außen- und verteidigungspolitische Führungsrolle des Bundesstaates unbestritten, doch kommt es in der Innenpolitik immer wieder zu Differenzen über die Abgrenzung der jeweiligen Zuständigkeiten. Die Gliedstaaten verfügen über alle Organe und Kennzeichen eines eigenständigen Staates (Verfassung, Parlament, Regierung, Gerichte, Gesetzgebung). Die bundesstaatlichen Kompetenzen sind in der Verfassung des Gesamtstaates festgelegt, bedürfen aber oftmals der Auslegung.

In der BRD müssen die Länder im Bundesrat bestimmten, vom Bundestag bereits verabschiedeten Gesetzen zustimmen (z. B. Haushaltsgesetz); ebenso muß der Bundesrat Änderungen des Grundgesetzes mit Zweidrittelmehrheit billigen. In Kanada und den USA besitzen die Bundesstaaten traditionell sehr weitreichende Rechte, die zu Lasten einer gemeinsamen Wirtschafts- und Sozialpolitik gehen. So versucht sich in Kanada die französischsprachige Provinz Québec seit den 60er Jahren den finanziellen Forderungen der Bundesregierung zu widersetzen: Die Abgaben der reichen Provinz sollen den ärmeren Bundesstaaten zugutekommen (sog. Länderfinanzausgleich). Ein bedeutender Teil der Bevölkerung Québecs plädiert daher für eine vollständige Unabhängigkeit von Kanada.

In einigen Fällen diente die im F. verankerte relativ starke Unabhängigkeit der Gliedstaaten allerdings auch dazu, innere Spannungen auszugleichen. Der Einheitsstaat Belgien wandelte sich 1971–93 in mehreren Schritten in einen Bundesstaat um und entschärfte dadurch zumindest teilweise die Konflikte zwischen dem französischsprachigen Wallonien und dem flämischsprachigen Flandern. Die Regionalstaaten besitzen

weitreichende Rechte in der Innen-, Wirtschafts- und sogar Außenpolitik, die die Wünsche der Flamen nach Autonomie befriedigen sollen.
Staatenbund: Föderale Strukturen kennzeichnen auch zahlreiche Zusammenschlüsse unabhängiger Staaten. Eine übergeordnete Regierung fehlt hier. Beispiel für einen Staatenbund nach dem Prinzip des F. ist das britische → Commonwealth von 1948. Im Rahmen der Europäischen Union (→ EU) gilt der F. als Grundlage des politischen Einigungsprozesses («Europa der Regionen»).

Fonds Deutsche Einheit

Mit dem F., einem Sonderhaushalt des Bundes und der Länder in der BRD, wurde 1990–94 der wirtschaftliche Aufbau in Ostdeutschland finanziell unterstützt. Die 1990 der BRD beigetretenen östlichen Länder (ehemalige DDR) erhielten insgesamt rund 160 Mrd. DM aus dem F. Davon wurden 95 Mrd. DM je zur Hälfte zu Lasten des Bundes und der Länder durch Kreditaufnahme finanziert. Der Bund stockte seine ursprünglich zugesagten Zuschüsse von 20 Mrd. DM auf 60 Mrd. DM auf. 1995 wurde Ostdeutschland in den bundesstaatlichen → Länderfinanzausgleich einbezogen.

Forza Italia ❑

Die F. wurde im Januar 1994 von dem Medienunternehmer Silvio Berlusconi als konservative Sammlungsbewegung in Italien gegründet. Die drei TV-Kanäle Berlusconis unterstützten die F., die sich u. a. für eine Stärkung der Marktwirtschaft und des freien Unternehmertums sowie für Steuererleichterungen einsetzt. Zwei Monate nach ihrer Gründung erhielt die F. bei den Parlamentswahlen 21 % der Stimmen und bildete die stärkste Fraktion. Entscheidend für den Wahlerfolg war die Verstrickung der Altparteien in Korruptionsaffären (gegen jeden dritten Abgeordneten wurde 1993 strafrechtlich ermittelt).
Berlusconi führte als Ministerpräsident eine rechtsgerichtete Regierung, an der er auch die Neofaschisten beteiligte. Bereits Ende 1994 mußte Berlusconi wegen seines autoritären Regierungsstils und ungenügender Trennung von geschäftlichen und politischen Interessen zurücktreten. Unter dem neuen, parteilosen Ministerpräsidenten Lamberto Dini war die F. nicht mehr an der Regierung beteiligt.

Silvio Berlusconi
(* 29. 9. 1936)

Nach Erfolgen als Städteplaner erwarb Berlusconi Mitte der 70er Jahre erste Beteiligungen an TV-Kanälen. In den 80er Jahren stieg er zum marktbeherrschenden Fernsehanbieter in Italien auf. Seine Unternehmen faßte er in der Holding Fininvest zusammen, zu der u. a. Warenhäuser, Tageszeitungen und Buchverlage gehören. Erst Mitte 1993 engagierte sich Berlusconi mit der Gründung der Forza Italia in der Politik. Im Mai 1994 wurde er zum Ministerpräsidenten gewählt und mußte sieben Monate später nach dem Scheitern seiner Rechtskoalition zurücktreten. Im Januar 1996 begann vor einem Mailänder Gericht ein Verfahren gegen Berlusconi wegen Betrugs und Korruption.

FPÖ
Die → Freiheitlichen

Frauenbewegung ❑
Die F. kämpft für die soziale, wirtschaftliche, politische und kulturelle Gleichstellung der Frau.
Vor 1945: Anfang des 20. Jahrhunderts erreichten die deutschen Frauenverbände, daß Frauen künftig auch Büroberufe offenstanden. Bis dahin konnten sie nur im pädagogischen und hauswirtschaftlichen Bereich tätig werden. Das Eintreten für die Zulassung von Frauen zum Hochschulstudium hatte in ganz Deutschland 1908 Erfolg.
Während für die bürgerlichen Frauen karitative und soziale Verbesserungen im Vordergrund ihrer Bemühungen standen, ging es den sozialistisch orientierten Organisationen – wie z. B. dem 1907 von Clara Zetkin gegründeten Internationalen Sozialistischen Frauensekretariat – vorrangig um die politische Gleichstellung.
Anfang des 20. Jahrhunderts zeigte der Kampf um das Wahlrecht erste Erfolge: Nach Neuseeland (1893) durften 1902 in Australien und 1906 in Finnland Frauen an die Wahlurnen. Am ersten Internationalen Frauentag 1911 demonstrierten mehr als 1 Mio. Teilnehmerinnen in Dänemark, Deutschland, Österreich und der Schweiz für ihre politische Selbstbestimmung. Nach dem Sturz des Zarenreiches wurde das Frauenwahlrecht 1917 in der Sowjetunion eingeführt. 1918 erhielten auch die Frauen im Deutschen Reich das Wahlrecht; die Weimarer Verfassung von 1919 schrieb die rechtliche Gleichstellung der Frauen fest. Ab 1920 durften die Frauen in den USA wählen. Erst acht Jahre später setzte die britische F. (→ Suffragetten) das Wahlrecht durch.
Nach 1945: Nach dem 2. Weltkrieg garantierten die Verfassungen der sozialistischen Länder Osteuropas die Gleichstellung der Frau; die Staaten betrieben eine gezielte Frauenförderung. Allerdings blieb der Anteil der Frauen in den höchsten politischen Entscheidungsgremien gering (z. B. waren Ende der 60er Jahre nur 16 der 131 Mitglieder des ZK der SED Frauen).
In den westeuropäischen Staaten wurde die Gleichberechtigung der Frau erst im EWG-Vertrag von 1957 festgeschrieben; im selben Jahr trat in der BRD das sog. Gleichberechtigungsgesetz in Kraft. Anspruch und Wirklichkeit klaffen jedoch auseinander, so werden z. B. Frauen für gleiche Tätigkeit häufig schlechter bezahlt als Männer.
In den 60er Jahren formierte sich in den USA die sog. Neue F., die im Zuge der Studentenbewegung auch Westeuropa, insbesondere die BRD und Frankreich, erfaßte. Der Kampf richtete sich nun vornehmlich gegen das gesetzliche Verbot von Schwangerschaftsabbrüchen (→ Abtreibungsdebatte). In zahlreichen Ländern – z. B. Belgien, Frankreich, Großbritannien, Niederlande – erreichte die F. sog. Fristenlösungen (d. h. Abtreibungen bleiben innerhalb eines Zeitrahmens – meist 10. bis 12. Schwangerschaftswoche – straffrei). In der BRD konnte sich die F. mit ihrer Forderung nicht durchsetzen, hier gilt das sog. Indikationsmodell (Abtreibung nur unter bestimmten Bedingungen und mit ärztlicher Legitimation erlaubt).

Berühmte Vertreterinnen der Frauenbewegung im 20. Jahrhundert

Simone de Beauvoir (9. 1. 1908–14. 4. 1986): Die französische Schriftstellerin wurde durch ihren Essay «Das andere Geschlecht» (1949), in dem sie die historischen und sozialen Hintergründe für die Unterdrückung der Frau analysierte, zu einer Identifikationsfigur der Frauenbewegung.
Betty Friedan (* 4. 2. 1921): Die amerikanische Frauenrechtlerin löste mit ihrem Buch «Der Weiblichkeitswahn» (1963) die sog. Neue Frauenbewegung in den USA aus. In dem Werk klagte sie die Gesellschaft an, die Frau dazu erzogen zu haben, sich nur als Hausfrau und Mutter verwirklichen zu wollen.
Helene Lange (9. 4. 1948–13. 5. 1930): Die deutsche Vetreterin der gemäßigten bürgerlichen F. setzte sich für die Verbesserung der Mädchenausbildung ein. 1901 erreichte sie, daß die Universitäten Heidelberg und Freiburg i. Br. als erste Hochschulen Frauen zum Studium zuließen.
Emmeline Pankhurst (14. 7. 1858–14. 6. 1928): Pankhurst kämpfte zunächst in der englischen Suffragetten-Bewegung für die Emanzipation der Frau. 1903 gründete sie die Women's Social and Political Union, die durch spektakuläre Aktionen (Belagerung des Parlaments, Bombenanschläge) auf die Benachteiligung der Frau aufmerksam machte.
Clara Zetkin (5. 7. 1857–20. 6. 1933): Die führende Vertreterin der sozialistischen Frauenbewegung vertrat die These, daß die Emanzipation der Frau unlösbar mit der «Befreiung der Arbeiterklasse» verbunden sei.

In den 80er Jahren richtete sich das Engagement der F. vornehmlich auf die Gleichberechtigung der Frauen im Arbeitsleben (Frauenquote). Wachsende Bedeutung bekam die F. in den Staaten der → Dritten Welt. Ziel der F. ist es hier, die zum Teil durch die Religion festgelegten patriarchalischen Strukturen aufzubrechen, die der Frau nur eine untergeordnete Stellung zubilligen.

Grundlagen der Frauenbewegung

1789 forderte Olympe de Gouges in dem Manifest «Erklärung der Frauenrechte» das Wahlrecht für Frauen. Drei Jahre später markierte Mary Wollstonecrafts Schrift «Verteidigung der Rechte der Frauen» den Beginn der englischen Frauenbewegung. Die mit der industriellen Revolution verbundenen sozialen Umwälzungen gaben der Frauenbewegung ab Mitte des 19. Jahrhunderts neuen Auftrieb. In den industrialisierten westeuropäischen Ländern bildeten sich Frauenvereinigungen, so der Allgemeine Deutsche Frauenverein (1865), der Frauenwahlrechtsverband in den USA (1868/69) und die Französische Liga für die Rechte der Frauen (1876). Als erste deutsche Partei griffen die Sozialdemokraten unter August Bebel 1891 die Forderungen nach Gleichberechtigung und Frauenwahlrecht auf.

Die Freiheitlichen

Die F. gingen 1995 aus der 40 Jahre zuvor gegründeten Freiheitlichen Partei Österreichs (FPÖ) hervor.

Die FPÖ war ursprünglich nationalistisch ausgerichtet und orientierte sich in den 60er Jahren kurzzeitig stärker an liberalen Grundsätzen. 1983 bildete die FPÖ gemeinsam mit der → SPÖ unter Bundeskanzler Fred Sinowatz eine Regierungskoalition. Nach der Wahl Jörg Haiders 1986 zum Bundesobmann (Parteivorsitzender) vollzog die FPÖ eine scharfe Rechtswende. Daraufhin kündigte die SPÖ die Koalition auf. 1989 wurde Haider zum Landeshauptmann von Kärnten gewählt (bis 1991) und war damit der erste Politiker in einem solchen Amt, der nicht den beiden großen Parteien → ÖVP und SPÖ angehörte. Mit ausländerfeindlichen Parolen machte Haider die FPÖ in den 90er Jahren in einigen Bundesländern zur zweitstärksten politischen Kraft. 1995 organisierte sich die FPÖ als Kern einer geplanten Bürgerbewegung Bündnis-Bürger 98 und benannte sich in F. um. Ziel der Bewegung ist eine stärkere Öffnung zum Bürger sowie die Abgrenzung zu den sog. Altparteien.

Freikorps

Bereits im Mittelalter befahlen die Kriegsherren einzelnen Heeresführern die Bildung von Freiwilligenverbänden. Politische Bedeutung erlangten diese F. seit dem späten 18. Jahrhundert, insbesondere in den Befreiungskriegen (1813–15). Nach der Auflösung des kaiserlichen Heeres bildeten sich ab 1918 in Deutschland unter Führung ehemaliger Offiziere zahlreiche F. Die bewaffneten Verbände bestanden zum großen Teil aus Soldaten des 1. Weltkriegs, die nicht in die Reichswehr der neuen Republik aufgenommen worden waren. Großgrundbesitzer und Unternehmer finanzierten die zumeist völkisch-national ausgerichteten und republikfeindlichen F. An der Seite der Regierungstruppen schlugen die F. linksgerichtete Aufstände nieder (z. B. Berliner Januar- und Märzkämpfe 1919, → Münchner Räterepublik 1919). Auch am → Kapp-Putsch (1920) waren die rechtsradikalen F. beteiligt. Mit der offiziellen Bildung der Reichswehr im März 1921 wurden die F. (150–200 Organisationen mit 400000 Mann) aufgelöst und gingen teilweise in ihr auf. Zahlreiche F. bestanden in geheimen rechtsradikalen Organisationen fort (z. B. in der → Schwarzen Reichswehr) und unterstützten z. B. den → Hitler-Putsch (1923). Viele ehemalige Mitglieder der F. schlossen sich anderen rechten Gruppierungen an, die mit politischen Morden zur Destabilisierung der Weimarer Republik beitrugen (z. B. Ermordung des Zentrums-Abgeordneten Matthias Erzberger sowie von Reichsaußenminister Walther Rathenau durch die Organisation Consul).

Freisinnige Demokratische Partei

→ FDP der Schweiz

Frelimo

Die marxistisch orientierte **Fre**nte de **Li**bertaçao de **Mo**çambique (Befreiungsbewegung Mosambiks) wurde 1962 zur Beseitigung der portugiesischen Kolonialherrschaft gegründet. Nachdem politische Reformvorschläge kein Gehör gefunden hatten, organisierte die F. den militärischen Widerstand gegen die Truppen Portugals. Seit der Unabhängigkeit Mosambiks (1975) ist die F. Regierungs-

partei des südostafrikanischen Landes und etablierte ein sozialistisches System in Anlehnung an die Sowjetunion. In der Folge kam es zum Bürgerkrieg zwischen der F. und der rechtsgerichteten RENAMO, die von Rhodesien unterstützt wurde. Grund: Die F. stellte den Widerstandskämpfern gegen das weiße Apartheidregime in Rhodesien Operations- und Rückzugsbasen zur Verfügung.
Nach dem Zusammenbruch des Sozialismus in Osteuropa propagierte der Mitbegründer der F. und Staatspräsident (seit 1986) Joaquim Alberto Chissano eine Öffnung der Partei nach Westen. Die Verfassung Mosambiks von 1990 sieht die Zulassung weiterer Parteien neben der F. vor. Der Bürgerkrieg zwischen der F. und der RENAMO, die in den 80er Jahren Militärhilfe von Südfafrika erhielt, endete 1992.

Fremdenlegion

Die F. gehört als Freiwilligentruppe zum französischen Heer und kann ohne Zustimmung des Parlaments eingesetzt werden. Sie entstand 1831 auf Initiative von König Louis Philippe in Algerien als Kolonialtruppe und wurde in fast allen französischen Kolonialkriegen eingesetzt. Nachdem die wegen ihrer Härte gefürchtete F. 1940 verboten worden war, kämpfte sie 1946–54 im → Indochinakrieg und 1954–62 im → Algerienkrieg. Nach der Unabhängigkeit des afrikanischen Landes verlor die F. an Bedeutung. 1982 wurde die Truppe zur Überwachung des Abzugs der PLO aus West-Beirut während des → Libanon-Konflikts eingesetzt. Der Großteil der etwa 8500 Mann starken F. ist in Frankreich stationiert; Truppenteile befinden sich in Französisch-Guyana, Dschibuti und – zum Schutz des Atomversuchszentrums Polynesien – auf den französischen Inseln im Südpazifik.

Freundschaftsvertrag

Ein F. regelt die enge Zusammenarbeit zweier Staaten auf außen- und sicherheitspolitischem, meist auch wirtschaftlichem und kulturellem Gebiet. F. haben vor allem die Funktion, einem Drittland oder einem anderen Bündnissystem demonstrativ den Schulterschluß der beiden Vertragspartner vor Augen zu führen, wie beispielsweise der Freundschaftsvertrag zwischen der Sowjetunion und der DDR (1964).

Friedensbewegung ❑

Die F., die gegen Krieg und Militarismus sowie für die friedliche Koexistenz der Völker eintritt, wurde vor dem 1. und 2. Weltkrieg weitgehend von der politischen Linken getragen. Die erste Massenbewegung für den Frieden entstand zu Beginn 20er Jahre in Europa durch das Bündnis zwischen Pazifisten und → Arbeiterbewegung. Unter dem Motto «Nie wieder Krieg» fanden in zahlreichen Metropolen am 1. August (Beginn des 1. Weltkriegs) Kundgebungen statt.
In der zweiten Jahrhunderthälfte wurde die F. von unterschiedlichen politisch-weltanschaulichen Richtungen getragen. Nach dem 2. Weltkrieg schlossen sich die Befürworter einer globalen Abrüstung weltweit zusammen und wählten 1950 auf ihrem Weltkongreß in Warschau den Weltfriedensrat. Dieses Gremium machte noch im selben Jahr durch

den Stockholmer Appell für ein Verbot aller Atomwaffen auf sich aufmerksam.
In der BRD bildete sich 1950 die sog. Paulskirchenbewegung, die gegen eine Wiederbewaffnung des Landes eintrat und sich aus Teilen der SPD, der christlichen Kirchen sowie aus Wissenschaftlern und Schriftstellern zusammensetzte. Dieses Bündnis führte 1957/58 den Kampf gegen eine atomare Aufrüstung der Bundeswehr (→ Göttinger Manifest, 1957). Zudem forderte die Bewegung «Kampf dem Atomtod» das Ende des atomaren Wettrüstens und eine atomwaffenfreie Zone in Europa.
Die auf englische Vorbilder zurückgehende → Ostermarschbewegung protestierte ab Anfang der 60er Jahre auf Demonstrationsmärschen an den Ostertagen gegen Krieg und Atomrüstung.
Der Widerstand gegen den NATO-Doppelbeschluß vom Dezember 1979 führte um 1980 zum Entstehen einer westeuropäischen F. Sie verstand sich als außerparlamentarische Massenbewegung, die vor allem von Christen und linken Parteien getragen wurde. Ziel der F. war das Ende der Atomrüstung in West und Ost, wobei der Westen den ersten Schritt vollziehen sollte (Motto: «Frieden schaffen ohne Waffen»). In den USA forderte die Freeze-Bewegung das Einfrieren der Atomrüstung auf dem Stand von 1980. Auch in Osteuropa setzten sich Friedensgruppen für Abrüstung ein, z. B. lautete der Slogan in der DDR «Schwerter zu Pflugscharen». Zwar konnte die F. die Stationierung von atomaren Mittelstreckenraketen in Mitteleuropa nicht verhindern, doch trugen die jahrelangen Proteste (Demonstrationen, Sitzblockaden) wesentlich zur Unterzeichnung von Abrüstungsverträgen und zum Abzug der Raketen bei (→ INF-Vertrag, 1987). Durch die Abrüstung seit Ende der 80er Jahre sowie den Wegfall des Ost-West-Konflikts verlor die F. stark an Bedeutung.

Grundlagen der Friedensbewegung

Pazifistische Gedanken wurden zuerst von christlichen Gemeinschaften vertreten. Die Sekten der Mennoniten (Mitte des 16. Jahrhunderts gegründet) und der Quäker (Mitte des 17. Jahrhunderts) lehnten Gewalt gegen Menschen ab. Wichtige geistige Voraussetzung für das Entstehen einer Friedensbewegung waren die Philosophie der Aufklärung (Immanuel Kant «Zum ewigen Frieden», 1795) und das Gedankengut des → Sozialismus (Anfang des 19. Jahrhunderts). 1816 gründeten die Quäker in England die Peace Society, die zwölf Jahre später mit der American Peace Society eine Schwesterorganisation erhielt. Ab Mitte des 19. Jahrhunderts veranstalteten die Friedensorganisationen internationale Kongresse, erstmals 1843 in London. Auf dem europäischen Kontinent entstanden 1867 die Ligue Internationale de la Paix et de la Liberté, die Österreichische Friedensgesellschaft (1891 gegründet von Bertha von Suttner) und die Deutsche Friedensgesellschaft (1892 gegründet von Alfred Hermann Fried).
Die Internationale Gesellschaft der Friedensfreunde kam 1867 zustande, das Internationale Friedensbüro wurde 1891 ins Leben gerufen.

Friedensnobelpreis

Der F. wurde 1901 von dem schwedischen Chemiker und Industriellen Alfred Nobel gestiftet. Laut der Stftungsurkunde erhält derjenige die Auszeichnung, «der am meisten oder besten für die Verbrüderung der Völker gewirkt hat, für die Abschaffung oder Verminderung der stehenden Heere sowie für die Bildung und Verbreitung von Friedenskongressen». Der F. wird jährlich am 10. Dezember, dem Todestag Nobels, vom norwegischen König in Oslo verliehen.

Friedenstruppen ❑

Die auch «Blauhelme» genannten Truppen werden im Auftrag der Vereinten Nationen (→ UNO) für friedenserhaltende Missionen in Krisengebieten der Welt eingesetzt. Zu den Beobachtergruppen bei militärischen Konflikten kommen zunehmend mehr Missionen zur Überwachung von Wahlen in innenpolitisch nicht gefestigten Staaten. Die F., deren Soldaten sich aus am jeweiligen Konflikt nicht beteiligten UN-Mitgliedsländern rekrutieren, unterstehen dem UNO-Sicherheitsrat; ihr Mandat muß halbjährlich verlängert werden.

Erstmals kamen UN-Beobachter Ende der 40er Jahre in Palästina nach dem ersten → Israelisch-Arabischen Krieg zum Einsatz. Das erste militärische Eingreifen von F. markierte der → Koreakrieg, als UNO-Soldaten an der Seite der USA gegen Nordkorea vorgingen. 1960 griffen F. im Kongo ein, nachdem sich die Provinz Katanga abgespalten hatte. In den 90er Jahren avancierten die F., die 1988 symbolisch den → Friedensnobelpreis erhielten, zu einem der wichtigsten Instrumente der UNO-Friedenspolitik.

Die Zahl der in F. eingesetzten Soldaten stieg ebenso wie die Zahl der Einsätze. Allerdings zeigte sich insbesondere im → Jugoslawienkrieg die Machtlosigkeit der häufig unzureichend bewaffneten F., die keinen Kampfauftrag besaßen und daher den Aggressionen der Kriegsgegner nahezu schutzlos ausgesetzt waren.

Friedensvertrag ❑

Der völkerrechtliche Vertrag beendet den Kriegszustand zwischen zwei oder mehreren Staaten. Die Kriegsparteien erklären im F. die Wiederaufnahme friedlicher Beziehungen und legen die Bedingungen dafür fest: Die unterlegene Partei verpflichtet sich meist zu Leistungen (Gebietsabtretungen, → Reparationen) gegenüber dem Sieger. Eine Sonderform des F. ist der Separatfrieden, der nur mit einem Teil der gegnerischen Staaten geschlossen wird.

Front National

Die rechtsextreme französische Partei trat unter der Führung von Jean-Marie Le Pen erstmals 1978 zu den Parlamentswahlen an. Mit nationalistischen, ausländerfeindlichen Parolen erreichte die F. acht Jahre später knapp 10% der Stimmen und entsandte – durch eine Wahlrechtsänderung begünstigt – 34 Abgeordnete in die Nationalversammlung. Bei den Wahlen 1993 erhielt die F. zwar im ersten Wahlgang 12% der Stimmen, ist wegen der Rückkehr zum Mehrheitswahlrecht jedoch nicht mehr im

Missionen und Einsätze der Friedenstruppen Mitte der 90er Jahre

MINURSO: Seit 1991 überwachen UN-Beobachter den Waffenstillstand und den Unabhängigkeitsprozeß in der Westsahara.
UNAMIR: Die 1993 in Ruanda begonnene Hilfsmission dient der Überwachung der Waffenruhe zwischen den Bürgerkriegsparteien.
UNAVEM: Die in Angola eingesetzten Soldaten sollen seit 1994 für die Umsetzung des Friedensschlusses der Bürgerkriegsgruppen garantieren.
UNCRO: Ziel der seit 1992 in Kroatien stationierten Schutztruppe ist die Wiederherstellung des Vertrauens zwischen den verfeindeten Bürgerkriegsparteien.
UNDOF: UN-Mitarbeiter beobachten seit 1974 die Truppenentflechtung auf den Golanhöhen und den Waffenstillstand zwischen Israel und Syrien.
UNIFICYP: Die 1964 auf Zypern stationierte Friedenstruppe überwacht den Waffenstillstand und die Erhaltung der Pufferzonen zwischen den rivalisierenden griechischen und türkischen Volksgruppen.
UNIFIL: Seit 1978 kontrolliert die Friedenstruppe den Rückzug der israelischen Streitkräfte aus dem Libanon.
UNIKOM: Die Militärbeobachter sind seit 1991 für die Überwachung des Waffenstillstands zwischen Irak und Iran zuständig.
UNMIH: Seit 1993 sollen Polizisten und Blauhelme in Haiti demokratische Verhältnisse wiederherstellen.
UNMOGIP: Die Beobachtergruppe kontrolliert seit 1949 den Waffenstillstand zwischen Indien und Pakistan.
UNMOT: Seit 1994 überwachen Beobachter die Waffenruhe in Tadschikistan.
UNOMIG: Die seit 1993 tätige Beobachtergruppe kontrolliert die Waffenruhe in Georgien.
UNOMIL: Die seit 1993 in Liberia eingesetzten Beobachter sollen die Bürgerkriegsparteien entwaffnen.
UNPREDEP: Die 1995 angelaufene Mission soll ein Übergreifen des Jugoslawienkriegs auf die frühere jugoslawische Republik Mazedonien verhindern.
UNPROFOR: Die Schutztruppe ist seit 1992 in Bosnien stationiert.
UNTSO: UN-Beobachter kontrollieren seit 1948 die Waffenruhe in Palästina.

Parlament vertreten. Die wachsende Zustimmung zur Politik der F. schlug sich auch 1995 bei den Präsidentschaftswahlen nieder, als Le Pen im ersten Wahlgang 15% der Stimmen auf sich vereinigte.
Hochburgen der F. sind heute das Elsaß und die Städte der Mittelmeerregion mit hohem Ausländeranteil, dort stellt die F. eine Anzahl von Bürgermeistern.

Frontstaaten

Als F. wurden jene Staaten bezeichnet, die aktiv gegen die Apartheidpolitik der weißen Minderheitsregierungen in Rhodesien und Südafrika vorgingen. 1974 schlossen sich Botswana, Mosambik, Sambia und Tansania zum Bündnis der F. zusammen, 1976 trat Angola bei. 1980 folgte das in Simbabwe umbenannte Rhodesien, das sich im Übergang zu einer

Wichtige Friedensverträge im 20. Jahrhundert

Jahr	Name	Konflikt
1902	Friede von Vereeniging	Burenkrieg
1902	Friede von Portsmouth	Russisch-Japanischer Krieg
1913	Londoner Präliminarfrieden	1. Balkankrieg
1913	Friede von Bukarest	2. Balkankrieg
1918	Friede von Brest-Litowsk	1. Weltkrieg (Deutsches Reich und Rußland)
1919	Versailler Vertrag	1. Weltkrieg
1919	Pariser Vorortverträge	1. Weltkrieg (Entente und Mittelmächte)
1921	Friede von Riga	Russisch-Polnischer Krieg
1923	Orientfriede	Griechisch-Türkischer Krieg
1947	Pariser Friedensverträge	2. Weltkrieg (Alliierte und Verbündete des Deutschen Reichs)
1951	Friede von San Francisco	2. Weltkrieg (USA und Japan)
1954	Genfer Abkommen	Indochinakrieg
1973	Pariser Abkommen	Vietnamkrieg (vorläufiger Frieden, faktisch erst 1975)
1979	Washingtoner Abkommen	Nahostkonflikt (Israel und Ägypten)
1993	Gaza-Jericho-Abkommen	Nahostkonflikt (Israel und PLO)
1995	Abkommen von Dayton	Jugoslawienkrieg

schwarzen Mehrheitsregierung befand. Die F. bemühten sich um wirtschaftliche Unabhängigkeit vom ökonomisch starken Südafrika, insbesondere um den Eisenbahnanschluß an Seehäfen, die nicht auf südafrikanischem Territorium lagen. Mit dem Ende der Apartheid in Südafrika 1994 löste sich auch das Bündnis der F. auf.

Fundamentalismus

Die Anhänger des F. lehnen eine Modernisierung ihrer Religion ab und treten kompromißlos für die «reine Lehre», d.h. die wörtliche Befolgung der religiösen Vorschriften, ein. Der F. kam Ende des 19. Jahrhunderts auf, als sich amerikanische Protestanten gegen eine liberale Auslegung der Bibel wandten. In den 60er Jahren kritisierten fundamentalistische Gruppen in der katholischen Kirche die Reformbeschlüsse des Zweiten Vatikanischen Konzils (1962–65).

Der seit Ende der 70er Jahre erstarkende islamische F. (→ Islamisierung) fordert, die Trennung von Staat und Religion aufzugeben und das gesamte öffentliche Leben am Islam auszurichten. Grundlage für Gesetzgebung und Rechtsprechung ist die Scharia, das in den Koranvorschriften festgelegte islamische Recht. Ausgehend von der islamischen Revolution im Iran unter Ajatollah Ruhollah Khomeini (1979) hat der F. in den Gebieten mit islamischer Bevölkerungsmehrheit (Nordafrika, Naher und Mittlerer Osten) an Bedeutung zugenommen. So kämpfen z.B. die Fundamentalisten in Ägypten und Algerien mit Gewalt

für die Errichtung eines islamischen Staates.
Ziel dieses radikalen F. ist der Aufbau einer islamischen Weltherrschaft.
F. war auch Kennzeichen und Schlagwort eines Teils der Partei der → Grünen in der BRD: Die sog. Fundamentalisten lehnten eine Zusammenarbeit mit den etablierten Parteien ab und wollten die politische Arbeit auf eine fundamentale Opposition beschränken. Ab Ende der 80er Jahre verdrängten jedoch die sog. Realpolitiker, die für Koalitionen eintraten, die Fundamentalisten immer mehr aus wichtigen Positionen.

Fünfprozentklausel

Nach der F. erhalten nur die Parteien Sitze in einem Parlament, die mindestens 5 % der im Wahlgebiet abgegebenen Stimmen auf sich vereinigt haben. Ziel der F. ist es, in Ländern, in denen nach dem → Verhältniswahlrecht gewählt wird, eine Zersplitterung der Parlamente in viele kleine Fraktionen zu verhindern. In der BRD gilt die F. bei Bundestagswahlen seit 1972, zudem ist sie in den meisten Landtagswahlgesetzen festgeschrieben.

Fünfte Kolonne

Mit dem Schlagwort F. werden politische Gruppen bezeichnet, die in politischen oder militärischen Krisen sowie in ideologischen Auseinandersetzungen ihre Loyalität gegenüber dem eigenen Land zugunsten einer ausländischen Macht aufgeben. Der Begriff geht zurück auf eine Äußerung von General E. Molas, einem der Führer der Nationalisten im → Spanischen Bürgerkrieg (1936–39): Er werde vier Kolonnen gegen das republikanische Madrid führen, doch müßten letztlich die in der Hauptstadt lebenden getarnten Nationalisten die Macht an sich reißen. Im 2. Weltkrieg galten nationalsozialistische Parteien in den Staaten, die sich mit Deutschland im Krieg befanden, als F. der Nazis. Im → Kalten Krieg wurde der Begriff polemisch für die kommunistischen Parteien des Westens verwendet.

Fußballkrieg

Die militärische Auseinandersetzung zwischen Honduras und El Salvador entzündete sich 1969 an der Situation von etwa 300000 salvadorianischen Siedlern in Honduras, die durch eine Bodenreform benachteiligt worden waren. Während der Qualifikationsspiele zur Fußball-Weltmeisterschaft kam es zu schweren Ausschreitungen zwischen den Anhängern beider Mannschaften. Honduras wies daraufhin salvadorianische Staatsbürger aus und verhängte den Ausnahmezustand. Als Reaktion drangen Truppen El Salvadors nach Honduras vor. Im Juli vermittelte die → OAS (Organisation Amerikanischer Staaten) einen Waffenstillstand. Bei den vorangegangenen Kämpfen waren 2400 Menschen ums Leben gekommen. 1976 und 1979 lieferten sich beide Staaten erneut Grenzgefechte.

G

G-7

Die Gruppe der sieben größten Industrienationen, die sich aus Deutschland, Frankreich, Großbritannien, Italien, Japan, Kanada und den USA zusammensetzt, trifft jährlich zum sog. Weltwirtschaftsgipfel zusammen, um ihre Wirtschafts- und Finanzpolitik miteinander abzustimmen. Die erste Zusammenkunft der Staats- und Regierungschefs der G-7 (Ausnahme: Kanada, erst ab 1976) fand am 17.11.1975 in Rambouillet bei Paris statt. Seit 1979 nimmt auch der Präsident der → Europäischen Kommission an den Weltwirtschaftsgipfeln teil. Rußland bemüht sich seit den 90er Jahren um Aufnahme in die Gruppe. Die Finanzminister und Zentralbankchefs der G-7 tagen vor Beginn der jährlichen Währungskonferenzen von → IWF und → Weltbank im Frühjahr.

Gaskrieg

Kriegführung mit gasförmigen → chemischen Waffen wurde erstmals im 1. Weltkrieg betrieben, als die deutschen Truppen bei → Ypern sowie in der Schlacht von → Verdun feindliche Verbände mit Phosgen- und Senfgasbomben beschossen. Obwohl das → Genfer Protokoll von 1925 den Einsatz erstickender und giftiger Gase verbietet, verwendete Italien die Waffe im → Abessinienkrieg (ab 1935). Auch in späteren Konflikten griffen die kriegführenden Parteien auf Gas zurück, z. B. Frankreich im → Indochinakrieg. Im → Vietnamkrieg warfen amerikanische Bomber u. a. das Entlaubungsmittel Agent orange ab, das weite Landstriche verseuchte. Der Irak setzte sowohl im 1. → Golfkrieg (1980–88) als auch bei der Niederschlagung des kurdischen Aufstands 1988 Gasbomben ein.

Gastarbeiter

Als G. werden Personen bezeichnet, die für begrenzte Zeit in einem anderen als ihrem Heimatland arbeiten und leben.

In Europa begann Mitte der 50er Jahre die systematische Anwerbung von G. Während nach dem 2. Weltkrieg in den westeuropäischen Staaten (z. B. Deutschland, Frankreich, Schweiz) ein stetiger Wirtschaftsaufschwung eingesetzt hatte und Arbeitskräfte knapp waren, herrschte in vielen Regionen Südeuropas (z. B. Griechenland, Italien, Jugoslawien, Spanien) und in der Türkei strukturelle → Arbeitslosigkeit. Viele Menschen aus diesen Regionen wollten durch vorübergehende Tätigkeit im Ausland die Mittel erwerben, um die wirtschaftlichen Chancen für sich und ihre Angehörigen in der Heimat zu verbessern. Arbeit fanden sie insbesondere in der Eisen- und Metallindustrie, im verarbeitenden Gewerbe und in der Bauwirtschaft.

Das Ende des konjunkturellen Auf-

schwungs Ende der 60er Jahre zog einen Anwerbungsstopp nach sich. Angesichts wachsender Arbeitslosigkeit erhielten G. in einigen Staaten sog. Rückkehrprämien.
Viele G. blieben jedoch in ihren Gastländern, da sie hier mittlerweile heimisch geworden waren. Aufgrund der schwierigen gesamtwirtschaftlichen Lage sind → Ausländer seit Anfang der 90er Jahre verstärkt Vorurteilen, auch tätlichen Angriffen der einheimischen Bevölkerung ausgcsctzt.

GATT
Das **G**eneral **A**greement on **T**ariffs and **T**rade (Allgemeines Zoll- und Handelsabkommen), eine UNO-Vereinbarung über den freien Welthandel, trat zum 1.1.1948 in Kraft. Sitz des Sekretariats ist Genf. Das GATT soll die Entwicklung der → Weltwirtschaft und des Wohlstands durch den Abbau von Handelshemmnissen und die Schlichtung von Handelskonflikten fördern. In acht oft mehrjährigen Welthandelsrunden zwischen 1947 und 1994 wurden Regeln für den Welthandel erarbeitet. So verpflichtet die sog. Meistbegünstigungsklausel alle Mitgliedsländer, Zoll- und Handelsvorteile, die sie einem anderen Staat gewähren, ohne Bedingung auch allen übrigen Staaten einzuräumen. Zudem erklärte das GATT Mengenbeschränkungen für Importe für unzulässig. Zölle dürfen nicht erhöht, sondern sollen abgebaut werden. Als UNO-Organisation wurde das GATT 1995 durch die → WTO ersetzt, die über Sanktionsmöglichkeiten verfügt, um Handelskonflikte zu schlichten. Als Abkommen für den Handel besteht das GATT mit seinem Regelwerk im Rahmen der WTO fort. Mit seinen 124 Mitgliedsstaaten (Stand von 1994) erfaßt das GATT 90% des Welthandels.

Gaullismus ❑
Der Begriff bezeichnet die von Charles de Gaulle vertretene Politik und die seine Vorstellungen unterstützende politische Bewegung. Leitlinie des außenpolitischen Handelns ist die Wahrung der Souveränität und der nationalen Größe Frankreichs. Der G. wandte sich gegen die Hegemonie der USA in Europa und verfolgte die Idee eines von Frankreich geführten europäischen Staatenbundes («Europa der Vaterländer»), der als dritte Kraft zwischen den Weltmächten USA und Sowjetunion weltpolitischen Einfluß gewinnen sollte. De Gaulle machte Frankreich zur Atomstreitmacht («Force de frappe») und löste das Land aus allen Bündnisverpflichtungen.
Das innenpolitische Programm des G. wurde in der Verfassung der V. Republik (4.10.1958) verwirklicht, die ein Präsidialsystem mit plebiszitären Elementen installierte. Entscheidende Kraft ist der Staatspräsident als starke Führerpersönlichkeit («Guide de la nation»), zu dessen Gunsten die Rechte des Parlaments beschränkt sind.
Parteipolitisch wurde der G. zunächst von der 1947 von de Gaulle gegründeten Sammlungsbewegung des französischen Volkes (Ressemblement du Peuple Français, RPF) vertreten. An ihre Stelle trat 1958 die konservative Union pour la Nouvelle Republique (UNR) und zehn Jahre später die Union des Démocrates

pour la V^ieme^ République (UDR). Aufgrund heftiger Rivalitäten im konservativen Lager scheiterte 1974 mit Jacques Chalban-Delmas erstmals ein gaullistischer Präsidentschaftskandidat. Er unterlag dem ebenfalls konservativen Konkurrenten Valérie Giscard-d'Estaing. 1976 löste das Ressemblement pour la République (RPR) die UDR als Forum der Gaullisten ab. Die Zerrissenheit des gaullistischen Lagers wurde bei den Präsidentschaftswahlen 1995 deutlich, als mit Édouard Balladur und Jacques Chirac zwei Gaullisten gegeneinander antraten.

Charles de Gaulle (22.11.1890–9.11.1970)
Nach der französischen Kapitulation im 2. Weltkrieg rief der Offizier als Führer des Freien Frankreichs – zunächst von London, später von Algier aus – zum Widerstand gegen die deutschen Besatzer auf. Zweieinhalb Monate nach der alliierten Landung in der Normandie zog de Gaulle im August 1944 an der Spitze der französischen Armee in Paris ein. 1945 wurde er zum Ministerpräsidenten und vorläufigen Staatsoberhaupt gewählt, trat im folgenden Jahr jedoch zurück, weil die Nationalversammlung seinem Wunsch nach einem Präsidialsystem nicht entsprach.
Nach dem Zusammenbruch der IV. Republik kehrte de Gaulle an die Macht zurück und erhielt mit der Verfassung der V. Republik umfassende Vollmachten. Anfang der 60er Jahre beendete der Staatspräsident den → Algerienkrieg und sicherte in der Folgezeit Frankreich die heutige starke Stellung in Europa. Mit der Unterzeichnung des → Elysée-Vertrags sorgte er für die Aussöhnung mit dem ehemaligen Kriegsgegner Deutschland. Unter dem Eindruck der Maiunruhen von 1968 trat de Gaulle nach dem Scheitern eines Referendums über eine Regionalreform am 28.4.1969 zurück.

Gaza-Jericho-Abkommen ❑
Der 1993 geschlossene Rahmenvertrag zwischen Israel und der → PLO sieht die Selbstverwaltung der Palästinenser im israelisch besetzten Gazastreifen und in Jericho (Westjordanland) vor. Bis 1999 sollen die Palästinenser in diesen Gebieten vollständige territoriale Unabhängigkeit erhalten. Der strittige Status von Jerusalem, das von beiden Seiten als Hauptstadt beansprucht wird, blieb ausgeklammert. Israel billigte die Rolle der PLO als offizielle Vertreterin der Palästinenser, die PLO erkannte das Existenzrecht des jüdischen Staates an. Das vom israelischen Ministerpräsidenten Yitzhak Rabin und PLO-Führer Yassir Arafat ausgehandelte G. markiert einen entscheidenden Schritt zu einem Frieden im → Nahostkonflikt.
Mitte 1994 räumten israelische Truppen den Gazastreifen und das Gebiet von Jericho. Eine 9000 Mann starke Palästinenserpolizei trat ihren Dienst an. Der im Juli 1994 eingesetzte palästinensische Autonomierat ist als provisorische Regierung für Wirtschaftsentwicklung, Steuerwesen und Soziales zuständig.
Gegner des G. sind radikale palästinensische Gruppierungen wie die proiranische → Hamas und die islamistische Hisbollah sowie jüdische Siedler im Gazastreifen und West-

jordanland. Beide Seiten versuchen, die weiteren Verhandlungen zwischen Israel und Palästinensern durch Gewaltakte zu torpedieren.

Yitzhak Rabin
(1.3.1922–4.11.1995)
Als Generalstabschef plante Rabin den erfolgreichen israelischen Angriff auf die arabischen Nachbarn im Sechstagekrieg 1967. Nach dem Rücktritt von Golda Meir wurde Rabin, der der Arbeiterpartei angehörte, 1974 Ministerpräsident. Drei Jahre später trat er wegen der Verwicklung seiner Frau in Devisengeschäfte zurück. 1984 kehrte Rabin als Verteidigungsminister in das Kabinett zurück und befahl 1987 das harte Vorgehen des Militärs gegen den Palästinenseraufstand in den besetzten Gebieten Westjordanland und Gazastreifen (→ Intifada). Als Ministerpräsident setzte sich Rabin ab 1993 für die Aussöhnung zwischen Israelis und Arabern ein. 1995 wurde er nach einer Friedenskundgebung von einem jüdischen Rechtsextremisten in Tel Aviv erschossen.

Geheimdienste

→ Nachrichtendienste

Geldwäsche

Mit dem Verfahren der G. soll die Herkunft von Einnahmen aus kriminellen Geschäften (zumeist Drogen- und Waffenhandel) durch Einschleusen in den Geldkreislauf des Bankensystems unerkennbar gemacht werden. Die illegalen Gewinne entstehen im allgemeinen in Form von Bargeld; sie werden eingezahlt und über verschiedene Konten im In- und Ausland weitergebucht. G. erfolgt auch über Spielkasinos und den Handel mit Edelmetallen, Immobilien, Kunst und Schmuck.
Ende der 80er Jahre verpflichteten die westlichen Industriestaaten auf Druck der USA, dem weltgrößten Absatzmarkt für Drogen, erstmals die Banken zur Mithilfe bei der Aufdeckung von G. Die Geldinstitute müssen die Identität von Personen feststellen, die größere Beträge bar einzahlen. Nach einer EU-Richtlinie von 1995 müssen die EU-Mitglieder G. als Straftatbestand festschreiben. Wegen der verschärften Maßnahmen gegen die G. wich die internationale organisierte Kriminalität zur G. zunehmend auf Osteuropa, Ostasien, den Nahen Osten und Lateinamerika aus.

Genfer Konferenzen ❑

Die Westschweizer Stadt Genf war Mittelpunkt zahlreicher internationaler Konferenzen, die sich zumeist mit der Lösung politischer Konflikte und mit Abrüstungsfragen befaßten.

Genfer Konventionen

G. ist die Sammelbezeichnung für mehrere in Genf geschlossene Abkommen, die humanitäre Fragen des Kriegsrechts regeln. So sind u. a. Folterungen, Verstöße gegen die Menschenwürde und Verurteilungen ohne rechtsstaatliche Verfahren verboten. Die Vereinbarungen treten in Kraft, sobald ein bewaffneter Konflikt zwischen zwei oder mehreren Unterzeichnerstaaten ausbricht. Im Falle von Bürgerkriegen verpflichten sich die Parteien, zumindest die Menschlichkeit zu wahren.
G. über die Behandlung von Kriegs-

Genfer Konferenzen

Abrüstungskonferenz (1932–35): Die vom → Völkerbund 1932 einberufene Konferenz, an der 61 Staaten teilnahmen, scheiterte am deutsch-französischen Gegensatz. 1933 nahm Adolf Hitler dies zum Anlaß, aus dem Völkerbund auszutreten.
Indochinakonferenz (1954): Frankreich, Großbritannien, USA, China, UdSSR sowie Vertreter Nord- und Südvietnams, Laos' und Kambodschas einigten sich im → Indochinakrieg auf drei Waffenstillstandsabkommen und die Festlegung einer Demarkationslinie am 17. Breitengrad. Ein Ende des Konflikts wurde jedoch nicht erreicht (→ Vietnamkrieg).
Gipfelkonferenz (1955): Die Regierungschefs Frankreichs, Großbritanniens, der UdSSR und der USA erörterten die weltpolitische Lage nach der Aufnahme der BRD in die westlichen Verteidigungsbündnisse → NATO und → WEU.
Außenministerkonferenz (1959): Die Außenminister der vier Großmächte sowie der BRD und der DDR (beratende Teilnahme) konnten sich nicht über die Berlin-Frage und die europäische Sicherheit einigen.
Laoskonferenz (1961/62): Die Konferenz mit 14 Teilnehmern sollte den → Laos-Konflikt, der sich durch kriegerische Auseinandersetzungen und ausländische Einmischung verschärft hatte, beenden. Im Schlußprotokoll erklärte Laos seine Neutralität.
Abrüstungskonferenz (seit 1962): Auf der ständigen Abrüstungskonferenz verhandelten zunächst 17, später 39 Teilnehmerstaaten über internationale Maßnahmen zur → Abrüstung. U. a. wurden 1968 der → Atomwaffensperrvertrag abgeschlossen, 1972 bzw. 1992 die Konventionen über → biologische und → chemische Waffen.
Nahostfriedenskonferenz (1973): Die von der UNO organisierten Gespräche zwischen Ägypten, Israel, Jordanien und Syrien fanden unter Vorsitz der USA und der UdSSR statt. Allerdings gelang es nicht, den → Israelisch-Arabischen Krieg zu beenden; die Friedensbemühungen wurden zumeist auf bilateraler Ebene weitergeführt.
Abrüstungskonferenz (seit 1981): Die Verhandlungen zwischen der Sowjetunion und den USA über den Abbau der → Atomwaffen führten 1991 zum START-I-Abkommen und zwei Jahre später zum START-II-Abkommen (→ START).
Libanonkonferenz (1983): Den Vertretern der politischen und religiösen Gruppen, die einander im → Libanon-Konflikt bekämpften, gelang es nicht, den Bürgerkrieg zu beenden.
Jugoslawienkonferenz (seit 1992): Die Gesprächsrunde mit Vertretern Bosniens, Jugoslawiens, Kroatiens sowie UNO- und EU-Vermittlern konnte den → Jugoslawienkrieg nicht beenden.

---

gefangenen und den Verwundeten (1929): Die G. von 1929 schrieb das erste, auf Initiative von Henri Dunant 1864 zustande gekommene Genfer Abkommen und dessen Weiterentwicklung durch die Haager Friedenskonferenz (1899) fort. Die G. legte u.a. den Neutralitätsstatus für Hospitäler, Lazarette und Sanitätspersonal sowie das rote Kreuz als deren Kennzeichen fest.

G. zum Schutz der Kriegsopfer (1949): Dieses sog. Genfer Rotkreuz-Abkommen löste die bisherige G. durch vier Verträge ab, die u. a. die Behandlung von Verwundeten, Kranken, Schiffbrüchigen, Gefangenen und der Zivilbevölkerung im Kriegsfall festlegen. Die G. von 1949 wurde von nahezu allen Staaten ratifiziert (BRD 1954).

G. über die Rechtsstellung der Flüchtlinge (1951): Die sog. → Flüchtlingskonvention regelt die Rechtsstellung von Flüchtlingen.

G. zur biologischen Kriegführung (1972): Das Abkommen verbietet Herstellung, Verbreitung und Lagerung von → biologischen Waffen. Da jedoch die Forschung zum Schutz vor biologischen Waffen weiterhin erlaubt ist und Kontrollmechanismen fehlen, ist die Wirksamkeit des Abkommens beschränkt.

Genfer Protokolle

Der Sammelbegriff bezeichnet die internationalen Verträge, die 1922, '24 und '25 in der Schweizer Stadt Genf abgeschlossen wurden.

G. von 1922: Der von Frankreich, Großbritannien, Italien, Österreich und der Tschechoslowakei am 4. 10. 1922 unterzeichnete Vertrag sicherte Österreich eine Völkerbundanleihe in Höhe von 650 Mio. Goldkronen zu. Im Gegenzug verpflichtete sich das Land, seine Eigenstaatlichkeit zu wahren. Die übrigen Signatarstaaten übernahmen die Rolle als Schutzmächte, um einen Anschluß Österreichs an das Deutsche Reich zu verhindern.

G. von 1924: Das am 2. 10. 1924 von der Völkerbundversammlung beschlossene Protokoll über die friedliche Beilegung internationaler Streitigkeiten durch Schiedsgerichte war der erste Versuch, ein globales System zur Friedenssicherung zu schaffen. Das G. ächtete den Angriffskrieg und verpflichtete alle Staaten zur Rüstungsbegrenzung. Da Großbritannien eine Unterzeichnung des G. ablehnte, blieb es wirkungslos.

G. von 1925: Das am 16. 6. 1925 von 27 Staaten unterzeichnete Abkommen (Ende 1995: mehr als 100 Unterzeichnerstaaten) verbietet den Einsatz von Giftgas und bakteriologischen Waffen im Krieg. Die USA lehnten eine Unterschrift des G. ab.

Geopolitik

Die Lehre von der G. will den Gang der Weltgeschichte auf der Basis topographischer und geographischer Faktoren erklären und aus diesen Erkenntnissen politische Richtlinien für die Zukunft entwickeln. Laut der G. ist die «richtige» Politik eines Staates durch seine Lage und natürlichen Ressourcen vorgegeben. Die Grundlagen der G. bilden Veröffentlichungen von Rudolph Kjellen, Halford MacKinder und Friedrich Ratzel Ende des 19./Anfang des 20. Jahrhunderts. In den 20er Jahren griff der deutsche Professor Karl Haushofer darauf zurück und beeinflußte mit seinen Thesen maßgeblich die politischen Vorstellungen Adolf Hitlers. So sah Haushofer den «deutschen Lebensraum» durch die Regelungen des → Versailler Vertrags beeinträchtigt. Die Drehscheibe der Welt liege in Osteuropa, das von

Deutschland beherrscht werden müsse. Nach der Machtübernahme der Nationalsozialisten (1933) betrachtete sich die G. als «eine Grundsäule der nationalsozialistischen Erziehung».
Die Verquickung mit der NS-Politik diskreditierte die G. in Deutschland nachhaltig. Argumente der G. werden seit der Wiedervereinigung von BRD und DDR von rechtskonservativen Politikern und Theoretikern wieder aufgenommen. Sie vertreten die Ansicht, Deutschland müsse in der internationalen Politik eine größere Rolle spielen, die seiner Größe und Lage in Europa (Grenzlage zum Osten) entspreche.

Gesetzgebung

Mittels der G. organisiert ein Staat seine Glieder und regelt das Zusammenleben seiner Bürger. In Demokratien erfolgt die G. durch die → Legislative (Parlament). Hingegen setzt in Diktaturen oder Monarchien eine kleine Herrschaftsschicht oder ein einzelner Staatsführer das Recht. In bundesstaatlich-föderativ organisierten Staaten wie z. B. BRD und USA besitzen sowohl der Bund als auch die einzelnen Länder legislative Organe. Dadurch entsteht die sog. konkurrierende G., die in der BRD stark ausgeprägt ist: Der ausschließlichen G. durch den Bund sind nur Teilbereiche überlassen (z. B. auswärtige Angelegenheiten, Verkehrswesen, Währungspolitik). In vielen Fällen braucht der Bund bei der G. die Zustimmung der Länder. Auf zahlreichen Gebieten bleibt die G. den Ländern überlassen. Umstritten sind die Einspruchsrechte des Bundes gegen Ländergesetze.

Gestapo

Die **Ge**heime **Sta**ats**po**lizei des NS-Regimes entstand 1933 aus der politischen Polizei der Weimarer Republik und war zunächst den Polizeikommandeuren der Länder unterstellt. Mit der Ernennung Heinrich Himmlers zum Chef der deutschen Polizei wurde die G. 1936 reichseinheitlich organisiert und mit der Kriminalpolizei zur Sicherheitspolizei (Sipo; Leiter: Reinhard Heydrich) zusammengefaßt. 1939 erfolgte die Eingliederung in das Reichssicherheitshauptamt, wo die G. als Amt IV zur wichtigsten Abteilung avancierte. Die G. sollte «alle staatsgefährlichen Bestrebungen» erforschen und mit «vorbeugenden Maßnahmen» bekämpfen. Dabei arbeitete sie außerhalb von Recht und Gesetz und konnte politisch mißliebige Personen foltern, in Schutzhaft nehmen oder in Lager einweisen. Die G. unterhielt eigene Arbeitserziehungslager, stellte Kommandos zur Bewachung und Ermordung von Kriegsgefangenen und deportierte Juden in die Vernichtungslager. Das Internationale Militärtribunal in Nürnberg erklärte die G. 1945 im → Kriegsverbrecherprozeß zur verbrecherischen Organisation.

Gewaltenteilung ❑

Die Aufteilung der staatlichen Gewalt an verschiedene voneinander unabhängige Organe ist ein Grundprinzip im demokratischen Verfassungsstaat und soll Machtmißbrauch verhindern bzw. eine Balance der Macht herstellen. Dabei wird zwischen drei Gewalten unterschieden: → Legislative (gesetzgebende Gewalt: Parlament), → Exekutive (vollziehende Gewalt: Regierung/Verwaltung) und → Judikative (rechtsprechende Gewalt: Gerichte). Im → Grundgesetz der BRD ist die G. in Artikel 20, Absatz 2 festgeschrieben. In zahlreichen Demokratien wird die G. zusätzlich unterstützt durch Parlamente mit einem Zweikammersystem (z. B. müssen in den USA Senat und Repräsentantenhaus Gesetzesvorlagen zustimmen) bzw. ein Mitspracherecht der Länder in Bundesangelegenheiten (z. B. muß in der BRD der Bundesrat als Vertretung der Länder bestimmten vom Bundestag verabschiedeten Gesetzen zustimmen, u. a. Haushaltsgesetz).

Im 20. Jahrhundert hat das Prinzip der Gewaltenteilhabe oder Gewaltenverflechtung an Bedeutung zugenommen. Es besagt, daß eine staatliche Funktion nicht allein von einer Institution wahrgenommen werden darf. Dadurch würden Machthemmung und Interessenausgleich erzielt. So sind z. B. in der BRD Regierung (durch Gesetzesinitiativen) und Parlament (durch Verabschiedung von Gesetzen) an der Judikative beteiligt. Die Gewaltenverflechtung zeigt sich auch bei der gegenseitigen Beeinflussung von Parlamentsmehrheit und Opposition bei der Gesetzgebung.

Grundlagen der Gewaltenteilung

Die Gewaltenteilung als grundlegendes Ordnungs- und Strukturprinzip moderner Verfassungen formulierte als erster der englische Philosoph John Locke («Two Treaties of Government», 1690). Der französische Staatstheoretiker Montesquieu, erklärter Gegner des Absolutismus, entwickelte in seinem Hauptwerk «Vom Geist der Gesetze» (1748) seine Lehre von der Gewaltenteilung. Die Erkenntnisse von Locke und Montesquieu prägten die amerikanische Unabhängigkeitserklärung von 1776 und die Deklaration der Menschen- und Bürgerrechte während der Französischen Revolution 1789 entscheidend mit. Die G. fand Eingang in die französischen Verfassungen von 1791 und 1795 und den Verfassungsentwurf der deutschen Nationalversammlung 1848/49. In Deutschland legte jedoch erst die Weimarer Reichsverfassung von 1919 die G. endgültig fest.

Gewerkschaften ❑

Die G.-Bewegung, die eine Verbesserung der Lebens- und Arbeitsbedingungen aller Arbeitnehmer anstrebt, entstand in der ersten Hälfte des 19. Jahrhunderts in Großbritannien.

Bis 1945: Die G. waren eng an die → Arbeiterbewegung angelehnt und schlossen sich zu Beginn des Jahrhunderts zunehmend auf internationaler Ebene zusammen. 1901 wurde in Kopenhagen das Internationale Gewerkschaftssekretariat gegründet und 1913 in Internationaler Gewerkschaftsbund (IGB) umbenannt.

Die unterschiedlichen politischen Ziele der Arbeiterbewegung traten während des 1. Weltkriegs offen zutage: Die freien G. wollten zusammen mit den sozialdemokratischen Parteien Reformen im parlamentarischen System durchsetzen. Radikalere Kräfte lehnten sich hingegen an die ab 1919 entstandenen kommunistischen Parteien an, die eine revolutionäre Überwindung des Kapitalismus erreichen wollten. Als ihre Dachorganisation entstand 1921 die Rote bzw. Moskauer Gewerkschafts-Internationale (Profintern), der jedoch nur sowjetische Gewerkschaften angehörten. Im Deutschen Reich riefen die freien G. 1919 den Allgemeinen Deutschen Gewerkschaftsbund (ADGB) ins Leben.

Bis in die 20er Jahre hatten die G. in den meisten europäischen Ländern die gesetzliche Anerkennung der → Tarifautonomie sowie den Achtstundentag erreicht. Die Mitbestimmung blieb jedoch weit hinter den Forderungen zurück.

Faschismus und Nationalsozialismus führten in den 30er Jahren zum Verbot der freien G., zahlreiche ihrer Mitglieder bekämpften die Diktaturen aus dem Untergrund. Im Deutschen Reich lösten die Nationalsozialisten die G. nach der Machtergreifung 1933 gewaltsam auf und gliederten sie der Deutschen Arbeitsfront ein, die auch die Unternehmerverbände umfaßte. Ein ähnliches System wählte auch Portugals Diktator António de Oliveira Salazar, der 1933 nach Zerschlagung der G. Arbeitgeber und Arbeitnehmer in berufsständischen Körperschaften gemeinsam organisierte.

Ab 1945: Nach dem 2. Weltkrieg beherrschte der Dualismus der Systeme die internationale G.-Bewegung. 1949 spaltete sich der Internationale Bund Freier Gewerkschaften (IBFG) vom kommunistisch dominierten Weltgewerkschaftsbund (WGB), der Nachfolgeorganisation des IGB, ab. In den meisten westlichen Industrieländern entwickelten sich die G. zu einem systemstabilisierenden Faktor. Sie streben nicht mehr nach gesellschaftlicher Umwälzung, sondern verstehen sich als reine Interessenwalter der Arbeitnehmer. Hauptziele sind eine angemessene Lohnquote der Beschäftigten am Volkseinkommen sowie (seit den 70er Jahren) die Bekämpfung der → Arbeitslosigkeit durch Verkürzung der → Arbeitszeit sowie die → Humanisierung der Arbeit.

In der BRD bildete sich 1949 als gewerkschaftliche Dachorganisation der Deutsche Gewerkschaftsbund (DGB). Der DGB folgt dem Prinzip der Einheits-G., die alle Berufsgruppen umfaßt und in entsprechende Einzel-G. untergliedert ist (z. B. IG Metall für die Beschäftigten im Metallgewerbe). Die vor 1933 eher zersplitterte deutsche G.-Bewegung wurde dadurch zentralisiert.

Im Gegensatz zur Einheits-G. verfolgt die sog. Richtungs-G. eine klare politische Zielrichtung. Weltanschaulich orientiert sind die G. beispielsweise in Frankreich (u. a. kommunistische CGT und anti-kommunistische FO) und Italien (u. a. kommunistische CGIL, sozialdemokratische UIL und neofaschistische CISNAL).

Die in Osteuropa nach dem 2. Weltkrieg entstandenen G. verstanden sich als Teil des sozialistischen Systems. Ihr Ziel war die Erziehung der Arbeitnehmerschaft zu Arbeitsdisziplin und sozialem Bewußtsein. Entsprechend wurde ein Streikrecht mit dem Hinweis auf die vollzogene Vergesellschaftung der Produktionsmittel abgelehnt. Gegen die vom System auferlegte Rolle wandte sich die 1980 gegründete freie polnische G. → Solidarność, die nach mehrjährigem Verbot ab 1989 zur treibenden Kraft bei der Demokratisierung des Lan-

des avancierte. Auch in den anderen osteuropäischen Staaten entstanden nach dem Zusammenbruch des Sozialismus freie und unabhängige G.
In Afrika bildeten sich während der beiden Weltkriege die ersten G., die von den Kolonialmächten jedoch erst nach 1945 legalisiert wurden. Nach der Entkolonisierung und der damit einhergehenden Souveränität der einstigen Kolonien gerieten die G. in vielen Ländern unter strenge staatliche Kontrolle. Auf internationaler Ebene existieren die sozialistisch dominierte All African Trade Union Federation (AATUF, gegründet 1961) und die dem IBFG nahestehende African Trade Union Confederation (ATUC, gegründet 1962).
In Asien sind die G. organisatorisch stark zersplittert, eine länderübergreifende Struktur fehlt. Der Organisationsgrad ist lediglich in den stark industrialisierten Staaten wie z. B. Japan hoch.

Grundlagen der Gewerkschaften

Die ersten Arbeiterzusammenschlüsse bildeten sich ab 1830 in England, dem zu diesem Zeitpunkt fortgeschrittensten Industriestaat. Aus lokalen Vereinen gelernter Arbeiter entwickelten sich überörtliche Organisationen, die eine Verbesserung der Arbeitersituation durch Kompromisse mit den Arbeitgebern erreichen wollten und nicht auf eine Überwindung des Kapitalismus zielten. Eine ähnliche Politik verfolgten die in der American Federation of Labor (AFL, 1886) zusammengefaßten Berufsgewerkschaften der USA.
Im Deutschen Reich entstanden die ersten Arbeiterzusammenschlüsse ab Mitte der 60er Jahre des 19. Jahrhunderts (Tabakarbeiterverein 1865; Verband Deutscher Buchdrucker 1866), in starkem Maße gefördert vom Allgemeinen Deutschen Arbeiterverein und der Sozialdemokratischen Arbeiterpartei. Unter dem Einfluß der Arbeiterbewegung lehnten sich die sog. freien Gewerkschaften insbesondere im Deutschen Reich (Sozialdemokratische Arbeiterpartei) und in England (→ Labour Party) eng an die sozialistischen Arbeiterparteien an und kämpften für eine Veränderung der politischen, sozialen und wirtschaftlichen Verhältnisse (Überwindung des Kapitalismus).
Hingegen waren die Gewerkschaften in Frankreich größtenteils dem → Syndikalismus verpflichtet (z. B. die 1895 gegründete CGT) und betonten, daß einzig der Zusammenschluß der Lohnarbeiter, nicht aber eine politische Partei der Träger revolutionärer Bestrebungen sei.

Giftmüllexporte

Der Transport gesundheits- und umweltgefährdender Sonderabfälle aus westlichen Industriestaaten ins Ausland, insbesondere in Länder der Dritten Welt und Osteuropas, nahm seit den 70er Jahren kontinuierlich zu. Zum einen reichten die Entsorgungskapazitäten der Industrieländer nicht aus, zum anderen war der Müllexport wegen fehlender Umweltschutzbestimmungen in anderen Nationen kostengünstiger. 1985 beschlossen die Staaten der → OECD, ein internationales Überwachungssystem für grenzüberschreitende Transporte gefährlicher Abfälle zu errichten. Die 1989 in Basel verabschiedete internationale Giftmüllkonvention (seit 1992 in Kraft) verbietet G. in Länder, die sich gegen die Lagerung ausländischen Sonderabfalls auf ihrem Gebiet ausgesprochen haben. Eine EU-Richtlinie von 1994 verpflichtet alle Mitgliedsstaaten, Abfälle grundsätzlich im Inland zu entsorgen. Müllexporte sind nur unter strengen Bedingungen zugelassen. Ab 1998 ist der Export gefährlicher Abfälle aus den OECD-Staaten in die übrige Welt grundsätzlich verboten.

Glasnost ❑

Das 1987 von KPdSU-Chef Michail Gorbatschow geprägte Schlagwort (russisch: Öffentlichkeit) bezeichnete Bestrebungen, den politischen Entscheidungsprozeß transparenter zu machen. Die Pressezensur wurde gelockert, die Medien durften über Mißstände in der sowjetischen Wirtschaft und über innerstaatliche Konflikte (z. B. Nationalitätenprobleme) berichten. Das Ziel der Politik von G. und → Perestroika (russisch: Umbau) – wie Gorbatschows Reformprogramm umschrieben wurde – war ein reformierter Sozialismus. Die durch G. und Perestroika eingeleitete Liberalisierung entwickelte jedoch eine von Gorbatschow nicht beabsichtigte Eigendynamik, die 1991 zum Zusammenbruch der Sowjetunion führte.

Michail Sergejewitsch Gorbatschow (* 2.3.1931)

1980 wurde Gorbatschow mit 49 Jahren jüngstes Mitglied des Politbüros der KPdSU. Nach dem Tod von Konstantin Tschernenko (1984) setzte er sich gegen die konservativen Kräfte durch und übernahm den Parteivorsitz. Ein Jahr später legte Gorbatschow sein innenpolitisches Reformprogamm vor. Auch außenpolitisch vollzog er einen Kurswechsel. Durch seine Kompromißbereitschaft ermöglichte er die → Abrüstung in Ost und West. 1988 zog er die Rote Armee aus dem seit 1979 besetzten Afghanistan ab. Gorbatschow ermunterte die anderen Ostblockstaaten ebenfalls zu Reformen und leitete damit das Ende des östlichen Verteidigungsbündnisses → Warschauer Pakt ein. Ein Putschversuch der alten Machtelite bedeutete im August 1991 den Anfang vom Ende der Ära Gorbatschow. Am 24.8.1991 trat er als Parteivorsitzender zurück und besiegelte damit den Zerfall der Sowjetunion.

Gleichberechtigung

→ Emanzipation, → Frauenbewegung

Gleichschaltung

Das Schlagwort bezeichnet die Zerschlagung der demokratischen Strukturen und Institutionen nach der Machtübernahme der Nationalsozialisten 1933. Die Grundlage für die G. bildete das → Ermächtigungsgesetz vom 23.3.1933, das der Auflösung des Parlaments diente. In den Ländern wurden sog. Reichsstatthalter eingesetzt, die Ministerpräsidenten und Minister ernennen und die Parlamente auflösen konnten. Weitere Schritte zur G. waren das Ende der freien Gewerkschaften, das Verbot der SPD und die Selbstauflösung der letzten bürgerlichen Parteien. Die deutsche Presse wurde durch das Schriftleitergesetz vom 4.10.1933 gleichgeschaltet.

Nach 1945 bedienten sich rechte und kommunistische Diktaturen der G., z. B. durch die Zusammenfassung von Parteien und Massenorganisationen in → Einheitsfronten.

Global 2000

Die 1980 veröffentlichte amerikanische Studie untersuchte im Auftrag von Präsident Jimmy Carter die Entwicklung der Welt bis zur Jahrtausendwende. Unter der Annahme unveränderter Politik und gleichbleibender Fortschritte in Forschung und Technik sagten die Wissenschaftler u. a. eine Bevölkerungsexplosion, wachsende Einkommensunterschiede zwischen armen und reichen Ländern, zunehmende Energieknappheit, die Erschöpfung von Rohstoffvorkommen, Klimaveränderungen, Ausbreitung der Wüsten, die weitgehende Abholzung der Tropenwälder und ein Artensterben voraus. Die Studie fordert zu internationaler Zusammenarbeit auf.

Golf-Kooperationsrat

Im G. schlossen sich 1981 nach dem Ausbruch des → Golfkriegs zwischen Irak und Iran die sechs Ölförderländer Bahrain, Katar, Kuwait, Oman, Saudi-Arabien und die Vereinigten Arabischen Emirate zusammen. Der G. mit Sitz in Riad (Saudi-Arabien) strebt eine gemeinsame Wirtschaftspolitik, militärische Zusammenarbeit zum Schutz des Friedens in der Region und Maßnahmen zur Abwehr des vom Iran ausgehenden islamischen → Fundamentalismus an. Erste Maßnahme der Mitgliedsländer war der Abbau von Handelshemmnissen. 1984 schuf der G. eine gemeinsame Streitmacht, die sog. schnelle Eingreiftruppe, zur Verteidigung gegen Angriffe von außen. Nach dem irakischen Überfall auf Kuwait vereinbarte der G. 1991 in der Erklärung von Damaskus eine engere wirtschaftliche und militärische Zusammenarbeit mit Syrien und Ägypten, die jedoch nicht umgesetzt wurde. Grenzstreitigkeiten zwischen einzelnen Mitgliedsländern gefährdeten Mitte der 90er Jahre den Zusammenhalt des Bündnisses.

Golfkrieg ❑

Der Begriff bezeichnet zwei militärische Konflikte am Persischen Golf, die durch das irakische Streben nach Vormacht in der Region ausgelöst wurden. 1980–88 führte Iraks Diktator Saddam Hussein den 1. G. gegen den Iran, 1990/91 folgte mit dem Überfall auf das Ölscheichtum Kuwait der 2. G.

Krieg Irak–Iran: Der 1. G. entzündete sich an Grenzstreitigkeiten im Bereich des Flusses Schatt el-Arab und um die überwiegend von Arabern bewohnte südiranische Provinz Chusistan. Beide Gebiete verfügen über reiche Ölvorkommen. Im September 1980 griff der Irak den durch die islamische Revolution geschwächten Iran an. In dem folgenden achtjährigen Krieg, der knapp 1 Mio. Tote forderte, konnte keiner der beiden Staaten entscheidende Vorteile verzeichnen. Der Iran erhielt verdeckte US-Waffenlieferungen für die Hilfe bei der Befreiung amerikanischer Geiseln im Libanon. Die Aufdeckung der illegalen Militärhilfe führte in den USA zur sog. → Iran-Contra-Affäre. 1988 erreichte die UNO einen Waffenstillstand zwischen dem Irak und dem Iran.

Besetzung Kuwaits: Am 2.8.1990 annektierte der Irak das benachbarte Ölscheichtum Kuwait, dessen Unabhängigkeit er stets bestritten hatte. Damit verschaffte sich Hussein Zugang zum strategisch wichtigen Persischen Golf sowie die Verfügungsgewalt über die kuwaitischen Ölfelder, die zu den fünf größten der Welt zählen. Da ein wirtschaftlich und militärisch starker Irak zu einer Bedrohung für die gesamte arabische Ölförderregion, von der die Industriestaaten abhängig sind, geworden wäre, entsandte der Westen Truppen an den Golf. Nachdem Hussein ein UN-Ultimatum zum Truppenabzug hatte verstreichen lassen, begann am 18.1.1991 eine alliierte Streitmacht unter US-Führung die «Operation Wüstensturm» zur Befreiung Kuwaits. Nach den massivsten Luftangriffen der Kriegsgeschichte erklärte sich der Irak, der lediglich von Jemen, Jordanien und der → PLO unterstützt wurde, am 28.2.1991 zum Rückzug bereit. Die Hoffnung des Westens auf einen Putsch gegen Hussein erfüllten sich nicht; einen Aufstand der Kurden ließ der Diktator blutig niederschlagen. Der 2. G. forderte etwa 100000 Menschenleben, weite Teile des Persischen Golfs waren infolge irakischer Sprengungen von Förderanlagen ölverseucht. Nach Kriegsende verhängte die UNO Wirtschaftssanktionen gegen den Irak.

Saddam Hussein
(* 28.4.1937)

Hussein gehört der Baath-Partei an, die 1968 durch einen Putsch die Macht im Irak übernahm. Zielstrebig baute er seinen Sicherheitsapparat auf und bestimmte ab 1970 faktisch allein die Politik des regierenden Revolutionsrates. Die Voraussetzungen zum wirtschaftlichen Aufstieg seines Landes schuf er durch die Verstaatlichung der westlich dominierten Erdölindustrie (1972). Mit westlicher Hilfe rüstete Hussein seine Armee zur zahlenmäßig viertstärksten der Welt auf. 1979 übernahm er das Amt des Staatspräsidenten. In der Folgezeit brachte der unumschränkt regierende Hussein, der als international gefährlichster Aggressor gilt, nahezu seine gesamte Verwandtschaft in Schlüsselpositionen unter.

Görlitzer Abkommen

In dem am 6.7.1950 mit Polen geschlossenen Vertrag erkannte die DDR die → Oder-Neiße-Linie als polnische Westgrenze an und akzeptierte damit den Verlust der seit 1945 von Polen verwalteten ehemaligen deutschen Ostgebiete (Schlesien und Ostpreußen). Die BRD lehnte das G. ab und berief sich auf die im → Potsdamer Abkommen getroffene Vereinbarung der → Alliierten, die endgültige Grenzregelung einem Friedensvertrag zwischen Deutschland und Polen vorzubehalten. Zudem bestritt die BRD das Recht der DDR, Verträge im Namen des deutschen Volkes zu schließen. Der deutsch-polnische Grenzvertrag (→ Deutsche Einheit) bestätigte 1990 das G.

Göttinger Manifest

In dem am 12.4.1957 veröffentlichten G. forderten 18 deutsche Atomwissenschaftler die Bundesregierung öffentlich auf, die Bundeswehr nicht mit Atomwaffen auszurüsten. Zu den Unterzeichnern des G. gehörten u. a. Max Born, Otto Hahn, Werner Heisenberg, Max von Laue, Fritz Straßmann und Carl Friedrich von Weizsäcker. Das G. blieb jedoch wirkungslos, da die Regierungskoalition aus CDU/CSU und DP 1958 die atomare Aufrüstung für den Fall beschloß, daß es nicht zu allgemeinen Abrüstungsvereinbarungen komme. Die Rüstungsgegner organisierten sich daraufhin im Arbeitsausschuß «Kampf dem Atomtod».

Greenpeace

Die internationale Umweltschutzorganisation wurde 1971 in Vancouver (Kanada) gegründet und finanziert sich ausschließlich aus privaten Spenden. Sie versteht sich als unabhängige und überparteiliche Organisation, die mit gewaltfreien Aktionen weltweit auf Umweltzerstörung und -verschmutzung aufmerksam machen will. Hauptforderungen von G. sind die Beendigung aller Atomtests, ein weltweites Verbot der Verklappung von Chemie- und Atommüll in den Meeren, der Erhalt bedrohter Tierarten sowie der Schutz der Antarktis.
Mehrfach sorgte G. mit spektakulären Aktionen für internationales Aufsehen: Mit Schiffen blockierten Umweltaktivisten Walfangstationen (1975, 1977, 1979). 1985 verhinderte der französische Geheimdienst eine G.-Aktion gegen die französischen Atomwaffentests auf dem Muroroa-Atoll, indem Agenten das G.-Schiff «Rainbow Warrior» versenkten. Dabei kam ein Mensch ums Leben. Die Wiederaufnahme der Atombombenversuche Ende 1995 konnte G. trotz großen Schiffaufgebots nicht verhindern. Erfolgreicher war die Organisation einige Monate zuvor, als der Mineralölkonzern Shell auf die Versenkung der Ölplattform «Brent Spar» nach G.-Protesten verzichtete.

Grenada-Invasion

Am 25.10.1983 besetzten Truppen der USA und von sechs Karibikstaaten die Karibikinsel Grenada. Anlaß der Intervention war die Ermordung des grenadischen Premiers Maurice Bishop und die Machtübernahme durch eine linksgerichtete Militärjunta. US-Präsident Ronald Reagan begründete die Intervention mit dem Ziel, Recht und Ordnung auf Grenada wiederherzustellen und die dort lebenden etwa 1000 US-Bürger zu schützen. Zudem habe ein kubanischer Einmarsch bevorgestanden. Nach Einschätzung vieler Kritiker sollte die Aktion Reagan in erster Linie einen außenpolitischen Erfolg verschaffen, nachdem die US-Friedenstruppen im Libanon durch Bombenanschläge hohe Verluste hatten hinnehmen müssen. Die Amerikaner installierten auf Grenada eine Übergangsregierung, die nach freien Wahlen im Dezember von der gemäßigten und von den USA unterstützten New National Party (NNP) abgelöst wurde. Im Juni 1985 zogen die letzten amerikanischen Truppen aus Grenada ab.

Griechischer Bürgerkrieg

Der G. (1942–49) begann während des 2. Weltkriegs, als die kommunistisch orientierte, über ganz Griechenland verzweigte Volksbefreiungsarmee ELAS die Voraussetzungen für den Übergang des Landes zur sozialistischen Volksdemokratie schaffen wollte. Ende 1944 scheiterte zunächst der Versuch der ELAS, Athen zu erobern, am Widerstand der von Großbritannien unterstützten Regierungstruppen. Die ELAS-Aktivisten bereiteten sich im Ausland auf einen erneuten Aufstand vor, der im April 1946 begann. Nach militärischen Anfangserfolgen der Kommunisten brachte amerikanische und britische Unterstützung ab 1948 die Entscheidung zugunsten der Regierungsverbände.

Griechisch-Türkischer Krieg

Im Auftrag der → Entente marschierten griechische Truppen 1919 in Smyrna (Izmir) ein. Im Frieden von Sèvres erhielt Griechenland das Völkerbundmandat über die Hafenstadt und deren Hinterland und drang in der Folgezeit immer weiter nach Kleinasien vor. Ziel war der Zusammenschluß aller griechischen Länder und Völker. In der Türkei formierte sich unter Führung von Mustafa Kemal Pascha militärischer Widerstand. Am 9. 9. 1922 eroberten die türkischen Truppen Smyrna zurück und entschieden den G. zu ihren Gunsten. Im Friedensvertrag von Lausanne erhielt Griechenland zwar die meisten ägäischen Inseln, verlor jedoch die kleinasiatischen Gebiete sowie Ostthrakien an die Türkei. Mehr als 1,25 Mio. Griechen wurden aus diesen Gebieten ins Mutterland umgesiedelt. Folge waren innenpolitische Spannungen, die zum Sturz der Monarchie in Griechenland führte (1924). Die Türkei wurde zur Republik und von Kemal zum modernen Nationalstaat umgeformt.

Große Koalition

Ein Regierungsbündnis unter Einschluß der beiden größten im Parlament vertretenen Fraktionen verschafft der Regierung eine breite Mehrheit im Parlament. Gleichzeitig wird jedoch die Kontrollfunktion der Volksvertretung geschwächt, da die zahlenmäßig kleine Opposition nicht gegen die Übermacht der Regierungsparteien ankommt. Daher entstehen G. im allgemeinen nur in Ausnahmesituationen (Krieg, Staatskrise) oder bei fehlenden anderen Parlamentsmehrheiten.

In der → Weimarer Republik bildete Gustav Stresemann (Zentrum) 1923 eine erste G. aus Deutscher Demokratischer Partei (DDP), Deutscher Volkspartei (→ DVP), → SPD und → Zentrumspartei. Auch die letzte von einem parlamentarischen Konsens getragene Regierung der Weimarer Republik war eine G.: Unter Reichskanzler Hermann Müller (SPD) saßen 1928–30 Vertreter von Bayerischer Volkspartei (BVP), DDP, DVP, SPD und Zentrum am Kabinettstisch.

In der BRD führte Bundeskanzler Kurt Georg Kiesinger (CDU) 1966–69 eine G. aus CDU/CSU und SPD. Die Folge solcher breiter Regierungsbündnisse ist häufig ein Erstarken der sog. kleinen Parteien. So konnten in Österreich, wo Sozialdemokraten (→ SPÖ) und Österreichische Volkspartei (→ ÖVP) seit 1987 eine G. bilden, die → Freiheitlichen (bis 1995: FPÖ) ihren Stimmenanteil bei den Parlamentswahlen innerhalb von sieben Jahren mehr als verdoppeln (1987: 9,7 %; 1994: 22,5 %).

Großmacht
Aufgrund ihrer militärischen, politischen und/oder wirtschaftlichen Macht übt die G. beherrschenden Einfluß mit kontinentaler oder globaler Bedeutung auf andere Staaten aus. Nach dem 2. Weltkrieg hat sich die G.-Konstellation wesentlich verändert: Deutschland und Japan haben durch die Kriegsniederlage ihre Positionen als G., die sie in der ersten Jahrhunderthälfte innehatten, verloren. Frankreich und Großbritannien büßten durch die hohen Kriegskosten und die → Entkolonisierung an Bedeutung ein. Als Führungsmächte der beiden ideologischen und militärischen Blöcke spielten die Sowjetunion und die USA eine dominante Rolle. Allerdings ließ ihr Einfluß nach dem Ende des → Kalten Kriegs und dem Zusammenbruch des Ostblocks nach. Hingegen konnte China in den Kreis der G. aufsteigen. Die Mehrzahl der G. des 20. Jahrhunderts verfügt über einen ständigen Sitz im UN-Sicherheitsrat: China, Frankreich, Großbritannien, Sowjetunion und USA.

Gruber-De-Gasperi-Abkommen❑
Der am 5.9.1946 in Paris von dem italienischen Außenminister Alcide De Gasperi und seinem österreichischen Amtskollegen Karl Gruber unterzeichnete Vertrag sollte die sog. Südtirolfrage lösen. Die Teilung Tirols nach dem 1. Weltkrieg und die Eingliederung des südlichen Teils in Italien hatte zu Konflikten mit der überwiegend deutschsprachigen Bevölkerung geführt, die während des → Faschismus italienisiert werden sollte. Das G. gewährte der deutschsprachigen Bevölkerung Gleichberechtigung sowie Autonomierechte. Aufgrund unklarer Formulierungen und schleppender Umsetzung konnte das G. den Nationalitätenkonflikt jedoch nicht lösen. Er wurde erst 1992 auf Grundlage des 1969 ausgehandelten Autonomievertrags für Südtirol beigelegt.

Alcide De Gasperi
(3.4.1881–19.8.1954)
Der italienische Ministerpräsident stand bis 1953 insgesamt neun Regierungen vor. Er stellte die Weichen für die Westintegration Italiens und erreichte 1946 die Autonomie seiner Südtiroler Heimat. Im Pariser Frieden von 1947 sicherte De Gasperi Italien die Souveränität. Ab Ende der 40er Jahre engagierte er sich für eine westeuropäische Union auf politischem und wirtschaftlichem Gebiet. 1954 übernahm De Gasperi den Vorsitz der → EGKS, des Vorläufers der EWG.

Grundgesetz ❑
Nach dem 2. Weltkrieg forderten die drei westlichen Besatzungsmächte die Ministerpräsidenten der westdeutschen Länder auf, eine Verfassung zu formulieren. Daraufhin wurde ein → Parlamentarischer Rat gewählt, der am 8.5.1949 den Entwurf für ein G. annahm. Mit Ausnahme Bayerns stimmten alle Landtage dem G. zu, das am 24.5.1949 für ganz Westdeutschland in Kraft trat.
Auf den Begriff «Verfassung» wurde bewußt verzichtet, um die Vorläufigkeit der BRD und die Forderung nach der deutschen Einheit herauszustellen. Den provisorischen Charakter des G. legt auch Artikel 146

fest, nach dem das G. seine Gültigkeit verliert, wenn eine vom deutschen Volk in freier Entscheidung beschlossene Verfassung in Kraft tritt.
Das G. galt zunächst in den Ländern Bayern, Bremen, Groß-Berlin, Hamburg, Hessen, Niedersachsen, Nordrhein-Westfalen, Rheinland-Pfalz, Schleswig-Holstein, Württemberg-Baden und Württemberg-Hohenzollern (aus beiden wurde 1952 das Land Baden-Württemberg gebildet). Den Geltungsbereich Groß-Berlin suspendierten die Besatzungsmächte. Das Saarland trat 1957 dem Geltungsgebiet des Grundgesetzes bei.
Das G. kann nicht außer Kraft gesetzt werden, sondern nur mit Zustimmung von zwei Dritteln der Bundestagsabgeordneten sowie zwei Dritteln der Bundesratsvertreter durch ein Gesetz geändert bzw. ergänzt werden. Einschneidende Veränderungen erfuhr das G. u. a. durch die sog. → Notstandsgesetze (1968), den Beitritt der DDR zur BRD (1990) und die Einschränkung des Rechts auf → Asyl (1993).

Inhalt des Grundgesetzes

Das Grundgesetz besteht aus 146 Artikeln. Ihm wurde eine Präambel vorangestellt, die das Wiedervereinigungsgebot formuliert.
Kapitel I: Grundrechte der Bürger.
Kapitel II: Grundlagen der staatlichen Ordnung in der BRD, Definition der Beziehung zwischen Bund und Ländern.
Kapitel III–VI: Regelung von Befugnissen, Amtsdauer, Zusammensetzung und Aufgaben der höchsten Bundesinstitutionen Bundestag, Bundesrat, Bundespräsident und Bundesregierung.
Kapitel VII–X: Bestimmungen über die Gesetzgebung des Bundes, die Ausführung der Gesetze, die Bundesverwaltung, das Finanzwesen und den Verteidigungsfall.

Grundlagenvertrag

Der am 21.12.1972 (in Kraft: 21.6.1973) in Ost-Berlin unterzeichnete Vertrag regelte die Beziehungen zwischen BRD und DDR. Im G. erkannten beide Staaten die Unverletzlichkeit der Grenzen an und schufen damit die Voraussetzungen für die Aufnahme in die UNO (18.9.1973). Des weiteren bekannten sich BRD und DDR zum Gewaltverzicht und beschlossen menschliche Erleichterungen (Familienzusammenführung, weitere Grenzübergänge, erleichterte Reisebedingungen für grenznahe Kreise – sog. kleiner Grenzverkehr). Der G., der durch die → Ostpolitik der sozialliberalen Koalition möglich geworden war, bedeutete keine völkerrechtliche Anerkennung der DDR durch die BRD. In einem Brief zur deutschen Einheit, den die Bundesregierung dem Vertragswerk beifügte, bekräftigte sie ihr Ziel der Wiedervereinigung.

Grundrechte ❑

Die G. sind ein Katalog von allgemein als «natürlich» anerkannten → Menschenrechten (für alle Personen) und Bürgerrechten (nur für Staatsbürger). Zu den G. zählen u. a. die freie Entfaltung der Persönlichkeit, die Glaubens- und Gewissens-

freiheit, Meinungs- und Versammlungsfreiheit. In den meisten demokratischen Staaten schützt die Verfassung die G. als unverletzliche Rechte. So listete die Weimarer Verfassung von 1919 einen Katalog von G. auf; in der BRD sind die G. im → Grundgesetz verbrieft. In Diktaturen schränken die Machthaber die G. zumindest ein.
In Deutschland wurde 1989/90 im Zuge der Vereinigung von BRD und DDR über eine Aufnahme der anerkannten sozialen G. auf Arbeit und Wohnung in das Grundgesetz diskutiert. Da G. jedoch einklagbar sind, kam es zu keiner Verfassungsänderung. Mitte der 90er Jahre werden vermehrt der Schutz der Umwelt und der natürlichen Lebensbedingungen als G. angesehen.

Grundlagen der Grundrechte

Schon in der Antike existierten Vorstellungen von Grundrechte der Menschen. Im Mittelalter wurden die Grundrechte erstmals in der englischen Magna Charta libertatum von 1215 verbrieft. Die entscheidenden Schritte zur Absicherung der Grundrechte heutiger Prägung vollzogen sich während des Kampfes um die Religionsfreiheit im England des 17. Jahrhunderts: Sowohl die Habeas-Korpus-Akte (1679) als auch die Bill of Rights (1689) erkannten die individuellen Grundrechte verfassungsmäßig an. Als klassisches Dokument der Grundrechte gilt die während der Französischen Revolution verfaßte «Déclaration des droits de l'homme et du citoyen» (1789). In Deutschland sah die Frankfurter Nationalversammlung 1848/49 in ihrem Entwurf für eine Reichsverfassung einen umfangreichen Katalog der «Grundrechte des deutschen Volkes» vor, der Eingang in die Weimarer Verfassung von 1919 fand.

Die Grünen

Die 1980 in der BRD gegründete Partei der G. entstand aus regional organisierten Bürgerinitiativen, die sich für Umweltschutz und gegen Atomkraftwerke einsetzten, sowie sog. Grünen Wahllisten. Etwa zeitgleich bildeten sich auch in anderen Staaten Westeuropas grüne Parteien.
1979 gelang der Grünen Liste in Bremen als erster Gruppierung der G. der Einzug in ein bundesdeutsches Landesparlament (5,1 % der Stimmen). Bei den Bundestagswahlen 1983 erreichten die G. 5,6 % der Stimmen und kamen damit ins Parlament. Das Auseinanderbrechen der ersten Koalition aus SPD und G. in Hessen (1985) löste heftige parteiinterne Auseinandersetzungen um den künftigen Kurs aus. Dabei setzten sich die sog. Realos, die grundsätzlich zur parlamentarischen Kooperation und Regierungsverantwortung bereit sind, gegen die sog. Fundis durch, die sich als Fundamentalopposition verstehen. Viele → Fundamentalisten verließen daraufhin die Partei.
1990 schlossen sich die G. mit den ostdeutschen G. und drei Jahre später mit dem Bündnis 90 aus der ehemaligen DDR zusammen. Durch ihre Wahlerfolge und die Regierungsbeteiligung in mehreren Bundesländern (z. B. Berlin, Bremen, Hamburg, Niedersachsen, Nordrhein-Westfalen) erweiterten die G. das klassische Dreiparteiensystem der BRD zum Vierparteiensystem und

lösten die FDP als sog. dritte Kraft ab. Mitte der 90er Jahre schlossen Vertreter der G. auch schwarz-grüne Koalitionen (CDU/CSU, G.) nicht aus. In Europa waren Ende 1995 die G. u. a. in den Parlamenten Belgiens, Italiens und Schwedens vertreten.

Grüne Revolution ❑

In seinem «Grünen Buch» (benannt nach der Farbe des Propheten Mohammed) legte der libysche Revolutionsführer Muammar al Khadafi 1975 seine Theorie von der G. dar, die er als Mittelweg zwischen Kapitalismus und Kommunismus verstand. Laut Khadafi soll sich das Volk auf Volkskongressen an der Basis organisieren und gemeinsam mit den Behörden alle nationalen Angelegenheiten regeln. Wirtschaftspolitisch zielt die G. auf die Abschaffung von Profit und damit auch von Geld, da niemand mehr im Auftrag eines anderen arbeiten soll. Die Umwandlung Libyens in eine Sozialistische Arabische Volksrepublik (1976) etablierte die Volkskongresse. Eine Umsetzung der wirtschaftspolitischen Vorstellungen der G. blieb wegen gravierender ökonomischer Schwierigkeiten aus.

Muammar al Khadafi (* 7. 9. 1942)

In einem unblutigen Putsch setzte Khadafi 1969 den greisen König Idris I. ab und leitete als Vorsitzender des Revolutionsrats eine Islamisierung Libyens ein. Gleichzeitig schottete er das Land gegen westliche Einflüsse ab. Khadafis Versuche, seine panarabischen Träume durch Staatszusammenschlüsse zu verwirklichen, scheiterten (u. a. 1971 Dreierbund mit Ägypten und Syrien; 1974 Konföderation mit Tunesien). Seine offene Unterstützung des internationalen Terrorismus brachte den unberechenbaren Khadafi Mitte der 80er Jahre in Konflikt mit den USA.

Gruppe der 77

1967 schlossen sich 77 → Entwicklungsländer in der G. zusammen, um vor der Welthandelskonferenz in Algier ihr Vorgehen abzustimmen. Die G. versteht sich als wirtschafts- und währungspolitisches Gegengewicht zu den Industriestaaten (→ Zehnergruppe). In der ebenfalls 1967 verabschiedeten Charta von Algier über die wirtschaftlichen Rechte der → Dritten Welt forderte die G. u. a. höhere → Entwicklungshilfe der Industrienationen und größere handelspolitische Konzessionen. 1977 beschloß die G. die Arusha-Erklärung, in der sie sich u. a. für eine Förderung des Handels der Entwicklungsländer untereinander und die Gründung von multinationalen Handels- und Produktionsunternehmen der Dritten Welt aussprach. Bis 1992 wuchs die G. auf 128 Mitglieder an. Mitte der 90er Jahre war der Zusammenhalt der G. durch wachsende wirtschaftliche Unterschiede zwischen den Mitgliedsländern gefährdet.

Guerillakrieg

G. ist die Bezeichnung für den Kleinkrieg bewaffneter Gruppen gegen heimische Regierungstruppen oder Truppen einer Besatzungsmacht. Der Begriff Guerilla entstand während der spanischen Befreiungskriege gegen Napoleon Anfang des 19. Jahrhunderts. Wesentliche Elemente der G.-Taktik sind Überraschungsangriffe flexibel operierender Kleingruppen und der Versuch, Rückhalt in der Bevölkerung zu finden. So gelangte in Kuba Fidel Castro nach mehr als zweijährigem G. gegen die Truppen von Diktator Fulgenio Batista y Zaldívar an die Macht. In den 60er Jahren entstanden in zahlreichen lateinamerikanischen Städten sog. Stadtguerilleros, die mit Terroraktionen den Staat sowie dessen Repräsentanten und Anhänger bekämpften. Vorbild dieser Gruppen waren die uruguayanischen → Tupamaros.

Guernica

Die nordspanische Stadt wurde während des → Spanischen Bürgerkriegs am 26. 4. 1937 durch einen Bombenangriff der deutschen → Legion Condor zerstört. Der gezielte Angriff auf Zivilisten sollte die baskische Bevölkerung sowie die Regierungstruppen demoralisieren und den Vormarsch der faschistischen Franco-Truppen auf Bilbao unterstützen. Das Bombardement verarbeitete Pablo Picasso in seinem monumentalen Gemälde «Guernica», mit dem er den spanischen Pavillon auf der Weltausstellung in Paris 1937 ausstattete.

Gulag

Der sowjetische Diktator Josef W. Stalin schuf ab 1928 ein komplexes System von Internierungslagern, in die politisch mißliebige Personen deportiert wurden. Die Masse der Lager – im Westen zumeist G. genannt (nach **G**lawnoje **U**prawlenije **Lag**erej; Hauptverwaltung der Lager) – entstand in Sibirien. Die genaue Zahl der Internierten und Toten ist nicht bekannt; vermutlich fielen jedoch mehrere Millionen Häftlinge hartem Klima, schlechter Versorgung und unmenschlichen Arbeitsbedingungen zum Opfer. Nach 1945 wurden auch in den übrigen Ostblockstaaten Internierungslager eingerichtet. Die UdSSR hielt bis 1991 an dem Lagersystem fest.

Guomindang ❑

Die Nationale Volkspartei Chinas ging 1912 aus zahlreichen Revolutionszirkeln sowie der 1907 von Sun Yatsen gegründeten Geheimgesellschaft «Verschworene Liga» hervor. Zwar gewannen die G. die ersten Wahlen der neuen chinesischen Republik, die Partei wurde jedoch 1913 nach der Machtübernahme durch das Militär aufgelöst.

1922 vereinbarte Sun Yatsen mit der Sowjetunion Hilfe beim Wiederaufbau der G., die mit der KP Chinas eine Einheitsfront bildete. Der Bruch dieses Bündnisses mündete 1927 in einen Bürgerkrieg. Im Chinesisch-Japanischen Krieg (1937–49) entstand eine weitere → Einheitsfront aus G. und Kommunisten. Im erneut folgenden Bürgerkrieg (1945–49) vertrieben die Kommunisten unter Mao Zedong die nationalistischen G. vom chinesischen Festland. Der Parteiführer der G., Chiang Kaishek, floh nach Taiwan, wo er am 1. 3. 1950 die Nationalchinesische Republik ausrief und ein autoritäres Regime unter Führung der G. errichtete. Mit amerikanischer Hilfe stieg das Land zu einer bedeutenden Wirtschaftsnation Asiens auf.

Sun Yatsen
(12.11.1866–12.3.1925)
Der erste Präsident und Gründer der chinesischen Republik (1911/12) strebte die Einheit und Demokratisierung Chinas durch eine nationale Revolution an. Sun Yatsen forderte Sozialreformen und die ökonomische und gesellschaftliche Modernisierung seines Landes. Nach der Machtübernahme des Militärs floh er 1912/13 ins japanische Exil. Gemeinsam mit Chiang Kaishek reformierte er ab 1922 die Guomindang, lehnte jedoch den Aufbau des Kommunismus nach sowjetischem Vorbild ab.

GUS

Die **G**emeinschaft **U**nabhängiger **S**taaten wurde 1991 als Staatenbund von zehn ehemaligen Republiken der Sowjetunion gegründet (Armenien, Aserbaidschan, Kasachstan, Kirgistan, Rußland, Tadschikistan, Turkmenistan, Ukraine, Usbekistan, Weißrußland). 1993 traten Georgien und Moldawien bei. Ziel ist eine gemeinsame Außen- und Wirtschaftspolitik. Mitte der 90er Jahre war der Bestand der G. jedoch durch das Beharren der Einzelstaaten auf ihren Eigeninteressen bedroht. Zudem befürchteten einige Länder eine russische Dominanz – aus diesem Grund verweigerten Moldawien, Turkmenistan und die Ukraine ihre Zustimung zur GUS-Charta von 1993. Zudem behinderten der schleppende, von wirtschaftlichen und sozialen Problemen begleitete Umbau der Plan- in die Marktwirtschaft sowie nationale und religiöse Konflikte die politische und wirtschaftliche Entwicklung der GUS.

H

Haager Friedenskonferenzen

Die beiden Konferenzen, die 1899 und 1907 in der niederländischen Hauptstadt Den Haag stattfanden, befaßten sich mit Fragen der Kriegführung und der Beilegung internationaler Streitigkeiten. Erstmals wurde auf der H. von 1899 die Friedenssicherung zum Thema einer internationalen Konferenz. Die Teilnehmer der H. von 1907 beschlossen u. a. die Einrichtung eines Ständigen Schiedsgerichtshofes in Den Haag zur friedlichen Lösung internationaler Streitigkeiten. Weitere Abkommen der H. legten fest, daß vor Beginn militärischer Auseinandersetzungen eine offizielle Kriegserklärung vorliegen muß, die → Genfer Konvention auch auf den Seekrieg angewendet wird und die Gewaltanwendung bei der Eintreibung von Schulden im Ausland Beschränkungen unterliegt. Bestandteil der H. von 1907 war auch die → Haager Landkriegsordnung. Zwar sind zwölf der 13 Abkommen der 2. H. bis heute formell in Kraft, sie wurden jedoch vielfach mißachtet.

Haager Landkriegsordnung

Das auf den → Haager Friedenskonferenzen von 1899 und 1907 ausgehandelte Abkommen, das bis heute in Kraft ist, stellt Regeln für den Landkrieg auf. Die H. definiert den Begriff Kriegführender und legt den Status von Kriegsgefangenen fest. Des weiteren grenzt sie die Mittel zur Schädigung des Feindes ein (z. B. Verbot von Gifteinsatz und Plünderung) und regelt Kapitulation und Waffenstillstand. Der Besatzungsmacht erlegt die H. eine Reihe von Pflichten auf, u. a. Schonung der Bevölkerung und ihres Eigentums. Die H. wurde durch das → Genfer Protokoll von 1925, die → Genfer Konventionen von 1949 und das Haager Kulturgüterschutzabkommen ergänzt.

Hallstein-Doktrin

Die 1955 vom Staatssekretär im Auswärtigen Amt, Walter Hallstein, formulierte Doktrin betonte den Alleinvertretungsanspruch der BRD für alle Deutschen, einschließlich der Bevölkerung der DDR. Die H. legte fest, daß die BRD zu keinem Staat diplomatische Beziehungen unterhält, der die DDR völkerrechtlich anerkennt. Ausgenommen wurde die Sowjetunion als Siegermacht des 2. Weltkriegs. Hingegen brach die Bundesregierung die Beziehungen zu Jugoslawien (1957), Kuba (1962) und den arabischen Staaten (1965) ab. Viele Länder der Dritten Welt verzichteten auf die Anerkennung der DDR, weil sie für diese Haltung → Entwicklungshilfe der BRD erhielten. In der zweiten Hälfte der 60er Jahre erwies sich die H. zunehmend als Hindernis bei der Normalisierung des Verhältnisses zu den osteuropäischen Staaten und wurde 1969 von der sozialliberalen Koalition im Zuge der neuen → Ostpolitik aufgegeben.

Hamas
Die 1987 gegründete militante islamisch-fundamentalistische Organisation will Israel zerstören und einen islamischen Staat Palästina gründen. Anführer der vom Iran unterstützten H. ist Scheich Ahmad Jasin. Während des Palästinenseraufstands in den von Israel besetzten Gebieten Westjordanland und Gazastreifen (→ Intifada) entwickelte sich die H. ab 1987 zur zweitwichtigsten Palästinenserorganisation neben der → PLO. Im Gegensatz zur politisch gemäßigten PLO lehnt die H. das israelisch-palästinensische Autonomieabkommen von 1993 ab und versucht, mit Terroranschlägen in Israel den Friedensprozeß zu beenden.

Hammelsprung
Bei diesem parlamentarischen Abstimmungsverfahren verlassen alle Abgeordneten den Versammlungsraum. Anschließend betreten sie ihn je nach ihrem Abstimmungsverhalten (Ja, Nein, Enthaltung) durch eine von drei Türen. Beim Eintreten werden die Abgeordneten von den Schriftführern laut gezählt. Der H. findet Anwendung, wenn bei einer Abstimmung auch nach der Gegenprobe noch Unklarheit über das Stimmenverhältnis besteht. Zum ersten H. kam es 1874 bei einer Abstimmung im Deutschen Reichstag.

Handelsbilanz
Die H. ist die statistische Gegenüberstellung der Warenein- und -ausfuhren eines Landes und Teil der Zahlungsbilanz. Ein H.-Defizit entsteht, wenn die Einfuhren die Ausfuhren übersteigen. In diesem Fall steigt im betroffenen Land das Warenangebot. Andererseits kommt es zu einer Geldschuld gegenüber dem Ausland. Die H. ist der meistbeachtete Indikator für die → Außenwirtschaft eines Landes.

Handelskrieg
→ Embargo

Handelspolitik
Die H. kann sich sowohl in einem Verzicht auf staatliche Intervention und einer Förderung des Freihandels ausdrücken als auch in Maßnahmen, mit denen der internationale Güteraustausch beeinflußt werden soll (z. B. Einfuhrbeschränkungen, Exportförderung, Abschluß von Handelsabkommen). Anhänger des Freihandels gehen von der Grundüberlegung aus, daß freier Wettbewerb zu bestmöglicher internationaler Spezialisierung und Arbeitsteilung führt. Dadurch werde weltweit der Wohlstand gesteigert. Befürworter des → Protektionismus wollen mit handelspolitischen Maßnahmen die heimische Wirtschaft vor ausländischer Konkurrenz schützen. Sie sehen in einem Defizit der → Handelsbilanz die kurzfristige Gefährdung der Beschäftigung. Um diese zu vermeiden, nehmen sie auch die unter Umständen schlechtere Qualität einheimischer Produkte und höhere Preise in Kauf.
Die Überwachung der internationalen H. und des Welthandels oblag seit 1947 dem Allgemeinen Zoll- und Handelsabkommen (→ GATT),

Beispiel für das Hare-Niemeyer-Verfahren

Bei einer Wahl werden 355000 Stimmen abgegeben. Davon entfallen auf Partei A 160000 Stimmen, auf Partei B 130000 Stimmen und auf Partei C 65000 Stimmen. Zu vergeben sind 40 Mandate, die nach der Formel: erhaltene Stimmen mal Gesamtzahl der Mandate geteilt durch Gesamtzahl der abgebenen Stimmen verteilt werden:

Partei	Stimmen	Quotient	Mandate
A	160000	18,0	18
B	130000	14,6	15 (14+1)*
C	65000	7,3	7

* höchste Stelle hinter dem Komma

einer UN-Sonderorganisation. Seit 1995 ist die → WTO deren Rechtsnachfolgerin.

Hare-Niemeyer-Verfahren ❑

Diese Methode der Stimmenauszählung löste 1987 bei der Bundestagswahl in der BRD das → d'Hondtsche Verfahren für die Auszählung der Zweitstimmen ab. Zuvor hatte das bei der → Verhältniswahl angewandte H., das kleinere Parteien bei der Mandatsverteilung stärker berücksichtigt, bei einigen Landtagswahlen Anwendung gefunden. Das H. ist benannt nach seinem Erfinder, dem britischen Rechtsanwalt Thomas Hare (1806–1891), und dem deutschen Mathematiker Horst Niemeyer (* 1931), der es weiterentwickelte. Beim H. wird die Anzahl der Stimmen jeder Partei mit der Gesamtzahl der zu vergebenden Mandate multipliziert und das Ergebnis anschließend durch die Gesamtzahl der abgegebenen Stimmen geteilt. Die Zahl der Sitze für jede Partei ergibt sich durch Abrundung des Quotienten auf ganze Zahlen. Sollten nach dieser Rechenoperation einige Sitze noch nicht vergeben sein, werden sie in der Reihenfolge der höchsten Nachkommastellen verteilt.

Harzburger Front

Das rechtsextreme Bündnis aus → DNVP, → NSDAP, → Stahlhelm und vaterländischen Verbänden veranstaltete 1929 ein Volksbegehren gegen den → Young-Plan über die deutschen → Reparationen. Am 11.10.1931 wollte die H. bei einer gemeinsamen Großkundgebung die Einigkeit der rechten Parteien demonstrieren. Allerdings gab es tiefgreifende Meinungsverschiedenheiten zwischen den Parteivorsitzenden der extremen Rechten, zumal NSDAP-Führer Adolf Hitler die Vorrangstellung beanspruchte. Im Januar 1933 lebte die H. kurzfristig wieder auf und verhalf Hitler zur quasi legalen Regierungsübernahme. Innerhalb weniger Monate nach der Machtergreifung ließ Hitler jedoch alle Rechtsparteien gleichschalten oder verbieten.

Hausbesetzung

Bei dieser politisch motivierten Aktion ziehen Personengruppen widerrechtlich in leerstehende Häuser

ein. Mit der H. soll gegen die Vernichtung von bezahlbarem Wohnraum protestiert werden. Gleichzeitig wollen die zumeist jüngeren Hausbesetzer auf mangelnde soziale Einrichtungen in städtischen Ballungszentren hinweisen.
Die erste H. in der BRD fand 1970 im Frankfurter Westend statt. H.-Zentren in der BRD waren Berlin, Freiburg i.Br., Göttingen und Hamburg (Hafenstraße). Im Ausland gab es insbesondere in London und Amsterdam (Kraker) eine Hausbesetzerszene. Mitte der 80er Jahre flaute die Welle der H. ab.

Haushalt

Der Begriff H. (auch Etat, Budget) bezeichnet die Einnahmen und Ausgaben des Staates in einem bestimmten Zeitraum. Der H.-Plan wird von der Regierung im allgemeinen vor seiner Gültigkeitsperiode aufgestellt und in Demokratien vom Parlament verabschiedet.
Wirtschaftlichkeit und Ordnungsmäßigkeit der H.-Führung unterliegen anschließend der Prüfung des Rechnungshofes; die politische Kontrolle erfolgt durch das Parlament. Zur Aufstellung von H. sind alle Ebenen des Staates (auch Länder und Kommunen) verpflichtet. Zu den öffentlichen H. zählen auch die Sozialversicherungen. Einnahmen für den H. entstehen vor allem durch Steuern (→ Steuerpolitik) und andere Abgaben (z. B. Gebühren, Beiträge) oder Kreditaufnahme (→ Staatsverschuldung). Die Ausgaben erfolgen insbesondere für staatliche Aufgaben (z. B. Sozialpolitik, Verteidigung, Infrastruktur) oder als Subventionen (→ Subventionspolitik).

Hearing

Auf dieser öffentlichen Versammlung nehmen Sachverständige und Vertreter betroffener Gruppen zu staatlichen Vorhaben Stellung. Ein H. dient als Mittel der sachgerechten Entscheidungsfindung. Die ersten H. hielten Parlamentsausschüsse 1911 in den USA ab. Seit den 60er Jahren gewann das parlamentarische H. auch in den westeuropäischen Demokratien an Bedeutung. Ein H. kann vorgeschrieben oder freiwillig sein, die staatlichen Organe sollen die gewonnenen Informationen in ihre Entscheidung einbeziehen.

Hisbollah

Die radikale islamische Partei und militärische Organisation kämpft im Libanon für die Errichtung eines islamischen Gottestaates nach dem Vorbild des Iran und für die Zerstörung des Staates Israel. Ab 1975 beteiligte sich die H. am libanesischen Bürgerkrieg. Von der Regierung im Libanon ist die H. ausgeschlossen, da sie das politische System, nach dem die Regierungsämter entsprechend dem Anteil der Konfessionen in der Bevölkerung verteilt werden, ablehnt. Im → Nahostkonflikt wendet sich die H. gegen die Verhandlungsbereitschaft arabischer Gruppen wie der palästinensischen → PLO gegenüber Israel.
Nach dem Tod des H.-Gründers Scheich Abbas Mussawi bei einem israelischen Luftangriff im Südlibanon im Februar 1992 übernahm Scheich Hasan Nasrallah die politische Führung der H., die vom Iran finanziell unterstützt wird. Religiöses Oberhaupt der H. ist Scheich Mohammed Hussein Fadlallah. Eine Untergrup-

pe der H. bildet die Terrororganisation → Islamischer Heiliger Krieg.

Historischer Materialismus

Der H. wurde von Karl Marx in seiner Schrift «Zur Kritik der politischen Ökonomie» (1859) theoretisch entwickelt und umfaßt für den → Marxismus zentrale Theorien:

- Kern des H. ist die Theorie der Gesellschaft und ihrer Entwicklung. Da alles Seiende materiell ist, wird die Gesellschaft von der materiellen Umgebung bestimmt. Dies sind die ökonomischen und sozialen Verhältnisse, in denen der Mensch lebt, also auch die Produktionsverhältnisse.
- Der H. kennzeichnet das marxistische Menschenbild: Idealtypisch selbstbestimmt und frei, wurde der Arbeiter durch die arbeitsteilige Wirtschaft im → Kapitalismus von seinem Werk entfremdet.
- Der H. umfaßt die Theorie des Staates: Im Kapitalismus ist jeder Staat ein Klassenstaat, d.h. ein Instrument der politischen Unterdrükkung und wirtschaftlichen Ausbeutung. Mit den Institutionen des Staates setzt die herrschende Klasse ihre Interessen gegen die Mehrheit durch. Nur durch eine Revolution kann das Proletariat die Macht im Staat übernehmen (→ Diktatur des Proletariats) und den → Kommunismus durchsetzen.

Marx sah die Entwicklung hin zum Kommunismus als historisch unabwendbaren Prozeß: Er steht am Ende des Kampfes der Unterdrückten gegen ihre Unterdrücker, der im Feudalstaat begonnen hat.

Seit dem → Leninismus diente der H. in den sozialistischen Ländern zur Rechtfertigung der Alleinherrschaft der kommunistischen Partei. Danach befand sich die Menschheit in der Epoche des Übergangs vom Kapitalismus zum → Sozialismus. In dieser Phase mußte die kommunistische Partei als Avantgarde der Arbeiterklasse die Herrschaft übernehmen und mit autoritärer Macht die Interessen des Proletariats gegen die kapitalistische Klasse vertreten.

Hitler-Putsch

Am 8./9.11.1923 versuchte eine Gruppe Rechtsextremisten unter Führung Adolf Hitlers und Erich Ludendorffs die Macht im Deutschen Reich an sich zu reißen und mit einem Marsch auf Berlin – analog zu Benito Mussolinis Marsch auf Rom (1922) – die Reichsregierung unter Gustav Stresemann zu stürzen. Während einer Rede des Generalstaatskommissars Gustav Ritter von Kahr im Münchener Bürgerbräukeller stürmten die Putschisten den Saal, proklamierten die «nationale Revolution» und erklärten die bayerische sowie die Reichsregierung für abgesetzt. Nachdem sich der bayerische Reichswehrkommandeur General Otto von Lossow und Landespolizeichef Hans Ritter von Seisser gegen die Putschisten gestellt hatten, formierten Hitler und Ludendorff ihre Anhänger zu einem Marsch durch die Münchener Innenstadt. An der Feldherrnhalle schlug die Polizei den Putschversuch mit Waffengewalt nieder und nahm Hitler und Ludendorff fest. Die Reichsregierung verbot die → NSDAP, deren Vorsitzender Hitler war, und andere extremistische Parteien. 1924 wurde Hitler zu fünf Jahren Festungshaft verurteilt, kam jedoch Ende des Jahres wieder frei.

Hitler-Stalin-Pakt ❑

Am 23.8.1939 unterzeichneten die Außenminister Wjatscheslaw M. Molotow (UdSSR) und Joachim von Ribbentrop (Deutsches Reich) in Moskau einen Nichtangriffspakt, in dem sich beide Staaten verpflichteten, für zehn Jahre auf Aggressionen im gegenseitigen Verhältnis zu verzichten und Konflikte friedlich beizulegen. Für den Fall des Krieges eines der Vertragspartner mit einem oder mehreren Drittstaaten wurde wohlwollende Neutralität vereinbart. Ein geheimes Zusatzprotokoll regelte die Gebietsinteressen beider Staaten in Polen und Osteuropa: Der H. sah eine Teilung Polens vor; das rumänische Bessarabien, Estland, Finnland und Lettland wurden der sowjetischen, Litauen der deutschen Machtsphäre zugeschlagen.

Der H. bedeutete das Ende von Josef W. Stalins zweigleisiger Außenpolitik, die er seit dem Frühjahr 1939 betrieben hatte: Den Westmächten sagte er seine Beteiligung an einer Koalition gegen das Deutsche Reich zu; gleichzeitig signalisierte er den Deutschen seine Bereitschaft zu einer Übereinkunft. Der Pakt ermöglichte Adolf Hitler den geplanten Überfall auf Polen (1.9.1939), der den 2. Weltkrieg auslöste. Der deutsche Angriff auf die Sowjetunion am 22.6.1941 bedeutete das Ende des H.

Wjatscheslaw M. Molotow (9.3.1890–8.11.1986)

Molotow war einer der engsten Mitarbeiter Stalins, der ihn 1939 zum Außenminister ernannte (bis 1949). Während des 2. Weltkriegs vertrat Molotow die Sowjetunion auf den Konferenzen der Alliierten. Nach Kriegsende gehörte er zu den wesentlichen Exponenten des Kalten Krieges zwischen den Supermächten UdSSR und USA. Nach Stalins Tod (1953) übernahm Molotow erneut das Außenministerium und wandte sich scharf gegen alle Versuche der Entstalinisierung. 1956 enthob ihn KP-Chef Nikita S. Chruschtschow aller Partei- und Regierungsämter. Sechs Jahre später wurde Molotow aus der KPdSU ausgeschlossen (Wiederaufnahme 1984).

Holocaust

Der insbesondere in der englischsprachigen Welt verwendete Begriff bezeichnet den Völkermord an den Juden durch das nationalsozialistische Deutschland (→ Endlösung). Die → Judenverfolgung war nach der Machtübernahme der Nazis stufenweise verschärft worden (→ Nürnberger Gesetze, 1935; → Kristallnacht, 1938). Die → Wannsee-Konferenz am 20.1.1942 beschloß die Organisation des H. durch die Errichtung von Vernichtungslagern. Dem H. fielen etwa 6 Mio. Juden zum Opfer.

Homelands

Die H. sind Gebiete in Südafrika, die den schwarzen Bevölkerungsgruppen als eigene Staaten oder selbstverwaltete Regionen zugewiesen wurden. Die Bildung von H. war Bestandteil der ab 1948 praktizierten Politik der → Apartheid. 1954 bildete die Regierung die ersten H.: Jeder Schwarze mußte Bürger eines solchen «Heimatlandes» werden. Ab Mitte der 70er Jahre erhielten vier

der zehn H. die Unabhängigkeit und bildeten eigenständige Staaten, die international jedoch nur von Südafrika anerkannt wurden.
Südafrika wollte durch die Schaffung eigener Gebiete und Umsiedlungen einer politischen Mitsprache der schwarzen Bevölkerungsmehrheit entgegenwirken. Die H. blieben wirtschaftlich abhängig, ihre Bewohner waren auf Arbeitsmöglichkeiten in dem von Weißen beherrschten Südafrika angewiesen, wo sie als Fremdarbeiter (d. h. als Ausländer) galten. Das Ende der Apartheidpolitik zog 1994 auch die Auflösung der H. nach sich. Als letztes H. wurde das infolge von Rohstoffvorkommen relativ wohlhabende Bophuthatswana wieder dem südafrikanischen Staatsgebiet eingegliedert.

Home Rule

Der englische Begriff für «Selbstregierung» bezeichnet die friedlichen Unabhängigkeitsbestrebungen Irlands und anderer Territorien vom britischen Empire (→ Kolonialismus). Die sog. irische Frage verschärfte sich Anfang des 20. Jahrhunderts durch die Gründung der radikalen nationalistischen → Sinn Féin, die mit Gewalt für eine Loslösung Irlands vom britischen Empire kämpfte. 1913/14 entwickelte sich eine scharfe innenpolitische Auseinandersetzung zwischen dem von den Liberalen dominierten britischen Unterhaus, das eine H.-Lösung befürwortete, und dem eine eigenständige Regierung ablehnenden Oberhaus. Nach dem → Osteraufstand 1916 besiegelte der Government of Ireland Act 1920 die Teilung der Insel in den unabhängigen katholischen Süden (Freistaat 1921) und den vorwiegend protestantischen Norden, der weiterhin zu Großbritannien zählte. Damit entstanden die Bedingungen für den bis heute anhaltenden → Nordirland-Konflikt.
Auch in Indien spielte die Forderung nach einer Selbstregierung bis zur Unabhängigkeit 1948 eine bedeutende Rolle.
Mitte der 90er Jahre fordern auch Separatisten in Schottland und Wales eine H.

Honecker-Prozeß ❑

In dem am 12. 11. 1992 begonnenen Verfahren vor dem Berliner Landgericht wurde dem Staats- und Parteichef der DDR, Erich Honecker, im Zusammenhang mit den Todesfällen bei Fluchtversuchen an der innerdeutschen Grenze gemeinschaftlich vollendeter und versuchter Totschlag vorgeworfen. Mit Honecker saßen fünf weitere Spitzenfunktionäre der DDR auf der Anklagebank. Im Zentrum des H. stand die Frage, ob es für die Grenzsoldaten einen offiziellen Schießbefehl der höchsten Regierungs- und Parteiorgane gegeben habe. Mit der Anklageerhebung wollte sich die deutsche Justiz des Vorwurfs erwehren, in den sog. Mauerschützenprozessen (Verfahren gegen ehemalige DDR-Grenzsoldaten) nur die direkten Täter, nicht aber die politisch Verantwortlichen angeklagt zu haben. Das Verfahren gegen Honecker wurde wegen dessen fortgeschrittener Krebserkrankung am 12. 1. 1993 abgebrochen.

Erich Honecker
(25.8.1912–29.5.1994)
Der gelernte Dachdecker, der 1937 von der Gestapo wegen seiner Zugehörigkeit zur verbotenen KPD verhaftet wurde, baute ab 1946 in der Sowjetischen Besatzungszone die Freie Deutsche Jugend (FDJ) auf. In den 50er und 60er Jahren stieg er in die Parteispitze der SED auf und übernahm 1971 auf Druck der Sowjetunion den Parteivorsitz von Walter Ulbricht. Honecker, der für eine vorsichtige Entspannung der Beziehungen zur BRD eintrat (→ Transitabkommen 1971, → Grundlagenvertrag 1972), sicherte seine Macht im eigenen Land durch Unterdrückung und Bespitzelung der Bevölkerung. Außenpolitisch gelang es ihm, die DDR international hoffähig zu machen (z. B. UNO-Beitritt 1973). Beharrlich widersetzte sich Honecker, ab 1976 auch Staatsratsvorsitzender, allen politischen und wirtschaftlichen Reformen in der DDR. Nach der Flucht Zehntausender DDR-Bürger über die Tschechoslowakei und Ungarn sowie wöchentlichen Großdemonstrationen trat er am 18. 10. 1989 von allen Ämtern zurück.

Hoover-Plan ❑

US-Präsident Herbert C. Hoover setzte 1931 ein einjähriges Moratorium für die Rückzahlung von Kriegsschulden und → Reparationen des Deutschen Reichs durch. Damit bewahrte er die deutsche Wirtschaft, die durch die Reparationszahlungen schwer belastet war, vor dem Zusammenbruch. Nach Auslaufen des H. beschloß die Konferenz von Lausanne 1932 das Ende der Reparationszahlungen.

Herbert C. Hoover
(10.8.1874–20.10.1964)
Der Republikaner bekleidete 1921–28 das Amt des Handelsministers. In seiner Amtszeit als 31. Präsident der USA (1929–33) war er außenpolitisch auf Ausgleich bedacht. Innenpolitisch weigerte er sich, die Wirtschaftskrise durch staatliche Eingriffe zu beenden. Bei den Wahlen 1932 scheiterte er an dem Demokraten Franklin D. Roosevelt. Nach dem 2. Weltkrieg organisierte der Quäker Hoover ebenso wie bereits nach dem 1. Weltkrieg Lebensmittelhilfen für die hungernde europäische Bevölkerung.

Humanisierung der Arbeit

Der Begriff umfaßt die Verbesserung der Arbeitsbedingungen, des Arbeitsschutzes und der Arbeitsinhalte der Lohnabhängigen. Zu Beginn des 20. Jahrhunderts führten die meisten Staaten Gesetze zur Arbeitszeit sowie zum Arbeitsschutz (Absicherung vor gesundheitlichen Gefahren am Arbeitsplatz) und Jugendschutz (Verbot der Kinderarbeit) ein, was die Arbeitsbedingungen grundlegend veränderte.
Nach dem 2. Weltkrieg verband sich die H. in vielen westeuropäischen Ländern mit dem Selbstverständnis des sozialen Staates. Auch die Beziehungen zwischen Arbeitnehmern und Arbeitgebern wurden durch gesetzliche Regelungen zur Mitbestimmung, zum Mutterschutz und zum Kündigungsschutz verbessert.
Seit den 70er Jahren steht die Arbeit in der technisierten und mechanisierten Welt selbst im Zentrum der Dis-

kussion. Monotone Fließband- oder Maschinenarbeit wird als menschenunwürdig, da sinnentleert verurteilt. Die seit den 80er Jahren zunehmende Computerisierung der Arbeitswelt schränkt die direkten menschlichen Kontakte am Arbeitsplatz ein. Während fast alle Industrieländer staatliche Programme zur Erforschung weiterer Möglichkeiten der H. fördern, fehlen in vielen Ländern der → Dritten Welt grundlegende Bestimmungen zum Arbeitsschutz. Menschenunwürdige Arbeitsbedingungen gehören dort ebenso zum Alltag wie Kinderarbeit (z. B. in südamerikanischen Zinnminen oder in indischen Wollfärbereien).

I

Ideologie ❑

I. ist ein relativ geschlossenes System von Wertvorstellungen, Dogmen und weltanschaulichen Grundeinstellungen. Der Begriff entstand im 18. Jahrhundert in Frankreich und hatte zunächst eine positive Bedeutung im Sinne von «Aufklärung». In der Folgezeit schufen soziale und politische Gruppen I., um mit ihrer Hilfe an die Macht zu gelangen bzw. um ihre Macht zu erhalten. Besonders in der politischen Diskussion des 20. Jahrhunderts diente der Begriff I. als Schlagwort zur pauschalen Entwertung gegnerischer Vorstellungen (verzerrtes Wirklichkeitsbild der anderen gegen die eigene richtige Darstellung von Wirklichkeit).

Als Epoche der I. gilt die Zeit seit der Industrialisierung. Sie hat als wichtigste politische I. den → Faschismus, den → Kommunismus, den → Konservatismus und den → Liberalismus hervorgebracht.

Der bewußte Einsatz von I. zur Manipulation der Massen in totalitären Regimen des 20. Jahrhunderts (z. B. Nazi-Deutschland, Sowjetunion) macht I.-Kritik und Aufklärung notwendig. Konzeptionen der I.-Kritik entwickelten u. a. der → Marxismus und die Wissenssoziologie. In ihr nimmt die Debatte zwischen Kritischem Rationalismus (Karl Popper u. a.) und → Kritischer Theorie eine zentrale Stellung ein. Dabei geht es um die Frage, ob Aufklärung über ideologische Zusammenhänge durch Aufklärung möglich ist oder ob sie ihrerseits zur I. wird.

Immunität

Der Schutz bestimmter Personengruppen vor der staatlichen Gewalt, besonders vor Strafverfolgung, ist Bestandteil des Völkerrechts und des Staatsrechts. In den meisten Demokratien dürfen Abgeordnete nur strafrechtlich verfolgt werden, wenn das Parlament, dem sie angehören, ihre I. aufhebt. Die I. der Abgeordneten soll die verfassungsmäßige Unabhängigkeit der Parlamente sichern. Der Deutsche Bundestag hob u. a. 1960 die I. des späteren Bundesinnenministers Friedrich Zimmermann (CSU) auf, gegen den wegen Meineids ermittelt wurde. 1983 verlor Bundeswirtschaftsminister Otto Graf Lambsdorff (FDP) im Zuge der → Parteispendenaffäre seine I. In Frankreich verweigerte das Parlament 1992 dem Minister für Stadtentwicklung, Bernard Tapie, dem eine Anklage wegen Veruntreuung und Buchfälschung drohte, die I. In Italien klagten Staatsanwälte Anfang der 90er Jahre zahlreiche ehemalige Spitzenpolitiker (beispielsweise die früheren Ministerpräsidenten Giulio Andreotti und Bettino Craxi) wegen Korruption und Verbindungen zur Mafia an.

Völkerrechtliche I. (Exterritorialität) genießen Diplomaten, Staats-

Der Begriff der Ideologie

Antoine Louis Claude Graf Destutt de Tracy (1754–1836): Der französische Philosoph und Politiker verwendete als erster den Begriff der Ideologie. Destutt de Tracy betrachtete sie als ein «fortschritttliches Weltsystem», das eine Voraussetzung für Harmonie und Aufklärung sei.
Auguste Comte (1798–1857): Der Begründer des Positivismus sah im bewußten Einsatz von Ideologie ein Mittel der Herrschaftserhaltung.
Karl Marx (1818–1883)/Friedrich Engels (1820–1895): Marx/Engels gingen davon aus, daß in jeder Produktionsweise jede Klasse eine Ideologie hervorbringt, die ihrer gesellschaftlichen Lage und ihren gesellschaftlichen Interessen entspricht. Die Ideologie sei zumeist ein verzerrtes Abbild der Realität, das der Herrschaftssicherung dient.
Vilfredo Pareto (1848–1923): Für den italienischen Nationalökonomen und Soziologen entstehen Ideologien als Scheinbegründungen der Menschen für ihre Handlungen, die in Wahrheit von instinkthaften Interessen bestimmt werden. Nach Paretos Elitetheorie, die der Faschismus aufnahm, werden Gesellschaften stets von Minderheiten, die Ideologien produzieren, beherrscht. Diese Eliten regenerieren sich aus den «unverbrauchten» Schichten des Volkes.

oberhäupter und Truppen, die sich im Auftrag ihres Heimatlandes in einem Gastland aufhalten.

Impeachment

Als I. wird die öffentliche Anklage hoher Beamter, Minister oder des Präsidenten wegen schwerer Vergehen vor dem US-Senat (der ersten Kammer des Parlaments) bezeichnet. Die Anklage wegen Landesverrats, Bestechung o. ä. erhebt das Repräsentantenhaus (zweite Kammer). Bei einer Verurteilung mit Zweidrittelmehrheit erfolgt die Amtsenthebung des Beschuldigten. 1974 drohte US-Präsident Richard Nixon wegen seiner Verwicklung in die → Watergate-Affäre ein Amtsenthebungsverfahren, dem er jedoch durch seinen Rücktritt zuvorkam.

Imperialismus ❑

Der im 19. Jahrhundert entstandene Begriff bezeichnet das Bestreben eines Staates, seinen kulturellen, militärischen, politischen und wirtschaftlichen Macht- und Einflußbereich ständig auszudehnen (→ Kolonialismus).

Ab etwa 1880 begannen Frankreich und Großbritannien damit, sich durch den Erwerb von Kolonien Rohstoffe und neue Absatzmärkte zu sichern und ihrer Bevölkerung neues Siedlungsland zur Verfügung zu stellen. So besetzte Großbritannien u. a. Ägypten, die Burenstaaten, Ostafrika und den Sudan; Frankreich baute in West- und Nordwest-Afrika ein Kolonialreich auf. Den Höhepunkt des I. brachten die 90er Jahre des 19. Jahrhunderts, als sämtliche Großmächte in Ostasien und in die Pazifikregion einbrachen. Eine führende Rolle spielten hierbei das Deutsche Reich (Kiautschau), Rußland (Kaukasien, Mittel- und Nordasien) und die USA (Guam, Hawaii, Philippinen, Puerto Rico sowie generelle Stärkung der Macht in Mittelamerika). Die Konflikte zwischen den imperialistischen Mächten führten zunächst zu regional begrenzten Auseinandersetzungen (z. B. → Marokkokrisen 1905/06, 1911) und mündeten schließlich 1914 in den 1. Weltkrieg. Der Krieg beendete die Phase des I.; die Großmächte setzten anschließend auf Machterhaltung in ihren Kolonien.

Die Völkerbundmandate, die zahlreiche imperialistische Staaten erhielten, dienten ihnen jedoch zu einer weiteren Ausweitung ihrer Macht und gleichzeitig zu deren Legitimation. So übernahmen Großbritannien und Japan die meisten → deutschen Kolonien, Großbritannien erhielt zudem das Völkerbundmandat für Palästina.

Als verschleierte Form des I. ab 1939 werden die Expansionsbestrebungen von Nazi-Deutschland bewertet. Sie zielten darauf, durch die Unterwerfung Kontinentaleuropas und der Sowjetunion sowie durch Eroberungen in Afrika ein Großdeutsches Reich zu schaffen.

Der sog. italienische Super-I. fand seinen Höhepunkt während des Faschismus in der Annexion Äthiopiens (1935/36, → Abessinienkrieg). Japan proklamierte zur Verschleierung seiner imperialistischen Bestrebungen eine «Großasiatische Wohlstandssphäre».

Auch nach der → Entkolonisierung warfen ab den 50er Jahren viele ehemalige Kolonien den einstigen Kolonialmächten I. vor, da diese weiterhin versuchten, die neuen Staaten politisch zu dominieren.

Indirekte Steuern

I. sind im allgemeinen Verbrauchssteuern, die den privaten Verbrauch von Gütern belasten sollen, jedoch nicht direkt beim Konsumenten, sondern bei den Verkäufern erhoben werden. Die Händler sollen versuchen, die I. durch einen Aufschlag auf ihre Preise an den Konsumenten weiterzugeben. Unterschieden wird zwischen allgemeinen und speziellen Verbrauchssteuern: Die allgemeinen Verbrauchssteuern sollen den gesamten privaten Konsum erfassen und werden in Form einer Umsatzsteuer bzw. Mehrwertsteuer erhoben. Spezielle Verbrauchssteuern gelten nur für einzelne Güter, deren besondere Belastung der Staat mit unterschiedlichen gesellschaftspolitischen Zielen rechtfertigt. So wird die Mineralölsteuer als → Ökosteuer zum Schutz der Umwelt eingesetzt, Tabaksteuer und Alkoholabgaben werden mit Gesundheitsschutzargumenten begründet.

Grund für die Erhebung von I. neben direkten Steuern wie der Einkommensteuer ist ihre geringere Spürbarkeit. Die im Rechnungsbetrag eines Händlers enthaltene Steuer erscheint leichter durchsetzbar. Als gerechter gelten die direkten Steuern, weil ihre Höhe in der Regel nach der Leistungsfähigkeit der Steuerpflichtigen gestaffelt ist. Eine Besteuerung des privaten Verbrauchs belastet hingegen die Bezieher niedriger Einkommen verhältnismäßig stärker. Sie wenden einen höheren Anteil ihres Einkommens für laufende Verbrauchsausgaben auf, zahlen dafür aber den gleichen Steuersatz wie Besserverdienende.

Imperialismustheorien

Am Darwinismus orientierte Modelle (19. Jahrhundert): Die entwickelten Länder verbessern durch den Imperialismus die Situation der unterentwickelten Staaten. So sah es der englische Schriftsteller Rudyard Kipling als «Bürde des weißen Mannes» an, den «Wilden» der → Dritten Welt humanitäre und religiöse Werte zu vermitteln.
John Atkinson Hobson (1902): Imperialismus entsteht nach dem linksliberalen britischen Ökonomen durch den Zwang der kapitalistischen Staaten aufgrund der Ansammlung von Kapital, neue ausländische Absatzmärkte und neue Investitionsmöglichkeiten zu erschließen.
Rudolf Hilferding (1910): Der österreichisch-deutsche Nationalökonom ging davon aus, daß im Kapitalismus Monopole und Kartelle entstehen, deren Interessen mit denen des Staates verschmelzen (sog. Staatsmonopolkapitalismus). Der Staat dehnt seine Macht auf andere Länder aus und sorgt dadurch für neue Investitionsmöglichkeiten im Ausland.
Wladimir I. Lenin (1916/17): Die Konzentration der Produktion und des Kapitals hat nach Ansicht des russischen Revolutionärs eine so hohe Entwicklungsstufe erreicht, daß sie Monopole schafft, die die Wirtschaft beherrschen. In der Folge verschmelzen Bank- und Industriekapital; es entsteht eine Finanzoligarchie. Der Kapitalexport gewinnt im Verhältnis zum Warenexport besondere Bedeutung. Es bilden sich internationale monopolistische Kapitalistenverbände, die die Welt unter sich aufteilen. Damit ist die territoriale Gliederung der Welt zwischen den kapitalistischen Großmächten beendet.
Joseph A. Schumpeter (1918): Expansion ist laut dem austro-amerikanischen Ökonomen ein selbstverständliches Bestreben aller Staaten. Ihr werden erst dort Grenzen gesetzt, wo sie auf Machtinteressen anderer Länder stößt.
Neomarxistische Theorien (nach 1945): Der Imperialismus wird durch internationale Abhängigkeitsstrukturen, die zwischen den Machtzentren der Industrienationen und der Dritten Welt bestehen, am Leben gehalten. Dabei ist von einer Interessenharmonie zwischen den Machteliten der Industriestaaten und denen der Dritten Welt auszugehen.

Indischer Nationalkongreß ❑

Der I., häufig auch Kongreßpartei genannt, wurde 1885 von der britischen Kolonialverwaltung als Interessenvertretung der Inder gegründet. Unter der Führung des Freiheitskämpfers Mahatma Gandhi mobilisierte der I. ab 1920 die Bevölkerung gegen die britische Kolonialmacht. Der I. war äußerst heterogen strukturiert, eine einheitliche ideologische Ausrichtung fehlte. Mit Ausnahme der Kommunisten gingen alle Parteien Indiens aus dem I. hervor. Nach der Unabhängigkeit des Landes (1947) baute Jawaharlal Nehru den I. zu einer modernen Massenpartei aus. Unter der Parteichefin und Ministerpräsidentin Indira Gandhi, die innen- und wirtschaftspolitisch eine Annäherung an den Sozialismus vertrat (z. B. Verstaatli-

chung wichtiger Industriezweige und Banken) und Indien außenpolitisch als blockfreien Staat etablierte, spaltete sich 1969 der I. in einen progressiven und einen eher konservativen Flügel.
Mit Ausnahme der Jahre 1977–80 und 1989–91 regiert die Kongreßpartei Indien seit seiner Unabhängigkeit. Allerdings bekam die Partei weder die regionalen Autonomiebestrebungen noch die religiösen Gegensätze unter Kontrolle, denen sowohl Indira Gandhi als auch ihr Nachfolger, ihr Sohn Rajiv, bei Attentaten zum Opfer fielen (1984 bzw. 1991).

Jawaharlal (Pandit) Nehru (14.11.1889–27.5.1964)
Nehru wurde 1929 Präsident der Kongreßpartei und erreichte 1935 bei den Londoner Round-Table-Gesprächen die Einrichtung eines Systems autonomer Regierungen in den indischen Provinzen. 1946 betrauten ihn die Briten mit der Bildung einer Übergangsregierung. Die Teilung des Subkontinents in einen indischen und einen pakistanischen Teil konnte Nehru jedoch nicht verhindern. Als erster Regierungschef Indiens betrieb er ab 1947 die Modernisierung seines Landes und etablierte eine parlamentarische Demokratie. Nehrus konsequente Politik der Blockfreiheit und der friedlichen Koexistenz wurde zum Vorbild für viele Staaten der Dritten Welt.
Indira Gandhi (19.11.1917–31.10.1984)
Die Tochter des indischen Ministerpräsidenten Jawaharlal Nehru trat als 20jährige der Kongreßpartei bei, deren Vorsitz sie 1959 übernahm. 1966 wurde sie zur Ministerpräsidentin gewählt und dominierte fast zwei Jahrzehnte lang die indische Politik. Trotz eines Freundschaftsvertrags mit der Sowjetunion (1971) verfolgte Gandhi eine Politik der strikten Neutralität. Vier Monate nachdem sie das Heiligtum der Sikhs, den Goldenen Tempel in Amritsar, von der Armee hatte stürmen lassen, wurde sie von ihren beiden Sikh-Leibwächtern erschossen.

Indisch-Pakistanischer Krieg ❑

Der I. entzündete sich 1947 am Streit um Kaschmir (→ Kaschmir-Konflikt). Während Pakistan wirtschaftliche Interessen verfolgte – die Flüsse des überwiegend von Moslems bewohnten Gebiets sind entscheidend für die Bewässerung der landwirtschaftlichen Regionen Pakistans –, standen bei Indien strategische Ziele im Vordergrund: Das im Himalaya gelegene Kaschmir bildet ein Puffergebiet zwischen Afghanistan, China, Indien, Pakistan und der UdSSR. 1949 kam es auf UNO-Vermittlung zum Waffenstillstand, Kaschmir wurde geteilt. 1965 stießen indische Truppen auf die alte pakistanische Kaiserstadt Lahore vor, konnten jedoch keine entscheidenden Vorteile erringen. Ein Jahr später einigten sich beide Staaten in den Verhandlungen von Taschkent zum Rückzug auf ihre ursprünglichen Stellungen.
Unabhängigkeitsbestrebungen des östlichen Landesteils führten 1970 zum Bürgerkrieg in Pakistan. Nachdem etwa 3,5 Mio. Ostpakistaner nach Indien geflohen waren, griffen indische Truppen Ende 1971 in die Kämpfe ein und verhalfen der ostpakistanischen Unabhängigkeitsbewegung unter Mujib Rahman zum Sieg.

Ostpakistan spaltet sich daraufhin als unabhängiger Staat Bangladesch von Pakistan ab.

Mujib Rahman
(22.3.1922–15.8.1975)
Rahman war ab 1953 Generalsekretär (ab 1966 Präsident) der Awami-Liga, die für die Autonomie und Loslösung Ostpakistans von der pakistanischen Zentralregierung eintrat. Nachdem Rahman im März 1971 in Ostpakistan die Volksrepublik Bangladesch ausgerufen hatte, wurde er von pakistanischen Truppen in den Westteil des Landes verschleppt und dort zum Tode verurteilt. Anfang 1972 kam er frei und bildete unter seiner Führung das erste Kabinett in Bangladesch. 1975 ließ sich Rahman Sondervollmachten übertragen und regierte das Land fortan diktatorisch. Im selben Jahr fielen Rahman und seine Familie einem Militärputsch zum Opfer.

Indochinakrieg

Mit I. wird die militärische Auseinandersetzung (1946–54) zwischen der Unabhängigkeitsbewegung in Vietnam und den französischen Kolonialtruppen bezeichnet. Seit den 30er Jahren kämpften die Vietnamesen für die Souveränität ihres Landes gegenüber der Kolonialmacht Frankreich, die ihre Herrschaft nur mit Gewalt aufrechterhalten konnte. Nachdem Japan im 2. Weltkrieg die französischen Truppen in Indochina besiegt hatte und seinerseits von den USA geschlagen worden war, rief der Führer der kommunistischen Unabhängigkeitsbewegung → Vietminh, Ho Chi Minh, am 2.9.1945 im nordvietnamesischen Hanoi die Republik aus. Dennoch besetzte Frankreich den Süden Vietnams, rief eine provisorische Regierung in Saigon aus und erkannte die Unabhängigkeit des Nordens nicht an. Daraufhin brach 1946 der I. zwischen Frankreich und der Demokratischen Republik Vietnam aus.
Das französische Bombardement von Haiphong (23.11.1946) und der Aufstand der Vietminh in Hanoi markierten den Beginn des I. Mit ihrer Guerillataktik brachten die Vietminh den Truppen der frankreichfreundlichen Regierung von Bao Dai in Saigon und den französischen Einheiten empfindliche Niederlagen bei. Im Zuge des → Kalten Kriegs engagierten sich ab 1950 die Großmächte in dem Konflikt: China und die Sowjetunion unterstützten die Vietminh, die USA standen auf der Seite Südvietnams und trugen bis zu 80% der französischen Kriegskosten. Nach der Niederlage bei → Dien Bien Phu im Mai 1954 stimmte Frankreichs Ministerpräsident Pierre Mendès-France auf der Genfer Indochinakonferenz dem Rückzug der französischen Truppen hinter eine Pufferzone am 17. Breitengrad zu. Vietnam wurde in die Unabhängigkeit entlassen. Der I., der 500000 bis 1 Mio. Menschenleben forderte, gilt als erste Phase des → Vietnamkriegs, in den 1964 die USA militärisch eingriffen.

Inflation

I. ist der Anstieg des Preisniveaus, der zu einem Rückgang des Geldwerts führt. Preisstabilität gehört jedoch zu den sechs wichtigsten konjunkturpolitischen Zielen neben hoher Beschäftigung, Wirtschaftswachstum, außenwirtschaftlichem

Gleichgewicht, gerechter Einkommensverteilung und Umweltschutz (→ Konjunktur). Eine hohe I. verursacht zwei Hauptprobleme: Die Planungen der Wirtschaftsteilnehmer werden erschwert, im Extremfall verlieren sie ihr Vertrauen in das Geld als Tauschmittel und flüchten in Sachwerte. Es kommt zu einer Verzerrung der Wertverhältnisse der Güter, da nicht alle Preise gleichmäßig steigen (z.B. steigen die Löhne, d.h. der Preis für Arbeit, langsamer als die Preise für Verbrauchsgüter). Außerdem ändert sich durch die verringerte Kaufkraft bei steigenden Preisen der Wert einer Währung gegenüber anderen (→ Währungspolitik). Die Bekämpfung der I. ist Aufgabe der jeweiligen → Zentralbank, die dazu die Instrumente der Geldpolitik nutzt, beispielsweise die Leitzinsen.

Eine Ursache für I. ist z. B. steigende Nachfrage bei gleichbleibendem Angebot. Dabei kann die Nachfrage von privaten Haushalten, dem Staat, Unternehmen oder vom Ausland (sog. importierte I.) ausgehen. Nach der sog. Quantitätstheorie kommt es zu I., wenn die Geldmenge in einer Volkswirtschaft schneller wächst als das Güterangebot.

Meistbeachtetes Merkmal der I. ist der Anstieg der Verbraucherpreise (Lebenshaltungskosten). Als wichtige Grundlage der Messungen dient ein sog. Warenkorb, der einige Hundert typische Verbrauchsgüter – von Nahrungsmitteln bis zu Wohnungsmieten – umfaßt. Ihre Preise in einem Ausgangsjahr werden mit 100 gleichgesetzt. Dieser Wert zu einem bestimmten Zeitpunkt ist der Lebenshaltungskostenindex. Aus dem durchschnittlichen Preisanstieg der Güter im Warenkorb errechnet sich die Inflationsrate.

Zur extremsten I. des 20. Jahrhunderts führte die im 1. Weltkrieg begonnene Kreditfinanzierung des Deutschen Reichs, die wegen der hohen Kriegskosten und der zu leistenden Reparationszahlungen nach dem Krieg erforderlich geworden war. Am Ende stand die → Währungsreform 1923, nachdem im November desselben Jahres ein US-Dollar 4,2 Mio. Mark gekostet hatte.

Nach dem 2. Weltkrieg gab es in Deutschland bis zur Währungsreform 1948 infolge allgemeinen Preisstopps und von Rationierungsmaßnahmen einen Geldüberhang, der zu hohen Schwarzmarktpreisen führte.

INF-Vertrag

Den Vertrag über die Vernichtung aller atomaren Mittelstreckenwaffen (**I**ntermediate Range **N**uclear **F**orces) der Supermächte unterzeichneten US-Präsident Ronald Reagan und der sowjetische KP-Chef Michail Gorbatschow am 8.12.1987 in Washington. Die INF-Verhandlungen hatten im November 1981 in Genf begonnen. Als das westliche Verteidigungsbündnis → NATO im Herbst 1983 mit der im NATO-Doppelbeschluß festgelegten Nachrüstung in Europa begann, brach die Sowjetunion alle laufenden Abrüstungsverhandlungen ab. Erst im Frühjahr 1985 wurden die Gespräche über einen I. in Genf wieder aufgenommen. Ein halbes Jahr nach der Unterzeichnung trat der I. am 1.6.1988 in Kraft. Der Vertrag war das erste Abrüstungsabkommen zwischen der UdSSR und den USA. Bis dahin hatten sich beide Staaten lediglich auf

Maßnahmen zur Rüstungskontrolle verständigen können.

Inkatha

Die Organisation der Zulus, die mit rund 30% den größten Anteil an der schwarzen Bevölkerung Südafrikas stellen, wurde 1975 von Stammeshäuptling Mangosuthu Buthelezi gegründet. Die I. bildete die Basis für Buthelezis Regierung im → Homeland Kwazulu, die er 1976 übernahm (bis 1994). Die I. wandte sich gegen den radikalen Kurs der Schwarzen-Organisation → ANC (Organisation der Bantus) und setzte auf Kooperation mit der weißen Minderheitsregierung. Nach dem Ende der → Apartheid in Südafrika eskalierten ab 1992 die blutigen Auseinandersetzungen zwischen I. und ANC. Die I. kämpfte gegen die Wiedereingliederung Kwazulus in den südafrikanischen Staatsverband und lehnte 1993 die neue Verfassung ab. Im Kampf gegen Reformen verbündete sich die I. kurzzeitig mit der sog. Freiheitsallianz, dem Dachverband rechtsradikaler Weißer. 1994 setzte Buthelezi besondere Autonomierechte für Kwazulu durch und nahm mit der I. nach langem Zögern an den Wahlen teil (10,5% der Stimmen). Anschließend trat Buthelezi als Innenminister in die bis 1999 amtierende Übergangsregierung unter ANC-Führer Nelson Mandela ein.

Internationale

I. ist die Bezeichnung für den Zusammenschluß internationaler sozialistischer und kommunistischer Vereinigungen im Rahmen der → Arbeiterbewegung. Ziel war es, weltweite Solidarität innerhalb der Arbeiterklasse herzustellen, um den → Kapitalismus zu stürzen.

Vor 1914: Die Erste I. entstand 1864, löste sich aber zwölf Jahre später wegen unüberbrückbarer Differenzen über eine zentralistische Organisation auf. Als Nachfolgerin wurde 1889 die marxistisch orientierte Zweite I. ins Leben gerufen. Sie erklärte u. a. den 1. Mai zum Kampftag für ihre Forderung des Achtstundentags. Das 1900 in Paris gegründete Internationale Sozialistische Büro (ISB) diente als Koordinierungsorgan, wobei die in der I. vereinigten Parteien selbständig blieben. Die Kongresse der Zweiten I. faßten ab der Jahrhundertwende zwar zumeist radikale Beschlüsse und waren sich in der Bekämpfung des drohenden Kriegs einig, doch arbeiteten die sozialistischen Parteien bei Kriegsausbruch mit den jeweiligen bürgerlich-konservativen Regierungen zusammen («Vaterlandsverteidigung»). Die Zweite I. löste sich nach Beginn des 1. Weltkriegs auf.

1919–45: Nach ihrer Wiederbelebung (1919) forderte die Zweite I. einen reformorientierten, undogmatischen → Sozialismus (→ Revisionismus) und geriet damit in Widerspruch zu der im selben Jahr gegründeten Dritten I. Folge war die Spaltung der Arbeiterbewegung. Die Dritte I. (auch Kommunistische I., Komintern) sollte als zentralistische Weltpartei der Weltrevolution und der → Diktatur des Proletariats den Weg bereiten. Der Versuch der Wiener I. von 1921, die Arbeiterbewegung wieder zusammenzuführen, scheiterte. Daraufhin setzte sich die 1923 ins Leben gerufene Sozialistische Arbeiter I. (SAI) bewußt vom → Kommunis-

mus ab, unterhielt jedoch ein Verbindungskomitee zur Komintern, um gelegentlich gemeinsame politische Aktionen durchzuführen.
Nach Lenins Tod (1924) wandte sich die Komintern unter Stalin vom marxistischen Prinzip des proletarischen Internationalismus ab und setzte fortan auf die führende Rolle der UdSSR im Weltkommunismus. Gegen Stalins These vom Sozialismus in einem Land wandte sich die am orthodoxen → Leninismus orientierte Vierte I. (Gründung 1938), die Leo Trotzkis Vorstellungen von der permanenten weltweiten Revolution vertrat. Der 2. Weltkrieg bedeutete das vorläufige Ende der I.: 1940 löste sich die SAI auf; drei Jahre später vollzog auch die Komintern diesen Schritt. Die Vierte I. blieb nach Trotzkis Tod (1940) bedeutungslos.
Nach 1945: Auf Initiative Josef W. Stalins entstand 1947 das Informationsbüro der kommunistischen und Arbeiterparteien (Kominform), dem die KP der meisten Ostblockstaaten angehörten. Obwohl das Kominform die Gleichheit aller Parteien propagierte, besaß die KPdSU die Kontrolle. Im Zuge der Entstalinisierung wurde das Kominform 1956 aufgelöst.
Nachdem die Versuche, eine Nachfolgeorganisation der SAI aufzubauen, gescheitert waren, bildete sich 1947 das Committee of International Socialist Conferences (COMISCO). Diese lockere Vereinigung westlicher sozialdemokratischer und sozialistischer Parteien rief vier Jahre später die Sozialistische I. (SI) ins Leben. Ihre Mitglieder bekannten sich zu einem demokratischen Sozialismus und lehnten Einheitsparteien nach osteuropäischem Vorbild ab. Ziel der SI ist die Verbesserung der Beziehungen innerhalb der → Sozialdemokratie.

Internationaler Frauenrat

Der International Council of Women (Abkürzung ICW) ist die älteste internationale Organisation der → Frauenbewegung; er wurde 1888 in Washington gegründet. Der I. setzt sich für eine Verbesserung der Rechte und der Stellung der Frau ein, insbesondere im Hinblick auf Bildung, Arbeitsleben, Sozialpolitik und politische Gleichberechtigung. Ende des 20. Jahrhunderts fungiert der I. mit Sitz in Paris in erster Linie als Dachverband der nationalen Frauenorganisationen.

Internationaler Gerichtshof ❑

Das Rechtsprechungsorgan der Vereinten Nationen mit Sitz in Den Haag urteilt auf Anrufung in zwischenstaatlichen Streitfällen und erarbeitet im Auftrag von UN-Organen Rechtsgutachten. Vorläufer des 1946 gegründeten I. war der vom → Völkerbund 1920 ins Leben gerufene Ständige I.
Dem I. gehören 15 von der UN-Vollversammlung und dem UN-Sicherheitsrat auf neun Jahre gewählte Richter an. Für Streitfälle ist der I. nur zuständig, wenn sich die beteiligten Parteien seiner Rechtsprechung generell oder in diesem speziellen Fall unterwerfen. Sein Urteil, das für die Streitparteien bindend ist, fällt der I. auf Grundlage des Völkerrechts und international anerkannter Rechtsgrundsätze. Trotz seiner begrenzten Möglichkeiten als streitschlichtende Gerichtsinstanz trägt

der I. wesentlich zur Ausgestaltung des Völkerrechts bei.

Wichtige Sprüche des Internationalen Gerichtshofs

1960: Ein Gebietsstreit (Moskitoküste) zwischen Honduras und Nicaragua wird zugunsten von Honduras entschieden.
1969: Die Continental Shelf Convention von 1958 über die Aufteilung des Nordseefestlandsockels wird für ungültig erklärt.
1973: Auf Antrag Australiens untersagt der Gerichtshof Frankreich weitere Atombombenversuche im Pazifik.
1973: Islands Ausdehnung der Fischereischutzzone auf 50 Meilen gegenüber Großbritannien und der BRD wird für unzulässig erklärt.
1975: Der Internationale Gerichtshof spricht Marokko und Mauretanien die territoriale Souveränität über die spanische Provinz Westsahara ab.

Interpellation ❑

Das Ersuchen des Parlaments an die Regierung um Information in einer bestimmten Angelegenheit, I. genannt, gehört zu den wichtigsten Kontrollfunktionen eines jeden Parlaments. Das I.-Recht ist im Deutschen Bundestag durch die parlamentarischen Anfragen gegeben, die in der Bundestagsgeschäftsordnung geregelt sind (Fragestunde, Kleine Anfrage, Große Anfrage).

Interpellationen im Deutschen Bundestag

Fragestunde: In jeder Sitzungswoche des Bundestages muß die Bundesregierung maximal dreimal eine Stunde lang Fragen der Abgeordneten mündlich beantworten.
Kleine Anfrage: Abgeordnete in Fraktionsmindeststärke (5 % aller Abgeordneten) dürfen an die Bundesregierung schriftliche Anfragen richten, die ihrerseits schriftlich beantwortet werden müssen.
Große Anfrage: Abgeordnete in Fraktionsmindeststärke richten an die Bundesregierung eine schriftliche Anfrage, die schriftlich beantwortet wird. Danach berät der Bundestag die Anfrage auf Wunsch einer Fraktion (bzw. von 5 % der Bundestagsmitglieder) in mündlicher Form.

Interpol

Die **Inter**nationale Kriminal**pol**izeiliche Organisation wurde 1956 als Zusammenschluß nationaler Polizeibehörden gegründet (Sitz: Paris; ab 1988: Lyon) und ging aus der seit 1923 bestehenden Internationalen Kriminalpolizeilichen Kommission hervor. I. soll die staatenübergreifende Verbrechensbekämpfung verbessern. Die Organisation ist zuständig, sobald eine Tat sich nicht im Rahmen eines Staats aufklären läßt oder ein Täter über Grenzen hinweg verfolgt werden muß. Delikte aus politischen, ethnischen, militärischen und religiösen Motiven entziehen sich der Kompetenz der I. In den etwa 150 Mitgliedstaaten gibt es Zentralvertretungen von I., in der BRD ist dies das Bundeskriminalamt.

Interventionismus

Politisch: Als I. wird die Einmischung von Staaten oder internationalen Organisationen in Angelegenheiten bezeichnet, die der alleinigen

Kompetenz eines Nationalstaates unterliegen. Ziel ist zumeist die Festigung der politischen Macht des eingreifenden Staates.

Auf Befehl von Präsident Woodrow Wilson unternahmen die USA mehrere militärische Interventionen, um genehmen Regierungen bei Revolutionen und Unruhen die Macht zu sichern: 1914/16 griffen Truppen in Mexiko ein, 1915 in Haiti, 1916 in der Dominikanischen Republik. Zu diesem Zeitpunkt kam es in den USA zu lang anhaltenden Diskussionen, ob das Land in den 1. Weltkrieg eingreifen sollte. Doch erst nachdem das Deutsche Reich 1917 den unbeschränkten U-Boot-Krieg ausgerufen hatte, beteiligten sich die bis dahin neutralen USA an dem Krieg.

Nach 1945 intervenierten insbesondere die Supermächte UdSSR und USA mehrfach in ihrer Hemisphäre, um mißliebige politische Entwicklungen zu verhindern. So schlugen sowjetische Truppen – teils unter Beteiligung anderer Staaten des → Warschauer Pakts – Aufstände in der DDR (1953) und in Ungarn (1956; → Ungarischer Volksaufstand) sowie die Reformbewegung des → Prager Frühlings in der Tschechoslowakei (1968) nieder. 1979 marschierte die → Rote Armee in Afghanistan ein, um das von islamischen Fundamentalisten bedrängte kommunistische Regime zu stützen.

Die USA griffen 1964 auf seiten des antikommunistischen Südvietnam in den → Vietnamkrieg ein. 1965 intervenierten sie in der Dominikanischen Republik, 1983 auf der Karibik-Insel Grenada – beide Male, um einen angeblich geplanten kommunistischen Umsturzversuch zu verhindern.

In der → Dritten Welt versuchten verschiedene Staaten, Bürgerkriege in Nachbarländern durch militärisches Eingreifen für sich zu nutzen. So sorgten indische Truppen 1971 im pakistanischen Bürgerkrieg für die Abspaltung des neuen Staates Bangladesch.

Auch die internationale Staatengemeinschaft intervenierte mehrfach in kriegerischen Auseinandersetzungen. So beteiligten sich UN-Truppen an der Seite der USA 1950–53 am → Koreakrieg, um die einmarschierten nordkoreanischen Truppen aus dem südlichen Landesteil zurückzudrängen. 1962 griffen die Vereinten Nationen im Kongo ein und beendeten gewaltsam die Abspaltung der Provinz Katanga. In den 90er Jahren intervenierten UN-Verbände im somalischen Bürgerkrieg (offizielle Begründung: humanitäre Aktion zugunsten der hungernden Bevölkerung) und im → Jugoslawienkrieg. Ein internationales Truppenkontingent unter Führung der USA sorgte 1991 im 2. → Golfkrieg für die Befreiung des vom Irak besetzten Kuwait.

Neben dem offenen I. kam es insbesondere im Zuge des → Kalten Krieges immer wieder zum verdeckten I. durch Waffenlieferungen an die an Kriegen oder Bürgerkriegen beteiligten Parteien. Die Sowjetunion unterstützte die marxistische MPLA im → Angolakrieg (ab 1975), in Nicaragua erhielten die rechtsgerichteten Contras Waffenhilfe der USA. Mehrfach war der US-Geheimdienst CIA in Putsche und Putschversuche verwickelt: So wurden die Exilkubaner, die 1961 im Rahmen der → Schweinebucht-Invasion in Kuba landeten, um den Sturz der Regierung Castro herbeizuführen, in den USA ausgebildet; auch an der Vorbereitung des Putsches gegen den demokratisch gewählten marxistischen Präsidenten Salvador Allende in Chile wirkte die CIA mit.

Wirtschaftspolitisch: I. ist das Eingreifen des Staates in eine → Marktwirtschaft, um bestimmte Ziele zu erreichen (z. B. Vollbeschäftigung, gerechtere Einkommensverteilung). Während neoliberale Wirtschaftspolitiker I. als ineffizient ablehnen, wird sie insbesondere von sozialistisch orientierten Wirtschaftspolitikern als unverzichtbares Regulativ betrachtet.

Unter I. wird auch das Eingreifen nationaler → Zentralbanken zur Regulierung von Wechselkursen und Goldpreisen verstanden.

Intifada

Der im Dezember 1987 ausgerufene Aufstand der Palästinenser (arabisch intifada = sich erheben) in den von Israel besetzten Gebieten Gazastreifen und Westjordanland soll einen unabhängigen Palästinenserstaat erzwingen. Die I. wurde sowohl von der → PLO als auch von radikaleren Palästinenserorganisationen (→ Hamas, Dschihad) unterstützt. Das harte Vorgehen des israelischen Militärs bei den blutigen Krawallen, an denen viele Jugendliche beteiligt waren, brachte Israel internationale Kritik ein. Am 15. 11. 1988 proklamierte der Palästinensische Nationalrat einen unabhängigen Palästinenserstaat, dem jedoch die internationale Anerkennung versagt blieb. Erst das 1993 geschlossene → Gaza-Jericho-Abkommen zwischen der PLO und Israel markierte einen ersten Schritt zu einem eigenständigen Staat. Die Friedensverhandlungen konnten die I. zwar eindämmen, nicht aber beenden. Zur Weiterführung der I. trugen u. a. die Agitation radikaler Palästinensergruppen, Attentate fanatischer jüdischer Siedler, der schleppende Verlauf der Folgeverhandlungen zwischen PLO und Israel sowie die Genehmigung weiterer jüdischer Siedlungen in den besetzten Gebieten bei.

IRA

Die katholische Untergrundorganisation **I**rish **R**epublican **A**rmy (Irisch-republikanische Armee) versucht durch Terroranschläge, den Anschluß des mehrheitlich protestantischen Nordirland (64 % Protestanten) an die Republik Irland (94 % Katholiken) zu erzwingen. Die IRA entstand 1919 als militärischer Arm des radikalen Flügels der nationalistischen irischen Partei → Sinn Féin und kämpfte zunächst für die Befreiung Irlands von britischer Herrschaft. Nachdem Irland 1921 den Status eines → Dominion (Freistaat im → Commonwealth) erhalten hatte, konzentrierte die IRA ihren Einsatz auf Nordirland, das bei Großbritannien verblieben war. Als sich 1969 der religiös-soziale Konflikt in Nordirland infolge blutiger Straßenschlachten zwischen Katholiken und Protestanten verschärfte, spaltete sich die IRA in einen «offiziellen» und einen «provisorischen» (militärischen) Flügel. In der Folgezeit starben im → Nordirland-Konflikt zwischen 2000 und 3000 Menschen. 1993 einigten sich Sinn Féin und gemäßigte nordirische Katholiken sowie Großbritannien und Irland auf einen Friedensprozeß für Nordirland. Daraufhin erklärte die IRA im August 1994 den Waffenstillstand.

Iran-Contra-Affäre

Die Enthüllung illegaler Waffengeschäfte der US-Regierung unter Präsident Ronald Reagan führte am 25.11.1986 zur Entlassung von Sicherheitsberater John Pointdexter und Oberstleutnant Oliver North, der im Nationalen Sicherheitsrat für Waffenlieferungen zuständig war.

Trotz der offiziellen anti-iranischen Position der USA hatte das islamische Regime Waffen von den USA erhalten, die damit die Freilassung amerikanischer Geiseln aus dem Libanon erreichen wollten. Die Einkünfte aus den Waffengeschäften wurden an die nicaraguanischen Contras zur Unterstützung ihres Kampfes gegen die sozialistische Regierung weitergeleitet. Dies verstieß gegen den Kongreßbeschluß, der eine Unterstützung der Contras aus Haushaltsmitteln untersagte. Im Juli 1989 verurteilte ein Gericht North als Hauptverantwortlichen der I. wegen Beihilfe zur Täuschung des Kongresses zu einer Freiheitsstrafe von drei Jahren auf Bewährung, einer Geldstrafe und zur Ableistung von 1200 Stunden Sozialarbeit. Inwieweit Präsident Reagan in die Affäre verstrickt war, blieb ungeklärt.

Islamischer Heiliger Krieg

Die libanesische Terrororganisation wurde um 1984 als Untergruppe der fundamentalistischen schiitischen → Hisbollah gegründet. Beide Organisationen wollen den Staat Israel zerstören und den Libanon in einen islamischen Staat umwandeln. Der vom Iran unterstützte I. kämpfte im libanesischen Bürgerkrieg (bis 1991) und beteilgte sich ab 1987 vom Südlibanon aus am palästinensischen Aufstand (→ Intifada) in den von Israel besetzten Gebieten Gazastreifen und Westjordanland.

Islamisierung ❑

Im weiteren Sinn bezeichnet I. die Bekehrung zur Religion des Islam, im engeren Sinn ist die Ausrichtung einer Gesellschaft an den ethischen, politischen, gesellschaftlichen und rechtlichen Vorschriften des Korans gemeint. Ausgehend von der Islamischen Revolution des Ayatollah Ruhollah Khomeini 1979 im Iran, hat die politisch verstandene I., die kapitalistisch geprägte Gesellschaftsordnungen zurückdrängen will, in den Regionen mit moslemischer Bevölkerungsmehrheit (Nordafrika, Naher und Mittlerer Osten) stark zugenommen. Eine wachsende I. macht sich zudem auch in laizistischen Staaten (z. B. der Türkei) sowie in Ländern mit islamischen Minderheiten bzw. Arbeitsemigranten (z. B. Frankreich) bemerkbar.

Der → Imperialismus brachte dem antiwestlichen Islamismus große Sympathien ein. Seit Beginn des Jahrhunderts erschlossen die Kolonialmächte die reichen Rohstoffquellen – insbesondere Erdöl – der arabischen Staaten, ohne daß die einheimische Bevölkerung Anteil an den Erlösen hatte. Nach der → Entkolonisierung nahm der Westen in vielen Staaten großen politischen Einfluß und unterstützte vielfach

Diktatoren und absolute Monarchen wie z. B. Schah Mohammad Resa Pahlawi im Iran. Diese Politik stärkte in vielen Ländern die I.-Tendenzen. Es bildeten sich zwei ideologische Lager heraus: Traditionalisten und Fundamentalisten.

Traditionalisten: Zu ihnen gehören die Staaten der arabischen Halbinsel (Kuwait, Saudi-Arabien und die Vereinigten Arabischen Emirate), die monarchisch strukturiert sind und jede Beteiligung des Volkes an der politischen Willensbildung ablehnen. Die herrschenden Dynastien leiten ihren Rechtsanspruch auf Herrschaft aus religiösen Traditionen ab. Der Islam ist Staatsreligion. Das Rechtswesen basiert auf der Scharia, deren Grundsätze im 7.–9. Jahrhundert von Theologen aus dem Studium des Koran gewonnen wurden. Menschenrechte im westlichen Verständnis finden keine Anwendung. Trotz der tendenziell antiwestlichen Grundhaltung streben die Traditionalisten gute Beziehungen zur westlichen Welt an und lehnen eine Verbreitung ihrer Wertvorstellungen durch Interventionen ab.

Fundamentalisten: Im Gegensatz zu den Traditionalisten verstehen sich die fundamentalistischen Staaten als Vorkämpfer der «islamischen Sache»; Ziel ist die Errichtung einer islamischen Weltherrschaft. Extreme Beispiele sind Libyen unter Muammar al Khadafi und der Iran nach der Revolution 1979. Kennzeichnend für diese Staaten ist ein stark ausgeprägtes religiöses Sendungsbewußtsein, gepaart mit militärischer Aggressivität sowie der Unterstützung fundamentalistischer Untergrundbewegungen und Terroristen. Als Gegenmodell zu instabilen arabischen Regimes verzeichnet der Fundamentalismus seit den 80er Jahren großen Zulauf.

So wird Algerien seit 1992 von einem Guerrillakrieg erschüttert, da die fundamentalistische Partei FIS (Islamische Heilsfront) nach ihrem Wahlerfolg verboten wurde. Auch in Ägypten kämpfen Fundamentalisten für einen islamischen Staat.

Offen zutage treten die Differenzen zwischen Traditionalisten und Fundamentalisten im → Nahostkonflikt, wo die Traditionalisten nach dem Abschluß des → Gaza-Jericho-Abkommens eine moderatere Rolle gegenüber Israel einnehmen. Hingegen unterstützen die Fundamentalisten den Kampf von → Hamas und → Hisbollah gegen die Friedenspolitik der → PLO. Auch in in einigen zentralasiatischen Teilrepubliken der → GUS sind die Fundamentalisten für Unruhen verantwortlich, z. B. 1992 in Tadschikistan.

Ruhollah Mussawi Khomeini (17.5.1900–3.6.1989)

Der islamische Religionsführer (Ajatollah) wurde 1964 von dem persischen Schah-Regime ins Ausland abgeschoben und bereitete aus dem irakischen und französischen Exil in der Folgezeit den revolutionären Umsturz in seiner Heimat vor. Nach dem Sturz des Schahs Mohammad Resa Pahlawi proklamierte Khomeini 1979 die Islamische Republik Iran. Der unumschränkte Herrscher forderte die arabischen Staaten zur islamischen Revolution und zur Einheit gegen den Westen auf. Um die Vormachtstellung am Persischen Golf entbrannte 1980 ein achtjähriger

Krieg zwischen dem Iran und dem Irak (→ Golfkrieg). 1989 rief Khomeini zur Ermordung des Schriftstellers Salman Rushdie auf, der sich in seinem Buch «Die satanischen Verse» der Gotteslästerung schuldig gemacht habe.

Isolationismus

Mit I. wird die Politik eines Staates bezeichnet, sich nicht in Krisen anderer Länder und Regionen einzumischen und das politische Eigeninteresse hervorzuheben. In der ersten Hälfte des 20. Jahrhunderts machten vor allem die USA den I. zur Basis ihrer Politik (→ Monroe-Doktrin). Präsident T. Woodrow Wilson gab den I. 1917 auf, als die USA in den 1. Weltkrieg eintraten. Ab 1918 kehrte das Land zur I. zurück, was auch die Ablehnung des → Völkerbunds und des → Versailler Vertrags durch die USA zeigte. Auch im 2. Weltkrieg gaben die USA ihre neutrale Haltung auf. Mit der gewonnenen Großmachtstellung ab 1945 endete die Phase des I. in den USA. Nach 1945 trat I. häufig in Verbindung mit sozialistischen Ideologien auf, die von denen der UdSSR abwichen: So trat Albanien 1968 aus dem → Warschauer Pakt aus und schottete sich ebenso gegen alle Einflüsse von außen ab wie das sozialistische Nordkorea seit den 80er Jahren.

Israelisch-Arabische Kriege

Die militärischen Auseinandersetzungen zwischen Israel und seinen arabischen Nachbarn brachen im Mai 1948 nach Gründung des jüdischen Staates in Palästina aus.

Erster Krieg (1948/49): Ägypten, der Irak, Jordanien, der Libanon und Syrien wollten die Errichtung des Staates Israel mit Gewalt verhindern bzw. rückgängig machen (→ Nahostkonflikt). Im Januar 1949 kam es unter Vermittlung der UNO zum Waffenstillstand im Rahmen der militärisch erkämpften Grenzen. Ägypten kontrollierte den Gazastreifen, Jordanien erhielt Ostpalästina, Jerusalem blieb zwischen Jordanien und Israel geteilt.

Sinaifeldzug (1956): Wegen eines erwarteten arabischen Angriffs marschierte Israel im Oktober 1956 zur Zeit der → Suezkrise (Auseinandersetzung zwischen Ägypten, Frankreich und Großbritannien um den Suezkanal) in Ägypten ein. Im November gab Israel die besetzten Gebiete Sinai-Halbinsel und Gazastreifen nach einem von USA und UdSSR erzwungenen Waffenstillstand zurück.

Sechstagekrieg (1967): Nachdem Ägypten und Syrien seit dem Herbst 1966 Vorbereitungen für einen Krieg getroffen hatten, griff Israel im Juni 1967 beide Länder an und zerstörte u. a. die gesamte ägyptische Luftwaffe. Israelische Truppen eroberten die Gebiete Sinai-Halbinsel, Gazastreifen, Golanhöhen und Westjordanien (bis zum Jordan). Der jordanische und der israelische Teil Jerusalems wurden zusammengefaßt.

Jom-Kippur-Krieg (1973): Zur Zeit des höchsten jüdischen Festes, Jom Kippur, griffen Ägypten und Syrien Anfang Oktober 1973 Israel an. Nach anfänglichen Niederlagen konnte sich Israel erfolgreich verteidigen. Im Anschluß an den Waffenstillstand Ende des Monats vermittelten die USA Abkommen zur

Truppenentflechtung mit Ägypten (1974) und Syrien (1975).
Ein Ende der militärisch geprägten Politik bedeutete das 1978 zwischen Ägypten und Israel geschlossene → Camp-David-Abkommen, das im Folgejahr zu einem Friedensvertrag zwischen beiden Staaten führte. Bis 1982 gab Israel die Sinai-Halbinsel schrittweise zurück. Das → Gaza-Jericho-Abkommen (1993) zwischen Israel und der → PLO schuf die Grundlagen für die palästinensische Selbstverwaltung im Gazastreifen und im Westjordanland. Mit Jordanien, das seinen Anspruch auf das Land westlich des Jordan 1988 aufgab, einigte sich Israel 1994 auf einen Friedensvertrag. Hingegen ist Syrien erst nach Rückgabe der Golanhöhen zu einer Friedenslösung bereit.

Italienisch-Türkischer Krieg

Im Oktober 1911 besetzten italienische Truppen Tripolis; König Viktor Emanuel III. annektierte Libyen als Kolonie. Als die dort herrschende osmanische Regierung die Annexion für völkerrechtswidrig erklärte, brach der I. aus, in dessen Verlauf die islamische Bruderschaft der Senussi den Italienern erbitterten Widerstand leistete. Italien besetzte außerdem die Inselgruppe Dodekanes in der Ägäis. Der Friede von Lausanne beendete im Dezember 1912 den I.; Libyen und der Dodekanes fielen an Italien.

IWF

Der **I**nternationale **W**ährungs**f**onds zur Sicherung des internationalen Währungssystems und zur Förderung des Welthandels wurde 1944 auf der UNO-Weltwährungskonferenz von Bretton Woods (USA) zusammen mit der → Weltbank ins Leben gerufen. Der IWF mit Sitz in Washington stellt Mitgliedsländern, die in außenwirtschaftliche Schwierigkeiten geraten sind, kurzfristige Überbrückungskredite zur Verfügung. Das Kapital des IWF besteht aus Einlagen seiner Mitglieder; die Höhe des jeweiligen Anteils bemißt sich nach ihrer Wirtschaftskraft. Da die Stimmenzahl der Mitgliedsländer von dieser Quote abhängt, haben die Industrienationen den größten Einfluß in der Organisation.
1969 wurde als internationale Reservewährung in Ergänzung zum US-Dollar die Kunstwährung Sonderziehungsrechte (SZR) geschaffen. Seither können IWF-Mitglieder in einer von ihrem Kapitalanteil abhängigen Höhe Kredite zur Begleichung internationaler Verbindlichkeiten aufnehmen.
In den 80er Jahren wurde die Hilfe bei der wirtschaftlichen Entwicklung der → Dritten Welt und Osteuropas zur wichtigsten Aufgabe des IWF. Allerdings kritisierten die Empfängerländer, daß sie sich im Gegenzug für eine Kreditgewährung des IWF verpflichten müssen, ihre Staatsausgaben zu kürzen. Diesen Sparmaßnahmen fielen jedoch häufig Unterstützungsleistungen für die ärmeren Bevölkerungsschichten zum Opfer, wodurch sich die ohnehin angespannte soziale Lage weiter verschärfte.

J

Jahrhundertvertrag

Im J. verpflichteten sich die bundesdeutschen Stromerzeugungsunternehmen 1980 zur Abnahme jährlich steigender Mengen heimischer Steinkohle bis 1995. Diese indirekte Subventionierung soll den defizitären heimischen Steinkohlebergbau stützen und die Abhängigkeit von importiertem Erdöl und Erdgas verringern. Die Mehrkosten gegenüber der wesentlich günstigeren Importkohle trugen der Bund durch direkte Subventionen und die Verbraucher durch den → Kohlepfennig, der mit der Stromrechnung erhoben wurde. Der J. schrieb den Kohle-Strom-Vertrag von 1977 fort. Nachdem das Bundesverfassungsgericht 1994 den Kohlepfennig als verfassungswidrig bezeichnete, soll die Verstromung heimischer Steinkohle bis zum Jahr 2000 allein aus dem Bundeshaushalt finanziert werden.

Jalta-Konferenz ❑

Vom 4. bis 11. 2. 1945 trafen sich US-Präsident Franklin D. Roosevelt, der britische Premier Winston Churchill und der sowjetische Staatschef Josef W. Stalin in Jalta auf der Krim, um die zukünftige Nachkriegsordnung zu regeln. Die «Großen Drei» einigten sich darauf, unter Beteiligung Frankreichs Deutschland nach dem Kriegsende in vier Besatzungszonen aufzuteilen und vollständig zu entmilitarisieren und zu entwaffnen. Stalin verpflichtete sich, nach einer deutschen Kapitulation in den Krieg gegen Japan einzutreten. Im Gegenzug erhielt er territoriale Zugeständnisse (u. a. die Kurilen, Südsachalin sowie Anrechte auf Teile der Mandschurei und der Mongolei). Auch erkannten Großbritannien und die USA den sowjetischen Anspruch auf Ostpolen an. Polen sollte eine demokratische Regierung unter Beteiligung nichtkommunistischer Gruppierungen erhalten. Zudem einigten sich die drei Staatsmänner auf ein Zusammentreten der Vereinten Nationen in San Francisco zur Festlegung einer Gründungscharta.

Die Erklärung der «Großen Drei», gemeinsam die Ordnung in einem befreiten Europa wieder herzustellen und allen Staaten die Möglichkeit zu geben, demokratische Einrichtungen nach eigener Wahl zu schaffen, wurde nicht umgesetzt. Insbesondere die Sowjetunion legte die Vereinbarungen zu ihrem Vorteil aus und dehnte ihren Herrschaftsbereich über ganz Osteuropa aus.

Winston Churchill
(30. 11. 1874–24. 1. 1965)

Der Kriegsberichterstatter im Burenkrieg wechselte 1904 von der Konservativen zur Liberalen Partei, die ihn zwischen 1910 und 1922 in verschiedenen Ressorts zum Minister machte. Nach seiner Rückkehr zu den Konservativen (1924) besaß er in keiner Partei politischen Rückhalt, zog sich in den 30er Jahren aus der Politik zurück und mahnte – weitgehend ignoriert – vor der Gefahr eines 2. Weltkriegs durch Hitler-Deutschland. Nach Kriegsausbruch wurde Churchill Chef der Admiralität und 1940 Premier- und Verteidigungsminister. Er schwor sein Land auf einen bedingungslosen Kriegseinsatz ein, siegte in der Luftschlacht um England und stoppte die deutschen Truppen in Afrika. Trotz des militärischen Erfolgs wurde er 1945 abgewählt, kehrte aber 1951–55 in das Amt des Premierministers zurück. Als einer der ersten westlichen Politiker setzte sich der britische Nationalheld und Literatur-Nobelpreisträger von 1953 (Standardwerk über den 2. Weltkrieg) für die Beendigung des Kalten Kriegs ein.

Johnson-Doktrin ❑

Die von US-Präsident Lyndon B. Johnson am 2.5.1965 verkündete außenpolitische Maxime sah vor, daß die USA überall dort eingreifen würden, wo eine kommunistische Machtergreifung in einem amerikanischen Staat drohe. Damit brach Johnson in der Lateinamerikapolitik mit dem bisherigen Prinzip der Nichteinmischung. Unmittelbarer Anlaß für die J. war die Entsendung von US-Truppen in die Dominikanische Republik, wo Militärdiktator Donald Reid Cabral durch einen Putsch gestürzt worden war. Mit ihrem Eingreifen wollten die USA ihre im Land befindlichen Bürger schützen und eine angeblich drohende kommunistische Machtübernahme verhindern.

Lyndon B. Johnson (27.8.1908–22.1.1973)
Johnson übernahm 1953 den Fraktionsvorsitz der Demokraten im US-Senat und wurde 1960 von John F. Kennedy zum Vizepräsidenten ernannt. Nach dessen Ermordung 1963 führte Johnson die Amtsgeschäfte und errang im folgenden Jahr einen deutlichen Wahlsieg über den Republikaner Barry Goldwater. Johnson setzte die von Kennedy begonnene liberale Sozial- und Bürgerrechtspolitik fort. 1964 unterzeichnete er das Gesetz zur endgültigen Aufhebung der Rassentrennung. Außenpolitisch weitete er den → Vietnamkrieg aus und befahl das Bombardement Nordvietnams. Die ausbleibenden militärischen Erfolge und die hohen Verluste der US-Truppen führten zu massiver Kritik an Johnson, der 1968 auf eine Präsidentschaftskandidatur verzichtete.

Jom-Kippur-Krieg

→ Israelisch-Arabische Kriege

Judenverfolgung

Die Verfolgung von Menschen jüdischen Glaubens erlebte zwischen 1933 und 1945 mit der Massenvernichtung der Juden im deutschen Herrschaftsbereich ihren Höhepunkt. Wie bereits in früheren Jahrhunderten wurden Juden zum Sündenbock für alle politischen, sozialen und wirtschaftlichen Mißstände erklärt. In Krisenzeiten fiel dieser → Antisemitismus auf fruchtbaren Boden, z. B. in Osteuropa mit antikapitalistischer Ausrichtung im Rahmen der revolutionären Umwälzungen (Rußland 1905 und 1917). Im Deut-

schen Reich wurden Juden für den politischen Umsturz im Kaiserreich und damit für die Niederlage im 1. Weltkrieg verantwortlich gemacht: Sowohl Mathias Erzberger, der den Waffenstillstand von → Compiègne unterzeichnet hatte, als auch Walther Rathenau, der sich für eine Erfüllung der → Reparationen einsetzte, waren jüdischen Glaubens. Demokratie, Liberalismus und Kapitalismus galten für viele Gegner der Weimarer Republik fortan als jüdische Unterwanderung und waren daher zu bekämpfen.
Nach der Machtübernahme der Nationalsozialisten setzte ab 1933 die gesellschaftliche Ächtung (Boykott gegen jüdische Geschäfte) und rechtliche Ausgrenzung der Juden ein. So verboten die 1935 erlassenen → Nürnberger Gesetze die Ehe mit Juden und erkannten ihnen die Staatsbürgerschaft ab. In der staatlich gelenkten sog. → Kristallnacht kam es am 9. 11. 1938 zu gewalttätigen Ausschreitungen gegen die jüdische Bevölkerung, zahllose Synagogen wurden zerstört. Wenige Tage später erfolgte die «Arisierung» der jüdischen Betriebe.
Im 2. Weltkrieg weiteten die Nationalsozialisten die J. auf Europa aus. Juden u. a. aus Böhmen, Frankreich, den Niederlanden und Österreich wurden in das besetzte Polen deportiert und ab 1940 in Ghettos interniert. Der Angriff auf die UdSSR leitete 1941 die systematische Vernichtungspolitik durch «Einsatzgruppen» ein. Sie folgten den Wehrmachtsverbänden und verübten Massaker an der jüdischen Bevölkerung, denen etwa 535 000 Sowjetbürger zum Opfer fielen.
Auf der → Wannsee-Konferenz beschloß die NS-Führung 1942 die sog. → Endlösung der Judenfrage. Millionen von Juden kamen in Vernichtungslagern um, in denen sie u. a. durch Gas ermordet wurden. Insgesamt starben zwischen 1933 und 1945 etwa 6 Mio. Juden.
Nach 1945 kam es vorwiegend im sowjetischen Machtbereich in Ost- und Mitteleuropa zur J. Der Antisemitismus in diesen Ländern führte zur stillschweigenden, rechtlich nie fixierten gesellschaftlichen Benachteiligung von J. So zwangen z. B. die Behörden jüdische Mitbürger vielfach, ihre Namen den Nationalsprachen anzupassen.

Judikative

Die J. (Rechtsprechung) ist neben → Legislative und → Exekutive eine der drei Gewalten im → Rechtsstaat. In der BRD obliegt die Rechtsprechung gemäß Artikel 92 → Grundgesetz unabhängigen Richtern. Sie entscheiden – allein aufgrund der Rechtslage – in privatrechtlichen und öffentlichrechtlichen Streitfällen verbindlich (in letzter Instanz), was Rechtens ist und sorgen somit für den Erhalt der Rechtsordnung. Die J. wird in der BRD durch das Bundesverfassungsgericht, die Bundesgerichte (Bundesarbeitsgericht, Bundesfinanzhof, Bundesgerichtshof, Bundessozialgericht, Bundesverwaltungsgericht) und die Gerichte der Länder als höchsten Instanzen ausgeübt.

Jugoslawienkrieg

Auslöser der militärischen Auseinandersetzungen war die Unabhängigkeitserklärung von Kroatien und Slowenien, die am 25. 6. 1991 aus der

Sozialistischen Föderativen Republik Jugoslawien austraten und damit die Existenz des Vielvölkerstaates beendeten. Daraufhin beanspruchten die Serben, die seit dem Tod des Staatsgründers Josip Broz Tito (1980) stärkeren Einfluß auf die jugoslawische Politik gefordert hatten, die Alleinvertretung für ganz Jugoslawien und ordneten eine Generalmobilmachung an. Die von den Serben dominierte jugoslawische Bundesarmee griff in Slowenien ein, zog sich aber im Oktober wieder zurück. Der Konflikt verlagerte sich nach Kroatien, wo die serbische Bevölkerungsminderheit gemeinsam mit der Bundesarmee gegen die Kroaten vorging. Der bewaffnete Konflikt wurde im Januar 1992 durch einen Waffenstillstand vorläufig beendet.
Nachdem Kroaten und Moslems, die etwa zwei Drittel der Bevölkerung in Bosnien-Herzegowina stellen, Ende Februar 1992 für die Unabhängigkeit ihrer Republik votiert hatten, proklamierten die Serben (ein Drittel der bosnischen Bevölkerung) eine Serbische Republik in Bosnien und begannen mit der Belagerung der Hauptstadt Sarajevo. Die EU und die USA erkannten Bosnien-Herzegowina als unabhängigen Staat an (6.4.), das Land wurde ebenso wie Kroatien und Slowenien in die UNO aufgenommen (22.5.).
In der Folgezeit kam es zum blutigen Bürgerkrieg zwischen Kroaten, Moslems und Serben, der hauptsächlich in Bosnien-Herzegowina und Kroatien tobte. Für weltweite Empörung sorgten die Serben mit der Errichtung von Konzentrationslagern für ihre Gefangenen und den systematischen → Völkermord an den in Bosnien lebenden Moslems. Weder die diplomatischen Bemühungen der europäischen Nachbarstaaten noch die Entsendung von → Friedenstruppen der UNO konnten den J. beenden. Am 22.2.1994 griff die → NATO in den J. ein und schoß bei der ersten Militäraktion seit ihrer Gründung mehrere serbische Flugzeuge über Bosnien ab, um die von der UNO eingerichteten Schutzzonen vor Angriffen zu bewahren. Im Juli 1995 besetzten die Serben mehrere UNO-Schutzzonen, verschleppten die moslemische Bevölkerung und zeigten so die Hilflosigkeit der Vereinten Nationen auf.
Auf Druck von NATO, die vermehrt Luftangriffe gegen die Serben flog, und USA einigten sich die Kriegsparteien am 21.11.1995 in Dayton/Ohio auf einen Friedensplan. Danach soll Bosnien zukünftig als einheitlicher Staat aus zwei Teilen bestehen – der moslemisch-kroatischen Föderation (51 % des Staatsgebietes) und der Serbischen Republik (49 %). Der entsprechende Friedensvertrag wurde am 14.12.1995 in Paris unterzeichnet.

Jungtürken

Die seit 1860 entstandene türkische Reformbewegung setzte sich für die Einführung der konstitutionellen Monarchie im Osmanischen Reich ein und propagierte die Modernisierung des Landes – mit teils nationalistischer, teils panislamistischer Orientierung. 1908 ging aus der Verbindung des Komitees «Einheit und Fortschritt» mit einer Gruppe von Offizieren – darunter Mustafa Kemal und Enver Pascha – die Jungtürkische Partei hervor. Im selben Jahr stürzten die J. den autokratisch herrschenden Sultan Abd Al Hamid II. In der Folgezeit verlor der liberale Flügel der J. an Bedeutung; eine repressive Türkisierungspolitik wandte sich gegen nationale Minderheiten (u.a. Albaner und Armenier). Während des 1. Weltkriegs orientierten sich die J. zunehmend am Deutschen Reich und lösten sich 1918 auf.

Juniaufstand
Am 17.6.1953 kam es in der DDR aus Unzufriedenheit mit der sowjetisch gestützten SED-Regierung zur Volkserhebung. Auslöser des J. waren spontane Proteststreiks der Bauarbeiter und Demonstrationen in Ostberlin am 16.6. gegen die Beibehaltung der im Mai beschlossenen Arbeitsnormenerhöhungen für Industriebetriebe. Am folgenden Tag beteiligten sich in mehr als 250 Orten der DDR mehrere hunderttausend Arbeiter am J., in dessen Verlauf sie u.a. den Rücktritt der Regierung und freie Wahlen forderten. Nachdem die SED die Kontrolle über die Situation verloren hatte, griffen sowjetische Panzertruppen ein und schlugen den Aufstand nieder. Die Angaben über die Anzahl der Opfer schwankten zwischen 20 und 300. Mehr als 20000 Menschen kamen in Haft, etwa 1500 wurden zu teils langjährigen Gefängnisstrafen verurteilt. Die BRD erklärte den 17.6. zum gesetzlichen Feiertag, der an das Ziel einer Vereinigung Deutschlands erinnern sollte. Nach dem Beitritt der DDR zur BRD löste der 3.10. den 17.6. als Tag der Deutschen Einheit ab.

K

Kabeljaukrieg

Das Schlagwort bezeichnet die Auseinandersetzungen um Fischfangrechte vor der isländischen Küste. 1958 und 1972 weitete Island, dessen Exporterlöse zu drei Vierteln vom Fischhandel abhängen, seine Fischereihoheit aus. Damit provozierte das Land Konflikte mit anderen Fischfangnationen, deren Schiffe nur noch außerhalb dieser Zonen tätig werden durften. Als Island seine Fischereihoheit im Oktober 1975 erneut gegen die Bestimmungen des internationalen Seerechts auf 200 Seemeilen ausweitete, kam es zum K. mit Großbritannien und der BRD. Fischer aus diesen Ländern hatten traditionell die Fanggründe vor Island genutzt. Ende November einigten sich Island und die BRD auf Fangquoten. Die Auseinandersetzung mit Großbritannien wurde im November zum Teil militärisch ausgetragen und führte Anfang 1976 zum vorübergehenden Abbruch der diplomatischen Beziehungen zwischen beiden Ländern. Ein Abkommen im Juni desselben Jahres erkannte die 200-Seemeilen-Zone für den isländischen Fischfang völkerrechtlich an.

Kabinett

Der ursprünglich aus dem Englischen stammende Begriff bezeichnet die Gesamtheit aller Minister einer Regierung. In den meisten Demokratien schlägt der Regierungschef die von ihm gewünschten Minister vor, die vom Präsidenten ernannt und vor dem Parlament vereidigt werden. In den USA müssen sich die vom Präsidenten vorgesehenen Minister vor ihrer Ernennung einer Anhörung durch den zuständigen Parlamentsausschuß unterziehen. Fällt diese Anhörung negativ aus, zieht der Präsident den betreffenden Kandidaten in der Regel zurück. Geleitet wird das K. vom Regierungschef, der die Richtlinien der Politik festlegt und verantwortet. Das K. berät auf sog. K.-Sitzungen alle wichtigen politischen Fragen und entscheidet über Streitpunkte zwischen einzelnen Ministern und Ressorts.

Kader

Der Begriff K. meint die Gruppe leitender Personen in Militär, Partei, Staat und Wirtschaft. Wladimir I. Lenin führte K. als Organisationsprinzip der kommunistischen Parteien ein, typische K.-Parteien waren aber auch die nationalsozialistische NSDAP in Deutschland und die faschistische PNF in Italien. Die K. – linientreue, besonders zuverlässige und auf ihrem Fachgebiet qualifizierte Parteifunktionäre – bilden in allen K.-Parteien eine Art Elite, deren Entwicklung die sog. K.-Abteilung überwacht. Das K.-System war nach 1945 kennzeichnend für die sozialistischen Staaten.

Im militärischen Sprachgebrauch

sind K. speziell ausgebildete Berufssoldaten. In modernen Armeen ist ihre Zahl zwar im allgemeinen weit geringer als die Zahl der Wehrpflichtigen, doch sind die K. für deren Ausbildung und Führung verantwortlich. Das erste K.-System gab es ab 1860 in der Armee Preußens.

Kalter Krieg

Die Zeit zwischen 1945 und 1989, die durch tiefgreifende politische Gegensätze zwischen den sozialistischen Staaten (Führungsmacht Sowjetunion) und den westlichen Demokratien (Führungsmacht USA) gekennzeichnet war, wird im allgemeinen als K. bezeichnet. Bereits die alliierten Konferenzen von → Jalta und Potsdam (→ Potsdamer Abkommen) machten die Meinungsunterschiede über die Nachkriegsordnung in Europa deutlich: Die West-Alliierten setzten auf eine freiheitlich-demokratische Ordnung, die Sowjetunion wollte ihr Herrschaftssystem in Osteuropa ausbauen und zielte zudem auf eine weltweite Ausbreitung des → Kommunismus.

Die sowjetischen Expansionsbestrebungen traten offen zutage, als Josef W. Stalin nach 1945 die von der Roten Armee besetzten Länder Osteuropas sowie Ostdeutschland in die Abhängigkeit von der Sowjetunion zwang. Die USA reagierten mit der → Truman-Doktrin, die den Anti-Kommunismus zur Leitlinie der US-Politik machte, und dem → Marshall-Plan. Sein Ziel war es, die europäischen Länder außerhalb des sowjetischen Machtbereichs wirtschaftlich wiederaufzubauen, um sie gegen kommunistische Einflüsse von innen und außen zu wappnen.

Die → Berlin-Blockade der Sowjetunion (1948/49) und der → Koreakrieg (1950–53) stärkten im Westen das Gefühl der Bedrohung. 1949 kam es zur Gründung des westlichen Verteidigungsbündnisses → NATO, 1955 zog der Osten mit dem → Warschauer Pakt nach. Der K. beschleunigte die Westintegration der BRD (NATO-Beitritt 1955). In den USA nahm die Kommunistenverfolgung mit der Einrichtung des Senatsausschusses für «unamerikanische Umtriebe» unter Joseph R. McCarthy hysterische Züge an. Der Ost-West-Konflikt setzte sich im → Vietnamkrieg (ab 1957) und im Bau der Berliner Mauer (1961) fort. Den Höhepunkt erreichte er 1962 mit der Stationierung sowjetischer Truppen auf Kuba (→ Kubakrise), die die Welt an den Rand eines globalen Atomkriegs führte.

Kurz danach wurde der K. – infolge des atomaren Patts der Supermächte – allmählich abgelöst durch eine Politik der friedlichen Koexistenz. Das 1963 unterzeichnete → Atomteststoppabkommen leitete eine Phase der → Entspannungspolitik ein, die mit dem SALT-I-Vertrag (→ SALT) zur Rüstungsbegrenzung (1972), der Schlußakte der → KSZE-Konferenz über vertrauensbildende Maßnahmen zur Sicherheit und Abrüstung (1975) sowie dem SALT-II-Abkommen zur Begrenzung des strategischen Waffenpotentials fortgesetzt wurde.

Das Ende des K. kam jedoch erst in den 80er Jahren mit der Reformpolitik des sowjetischen KP-Chefs Michail Gorbatschow: Im → INF-Vertrag von 1987 vereinbarten die Supermächte die vollständige Vernichtung aller atomaren Mittelstreckenwaffen. Nach dem Zusammenbruch des sowjetischen Herrschaftssystems 1989 setzten sich in Osteuropa die demokratischen Kräfte durch, Deutschland wurde vereinigt (1990), der Warschauer Pakt löste sich auf (1991).

Kamarilla

Der Begriff meint allgemein eine Günstlingspartei, die ohne verfassungsmäßige Befugnis oder Verantwortung unkontrollierbaren Einfluß auf einen Herrscher ausübt. Im besonderen ist K. eine Gruppe von Großgrundbesitzern, Militärs und Politikern, die den deutschen Reichspräsidenten Paul von Hindenburg ab Ende der 20er Jahre umgab und maßgeblich beeinflußte. In der Folge regierte ab dem 29.3.1930 ein Präsidialkabinett die → Weimarer Republik, das nicht mehr dem Reichstag, sondern nur noch dem Reichspräsidenten verantwortlich war. Zwar konzentrierte sich die Macht de jure bei dem greisen Hindenburg, lag de facto jedoch bei der K., der u. a. Franz von Papen, Kurt von Schleicher und Hindenburgs Sohn angehörten. Die Aktivitäten der K. führten 1933 dazu, daß Hindenburg trotz seiner Abneigung gegen die Nationalsozialisten deren Führer Adolf Hitler zum Reichskanzler berief und damit die → Machtergreifung der Nazis ermöglichte.

Kapitalismus ❑

Die Wirtschaftsform des K. ist gekennzeichnet durch industrielle Produktionweise, Privateigentum an Produktionsmitteln, Gewinnstreben sowie die Steuerung des Wirtschaftsgeschehens über den Markt. Die Unternehmer besitzen mit den Produktionsmitteln das Kapital, die Arbeitnehmer bieten ihre Arbeitskraft an (Trennung von Kapital und Arbeit). Weiteres Kriterium des K. ist eine ständige Ausweitung der Produktionsmittel und Produkte, die zu einer Kapitalvermehrung und letztlich zur Zunahme des materiellen Reichtums in einer Gesellschaft führen soll.

Bis 1945: Der K. erreichte seinen Höhepunkt in der Phase der industriellen Revolution des 19. Jahrhunderts. Der rasante technische Fortschritt (Rationalisierungen) zog die Verelendung der Arbeiterschaft nach sich. Entsprechend kämpften Teile der → Arbeiterbewegung für eine Änderung der Produktionsverhältnisse und damit für die Abschaffung des K.

Um neue Rohstoffquellen und Absatzmärkte zu erschließen, dehnten die Kolonialstaaten ihren Machtbereich ständig aus (→ Imperialismus) und gerieten immer häufiger miteinander in Konflikt. Diese Auseinandersetzungen waren einer der Gründe für den Ausbruch des 1. Weltkriegs. Nach Kriegsende setzte der sog. Spät-K. ein, der durch wachsende Unternehmenskonzentration gekennzeichnet war. Der Staat griff steuernd in die Wirtschaft ein (z. B. mit Beschäftigungsprogrammen), um der Krisenanfälligkeit des kapitalistischen Systems entgegenzuwirken und soziale Probleme abzumildern, die den Bestand der Gesellschaftsordnung gefährden könnten. Dennoch war die → Weltwirtschaftskrise Ende der 20er/Anfang der 30er Jahre nicht zu verhindern. In der

Folgezeit wurden Vollbeschäftigung, konjunkturelles Wachstum und wirtschaftliches Gleichgewicht zu den vorrangigen Zielen der kapitalischen Wirtschaftspolitik.
Mit den ab 1919 entstandenen kommunistischen Parteien und der Durchsetzung des Marxismus-Leninismus in der Sowjetunion hatte sich eine Gegenbewegung zum K. entwickelt. Ziel war die kommunistische Weltrevolution und damit die Überwindung des K. An die Stelle der → Marktwirtschaft des K. trat die vom Staat zentral gelenkte → Planwirtschaft. Das Privateigentum an Produktionsmitteln wurde zugunsten des gesellschaftlichen Eigentums abgeschafft (→ Kollektivierung, → Verstaatlichung).
Ab 1945: Nach dem 2. Weltkrieg bildete sich in den meisten kapitalistischen Staaten die soziale → Marktwirtschaft heraus. Sie will unerwünschte Wirkungen des K. verhindern, insbesondere durch die soziale Absicherung der Arbeitnehmer (→ Sozialversicherung). Allgemein war die Entwicklung in den kapitalistischen Staaten durch wachsenden Wohlstand und gute Versorgung der Bevölkerung gekennzeichnet. Die meisten Gewerkschaften gaben ihre einstige antikapitalistische Zielsetzung auf und verstanden sich fortan als reine Interesssenvertretung der Arbeitnehmer, denen sie eine angemessene Teilhabe am Wohlstand verschaffen wollen.
Die wirtschaftspolitische Diskussion drehte sich in den kapitalistischen Ländern zumeist um die Frage, wie weit der Staat in wirtschaftliche Abläufe eingreifen soll, z. B. um Konjunkturkrisen durch Investitions- oder Beschäftigungsprogramme entgegenzuwirken. Während sozialdemokratisch geführte Regierungen auf ein stärkeres Engagement des Staates setzten und Schlüsselindustrien teilweise verstaatlichten (z. B. Automobilindustrie in Frankreich; Stahlindustrie in Italien und Österreich), vertrauten konservativ-liberale Regierungen häufig auf die Selbstheilungskräfte des Marktes und strebten einen Abbau der sozialen Sicherungssysteme an (z. B. in den 80er Jahren Ronald Reagan in den USA, Margaret Thatcher in Großbritannien). Beide Lager konnten jedoch die seit den 70er Jahren anhaltende hohe → Arbeitslosigkeit nicht verhindern.
Den planwirtschaftlich organisierten sozialistischen Staaten gelang es nicht, der Bevölkerung einen vergleichbaren Wohlstand zu verschaffen. Folge waren Unruhen und friedliche Revolutionen, die Ende der 80er Jahre zum Zusammenbruch des Sozialismus führten. Damit blieb die von Karl Marx, der als erster den K. kritisch analysierte, erwartete revolutionäre Umwandlung des kapitalistischen in ein sozialistisches System aus (→ Historischer Materialismus).

Kapp-Putsch

Am 13. 3. 1920 versuchten rechtsradikale Politiker und Militärs unter Führung von Wolfgang Kapp und Reichswehr-General Walther von Lüttwitz, die deutsche Reichsregierung zu stürzen und die Macht an sich zu reißen. Auslöser des Putsches war die geplante Verminderung des Heeres, die unter Soldaten und Reichswehr-Angehörigen großen Unmut hervorgerufen hatte. Die Regierung

Theoretiker des Kapitalismus

Louis Blanc (1811–1882): Der französische Sozialist meinte mit dem Begriff Kapitalismus eine Gesellschaftsordnung der Ausbeutung. Die Mängel des kapitalistischen Systems könnten durch die Bildung von Arbeiterproduktionsgesellschaften und durch staatliche Hilfen behoben werden.
Walter Eucken (1891–1950): Der deutsche Volkswirtschaftler gilt als geistiger Vater der sozialen Marktwirtschaft. Eucken lehnte staatliche Lenkung ab, forderte aber eine Ordnungspolitik zur Aufrechterhaltung des Wettbewerbs.
Milton Friedman (* 1912): Der US-Ökonom vertraut den Selbstheilungskräften des Marktes und plädiert für die Abschaffung des staatlichen Wohlfahrtssystems.
Friedrich August von Hayek (1899–1992): Der englische Nationalökonom wandte sich gegen staatliche Interventionen zur Regulierung des Kapitalismus. Das Gewinnstreben werde durch den Marktmechanismus so gesteuert, daß sich automatisch ein gesellschaftliches Wohlstandsoptimum ergebe.
John Maynard Keynes (1883–1946): Der englische Volkswirtschaftler forderte bei Arbeitslosigkeit staatliche Maßnahmen, um die Wirtschaft anzukurbeln. Keynes' Theorien beeinflußten die Politik fast aller kapitalistischer Länder.
Karl Marx (1818–1883): Der deutsche Philosoph analysierte in seinem dreibändigen Werk «Das Kapital» (1867) den Kapitalismus und kritisierte ihn als historisch letzte Ausbeutergesellschaft. Die im Kapitalismus immanenten Gegensätze zwischen Unternehmern und Arbeitern führten zwangsläufig zu einer Revolution des Proletariats und zu einer sozialistischen Gesellschaft.
John Stuart Mill (1806–1873): Nach Ansicht des britischen Nationalökonomen muß das ideale Wirtschaftssystem die größtmögliche Freiheit des einzelnen mit einer gerechten Verteilung des Profits verbinden. Mill forderte daher u. a. die Einführung von Genossenschaften.
Joseph Alois Schumpeter (1883–1950): Der österreichisch-amerikanische Nationalökonom erklärte Konjunkturschwankungen im Kapitalismus nicht durch äußere Faktoren (z. B. Mißernten, Naturkatastrophen), sondern durch technologische Neuerungen und unternehmerisches Engagement. Zunehmende Bürokratisierung und verstärkte staatliche Eingriffe bewirkten den Rückgang der unternehmerischen Innovationskraft und ein Ende des Kapitalismus.
Adam Smith (1723–1790): Der schottische Nationalökonom stellte die Wirtschaft als ein sich selbst regulierendes System dar, in dem der einzelne seinen Interessen folgt und auf diese Weise dem Gesamtinteresse dient. Smith lieferte der sich entwickelnden kapitalistischen Gesellschaft die wissenschaftliche Grundlage für die Ablehnung staatlicher Restriktionen in der Wirtschaft.
Werner Sombart (1863–1943): Der deutsche Volkswirtschaftler und Soziologe entwickelte in seinem Buch «Der moderne Kapitalismus» (1902) die bis heute verbreitete historische Einteilung des Kapitalismus in Frühkapitalismus (Produktion in Manufakturen und Heimarbeit im ausgehenden Mittelalter), Hoch- und Spätkapitalismus. Grundlegende Voraussetzung für den Kapitalismus sei eine kapitalistische Gesinnung, gekennzeichnet z. B. durch Rationalität und Individualismus.

floh nach Dresden (später nach Stuttgart); Kapp ernannte sich zum Reichskanzler. Daraufhin riefen linke Parteien und Gewerkschaften zum Generalstreik auf und zwangen die Putschisten vier Tage später zur Aufgabe. Kapp floh nach Schweden, stellte sich jedoch später und starb 1922 in der Haft. Seine Mitstreiter wurden zwar verhaftet, aber nicht zur Rechenschaft gezogen. Reichswehrminister Gustav Noske mußte zurücktreten.

Der K. war der erste deutliche Hinweis auf ein Erstarken der Rechtsradikalen. Der Generalstreik gegen den K. mündete im Ruhrgebiet in einen Aufstand der Arbeiterschaft gegen die reaktionären Entwicklungen in der → Weimarer Republik.

Kartelle

Der Begriff K. meint die Vereinbarung von Unternehmen zur Beschränkung des Wettbewerbs. Im allgemeinen kommt es zu Preisabsprachen sowie zur Aufteilung von Absatzmärkten. Als internationales Ölkartell wird häufig die → OPEC bezeichnet. Die 1960 gegründete Organisation Erdöl exportierender Länder reguliert u. a. die Fördermenge in den Mitgliedsstaaten und legt einheitliche Preise fest. Auf nationaler Ebene ist in den meisten Staaten die Bildung von K. untersagt. In der BRD überwacht das Bundeskartellamt in Berlin das K.-Verbot.

Kaschmir-Konflikt

Die Auseinandersetzungen zwischen Indien und Pakistan um die zwischen beiden Staaten im Himalaja-Gebiet gelegene Region Kaschmir begannen 1947. Der Hindu-Maharadscha von Kaschmir, dessen Bevölkerung zu zwei Dritteln aus Moslems besteht, erklärte nach der Teilung Britisch-Indiens den Beitritt zur Republik Indien. Dies verhinderte Pakistan, das die vorwiegend mohammedanischen Landesteile beanspruchte, indem es den Westen besetzte. Indische Truppen okkupierten den größeren östlichen Teil. Durch Vermittlung der UNO wurde 1949 eine Waffenstillstandslinie festgesetzt. Der K. verschärfte sich, als 1956 die verfassunggebende Versammlung des indisch besetzten Teils (seit 1952 Republik) den Beitritt zu Indien beschloß (Aufnahme des Landes 1957). Der größere Teil Kaschmirs wurde als Jammu und Kashmir indischer Bundesstaat mit besonderen Autonomierechten, der westliche Teil Azad Kaschmir fiel an Pakistan. 1965/66 sowie 1971 kam es zum → Indisch-Pakistanischen Krieg um Kaschmir, auf dessen Randbereiche im Himalaja seit 1959 auch China Anspruch erhebt. Seit 1989 wird Kaschmir von blutigen Auseinandersetzungen erschüttert, bei denen sich Moslems, die Unabhängigkeit oder einen Anschluß an Pakistan fordern, und indische Regierungstruppen gegenüberstehen. Gespräche zwischen Indien und Pakistan über den künftigen Status Kaschmirs blieben bis Mitte 1996 ergebnislos.

Kaste

Im Hinduismus versteht man unter K. eine gesellschaftliche Gruppe, die abgeschlossen von anderen lebt und gemeinsamen Bräuchen und Pflichten folgt. Angehörige einer K. dürfen z. B. nur untereinander heiraten und nicht mit Mitgliedern einer an-

deren K. essen. Die indische Gesellschaft zerfällt in mehrere K., die hierarchisch abgestuft sind. Die Zugehörigkeit zu einer K. entsteht durch Geburt und legt den gesellschaftlichen Rang fest. Das indische K.-System unterscheidet Brahmanen (Priester), Kschatrija (Könige, Adel, Krieger), Waischja (Bauern, Handwerker) und Schudra (Niedere, Knechte). Der etwa ein Zehntel umfassende Teil der Gesellschaft, der keiner K. angehört, wird als Unberührbare oder Parias bezeichnet. Die Angehörigen der als unrein verachteten Berufe stehen zuunterst und gelten als rechtlos.
Das K.-Wesen entstand mit der Einwanderung der Indogermanen um 1600 v. Chr. Sie strebten danach, sich nicht mit der unterworfenen einheimischen Bevölkerung zu vermischen und ihre Eigenheiten zu bewahren. Im 20. Jahrhundert führte das K.-System immer wieder zu gesellschaftlichen Spannungen. Die indische Verfassung von 1950 verbietet jede Bevorzugung und Benachteiligung aufgrund der Zugehörigkeit zu einer K. Die Denkweise des K.-Systems konnte jedoch nicht abgeschafft werden und ist auch Ende der 90er Jahre, insbesondere in ländlichen Gebieten, einflußreich.

Katyn

Nahe dem russischen Dorf bei Smolensk ermordete die sowjetische → Rote Armee im April/Mai 1940 fast 4500 polnische Offiziere, die beim sowjetischen Einmarsch in Ostpolen (September 1939) in Gefangenschaft geraten waren. Im April 1943 entdeckten deutsche Besatzungssoldaten die Massengräber in einem Wald bei K. Die UdSSR stritt jede Verantwortung ab und erhob bei den Kriegsverbrecherprozessen in Nürnberg 1946 den Vorwurf, die Polen seien von der deutschen Wehrmacht umgebracht worden. Untersuchungen amerikanischer und polnischer Wissenschaftler ergaben Ende der 40er/Anfang der 50er Jahre jedoch, daß die Erschießung auf Weisung Josef W. Stalins erfolgt war. Der Massenmord von K. belastete in der Folgezeit das Verhältnis zwischen Polen und der UdSSR. Erst 1990 gestand die sowjetische Regierung offiziell die Schuld des Landes ein.

Kemalismus ❑

Das als K. bezeichnete Programm des türkischen Politikers Mustafa Kemal Pascha (ab 1934: Kemal Atatürk) lehnte den Islam als staatstragendes Element in der Türkei ab und modernisierte das politische, wirtschaftliche und kulturelle Leben des Landes im Sinne westlichen Denkens. So beseitigte Kemal die Rechtsprechung nach der Scharia, ließ den Koran ins Türkische übersetzen und schaffte die Polygamie ab. Zudem führte er den Gregorianischen Kalender (d.h. mohammedanische Zeitrechnung abgeschafft) und die lateinische Schrift ein. Die politischen Grundsätze des K. waren die republikanische Staatsform und die Demokratie. Allerdings sollte eine Staatspartei alle Bevölkerungsgruppen und -interessen repräsentieren.

Mustafa Kemal Atatürk (12.3.1881–10.11.1938)

Der Sohn eines Zollbeamten fand um 1895 Zugang zur revolutionären Bewegung der → Jungtürken, die für die Aufhebung des Sultanats kämpfte. Während des 1. Weltkriegs wehrte er als kommandierender General den britisch-französischen Angriff auf die Dardanellen ab und avancierte zum Volkshelden. Ab 1919 führte Kemal den nationalen Widerstand gegen die Okkupation des Landes durch Alliierte und Griechen. 1923 rief er die Republik aus, zu deren Präsident er gewählt wurde. Ausgestattet mit diktatorischen Vollmachten betrieb er den Umbau des Staates. Zwar wurde Kemal von den orthodoxen Moslems angefeindet, doch stand die Mehrheit der Bevölkerung, insbesondere die Jugend, hinter seinen Reformen. 1934 erhielt Kemal den Beinamen «Atatürk» (Vater der Türken).

KGB ❑

Das Komitee für Staatssicherheit (**K**omitet **g**ossudarstwennoi **b**esopasnosti) übernahm ab 1954 als Nachfolgeorganisation der 1920 von Leo Trotzki gegründeten GPU die Funktion des Geheimdienstes der Sowjetunion. Dem KGB oblagen u. a. die Aufgaben der Sicherheitspolizei innerhalb der UdSSR (Kontrolle des Funktionärs- und Staatsapparats, Beobachtung und Ausschaltung oppositioneller Bewegungen), die Spionageabwehr, der Grenzschutz und die nachrichtendienstliche Tätigkeit im Ausland.

1991 wurde der K. in drei selbständige Abteilungen gegliedert (Auslandsaufklärung, Grenzschutz, Spionageabwehr); das Personal sollte von 490000 Mitarbeitern auf 40000 abgebaut werden. Nach der Auflösung der Sowjetunion im selben Jahr übernahm das Ministerium für Sicherheit der Russischen Föderation (MBRF) die Rechtsnachfolge des KGB, der in den Russischen Dienst für Auslandsaufklärung (SVD) umgewandelt wurde (Ziel: Wirtschaftsspionage).

Sowjetische Geheimdienste

1917–22: Tscheka; 1922 aufgelöst.
1922–34: GPU; ging als Ressort 1934 im NKWD auf.
1934–46: NKWD; 1946 als MWD dem Innenministerium angegliedert.
1946–54: MWD; 1954 durch den KGB ersetzt.
1954–91: KGB; 1991 mit dem Ende der UdSSR aufgelöst.

Kibbuz

Die kollektive Siedlungsform in Israel ist zugleich politische Gemeinde und wirtschaftliches Unternehmen. Der erste K. wurde 1909 in Degania im Jordantal gegründet; der erste große K. folgte 1921 in Ein Charod. In den 20er Jahren schlossen sich die K. in Verbänden zusammen und erhielten starken Zuzug aus der jüdischen Jugendbewegung. Ab Anfang der 30er Jahre galten die K. als Hauptinstrument der in erster Linie strategisch motivierten Besiedlung Palästinas. Nach der Staatsgründung Israels gerieten die K. durch ideologische Auseinandersetzungen und Konflikte innerhalb der Arbeiterbewegung in eine Krise, die sie erst in den 60er Jahren überwinden konnten. Die ursprünglich reinen Landwirtschaftsbetriebe entwickelten sich z. T. zu Industriebetrieben und Touristenheimen. In Grenzgebieten verstehen sich die K. häufig als Wehrdörfer gegen feindliche Nachbarn.

Kleine Entente
→ Entente

Koalition
Der Begriff bezeichnet Bündnisse zwischen politischen Parteien in parlamentarischen Systemen, die zustande kommen, wenn keine Partei über die absolute Mehrheit verfügt (also nicht allein regieren kann). Ziel einer K. ist die Beteiligung an der Regierungsmacht. In sog. K.-Vereinbarungen legen die Partner die sachlichen und personellen Absprachen als Bedingung für eine Zusammenarbeit fest.
Im allgemeinen versuchen die großen Volksparteien durch eine sog. kleine K. mit kleinen Parteien die notwendige Mehrheit zu erreichen, um die Regierungspolitik weitgehend allein bestimmen zu können. Eine → Große K., d.h. die Zusammenarbeit zwischen den beiden größten im Parlament vertretenen Parteien, kommt selten und nur in Ausnahmesituationen (Krieg, Staatskrise) oder bei fehlenden anderen Mehrheiten zustande. Die Große K. verschafft zwar der Regierung eine breite Parlamentsmehrheit, schwächt jedoch gleichzeitig die Kontrollfunktion der Volksvertretung, da die kleinen Parteien nicht gegen die Übermacht der Regierungsfraktionen ankommen.

Kollaboration
Als K. wird in Kriegszeiten die Zusammenarbeit von Staatsangehörigen eines besetzten Landes mit der Besatzungsmacht bezeichnet. Der Begriff entstand im 2. Weltkrieg während der deutschen Besatzung in Frankreich (1940–44), als die → Vichy-Regierung unter Philippe Pétain mit den Deutschen kooperierte. Ähnlich intensiv wie in Frankreich arbeiteten auch die staatlichen Institutionen anderer Länder mit der deutschen Besatzungsmacht zusammen: Zum Synonym der K. wurde der Name des Führers der norwegischen faschistischen Partei, Vidkun Quisling. Er bildete 1942 eine Regierung, die vom deutschen Reichskommissar Josef Terboven abhängig war. Die belgische Regierung ging zwar ins Londoner Exil, doch blieb König Leopold III. als Kriegsgefangener im Land und mußte nach der Befreiung 1944 wegen des Vorwurfs der K. das Amt seinem Bruder Karl überlassen. In den Niederlanden entging einzig die nationalsozialistische NSB dem Verbot aller Parteien durch die deutsche Militärregierung. Im Osten Europas war die K. aufgrund des von den Deutschen geführten rassenideologischen Vernichtungskriegs hingegen sehr gering.
Nach der Befreiung Westeuropas wurden Kollaborateure von der einheimischen Bevölkerung verfolgt, viele mußten sich wegen Landesverrats vor Gericht verantworten.

Kollektivierung
Der Begriff bezeichnet den Zusammenschluß von Unternehmen zu genossenschaftlichen oder staatlichen Betrieben. Eine K. erfolgte in allen sozialistischen Ländern auf massiven staatlichen Druck (Zwangs-K.), um das landwirtschaftliche Privateigentum und die private Warenproduktion zu beseitigen und die sog. alten Eliten der Großgrundbesitzer und Unternehmer zu zerschlagen. Anfang der 30er Jahre setzten in der So-

wjetunion großangelegte K.-Maßnahmen ein, die nach 1945 auf die Staaten des sowjetischen Machtbereichs übertragen wurden. Lediglich in Jugoslawien und Polen bestand die Landwirtschaft zum großen Teil aus individualbäuerlichen Betrieben.
Nach erfolgter K. wurde unterschieden zwischen Staats- oder Volkseigentum (z. B. volkseigene Betriebe) und dem Eigentum der Kollektivwirtschaften (z. B. landwirtschaftliche Produktionsgenossenschaften, Kolchosen). Die jeweilige Betriebsführung wurde zumeist vom Staat ernannt. Die Gewinne mußten in den 40er und 50er Jahren vollständig an den Staat abgeführt werden. Erst im Zuge der Wirtschaftsreformen der 60er Jahre blieb den Betrieben ein bestimmter Teil der Gewinne zur eigenen Verwendung. Es zeigte sich jedoch, daß die Kollektive in sozialistischen Staaten nicht annähernd so effizient und innovativ arbeiteten wie Betriebe in privater Hand, da in Kollektiven Verantwortungsgefühl und Arbeitsproduktivität nachlassen. Ein positives Beispiel der K. sind die → Kibbuze, landwirtschaftliche Kollektive, in denen sich jüdische Siedler bereits Anfang der 20er Jahre in Palästina zusammenschlossen und die auch heute noch einen Pfeiler der israelischen Agrarwirtschaft bilden.

Kollektivschuld

Im rechtlichen Sinn bezeichnet der Begriff die Schuld einer Gemeinschaft – in der Regel eines Volkes – an Verbrechen, die in ihrem Namen von einzelnen begangen wurden. Von der K. zu unterscheiden ist die im Völkerrecht verankerte Kollektivhaftung, d.h. die Haftung eines Staates für die von seinem Rechtsvorgänger verursachten Schäden.
Nach 1945 kam es zu einer internationalen Debatte um eine K. des deutschen Volkes am Ausbruch des 2. Weltkriegs und dem → Völkermord an Juden sowie den Vernichtungsaktionen gegen andere (ethnische) Gruppen. Der Hauptvorwurf lautete, das deutsche Volk habe die Verbrechen zumindest geduldet. Während insbesondere Israel von einer K. aller Deutschen ausging, machten die Alliierten die K. nicht zur Grundlage ihrer Nachkriegspolitik. So erfolgte z. B. die Verurteilung von Angeklagten in den → Nürnberger Prozessen nur, wenn ihnen eine individuelle Schuld nachgewiesen werden konnte. In der BRD wird nicht von K., sondern von einer kollektiven Verantwortung für die Verbrechen des Nationalsozialismus gesprochen. Daraus ergibt sich u. a. die Pflicht zur → Wiedergutmachung.

Kolonialismus ❑

K. bezeichnet eine Politik, die auf kulturelle, politische und wirtschaftliche Expansion durch den Erwerb und die Beherrschung fremder Gebiete und Länder zielt. Mit der rechtlichen Eingliederung der Kolonien in das Land der Kolonialmacht begann im 19. Jahrhundert das Zeitalter des → Imperialismus. Zu Beginn des 20. Jahrhunderts verfügten Großbritannien und Frankreich über die größten Kolonialreiche. Weitere imperialistische Mächte waren Belgien, das Deutsche Reich, Italien, die Niederlande, Portugal, Spanien und die USA. Spannungen zwischen den Kolonialstaaten, die ihren Einflußbereich stetig auszudehnen versuch-

Grundlagen des Kolonialismus

Bereits um 1200 v. Chr. gründeten die Phönizier die ersten Kolonien – Niederlassungen an Küstenplätzen, von denen aus sie neue Handelsbeziehungen anknüpften (bekanntestes Beispiel: Karthago). Der Kolonialismus der Neuzeit begann im 15. Jahrhundert, als die seefahrenden Nationen – allen voran Portugal und Spanien – Handelsstützpunkte auf fremden Territorien errichteten und dabei häufig weit ins Landesinnere vordrangen. Als Rechtfertigung diente die Verbreitung der eigenen Religion. Die Kolonialgebiete wurden geplündert, viele Einheimische ermordet.
So fiel der Kolonisierung des amerikanischen Kontinents fast die gesamte indianische Bevölkerung zum Opfer. Einige Länder dienten vorrangig als Siedlungsgebiete; die eingewanderte Bevölkerung verlor im Laufe der Zeit die Bindung an das einstige Mutterland (z. B. Australien, Kanada, Neuseeland, Südafrika, USA).
Ab dem 18./19. Jahrhundert bestimmten vorwiegend wirtschaftliche Motive den Kolonialismus. Die Kolonisten richteten die Wirtschaft in den überseeischen Gebieten auf die Förderung von Rohstoffen bzw. Produktion bestimmter Agrarprodukte aus, in deren Folge gewaltige Monokulturen entstanden. Um ihre Herrschaft zu stabilisieren, zogen die Machthaber einheimische Kader heran, die sie für Verwaltungsaufgaben einsetzten.
Unterschiedlich waren die Grundlagen, auf denen die Kolonialmächte ihre Herrschaft sicherten: Portugal und Spanien setzten auf christliche Missionierung, Frankreich wollte in erster Linie seine Kultur verbreiten, Belgien und die Niederlande konzentrierten sich auf wirtschaftliche Anbindung.

---

ten, führten zunächst zu regional begrenzten Auseinandersetzungen (z. B. → Marokkokrisen, 1905/06 und 1911) und mündeten schließlich 1914 in den 1. Weltkrieg. Mit dem Krieg endete die Phase des Imperialismus, da die Großmächte nach 1918 auf bloße Machterhaltung in ihren Kolonien bedacht waren.
Durch die Kriegsniederlage verlor das Deutsche Reich seine Kolonien (→ deutsche Kolonien), die jedoch nicht in die Unabhängigkeit entlassen, sondern in → Mandatsgebiete unter Kontrolle des → Völkerbunds umgewandelt wurden. Mandatsmächte waren u. a. Frankreich, Großbritannien und Japan. Mit der Besetzung der Mandschurei (1931) und dem → Chinesisch-Japanischen Krieg (1937–45) verfolgten die Japaner das Ziel, ein asiatisches Imperium zu errichten.
Der Prozeß der → Entkolonisierung setzte erst nach dem 2. Weltkrieg ein. Die meisten asiatischen Kolonien erlangten noch in den 40er Jahren ihre Unabhängigkeit, die afrikanischen Staaten in den 50er und 60er Jahren. Italien und Japan büßten ihre Kolonialreiche durch die Kriegsniederlagen ein. Während die Entkolonisierung der britischen Einflußgebiete überwiegend friedlich verlief, mußten sich die französischen Kolonien in Indochina (→ Indochinakrieg) und Algerien (→ Algerienkrieg) die Freiheit erkämpfen.

Als letzte Kolonialmacht entließ Portugal seine überseeischen Besitzungen 1975 in die Unabhängigkeit. Vorausgegangen waren auch hier → Befreiungskriege (in Angola, Mosambik, Portugiesisch-Guinea). Als letzte Kolonie Afrikas wurde 1990 Namibia (das ehemalige Deutsch-Südwest) selbständig.
Zwar ist der K. Ende des 20. Jahrhunderts weitgehend beendet, doch wirken die von den Kolonialmächten geschaffenen innenpolitischen, sozialen und wirtschaftlichen Strukturen weiter. Die während der Kolonialzeit privilegierten Gruppen haben vielerorts ihren Einfluß behalten; viele Staaten sind weiterhin von den einstigen Mutterländern abhängig. Zudem gehören einige kleinere überseeische Gebiete nach wie vor zu ihrer Kolonialmacht (z. B. die Falkland-Inseln zu Großbritannien). Frankreich nutzte noch 1996 das Mururoa-Atoll für seine Atomwaffenversuche.

Kominform
→ Internationale

Komintern
→ Internationale

Kommunismus ❑
Der politisch-ideologische Begriff bezeichnet zum einen die Utopie von einer Gesellschaftsordnung, in der es kein Privateigentum und damit keine Klassenunterschiede sowie keine Herrschaft von Menschen über Menschen gibt. Darüber hinaus umfaßt K. die ökonomischen und politischen Lehren – insbesondere von Friedrich Engels, Wladimir I. Lenin (→ Leninismus) und Karl Marx (→ Marxismus) – zur Schaffung einer kommunistischen Gesellschaft sowie die Herrschaftssysteme, in denen diese Lehren umgesetzt werden sollen. Der Produktionsprozeß in der kommunistischen Gesellschaft soll die Entfremdung der Arbeiter von ihrer Arbeit aufheben und die Ausbeutung beenden.
Der K. stellte nach Marx die historisch zwangsläufige höchste Stufe in der Entwicklung einer Gesellschaft dar: Die früheren Feudalstaaten waren in die Phase des → Kapitalismus eingetreten. Die dem Kapitalismus immanenten Krisen würden zu dessen revolutionärem Ende und zum Aufbau des → Sozialismus bzw. letztendlich des K. führen, der den → Staat überflüssig mache.

Grundlagen des Kommunismus

Schon die Staats- und Gesellschaftstheorien der Antike enthielten Gedanken, die im späteren Kommunismus wiederkehrten. Auch das Urchristentum und mittelalterliche Sekten verzichteten zugunsten der Gemeinschaft auf Privateigentum. Infolge der Französischen Revolution bildeten sich Geheimbünde, die mit ihrer Forderung nach herrschaftsfreier Gesellschaft und Diktatur des Volkes als Vorläufer des Kommunismus anzusehen sind. Die Bezeichnung «Kommunisten» kam um 1840 auf, acht Jahre später verfaßten Karl Marx und Friedrich Engels das «Kommunistische Manifest». Dieses Programm des Bundes der Kommunisten forderte auf der Basis des → Marxismus die Überwindung der bürgerlichen Gesellschaft zur freien Selbstentfaltung des Individuums. Im Klassenkampf zwischen Bourgeoisie und

Proletariat sollte das Privateigentum an Produktionsmitteln beseitigt werden und eine herrschaftlose Gesellschaft entstehen. Die Idee des Kommunismus setzte sich schnell in weiten Bereichen der → Arbeiterbewegung durch.

Bis 1945: Zu Beginn des 20. Jahrhunderts kam es zu einer Spaltung der Arbeiterbewegung in Europa. Während die sozialistisch ausgerichteten Parteien und Organisationen sich verstärkt für gesellschaftliche Reformen innerhalb der bürgerlich-kapitalistischen Staaten einsetzten, um eine gerechtere Verteilung der produzierten Güter zu erreichen (→ Sozialdemokratie), beharrten viele Anhänger des K. auf der Überwindung des Kapitalismus und einer klassenlosen Gesellschaft, die nur durch Umsturz und Revolution entstehen könne.
Gegen die Reformtendenzen wandte sich auch Wladimir I. Lenin. Für eine gewaltsame Befreiung der Arbeiterklasse in Rußland gründete er eine Partei der Berufsrevolutionäre (→ Bolschewismus), die als Avantgarde die Arbeiterklasse führen sollte (→ Leninismus). Diesen Führungsanspruch behielt die → Kommunistische Partei auch nach der → Oktoberrevolution 1917 bei und baute ihn zu einer Parteidiktatur aus, die von Josef W. Stalin ab Mitte der 20er Jahre in eine auf ihn ausgerichtete Diktatur umgewandelt wurde (→ Stalinismus).
Auch auf internationaler Ebene übernahm die → KPdSU mit der Gründung der Kommunistischen → Internationale 1919 die Führung unter den kommunistischen Parteien, die mittlerweile auch in anderen Ländern als Abspaltung von den Sozialisten entstanden waren.
Nach 1945: Die Zugehörigkeit der UdSSR zu den Siegermächten des 2. Weltkriegs bewirkte eine Ausbreitung der kommunistischen Bewegung als Regierungsform in den sowjetisch kontrollierten Staaten Osteuropas. Während zuvor die einheitliche Weltrevolution ein wesentliches Ziel des K. gewesen war, propagierten zahlreiche Staaten (u.a. China und Jugoslawien) nach 1945 einen eigenen Weg zum K.
Die marxistische Theorie ging idealtypisch von hochentwickelten spätkapitalistischen Ländern aus, die durch Revolution in den Sozialismus bzw. K. überführt werden sollten. In der Realität fehlte in den sozialistischen (Agrar-)Staaten nach dem 2. Weltkrieg jedoch die geforderte ökonomisch-industrielle Basis. Der weiterhin aufrechterhaltene Führungsanspruch der UdSSR im Welt-K. führte Anfang der 60er Jahre zu einem offenen Bruch mit dem kommunistisch beherrschten China unter Mao Zedong (→ Maoismus).
Ab Mitte der 60er Jahre entwickelte sich unter Führung der KP Italiens der → Euro-K., der im Gegensatz zur Diktatur einer Partei auf Pluralismus setzte und das Recht auf Opposition zuließ.
In den 80er Jahre wurde auch in der Sowjetunion Kritik laut. Angesichts der Ineffizienz der → Planwirtschaft unternahm die Führung der KPdSU unter Michail Gorbatschow den Versuch einer Reform von oben (→ Perestroika). 1990 gab die KPdSU ihr Machtmonopol auf. Nach dem ge-

scheiterten Putsch konservativer Parteimitglieder wurde die KPdSU 1991 verboten. Mit dem Zusammenbruch der sozialistischen Staaten in Osteuropa zerfiel das kommunistische Weltsystem. Auch in den letzten Bastionen (China, Kuba, Nordkorea, Vietnam) sehen sich die Regierungen zu politischer und wirtschaftlicher Öffnung gegenüber dem Westen gezwungen.

Kommunistische Internationale

→ Internationale

Kommunistische Parteien

Die im 20. Jahrhundert gebildeten K. strebten – zumeist auf Grundlage des → Marxismus und → Leninismus – die revolutionäre Umgestaltung ihres Landes zum → Kommunismus an. Aus einer Gruppe von Berufsrevolutionären (→ Bolschewismus) entwickelte sich in Rußland aus der 1898 gegründeten Sozialdemokratischen Arbeiterpartei mit der → KPdSU die erste K., die durch die → Oktoberrevolution 1917 und den anschließenden Bürgerkrieg die Macht in einem Land besaß. In zahlreichen weiteren Staaten spalteten sich K. aus der → Arbeiterbewegung ab (z. B. → KPD im Deutschen Reich 1918/19), nachdem die → Sozialdemokratie die revolutionäre Überwindung des → Kapitalismus aufgegeben hatte und für Reformen in den bürgerlichen Staaten eintrat. Ein Jahr nach dem Ende des 1. Weltkriegs schlossen sich die K. unter Führung der russischen Kommunisten in der Kommunistischen → Internationale zusammen.
1921 entstand eine K. in China, die sich im → Chinesischen Bürgerkrieg bis 1949 unter Führung Mao Zedongs (→ Maoismus) die Herrschaft erkämpfte und in der Folgezeit ebenso einen eigenständigen (von der KPdSU unabhängigen) Weg zum → Sozialismus einschlug wie die K. in Jugoslawien ab 1948 (unter Josip Broz Tito; → Titoismus) und in Albanien ab 1968 (unter Enver Hoxha). Darüber hinaus übernahmen moskautreue K. nach dem 2. Weltkrieg als Staatsparteien in Osteuropa die Regierung. In der → SBZ (ab 1949 DDR) wurden die KPD und die → SPD zur → SED zwangsvereinigt. Versuche, einen demokratischen Sozialismus aufzubauen, schlug die UdSSR zunächst 1956 in Ungarn nieder (→ Ungarischer Volksaufstand), wo die K. zumindest ansatzweise privatwirtschaftliche Initiative zuließ (sog. Gulaschkommunismus). Auch Reformversuche in der Tschechoslowakei (1968; → Prager Frühling) und in Polen (1970) wurden mit Waffengewalt beendet.
In Westeuropa spielten die K. keine vergleichbare Rolle. Erst in den 60er Jahren setzte, ausgehend von Italien, der sog. → Eurokommunismus ein, der auf eine Reform der kapitalistischen Gesellschaft zielte und die bürgerlichen Grundrechte aufrechterhielt. Er bekam durch die → Studentenbewegung Ende der 60er Jahre kurzzeitig größeren Zulauf.
Nach dem Zusammenbruch der sozialistischen Staaten Osteuropas mußten die K. ihr Machtmonopol aufgeben. Die Parteien lösten sich – teilweise nach Verbot – auf (z. B. 1991: KPdSU) oder benannten sich – mit neuer Ausrichtung auf einen demokratischen Sozialismus – um (z. B. → PDS in der DDR). Durch

die Wirtschaftsprobleme in den osteuropäischen Reformstaaten erstarkten die ehemaligen K. Mitte der 90er Jahre wieder.

Konföderation

Eine K. ist ein Zusammenschluß souveräner Staaten. In der zweiten Hälfte des 20. Jahrhunderts kam es im arabischen Raum mehrfach zu K., die jedoch alle scheiterten: 1958 gründeten Ägypten und Syrien die Vereinigte Arabische Republik (bis 1961). Von kurzer Dauer waren auch der Dreibund zwischen Ägypten, Libyen und Syrien (1971) und die K. zwischen Libyen und Tunesien (1974).
In Südostasien beschlossen Indonesien, Malaysia und die Philippinen im Zuge der Auseinandersetzungen um die Eingliederung des Gebietes Sabah 1963 die Gründung einer K. der Nationen malaiischen Ursprungs, die jedoch nicht verwirklicht wurde. Senegal und Gambia bildeten 1982 die K. Senegambia. Die geplante Zollunion scheiterte an der instabilen politischen Situation in Gambia. Nach dem Ende der UdSSR riefen zehn ehemalige Sowjetrepubliken 1991 den Staatenbund → GUS ins Leben, der eine gemeinsame Wirtschafts- und Außenpolitik betreibt.

Kongreßpartei

→ Indischer Nationalkongreß

Konjunktur

Der Begriff bezeichnet die gesamtwirtschaftliche Lage und Entwicklung eines Staates bzw. internationaler Wirtschaftsgruppen. Merkmale der K. sind der Stand von Arbeitslosigkeit, → Inflation, außenwirtschaftlichen Beziehungen, Wirtschaftswachstum, Einkommensverteilung und Umweltbelastung.
Die K.-Politik strebt einen möglichst hohen Beschäftigungsstand in einer Volkswirtschaft an. Das Preisniveau soll dank niedriger Inflation stabil bleiben. Weiteres Ziel ist ein hohes Wirtschaftswachstum, als dessen Indikator das Bruttosozialprodukt dient. Schwankungen der K. zwischen wirtschaftlichem Boom und Rezession werden in erster Linie am Wirtschaftswachstum festgemacht.
Im Bereich der → Außenwirtschaft führen hohe Handelsüberschüsse zwar zu Einnahmen, die jedoch zu Lasten anderer Staaten gehen und häufig zu Handelskonflikten führen. Daher will die K.-Politik ein außenwirtschaftliches Gleichgewicht erreichen. Im Umweltbereich gilt als Ziel die Erhaltung der natürlichen Lebensgrundlagen bei der Produktion.
Eine günstige konjunkturelle Entwicklung versucht der Staat u. a. dadurch zu erreichen, daß er die gesamtwirtschaftliche Nachfrage durch staatliche Finanz-, Geld- und Währungspolitik der → Zentralbanken beeinflußt und für gute Rahmenbedingungen der → Wirtschaft sorgt.

Konservatismus ❑

Die politische Richtung will das Bestehende auf der Basis der gewachsenen Traditionen bewahren (lateinisch: conservare), lehnt aber einen langsamen Wandel durch zeitgemäße Reformen nicht grundsätzlich ab. Innenpolitisch verteidigt der K. das bestehende Gesellschafts- und Sozialsystem, außenpolitisch will er die Macht des jeweiligen Landes erhalten. Der K. ist abzugrenzen gegen die Reaktion, die jede Änderung des Bestehenden bekämpft, und die Restauration, die auf Wiederherstellung überlebter Strukturen zielt.

Der K. entwickelte sich im 18. Jahrhundert als Gegenbewegung zur politisch-sozialen Revolution. Im Gegensatz zum → Liberalismus fordert er die Einordnung des einzelnen in den Staat, dessen Autorität er hervorhebt. Die ersten konservativen Parteien entstanden in Großbritannien (1834), Kanada (1842) Deutschland (Altkonservative Partei, 1848) und den USA (1854). Im 20. Jahrhundert gehört der K. neben Liberalismus und → Sozialismus bzw. → Sozialdemokratie zu den entscheidenden politischen Richtungen.

Bis 1945: In Großbritannien betrieben die Konservativen zu Beginn des Jahrhunderts eine aggressive Kolonialpolitik, um die Macht des Empire zu erweitern. Ziel war ein Kolonialreich (Motto: «Vom Kap bis Kairo»), das als einheitlicher britischer Wirtschaftsraum dienen sollte. Im deutschen Kaiserreich befürworteten die Anhänger des K. zwar den Kampf gegen den Sozialismus, Teile der Konservativen wandten sich jedoch zudem gegen die aggressive Außenpolitik der Regierung. Wichtigster Träger des K. war die preußische Oberschicht.

Nach dem 1. Weltkrieg zielte der deutsche K. mit nationalistischen Parolen auf Massenwirkung. Wichtigste Sammelbecken wurden die rechtskonservative Deutschnationale Volkspartei (→ DNVP) sowie die katholisch dominierte → Zentrumspartei. Die antirepublikanische Haltung der meisten Konservativen trug zum Erstarken und damit letztlich zur → Machtergreifung des → Nationalsozialismus bei.

Erst die sich abzeichnende Niederlage im 2. Weltkrieg führte zu einer oppositionellen Haltung des K. gegenüber dem Nationalsozialismus. In Großbritannien schwor der konservative Premierminister Winston Churchill die Bevölkerung auf Krieg und Sieg um jeden Preis ein. Sein Ziel, gemeinsam mit den USA eine Vormachtstellung in der Welt zu übernehmen, erreichte er jedoch nicht.

Ab 1945: Nach dem 2. Weltkrieg hatten für die Bevölkerung in Westeuropa Stabilität und die Rückkehr zu gesicherten Sozialverhältnissen Priorität. Der K. gewann insbesondere in den christlich-demokratischen Parteien (z. B. CDA in den Niederlanden, → Democrazia Cristiana in Italien, Konservative Volkspartei in Spanien) zunehmend an Bedeutung. In der BRD traten CDU und CSU das Erbe des K. an. Die herausragende Leistung der Union unter Führung Konrad Adenauers für den deutschen K. liegt in der Überwindung der Demokratiefeindlichkeit. Daneben öffnete sich der politische K. sozialen Reformen (soziale → Marktwirtschaft). Die außenpolitische Leitlinie knüpfte an antisozialistische Traditionen an (z. B. Ablehnung der DDR).

In Frankreich entsprach Charles de Gaulle mit der maßgeblich von ihm geprägten Verfassung der V. Republik (1958) dem Wunsch nach einem «starken Mann». Er erklärte die französische Souveränität zur Maxime allen Handelns und betonte da-

Grundlagen des Konservatismus

Edmund Burke (1729–1797): Der britische Publizist und Politiker verurteilte in seiner Schrift «Betrachtungen über die Französische Revolution» (1790) deren Ziele und schuf damit die zentrale theoretische Grundlage des europäischen Konservatismus. Insbesondere wandte sich Burke gegen die Vernichtung der bestehenden Eigentumsverhältnisse. Als Grundprinzip konservativen Denkens und Handelns betrachtete er den Gedanken der «geschichtlichen Kontinuität».
Karl Ludwig von Haller (1768–1854): Der deutsche Staatstheoretiker begründete die Lehre vom Patrimonialstaat. In seinem Hauptwerk «Die Restauration der Staatswissenschaft» (1816–34) vertrat er eine patriarchalische Staatstheorie auf christlicher Grundlage, mit der er großen Einfluß auf den preußischen Konservatismus hatte.
Joseph Graf von Maistre (1753–1821): Der französische Staats- und Geschichtsphilosoph entwickelte eine rationalistische Rechtfertigung des legitimen Königtums und der kirchlichen Autorität. Maistre trat für einen katholisch-restaurativen Monarchismus ein und forderte höchste geistliche und weltliche Macht für den Papst.
Adam Müller (1779–1829): Der deutsche Staats- und Gesellschaftstheoretiker stellte sich in seinem Hauptwerk «Die Elemente der Staatskunst» (1809) gegen die Ideen der Aufklärung, die von einer Trennung von Staat und Gesellschaft ausgingen. Er plädierte für einen korporativen Ständestaat.
Friedrich Julius Stahl (1802–1861): Der deutsche Rechtsphilosoph avancierte mit seiner Schrift «Das monarchische Prinzip» (1845) zum führenden Vertreter des preußischen Konservatismus. Stahl lehnte Volkssouveränität und Widerstandsrecht ab. Dem liberalen Vernunftstaat stellte er den christlichen Staat gegenüber, der auf göttliches Recht gegründet ist.
Lorenz von Stein (1815–1890): Der deutsche Staatsrechtler schuf mit seiner «Geschichte der sozialen Bewegung in Frankreich von 1789 bis heute» (1850) die Grundlage des sog. sozialen Konservatismus. Stein entwickelte darin die Konzeption eines monarchischen Sozialstaats. Die proletarische Idee der Gleichheit als Gestaltungsprinzip der Staatstätigkeit betrachtete er als irreal.

---

mit die Stellung seines Landes als Großmacht.

Ab Anfang der 80er Jahre propagierte der K. in den westlichen Industrienationen die «geistig moralische Wende». Im Mittelpunkt stand eine Rückbesinnung auf traditionelle Werte (z. B. Familie als Keimzelle der Gesellschaft) sowie die Betonung des starken Staates. In der BRD übernahm Helmut Kohl (CDU) die Regierung (1982). In den USA wurde Ronald Reagan mit Law-and-Order-Parolen Präsident. Seine Außenpolitik war von einer Demonstration militärischer Stärke bestimmt (→ Aufrüstung), um die UdSSR zu Zugeständnissen bei der → Abrüstung zu zwingen. In seiner Wirtschaftspolitik folgte er konservativen Theoretikern wie Milton Friedman, die staatliche Interventionen ablehnen (→ Reaganomics). Eine ähnliche Politik betrieb auch die britische Premierministerin Margaret Thatcher. Sie setzte auf einen massiven Sozialabbau und bekämpfte die Gewerkschaften (sog. → Thatcherismus). Mit der von ihr befohlenen militärischen Intervention gegen die argentinische Okkupation der Falkland-Inseln (→ Falklandkrieg) griff sie die Tradition der Empirepolitik auf.

Konstitutionelle Monarchie

→ Monarchie

Konterrevolution

Als K. wird der Versuch bezeichnet, die Ergebnisse einer Revolution durch eine Gegenrevolution rückgängig zu machen. Der Marxismus-Leninismus betrachtet jede Opposition gegen kommunistische Herrschaft als konterrevolutionär.

Kontrollrat

→ Alliierter Kontrollrat

Konzentrationslager ❑

K. sind Internierungslager, in dem in kriegführenden Staaten Zivilisten aus verfeindeten Ländern, in neutralen Staaten übergelaufene Soldaten und in totalitären Regimen politische Gegner festgehalten werden. Der Name K. geht auf die als «reconcentrados» (Zusammengedrängte, Versammelte) bezeichneten Kubaner zurück, die im kubanischen Unabhängigkeitskrieg 1895–1902 von Spanien festgehalten wurden.

Die ersten militärischen K. entstanden im amerikanischen Sezessionskrieg zwischen 1861 und '65. Die britische Kolonialmacht richtete 1901 im südafrikanischen → Burenkrieg K. ein, in denen sie Teile der Bevölkerung festhielt. Die Sowjetunion schuf Mitte der 20er Jahre die ersten Zwangsarbeitslager für politische Gegner (→ Gulag).

Kurz nach der Machtübernahme der Nationalsozialisten entstanden 1933 die ersten K. im Deutschen Reich, in die willkürlich rassisch Verfolgte (besonders Juden), politische Gegner wie Sozialdemokraten und Kommunisten, Homosexuelle sowie Kriminelle eingewiesen wurden. Folter, Hunger, Seuchen, → Zwangsarbeit sowie medizinische Versuche führten zu hohen Todeszahlen. Die deutschen K. unterstanden 1933/34 der → SA, danach der → SS. Bis 1939 wurden die großen K. Buchenwald, Dachau und Sachsenhausen sowie 25 kleinere Lager eingerichtet. Ihre Zahl stieg nach dem Ausbruch des 2. Weltkriegs (1939) auf über 80 an. → Vernichtungslager wie Auschwitz-Birkenau, Majdanek und Treblinka dienten ausschließlich der Ermordung von Juden und anderen Gefangenen. Insgesamt fanden in den K. etwa 6,5 Mio. Menschen den Tod, darunter ungefähr 6 Mio. Juden.

Nach Kriegsende benutzte die sowjetische Militärverwaltung die zuvor deutschen K. als Internierungslager, in denen ca. 100000 Menschen starben. Auch die Militärjunten von Griechenland (1967–74) und Chile (1973–89) bedienten sich K. bei der Bekämpfung der politischen Opposition. Anfang der 90er Jahre errichteten die Serben im → Jugoslawienkrieg K.

Konzertierte Aktion

Das informelle Gremium von Arbeitnehmer- und Unternehmerver-

Deutsche Konzentrationslager während des 2. Weltkriegs

Name	Land gemäß Staatsgrenze von 1937	Bestand des Lagers	Anzahl der Ermordeten
Auschwitz-Birkenau	Polen	1940–45	3000000
Belzéc	Polen	1942–43	600000
Bergen-Belsen	Deutschland	1943–45	50000
Buchenwald	Deutschland	1937–45	60000
Dachau	Deutschland	1933–45	35000
Flossenbürg	Deutschland	1938–45	30000
Groß-Rosen	Deutschland	1940–45	40000
s'Hertogenbosch-Vught	Niederlande	1943–44	k. A.
Kraków-Plaszów	Polen	1944–45	50000
Kulmhof (Chelmno)	Polen	1941–45	160000
Majdanek	Polen	1943–44	360000
Mauthausen	Österreich	1938–45	110000
Mittelbau-Dora	Deutschland	1943–45	20000
Natzweiler-Struthof	Frankreich	1941–44	30000
Neuengamme	Deutschland	1940–45	50000
Ravensbrück	Deutschland	1939–45	90000
Sachsenhausen	Deutschland	1936–45	100000
Sobibor	Polen	1942–43	250000
Stutthof	Deutschland/Danzig	1942–45	80000
Theresienstadt	Tschechoslowakei	1941–45	30000
Treblinka	Polen	1942–43	700000
Warschau	Polen	1943–44	k. A.

bänden, des Sachverständigenrats zur Begutachtung der Wirtschaft und der Bundesregierung trat auf Initiative von Wirtschaftsminister Karl Schiller (SPD) erstmals am 14. 2. 1967 in Bonn zusammen. Ziel der K. ist ein gemeinsames Vorgehen bei der Verwirklichung des sog. magischen Vierecks in der deutschen Wirtschaftspolitik, festgehalten im Stabilitätsgesetz von 1967: Angestrebt werden außenwirtschaftliches Gleichgewicht, Preisstabilität, Vollbeschäftigung und Wachstum. 1977 verließen die Gewerkschaften die K. aus Protest gegen die Verfassungsklage der Arbeitgeber gegen das Mitbestimmungsgesetz. Damit verlor das Gremium seine Bedeutung.

Koreakrieg ❑

Die militärische Auseinandersetzung zwischen Nord- und Südkorea begann am 25. 6. 1950 mit dem Angriff des kommunistischen Nordens auf den westlich orientierten Süden. Nach dem 2. Weltkrieg hatten sowjetische und amerikanische Truppen Korea besetzt. Die 1948 gegründeten Staaten Republik Korea (Süden) und Volksdemokratische Republik Korea (Norden) besiegelten die endgültige Teilung des asiatischen Landes. In der Folgezeit kam es immer wieder zu Zwischenfällen an der Demarkationslinie am 38. Breitengrad. Zwei Tage nach dem Angriff Nordkoreas verurteilte der UN-Sicherheitsrat die Aggression und beschloß – in Abwesenheit des sowjetischen Delegierten – die Bildung einer UN-Truppe unter US-Führung zur Befreiung des Südens. Nach Erfolgen der internationalen Streitmacht griff Ende 1950 China auf seiten Nordkoreas in die Kämpfe ein. Im April 1951 setzte US-Präsident Harry S. Truman den Oberbefehlshaber der amerikanischen Truppen, General Douglas MacArthur, ab, nachdem dieser eine Ausweitung des Kriegs auf China gefordert hatte. Drei Monate später begannen in → Panmunjom Friedensverhandlungen, die am 27.7.1953 zu einem Waffenstillstandsabkommen führten. Es stellte die alte Grenze am 38. Breitengrad wieder her; das Grenzgebiet wurde zur entmilitarisierten Zone erklärt. Der K. galt im Westen als Beleg für die kommunistische Bedrohung und beschleunigte die Westintegration der BRD (Aufnahme in die → NATO, → Wiederbewaffnung).

Kim Il Sung
(15.4.1912–8.7.1994)
Nach dem 2. Weltkrieg wurde Kim dank sowjetischer Protektion zunächst Vorsitzender des volksdemokratischen Regimes im Norden und 1948 Ministerpräsident der kommunistischen Volksdemokratischen Republik Korea. 1950 befahl er den Einmarsch seiner Truppen in den Südteil des Landes. Nachdem Kim sein Ziel, Herrscher über ganz Korea zu werden, verfehlt hatte, errichtete der Diktator ab 1953 einen beispiellosen Kult um seine Person und seine Familie. Der am längsten regierende Machthaber des 20. Jahrhunderts (1946–94) schottete sein Land hermetisch von allen äußeren Einflüssen ab.

KPD ❑

Die **K**ommunistische **P**artei **D**eutschlands entstand 1918/19 als Abspaltung des linken Flügels der → SPD. Anlaß für die Gründung war die Regierungsunterstützung der SPD in der Kriegspolitik, die von den internationalistisch ausgerichteten Radikalsozialisten abgelehnt wurde, sowie die Absicht der Sozialdemokraten, den → Kapitalismus reformieren statt beseitigen zu wollen (→ Sozialdemokratie). Enttäuscht über die halbherzige → Novemberrevolution im Deutschen Reich (1918; → Spartakus-Aufstand) bekämpfte die eng an die KPdSU angelehnte KPD die neu entstandene → Weimarer Republik – insbesondere die staatstragende SPD mit der ab 1924 propagierten These des → Sozialfaschismus. Der Konflikt verhinderte Anfang der 30er Jahre ein einheitliches Vorgehen der Arbeiterparteien, um die Machtübernahme der → NSDAP Adolf Hitlers aufzuhalten. Ab 1933 war die Partei verboten; ihre Mitglieder wurden verfolgt und in → Konzentrationslagern ermordet. Die 1945 neugegründete KPD wurde in der → SBZ 1946 mit der SPD zur → SED vereinigt. In der BRD verbot das Bundesverfassungsgericht die KPD 1956 (Nachfolgepartei ab 1968: DKP).

Rosa Luxemburg
(5.3.1870–15.1.1919
Die Mitbegründerin der Polnischen Sozialdemokratischen Partei und der KPD zählte zu Beginn des 20. Jahrhunderts zu den führenden Köpfen der Radikalsozialisten. Die Befürworterin der → Internationale und konsequente Pazifistin lehnte den Nationalismus ab. Im 1. Weltkrieg war sie wegen der Teilnahme an Friedensdemonstrationen mehr als drei Jahre inhaftiert. Rosa Luxemburg setzte sich vehement für Meinungsfreiheit ein und kam so auch in Konflikt mit Wladimir I. Lenin, dessen Bolschewiki sie wegen der Gewalt gegen Andersdenkende während der → Oktoberrevolution 1917 kritisierte. Ihr humanistischer Marxismus beeinflußte nachhaltig die Lehre des demokratischen Sozialismus. Die Vorsitzende der KPD wurde 1919 zusammen mit Karl Liebknecht von rechtsgerichteten Freikorps-Offizieren ermordet.

KPdSU

Die **K**ommunistische **P**artei **d**er **S**owjet**u**nion existierte unter diesem Namen seit 1925 und ging aus der 1898 gegründeten Sozialdemokratischen Arbeiterpartei Rußlands hervor, in der sich 1903 die Bolschewiki (Mehrheitler; → Bolschwismus) unter Führung Wladimir I. Lenins und die → Menschewiki (Minderheitler) bildeten. In der → Oktoberrevolution sicherten sich die Bolschwiki 1917 die Macht, die sie im anschließenden Bürgerkrieg behaupteten. Aus dieser Gruppe von Berufsrevolutionären entwickelte sich in der Folgezeit eine straff organisierte Staatspartei, die nach Lenins Tod (1924) unter der Leitung von Josef W. Stalin (→ Stalinismus) jedwede Opposition – z. T. in → Schauprozessen – ausschaltete.
Nach dem 2. Weltkrieg avancierte die KPdSU zum Vorbild der Staatsparteien in anderen sozialistischen Ländern. Auf dem XX. Parteitag der KPdSU setzte unter Parteichef Nikita Chruschtschow die sog. Tauwetterperiode ein, während der mit dem Stalinismus und dem Personenkult um den 1953 gestorbenen Diktator Stalin gebrochen wurde. 1964 brachten konservative Funktionäre Chruschtschow und den eingeleiteten Reformkurs zu Fall. In der Folgezeit begann die KPdSU mit vorsichtiger → Entspannungspolitik (Atomteststoppabkommen 1963; Rüstungsbegrenzungsabkommen, z. B. → SALT; → Abrüstung), schlug jedoch Demokratisierungstendenzen in ihren osteuropäischen Satellitenstaaten mit Gewalt nieder (z. B. → Prager Frühling 1968). Nach den von Generalsekretär Michail Gorbatschow ab Mitte der 80er Jahre eingeleiteten Reformen in der UdSSR (→ Glasnost; → Perestroika) mußte die KPdSU auf ihren alleinigen Führungsanspruch verzichten und wurde 1991 aufgelöst.
Organisation: Die Macht lag beim → Politbüro und dem Sekretariat (Exekutive) der KPdSU. Dem Sekretariat stand als Chef der Partei der Generalsekretär vor. Demgegenüber besaßen der alle fünf Jahre einberufene Parteitag (laut Statut das höchste Gremium) und das Zentralkomitee (höchstes Organ zwischen den Parteitagen) keine politische Entscheidungsbefugnis.

Krankenversicherung

Als Bereich der → Sozialversicherung neben der → Renten- und der → Arbeitslosenversicherung bietet die K. finanzielle Absicherung im Krankheitsfall, bei Mutterschaft und Tod und gewährt Leistungen zur Vermeidung und Früherkennung von Krankheiten. Die K. wurde in Deutschland bereits 1883 gesetzlich eingeführt, in den meisten übrigen Industrienationen erst nach der Jahrhundertwende, z. B. in Großbritannien (1911), Japan (1926), Italien (1928) und Frankreich (1930). In den USA gab es auch Mitte der 90er Jahre keine K.

Die K. wird je zur Hälfte aus Beiträgen der Arbeitnehmer und Arbeitgeber finanziert. Träger der gesetzlichen K. sind die Krankenkassen, die auch die Beitragshöhe (einheitlicher Prozentsatz des Bruttolohns) festlegen. Versicherungspflicht in der gesetzlichen K. der BRD gilt für alle Arbeitnehmer bis zu einer bestimmten Einkommensgrenze sowie für Rentner, Arbeitslose, Wehrdienstleistende, Auszubildende und Studenten. Wegen der Kostenexplosion im Gesundheitswesen (z. B. Ausgaben der K. der BRD 1960: 8,9 Mrd. DM; 1988: 127,5 Mrd. DM), die u. a. auf die therapeutisch-technischen Fortschritte der Medizin und die veränderte Altersstruktur der Bevölkerung zurückzuführen sind, wurden die Leistungen der gesetzlichen Krankenkassen in den meisten Industriestaaten ab den 80er Jahren eingeschränkt. So müssen sich die Versicherten z. B. bei Krankenhausaufenthalten, Medikamenten und Zahnersatz an den Kosten beteiligen. Zudem mußten die Versicherten massive Beitragserhöhungen hinnehmen – z. B. hat sich in der BRD der Beitragssatz seit 1950 mehr als verdoppelt (1950: 5,8%; 1995: 13,2%).

Kreisauer Kreis

Die deutsche Widerstandsgruppe gegen die Nazi-Herrschaft entstand 1942 auf Gut Kreisau von Helmuth James Graf von Moltke. Die christlich orientierte Gruppe strebte einen konservativ-sozial geprägten Staat an und wollte den Gegensatz zwischen Konservativen und Sozialisten überwinden. Zum K. gehörten neben Moltke u. a. Alfred Delp, Eugen Gerstenmaier, Julius Leber und Peter Graf Yorck von Wartenburg an.

Die Verhaftung Moltkes im Januar 1944 und das gescheiterte Attentat auf Adolf Hitler am 20. 7. 1944 beendete die Tätigkeit des K. Die meisten Mitglieder wurden von den Nationalsozialisten ermordet.

Krieg

Als K. wird die mit militärischen Mitteln geführte Auseinandersetzung zwischen mindestens zwei Staaten oder zwischen verschiedenen Bevölkerungsgruppen bezeichnet.

Bis 1918: Ursache der meisten K. zu Beginn des Jahrhunderts war der → Imperialismus. So intervenierten die Kolonialmächte (Deutsches Reich, Frankreich, Großbritannien, Japan und Rußland) 1900 gemeinsam während des → Boxeraufstands in China. Ansonsten versuchten die Großmächte, ihre Interessen in ihrem jeweiligen Kolonialgebiet durchzusetzen wie z. B. die Briten im → Burenkrieg (1899–1902) in Südafrika. Die zunehmenden Spannungen zwischen den imperialistischen Staaten (z. B. in den → Marokkokrisen 1905 und 1911) sowie die Nationalitätenkonflikte auf dem Balkan (→ Balkankriege 1912/13) mündeten 1914 in den 1. → Weltkrieg, die erste weltweite militärische Auseinandersetzung der Geschichte. Dieser K. markierte auch einen Wendepunkt im Einsatz der K.-Technik: Zum konventionellen Land- und → Seekrieg kam der → Luftkrieg.

1918–45: Die Zeit nach dem 1. Welt-K. war geprägt vom Versuch, den Weltfrieden durch die Gründung des → Völkerbundes zu sichern. Die Organisation konnte militärische Konflikte jedoch nicht verhindern, wie das Eingreifen der Alliierten sowie der USA in den nach der → Oktoberrevolution entstandenen russischen → Bürgerkrieg zeigte. Zwar ächtete der → Briand-Kellogg-Pakt von 1928 den K., doch verdeutlichten der → Abessinienkrieg (Italien eroberte Äthiopien, 1935/36) sowie der → Spanische Bürgerkrieg (1936–39) mit der kaum verdeckten Intervention von Deutschem Reich und Italien die Ohnmacht der internationalen Völkergemeinschaft.

Im asiatischen Raum baute Japan seit der Okkupation der Mandschurei (1931) seinen Machtbereich kontinuierlich aus.

Das Expansionsstreben des nationalsozialistischen Deutschen Reichs mündete mit dem Überfall auf Polen (1939) in den 2. Welt-K., der über 50 Mio. Tote forderte. In den K.-Handlungen spielte die Luftwaffe eine entscheidende Rolle: Erstmals starteten die Bomber zu Angriffen auf große Städte sowie zu Flächenbombardements. Der Abwurf der beiden Atombomben auf die japanischen Städte Hiroshima und Nagasaki leitete 1945 das atomare Zeitalter ein.

Nach 1945: Die nach dem 2. Welt-K. erfolgte Aufteilung der Welt in eine westliche (vorwiegend von den USA dominierte) und eine östliche Einflußzone (Vorherrschaft der UdSSR) führte zum → Kalten Krieg. Das atomare Patt zwischen den → Atommächten verhinderte zwar eine direkte militärische Konfrontation, doch kam es durch die ideologische Auseinandersetzung indirekt zu einer Vielzahl von K., häufig als → Stellvertreterkriege bezeichnet (z. B. → Koreakrieg 1950–53, → Vietnamkrieg 1964–73).

Insbesondere in Afrika kämpften Befreiungsbewegungen für die Unabhängigkeit von den Kolonialmächten (z. B. die FLN im → Algerienkrieg 1954–62 und die → Mau-Mau-Bewegung in Kenia 1952–56). Durch die → Entkolonisierung entstanden ab den 50er Jahren Staatsgebilde, deren Grenzen während der Kolonialzeit willkürlich festgelegt worden waren. In der Folge kam es zu blutigen Bürgerkriegen zwischen den unterschiedlichen ethnischen Gruppen (z. B. im → Biafrakrieg in Nigeria 1967–70 sowie in Ruanda und Burundi ab 1994).

Der Ost-West-Konflikt beeinflußte auch die Befreiungs-K. in Afrika und Lateinamerika. Die Sowjetunion unterstützte massiv marxistische Befreiungsbewegungen, die entweder gegen die westlichen Kolonialherren oder gegen vom Westen gestützte diktatorische Regime kämpften (z. B. auf Kuba und in Nicaragua). Im → Angolakrieg kämpften ab 1975

prowestliche und prosowjetische Untergrundbewegungen um die Macht.
Einen weiteren K.-Brennpunkt nach 1945 bildete der Nahe Osten. Mehrfach standen sich Israel und die arabischen Nachbarn in militärischen Konflikten gegenüber (→ Israelisch-Arabische Kriege). Von religiösen Motiven mitbestimmt war der Bürger-K. im Libanon (mit Unterbrechungen 1957–90). Das Streben des irakischen Diktators Saddam Hussein nach einer Vormachtstellung im Nahen und Mittleren Osten löste 1980 den 1. → Golfkrieg zwischen Iran und Irak (bis 1988) und den 2. Golf-K. nach der irakischen Besetzung Kuwaits (1991) aus.
Das Ende des Kalten K. und weitreichende Vereinbarungen zur → Abrüstung zwischen den Supermächten reduzierten bis Ende der 80er Jahre die Gefahr einer globalen militärischen Auseinandersetzung erheblich. Der Zusammenbruch des Sozialismus in Osteuropa führte jedoch zu zahlreichen neuen ethnisch und religiös motivierten K. So eskalierte ein bereits 1988 ausgebrochener Konflikt zwischen den ehemaligen Sowjetrepubliken Armenien und Aserbaidschan 1990/91 zum K. Im → Jugoslawienkrieg (1991–95) standen sich Kroaten, Moslems und Serben gegenüber.
Nach dem Ende des Ost-West-Konflikts setzt die internationale Völkergemeinschaft seit Anfang der 90er Jahre vermehrt auf gemeinsame Anstrengungen zur K.-Vermeidung. Eine besondere Rolle kommt dabei den → Friedenstruppen der UN zu.

Krieg der Sterne

Das Schlagwort (nach dem US-Spielfilm «Star Wars» von 1977) bezeichnete die seit Mitte der 80er Jahre heraufbeschworene Gefahr einer zukünftigen militärischen Konfrontation der Supermächte USA und UdSSR im Weltraum. Auslöser für die Warnungen vor einem K. war das von Präsident Ronald Reagan initiierte militärische Forschungsprogramm → SDI, mit dem die USA ein weltraumgestütztes Abwehrsystem gegen Interkontinentalraketen schaffen wollten. Das Ende des → Kalten Kriegs (1989) und der Abbruch des SDI-Projekts (1993) machten die Furcht vor einem K. vorläufig gegenstandslos.

Kriegsdienstverweigerung

In allen europäischen Staaten haben die Wehrpflichtigen das Recht, den Dienst mit der Waffe zu verweigern. Ausnahmen sind die Türkei und Zypern. Bereits im 18. Jahrhundert konnten religiöse Gruppen, die jede Tötung eines Menschen als Sünde ansehen, den Kriegsdienst verweigern: 1757 befreite ein Gesetz in Großbritannien die Quäker vom Armeedienst, 1780 stellte Preußen die Mennoniten frei. Im 20. Jahrhundert erkennen die meisten Staaten für die K. religiöse, ethische oder philosophische Gründe an. In der Schweiz können nur religiöse und ethische Gründe geltend gemacht werden; in der Ukraine und Bulgarien nur religiöse. Estland, Italien, Kroatien, Lettland, Litauen, Moldawien, Rußland, Slowenien und Weißrußland verlangen keine Begründung. In allen Staaten mit K. muß der Wehrpflichtige einen zumeist längeren waffenlosen Dienst, Ersatz- oder → Zivildienst ableisten. In der BRD ist das Recht auf K. in Artikel 4 Absatz 3 des Grundgesetzes verankert; der Zivildienst dauert 13, der Wehrdienst zehn Monate.

Kriegsschuldfrage

Die K. des 20. Jahrhunderts beschränkte sich im allgemeinen auf die zumeist in Deutschland geführte Debatte um die Verantwortung für den Ausbruch des 1. Weltkriegs. Der → Versailler Vertrag legte die alleinige Kriegsschuld Deutschlands fest und bestimmte, daß Deutschland und seine Verbündeten für alle Kriegsschäden aufkommen müßten. Dieser sog. K.-Artikel sollte die Reparationsansprüche rechtlich absichern. Die Regierung der → Weimarer Republik wandte sich gegen die These von der deutschen Alleinschuld und organisierte 1919 über das Kriegsschuldreferat des Auswärtigen Amtes eine Kampagne gegen die «Kriegsschuldlüge». Ziel war es, eine Revision des Versailler Vertrags und damit der → Reparationen zu erzwingen. Insbesondere die rechten Parteien instrumentalisierten die K. zum Propagandainstrument.
Nach dem 2. Weltkrieg blieb eine vergleichbare Diskussion über die K. aus. Die → Nürnberger Prozesse machten die Verantwortung des Deutschen Reiches für den Krieg deutlich.

Kriegsverbrecherprozesse

Als Kriegsverbrechen gelten alle Verstöße gegen allgemeine oder vertraglich vereinbarte Grundsätze zur Kriegführung (z. B. Verbot der Hinrichtung von Kriegsgefangenen). Nach dem 2. Weltkrieg wurde der Begriff u. a. auf die Planung und Durchführung von → Völkermord und → Zwangsarbeit ausgedehnt.
1. Weltkrieg: Die ersten K. fanden nach dem 1. Weltkrieg statt. In insgesamt neun Verfahren vor dem Weimarer Reichsgericht wurden ehemalige Armeeangehörige u. a. wegen der Ermordung und Mißhandlung von Gefangenen zu Freiheitsstrafen verurteilt.
2. Weltkrieg: Nach dem Ende des 2. Weltkriegs setzten die Alliierten einen Internationalen Militärgerichtshof ein, der in den → Nürnberger Prozessen (1945/46) gegen die Hauptkriegsverbrecher verhandelte: 22 führende Angehörige der → NSDAP, des nationalsozialistischen deutschen Staates und der Wehrmacht wurden für ihre Untaten zur Rechenschaft gezogen.
Auf der Grundlage des vom → Alliierten Kontrollrat erlassenen Gesetzes Nr. 10 fanden bis 1949 zwölf sog. Folgeprozesse statt – darunter der Ärzteprozeß wegen Durchführung von Menschenversuchen, der Flickprozeß wegen Ausnutzung von Zwangsarbeitern und der Juristenprozeß wegen der Verfolgung von Juden und Gegnern des NS-Regimes.
In der BRD wurden nach 1948 von deutschen Gerichten mehr als 5500 Personen wegen Kriegsverbrechen verurteilt. Die spektakulärsten Prozesse waren der Auschwitz-Prozeß (1963–65) gegen ehemalige SS-Aufseher des → Konzentrationslagers westlich von Krakau und der Majdanek-Prozeß (1976–81) gegen ehemalige Aufseher des Konzentrationslagers Lublin (Polen). Um die Ver-

jährung von NS-Straftaten zu verhindern, hob der deutsche Bundestag 1979 die Verjährungsfrist für Mord generell auf.
In der SBZ und späteren DDR wurde die Verfolgung von Kriegsverbrechern intensiver betrieben als in den Westzonen und der BRD. Bis 1991 verurteilten Gerichte knapp 13000 Personen. Allerdings waren zahlreiche Verfahren umstritten, da in den ersten Jahren nach Kriegsende Oppositionelle gegen das kommunistische Regime wegen angeblicher NS-Verbrechen gerichtet wurden.
K.-Prozesse international: Die Alliierten hatten vereinbart, die Anklageerhebung wegen Verbrechen während der Besatzungszeit im jeweils betroffenen Land stattfinden zu lassen. So wurde z. B. der Lagerkommandant von Auschwitz, Rudolf Höß, an Polen ausgeliefert und dort 1947 zum Tode verurteilt. Für internationales Aufsehen sorgte der → Eichmann-Prozeß (1961/62): Der israelische Geheimdienst hatte den Organisator der Judenvernichtung in Argentinien aufgespürt und nach Israel entführt. Ein Jerusalemer Gericht verhängte die Todesstrafe gegen Adolf Eichmann. In Paris erhielt der ehemalige Gestapo-Chef von Lyon, Klaus Barbie, 1987 eine lebenslange Freiheitsstrafe.
In zahlreichen von Deutschland besetzten Ländern standen Kollaborateure vor Gericht. So wurde der Norweger Vidkun Quisling, ab 1942 von den Deutschen eingesetzter Regierungschef, 1945 zum Tode verurteilt.
Jugoslawienkrieg: Im November 1993 richtete der UNO-Sicherheitsrat in Den Haag einen internationalen Strafgerichtshof für Kriegsverbrecher aus dem ehemaligen Jugoslawien ein. Vor dem Tribunal sollen sich Personen verantworten, die sich im → Jugoslawienkrieg u. a. des Mordes, des Massenmordes, der Folter und Plünderung sowie der Vertreibung von Menschen aus Gründen ihrer Volkszugehörigkeit schuldig gemacht haben. Auf der Fahndungsliste des Gerichts steht u. a. Serbenführer Radovan Karadzic.

Kristallnacht

Als K. wird das staatlich organisierte Pogrom gegen die Juden in der Nacht vom 9. auf den 10. 11. 1938 im nationalsozialistischen Deutschen Reich bezeichnet. Jüdische Einrichtungen – darunter fast alle knapp 300 Synagogen sowie 7000 Geschäfte – wurden zerstört und geplündert; Bürger jüdischen Glaubens verhöhnt, mißhandelt und ermordet. Fast 30000 Juden kamen in Haft. Der Name K. geht vermutlich auf die zahlreichen zerstörten Fensterscheiben zurück.
Die NSDAP strebte die Ausschaltung der Juden aus dem Gesellschaftsleben an und wollte sie durch Gewaltaktionen zur Auswanderung bewegen. Als Vorwand für die K. diente das Attentat auf den Sekretär der deutschen Botschaft in Paris, Ernst Eduard vom Rath, durch den jüdischen Polen Herschel Grünspan am 7. November. Wenige Tage nach der K. verlangten die Behörden von den Juden Wiedergutmachungsleistungen von 1,25 Mrd. RM für den Mord an Rath. Gleichzeitig wurde die jüdische Bevölkerung vom gesamten Wirtschafts- und Kulturleben ausgeschlossen. Die K. gilt als erste massenhafte Gewaltanwendung des nationalsozialistischen → Antise-

mitismus. Ein knappes Jahr später, im Oktober 1939, begannen in großem Stil die Judendeportationen, in deren Folge etwa 6 Mio. Menschen umkamen.

Kritische Theorie
Die von Philosophen und Sozialwissenschaftlern der Frankfurter Schule entwickelte Theorie basiert auf Denkmodellen der rationalen Philosophie, des → Marxismus und der Psychoanalyse. Sie setzt der reinen wissenschaftlichen Empirie eine Orientierung an praktischer Vernunft entgegen. Wahrheit und Erkenntnis sind demnach das Ergebnis vernünftiger Argumentation und kritischen Denkens. Die K. verwirft daher das Postulat einer wertfreien Forschung (bzw. Wissenschaft) sowie – daraus folgernd – die Trennung von Wissenschaft und Politik.
Die K. wurde von Max Horkheimer und Theodor W. Adorno, seit 1930 Leiter des Frankfurter Instituts für Sozialforschung, begründet und nahm durch die Schriften von Herbert Marcuse starken Einfluß auf die → Studentenbewegung der 60er Jahre und auf die → Neue Linke. Im Zentrum der K. standen u. a. die Untersuchung der Lebensbedingungen in der kapitalistischen bürgerlichen Gesellschaft, die Analyse der Gründe für das Aufkommen des Faschismus sowie die Kritik der Machtstrukturen in der Industriegesellschaft.

Kronstädter Aufstand
Am 2. 3. 1923 begann in der rund 30 km vor Petrograd gelegenen Seefestung Kronstadt der sog. K. von etwa 15000 Matrosen. Sie bildeten ein Provisorisches Revolutionskomitee, das eine Befreiung von der kommunistischen Herrschaft der Bolschewisten forderte und die schlechte soziale Lage in der Sowjetunion anprangerte. Seit Februar war es in der vom Bürgerkrieg geschüttelten Sowjetunion zu Streiks und Protesten der Arbeiter gegen die schlechte Versorgungslage gekommen. Die Matrosen in Kronstadt verlangten u. a. Neuwahlen zu den Sowjets, volle persönliche Freiheiten sowie ein Ende der Lebensmittelrationierungen. Als die Matrosen eine Kapitulation ablehnten, griff die Armee ein und schlug den K. am 17./18.3. 1921 blutig nieder. Der K. beschleunigte den Übergang der Sowjetunion zur sog. Neuen ökonomischen Politik (→ NEP): Kleinere und mittlere Betriebe sowie die Landwirtschaft wurden den privatwirtschaftlichen Gesetzen des freien Marktes überlassen.

Kronzeugenregelung
Die gesetzliche Bestimmung erlaubt, die Anklage in einem Strafprozeß auf der Aussage eines Tatbeteiligten aufzubauen, der im Gegenzug Strafmilderung oder Straffreiheit zugesagt bekommt. Die K. ist vor allem in den USA bei der Verfolgung des organisierten Verbrechens (Mafia) verbreitet. In der BRD gilt seit 1985 eine K. bei der Bekämpfung des → Terrorismus: Terroristen kann Strafnachlaß (bei Mord und Totschlag Mindeststrafe drei Jahre) oder Straffreiheit gewährt werden, wenn sie sich den Justizbehörden stellen und durch ihre Aussagen Straftaten verhindern oder aufklären bzw. Mittäter benennen. Die italienische Ju-

stiz setzt die K. im Kampf gegen die Mafia und die terroristischen → Roten Brigaden ein.

KSE-Abkommen

Der Vertrag zwischen den Staaten des 1991 aufgelösten östlichen Verteidigungsbündnisses → Warschauer Pakt und der westlichen → NATO regelt die Abrüstung bei den sog. **K**onventionellen **S**treitkräften in **E**uropa (z. B. Artillerie, Kampfflugzeuge, Panzer, Soldaten) und ergänzt die Abrüstung bei den ABC-Waffen. Das 1990 geschlossene erste K. sah einen Waffenabbau bis Ende 1994 vor, das zweite K. von 1992 (KSE Ia) einen Truppenabbau bis zum Jahr 1999.

Die KSE-Verhandlungen lösten die Anfang 1989 nach 16 Jahren ergebnislos beendeten MBFR-Gespräche über einen ausgewogenen gegenseitigen Truppenabbau (Mutual Balanced Forces Reduction) ab. Im Verlauf des → Kalten Krieges hatten die Militärbündnisse in Europa große Rüstungsmengen konzentriert. Ziel des K. war es, Überraschungsangriffe und raumgreifende Offensiven einer der beiden Seiten zu verhindern. Mit Beginn der KSE-Gespräche in Wien starteten dort Gespräche der KSZE-Staaten über sog. vertrauensbildende Maßnahmen wie gegenseitige Manöverbeobachtung und frühzeitige Ankündigung größerer Truppenbewegungen (→ OSZE). Im November 1990 wurde auf dem KSZE-Gipfeltreffen in Paris das K. über Obergrenzen für konventionelle Waffen in Europa unterzeichnet. Das Abkommen teilte das Vertragsgebiet vom Atlantik bis zum Ural in vier Zonen auf, denen jeweils bestimmte Höchstkontingente an Waffensystemen zugeordnet wurden, um Waffenkonzentrationen zu vermeiden. Im Juni 1992 unterzeichneten auch acht Nachfolgestaaten der 1991 aufgelösten Sowjetunion den K. Das Ende des Ost-West-Konflikts veranlaßte die Mehrzahl der europäischen Staaten dazu, ihre Streitkräfte stärker zu reduzieren als im K. von 1992 vorgesehen.

KSZE

→ OSZE

Kubakrise ❑

Die Auseinandersetzungen zwischen den USA und Kuba begannen mit der kubanischen Revolution und der Machtübernahme Fidel Castros. Mit seiner sozialistischen Politik beendete er die bisherige enge Anlehnung Kubas an die USA. Nachdem Castro eine Boden- und Wirtschaftsreform durchgeführt und US-Unternehmen enteignet hatte, brachen die USA die diplomatischen Beziehungen ab (3. 1. 1961) und verhängten eine Wirtschaftsblockade. Drei Monate später scheiterte die sog. → Schweinebucht-Invasion, ein vom US-Geheimdienst CIA unterstützter Putschversuch einer Gruppe Exilkubaner. Die Stationierung sowjetischer Mittelstreckenraketen auf der Zuckerinsel führte 1962 fast zu einem militärischen Konflikt zwischen USA und UdSSR. Erst nachdem US-Präsident John F. Kennedy eine Seeblockade gegen sowjetische Frachter verhängt hatte, erklärte sich Parteichef Nikita S. Chruschtschow bereit, die Mittelstreckenraketen aus Kuba abzuziehen.

John Fitzgerald Kennedy (29.5.1917–22.11.1963)
Der Kongreßabgeordnete der Demokraten (1946–53) und Senator von Massachusetts (1953–61) war bei seiner Wahl 1961 der jüngste Präsident der USA. Innenpolitisch gelang es ihm, in der jungen Generation die Grundwerte der amerikanischen Demokratie neu zu beleben (Slogan: «Aufbruch zu neuen Grenzen»). Er setzte sich für die Beseitigung der Armut und der Rassendiskriminierung in den USA ein. Nach der außenpolitischen Niederlage in der Kubakrise engagierte er sich für die Beendigung des Kalten Kriegs (1963: Atomteststoppabkommen mit der UdSSR), erhöhte aber die Zahl der Militärberater in Vietnam (→ Vietnamkrieg). Am 22.11.1963 wurde Kennedy in Dallas erschossen.

Ku Klux Klan

Der rechtsextremistische rassistische US-Geheimbund wurde 1915 in Georgia von William J. Simpson und Mitgliedern der kleinbürgerlich-protestantischen Schichten wiedergegründet. Den ursprünglichen K. hatten 1865 weiße Farmer und ehemalige Südstaaten-Offiziere aus Protest gegen die Aufhebung der Sklaverei ins Leben gerufen. 1869 war die Organisation verboten worden.
Der von Simpson initiierte Geheimbund knüpfte in Organisation und Methoden an den alten K. an, richtete sich allerdings nicht mehr ausschließlich gegen Schwarze, sondern gegen alle nicht-protestantischen Minderheiten – Afroamerikaner, Iren, Juden, Katholiken. Sie machte der K. für die wirtschaftlichen Schwierigkeiten des Landes verantwortlich. Die hierarchisch aufgebaute Organisation orientierte sich an den Freimaurern; sie schuf feste Rituale (z.B. das Tragen weißer Kutten) und das Symbol des Flammenkreuzes. Mitte der 20er Jahre befand sich der K. mit knapp 5 Mio. Mitgliedern auf der Höhe seiner Macht. Vermeintliche Feinde wurden mit Terroranschlägen und Morden bekämpft. Der Gouverneur von Oklahoma rief das Kriegsrecht aus, um den K. wirksam bekämpfen zu können. Korruptionsskandale und die Weltwirtschaftskrise verurteilten den K. Ende der 20er Jahre zur Bedeutungslosigkeit.
In den 60er Jahren lebte der K. im Kampf gegen Bürgerrechtsgesetze und Rassenintegration erneut auf. Seit den 80er Jahren werden die Mitglieder (1996: rd. 20000–40000) in militärähnlichen Trainingslagern ausgebildet.

Kulturrevolution ❑

Der Begriff bezeichnet den Macht- und Richtungskampf in der chinesischen KP zwischen 1965 und 1969. Ende 1957 hatte Parteichef Mao Zedong unter dem Schlagwort «Großer Sprung nach vorn» eine umfassende Zwangskollektivierung eingeleitet. Das Projekt schlug fehl und führte zu schweren wirtschaftlichen Problemen und Hungerkatastrophen. In der Folge regte sich innerparteiliche Opposition gegen Mao, der 1959 als Staatschef zurücktreten mußte, als Parteivorsitzender jedoch die Macht behielt. Zwei konträre Auffassungen standen einander gegenüber: Mao ging von einer permanenten Revolution aus, in deren Verlauf das Be-

wußtsein der Menschen im Sinne sozialistischer Ideale umgeformt werden sollte (→ Maoismus). Maos Gegner, zu deren Anführern Liu Shaoji und Deng Xioaping gehörten, forderten hingegen Vorrang für die Beseitigung der wirtschaftlichen Rückständigkeit des Landes.
Mit Hilfe der Roten Garden, jungen radikalisierten Studenten, ging Mao gegen die «bürgerliche» Kultur sowie gegen Oppositionelle vor und ließ den Partei- und Staatsapparat zerschlagen. Als die Auseinandersetzungen zum Bürgerkrieg eskalierten, griff die Volksbefreiungsarmee ein und stellte die Ordnung im Sinne Maos wieder her. Die Partei wurde von «revisionistischen Elementen gesäubert». Der 9. Parteitag der KPCh erklärte 1969 die Große Proletarische K. für beendet. Folge der K. waren ein ausufernder Personenkult um Mao, wachsender Einfluß der Armee auf die Politik (Armeevertreter dominierten ZK und Politbüro) und anhaltende wirtschaftliche Schwierigkeiten. Erst Anfang der 80er Jahre leitete Deng drastische Wirtschaftsreformen ein.

Deng Xiaoping (* 22. 8. 1904)

Im → Chinesischen Bürgerkrieg kämpfte Deng ab Ende der 20er Jahre auf der Seite Maos und floh 1934/35 mit der Roten Armee aus dem Süden des Landes in den Norden (→ Langer Marsch). Nach dem Sieg im Bürgerkrieg holte ihn Mao 1952 in die Parteiführung. 1967 wurde Deng im Zuge der Kulturrevolution wegen angeblicher kapitalistischer Reformen aus der Partei ausgeschlossen. 1973 kehrte er in die Parteispitze zurück, um 1976 erneut entlassen zu werden. Nach Maos Tod (1976) avancierte Deng zum starken Mann Chinas. In den 80er Jahren löste er den asiatischen Staat aus seiner außenpolitischen Isolation und führte wirtschaftliche Reformen durch. 1989 ließ er die Demokratiebewegung in Peking blutig niederschlagen.

Kurdenkonflikt

Das kurdische Volk (ca. 25 Mio. Menschen) lebt verteilt auf die fünf Länder Türkei (ca. 50% aller Kurden), Iran (24%), Irak (18%), Syrien (5%) und Armenien (ca. 3%). Seit Beginn des Jahrhunderts kämpften die K. für einen eigenen Staat, den ihnen 1920 der Friedensvertrag von → Sèvres (Ende des Osmanischen Reichs) zusicherte. Das Abkommen trat jedoch nicht in Kraft. Der sog. Orientfriede von → Lausanne sparte das Problem aus. So kam es zwischen 1923 und 1927 mehrfach zu lokalen K.-Aufständen in der Türkei und im Iran.
Nach dem 2. Weltkrieg riefen die K. unter ihrem Führer Ghasi Mohammed im Norden des iranischen Siedlungsgebiets die Republik Mahabad aus, die jedoch 1946/47 wieder aufgelöst wurde.
Da die Staaten, in denen die Kurden heimisch waren, den Wunsch nach Souveränität nicht anerkannten, kam es zu einer Radikalisierung der Autonomiebestrebungen. 1961 proklamierte Kurdenführer Mulla Mustafa al Barsani im Norden des Irak einen eigenständigen Kurdenstaat, der mit Waffengewalt verteidigt wurde. Erst 1975 vertrieb der Irak den

größten Teil der Kurden in den Iran. Die enttäuschten Kurden kämpften im 1. → Golfkrieg (1980–88) auf der Seite des Iran gegen den Irak und waren dabei Giftgasangriffen ausgesetzt. Nach dem 2. Golfkrieg erhoben sich die Kurden im Irak, doch die Armee schlug den Aufstand blutig nieder. Es kam zu einem Massenexodus des Volkes in den Iran und in die Türkei. Die UNO errichtete im türkisch-irakischen Grenzgebiet sog. Sicherheitszonen für die Kurden.
In der Türkei gab die linksextremistische Arbeiterpartei Kurdistans (PKK), die seit 1984 für einen eigenen Staat kämpfte, dieses Ziel 1994 auf. Statt dessen strebt die Organisation eine Autonomie mit ethnischer Gleichberechtigung an. Die kurdische Kultur wird von der Türkei systematisch unterdrückt (z. B. Verbot der kurdischen Sprache). Anfang 1995 ging die türkische Armee mit einer Großoffensive gegen die im Grenzgebiet lebenden Kurden vor, denen sie vorwarf, vom Irak aus die Türkei anzugreifen.

L

Labour Party

Die britische Arbeiterpartei wurde 1900 als Labour Representation Committee gegründet und 1906 in L. umbenannt. Ihrem Selbstverständnis nach wollte die L. den Sozialismus nicht durch eine Revolution, sondern auf demokratischem Weg verwirklichen. Die zunächst auf Gewerkschafts- und Sozialpolitik ausgerichtete Partei feierte 1913 mit der Durchsetzung des Gewerkschaftsgesetzes (politische Betätigung für Arbeitnehmervertretungen) einen ersten Erfolg. In dem 1918 publizierten Manifest «Labour and the New Social Order» forderte die Partei staatlich garantierte Vollbeschäftigung, Kontrolle der Industrie durch Verstaatlichung der Produktionsmittel, Besteuerung von Grund und Boden und die Verwendung der Gewinne für das Gemeinwohl. 1924 stellte die L. mit ihrem Vorsitzenden James Ramsay MacDonald erstmals den britischen Premierminister (erneut 1929–31).

Außenpolitisch forderte die L. – insbesondere nach beiden Weltkriegen – eine allgemeine Abrüstung. Zudem förderte sie nach dem 2. Weltkrieg unter ihrem Premierminister Clement Richard Attlee (1945–51) den britischen Rückzug aus der Kolonialpolitik. Schlüsselindustrien wurden verstaatlicht, Sozial- und Krankenversicherungssysteme etabliert. Der Verlust der Regierungsverantwortung von Harold Wilson (1964–70; 1974–76) sowie James Callaghan (1976–79) war vor allem auf das wenig mittelstands- und unternehmerfreundliche Wirtschaftsprogramm der Partei zurückzuführen. Der Europäischen Integration stand die L. lange skeptisch gegenüber; erst seit 1989 bekennt sie sich zur Europäischen Gemeinschaft.

Nach zahlreichen Wahlniederlagen gegen die britische Conservative Party setzte der seit Juli 1994 amtierende Parteichef Tony Blair 1995 eine Abkehr von traditionellen sozialistischen Positionen durch, z. B. den Verzicht auf die Verstaatlichung von Schlüsselindustrien. Durch die sozialdemokratische Orientierung hin zur politischen Mitte soll ein breiteres Wählerspektrum angesprochen werden.

Ladenschluß

Der L. ist in den meisten Ländern Europas staatlich geregelt, um das Verkaufspersonal zu schützen. Da in den 80er Jahren daneben zumeist generelle Arbeitszeitvorschriften bestanden, wurden die L.-Bestimmungen zunehmend als überflüssig kritisiert. Statt dessen sollten durch eine Lockerung oder Aufhebung der Vorschriften zum L. der Wettbewerb gefördert, das Angebot zugunsten der Verbraucher verbessert und Beschäftigung sowie wirtschaftliches Wachstum angeregt werden.

Abendliche L.-Zeiten sind beispielsweise in Frankreich, Großbritannien, Schweden und Spanien nicht zwingend vorgeschrieben. 1985 wurde in der BRD das L.-Gesetz von 1956 (Schließung ab 18.30 Uhr) novelliert: An Donnerstagen durften Geschäfte fortan bis 20.30 Uhr geöffnet bleiben; eine weitere Ausdehnung des L. wird seitdem kontrovers diskutiert. Kritik an der Verlängerung kam nicht nur aus Kreisen der Belegschaften und ihrer Gewerkschaften, sondern auch von Einzelhandelsbetrieben, die durch zunehmende Konkurrenz ihre Existenz gefährdet sahen. Zu den Befürwortern zählten große Einzelhandelsketten und Verbraucherverbände.

Laissez faire

Das Schlagwort (französisch: laßt sie machen) für die Forderung nach einem uneingeschränkten wirtschaftlichen → Liberalismus bezeichnet die Annahme, daß das Wirtschaftsleben sich dann am effizientesten entwikkelt, wenn der Staat nicht in den Wirtschaftsprozeß eingreift. Der Begriff stammt von den französischen Physiokraten des 18. Jahrhunderts, die sich gegen die dirigistische Wirtschaftsform des Merkantilismus wandten. Im 20. Jahrhundert stand die liberale Forderung vor allem im Gegensatz zu den sozialistischen Wirtschaftstheorien, die eine vom Staat gelenkte Wirtschaft propagierte. Eine den Zielen des L.-Liberalismus entsprechende Wirtschaftsform konnte in keinem Land verwirklicht werden. Ansätze dazu gab es in den 80er Jahren in Großbritannien (→ Thatcherismus) und den USA (→ Reaganomics).

Laizismus

Der L., der Kirche und Geistlichkeit von allem Einfluß auf das politische System auszuschließen versuchte, entwickelte sich in der Französischen Revolution und wurde im 19. Jahrhundert zum wesentlichen Element von → Liberalismus und Demokratiebewegung. Im 20. Jahrhundert gilt die Trennung zwischen christlicher Kirche und Staat in den westlichen Industrieländern als verwirklicht. In Entwicklungsländern (besonders Lateinamerikas) hatten in der zweiten Hälfte des 20. Jahrhunderts christliche Geistliche oft großen politischen Einfluß beim Kampf für die Rechte verarmter und benachteiligter Bevölkerungsgruppen (Theologie der Befreiung).

Abgelehnt wird die Trennung von geistlichem und weltlichem Leben Ende des 20. Jahrhunderts von islamischen Fundamentalisten. Sie versuchen insbesondere im Nahen Osten und in Nordafrika sog. islamische Gottesstaaten zu schaffen (→ Islamisierung). Im Iran entstand durch die Islamische Revolution von 1979 eine islamische Republik, in der die geistlichen Führer auch die Politik bestimmen. In Indien kämpfen moslemische Einheiten für die Unabhängigkeit der Kaschmir-Region (→ Kaschmirkonflikt). Algerien ist geprägt von bürgerkriegsähnlichen Auseinandersetzungen zwischen der Islamischen Heilsfront (FIS) und der Militärregierung, die nach dem Wahlerfolg der FIS (1991) per Staatsstreich die Macht übernommen hatte.

Das politische System des jüdischen Staates Israel lehnt sich weitgehend an die westlichen Staaten an, jedoch haben religiöse Gruppen starken

Einfluß auf das gesellschaftliche und politische Leben. Die asiatischen Religionen wie Buddhismus, Hinduismus und Konfuzianismus verstehen sich zwar als konkrete moralische Handlungsanweisungen für Individuen und Gesellschaft, der formale Einfluß der Glaubensgemeinschaften auf das politische System ist jedoch gering.

Länderfinanzausgleich

Die mit L. bezeichnete Umverteilung staatlicher Einnahmen zwischen den Bundesländern der BRD hat das Ziel, die im Grundgesetz (Art. 106) geforderte Einheitlichkeit der Lebensverhältnisse im Staatsgebiet zu verwirklichen. Die Finanzausstattung jedes Landes soll pro Kopf der Bevölkerung mindestens 95% des Bundesdurchschnitts erreichen. Im sog. horizontalen L. werden die Einnahmen aus der Umsatzsteuer zwischen den Ländern verteilt. Darüber hinaus zahlt der Bund im vertikalen Finanzausgleich den ärmeren Ländern sog. Ergänzungszuweisungen.
Verteilungskämpfe zwischen zahlungspflichtigen und ausgleichsberechtigten Bundesländern gipfelten in der Geschichte der BRD oftmals in Klagen vor dem Bundesverfassungsgericht. Nach der Erweiterung der Bundesrepublik um die ehemalige DDR wurde die finanzielle Situation der wirtschaftlich schwachen neuen Bundesländer 1990–94 durch den → Fonds Deutsche Einheit verbessert. Die Einbeziehung in den L. erfolgte 1995. Hierzu wurde insbesondere der Anteil der Länder am Umsatzsteueraufkommen zu Lasten des Bundes von 37% auf 44% erhöht.
Um wirtschaftlich und finanziell stärkere Länder zu schaffen, wird seit Mitte der 90er Jahre über eine Neuordnung des → Föderalismus in der BRD durch Zusammenschluß verschiedener Länder nachgedacht: Für Ende des Jahrhunderts ist die Vereinigung von Brandenburg und Berlin geplant. In Norddeutschland trifft eine Vereinigung der ausgleichberechtigten Länder Bremen und Hamburg mit Schleswig-Holstein und Niedersachsen zu einem Nordstaat auf den Widerstand der Stadtstaaten.

Landesverrat

L. ist der vorsätzliche Verrat (bzw. die vorsätzliche Veröffentlichung) von Staatsgeheimnissen, um die Machtposition und Sicherheit eines Staates zu schädigen bzw. einen fremden Staat durch Preisgabe von Staatsgeheimnissen zu begünstigen.
Bekanntester Fall von L. während des 1. Weltkriegs war die Spionagearbeit der niederländischen Tänzerin Mata Hari, die 1917 wegen geheimdienstlicher Tätigkeit für das Deutsche Reich in Frankreich hingerichtet wurde. In den USA sorgte insbesondere die Affäre um Julius Rosenberg für Aufsehen, der mit seiner Frau Ethel Atomgeheimnisse an die Sowjetunion verraten hatte (Hinrichtung 1953). Der deutsche Kommunist Richard Sorge spionierte für die UdSSR sowie für Japan und informierte die sowjetischen Behörden 1941 von dem bevorstehenden deutschen Angriff auf die UdSSR.
Die aufsehenerregendsten Fälle von L. in der BRD waren die Affären um
– Otto John: Der Präsident des Verfassungsschutzes ging 1954 in die

DDR, wo er sich gegen Konrad Adenauers Deutschlandpolitik wandte und den Einfluß ehemaliger Nazis kritisierte. 1956 kehrte John in die BRD zurück. Trotz seiner Beteuerungen, entführt worden zu sein und keine Geheimnisse verraten zu haben, wurde er im selben Jahr zu vier Jahren Haft verurteilt (Begnadigung 1958).

– Günter Guillaume: Der persönliche Referent von Bundeskanzler Willy Brandt wurde 1974 als DDR-Spion entlarvt und verhaftet; Brandt trat zurück (→ Spionage).

Nach der deutschen Vereinigung stellte sich der ehemalige Chef der Hauptabteilung Aufklärung (Auslandsspionage) der DDR, Markus Wolf, den Behörden und wurde Ende 1993 u.a. wegen L. zu sechs Jahren Haft verurteilt. Im Mai 1995 entschied das Bundesverfassungsgericht, daß frühere hauptamtliche DDR-Spione strafrechtlich nicht zu belangen seien. Im Oktober 1995 hob der Bundesgerichtshof das Urteil gegen Wolf auf.

Landwirtschaftliche Produktions-Genossenschaft

→ LPG

Landwirtschaftspolitik

→ Agrarpolitik

Langer Marsch

Der Zug der chinesischen Roten Armee unter Mao Zedong über rund 10000 km von der Provinz Kiangsi in Südostchina durch elf Provinzen nach Yanan/Provinz Shensi (Nordwestchina) fand 1934/35 statt. Anlaß für den L. waren die Versuche der Truppen der Nationalregierung unter Chiang Kaishek, die 1931 in der Provinz Kiangsi von den Kommunisten unter Mao errichtete «Chinesische Sowjetrepublik» zu zerstören. Im Herbst 1934 mußten die kommunistischen Guerillaverbände die militärische Überlegenheit der Guomindang-Truppen Chiangs anerkennen und ihre Sowjetrepublik aufgeben. Um der drohenden Vernichtung zu entgehen, entschlossen sich die chinesischen Kommunisten, ihre Machtbasis in die Nähe der sowjetisch-chinesischen Grenze zu verlagern. Am 27. Oktober 1934 begannen die Kommunisten den L., auf dem sie von den Truppen der Guomindang verfolgt wurden. Von den ursprünglich 90000 Teilnehmern erreichten im Oktober 1935 nur 7000 das Ziel. In der Propaganda der Volksrepublik China wurde der entbehrungsreiche L. ab 1949 zum mythisch überhöhten Symbol für eine lange, schließlich aber erfolgreiche Revolution.

Laos-Konflikt

Das ab 1893 als französisches Protektorat dem Generalgouverneur von Indochina unterstellte Laos war 1954 souveräner Staat geworden. Während des Indochina-Kriegs 1946–54 zwischen Frankreich und Vietnam war die vietnamesische Befreiungsbewegung Vietminh in Laos eingedrungen, im Norden von Laos wurde die kommunistische Gegenregierung Pathet Lao gebildet. Die auf der Genfer Ostasienkonferenz im Juli 1954 empfohlene Aussöhnung mit der Pathet Lao führte im November 1957 zu ihrer Aufnahme in die Regierung. Nach dem Sturz der Regierung im Frühjahr 1958 gingen die folgenden prowestlichen Regierungen gegen die Pathet-Lao-Streitkräfte vor. Zwei Jahre nach Beginn eines Bürgerkriegs beschloß die Genfer Laos-Konferenz 1961 die Neutralisierung des Landes und setzte eine internationale Kontrollkommission aus Indien, Kanada und Polen ein. Nach Verhandlungen zwischen prowestlichen und neutralistischen Kräften sowie Pathet Lao trat im Juni 1962 eine Regierung aus Vertretern der drei Gruppen ihr Amt an. Nach dem Scheitern der Regierung gingen die Kämpfe bis 1973 weiter, ehe ein Waffenstillstand, die Bildung einer Koalitionsregierung und der Abzug aller ausländischen Truppen beschlossen wurden. Nach der kommunistischen Machtübernahme in Kambodscha und Südvietnam kam es auch in Laos 1975 zu einer Machtverschiebung und der Ausrufung einer Demokratischen Volksrepublik. Ende des 20. Jahrhunderts zählt Laos zu den ärmsten Staaten der Erde.

Lastenausgleich

Die staatlichen Ausgaben zur Entschädigung von Gruppen für bestimmte Nachteile gingen in der BRD nach dem 2. Weltkrieg auf Antrag an Personen, die durch Flucht, Vertreibung oder Zerstörungen sowie infolge der → Währungsreform Schäden oder Verluste erlitten hatten. An den L.-Fonds wurden Abgaben auf Vermögen und auf Gewinne durch die Währungsreform abgeführt. Das Gesetz zum L. wurde 1952 erlassen und 1969 erneuert. Der sog. Familienlastenausgleich soll durch Vergünstigungen wie Kindergeld, Erziehungsgeld oder steuerliche Kinderfreibeträge finanzielle Nachteile ausgleichen, die durch die Erziehung von Kindern entstehen.

Lateranverträge

Mit den am 11. 2. 1929 von Ministerpräsident Benito Mussolini und Kardinalstaatssekretär Pietro de Gasparri unterzeichneten L. erkannte der italienische Staat die Souveränität des Papstes über den Staat Vatikanstadt an, während der neugegründete Staat die Eingliederung Roms (1870) in das damalige Königreich Italien (sog. Römische Frage) akzeptierte. Darüber hinaus umfaßten die L. ein Finanzabkommen und ein Konkordat, das das rechtliche Verhältnis von Kirche und Staat in Italien festschrieb. 1947 gingen die L. in die italienische Verfassung ein (Art. 7).

Lausanne, Friede von

Die beiden Vertragsabschlüsse in Lausanne (Schweiz) beendeten jeweils Kriege, in die das Osmanische Reich (ab Ende 1922: Türkei) verwickelt war. Im Dezember 1912 schloß der L. einen Krieg ab, den Italien 1911/12 gegen das Osmanische Reich geführt hatte. Durch den Friedensvertrag gewann Italien Libyen und die griechische Inselgruppe Dodekanes. Der L. vom Juli 1923 besiegelte die Niederlage Griechenlands gegen die Türkei unter Mustafa Kemal Atatürk und befriedete die Balkanregion. Signatarstaaten waren neben den beiden Kriegsparteien auch Bulgarien, Frankreich, Großbritannien, Italien, Japan sowie das Königreich der Serben, Kroaten und Slowenen (Jugoslawien) und Rumänien. Im Verlauf des Krieges von

1919 bis 1922 mußten die Griechen besetzte Gebiete in Kleinasien räumen und verloren Ostthrakien an den Gegner. 1,7 Mio. Griechen wurden anschließend umgesiedelt. Der L. revidierte Teile des Friedensvertrages von → Sèvres, gab der Türkei im wesentlichen ihre heutige Gestalt und brachte ihr international die Anerkennung der staatlichen Unabhängigkeit. Auf Grundlage des Vertragswerks begann Atatürk den Aufbau der Türkei zu einem modernen Nationalstaat.

Legion Condor

Die deutschen Streitkräfte, die im → Spanischen Bürgerkrieg (1936–39) auf seiten des faschistischen Diktators Francisco Franco Bahamonde gegen die Republikaner kämpften, umfaßten Luftwaffen- und einige Heereseinheiten mit insgesamt bis zu 5500 Mann. Am 26.4.1937 zerstörte die L. mit einem Bombenangriff die baskische Kleinstadt Guernica. Durch die Terroraktion, die sich gegen die Bevölkerung richtete und die der spanische Maler Pablo Picasso in seinem Bild «Guernica» als Symbol der Kriegsgreuel verarbeitete, sollte der zivile Widerstand gegen den Faschismus gebrochen werden.

Legislative

Die L. (gesetzgebende Gewalt) ist neben → Exekutive und → Judikative eine der drei Gewalten im → Rechtsstaat. Sie umfaßt das jeweilige Parlament (BRD: Bundestag) sowie – in föderativen Staaten – die Länderkammer (BRD: Bundesrat). Der L. obliegt die → Gesetzgebung.

Legislaturperiode

Die L. (auch Wahlperiode) ist der Zeitraum, für den ein Parlament gewählt ist, in dem es seinen verfassungsmäßigen Aufgaben, vor allem der Gesetzgebung, nachkommen muß.

In der BRD beginnt die L. gemäß Art. 39 GG spätestens am dreißigsten Tag nach der Wahl, jedoch nicht vor Ende der Wahlperiode des letzten Bundestages. Sie endet vier Jahre nach der ersten Einberufung des Parlamentes oder nach dessen Auflösung. Mit dem Zusammentreten des neuen Bundestages endet auch die Amtszeit der vorherigen Bundesregierung.

Die Dauer der L. beträgt für den deutschen Bundestag, den österreichischen und den Schweizer Nationalrat sowie für die Parlamente von Belgien, Dänemark, den Niederlanden, Norwegen und Schweden vier Jahre. Die Parlamente von Italien und Luxemburg, die französische Nationalversammlung und das britische Unterhaus werden alle fünf Jahre gewählt.

Legitimisten

Die politische Bewegung, die mit dem Argument der Legitimierung durch monarchistische Erbfolge die Wiedereinsetzung einer zuvor gestürzten Dynastie als staatliche Herrscher fordert, wurde im 19. Jahrhundert in Frankreich für die Verfechter der 1830 gestürzten Bourbonen geprägt. Im 20. Jahrhundert kam sie durch Anhänger der Habsburger in Österreich auf, die ab 1918 deren Wiedereinsetzung forderten. Als L. zählen auch die Karlisten – Unterstützer der Bourbonen in Spanien –, die eine weibliche Thronfolge 1833 nicht anerkannten und im 20. Jahrhundert die Inthronisierung des 1930 geborenen Carlos Hugo, Prinz von Bourbon-Parma, propagierten.

Leiharbeit

Der zeitlich begrenzte Einsatz der Arbeitnehmer eines L.-Unternehmens im Auftrag eines Bestellers gegen Entgelt (auch Zeitarbeit) ist insbesondere in der Metallindustrie verbreitet. L. muß vom Arbeitsamt genehmigt werden; die Verleihfirma muß die Leiharbeiter zudem in einem ständigen Arbeitsverhältnis beschäftigen. Im Bereich der Bauwirtschaft ist L. in der BRD nach § 12a Arbeitsförderungsgesetz grundsätzlich illegal. L. bietet den Bestellern die Möglichkeit, zeitlich befristeten Personalbedarf zu dekken. Sie ist umstritten, weil sie mitunter ohne Genehmigung angeboten und dazu mißbraucht wird, Sozialabgaben zu hinterziehen, Ausländer ohne Erlaubnis zu beschäftigen und Arbeitsschutz-, Lohn- sowie Sozialvorschriften zu unterlaufen.

Leitwährung

Im Rahmen dieser Bezugsgröße in einem Währungsverbund dient die Kursentwicklung von Partnerwährungen zur L. als Grundlage für die Beurteilung der währungspolitischen Entwicklung. Anfang des 20. Jahrhunderts standen die Währungen der Welt in einem festen Austauschverhältnis zum Gold. Dadurch ergaben sich auch für die Kurse der Währungen untereinander feste Wechselkurse, die eine stabile Basis für den Außenhandel bildeten. Durch zwei Weltkriege und die → Weltwirtschaftskrise ab 1929 brach der Goldstandard zusammen. Da er insbesondere den Nachteil hatte, den Umfang des Welthandels auf die zufällige Menge des vorhandenen Goldes zu begrenzen, trat nach dem 2. Weltkrieg der Dollar der stärksten Wirtschaftsmacht USA als L. neben das Gold. Alle Währungen wurden 1945 gemäß dem Abkommen von → Bretton Woods in ein festes Austauschverhältnis zum Dollar gesetzt (→ Währungspolitik); die amerikanische Zentralbank garantierte jederzeit den Umtausch von Dollar in Gold.

Die Weltwirtschaft nahm in der Folgezeit einen Aufschwung, die USA führten jedoch nach und nach wesentlich mehr Güter ein, als sie exportierten. Folge: Die eingenommenen Dollarbestände der Lieferanten überschwemmten die Weltmärkte, das Vertrauen in den Dollar schwand. 1969 schuf der Internationale Währungsfonds (→ IWF) die Kunstwährung SZR (Sonderziehungsrechte), die ab 1970 als L. neben den Dollar trat und ihn 1971, nach dem endgültigen Zusammenbruch des Systems von Bretton Woods, ersetzen sollte. 1973 scheiterte das System fester Wechselkurse jedoch endgültig.

Bei den folgenden freien Wechselkursen gibt es keine feste Bezugsgröße mehr, weil alle Währungen gegeneinander schwanken können. Ab den 80er Jahren wurden die jeweiligen Währungen der stärksten Handelsmächte USA, Japan und BRD (Dollar, Yen und Deutsche Mark) als relative L. des Weltwährungssystems betrachtet. Im Europäischen Währungssystem → EWS fungiert die 1979 als Rechengröße geschaffene Währungseinheit → ECU als L. Der Wert des ECU wird täglich aus den Marktkursen der Mitgliedswährungen errechnet.

Leitzinsen

Die Zinssätze, an denen sich das Zinsniveau eines Landes orientiert, werden von der Zentralbank als Mittel ihrer Geldpolitik festgesetzt. Mit der Zinspolitik nimmt sie Einfluß auf die wirtschaftliche Lage, insbesondere die Preisentwicklung. Den Banken werden die L. in Rechnung gestellt, wenn sie sich zum Zweck der eigenen Kreditvergabe Geld bei der Notenbank leihen. Die Kosten, die ihnen durch diese sog. Refinanzierung entstehen, versuchen sie in den Kreditzinsen an ihre Kunden weiterzugeben.

Der verbreitetste L. ist der → Diskontsatz. Er wird für den Ankauf von Wechseln erhoben. Der → Lombardsatz fällt bei der Verpfändung von Wertpapieren an und liegt meist über dem Diskontsatz. Die Zentralbank gibt den Banken zumeist Höchstgrenzen vor, bis zu denen sie Diskont- und Lombardkredite aufnehmen können. Meist halten die Kreditinstitute diese sog. Kontingente vollständig ausgeschöpft, weil diese Kredite die preiswerteste Form der Mittelbeschaffung sind.

Der Satz für sog. Wertpapierpensionsgeschäfte wird in Rechnung gestellt, wenn die Notenbank zeitlich befristet Wertpapiere von den Banken ankauft (Offenmarktgeschäfte). Die Zentralbankgeldzuteilung erfolgt hier im Versteigerungsverfahren. Entweder gibt die Zentralbank einen Zinssatz vor, und die Banken bekunden, in welcher Höhe sie bei diesem Preis Kredite aufnehmen wollen (Mengentender), oder es wird eine bestimmte Geldmenge zur Verfügung gestellt, die nach Maßgabe der gebotenen Zinssätze versteigert wird (Zinstender). Der bevorzugte L. ist von Staat zu Staat unterschiedlich.

Leninismus ❑

Die von Wladimir Iljitsch Lenin auf der Basis des → Marxismus entwickelte politische und ökonomische Theorie versuchte, den Marxismus auf die politischen, sozialen und wirtschaftlichen Verhältnisse in Rußland zu Beginn des 20. Jahrhunderts anzuwenden und zum politischen Kampfinstrument der kommunistischen Parteien auszubauen.

Der L. wurde zur ideologischen Grundlage der russischen → Oktoberrevolution 1917. Er umfaßt im Kern drei Theorien:

Theorie der Revolution: Der Kapitalismus kann nicht durch Reformen, sondern nur durch die Revolution überwunden werden. Diese geht nicht – wie von Karl Marx und Friedrich Engels prognostiziert – von den hochindustrialisierten westeuropäischen Staaten aus, sondern von dem industriell rückständigen Rußland, weil sich hier der Kapitalismus noch nicht gefestigt hat. Als nach der Oktoberrevolution die Revolution in Westeuropa ausblieb, entwickelte Lenin die Theorie vom «Sozialismus in einem Land». Erst wenn der Sozialismus in Rußland gefestigt sei, werde es zur Weltrevolution kommen. Die Revolution sollte nach Lenin in Ermangelung eines breiten Industrieproletariats vereint von Arbeitern und Landproletariat (werktätige Bauern) geführt werden.

Theorie der Partei: Anders als Marx und Engels meinte Lenin, daß die proletarische Revolution keine geschichtliche Zwangsläufigkeit besitze. Die Revolution müsse daher von der Avantgarde des Proletariats, der kommunistischen Partei, herbeigeführt werden.
Theorie des sozialistischen Staates: Nach der Revolution muß die kommunistische Partei die staatliche Gewalt übernehmen, um die Ergebnisse der Revolution gegen konterrevolutionäre Angriffe zu schützen. Dies sei nur auf diktatorische und militante Weise zu erreichen. (→ Diktatur des Proletariats).
Mit Gründung der Dritten Kommunistischen → Internationale (1919) wurde der Marxismus-Leninismus zur offiziellen Ideologie der kommunistischen Parteien. Der weltpolitische Durchbruch kam aber erst mit dem 2. Weltkrieg. Für die nach 1945 unter sowjetischem Einfluß entstandenen Volksdemokratien Osteuropas stellte der Marxismus-L. die Staatsgrundlage dar (→ Bolschewismus).
Nach 1989 spielt der L. in der Weltpolitik eine untergeordnete Rolle. Lediglich Kuba unter Fidel Castro wird noch nach leninistischen Prinzipien regiert (→ Castroismus).

Wladimir Iljitsch Lenin (22.4.1870–21.1.1924)
Eigentlich W. I. Uljanow. Im Anschluß an ein Studium der Rechtswissenschaften (1887–91) wurde Lenin nach Gründung des Petersburger Kampfbundes zur Befreiung der Arbeiterklasse nach Sibirien verbannt (1897–1900). Im folgenden Exil entwickelte er in seiner Schrift «Was tun?» (1902) die zentralen Ideen des Leninismus. Seine neuartigen Überlegungen zur Revolution führten 1903 zum Bruch seiner Anhänger (Bolschewiki; → Bolschewismus) mit den sozialdemokratisch orientierten → Menschewiki. Nach der Oktoberrevolution (1917) übernahm Lenin als Vorsitzender des Rates der Volkskommissare die Macht und etablierte ein Rätesystem. Ökonomische Probleme bei der Einführung einer Zentralwirtschaft zwangen Lenin 1921, in seiner sog. Neuen Ökonomischen Politik (→ NEP) privat- und marktwirtschaftliche Elemente wiederaufleben zu lassen. Nach drei Schlaganfällen konnte der Gründer der Sowjetunion (1922) seine Absicht, den Aufstieg des machtversessenen Josef W. Stalin zu verhindern, nicht mehr realisieren.

Leuchtender Pfad

Die maoistische Untergrundorganisation Perus wurde 1980 von dem Philosphieprofessor Abimael Guzmán gegründet. Mit bis zu 30000 Anhängern galt der L. zeitweilig als größte Terrororganisation Südamerikas. Von seiner Basis im Andenhochland und Amazonasbecken aus versucht er mit Guerillakämpfen, Attentaten und Terrorüberfällen die Macht zu erobern und eine kommunistische Revolution durchzuführen. Einnahmen erzielt er durch Kokainhandel: Der L. erzeugte in den 90er Jahren ca. 60% der weltweiten Kokaproduktion.
Im Bürgerkrieg zwischen dem L. und der Regierung wurden bis 1994 etwa 27000 Menschen ermordet. Unter Staatspräsident Alberto Fujimori (seit 1990) gelang 1992 die Fest-

nahme Guzmáns, der mit zehn weiteren Führungsmitgliedern zu lebenslanger Haft verurteilt wurde. Die Regierung ging davon aus, 90% des Führungskreises gefaßt zu haben. Sie bot Rebellen, die sich bis 1994 den Behörden stellten und mit den Sicherheitskräften zusammenarbeiteten, im Rahmen des sog. Reuegesetzes Amnestie oder Straferleichterungen an. 6000 Anhänger folgten dem Aufruf. Über die anderen Mitglieder wurde das Kriegsrecht verhängt.

Libanon-Konflikt

Spannungen zwischen der prowestlich-christlichen und der muslimischen Bevölkerung führten 1958 zum ersten Bürgerkrieg im Libanon, der mit einer Intervention der USA endete. In der Folgezeit wurde das Land durch Aktionen palästinensischer Flüchtlinge vom Libanon aus in den israelisch-arabischen Konflikt hineingezogen. 1975–92 entlud sich der Gegensatz zwischen Christen und Muslimen (zumeist unterstützt von palästinensischen Freischärlern) in einem zweiten Bürgerkrieg, an dem insgesamt sechs libanesische Kriegsparteien beteiligt waren.

Syrische und israelische Interventionen machten das im Chaos versunkene Land zugleich zum internationalen Krisenherd. In die Kämpfe griffen 1976 syrische Truppen auf seiten der arabischen Nationalisten ein. Ab 1978 besetzten mit den Christen verbündete israelische Einheiten zeitweilig den Südlibanon. Die Stationierung von UN-Friedenstruppen im selben Jahr brachte keinen Frieden. 1982 vertrieben Israelis die → PLO aus Westbeirut. Nach jahrelangen Kämpfen der verfeindeten Milizen unterzeichneten die Bürgerkriegsparteien 1989 den Friedensplan von Taif, der mit einer Verfassungsreform und der Bildung einer Regierung der nationalen Einheit 1990 zum Frieden – mit Syrien als Ordnungsmacht – überleitete. Nach den von Christen teilweise boykottierten Wahlen (1992) stellen muslimische Parteien die Mehrheit im Parlament. Die nicht entwaffnete proiranische → Hisbollah führt seither vom Südlibanon aus einen Kleinkrieg gegen Israel, das seit 1985 eine sog. Schutzzone im Südlibanon beansprucht. Ein Friedensvertrag mit Israel scheiterte bislang an der libanesischen Forderung nach vollständigem Abzug der Truppen.

Liberale Partei der Schweiz

Die 1977 aus der Liberal-Demokratischen Union der Schweiz (bis 1961 Liberal-Demokratische Partei) entstandene Partei mit konservativ-liberaler und antizentralistischer Ausrichtung tritt neben den größeren liberalen Parteien → FDP (Freisinnige Demokratische Partei) und SVP (→ Schweizerische Volkspartei) an. Ihre Schwerpunkte liegen in den Kantonen Basel-Stadt, Genf, Neuenburg und Waadt. Die L. ist seit 1979 mit einem Stimmenanteil von rund 3% und zumeist etwa zehn Abgeordneten im 200köpfigen Schweizer Nationalrat vertreten.

Liberalismus ❑

Der L. ist eine der bedeutenden politischen Bewegungen der Moderne. Mit seiner freiheitlichen Welt- und Wirtschaftsanschauung sowie durch

die von ihm vorangetriebene Durchsetzung der individuellen bürgerlichen Grundrechte bildete der L. eine wesentliche Basis der Demokratien des 20. Jahrhunderts. Im Mittelpunkt des L. steht der Gedanke von der Freiheit des einzelnen und der Gleichheit vor dem Gesetz. Durch diese Freiheit, die eine uneingeschränkte Entfaltung der Persönlichkeit erlaubt, soll sich ein umfassendes Gemeinwohl in einer Gesellschaft entwickeln.
Als Gegner jeglicher staatlicher Eingriffe in die Wirtschaft reagierte der L. auf die Frage nach Lösung der sich seit 1870 zuspitzenden sozialen Situation des Proletariats zunächst nur mit dem Hinweis auf die Selbsthilfepflicht der Arbeiter. Erst 1896 bildete sich unter Friedrich Naumann im Deutschen Reich der Sozialliberalismus heraus, der zur Unterstützung der Arbeiter die Bildung von Produktionsgenossenschaften und eine Reform des Bildungswesens forderte. Zu diesem Zeitpunkt hatte der L. als Träger eines Wirtschaftssystems, das zu Lasten der sozial Schwachen ging, bereits den breiten Rückhalt in der Bevölkerung verloren. Zu Beginn des 20. Jahrhunderts erlebten liberale Parteien einen zwischenzeitlichen Aufschwung: In Großbritannien stellten die traditionell starken Liberalen mit David Lloyd George und Herbert Henry Asquith (bis 1922) die Premierminister, doch büßte der L. in der Folgezeit zunehmend an Bedeutung ein, weil das Bürgertum durch Kriegsfolgen, Inflation und Weltwirtschaftskrise verarmt war.
Nach dem 2. Weltkrieg stand in den meisten Staaten die Auseinandersetzung zwischen bürgerlich-konservativen und sozialdemokratischen bzw. sozialistischen Kräften im Mittelpunkt. Zwar regieren beispielsweise in Japan die Liberaldemokraten fast ununterbrochen seit 1955, doch weist die Partei eher ein konservatives Profil auf. In der BRD ist die → FDP als Mehrheitsbeschaffer wechselnder Koalitionen seit 1949 an den Regierungen beteiligt (Ausnahme: 1957–61 und 1966–69).
Der Niedergang des L. ist vor allem im Erfolg seiner Programmatik zu suchen: So nahmen alle demokratischen Parteien im 20. Jahrhundert liberales Gedankengut in ihre Programme auf. Darüber hinaus wurde das Wirtschaftsprinzip des sog. Neo-L. in westlichen Demokratien vorherrschend: Trotz der Betonung eines freien Wettbewerbs wird das regulierende Eingreifen des Staates zur Lenkung des Wettbewerbs bzw. zur sozialen Absicherung der Arbeitnehmer akzeptiert.

Liberal Party
Die Liberale Partei Großbritanniens ging 1832 vor allem aus der Partei der Whigs hervor. Bis in die 20er Jahre des 20. Jahrhunderts war die L. neben den Konservativen (→ Conservative Party) die zweite Kraft des britischen Parlamentarismus.
Die zentrale Rolle im Parteiprogramm der L. spielte die Durchsetzung des weltweiten Freihandels. Im 19. Jahrhundert wurde die Partei mit dieser Forderung zu einer Massenpartei in England. Gegen Ende des 19. Jahrhunderts verließ die L. radikalliberale Positionen und setzte sich angesichts sozialer Probleme verstärkt für staatliche Interventionen

Grundlagen des Liberalismus

Zwei Hauptvorstellungen prägen den Liberalismus: der Glaube an die Fähigkeit des Menschen, Politik und Gesellschaft mit Hilfe der ihm eigenen Vernunft selbständig zu gestalten, und die Zuversicht in die Selbstregulierungskräfte einer freien Gesellschaft. So wandte sich der Früh-Liberalismus im 17. Jahrhundert gegen den absolutistischen Obrigkeitsstaat und verteidigte die Selbstbestimmung des einzelnen gegen den Machtanspruch von Adel, Königtum und Kirche.

Zur Sicherung der individuellen Rechte und Freiheiten forderte der Liberalismus eine Verfassung als Vertrag zwischen Regierung und Volk, beide sollten dem gleichen Gesetz unterworfen sein. Erste Ergebnisse dieses Bestrebens waren 1689 die Bill of Rights in England, 1787 die Verfassung der USA und 1789 die Deklaration der Menschen- und Bürgerrechte während der Französischen Revolution.

Als politische Ideologie des Bürgertums bei der Erkämpfung seiner gesellschaftlichen Vormachtstellung war der Liberalismus maßgeblich an den Umwälzungen des 19. Jahrhunderts beteiligt. So bildete er u. a. die Grundlage für die bürgerliche Verfassungsbewegung, den nationalen Einheitsgedanken, die Entwicklung des Rechtsstaats, eine eigenständige Stellung der Wissenschaft sowie für eine neuen Entwicklungen aufgeschlossene Kulturpolitik und neue Ansätze in der Erziehung. Darüber hinaus setzte der Liberalismus bis ins 20. Jahrhundert seine Forderungen nach Meinungs-, Presse- und Versammlungsfreiheit sowie nach freiem Wahlrecht durch.

Der Liberalismus lehnte das steuernde Eingreifen des Staates auf gesellschaftlichem und wirtschaftlichem Gebiet ab. Mit seinen Forderungen nach Freiheit des Unternehmertums und Schutz des Privateigentums legte er die theoretischen Grundlagen des → Kapitalismus. Das freie Spiel der Kräfte zog jedoch nach der industriellen Revolution die konsequente Ausbeutung der Arbeiter (sog. Manchester-Liberalismus) nach sich. Die frühzeitige Verknüpfung des Liberalismus mit dem Nationalstaatsgedanken führte außerdem dazu, daß seine Anhänger zwar innenpolitisch das Grundprinzip der Freiheit vertraten, außenpolitisch jedoch eine an Macht orientierte Politik verfolgten, die den → Kolonialismus guthieß.

Der wachsende Einfluß des Liberalismus auf den Staat – in Großbritannien und Frankreich setzte sich auf Betreiben des Liberalismus das repräsentative, in Deutschland das konstitutionelle Regierungssystem durch – bestärkte die Liberalen in der Ansicht, den Staat nicht mehr als Gegner, sondern als Hüter liberaler Ordnung zu betrachten. Diese Einstellung führte Ende des 19. Jahrhunderts zu einer Annäherung des Liberalismus an den → Konservatismus.

---

und Reformen ein. 1916 spaltete sich die Partei über Fragen der Kriegführung im 1. Weltkrieg. Obwohl sie mit David Lloyd George 1916–22 als Nachfolger von Herbert Henry Asquith noch einmal den Premierminister stellte, verlor die L. ab Mitte der 20er Jahre an Einfluß. An ihre Stelle trat die → Labour Party als zweite politische Kraft Großbritanniens. Die inzwischen weitgehend bedeutungslose L. schloß sich 1988 mit der

Social Democratic Party zu den Social and Liberal Democrats zusammen, die 1992 mit 20 Abgeordneten ins britische Unterhaus einzogen.

Lidice

Der Bergarbeiterort in der Nähe von Prag wurde am 10.6.1942 von Deutschen vollständig zerstört. Alle Frauen kamen in das Konzentrationslager Ravensbrück, die Kinder wurden zur «Germanisierung» in deutschen SS-Lagern interniert. Ein Exekutionskommando ermordete anschließend alle Männer und männlichen Jugendlichen des Dorfes.

Die Vernichtungsaktion war als Vergeltung für die Ermordung des sog. Reichsprotektors Böhmen und Mähren, Reinhard Heydrich, gedacht. Das Attentat war auf Anweisung der tschechischen Exilregierung in London ausgeführt worden; die Einwohner des Dorfes L. hatten mit dem Anschlag auf Heydrich nichts zu tun.

Zusammen mit der am 10.6.1944 zerstörten französischen Ortschaft Oradour-sur-Glane wurde Lidice zum Symbol für die beispiellose Gewaltherrschaft der Deutschen im 2. Weltkrieg.

Likud

Zu dem Bündnis national-konservativer politischer Parteien in Israel schlossen sich 1973 nationalistische Cherut und Liberale Partei, die bereits seit 1965 im Bündnis Gahal verbunden waren, sowie die kleineren Organisationen Freies Zentrum, Staatsliste und Shlomzion zusammen. Mit der Bildung des L. (hebräisch: Bund) wollten sie ihre Position bei Wahlen gegenüber der 1949–77 führenden Regierungspartei, der sozialdemokratischen Vereinigten Arbeiterpartei, verbessern. 1977 erreichte das Bündnis einen Erfolg bei den Wahlen und wurde unter Premierminister Menachem Begin (Cherut) zur stärksten Regierungspartei. Nach den Wahlen von 1984 bildete L. mit der Arbeiterpartei eine Große Koalition. Im Anschluß an die Wahlen von 1988 wurde sie zunächst fortgesetzt, scheiterte aber 1990. Bis 1992 führte der L.-Block eine rechtsgerichtete Regierung. Premierminister war – wie auch 1983/84 und 1986–92 Yitzhak Shamir (Cherut). Nach der Wahlniederlage 1992 kehrte L. in die Opposition zurück. Der L.-Block zählte bis Mitte der 90er Jahre zu den Gegnern der von der Regierung betriebenen Aussöhnung mit den Palästinensern.

Linksextremismus

Unter dem Begriff L. werden alle Bewegungen, Gruppen und Ideologien zusammengefaßt, die eine – gewaltsame – sozialistische Umwälzung der bestehenden Ordnung mittels Revolution anstreben.

Seit dem 1. Weltkrieg gründeten sich in Europa radikale linke Parteien. Die meisten Organisationen entstanden wie die → KPD in Deutschland durch Abspaltung linker Flügel aus sozialdemokratischen Parteien.

Der Begriff L. bezieht sich jedoch auch auf die politischen Gruppierungen, die sich im Anschluß an die Studentenbewegung bildeten. Diese Anfang der 70er Jahre in der BRD entstandenen linksextremistischen K-Gruppen blieben politisch bedeutungslos (→ Extremismus): Cha-

rakteristisch ist – ebenso wie im → Rechtsextremismus – das Unvermögen der zahlreichen Splittergruppen, als einheitliche politische Bewegung aufzutreten.
Den radikalsten Versuch zur Zerschlagung des Staats unternahmen in den 70er Jahren linksextremistische Terrorvereinigungen wie die Action Directe in Frankreich, die → Roten Brigaden in Italien und die → RAF in der BRD (→ Terrorismus). Seit Mitte der 80er Jahre verlor diese terroristische Ebene des L. an Bedeutung, während rechtsextreme Gewalttaten kontinuierlich zunahmen.

Lobbyismus

L. bezeichnet die Versuche von Verbänden und Interessengruppen, in einem gesellschaftlichen System zum eigenen Nutzen Einfluß zu nehmen auf Regierungs- und Oppositionsparteien, öffentliche Verwaltung, wirtschaftliche Lage und Wähler. So lassen sich z. B. Berufs- und Unternehmensverbände häufig am Parlamentssitz eines Landes nieder. Sie bringen einerseits ihre speziellen Sachkenntnisse in den politischen Entscheidungsprozeß ein, andererseits besteht die Gefahr, daß Einzelinteressen sich gegen die Interessen der Allgemeinheit durchsetzen (z. B. Vernachlässigung des Umweltschutzes gegenüber einem Firmenvorteil).

Locarnopakt

Die am 16. 10. 1925 von Belgien, dem Deutschen Reich, Frankreich, Großbritannien, Italien, Polen und der Tschechoslowakei unterzeichneten Verträge wurden nach Locarno, dem Ort der Konferenz, benannt. Der L. setzte sich aus verschiedenen Regelungen zusammen:
– Sicherheits-, Rhein- oder Westpakt. Darin verzichtete das Deutsche Reich auf Elsaß-Lothringen; das Rheinland blieb entmilitarisiert. Die Westmächte sagten die Räumung der Kölner Zone und Erleichterungen in der Besatzungspolitik zu. Zudem garantierten alle Vertragspartner die Unverletzlichkeit der deutsch-französischen bzw. deutsch-belgischen Grenzen.
– Schiedsabkommen des Deutschen Reichs mit Belgien, Frankreich, Polen und der Tschechoslowakei. Die Signatarstaaten verpflichteten sich, Konflikte gütlich zu regeln und bei diplomatisch nicht lösbaren Differenzen ein internationales Schiedsgericht anzurufen.
Der L. trat nach dem Beitritt des Deutschen Reiches in den → Völkerbund (10. 9. 1926) in Kraft und führte nach dem Ende des 1. Weltkriegs zu einem Ausgleich zwischen Deutschland und den Westmächten. Für den deutschen Außenminister Gustav Stresemann war der L. ein großer Erfolg, weil das Deutsche Reich gleichberechtigt in die internationale Staatengemeinschaft wiederaufgenommen wurde. Die Anerkennung der Gebietsverluste des 1. Weltkriegs verschärfte jedoch die innenpolitische Auseinandersetzung mit nationalistischen Parteien.

Lockheed-Affäre

Politikern, Offizieren und Managern wurde im Rahmen der L. – u. a. in der BRD, Italien, Japan und den Niederlanden – vorgeworfen, in den 60er und 70er Jahren Zahlungen des amerikanischen Luft- und Raum-

fahrtkonzerns Lockheed angenommen zu haben, um sich für den Kauf von Militärflugzeugen, insbesondere des Kampfflugzeugs Starfighter, einzusetzen. Ein Untersuchungsausschuß des US-Senats deckte die Korruptionsaffäre und die Verwicklung namhafter Politiker Mitte der 70er Jahre auf: Prinz Bernhard der Niederlande wurde vorgeworfen, 1 Mio. US-Dollar angenommen und dafür den Kauf von Starfighter-Flugzeugen in Aussicht gestellt zu haben. 1974 hatte Prinz Bernhard als Präsident der Naturschutzorganisation World Wildlife Fund den Lockheed-Konzern um eine Spende von 1 Mio. Dollar gebeten. Zum Kauf von Militärflugzeugen kam es nicht. Prinz Bernhard trat im August 1976 von allen öffentlichen Ämtern zurück. Seine Frau, Königin Juliana, dankte 1980 ab. Vorwürfe gegen den CSU-Vorsitzenden Franz Josef Strauß, als Bundesminister von Lockheed Bestechungsgelder in Millionenhöhe erhalten zu haben, konnten nicht bewiesen werden. Der ehemalige italienische Verteidigungsminister Mario Tanassi erhielt 1979 wegen Bestechung eine 28monatige Haftstrafe.
In Japan gerieten u. a. führende Mitglieder der Regierungspartei LDP in Bestechungsverdacht. Der frühere Ministerpräsident Kakuei Tanaka (LDP, 1972–74) wurde 1976 angeklagt und 1983 zu vier Jahren Haft verurteilt, allerdings gegen Kaution freigelassen.
Nach den Ermittlungen des US-Senats hatte Lockheed insgesamt 24,4 Mio. Dollar zur Absatzförderung gezahlt.

Lombardsatz

Mit L. wird ein Zins bezeichnet, den eine Bank ihren Kunden dafür in Rechnung stellt, daß sie Kredit gegen die Verpfändung von Wertpapieren gewährt. Lombardkredite sind relativ preisgünstig, weil das Pfandrecht eine hohe Kreditsicherheit gewährleistet.
Der L., den die Zentralbank eines Landes für den Fall festsetzt, daß sie selbst den Banken Lombardkredite gewährt, wird als → Leitzins angesehen, an dem sich das Zinsniveau orientiert. Die Kreditinstitute versuchen, die Kosten, die ihnen durch die Geldbeschaffung bei der Notenbank (sog. Refinanzierung) entstehen, bei Krediten an ihre eigenen Kunden über die Zinsen weiterzugeben. Außer der Höhe des Lombardsatzes ist auch der Höchstumfang, bis zu dem die Zentralbank den Banken Lombardkredite zur Verfügung stellt (sog. Lombardkontingent), ein Instrument der Geldpolitik.

Lomé-Abkommen

Die 1975 in Lomé, der Hauptstadt Togos, unterzeichnete Vereinbarung zwischen der EG und Entwicklungsländern aus Afrika, dem Karibik- und Pazifikraum soll die Wirtschaft dieser sog. → AKP-Staaten stärken. Das Abkommen stellte die europäische Entwicklungspolitik auf eine einheitliche Grundlage.
Die Übereinkunft wurde im Fünfjahresrhythmus durch weitere Abkommen (Lomé II–IV; Lomé IV von 1990 mit zehnjähriger Laufzeit) fortgeschrieben und bis Ende 1995 von 69 Staaten unterzeichnet. Sie erhalten Handelsvergünstigungen, Kredite und nicht rückzahlbare Zuschüsse.

Die dafür bereitgestellten Mittel werden direkt von den EG-Mitgliedstaaten finanziert, d.h. sie laufen nicht über den EG-Haushalt. Zu den wichtigsten Bestimmungen des L. zählen:
- Zugang fast aller Produkte (Ausnahme: Agrarwaren) der AKP-Staaten auf den EG-Markt.
- System zur Stabilisierung der Exporterlöse für Agrarerzeugnisse.
- Sonderfonds für Bergbauerzeugnisse.
- EG-Mittel für den Ausbau des gewerblichen Wirtschaftssektors.
- Maßnahmen, damit alle AKP-Staaten ihre Bevölkerung selbst ernähren können.
- Strukturhilfen für Länder, die Wirtschaftsreformen einleiten.

Im Änderungsvertrag zum vierten L. beschlossen die EU-Staaten im November 1995 in Le Reduit (Mauritius), ihre Entwicklungshilfe künftig von der Einhaltung der Menschenrechte sowie von demokratischen und rechtsstaatlichen Prinzipien abhängig zu machen.

Londoner Flottenabkommen

Der Vertrag zwischen dem Deutschen Reich und Großbritannien über die zulässige Höchststärke der deutschen Kriegsflotte wurde am 18.6.1935 geschlossen. Im März hatte Adolf Hitler trotz internationaler Proteste mit der offiziellen Bekanntgabe der deutschen Aufrüstung die im Versailler Vertrag nach dem 1. Weltkrieg vereinbarten Rüstungsbeschränkungen gebrochen. Hitler wollte nun auch die im Versailler Vertrag festgelegten Grenzen für die Seestreitkräfte überschreiten und bemühte sich um ein Abkommen mit der Seemacht Großbritannien. Es wurde vereinbart, daß das Verhältnis der deutschen Flottenstärke zur britischen 35:100 und der U-Boot-Tonnage 45:100 nicht überschreiten darf.

Als Folge des L. vervierfachte das Deutsche Reich mit internationaler Billigung seine Kriegsschifftonnage. Frankreich kritisierte Großbritannien für die einseitige Abänderung des Versailler Vertrages. Hitler glaubte, den internationalen Bund gegen Deutschland gebrochen und den entscheidenden Schritt zum angestrebten Kriegsbündnis mit Großbritannien getan zu haben. Großbritannien hoffte, durch seine festgeschriebene dreifache Überlegenheit einer Flottenrivalität vorbeugen zu können. 1939 kündigte Hitler das L.; Großbritannien bemühte sich um eine internationale Abwehrfront gegen Hitler.

Londoner Schuldenabkommen

Das am 27.2.1953 in London vereinbarte Abkommen über die deutschen Auslandsschulden seit dem 2. Weltkrieg (auch Londoner Vertrag) wurde zwischen der BRD und den drei alliierten Westmächten stellvertretend für zunächst 18 Gläubigerstaaten geschlossen. Mit dem L. wurden die 1933 eingestellten Reparationszahlungen wiederaufgenommen.

Das L. enthält Rückzahlungsverträge zwischen der Bundesrepublik Deutschland als Rechtsnachfolger des Deutschen Reiches und den Gläubigern. Die Vorkriegsschulden hatten den Gegenwert von 14,5 Mrd. DM, von denen rund 6 Mrd. DM erlassen wurden. Die Nachkriegsver-

pflichtungen betrugen 16 Mrd. DM (9 Mrd. DM gestundet). Auf der Basis der reduzierten Beträge erfolgte die Festlegung der jährlichen Zinszahlungen (567 Mio. DM). Sie begannen am 1.4.1953, die Tilgung (jährlich 198 Mio.) erfolgte ab dem 1.4.1958. Die Fälligkeitstermine der Tilgungen wurden zum Teil bis 1994 verlängert, aber bereits 1980 durch eine vorzeitige Schuldentilgung weitgehend erfüllt.
Das L. war eine zentrale Voraussetzung für die Wiedereingliederung der BRD in die Weltwirtschaft, weil es die Kreditwürdigkeit des Landes wiederherstellte. Zudem schuf das Abkommen die Voraussetzung für die Freigabe des nach dem 2. Weltkrieg konfiszierten deutschen Auslandsvermögens und für die Rückgabe der vollen Souveränitätsrechte.

Los-von-Rom-Bewegung

Die politische Kampagne für eine Abwendung von der vom Papst dominierten römisch-katholischen Kirche hatte ihren Ursprung Ende des 19. Jahrhunderts in den deutschsprachigen Gebieten Österreich-Ungarns. Die Bewegung war deutschnational motiviert, gegen die überwiegend katholischen östlichen Bevölkerungsgruppen gerichtet und wurde von der evangelischen Kirche unterstützt. Die nationalistische Alldeutsche Partei Georg von Schönerers bezeichnete den päpstlichen Katholizismus als undeutsch und entfachte 1897 die L. zum engeren Anschluß Österreichs an das Deutsche Reich.
Die L. erreichte zahlreiche Übertritte zum Altkatholizismus, einer Bewegung, die sich aufgrund der Unfehlbarkeitserklärung des Papstes 1870 von Rom losgesagt hatte, sowie zum Protestantismus (1898–1938: 200000 Konversionen). Nach dem 1. Weltkrieg ging die Bewegung zurück und kam 1945 zum Stillstand. Der Name L. wurde auch auf spätere Bestrebungen zur Gründung einer vom jeweiligen Papst unabhängigen katholischen Kirche übertragen.

LPG

Die **L**andwirtschaftliche **P**roduktions-**G**enossenschaft war die vorherrschende Betriebsform der Landwirtschaft in der DDR. In Anlehnung an die sowjetischen Kolchosen stellte sie einen juristisch selbständigen genossenschaftlichen Großbetrieb dar.
Sie entstanden durch den zum Teil erzwungenen, zum Teil freiwilligen Zusammenschluß von Landwirten und Landwirtschaftsangestellten in der DDR ab 1952. Zwar wurde 1959 die Freiwilligkeit der Mitgliedschaft im LPG-Gesetz festgeschrieben, doch versuchte der Staat durch Zwangskollektivierungen (wie B. 1960) den LPG-Anteil gegenüber selbständigen Bauern zu erhöhen.
Nach dem Grad der Vergesellschaftung wurden drei Typen von LPG unterschieden:
– Auf der kleinsten Vergesellschaftungsebene brachten die LPG-Mitglieder nur Ackerland in die Genossenschaft ein und führten die restlichen Wirtschaftsbereiche in eigener Regie.
– Beim zweiten Typ gingen auch alle Maschinen in die gemeinsame Nutzung ein.

– In einer dritten Form war fast der gesamte Privatbesitz aufgehoben. Die Mitglieder durften nur etwas Vieh sowie die persönliche Hauswirtschaft in Eigenverantwortung behalten.
Die ersten beiden Formen galten als Übergangsschritte der LPG. Ab 1988 existierte fast nur noch der dritte LPG-Typ.
Nach der deutschen Vereinigung übernahm die Treuhandanstalt die Betriebe und leitete eine Privatisierung der LPG ein. Um die Konkurrenzfähigkeit der Betriebe zu gewährleisten, blieben die genossenschaftlichen Strukturen (beispielsweise großflächigere landwirtschaftliche Einheiten als in Westdeutschland) vielerorts bestehen, wobei die früheren LPG-Vorsitzenden als neue Pächter häufig auch nach 1990 als Entscheidungsträger fungierten.

Luftkrieg

Die Kriegführung mit Flugzeugen, Zeppelinen und Raketen avancierte im 20. Jahrhundert zur wichtigsten militärischen Komponente von Kriegen. Grundaufgaben der Luftwaffe sind Luftaufklärung, -transport sowie Luftangriff und -verteidigung. Militärtechnisch wird unterschieden zwischen strategischem L., der gegen das Hinterland des Gegners gerichtet ist und dort Infrastruktur und Rüstungspotential zerstören soll, sowie taktischem L., der sich unmittelbar gegen die feindlichen Streitkräfte am Kriegsschauplatz richtet. Wichtigste Aufgaben der taktischen L.-Führung sind Erringung und Erhaltung der Luftüberlegenheit im Kampfgebiet, die Unterbindung des gegnerischen Nachschubs sowie das Verhindern gegnerischer Luftangriffe auf das eigene Territorium.
Die Möglichkeiten der L.-Führung erlebten im 20. Jahrhundert eine rasante Entwicklung. 1911 wurde im italienisch-türkischen Konflikt um Libyen erstmals ein Flugzeug zum Bombenabwurf eingesetzt. Auch im 1. Weltkrieg fanden Flugzeuge und Zeppeline als Bomber und Aufklärer Verwendung, wobei sich die Angriffe nur gegen militärische Ziele richteten.
Zwischen 1919 und 1939 entstand in fast allen Staaten die Luftwaffe als eigene Waffengattung neben Heer und Marine. Der 2. Weltkrieg brachte den Durchbruch der L.-Führung. Nach der vom italienischen General Giulio Douhet in seinem Buch «Die Luftherrschaft» entwickelten L.-Strategie besaßen Bomberflotten kriegsentscheidende Bedeutung. Die Luftwaffen unterstützten See- und Landoperationen.
Flächenbombardements zerstörten die europäischen Großstädte, blieben aber militärisch sinn- und bedeutungslos.
Nach dem 2. Weltkrieg setzten die USA ihre Luftwaffe während des → Koreakriegs (vor allem Mehrzweckjäger) und im → Vietnamkrieg (Jagdbomber) ein. Trotz der eindeutigen Lufthoheit, die sich in Flächenbombardements und dem Abwurf von Napalmbomben (→ Napalm) ausdrückte, unterlagen die USA in Vietnam.
Seit den 70er Jahren wurde die L.-Führung durch die Raketentechnik und Computer revolutioniert. Die Hauptanforderungen an Luftwaffensysteme bestehen zum Ende des

Jahrhunderts in Durchsetzungsvermögen und Überlebensfähigkeit gegenüber der feindlichen Abwehr, hohem Aktionsradius, hoher Treffgenauigkeit, Verwendbarkeit für konventionelle und nukleare Waffen sowie in Kurzstart- und Landefähigkeit. Beispielhaft für diese moderne Form des L. war der 2. → Golfkrieg 1991.

M

Maastrichter Verträge

M. ist die Bezeichnung für den auf dem Gipfeltreffen der Staats- und Regierungschefs der Europäischen Gemeinschaft vom 9./10.12.1991 beschlossenen Vertrag über den Ausbau der EG zu einer Europäischen Union (→ EU) mit einheitlicher Währung ab 1999, gemeinsamer Außen- und Sicherheitspolitik sowie einheitlichen Regelungen im politischen, sozialen und wirtschaftlichen Bereich. Die M. wurden am 7.2.1992 von Belgien, der BRD, Dänemark, Frankreich, Griechenland, Großbritannien, Irland, Italien, Luxemburg, den Niederlanden, Portugal und Spanien unterzeichnet und traten im November 1993 in Kraft. Großbritannien beteiligt sich zunächst nicht an einer gemeinsamen europäischen Währung, behält sich aber einen späteren Beitritt vor.

Im einzelnen umfassen die M. folgende Übereinkünfte:

– Die zweite Stufe der Wirtschafts- und → Währungsunion beginnt am 1.1. 1994. Deren Vollendung kann bis Ende 1996 vom Europäischen Rat verabschiedet werden. Fällt bis Ende 1997 keine Entscheidung, beginnt die Wirtschafts- und Währungsunion automatisch am 1.1.1999.

– Die zu gründende → Europäische Zentralbank muß vorrangig der Preisstabilität verpflichtet und von den Regierungen unabhängig sein. Mitgliedstaaten, die nicht an der Währungsunion teilnehmen, haben keinen Einfluß auf die Entscheidungen der Zentralbank.

– Die EU verpflichtet sich zu einer gemeinsamen Außen- und Sicherheitspolitik, wobei die Westeuropäische Union (→ WEU) das Militärbündnis der EU – deren integraler Bestandteil ist.

– Die Rechte des → Europäischen Parlaments werden nur geringfügig ausgeweitet. Das Parlament muß die jeweilige Kommission im Amt bestätigen und erhält ein Mitentscheidungsrecht in Teilen der gemeinschaftlichen Gesetzgebung.

– Im Bereich der Sozialpolitik sollen elf der zwölf Mitglieder (ohne Großbritannien) dem M. ein Protokoll beifügen, das die Umsetzung der → Europäischen Sozialcharta in EU-Recht ermöglicht.

Macht

Die grundlegende Definition von M. prägte der deutsche Soziologe Max Weber als «die Chance, innerhalb einer sozialen Beziehung den eigenen Willen auch gegen Widerstreben durchzusetzen, gleichviel, worauf diese Chance beruht». Diese Definition trifft für einzelne wie für Gruppen zu.

M. gilt als ein universelles Phänomen. Es findet sich in allen Gesellschaftsformen und Bereichen menschlichen Lebens. M. basiert auf verschiedenen Faktoren: auf psychischen oder physischen Eigenschaften, auf materiellen Gütern, auf der Zugehörigkeit zu einer bestimmten Gruppe oder auf Autorität. In der sozialistischen Theorie ist M. durch die Besitzverhältnisse in einer Gesellschaft bedingt. Demgegenüber steht u. a. die Auffassung, daß M.-Verhältnisse durch das Zusammenwirken von M.- und Unterordnungstrieb entstehen. In sozialen Beziehungen wird M. so zum Streben nach Selbstbehauptung gegenüber anderen Individuen.

Unterschieden wird die innere und die äußere M. Die innere M. baut auf Anerkennung, die äußere auf Zwang, z. B. Gewalt oder Drohungen. Mittel zur Durchsetzung der M. sind beispielsweise Dienstleistungen und Normen, aber auch der Einsatz von Waffen.

M. ist eine Voraussetzung für ein geregeltes gesellschaftliches Zusammenleben und Grundlage der Herrschaft. In den totalitären Staaten des 20. Jahrhunderts, wie dem nationalsozialistisch regierten Deutschen Reich und der kommunistischen Parteidiktatur in der Sowjetunion unter Josef Stalin, wurde M. mit Hilfe eines ausgeklügelten Instrumentariums (→ Nachrichtendienste, Medien- und Bildungspolitik) effizient ausgeübt und skrupellos verteidigt. Im Gegensatz dazu ist M. in demokratischen Gesellschaften nach dem Grundsatz der Gewaltenteilung aufgegliedert (→ Legislative, → Exekutive und → Jurisdiktion) und der gesellschaftlichen Kontrolle unterworfen.

Die Auflösung des M.-Monopols schafft jedoch auch neue M.-Zentren, wie z. B. den Verwaltungsapparat oder die meinungsbildenden Medien. Demokratische Grenzen der M. sind die festgelegten ethischen und rechtlichen Grundprinzipien einer Gesellschaft.

Machtergreifung

Die M. bezeichnete im Deutschen Reich die Ernennung Adolf Hitlers zum Reichskanzler am 30. 1. 1933 sowie die folgende → Gleichschaltung aller öffentlichen Institutionen.

Mafia ❑

Der Begriff bezeichnete ursprünglich einen bis ins 13. Jahrhundert zurückgehenden sizilianischen Geheimbund in Italien. In der zweiten Hälfte des 20. Jahrhunderts wurde M. zum Synonym für organisiertes Verbrechen insgesamt (z. B. auch der Rauschgift- sowie der russischen M.).

Mit der italienischen Einwanderung entstand in den USA unter der Bezeichnung «Cosa Nostra» und «The Syndicate» eine M.-Struktur, die seit den 20er Jahren auf Alkohol- und Rauschgiftschmuggel, Prostitution und illegales Glücksspiel spezialisiert ist. Ihre bedeutendsten Anführer waren Al Capone in Chicago sowie Vito Genovese und Lucky Luciano in New York.

Situation in Italien: In Italien wurde die M. während des → Faschismus ab 1922 durch den totalitären Staat zurückgedrängt, gewann aber nach dem 2. Weltkrieg neue Bedeutung. Sie dehnte ihr Einflußgebiet auf die Städte aus und setzte ihre Ziele häufig durch Erpressung und Bestechung von Industriellen und Politikern durch.

1982 verabschiedete das italienische

Parlament das Anti-M.-Gesetz, das eine Kronzeugenregelung für geständige M.-Mitglieder vorsieht. Seit Beginn der 90er Jahre ermitteln Staatsanwälte aufgrund von Aussagen ehemaliger Mafiosi (u.a. des M.-Bosses Tommaso Buscetta) gegen private und staatliche Großunternehmen, deren Spitzenmanagern u.a. Korruption vorgeworfen wird. Verfahren wurden auch gegen hohe Richter und 200 Parlamentarier eingeleitet.
Situation in Rußland: Nach dem Zusammenbruch der sozialistischen Staaten in Osteuropa baute die M. in Rußland ein dichtes Organisationsnetz auf, das durch Bestechung, Erpressung und Mord den wirtschaftlichen Neuaufbau behindert. Die M. betätigt sich zudem in den Bereichen des Rauschgifthandels sowie des illegalen Rohstoffexports (z.B. von Bronze, Erdöl, Magnesium, Zinn). Durch die oft unzureichende Aufsicht über atomwaffenfähiges Material bildete sich zudem eine Atom-M. heraus.

Ursprünge der Mafia

Bis ins 19. Jahrhundert bauten Großgrundbesitzer im Nordwesten Siziliens bewaffnete Gefolgschaften auf, die ihre formal beendete feudale Vorherrschaft wiederherstellen sollten. Diese familienähnlich strukturierten, keiner politischen Richtung angehörenden Gruppen dehnten ihre Herrschaft kontinuierlich aus. Es entstand eine Gegenmacht zur staatlichen Autorität. Die Mafia entwickelte sich nach 1860 zu einer kriminellen Subkultur, die durch eigene Sozialverhaltensregeln geprägt war.

Maginot-Linie

Der 1929–40 unter der Leitung des französischen Kriegsministers André Maginot angelegte Befestigungsgürtel zog sich an der französischen Ostgrenze von Longwy bis Basel. Das 150 km lange unterirdische Geflecht von Gängen, Bunkern und Festungen war Ausdruck der französischen Furcht vor der «deutschen Gefahr». Es sollte Frankreich vor einer militärischen Invasion aus Deutschland schützen.
Die Verteidigungsanlage galt als unüberwindlich, war aber aus Geldmangel nur im Kern fertiggestellt. Ihre immer wieder propagierte Sicherheit ließ die französischen Militärs die Offensivplanung vernachlässigen. So kam es – trotz der französischen Kriegserklärung nach dem deutschen Überfall auf Polen – 1939 zu keinen Angriffen Frankreichs auf Deutschland.
1940 zeigte sich, daß der Bau der M. seinen Zweck verfehlt hatte. Bei ihrem Frankreichfeldzug umging die deutsche Wehrmacht die M., indem sie über die neutralen Benelux-Staaten nach Frankreich einmarschierte. Am 15.6.1940 durchbrachen Panzerverbände der Heeresgruppe C die M. bei Saarbrücken.

Majdanek-Prozeß

Der M. fand vor dem Landgericht Düsseldorf gegen ehemalige Aufseher des deutschen Vernichtungslagers in Lublin-Majdanek (Polen) statt. Der M. begann 1976, nachdem die SS-Aufseherin Hermine Ryan-Braunsteiner in den USA gefaßt und ausgeliefert worden war, und endete am 30.6.1981. Ryan-Braunsteiner wurde wegen Beihilfe zum Mord zu lebenslanger Haft verurteilt. Sechs weitere Angeklagte erhielten Freiheitsstrafen zwischen zwei und zwölf Jahren, ein Angeklagter wurde freigesprochen. Das Urteil löste weltweite Empörung aus, da die Strafen als zu gering empfunden wurden. Von 1942 bis zur Befreiung durch die sowjetische Armee (1944) waren in Majdanek über 250000 Menschen, überwiegend Juden, ermordet worden.

Mandat

M. werden hinsichtlich ihrer staats- und völkerrechtlichen Bedeutung unterschieden.

Staatsrecht: Im staatsrechtlichen Sinn bedeutet M. die Übernahme eines politischen Auftrags, der zur Wahrnehmung der Kompetenzen des Auftraggebers berechtigt. So übertragen die Wähler in einer → Demokratie ihre politischen Entscheidungsbefugnisse auf einen Abgeordneten. Dieser M.-Träger muß die ihm übertragenen Kompetenzen nach Ablauf der Legislaturperiode wieder abgeben und sich im Wahlkampf erneut um die Übertragung der politischen Aufgaben bemühen.

Je nach politischem System wird das freie und das imperative M. unterschieden. Das freie M. bindet den M.-Träger nicht an Weisungen und Aufträge. Sowohl in Deutschland als auch in Österreich verfügen die Abgeordneten der Volksvertretung über ein freies M. In direkten Demokratien, z. B. in der Schweiz, oder in einer Rätedemokratie, wie es sie in Deutschland und Rußland zum Ende des 1. Weltkriegs gab, sind sie an die Weisungen ihrer Wähler gebunden (imperatives M.).

Völkerrecht: Im völkerrechtlichen Sinn bedeutet ein M. die treuhänderische Verwaltung eines Gebiets durch einen von der Völkergemeinschaft beauftragten Staat. Nach dem 1. Weltkrieg wurden Gebiete der Kriegsverlierer Türkei und Deutschland unter die Aufsicht des 1919 gegründeten → Völkerbundes gestellt, der sie als M.-Gebiete an seine Mitglieder zur uneigennützigen Verwaltung weitergab. So übte Großbritannien u. a. die Aufsicht über den Irak und Palästina aus, Frankreich kontrollierte Syrien und den Libanon. Die früheren deutschen Kolonien in Afrika wurden unter Belgien, Frankreich, Großbritannien und der Südafrikanischen Union aufgeteilt, im pazifischen Raum erhielten Australien, Japan und Neuseeland M.-Aufgaben.

Nach 1948 trat an die Stelle des M.-Systems das Treuhandsystem der Vereinten Nationen. Nach und nach wurde die Mehrzahl dieser fremdverwalteten Territorien in die Unabhängigkeit entlassen. Als eines der letzten Gebiete erhielt das unter amerikanischer Treuhandschaft stehende Mikronesien 1990 seine Selbständigkeit.

Mandatsgebiete

Mit M. wurden die deutschen Überseekolonien (sog. Schutzgebiete) und Teile des früheren Osmanischen Reichs bezeichnet, die nach dem 1. Weltkrieg ab 1919/20 im Auftrag (Mandat) des Völkerbunds von einigen alliierten Siegermächten verwaltet wurden (nach Art. 22 der Völkerbundsatzung). Die im → Versailler Vertrag (1919) festgelegten M. durften weder ausgebeutet noch annek-

tiert werden und wurden in der Folgezeit nach A-, B- und C-Mandaten unterschieden:
A-Mandate: Die ehemals türkischen Gebiete waren britisches und französisches M. und sollten später selbständige Staaten werden. Syrien und der Libanon unterstanden fortan französischer, Palästina, Transjordanien und der Irak (bis 1932) britischer Kontrolle.
B-Mandate: Die → deutschen Kolonien in Afrika wurden von Belgien, Frankreich und Großbritannien als abgesonderte Gebiete des eigenen Staats mit der Auflage verwaltet, illegalen Handel (z. B. mit Waffen und Alkohol) zu unterbinden. Der überwiegende Teil Deutsch-Ostafrikas fiel an Großbritannien; Ruanda-Urundi an Belgien. Kamerun stand zu fünf Sechsteln unter französischer, im Westen unter britischer Aufsicht. Der Osten Togos wurde Frankreich, der Westen Großbritannien zugesprochen.
C-Mandate: Die übrigen deutschen Überseegebiete konnten von den Mandatsmächten als Teil des eigenen Staatsgebiets verwaltet werden. Deutsch-Südwestafrika fiel an die Südafrikanische Union, Samoa an Neuseeland. Die Karolinen, Marianen, Marshall- und Palauinseln kamen unter japanische Kontrolle. Neuguinea und die übrigen Südseeinseln fielen an Australien; Nauru an Australien, Großbritannien und Neuseeland.
Nach dem 2. Weltkrieg wurden die M. 1948 Treuhandgebiete der UNO unter Verwaltung der bisherigen Mandatsmächte. Ende des 20. Jahrhunderts ist der überwiegende Teil der früheren M. selbständig.

Manhattan Project ❑

Die Bezeichnung wurde 1942 für alle Aktivitäten zur Entwicklung einer amerikanischen Atombombe eingeführt. Das M., an dem mehrere tausend Personen arbeiteten, war 1939 durch ein Schreiben von Wissenschaftlern um Albert Einstein an US-Präsident Franklin D. Roosevelt initiiert worden, in dem auf die deutsche Atomforschung und die außerordentliche Wirksamkeit der zu entwickelnden Atombombe hingewiesen wurde.
Trotz aller Anstrengungen – Roosevelt bewilligte insgesamt rund 2 Mrd. Dollar, ohne den Kongreß zu informieren – kam die Atombombe für den europäischen Kriegsschauplatz zu spät. Der erste erfolgreiche Test fand am 16. 7. 1945 in New Mexico statt. Der erste Einsatz der Atombombe in Japan im August 1945 erschien vielen Mitarbeitern des M. als unnötig.

Julius Robert Oppenheimer (22. 4. 1904 – 18. 2. 1967)

Der amerikanische Atomphysiker gilt als «Vater» der Atombombe. Er wurde 1943 zum Direktor der für das M. in Los Alamos eingerichteten Forschungslaboratorien ernannt und damit wissenschaftlicher Leiter des Atombomben-Projekts. Die Verantwortung für den Einsatz der Bomben in Hiroshima und Nagasaki sah Oppenheimer ausschließlich bei den politischen Entscheidungsgremien. Wegen seines moralisch motivierten Protests gegen die → Wasserstoffbombe mußte er 1954 die Leitung der US-Atomenergiebehörde abgeben.

Manteltarif

Der M. legt die Rahmenbedingungen für die zwischen Arbeitnehmern und Arbeitgebern ausgehandelten → Tarifverträge langfristig (für zwei bis sechs Jahre) fest. Er regelt nicht nur die allgemeinen Arbeitsbedingungen, sondern auch betriebliche und betriebsverfassungrechtliche Fragen, z. B. Arbeitszeit, Kurz- und Nachtarbeit, Urlaubszeit sowie Richtlinien für Einstellung und Entlassung. Im kurzfristigen Tarifvertrag wird demgegenüber die von konjunkturellen Schwankungen stark abhängige Höhe der Löhne und Gehälter fixiert.

Maoismus ❑

M. bezeichnet die von Mao Zedong entwickelte Ideologie und politische Form des → Kommunismus. Der M. versucht, die Lehren von Karl Marx und Wladimir I. Lenin (→ Leninismus) auf die Verhältnisse in China und der Dritten Welt anzuwenden.

Theorie der Revolution: Die kommunistische Weltrevolution geht nach Mao nicht von einem entwickelten Industrieland aus, wie Marx prophezeit hatte, sondern müsse von industriell unterentwickelten Agrarstaaten, wie beispielsweise China, geführt werden. Träger der Revolution kann daher nicht das Proletariat sein, sondern die Bauern, die unter der Führung der kommunistischen Partei durch den Guerillakrieg vorbereitet werden. Im Unterschied zu Lenin lehnte Mao eine Revolution durch Staatsstreich wie 1917 in Rußland ab. Er befürwortete einen längerfristigen Prozeß, um die realen Machtverhältnisse und das Bewußtsein der Menschen zu verändern (→ Kulturrevolution).

Theorie der politischen Praxis: Sie beschreibt den Übergang von der Revolution zur kommunistischen Gesellschaft. Im Gegensatz zum → Bolschewismus lehnt der M. den hierarchischen und zentralistischen Aufbau von Partei und Staat ab, weil diese die Herrschaft ohne direkte Kontrolle durch die Volksmassen ausüben. Aus diesem Ansatz entwickelte Mao dic Idee einer neuen Klassengesellschaft mit dem Gegensatz zwischen Parteifunktionären und einfachen KP-Mitgliedern sowie sein Konzept der permanenten Revolution. Die Massen des Volkes müssen einen ständigen revolutionären Kampf für den schrittweisen Aufbau des Kommunismus führen. Ziel der Revolution ist die Erneuerung des Bewußtseins des einzelnen und die geistige und kulturelle Umgestaltung der Gesellschaft. Stärker als der Bolschewismus, der die politische und ökonomische Entwicklung in den Mittelpunkt stellt, betont der M. die Erziehung des Menschen zum kommunistischen Bewußtsein. Der ideologische Gegensatz von Bolschewismus und M. führte 1959/60 zum Bruch mit der UdSSR, der im März 1969 mit bewaffneten Konflikten zwischen sowjetischen und chinesischen Grenztruppen am Fluß Ussuri eskalierte.

Mao Zedong
(26.12.1893–9.9.1976)
Der Sohn eines Bauern fand während des Lehrerstudiums Anschluß an die revolutionäre Jugendbewegung. 1921 war er in Shanghai Mitbegründer der

KP Chinas, ab 1925 organisierte Mao eine kommunistische Bauernbewegung in seiner Heimat. Im Bürgerkrieg mußten die Kommunisten vor den nationalchinesischen Truppen Chiang Kaisheks nach Nordchina fliehen. Auf diesem sog. → Langen Marsch wurde er 1935 zum Vorsitzenden der KP gewählt. Nach dem Sieg im Bürgerkrieg rief Mao am 1. 10. 1949 die Volksrepublik China aus (ab 1954: Staatspräsident). Zur Schärfung des revolutionären Bewußtseins ließ er mehrere Kampagnen durchführen: 1951/52 zur Stärkung der revolutionären Wachsamkeit, 1956/57 zur Aktivierung des kritischen Meinungspotentials («Hundert-Blumen-Bewegung») sowie 1958–61 den fehlgeschlagenen Versuch zur endgültigen Durchsetzung von Industrialisierung und Agrarrevolution in China («Großer Sprung nach vorn»). 1959 trat er vom Amt des Staatspräsidenten zurück, sicherte sich aber durch die Kulturrevolution (1965–69) die unumschränkte Macht und ließ sich als «Großer Vorsitzender und Steuermann» feiern.

Mapai

Die Arbeiterpartei Israels wurde 1930 als Zusammenschluß der wichtigsten sozialistischen Bewegungen des → Zionismus gegründet. Mehrere Abspaltungen (u.a. 1948: sozialistische Mapam) wurden 1969 durch ein Bündnis aller Arbeiterparteien (Maarach) revidiert.

Die M. bildete 1948–77 die Regierung und stand 1984–90 in einer Großen Koalition mit der nationalkonservativen → Likud-Partei. Bei den Wahlen 1992 übernahm die M. als stärkste Partei erneut die Regierung. Unter ihrem Vorsitzenden, Ministerpräsident Yitzhak Rabin, trat die M. konsequent für den Friedensschluß mit der → PLO (→ Gaza-Jericho-Abkommen) sowie mit den arabischen Nachbarstaaten ein (1994: Friedensvertrag mit Jordanien). Nach der Ermordung Rabins (4.11.1995) übernahm der vorherige Außenminister Shimon Peres die Amtsgeschäfte.

Marktwirtschaft

In diesem Wirtschaftssystem (auch Verkehrswirtschaft) erfolgt die Verteilung der Güter nach dem Prinzip, daß derjenige eine Ware oder Leistung erhält, der am meisten Geld dafür zu bezahlen bereit ist. Angebotene und nachgefragte Mengen eines Gutes gleichen sich über die Höhe des Preises aus. Motor des Wirtschaftens ist privates Gewinnstreben. Andere Möglichkeiten der Güterverteilung, der zentralen Aufgabe eines Wirtschaftssystems, sind staatliche Anordnung, demokratische Abstimmungen und Verhandlungen. Praktische Bedeutung hat im 20. Jahrhundert neben der M. nur das System staatlicher Anordnung erlangt. Es wurde z.B. in den Zentralverwaltungswirtschaften (→ Planwirtschaft) des → RGW unter Führung der Sowjetunion verwirklicht, scheiterte aber in den 80er Jahren. In einer M. ist das Eigentum an den Produktionsmitteln zumeist in privater Hand (kapitalistische → Wirtschaft; → Kapitalismus), in einer Zentralverwaltungswirtschaft sind sie gesellschaftliches Eigentum (→ Sozialismus). Vorteile hat die M. in der Praxis in einer höheren Leistungsfähigkeit bewiesen, Nachteile in der Vernachlässigung langfristiger Überlegungen gezeigt (z. B. Umweltzerstörung durch die Produktion). Außerdem leistet die M. keine gerechte Einkommensverteilung, und öffentliche Güter wie Landesverteidigung, Infrastruktur, Bildungssystem werden nicht bereitgestellt. Zum Ausgleich dieser Defizite und zur Sicherung des Rahmens für die M. erfolgen in allen kapitalistischen Ländern staatliche Eingriffe. Als wichtige Rahmenbedingungen, die der Staat zur Verfügung stellen muß, werden z. B. angesehen: Gewährleistung des Privateigentums, Sicherung des freien Wettbewerbs, Herstellung sozialer Gerechtigkeit. Darüber hinaus greifen die meisten Staaten auch steuernd in die wirtschaftliche Entwicklung ein (z. B. Wachstums- und Beschäftigungsförderung).

Die Entwicklung der M. war im 20. Jahrhundert international im wesentlichen vom Grad staatlicher Eingriffe bestimmt:

USA: Im Anschluß an die → Weltwirtschaftskrise (ab 1929) setzte Präsident Franklin D. Roosevelt mit seiner Politik des → New Deal ab 1933 staatliche Interventionen durch, um soziale Gerechtigkeit herzustellen. Auf diese Weise leitete er die Entwicklung der USA zum modernen Sozialstaat ein.

Frankreich: Zum Wiederaufbau nach dem 2. Weltkrieg entwickelte Frankreich ab 1946 das Konzept der sog. Planification. Im Rahmen der M. wurden dabei Ziele für die gesamtwirtschaftliche Entwicklung bis in einzelne Branchen hinein staatlich festgesetzt.

Deutschland/BRD: In der Bundesrepublik wurde nach dem 2. Weltkrieg durch Ludwig Erhard (CDU) das System der Sozialen Marktwirtschaft aufgebaut, das auf Überlegungen der Freiburger Schule um Walter Eucken gründete. Das marktwirtschaftliche Grundprinzip des freien Wettbewerbs soll nach Vorstellungen des sog. Ordoliberalismus sowohl durch staatliche Wettbewerbspolitik zur Verhinderung wirtschaftlicher Macht als auch durch Staatsleistungen ergänzt werden, die der Markt nicht liefern kann (z. B. Bildung, Infrastruktur, soziale Gerechtigkeit). Ab 1967 wurde die Wirtschaftsordnung unter Wirtschaftsminister Karl Schiller (SPD) infolge einer Rezession durch das Konzept der Globalsteuerung ergänzt. Die staatliche Finanzpolitik soll danach zu Vollbeschäftigung, Preisniveaustabilität, angemessenem Wirtschaftswachstum und außenwirtschaftlichem Gleichgewicht beitragen.

Osteuropa: Nachdem Jugoslawien 1946 zunächst eine Zentralverwaltungswirtschaft nach sowjetischem Vorbild aufgebaut hatte, führte das Land 1950 unter der Bezeichnung «Arbeiterselbstverwaltung» ein System der M. ein, bei dem das Eigentum an Produktionsmitteln in der Hand der Beschäftigten lag.

Im Zuge demokratischer Reformen gaben ab Ende der 80er Jahre die UdSSR und die anderen ehemals sozialistischen Staaten nach und nach das System der Zentralverwaltungswirtschaft auf und begannen mit dem Aufbau einer M. Diese wirtschaftliche Neuorientierung ist mit großen Problemen verbunden. Der Versuch, Betriebe international wettbewerbsfähig zu machen, führte zu Massenentlassungen, hoher Arbeitslosigkeit und sozialen Unruhen. Die sich ausbreitende organisierte Kriminalität (→ Mafia) verhinderte die Effizienz der eingeleiteten Reformen zusätzlich.

Marne-Schlacht

In dieser wichtigen Schlacht des 1. → Weltkriegs erlitt das über Belgien nach Nordfrankreich einmarschierte deutsche Feldheer im September 1914 gegen die französischen und britischen Truppen eine strategische Niederlage und mußte daraufhin zurückweichen.

Damit war der → Schlieffen-Plan gescheitert, der durch eine rasche Einkreisung und Vernichtung des französischen Feldheeres eine schnelle Kriegsentscheidung an der deutschen Westfront herbeiführen wollte. Die M. beendete die Zeit des Bewegungskriegs und leitete den verlustreichen, materialaufwendigen Stellungskrieg ein. Der deutsche Generalstabschef Helmuth von Moltke, dessen strategische Fehler zur Niederlage beigetragen hatten, wurde durch Erich von Falkenhayn abgelöst.

Marokkokrise

M. ist die Bezeichnung für zwei internationale Konflikte, die durch den gleichzeitigen Versuch des Deutschen Reichs und Frankreichs entstanden, sich zu Beginn des 20. Jahrhunderts in Marokko eine Machtposition zu sichern.

Nachdem Großbritannien 1904 Marokko als französisches Protektorat vertraglich anerkannt hatte, reiste der deutsche Kaiser Wilhelm II. 1905 nach Tanger, um die französische Expansion zu verhindern. In der Konferenz von Algeciras 1906 wurde die Position Frankreichs bestätigt, das Deutsche Reich isoliert und die erste M. beendet.

Als Reaktion auf die französische Besetzung der marokkanischen Stadt Fes entsandte das Deutsche Reich das Kanonenboot «Panther» 1911 nach Agadir. Die drohende Eskalation dieser zweiten M. verhinderte das Marokko-Kongo-Abkommen: Frankreichs Protektorat über Marokko war fortan festgeschrieben, das Deutsche Reich erhielt als Ausgleich Gebiete Französisch-Äquatorialafrikas (Erweiterung von Deutsch-Kamerun) zugesprochen.

Marsch auf Rom ❑

Der Begriff beschreibt die Umstände der Machtübernahme durch die italienischen Faschisten in Italien unter der Führung Benito Mussolinis am 27./28.10.1922.

Die 1919 von Mussolini gegründete faschistische Bewegung («Fasci di Combatimento») von Syndikalisten und Frontkämpfern erhielt durch die Nachkriegskrise in Italien, ihren gewaltsamen Kampf gegen Demokratie und Sozialismus sowie aufgrund der Zerstrittenheit bürgerlicher Parteien großen Zulauf aus Bevölkerung, Industrie und Militär. Die politisch instabile Lage ausnutzend, erteilte Mussolini seinen faschistischen Kampftruppen am 27.10.1922 den Befehl zum M. König Viktor Emanuel III. verzichtete auf die Verteidigung der Stadt und ernannte Mussolini am 28.10.1922 zum Ministerpräsidenten.

Benito Mussolini
(29.7.1883–28.4.1945)
Nach 14 Jahren Mitgliedschaft brach der Journalist 1914 mit der Sozialistischen Partei, als sie gegen den italienischen Eintritt in den 1. Weltkrieg eintrat. Der Ministerpräsident (ab 1922) sicherte sich diktatorische Vollmachten, verbot alle Parteien außer seiner faschistischen Bewegung PNF, schaffte Grundrechte und Gewaltenteilung ab und vollendete seinen totalitären Staat durch die Gleichschaltung von Justiz und Verwaltung. Um ein neues römisches Imperium zu schaffen, besetzte Italien Abessinien (1935), Albanien (1939) und zog an der Seite des Deutschen Reichs in den 2. Weltkrieg. Aufgrund der drohenden militärischen Niederlage wurde Mussolini 1943 abgesetzt und verhaftet, jedoch von deutschen Fallschirmjägern befreit. In Salò/Norditalien führte er ein Marionettenregime der Deutschen. Bei seiner Flucht vor den Alliierten wurde er 1945 erschossen.

Marschflugkörper
Die lenkbaren Fernraketen (englisch: cruise missiles) mit konventiontionellem oder nuklearem Gefechtskopf sollen vorprogrammierte Ziele im Tiefflug unter dem gegnerischen Radarschirm hindurch treffen. M. können von der Erde, von Flugzeugen und U-Booten abgeschossen werden und erreichen – je nach Einsatzart – eine Reichweite von mehreren tausend Kilometern.
Eine der ersten Selbststeuerungs-Flugwaffen war die ab Juni 1944 von der deutschen Wehrmacht im Luftkampf gegen London eingesetzte Flugbombe V 1 (= Vergeltungswaffe 1). Nach dem 2. Weltkrieg wurden Cruise Missiles von den Großmächten weiterentwickelt und mit der Begründung, der Westen müsse einen sowjetischen Rüstungsvorsprung ausgleichen, von der NATO Anfang der 80er Jahre auch in Europa stationiert, was zu heftigen Protesten der Friedensbewegung führte. 1991 setzten die USA seegestützte M. vom Typ «Tomahawk» im Krieg gegen den Irak ein und bombardierten Bagdad. Nach ersten Verträgen zur → Abrüstung in den 80er Jahren sahen die 1991 und 1993 von den USA und der UdSSR/Rußland unterzeichneten → START-Abkommen zum Abbau strategischer Rüstung auch eine Obergrenze der mit M. ausgestatteten strategischen Fernbomber vor.

Marshall-Plan
Das am 5.6.1947 vom amerikanischen Außenminister George C. Marshall verkündete European Recovery Programm (ERP) war eine von den USA angebotene finanzielle Wiederaufbauhilfe für Europa nach dem 2. Weltkrieg. Die Möglichkeit zur Nutzung der insgesamt bereitgestellten 12,4 Mrd. Dollar galt für west- und osteuropäische Staaten gleichermaßen. Im Zuge des einsetzenden → Kalten Kriegs weigerte sich die UdSSR – und mit ihr alle Nachbarstaaten –, amerikanische Hilfe in Anspruch zu nehmen.
Zur Verteilung der M.-Hilfe wurde 1948 die Organisation of European Economic Cooperation (→ OEEC) mit Sitz in Paris geschaffen. Die höchsten Beträge der insgesamt 18 Staaten erhielten Großbritannien (2,9 Mrd. Dollar) und Frankreich

(2,6 Mrd. Dollar), die BRD bekam 1,3 Mrd. Das erfolgreiche Hilfsprogramm verfolgte die Absicht, Westeuropa an die USA zu binden, um so ein Gegengewicht zur Sowjetunion zu schaffen. Die M. war bis 1952 geplant, wurde aber Ende 1951 infolge des → Koreakriegs reduziert. Im Gegensatz zur Politik nach dem 1. Weltkrieg, die von hohen → Reparationen und Revanchismus zwischen Siegern und Verlierern des Kriegs bestimmt war, setzten die Alliierten nach 1945 auf Kooperation.

Marxismus

Der Begriff M. umfaßt die von Karl Marx und Friedrich Engels Mitte des 19. Jahrhunderts entwickelte philosophisch-politische Weltanschauung, die im 20. Jahrhundert als ideologische Grundlage sozialistischer Staaten weltpolitische Bedeutung erlangte.
Der M. besteht aus der von Marx in Anlehnung an Georg Wilhelm Friedrich Hegel geschaffenen Geschichtsphilosophie und der aus ihr abgeleiteten Kritik der politischen Ökonomie. Die Entstehung und Entwicklung des → Kapitalismus wird analysiert; dessen Überwindung durch den → Sozialismus und schließlich den → Kommunismus ist nach Marx ein zwangsläufiger, da historisch unaufhaltsamer Prozeß (→ Historischer Materialismus).
Denkansätze des M.: Das Denken und Handeln des Menschen wird durch sein soziales Umfeld bestimmt, das «Sein bestimmt das Bewußtsein». Aus diesem Gedanken leitete Marx seine Ansicht ab, die Geschichte der Welt als Konfrontation von Arbeit und Kapital zu interpretieren. Dieser Gegensatz treibt die Geschichte im dialektischen Prozeß voran. Ziel der Geschichte ist der Kommunismus, in dem der Gegensatz zwischen Kapital und Arbeit – und damit der jahrhundertelange Klassenkampf – aufgehoben wird, weil sich die Produktionsmittel (das Kapital) in der Hand der Arbeiter befinden (sog. → Diktatur des Proletariats). Durch seine Analyse der Funktionsweise des kapitalistischen Wirtschaftssystems gelangte Marx zu dem Schluß, daß nur eine von der ausgebeuteten Arbeiterschaft, dem Proletariat, getragene Revolution zur Auflösung des Gegensatzes zwischen Arbeit und Kapital führen kann.
Der M. stellte daher nicht nur eine neue Interpretation der Wirklichkeit dar, sondern zugleich eine Aufforderung, sie zu verändern. Für Marx und Engels war wissenschaftliche Theorie nicht von politischer Praxis zu trennen. Der M. hat daher mehr als jede andere Philosophie politische Konsequenzen.
Politische Entwicklung: Der M. ist nicht die Summe aller Marxschen Ansichten, sondern wurde im 20. Jahrhundert je nach nationaler Situation modifiziert. Die russische → Oktoberrevolution markierte 1917 den ersten Versuch, den M. als Staatsgrundlage zu etablieren. Wladimir I. Lenin hatte auf Basis des M. eine eigene Theorie entwickelt. Dieser → Leninismus sah den revolutionären Übergang eines agrarisch geprägten Landes zum Sozialismus bzw. Kommunismus vor, während der M. als Bedingung für die Revolution von einem industriell hochentwickelten, spätkapitalistischen Staat

ausging. In den 20er und 30er Jahren wandelte Josef W. Stalin den M. zum doktrinären, diktatorisch ausgerichteten → Stalinismus um, durch den der KPdSU-Chef seine eigene Macht sichern wollte. Der Stalinismus wurde nach dem 2. Weltkrieg zur Staatsgrundlage u. a. der osteuropäischen Staaten, die sich nur noch formal auf den M. beriefen. Tatsächlich vergrößerten sich die Gegensätze zwischen marxistischer Theorie und politischer Praxis in diesen «Volksdemokratien» immer mehr.

In China entwickelte Mao Zedong ebenfalls einen eigenen Weg zum Kommunismus. Dieser → Maoismus wandte den M. auf die Situation unterdrückter Arbeiter und Bauern in unterentwickelten Staaten an und stieß daher insbesondere in den Staaten der Dritten Welt auf Akzeptanz. Auch in Westeuropa entstanden marxistische Parteien, die jedoch nur begrenzt politischen Einfluß gewannen. Immer deutlicher wurde, daß der M. die politisch-ökonomischen Entwicklungslinien des 20. Jahrhunderts falsch vorausgesagt hatte. So erwies sich beispielsweise der Kapitalismus als überlebensfähig, da er reformfähiger war als von Marx angenommen (→ Stamokap).

Nach dem Zusammenbruch des Sozialismus in Osteuropa spielt der M. politisch nur noch eine untergeordnete Rolle.

Masse

In Politik und Gesellschaft bezeichnet M. einerseits den größten Teil einer Gesellschaft bzw. eines Volkes (sog. unsichtbare oder latente M.) im Gegensatz zur dünnen Oberschicht oder politischen Elite, andererseits eine M., die sich spontan (zufällig) an einem bestimmten Ort zusammenfindet. Zu Beginn des 20. Jahrhunderts veränderten M.-Bewegungen erstmals die politischen Zustände (Revolutionen in Rußland 1905 und 1917 durch die M. der Proletarier). Nachdem die → Monarchie in zahlreichen europäischen Staaten nach 1918 abgeschafft worden war, erlangte die M. als Wahlvolk in demokratischen Staaten Bedeutung. Im Deutschen Reich bereitete sie durch die Reichstagswahlen im Juli 1932 (37,4% der Stimmen für die NSDAP; stärkste Fraktion) ihre eigene Entmündigung vor, die durch die Machtergreifung Adolf Hitlers am 30. 1. 1933 besiegelt wurde.

Nach dem 2. Weltkrieg wurden M. zunehmend durch leistungsfähige Bürokratien (Parteien, Staat, Verbände, Verwaltungen) kontrolliert und organisiert, um sie politisch einschätzbarer zu machen. Die von den Herrschenden gefürchtete Unberechenbarkeit der M. hatte z. B. der Spanier José Ortega y Gasset in seinem Buch «Aufstand der Massen» (1936) skizziert. In den sozialistischen Staaten sorgten die M. trotz aller Einschüchterungen und Widerstände 1989/90 für einen friedlichen demokratischen Umbruch der Gesellschaftsordnung.

Matriarchat

Das M. bezeichnet eine Gesellschaftsordnung, die in allen Bereichen von Frauen geprägt und getragen wird. Der Begriff M. wurde im 19. Jahrhundert von dem Schweizer Rechtshistoriker Johann Jakob Bachofen geprägt, der in seinem Buch «Das Mutterrecht» (1861) be-

hauptete, daß dem → Patriarchat das M. in frühgeschichtlicher Zeit vorausgegangen sei.
Die auf Studien antiker Mythen und primitiver Gesellschaften basierende These Bachofens wurde von dem amerikanischen Ethnologen Lewis H. Morgan durch die Vorstellung ergänzt, zur Zeit des M. hätte es eine herrschaftsfreie, egalitäre Gesellschaft gegeben, die erst mit der Durchsetzung des heute noch vorherrschenden Patriarchats zerstört worden sei.
Friedrich Engels griff die Idee des M. auf und machte sie zu einem Element marxistischer Geschichtsschreibung, die bis vor kurzem davon ausging, daß ein mutterrechtlicher Urkommunismus am Beginn der menschlichen Gesellschaft stand.
Bis heute ist die Vorstellung vom M. umstritten geblieben. Frauenrechtlerinnen stellen das M., in dem u. a. der Glauben an die Heiligkeit der Natur und die Achtung vor dem Lebendigen das Handeln bestimmt haben soll, dem Patriarchat gegenüber, dem sie Gewaltverherrlichung vorwerfen.

Mau-Mau-Bewegung

Mau-Mau ist die von Briten geprägte Bezeichnung für Geheimbünde des Kikuju-Stammes in Kenia. Die M. wurde von Mitgliedern der Kenya African Union gebildet, die für die Unabhängigkeit des Landes von Großbritannien, eine konsequente Afrikanisierung in Wirtschaft und Verwaltung sowie für die Verteilung des Bodens an die Kikuju eintrat. Als sich die 1948 begonnenen gewalttätigen Übergriffe gegen weiße Landbesitzer ab 1952 häuften, verkündete die Kolonialregierung den Ausnahmezustand und ließ alle nationalistischen Führer verhaften. Der Präsident der Kenya African Union, Jomo Kenyatta, erhielt sieben Jahre Haft, obwohl seine Beteiligung an der M. nicht bewiesen werden konnte. Die Unruhen dauerten bis 1956 an. Anfang der 60er Jahre führte Kenyatta sein Land in die Unabhängigkeit (ab 1964 Präsident der Republik Kenia).

MBFR

MBFR ist die Abkürzung für **M**utual **B**alanced **F**orces **R**eductions (beiderseitige ausgewogene Truppenreduzierungen). Die im Westen gebräuchliche Bezeichnung für die Wiener Abrüstungskonferenz vom 30.10.1973 bis 2.2.1989 wurde von der UdSSR wegen des nach ihrer Meinung irreführenden Begriffes «balanced» jedoch abgelehnt. Als offizieller Name setzte sich «Verhandlungen über beiderseitige Reduzierungen von Streitkräften und Rüstungen und damit zusammenhängende Maßnahmen in Mitteleuropa» durch (→ Abrüstung).
An den Verhandlungen nahmen zwölf Staaten der → NATO (Belgien, BRD, Dänemark, Griechenland, Großbritannien, Italien, Kanada, Luxemburg, Niederlande, Norwegen, Türkei, USA) und sieben Staaten des → Warschauer Pakts (Bulgarien, DDR, Polen, Rumänien, Tschechoslowakei, UdSSR, Ungarn) teil. Den westlichen Staaten ging es darum, die Überlegenheit des Warschauer Pakts bei Bodenstreitkräften mit beiderseits 900000 Mann zu beenden (→ Truppenabbau). Der Osten wollte dagegen die gesamten

Militärpotentiale der beiden Blöcke einschließlich Atomwaffen und Luftstreitkräften verringern. Streitpunkt waren zudem unterschiedliche Angaben über die tatsächlichen Truppen- und Waffenbestände, die Vor-Ort-Überprüfung des Abbaus sowie das französische Potential, das die UdSSR in die Verhandlungen einbezogen wissen wollte.
Nach 46 Verhandlungsrunden wurde die MBFR-Konferenz 1989 erfolglos abgebrochen.
Weitere Gespräche über konventionelle Rüstung folgten im Rahmen der Konferenzen über vertrauensbildende Maßnahmen (VKSE).

McCarthy-Ausschuß ❑

Das 1947 gegründete Organ des US-Senats zur Untersuchung «unamerikanischer Umtriebe» initiierte unter der Leitung des republikanischen Politikers Joseph Raymond McCarthy zwischen 1950 und 1954 eine Verfolgungswelle gegen Kommunisten und deren Sympathisanten, die nach Ansicht McCarthys die amerikanische Verwaltung und das öffentliche Leben unterwanderten.
Vor dem Hintergrund des → Kalten Kriegs löste die Arbeit des M. eine Art Hysterie aus, die auch nationalistische und antisemitische Vorurteile mobilisierte und zahlreiche Denunzierungen zur Folge hatte. Aus Protest gegen die Kommunistenjagd des M. verließen prominente Künstler wie Charlie Chaplin und Thomas Mann die USA. Die Tätigkeit des M. bedrohte nicht nur die amerikanische Demokratie, sondern schädigte auch das Ansehen der USA in der Welt.
Als McCarthy auch US-Präsident Dwight D. Eisenhower als Verräter bezeichnete und Harry S. Truman zum Verhör vorlud, wurde er abgelöst, und die Verfolgungswelle ebbte langsam ab.

Joseph Raymond McCarthy (14. 11. 1909 – 2. 5. 1957)
McCarthy wurde 1947 Senator für Wisconsin und übernahm drei Jahre später den Vorsitz des Ausschusses gegen «unamerikanische Umtriebe». Das parlamentarische Gremium durchleuchtete die Verwaltung und später das gesamte öffentliche Leben der USA nach «antiamerikanischen Elementen». McCarthy schuf ein Klima der Denunziation, das dem Ansehen der USA schweren Schaden zufügte. 1954 wurde McCarthy abgelöst.

Medellín-Kartell

Die Drogenhandelsorganisation in Kolumbien ist nach dem Zentrum ihrer Aktivitäten, der Millionenstadt Medellín, benannt. Das M. produziert und vertreibt insbesondere Kokain für den internationalen Markt und entwickelte sich Anfang der 90er Jahre zum mächtigsten Drogenring Kolumbiens. Die kolumbianischen Kartelle kontrollieren 80% des weltweiten Kokainhandels.
Da das Drogengeschäft illegal ist, kämpfte das M. mit den Mitteln der organisierten Kriminalität gegen den Staat. Der 1983 ausgebrochene Drogenkrieg, den das M. durch Attentate, Terroranschläge und Zusammenarbeit mit mächtigen Guerillagruppen führte, eskalierte 1989, nachdem der Staat vermehrt Drogenhändler an die USA ausgeliefert

hatte. Im Juni 1991 nahm Kolumbien den Anführer des M., Pablo Escobar, fest. Nach seinem Gefängnisausbruch im Juli 1992 wurde er im Dezember 1993 erschossen. 1992/93 hatte Kolumbien den Ausnahmezustand ausgerufen. Nach Festnahmen und Erschießungen von etwa 1700 Mitgliedern inklusive Führungskräften in diesem Zeitraum war der Einfluß des M. weitgehend gebrochen. An seine Stelle traten andere Organisationen wie beispielsweise das Kartell von Cali.

Meeresbodenvertrag

Das internationale Abkommen wurde 1971 im Rahmen der seit 1962 tagenden ständigen Genfer Abrüstungskonferenz der UNO geschlossen. Er verbietet die Stationierung von Atom- und anderen Massenvernichtungswaffen im Meer. Bis Anfang der 90er Jahre ratifizierten insgesamt 84 Staaten den M.; die BRD trat 1975 bei.

Mehrheitswahlrecht

Bei diesem auch Persönlichkeitswahlrecht genannten Wahlverfahren wird unterschieden zwischen absolutem und relativem M. Das absolute M., bei dem der Kandidat eines Wahlkreises über 50% der abgegebenen Stimmen benötigt, lag den Wahlen zum Deutschen Reichstag (1871–1918) zugrunde. In Frankreich wird das absolute M. seit 1958 praktiziert. Erreicht keiner der Mandatsanwärter die Mehrheit der Stimmen im ersten Wahlgang, ist eine Stichwahl zwischen den beiden Bestplazierten vorgesehen.

Das relative M. – gewählt ist der Kandidat, der die einfache Mehrheit der Stimmen auf sich vereinigt – wird u. a. bei den Wahlen zum Unterhaus in Großbritannien sowie in den USA angewandt. In beiden Systemen entspricht die Zahl der Parlamentsmandate der Anzahl der Wahlkreise.

Das M. hat den Vorzug, durch die Konzentration auf zwei große Parteien stabile Mehrheiten zu erzeugen. Im Gegensatz zum in der BRD angewandten → Verhältniswahlrecht gibt das M. kleinen Parteien allerdings keine Möglichkeit, sich an der Regierung zu beteiligen.

Meinungsforschung

Die statistische Untersuchungsmethode soll die Meinung bzw. Bedürfnisse der Bevölkerung wissenschaftlich ergründen. Je nach Zielsetzung wird zwischen Markt-, Verbraucher-, Werbe- und Wählerforschung unterschieden. Meinungsumfragen werden in der Regel von kommerziellen Markt- und M.-Instituten, Werbeagenturen, Universitäts- und firmeneigenen Instituten durchgeführt. Auftraggeber können Medienanstalten, Parteien, Regierungen, Verbände und Unternehmen sein, die an Informationen über das aktuelle Meinungsbild in der Bevölkerung zu bestimmten Fragen interessiert sind. Die M. ist ein Teilbereich der empirischen Sozialforschung, bei der neben Befragungen zusätzlich auch Quellenauswertungen und Beobachtungen zum Gesamtergebnis einer Untersuchung beitragen können.

Bei der Ermittlung der Meinungsdaten hat die M. verschiedene Vorgehensweise entwickelt: Zunächst wird ein standardisierter Fragebogen zum vorgegebenen Thema ausgearbeitet.

Dann wird mit Hilfe eines statistischen Stichprobenverfahrens eine für die Bevölkerung repräsentative Gruppe von Befragten ermittelt. Diese wird in einem mündlichen oder schriftlichen Interview befragt, die Ergebnisse werden per Computer statistisch ausgewertet.
Den ersten Schritt auf dem Weg zur modernen M. tat 1912 der Engländer Arthur Bowley, der für seine Studie zur Lage der Armen aus alphabetisch geordneten Haushaltslisten jeden 20. Haushalt auswählte und befragte. Die US-Zeitschrift «Literary Digest» bediente sich bei ihren großangelegten Umfragen der 30er Jahre vor allem der Telefonbücher. Die so erstellten Adressenlisten dienten als Grundlage für die Versendung von Millionen Stimmzetteln zu allen Fragen des gesellschaftlichen Lebens. Zum Vorbild für die exakte M. wurde in den 30er Jahren das von George H. Gallup gegründete American Institute for Public Opinion, das 1936 mit der von ihm entwickelten repräsentativen Stichprobenbefragung den Wahlsieg Franklin D. Roosevelts bei den US-Präsidentschaftswahlen voraussagte.
Bis 1946 gab es in zehn Ländern der Welt Gallup-Institute. In Deutschland übernahm das 1947 gegründete Institut für Demoskopie in Allensbach eine Vorreiterfunktion in der M. Die Einführung der elektronischen Datenverarbeitung vereinfachte die Auswertung der von der M. ermittelten Daten. Eine immer größere Zahl von Umfragen war die Folge.
Probleme: Kritiker warnen vor einer allzu großen M.-Gläubigkeit. Nicht selten würden durch geschickt formulierte Fragen und manipulierte Stichproben die Meinungsumfragen verfälscht. M. könne auf diese Weise zur Bestätigung gewünschter Sachverhalte benutzt werden. Ein Teil der Bevölkerung wäre außerdem häufig nicht mehr in der Lage zu unterscheiden, ob die Ergebnisse der von den Medien präsentierten Umfragen bloße Prognosen oder schon Realität seien.

Meinungsfreiheit

Das fundamentale Grund- und Freiheitsrecht jedes demokratischen Staats ermöglicht es dem einzelnen als Grundvoraussetzung aller politischen und persönlichen Selbstbestimmung, sich eine eigene Meinung zu bilden, sie zu äußern und zu verbreiten. Die M. umfaßt außerdem das Demonstrationsrecht, die Lehr-, Gewissens- und die Pressefreiheit. Ein Kennzeichen totalitärer Staaten ist das Fehlen jeglicher M.; die Meinungsbildung ist allein durch staatlich kontrollierte Medien möglich.
Die M. ist für die Entstehung einer öffentlichen Meinung ebenso grundlegend wie für die demokratische Willensbildung. Sie stößt an ihre Grenzen, wo sie die Grundrechte anderer einschränkt. So darf sie nicht gegen die Vorschriften der allgemeinen Gesetze und die Bestimmungen zum Schutz der Jugend verstoßen sowie nicht das Recht der persönlichen Ehre verletzen.
In der BRD ist die M. durch Art. 5 Abs. 1 des Grundgesetzes garantiert. Laut Art. 13 des österreichischen Staatsgrundgesetzes hat jedermann das Recht, seine Meinung innerhalb der gesetzlichen Schranken frei zu äußern. In der Schweiz zählt die M. zu den ungeschriebenen Freiheits-

rechten, die durch die Rechtsprechung des Bundesgerichts gewährleistet sind.

Menschenrechte ❑

M. sind grundlegende Freiheiten und Rechte des einzelnen, die nicht von Alter, Geschlecht, Rasse, Religion und Staatsangehörigkeit abhängig, sondern angeboren und unveräußerlich sind.

Da die M. ursprünglich vor allem die Freiheit des einzelnen vor staatlichem Zugriff schützen sollten, sind sie in vielen Staaten Bestandteil der durch die Verfassung garantierten Grundrechte. Das deutsche Grundgesetz bekennt sich in Art. 1 Abs. 2 zur Unverletzlichkeit der M. In Österreich sind die M. im Bundesverfassungsgesetz von 1920 festgeschrieben. In der Schweiz sind sie nur zum Teil in der Bundesverfassung von 1874 fixiert, einige M. sind ungeschriebenes Verfassungsrecht geblieben.

Abkommen: Auf internationaler Ebene wurde erst nach 1945 unter dem Eindruck der menschenverachtenden NS-Diktatur mit der systematischen Festschreibung der M. begonnen. Die Achtung der M. trat immer stärker in den Mittelpunkt der Weltpolitik. Zu den wichtigsten internationalen M.-Abkommen zählen die UN-Menschenrechtsdeklaration von 1948, die Europäische Konvention zum Schutz der Menschenrechte von 1950, der 1966 geschlossene Pakt der UNO-Mitglieder für wirtschaftliche, soziale und kulturelle Rechte sowie die KSZE-Schlußakte von Helsinki (1975; → OSZE). 1965 trat zudem die vier Jahre zuvor in Turin ratifizierte Europäische Sozialcharta des Europarats in Kraft, die soziale M. ausbaute, u. a. das Recht auf Arbeit und Bildung.

Problematik: Obwohl seit dem 2. Weltkrieg weltweit rund 60 Konventionen über den Schutz der M. geschlossen wurden, besitzen die Vereinten Nationen bislang kein wirkungsvolles Instrument, um Verstöße gegen die M. zu ahnden. Die jeweiligen Unterzeichnerstaaten sind verpflichtet, der seit 1948 bestehenden UNO-Menschenrechtskonvention über die Durchführung der M. Verträge in ihren Ländern zu berichten. Bei der Meldung von M.-Verstößen sind regierungsunabhängige Organisationen, wie → amnesty international, unverzichtbar geworden.

Anfang der 90er Jahre zeichnete sich in zahlreichen Staaten eine Einschränkung der M. ab: Amnesty international registrierte 1993 Folter und Mißhandlungen in 112 Ländern. Die Vereinten Nationen reagierten 1994 auf die zunehmende Bedrohung der M. mit der Berufung eines Hochkommissars für M.: Der Ecuadorianer José Ayala Lasso hat die Aufgabe, alle UN-Maßnahmen zum Schutz der M. zu koordinieren.

Grundlagen der Menschenrechte

Zu den schon von den Naturrechtlern und Aufklärern des 18. Jahrhunderts geforderten Menschenrechten zählten u. a. das Recht auf Glaubensfreiheit, Gleichheit, Eigentum und Unversehrtheit. Im 19. Jahrhundert erfolgte eine Erweiterung der Menschenrechte auf den sozialen Bereich. Die Kodifizierung dieser sozialen Menschenrechte erfolgte jedoch erst im Sozialstaat des 20. Jahrhunderts.

Großbritannien: Persönliche Freiheits- und Eigentumsrechte des Bürgers gegenüber dem Staat wurden erstmals 1215 in der Magna Charta garantiert. 1628 setzte das britische Parlament in der Petition of Rights Rechte der Bevölkerung gegen König Karl I. durch. Die Habeas-corpus-Akte von 1679 legte gesetzlich fest, daß Inhaftierungen nur nach vorheriger gerichtlicher Prüfung ausgesprochen werden durften.
USA: In der Virginia Bill of Rights, der amerikanischen Unabhängigkeitserklärung von 1776, wurden umfassende Grundrechte erstmals in einer Verfassung festgeschrieben.
Frankreich: Während der Französischen Revolution wurden im Zuge der Forderung nach Freiheit, Gleichheit und Brüderlichkeit 1789 die Menschen- und Bürgerrechte offiziell erklärt.

Menschewiki

Im Gegensatz zu den Bolschewiki (Mehrheitler; → Bolschewismus) wird mit M. (russisch: Minderheitler) die rechte Gruppierung der Sozialdemokratischen Arbeiterpartei Rußlands (SDAPR) bezeichnet, die bei der Spaltung auf dem II. Parteitag 1903 mit ihren politischen Anschauungen in der Minderheit blieb. Zu ihren Hauptvertretern gehörten u. a. Georgi Plechanow und Julius Martow.
Die M. widersetzten sich dem strengen Zentralismus der von Wladimir I. Lenin geführten Bolschewisten und plädierten für einen demokratischen Sozialismus. Die M., die 1912 von den Bolschwiki aus der SDAPR ausgeschlossen wurden, waren 1917 an der Gestaltung des nach der → Februarrevolution entstandenen Provisorischen Dumakomitees beteiligt. Nach dem Sieg der Bolschewisten im russischen Bürgerkrieg wurden die M. als Abweichler verfolgt.

Mercosur

Der **Mer**cado **co**mún del Cono **Sur** (gemeinsamer Markt für den südlichen Teil Amerikas) bezeichnet das 1990 ratifizierte Bündnis zwischen Argentinien, Brasilien, Paraguay und Uruguay. Es soll die wirtschaftliche Entwicklung in den Mitgliedsstaaten durch den Abbau von Handelshemmnissen fördern. Sitz des M. ist Montevideo (Uruguay). 1995 trat eine Zollunion mit gemeinsamen Außenzöllen in Kraft. Eine Zusammenarbeit der M.-Staaten mit Bolivien und Chile ist angestrebt. Der M. steht insbesondere in Konkurrenz zur stärkeren nordamerikanischen → NAFTA. Mit 200 Mio. Einwohnern vereint der M. rund die Hälfte der süd- und mittelamerikanischen Bevölkerung auf sich.

Mexikanische Revolution ❑

Die M. und der anschließende Bürgerkrieg erschütterten das Land zwischen 1910 und 1917. Nachdem sich Diktator Porfirio Díaz 1910 in einer Wahl als Präsident hatte bestätigen lassen, brach die M. aus. Der von den USA unterstützte Díaz hatte in seiner über 30jährigen Herrschaft eine Politik zugunsten der Großgrundbesitzer verfolgt, was zur Verelendung der Landbevölkerung führte. Unter dem Motto «Land und Freiheit» führten Francisco «Pancho» Villa im Norden und Emiliano Zapata im Süden den Kampf für eine umfassende Bodenreform. Nach dem Rücktritt Díaz' (1911) gelangte zunächst Revolutionsführer Francisco Madero an die Macht, ehe eine Reihe von US-protegierten Generälen die Herrschaft übernahm. Ab 1914 (Besetzung des Hafens Veracruz) griffen die USA direkt in den Kampf ein; nach der Entsendung amerikanischer Truppen (28.6. 1916) drohte ein Krieg zwischen beiden Ländern. 1917 einigten sich die Parteien auf eine neue Verfassung, die die Verstaatlichung der Bodenschätze vorsah und die Enteignung der Bauern aufhob.

Francisco «Pancho» Villa (5.6.1878–20.7.1923)
Villa war zunächst vor allem als Straßenräuber aktiv, ehe er 1903 Soldat wurde. Nach der Wiederwahl von Díaz führte er die unzufriedenen Bauern als General der Revolution in den Kampf gegen die Regierungstruppen. 1912 verhaftet, gelang ihm die Flucht nach Texas. Nach einem Überfall in New Mexico (USA) verfolgten ihn amerikanische Truppen bis in sein Heimatland. Im Zuge der Einigung auf die Verfassung von 1917 ging Villa drei Jahre später als General offiziell in den Ruhestand, nachdem er versucht hatte, die Revolution bis 1920 zu erneuern.

Emiliano Zapata (1879–10.4.1919)
Der mexikanische Nationalheld – ein Bauer indianischer Abstammung – kämpfte zunächst an der Seite von Madero, verfolgte nach 1913 jedoch eine radikalere Zielsetzung bei der angestrebten Bodenreform als der Revolutionsführer. Nachdem er die Regelungen der Verfassung von 1917 abgelehnt hatte und die Revolution fortsetzte, wurde er 1919 von Regierungstruppen ermordet.

Midway, Schlacht von

Bei der See- und Luftschlacht zwischen Japan und den USA um das Midway-Atoll im Pazifischen Ozean versenkten US-Flugzeuge vom 4. bis 7.6.1942 vier der besten japanischen Flugzeugträger mit 275 Maschinen bei nur einem eigenen Verlust (mit 100 Flugzeugen). Die japanische Übermacht gab angesichts der militärischen Katastrophe die Absicht auf, die Insel zu erobern.
Die M. wurde zum Wendepunkt des 2. Weltkriegs im Pazifik zugunsten der Amerikaner und bewies die militärische Bedeutung von Flugzeugträgern gegenüber Schlachtschiffen. Am 7.8.1942 landeten amerikanische Truppen auf der Salomonen-Insel Guadalcanar im Südosten des japanischen Machtbereichs und begannen damit das sog. Island Hopping, das sie bis 1945 an die japanische Hauptinsel heranbrachte.

Mikrozensus

Bei dieser Form der amtlichen statistischen Erhebung werden – in regelmäßigen Abständen zwischen den aufwendigen → Volkszählungen – Daten in repräsentativ ausgewählten Haushalten zur sozialen und wirtschaftlichen Lage erhoben. Beim M. wird u.a. nach Alter, Beruf, Einkommen, Familienstand, Geschlecht, Krankenversicherung, Schul- und Berufsbildung sowie Wohnungssituation gefragt. Das Ergebnis kann auf die gesamte Bevölkerung hochgerechnet werden. Die gewonnenen Daten sollen Politik, Verwaltung und Wirtschaft als Basis für ihre Planungen dienen, z.B. in den Bereichen Bildungswesen, Sozialversicherung, Verkehr und Wohnungsbau. In der BRD werden M. seit 1957 durchgeführt.

Militärbündnisse
→ Bündnisse

Militarismus
Mit M. wird die Übertragung militärischer Denkweisen und Ordnungsprinzipien auf andere Bereiche der Gesellschaft und des Lebens bezeichnet. Militaristisch strukturierte Staaten sind im wesentlichen durch folgende Merkmale gekennzeichnet:
– Kriege werden als notwendiges Mittel der Außenpolitik angesehen. Ein Staat gilt erst dann als lebensfähig, wenn er seine Kriegsfähigkeit unter Beweis gestellt hat («Recht des Stärkeren»). Als Folge werden Entscheidungen in allen Bereichen der Politik unter militärischen Gesichtspunkten getroffen.
– Innenpolitisch wird der Staat nach militärischen Prinzipien organisiert. Es gilt der Grundsatz von Befehl und Gehorsam, demokratische Prinzipien sind weitgehend ausgeschaltet. Das gesellschaftliche Leben wird durch militärische Rituale (z.B. Aufmärsche, Ordensverleihungen, Uniformen) bestimmt. Soldaten und vor allem das Offizierskorps haben eine bevorzugte Stellung in Gesellschaft und Staat. Die Erziehung wird in den Dienst des M. gestellt.
– Die Wirtschaftspolitik ist auch in Friedenszeiten auf die Kriegführung eingestellt (Kriegswirtschaft: hohe Investitionen in Kriegsmaterial, geringe Konsumquote).
Der Mitte des 19. Jahrhunderts in Frankreich gegen die Politik Napoleons III. gemünzte Begriff wurde im 1. Weltkrieg zur Kennzeichnung der Politik des Deutschen Reichs unter Wilhelm II. von den Alliierten verwendet. Im nationalsozialistischen Deutschland war der M. ideologisch-politisch eingebunden.

Militärputsche
→ Putsch

Miliz
Die M. ist eine militärische Organisation, die in Friedenszeiten im Gegensatz zum bestehenden Heer nur aus schwachen ständigen Kadern besteht und erst im Kriegsfall aufgefüllt wird.
Sie basiert auf der Idee der allgemeinen → Wehrpflicht. Der Wehrdienst der M.-Soldaten beschränkt sich auf eine kurze Grundausbildung und mehrere über Jahre verteilte Übungen, die von einem festen Stab von Berufssoldaten betreut und durchgeführt werden. (z.B. Schweizer Wehrpflicht-M.). In Großbritannien ergänzt die freiwillige M. das bestehende Berufsheer. In den USA, deren Verfassung eine «gut geordnete» M. als Voraussetzung für die Sicherheit eines freien Staates bezeichnet, besteht neben dem ständigen Heer eine M. (National Guard). Daneben entstand in den 80er Jahren eine rechtsradikale Privat-M., deren Proteste gegen eine wirksame Waffenkontrolle in den USA 1995 in dem Bombenanschlag von Oklahoma City eskalierten.
Als M. wird – insbesondere in den früheren Ostblockstaaten – auch die Polizei bezeichnet. In der Volksrepublik China steht der Begriff für einen paramilitärischen Bund, der aus etwa 200 Mio. ausgebildeten Mitgliedern besteht.

Minderheiten

Die kleineren Teilgruppen einer Gesellschaft unterscheiden sich durch bestimmte Merkmale (z. B. Kultur, ethnische Zugehörigkeit, Religion und Sprache) von der Mehrheit und bilden eine gewisse soziale Einheit.
Maßgeblich für die Definition einer M. sind die in der Gesamtgesellschaft herrschenden Normen, Regeln, Verhaltensweisen und Wertvorstellungen, die von denen der M. abweichen. Der so ausgegrenzten M. steht die Gesellschaft oft mit Mißtrauen und Vorurteilen gegenüber.
M. sind häufig Opfer sozialer Diskriminierung, politischer Verfolgung oder im Extremfall systematischer Ermordung, wie die Juden im nationalsozialistischen Deutschland oder die Mitglieder des Tutsi-Stammes 1994 in Ruanda.
Die Forderung nach mehr Eigenständigkeit oder Gleichberechtigung der M., wie z. B. die Proteste der schwarzen Bevölkerung gegen die Rassentrennung in den USA der 50er und 60er Jahre, verursachen häufig gewalttätige Ausschreitungen. Religiöse Motive bei der blutigen Unterdrückung von M. führen Ende des 20. Jahrhunderts zu immer größeren Unruhen. So erschüttern Religionskämpfe zwischen der M. der hindhuistischen Tamilen und den buddhistischen Singhalesen Sri Lanka. In Ägypten und Algerien fordern Terroranschläge islamischer Fundamentalisten immer mehr Todesopfer.
M.-Schutz: Erste Ansätze zum Schutz von M. waren Bestandteil der → Pariser Vorortverträge (1919/20) – u. a. mußten sich Estland, Jugoslawien, Litauen, Österreich und die Türkei zum M.-Schutz verpflichten. Das Deutsche Reich legte entsprechende Bestimmungen in der Weimarer Verfassung fest. Die Siegermächte des 1. Weltkriegs betrieben hingegen in den im Krieg erworbenen Gebieten ungehindert eine Zwangsassimilierung der M., z. B. in Istrien und Südtirol (Italien) und im Elsaß (Frankreich).
Zwar wurde M.-Schutz zu einem Grundgedanken des → Völkerbundes, konnte von diesem aber nicht wirkungsvoll überwacht werden, so daß schon 1939 die M.-Abteilung des Völkerbundes aufgelöst wurde.
Nach dem 2. Weltkrieg wurde der M.-Schutz Bestandteil zahlreicher Staatsverfassungen, während eine entsprechende Regelung in der Charta der Vereinten Nationen – wie zuvor auch schon im Völkerbund – fehlt. Im Grundgesetz der BRD schützt Art. 3 die M. In der DDR enthielt Art. 40 Schutzbestimmungen für die M. der Sorben. Der österreichische M.-Schutz ist in den Staatsverträgen von 1919 und 1955 festgelegt. Die Schweiz garantiert in Art. 116 der Bundesverfassung das Rätoromanische als Amtssprache.
1975 verpflichten sich 35 europäische Staaten in der KSZE-Schlußakte von Helsinki zusammen mit den USA und Kanada, ethnische und religiöse M. zu schützen. Eine weltweite Einigung auf eine Kodifizierung des M.-Schutzes steht noch aus.

Minderheitsregierung

Diese Regierung in einem Mehrparteiensystem wird nur von einer Minderheit der Abgeordneten unterstützt und muß deshalb Mehrheiten für Gesetzesvorlagen jeweils neu finden. Kennzeichnend für eine M. ist die politische Instabilität, da sie jederzeit durch ein → Mißtrauensvotum der Opposition gestürzt werden kann. Nicht selten greift eine M. zur Durchsetzung ihrer Maßnahmen auf Notgesetze zurück, z. B. in der → Weimarer Republik nach 1930.

Mindesteinkommen

M. ist die Bezeichnung für das gesetzlich garantierte Grundeinkommen zur Sicherung minimaler Lebensansprüche. Anfang der 90er Jahre verdiente jeder vierte Einwohner der → EU weniger als die Hälfte des landesüblichen durchschnittlichen Nettoeinkommens. Während in der BRD das M. durch die Einführung der Sozialhilfe 1961 gesichert ist, gab es in vier EU-Staaten (Griechenland, Italien, Portugal, Spanien) Anfang der 90er Jahre noch kein gesetzlich garantiertes staatliches Leistungssystem zur Schaffung eines M.

Ministerium für Staatssicherheit ❑

Aufgabe des M. (volkstümlich: Stasi) bis zu seiner Auflösung im Jahr 1990 war die Sicherung der Parteiherrschaft der → SED nach innen («Schild und Schwert der Partei») und die Spionage nach außen. Die 1950 gegründete politische Geheimpolizei der DDR überwachte mit ihrer weitverzweigten Organisation – 1985/86 kam auf 100 DDR-Einwohner ein informeller Mitarbeiter – nahezu alle Lebensbereiche der Bevölkerung. Zu den Aufgaben dieses wichtigsten Herrschaftsinstrumentes der SED zählten vor allem:

– Spionage und Sabotage im Ausland;
– Unterdrückung und Verfolgung Oppositioneller im Inland;
– Sammlung von Informationen über die Stimmung in der Bevölkerung;
– Überwachung des Post- und Fernmeldeverkehrs;
– Kontrolle aller ausländischen Einflüsse.

Das aufwendige Spitzelnetz des M. setzte sich aus etwa 100000 hauptamtlichen Mitarbeitern und rd. 300000 angeworbenen inoffiziellen Mitarbeitern zusammen. Nach der Auflösung des M. 1990 stellte sich heraus, daß der Staatssicherheitsdienst aktive terroristische Vereinigungen wie die → RAF oder die → PLO unterstützt hatte.

Enthüllungen und Vermutungen über die Kooperation zahlreicher bis dahin als oppositionell geltender DDR-Personen mit dem M., wie Lothar de Maizière oder Gregor Gysi, belasteten in den 90er Jahren den inneren Frieden der BRD. Zur Aufarbeitung der Aktivitäten des M., das über vier Millionen DDR-Bürger und zwei Millionen Westdeutsche Personalakten angelegt hatte, wurde 1990 eine Behörde unter der Leitung des Bundestags-Sonderbeauftragten Joachim Gauck eingerichtet.

Erich Mielke
(* 28. 12. 1907)
Der deutsche Altkommunist war maßgeblich am Aufbau der Geheimen Staatspolizei der DDR beteiligt und leitete das Ministerium für Staatssicherheit 1957–89. Im Dezember 1989 wurde Mielke unter dem Vorwurf des Machtmißbrauchs und der Korruption verhaftet, eine Verurteilung erfolgte

1993 jedoch nur wegen der ihm zur Last gelegten Ermordung zweier Polizisten im Jahr 1931 (Freilassung im Juli 1995).

Ministerrat

In einigen Ländern, wie Frankreich und Italien, ist M. die Bezeichnung für die Spitze einer Regierung, die als beschlußfassendes Gremium zu einem Rat zusammentritt. Der 1967 geschaffene M. der Europäischen Gemeinschaft (→ Europäischer Ministerrat) setzt sich aus den jeweiligen Fachministern der Mitgliedsländer und dem zuständigen Mitglied der → Europäischen Kommission zusammen. Er tagt in unterschiedlicher Zusammensetzung je nach Fachgebieten und entscheidet als beschlußfähiges Gremium über EU-Gesetze.
In der DDR war der M. 1952–90 ein Teil der Staatsführung. Im Auftrag der Volkskammer und des Staatsrates war er mit der Leitung der staatlichen Verwaltung betraut. Nach dem Fall der Mauer wurden Anfang 1990 Vertreter aller Parteien und politischen Bewegungen in den M. berufen. Mit der deutschen Vereinigung wurde der M. aufgelöst.

Mißtrauensvotum

M. ist das verfassungsrechtliche Mittel des Parlaments in Demokratien, einen Minister oder die gesamte Regierung zum Rücktritt zu zwingen, indem es per Mehrheitsbeschluß das Mißtrauen ausspricht.
In Deutschland führte das Instrument des M. während der Weimarer Republik zu großer politischer Unsicherheit. Um in der BRD zu verhindern, daß eine Regierung zum Rücktritt gezwungen wird, ohne daß es im Parlament eine Mehrheit für eine neue Regierung gibt, wurde in Art. 67 des Grundgesetzes nur ein konstruktives M. vorgesehen: Danach kann der Bundestag dem Bundeskanzler und seiner Regierung nur dann das Vertrauen entziehen, wenn er mit der Mehrheit seiner Mitglieder einen Nachfolger wählt. Zur Abwendung eines M. hat der Bundeskanzler die Möglichkeit, den Bundespräsidenten um Auflösung des Parlaments zu bitten.
1972 scheiterte in der Bundesrepublik ein M. gegen Bundeskanzler Willy Brandt (SPD). 1982 erreichte die CDU unter Helmut Kohl mit einem M. den Sturz der Regierung Schmidt (SPD).
In Österreich kann der Nationalrat nach Art. 74 Bundesverfassung der Bundesregierung oder einzelnen Ministern das Vertrauen entziehen. In der Schweiz gibt es kein vergleichbares M. Die Bundesversammlung kann die Mitglieder des Bundesrates nicht abberufen.

Mitbestimmung

Als M. wird die Beteiligung der Arbeitnehmer an betrieblichen Entscheidungen bezeichnet. Die Stärkung der Arbeitnehmerrechte gegenüber den Interessen von Kapitaleignern und Geschäftsführung begann in Europa – nach Anfängen im 19. Jahrhundert – etwa ab Ende des 1. Weltkriegs.
Umfang der M.: Die M. erstreckt sich u.a. auf Arbeitsverhältnisse, Einrichtungen und Verhalten im Betrieb, auf Einstellung, Versetzung und Entlassung von Arbeitnehmern sowie unternehmenspolitische Ent-

scheidungen von grundlegender Bedeutung (z. B. Betriebserweiterung, -verlegung, -einstellung). Die Einflußmöglichkeiten der Arbeitnehmer können vom Anhörungsrecht bis zur gleichberechtigten Mitentscheidung reichen.
Die Mitwirkungsrechte in privaten und öffentlichen Betrieben hängen – je nach Land unterschiedlich – zumeist von Faktoren wie Rechtsform und Mitarbeiterzahl ab. Schon in kleineren Unternehmen haben oft Betriebräte als Belegschaftsvertreter Anhörungs- und Mitentscheidungsrechte. Für die M. in großen Gesellschaften bestanden in den 90er Jahren in Westeuropa drei grundsätzliche Modelle:

– Arbeitnehmervertreter sind im Verwaltungsorgan oder Aufsichtsrat beteiligt (z. B. in Deutschland).
– Es gibt ein besonderes Organ zur Vertretung der Arbeitnehmer (wie z. B. in Frankreich).
– Zwischen Unternehmensleitung und Arbeitnehmern werden vertragliche Vereinbarungen getroffen (wie in Großbritannien).

In den 90er Jahren begannen in der EU Versuche, die M. in Großbetrieben der Mitgliedsländer zu vereinheitlichen.
Deutschland/BRD: Das Betriebsrätegesetz von 1920 schrieb für alle Betriebe und Behörden ab fünf Arbeitnehmern die Bildung von Belegschaftsvertretungen vor, die jedoch nur geringe Befugnisse hatten. Durch die NS-Diktatur von 1933 bis 1945 wurden alle M.-Rechte unterbrochen. Die BRD führte 1951 in der Montanindustrie (→ EGKS) die paritätische M. (gleiche Anzahl von Vertretern der Geschäftsführung und der Arbeitnehmer) in Aufsichtsräten von Betrieben mit mehr als 1000 Arbeitern und Angestellten ein. Das Betriebsverfassungsgesetz von 1952 regelte für Unternehmen ab fünf Arbeitnehmern die Bildung von Betriebsräten und die Zahl der Arbeitnehmer im Aufsichtsrat. Die Neufassung des Gesetzes (1972) stärkte die Rechte des Betriebsrats. Das Mitbestimmungsgesetz von 1976 sieht für alle Unternehmen mit mehr als 2000 Beschäftigten paritätisch besetzte Aufsichtsräte vor.
EU-Staaten: Im Rahmen der betrieblichen M. zeigen sich keine größeren Unterschiede zwischen den EU-Staaten. Eine weitere gesetzliche Vereinheitlichung zwischen den Mitgliedsländern wird diskutiert. Eine weitreichende M. der Arbeitnehmer auf Unternehmensebene ist außer in Deutschland nur noch in den Niederlanden festgeschrieben.

Mittelamerika-Konvention

Die Vereinbarung zwischen Costa Rica, El Salvador, Guatemala, Honduras und Nicaragua über einen Friedensplan wurde im August 1987 geschlossen. Die M. sollte zu einem Ende der teilweise militärisch geführten Auseinandersetzungen in und zwischen den Ländern seit Anfang der 60er Jahre beitragen und das gespannte Verhältnis zwischen Nicaragua und den USA verbessern. Sie sah u.a. einen Waffenstillstand, Amnestie für politische Gefangene und Schritte zur Demokratisierung vor.
In Nicaragua kämpfte die linksgerichtete Regierung der Sandinisten (seit 1979) gegen die von den USA unterstützten rechtsgerichteten Con-

tras. Der sozialdemokratische Präsident des unbeteiligten Costa Rica, Oscar Arias Sanchez, initiierte 1987 einen Mittelamerika-Friedensplan (→ Arias-Plan) und wurde dafür Ende des Jahres mit dem Friedensnobelpreis ausgezeichnet. 1990 wurde die Schaffung einer Wirtschaftsunion vereinbart, um die beginnende politische Einigung zu stabilisieren. Einem Waffenstillstand zwischen sandinistischer Regierung und Contras folgten 1990 Wahlen sowie der Beginn von Entwaffnung und Integration der Contras. In Honduras endete der Bürgerkrieg 1991, in El Salvador 1992, in Guatemala soll das Friedensabkommen von 1995 für ein Ende der Auseinandersetzungen sorgen.

Mittelmächte

Die auch Zentralmächte genannten M. waren die Bezeichnung für das Deutsche Reich und Österreich-Ungarn, später auch Bulgarien und das Osmanische Reich im 1. Weltkrieg. Der Begriff charakterisierte die geographische Lage der Mächte zwischen den Kriegsgegnern Frankreich, Großbritannien und Rußland. Ein angestrebtes einheitliches militärisches Bündnis der M., das über den → Dreibund und bilaterale Verträge hinausging, kam nicht zustande. Nach dem gewonnenen Krieg sollten die M. den Führungskern einer dauerhaften Wirtschafts- und Militärgemeinschaft in Mitteleuropa bilden (sog. Mitteleuropa-Konzeption). Durch die Niederlage im 1. Weltkrieg, die Auflösung der deutschen und österreichisch-ungarischen Doppelmonarchie sowie die Schaffung einzelner Nationalstaaten verlor der Begriff seine Bedeutung.

Mittelstreckenraketen

Die militärischen Flugkörper mit einer Reichweite von etwa 300 bis 5500 km sind mit Radar-Lenksystemen ausgestattet, die eine hohe Treffergenauigkeit garantieren. Die mit konventionellen oder nuklearen Sprengköpfen ausgerüsteten Waffen können von festen und mobilen Rampen abgeschossen werden.
1959 führte die UdSSR erste M. (SS1–4) ein, drei Jahre später folgten die USA mit den Pershing-I-Raketen. Eine entscheidende Rolle nahmen die M. im Zuge der Abrüstungsdiskussion ein: 1979 beschloß die → NATO, das durch die sowjetische Rüstung entstandene Ungleichgewicht an M. in Europa durch die Stationierung von 464 M.-Systemen bis Ende 1988 auszugleichen. Die geplante Aufstellung der M. führte Anfang der 80er Jahre zu Großdemonstrationen der Friedensbewegung. Erst die Politik Michail Gorbatschows in der UdSSR ermöglichte Abrüstungsverhandlungen zwischen den USA und der UdSSR: Der 1987 unterzeichnete → INF-Vertrag sah eine Beseitigung aller landgestützten nuklearen M. der militärischen Supermächte vor.
Die militärische Bedeutung von M., über die auch Argentinien, China, Frankreich, Großbritannien, Indien, und der Irak verfügen, zeigte sich 1991 im 2. → Golfkrieg, als der Irak M. gegen Israel abschoß. Die USA setzten das Abwehrsystem «Patriot» gegen die irakischen Scud-M. ein.

Monarchie

Unterschieden wird bei dieser Staatsform, in der ein einzelner (Monarch) an der Spitze steht, zwischen absoluter, konstitutioneller und parlamentarischer M. Die politische Bedeutung der M. hat in Europa nach dem Ende des 1. Weltkriegs stark abgenommen. Nach dem 2. Weltkrieg ging der Stellenwert der M. durch die Ausbreitung des Sozialismus sowie der republikanischen Staatsformen im Rahmen der → Entkolonisierung in aller Welt noch weiter zurück.

M.-Formen: Bei der absoluten M. (Königtum, Emirat oder Sultanat) vereint der Monarch Legislative, Exekutive und Judikative in einer Hand. Er spricht Recht, untersteht ihm aber selbst nicht. Es gibt keine Wahlen, z. T. auch keine Verfassung. Diese Form der M. gibt es Mitte der 90er Jahre u. a. in Brunei, Kuwait, Oman, Saudi-Arabien und den Vereinigten Arabischen Emiraten.

Eine Abschwächung ist die konstitutionelle M., in der der Herrscher die Macht mit anderen Institutionen teilt (Parlament, Adelsvertretung); seine Macht wird durch das geltende Recht eingeschränkt. Monarch und staatliche Institutionen kontrollieren einander, eine strenge Gewaltenteilung existiert jedoch zumeist nicht. Zu Beginn des Jahrhunderts gab es u. a. im Deutschen Reich und in Österreich-Ungarn konstitutionelle M. Sie wurden durch den 1. Weltkrieg beendet. Mitte der 90er Jahre existierte diese Staatsform z. B. in Bhutan, Jordanien, Kambodscha, Lesotho, Marokko, Nepal und Thailand.

In der parlamentarischen M. (Mehrparteiensystem mit monarchischem Staatsoberhaupt) ist der Herrscher nur nominelles Oberhaupt. Seine Hauptfunktion ist die Repräsentation des Staates. Er steht außerhalb des eigentlichen politischen Willensbildungsprozesses. In Europa gibt es parlamentarische M. in Belgien, Dänemark, Großbritannien (mit Nordirland), Liechtenstein, Luxemburg Monaco, den Niederlanden, Norwegen, Schweden und Spanien. Die britische Königin ist in den meisten Nachfolgestaaten des britischen Empire (→ Commonwealth) nach der Verfassung das Staatsoberhaupt, ohne das Amt aber tatsächlich in Anspruch zu nehmen.

Monokratie

Im Gegensatz zur → Demokratie bezeichnet M. die Herrschaft eines einzelnen. In einer M. vereinigt das Staatsoberhaupt alle Vollmachten zur Regierungsausübung in einer Hand. Nachdem die traditionelle monokratische Staatsform, die absolute Monarchie, im 19. Jahrhundert an Bedeutung gegenüber den Nationalstaaten verlor, entwickelte sich im 20. Jahrhundert die totalitäre → Diktatur, z. B. in Italien und im Deutschen Reich, als moderne Ausprägung der M.

Monopolkapitalismus

Der Begriff M. kennzeichnet in der marxistischen Theorie den → Kapitalismus in seiner «höchsten» Entwicklungsform als Ausbeutungs- und Herrschaftssystem sowie als ökonomische Basis des → Imperialismus.

Der M. bezeichnet die Stufe nach dem Konkurrenzkapitalismus etwa ab 1870. Seine besonderen Kennzeichen sind die Konzentration des Produktionskapitals in wenigen Monopolen, die Verschmelzung von Bank- und Produktionskapital zum Finanzkapital und die territoriale Aufteilung der Erde unter wenige Großmächte. In den 50er Jahren wurde M. um den Begriff staatsmonopolistischer Kapitalismus (→ Stamokap) erweitert, bei dem sich Wirtschaftsmonopole und Staat zur Festigung ihrer Macht verbinden.

Monroe-Doktrin

M. ist die Bezeichnung für das isolationistische Prinzip der Politik der USA unter dem Motto «Amerika den Amerikanern», womit die Einmischung Europas in Amerika verhindert werden sollte. Im 20. Jahrhundert diente die M. den USA, um ihren Interventionsanspruch in Lateinamerika zu begründen. So leitete Präsident Theodore Roosevelt 1904 aus diesem Grundsatz Polizeifunktionen der USA in Lateinamerika ab. Unter Präsident Herbert C. Hoover gab die US-Regierung Anfang der 30er Jahre den interventionistischen Kurs auf und wandelte ihn in eine Politik der guten Nachbarschaft um.

Vorgeschichte: 1823 hatte US-Präsident James Monroe ein außenpolitisches Handlungsprinzip der USA verkündet, das die strikte politische Trennung der Alten und Neuen Welt propagierte. Initiator der Doktrin war der Außenminister John Quincy Adams, der das Ziel verfolgte, ein europäisches Eingreifen in den Unabhängigkeitskampf der lateinamerikanischen Staaten und eine Ausdehnung des russischen Herrschaftsgebiets von Alaska aus zu verhindern.

Montanindustrie

Die unter dieser Bezeichnung zusammengefaßte Eisen- und Stahlindustrie sowie der Bergbau erlangten im 20. Jahrhundert als Grundlage der Rüstungsproduktion politische Bedeutung. Am 18.4.1951 wurde die M. Belgiens, der BRD, Frankreichs, Italiens, Luxemburgs und der Niederlande in einem gemeinsamen Markt zusammengefaßt (→ EGKS).

Montanunion

→ EGKS

Morgenthau-Plan

Der nach dem amerikanischen Finanzminister Henry Morgenthau benannte M. vom 2.9.1944 sah in 14 Punkten die Grundlagen für eine Deutschlandpolitik nach dem 2. Weltkrieg vor. Im einzelnen wurde u.a. vorgeschlagen, alle deutschen Industrien und den Bergbau aufzulösen, das Ruhrgebiet, das Rheinland und den Nord-Ostsee-Kanal zu internationalisieren sowie Deutschland in ein agrarisch strukturiertes Land umzuwandeln und in einen nord- und einen süddeutschen Staat zu teilen. Ziel des M., der zudem die völlige Entmilitarisierung Deutschlands vorsah, war es, eine deutsche Kriegsrüstung für alle Zeit zu verhindern.
Nachdem US-Präsident Franklin D. Roosevelt und der britische Premierminister Winston Churchill den M. zunächst in abgeschwächter Form unterstützt hatten, ließen sie den M. im September 1944 nach Protesten von US-Politikern und der Öffentlichkeit fallen.

Moskauer Vertrag

Die Vereinbarung zwischen der BRD und der UdSSR vom 12.8.1970 (auch Deutsch-Sowjetischer Vertrag; → Ostverträge) sah bilateralen Gewaltverzicht in Streitfragen vor.

Zudem erklärte der Vertrag die bestehenden Grenzen aller europäischen Staaten für unverletzlich, einschließlich der Oder-Neiße-Linie als polnischer Westgrenze und der Grenze zwischen BRD und DDR. Gleichzeitig hielt der als Vertragsbestandteil von der Bundesregierung hinzugefügte Brief zur deutschen Einheit an der Möglichkeit der Vereinigung von BRD und DDR fest. Mit dem M. wurden die territorialen Verhältnisse in Europa nach dem 2. Weltkrieg vertraglich bestätigt. Die BRD verzichtete auf ehemals deutsche Ostgebiete. Der M. ebnete den Weg für Abkommen mit Polen (1970), der DDR (1972; → Grundlagenvertrag) und der Tschechoslowakei (1973) sowie für das Viermächteabkommen über Berlin (1971; → Berlin-Abkommen). Für die von der Regierung Willy Brandt eingeleitete → Entspannungspolitik erhielt der deutsche Bundeskanzler 1971 den Friedensnobelpreis.

MPLA

Die 1956 gegründete, marxistisch orientierte **M**ovimento **P**opular de **L**ibertação de **A**ngola (Volksbewegung zur Befreiung Angolas) setzte sich im Bürgerkrieg nach der Unabhängigkeitserklärung Angolas (1975) mit Unterstützung Kubas und der UdSSR gegen die prowestlich orientierten Rivalen FNLA und → UNITA durch. Ab 1979 bestimmte die M. als Einheitspartei die Politik Angolas mit José Eduardo dos Santos als Staats- und Parteichef. Nach dem Zusammenbruch der sozialistischen Staaten in Osteuropa gab die M. 1991 mit der Einführung des Mehrparteiensystems ihren Führungsanspruch auf und versuchte, durch einen Friedensvertrag mit der UNITA den seit 1975 andauernden Bürgerkrieg zu beenden. Die ersten freien Wahlen 1992 gewann die M., Dos Santos blieb Präsident. Die UNITA erkannte das Ergebnis nicht an und setzte den Kampf gegen die Regierung fort. Erst nach der Anerkennung der M. durch die USA 1993 erklärte sich die UNITA 1994 zum Friedensschluß bereit.

Mudschaheddin

Die moslemischen afghanischen Rebellengruppen (Paschtu: «heilige Krieger») mit ihren etwa 40 Verbänden formierten sich nach dem sowjetischen Einmarsch in Afghanistan 1979 als Widerstandsgruppen. Sie wurden aus dem Nachbarland Pakistan und von den USA finanziell und mit Waffen unterstützt und führten vom afghanischen Bergland aus einen Guerillakrieg gegen die Besatzungsmacht und die kommunistische Regierung. Nach dem Abzug der UdSSR 1989 und dem Sturz des kommunistischen Staatspräsidenten Mohammed Nadschibullah bildeten die M. 1992 eine Regierung. Die unterschiedlichen Stämmen und religiösen Richtungen angehörenden M. zerstritten sich jedoch und führen seit 1992 gegeneinander einen Bürgerkrieg um die Macht in Afghanistan.

Münchner Abkommen

Der am 29./30.9.1938 zwischen dem Deutschen Reich (Adolf Hitler), Frankreich (Edouard Daladier), Großbritannien (Arthur Neville Chamberlain) und Italien (Benito Mussolini) in München geschlossene Vertrag verpflichtete die an den Verhandlungen unbeteiligte Tschecho-

slowakei, die sudetendeutschen Gebiete an das Deutsche Reich abzutreten.
Das M. beendete eine von Hitler gezielt herbeigeführte Krise im europäischen Staatensystem. Auslöser waren die Autonomieforderungen der in der Tschechoslowakei lebenden Sudetendeutschen unter ihrem Führer Konrad Henlein, die von Hitler öffentlich unterstützt wurden. Tatsächlich nutzte der deutsche Diktator die Autonomiebestrebungen, um seinen im Mai 1938 intern verkündeten Entschluß durchzusetzen, die Tschechoslowakei militärisch zu besetzen. Nach Ablauf eines deutschen Ultimatums an die Tschechoslowakei vom 23.9.1938, die Gebiete innerhalb von sechs Tagen abzutreten, drohte Hitler die deutsche Mobilmachung an, die durch das M. verhindert wurde.
Durch die Ergebnisse des M. glaubten die Großmächte, die Gefahr eines neuen Weltkriegs gebannt zu haben. Am 15.3.1939 marschierten deutsche Truppen in die restlichen Gebiete der Tschechoslowakei ein und brachen damit die im M. erklärte Bestandsgarantie des Reststaats.

Münchner Räterepublik

Nachdem sich die politische Situation in Bayern infolge der Ermordung des Ministerpräsidenten Kurt Eisner am 21.2.1919 krisenhaft zugespitzt hatte, wurde die M. als revolutionäre Regierung der Arbeiter, Soldaten und Bauern am 7.4.1919 ausgerufen. Das vom Landtag gewählte bayerische Kabinett unter dem Mehrheitssozialisten Johannes Hoffmann zog sich über Nürnberg nach Bamberg zurück. Zunächst wurde die Macht von sog. Volksbeauftragten ausgeübt. Am 13. April setzten sich kommunistisch geführte Betriebs- und Soldatenräte an die Spitze der M. und ernannten einen vierköpfigen Vollzugsrat, der zwei Wochen später von den Betriebsräten abgesetzt wurde.
Inzwischen hatte die rechtmäßige Regierung Hoffmann die Berliner Reichsregierung um Hilfe gebeten. Am 1. und 2.5.1919 besetzten regierungstreue Freikorps München und beendeten die M. Neben fehlendem Rückhalt in der Bevölkerung scheiterte die M., weil keine handlungsfähige, von SPD, USPD und KPD getragene Regierung gebildet werden konnte.

My Lai

In dem südvietnamesischen Dorf richteten amerikanische Infanteristen am 16.3.1968 ein Massaker unter der Zivilbevölkerung an, das zum Symbol für die Brutalität des → Vietnamkriegs wurde. Die bis 1969 von der US-Regierung unterdrückte Nachricht vom Mord an den 507 Einwohnern von M. löste in der Weltöffentlichkeit Empörung aus und schwächte die moralische Position der USA in dem 1975 beendeten Krieg.

N

Nachfolgestaaten

N. sind Staaten, die nach dem Untergang eines Landes auf dessen Gebiet staatliche Souveränität beanspruchen und dessen Rechte und Pflichten zumindest teilweise übernehmen. Der Begriff wurde nach dem Ende des 1. Weltkriegs und der Auflösung Österreich-Ungarns verwendet. Aus der Doppelmonarchie gingen der Staat der Serben, Kroaten und Slowenen (Jugoslawien), die Republik Österreich, die Tschechoslowakei und Ungarn hervor. Italien, Polen und Rumänien wurden um Gebiete des früheren Staats erweitert. Die neuen Grenzen wurden in den → Friedensverträgen von St. Germain und → Trianon festgeschrieben. Da die Grenzziehung zumeist nicht auf ethnische Minderheiten in den neuen Staaten Rücksicht nahm, entwickelten sich regionale Konfliktherde, die immer wieder zu Krisen und Autonomiebestrebungen in einzelnen Regionen führten.

Nach der Auflösung der Sowjetunion im Dezember 1991 entstanden 15 N., von denen sich zwölf in der Gemeinschaft Unabhängiger Staaten (→ GUS) zusammenschlossen: Armenien, Ascherbaidschan, Georgien (ab 1993), Kasachstan, Kirgistan, Moldawien (ab 1993), Rußland, Tadschikistan, Turkmenistan, die Ukraine, Usbekistan und Weißrußland. Eine Mitgliedschaft in der Gemeinschaft lehnten die früheren baltischen Sowjetrepubliken Estland, Lettland und Litauen ab.

Nachrichtendienste ❑

Die auch als Geheimdienste bezeichneten staatlichen Behörden zur Beschaffung von Informationen über andere Staaten ermitteln geheime Sachverhalte aus dem militärischen, politischen, wirtschaftlichen und wissenschaftlichen Bereich. Neben der Sammel- und Spionagetätigkeit haben N. die Aufgabe, das politische System von Staaten mit anderer ideologischer Ausrichtung zu unterwandern und es (durch Subversion oder Sabotage) zu schwächen. Dies geschah vor allem während des → Kalten Kriegs. Darüber hinaus sind N. für die Spionageabwehr zuständig. Bei ihrer Tätigkeit wenden die N. nicht selten illegale Methoden an (z. B. Entführung von Gegnern). Eine parlamentarische Kontrolle der Arbeit von N. ist auch in demokratischen Staaten problematisch, da die vom Parlament bestellten Kontrollkommissionen zumeist der Geheimhaltungspflicht unterliegen und auf Angaben der N. angewiesen sind. In diktatorisch beherrschten Staaten dienen die N. außerdem als Instrument zur politischen Kontrolle der Bevölkerung.

In der BRD sind die Aufgaben der N. auf drei Organisationen verteilt. Der Bundesnachrichtendienst (BND) ist für die Auslandsaufklärung zuständig, das Bundesamt und die Landesämter für Verfassungsschutz sollen die Aktivitäten fremder N. abwehren sowie verfassungsfeindlichen Tendenzen entgegenwirken, der Militärische Abschirmdienst (MAD) befaßt sich mit der Abwehr fremder N. bei der Bundeswehr.

Der erste Geheimdienst zur Spionageabwehr entstand 1909 mit dem Secret Service in Großbritannien. Dort nimmt auch Scotland Yard nachrichtendienstliche Aufgaben wahr. Deutschland (1913), die UdSSR (1917), Frankreich (1935; Sûreté National) und die USA (1942) folgten dem britischen Beispiel.

Im nationalsozialistischen Deutschen Reich waren mehrere N. für geheimdienstliche Tätigkeiten zuständig: die militärische Abwehr zum Spionageschutz sowie die Geheime Staatspolizei (→ Gestapo) und der Sicherheitsdienst der → SS zur rücksichtslosen Verfolgung politischer Gegner.

Im Zeitalter der → Weltkriege und des Kalten Kriegs wurden die N. der UdSSR (→ KGB) und der USA (→ CIA) ausgebaut, um spezielle Kriegs-N. ergänzt und erlangten insbesondere in der Rüstungsspionage zunehmende Bedeutung. So gelang es dem sowjetischen Geheimdienst Ende des 2. Weltkriegs, die Konstruktionspläne für die in den USA gebaute → Atombombe auszuspionieren.

Mit den politischen Umwälzungen in Osteuropa Anfang der 90er Jahre wurden viele osteuropäische N. aufgelöst, z. B. auch das → Ministerium fur Staatssicherheit der DDR. Die noch existierenden N. übernehmen mehr und mehr Aufgaben im Bereich der internationalen Verbrechensbekämpfung. So kooperieren der BND und der russische Geheimdienst seit Ende 1992 bei der Bekämpfung des Drogenschmuggels und der organisierten Kriminalität. Kritiker zweifeln jedoch an der weiteren Daseinsberechtigung der N. nach dem Wegfall der ideologischen Auseinandersetzung in Europa. Dennoch werden N. in vielen Staaten zu Zwecken der Industriespionage weiter ausgebaut.

Die Verwicklung des BND in einen Plutoniumschmuggel löste Anfang 1995 in Deutschland erneut eine öffentliche Diskussion über eine schärfere Kontrolle der N. aus.

Wilhelm Canaris
(1. 1. 1887–9. 4. 1945)
Der deutsche Admiral baute die deutsche Abwehr nach 1935 zu einem erfolgreichen N. aus. Ab 1938 war er gegenüber dem NS-Regime zunehmend kritischer eingestellt und engagierte sich in der Widerstandsbewegung. Attentate gegen Hitler lehnte er aber ab. 1944 wurde Canaris von der NS-Führung entmachtet und ein Jahr später hingerichtet.

J. Edgar Hoover
(1. 1. 1895–2. 5. 1972)
Der amerikanische Kriminalist war 1924–72 Leiter des Federal Bureau of Investigation (FBI). Hoover baute das US-Bundeskriminalamt zu einer der schlagkräftigsten und effizientesten Organisationen im Bereich der Spionageabwehr und des Staatsschutzes aus. Als Bundeskriminalpolizei der USA widmet sich das FBI auch der nationalen Verbrechensbekämpfung.

Markus Wolf
(* 19. 1. 1923)
Der Generaloberst des Staatssicherheitsdienstes der DDR leitete 1958–87 die Abteilung «Aufklärung» des Geheimdienstes seines Landes. 1974 war er maßgeblich an der Guillaume-Affäre beteiligt, die zum Sturz von Bundeskanzler Willy Brandt führte. Wolf wurde erst 1978 enttarnt, als es gelang, ihn erstmals zu fotografieren. Nach dem Fall der Mauer setzte er sich 1990 zunächst nach Moskau ab, kehrte 1991 zurück und stellte sich der bundesdeutschen Justiz, die ihm Landesverrat und Bestechung vorwarf. Eine Verurteilung wurde durch eine Entscheidung des Bundesverfassungsgerichts über die Spionagetätigkeit von DDR-Bürgern im Mai 1995 verhindert.

NAFTA

Die 1994 von Kanada, Mexiko und den USA gegründete **N**orth **A**merican **F**ree **T**rade **A**ssociation (Nordamerikanische Freihandelsassoziation) soll durch den Abbau von Handelshemmnissen (z. B. Zollschranken) die wirtschaftliche Entwicklung in Nordamerika fördern. Die NAFTA entstand aus der seit 1988 bestehenden Freihandelszone zwischen den USA und Kanada. 1994/95 begannen Gespräche mit mittel- und südamerikanischen Staaten über einen Beitritt. Mit einer Einwohnerzahl ihrer Mitgliedsstaaten von rd. 370 Mio. ist die Größe der NAFTA mit dem → EWR vergleichbar.

Nahostkonflikt

Der arabisch-israelische Konflikt wurde ausgelöst durch die arabische Ablehnung der UN-Proklamation von 1947, die die Teilung Palästinas in einen jüdischen und einen palästinensischen Staat vorsah. Kernproblem war, daß Palästina von arabischer Seite bis 1993 als alleiniges Siedlungsgebiet der Palästinenser beansprucht wurde, Israel andererseits durch Expansion sein Staatsgebiet erheblich ausweitete.

Situation bis 1977: Unmittelbar nach der Gründung Israels 1948 griffen Truppen aus Ägypten, dem Irak und Libanon sowie Syrien und Transjordanien den jungen Staat an, der jedoch 1949 siegte. Im 2.→ Israelisch-Arabischen Krieg 1956 stießen israelische Truppen bis zum Suezkanal vor, mußten aber 1957 die Gebiete auf Druck der USA und UdSSR räumen (Stationierung von UN-Truppen). Die Großmächte verstärkten ihr Engagement, wobei die USA Israel, die UdSSR die arabischen Staaten unterstützte. Ein neuerlicher Waffengang 1967 (Sechstagekrieg) gegen Ägypten und Syrien mündete in die Besetzung des Gazastreifens, der Sinai-Halbinsel, der syrischen Golanhöhen und des Westjordanlandes (einschließlich Ost-Jerusalem) durch Israel. Im vierten Krieg zwischen den Kontrahenten (1973) verteidigte Israel diesen Besitzstand gegen Ägypten und Syrien. Ab 1977 schied Ägypten durch das → Camp-David-Abkommen (1979) aus der anti-israelischen Koalition aus, da Staatspräsident Mohammad Anwar as Sadat die Beziehungen zu den USA und Israel verbessern wollte.

PLO: Bereits 1964 wurde die militante Palästinensische Befreiungsbewegung (→ PLO) gegründet, die einen Guerillakrieg gegen Israel und israelische Einrichtungen in aller Welt eröffnete. 1982 besetzte Israel Teile des Libanons, da sich dort wichtige Basen der PLO befanden, mußte sich aber 1985 wieder zurückziehen (→ Libanon-Konflikt). 1988 proklamierte die PLO einen unabhängigen Staat Palästina; ihr Führer Yassir Arafat deutete die Möglichkeit einer Anerkennung Israels an. Die sog. Nahost-Resolution des UNO-Sicherheitsrats von 1967 wurde zur Basis der 1991 in Madrid aufgenommenen Nahostfriedenskonferenz zwischen Israel und den arabischen Nachbarstaaten (Kernpunkte: Unverletztlichkeit der Grenzen, Anerkennung Israels, Abzug aus den besetzten Gebieten und die Regelung der Palästinenserfragen). Die Nachfolgeverhandlungen in Moskau, an denen die PLO nur indirekt beteiligt war, scheiterten bis Mitte 1993 (zehn Gesprächsrunden).

Durchbruch ab 1993: Unter Vermittlung Norwegens kamen ab 1993 geheime Verhandlungen zwischen Israel und der PLO zustande. Im September erkannte Arafat unter Gewaltverzicht der PLO das Existenzrecht Israels an. Im Gegenzug wurde die PLO von Israel als legitime Vertreterin des palästinensischen Volkes akzeptiert. Ein in Washington unterzeichnetes Autonomieabkommen für die Palästinenser in Jericho und im Gazastreifen (→ Gaza-Jericho-Abkommen) beendete formal den 1988 ausgebrochenen Aufstand der → Intifada. 1994 schlossen Israel und Jordanien Frieden, ein Friedensschluß mit Syrien steht noch aus. Der Friedensprozeß wird Mitte der 90er Jahre durch fundamentalistische Terrorgruppen (→ Hisbollah) und radikale Abspaltungen der PLO gefährdet. Auch jüdische Extremisten lehnen den Ausgleich ab und gehen mit Waffengewalt gegen Palästinenser vor (z. B. im Massaker von Hebron, 1994). 1995 tötete ein jüdischer Extremist Israels Ministerpräsidenten Yitzhak Rabin.

Napalm

Die mit N. bezeichnete Füllung von Brandbomben, die aus einer Mischung von Benzin und **Na**pthensäuren oder Natrium**palm**inat hergestellt wird, entzündet sich beim Aufschlag von selbst. Der sich fein verteilende, schwer löschbare Stoff verbrennt bei rund 2000 °Celsius. Kleinste Spritzer führen zu tiefen Brandwunden, die häufig zu Krebsgeschwüren werden.

N.-Bomben kamen erstmals im 2. Weltkrieg im Pazifikkrieg der USA zum Einsatz. Anfang der 50er Jahre wurden sie von den Amerikanern im → Koreakrieg, ab Mitte der 60er Jahre im → Vietnamkrieg in Kombination mit Splitterbomben großflächig abgeworfen.

Nation

Der Begriff N. bezeichnet eine Gesellschaft, deren Mitglieder aufgrund gemeinsamer geschichtlicher Herkunft eine politische Willensgemeinschaft bilden. Die N. ist immer an ein Territorium gebunden, das sie als ihr Vaterland bezeichnet.

Die moderne Definition des Begriffs, der im Mittelalter an die Geburt in einem Land gekoppelt war, ist eng an den Nationalstaatsgedanken des 19. Jahrhunderts gebunden, als sich in Europa eigenständige Nationalstaaten entwickelten. Nach

einer Phase des → Imperialismus und den beiden → Weltkriegen bildeten sich je nach Staat unterschiedliche Bedeutungen von N. heraus:
– Kultur-N.: Ihre Mitglieder sind z. B. durch gemeinsame Abstammung, Kunst, Sprache, Religion und Wissenschaft verbunden. Eine Kultur-N. muß sich nicht auf einen Nationalstaat beschränken. So bilden Deutschland, Österreich und die deutschsprachige Schweiz eine Kultur-N., aber keinen Nationalstaat.
– Staats-N.: Ihre Mitglieder fühlen sich durch den Willen zur staatlichen Einheit, aber nicht notwendigerweise durch eine gemeinsame Sprache verbunden. So gibt es z. B. in Belgien, Kanada und der Schweiz mehrere Sprachräume. Die Staats-N. begründet ihr Selbstverständnis zudem durch eine gemeinsame politische Entwicklung aller Menschen in ihrem Land.
Durch internationale Staatengemeinschaften (z. B. → EU) wird die N. – wie z. T. schon im Mittelalter – zunehmend einer höheren politischen Ordnung unterstellt. Viele Staaten befürchten, ihre Autonomie durch eine zu enge Anbindung an multinationale Organisationen zu verlieren.

Nationale Befreiungsfront

→ FLN

Nationale Front

Unter der Bezeichnung wurden die politischen Parteien und Massenorganisationen (z. B. Gewerkschaft FDGB, Jugendverband FDJ oder Demokratischer Frauenbund) in der DDR ab 1950 vereinigt. Die Führung lag bei der Staatspartei → SED. Beschlüsse der N. galten als verbindlicher Audruck des Volkswillens. Ziel der N. war es bis Mitte der 50er Jahre, in der BRD propagandistisch für eine Wiedervereinigung zu werben. Ab 1955 widmete sich die N. verstärkt innenpolitischen Aufgaben, u. a. bereitete sie ab 1950 die Volkskammerwahlen vor und stellte die Einheitslisten mit den Kandidaten auf. Im Zuge der demokratischen Umwälzungen wurde die N. 1990 aufgelöst.

Nationalismus

N. ist die ideologische Übersteigerung des Nationalgedankens. Im Gegensatz zum Patriotismus, der trotz der Liebe zur eigenen → Nation andere Völker als ebenbürtig anerkennt, geht N. als Ideologie nicht von der Gleichwertigkeit aller Menschen und Nationen aus. Das nationale Eigeninteresse wird zum Maßstab des politischen Handelns und Denkens. Für den einzelnen steht die emotionale Bindung an die Nation im Mittelpunkt. Nation und Nationalstaat bilden für ihn Lebensraum und Lebenssinn zugleich. Diese chauvinistische Identifikation nutzten nationale Regierungen seit dem 19. Jahrhundert für ihre aggressive Politik aus.
Imperialistische Phase: Der N. war die ideelle Grundlage aller europäischen Staaten vom frühen 19. Jahrhundert bis 1945. Nachdem die Gründung europäischer Nationalstaaten 1861 mit der nationalen Einigung Italiens und 1871 mit der Proklamation des Deutschen Reichs abgeschlossen war, wandte sich das nationalistische Engagement der Außenpolitik zu und drückte sich in

→ Kolonialismus und → Imperialismus aus: Afrikanische, asiatische und südamerikanische Völker wurden von den europäischen Staaten unterjocht, um neue Ressourcen und Wirtschaftsmärkte zu erschließen und die eigene Kultur in den Kolonien zu etablieren. Der sich zuspitzende Konflikt um die Kolonien führte zu Beginn des 20. Jahrhunderts zu steigender Rivalität zwischen den Nationalstaaten, die sich im 1. → Weltkrieg entlud.

Faschismus und Nationalsozialismus: Der N. war sowohl im deutschen → Nationalsozialismus als auch im italienischen → Faschismus integraler Bestandteil der Staatsideologie und diente zur Rechtfertigung der → Diktatur sowie der Verfolgung, Vertreibung und Ermordung rassischer Minderheiten. Außenpolitisch führte der N. zu imperialistischen Angriffskriegen Italiens in Abessinien (1936), Japans in China (1937–1945) sowie des Deutschen Reichs in der Tschechoslowakei (1938), zum deutschen Überfall auf Polen (1939) und zum 2. Weltkrieg. Die japanische, italienische und deutsche Kriegspolitik wurde von der Idee getragen, daß das eigene Volk aus ethnischen Gründen zur Vorherrschaft in einer Region (Japan, Italien) oder der Welt (Deutschland) bestimmt sei.

Kalter Krieg: Nach 1945 war der N. als politische Bewegung infolge des 2. Weltkriegs diskreditiert und wurde von der globalen Auseinandersetzung zwischen den USA und der UdSSR im → Kalten Krieg abgelöst. Zudem verhinderte die Gründung blockbildender übernationaler Institutionen (NATO 1949, Warschauer Pakt 1955, Europäische Gemeinschaft 1957) den N. einzelner europäischer Staaten.

In der Folgezeit waren nationalistische Bewegungen zumeist auf innerregionale Konfliktherde zwischen ethnischen oder religiösen Gruppen beschränkt, in Europa beispielsweise im → Nordirland-Konflikt und im spanischen Baskenland (→ ETA). Hauptschauplatz solcher innerstaatlicher Auseinandersetzungen waren die früheren Kolonien in Afrika und Asien, die sich seit den 50er Jahren die staatliche Unabhängigkeit erkämpft hatten. Der dabei entwickelte N. richtete sich insbesondere gegen die früheren Kolonialherrscher und diente zur Ausbildung eines eigenen Nationalbewußtseins. Darüber hinaus stellten die → Bürgerkriege eine Fortsetzung des Kalten Kriegs der Supermächte dar, die ihre Machtbasis durch Militärhilfe für ideologisch nahestehende Gruppen zu erweitern suchten (→ Stellvertreterkriege).

Nach dem Ende des Kalten Krieges und der Auflösung der Blockstrukturen erlangten nationalistische Bewegungen vor allem in den Nachfolgestaaten der Sowjetunion und im ehemaligen Jugoslawien neue Bedeutung (→ Nationalitätenkonflikte). In Westeuropa wird zudem der wachsende, gewalttätige N. rechtsradikaler Gruppierungen zum Problem. Rechtsradikale Parteien verzeichneten bei Wahlen u. a. in der BRD (Republikaner; auf Länderebene) und Frankreich (→ Front National) ab Ende der 80er Jahre starke Zugewinne.

Nationalitätenkonflikte

Mit N. werden Auseinandersetzungen zwischen Gruppen verschiedener ethnischer Zugehörigkeit bezeichnet. Nach den zwischenstaatlich motivierten Konflikten in der Zeit des → Imperialismus und → Kolonialismus brachen N. in Osteuropa und Mittelasien im Anschluß an den Zusammenbruch des Sozialismus ab Ende der 80er Jahre vor allem innerhalb von Staaten aus. Auch Afrika erlebte insbesondere seit den 60er Jahren des 20. Jahrhunderts zahlreiche Stammesauseinandersetzungen, nachdem die ehemaligen Kolonien selbständig geworden waren. Als Gründe werden jeweils willkürliche Gebietsaufteilungen und der Wegfall autoritären Drucks von seiten beherrschender Mächte (z. B. Sowjetunion, Kolonialstaaten) angenommen, durch den latente Spannungen zwischen ethnischen Gruppen freigelegt wurden und in Konflikten ausbrechen konnten. Zum Beginn von Feindseligkeiten trugen oft schlechte wirtschaftliche Lage, fehlende Beschäftigungsmöglichkeiten und Mängel im Bildungssystem bei. Unterschiedliche kulturelle und religiöse Traditionen verstärkten die Gegensätze und förderten Unabhängigkeitsbestrebungen. Durch den zunehmenden Einfluß islamischer Fundamentalisten in arabischen Staaten entstanden seit Anfang der 90er Jahre weitere Konfliktherde.

Europa: In Osteuropa brachen Spannungen mit Minderheiten ab 1989 u. a. in Bulgarien und Rumänien aus, die Tschechoslowakei teilte sich 1993 in einen tschechischen und einen slowakischen Staat. Mit dem allmählichen Zerfall des jugoslawischen Zentralstaats in den 80er Jahren begannen ab 1991 Bürgerkriege in Kroatien und Bosnien-Herzegowina zwischen Kroaten, Serben und Moslems (→ Jugoslawienkrieg). Krisengebiet wurde mit dem Niedergang der Sowjetunion auch der Kaukasus mit Konflikten zwischen Bevölkerungsgruppen in Georgien sowie Armenien und Aserbeidschan. Ähnliche Auseinandersetzungen fanden in Tadschikistan und anderen ehemals sowjetischen Gebieten Zentralasiens und im Süden Rußlands (→ Tschetschenienkrieg) statt.

Im religiös motivierten N. in Nordirland zeichnete sich 1995 durch Gesprächsbereitschaft und Gewaltverzicht der Konfliktparteien erstmals eine politische Lösung ab.

Naher Osten und Afrika: Im Nahen Osten hielten Spannungen zwischen Israelis und Arabern seit der Gründung des Staates Israel 1948 an. Nach der Aussöhnung mit den arabischen Nachbarn ab Anfang der 90er Jahre birgt vor allem das Miteinander von Israelis und Palästinensern weiterhin Konfliktstoff. Die kurdische Bevölkerung kämpft seit dem Ende der Kolonialzeit besonders in der Türkei und im Irak um einen eigenen Staat. In Ruanda und Burundi bekämpften sich 1990 und ab 1994 die Volksgruppen der Hutu und der Tutsi. Weitere Krisenherde sind u. a. Angola, Liberia, Mosambik, Somalia, der Sudan und der Tschad. Die ehemalige italienische Kolonie Eritrea erreichte 1993 ihre Unabhängigkeit von Äthiopien, gegen das sie seit ihrer Annektierung 1962–91 Krieg geführt hatte.

Ausblick: Da die Vereinten Nationen den N. in aller Welt zunehmend ohnmächtig gegenüberstehen, wächst die Befürchtung, daß der Zerfall zahlreicher Länder in Hunderte von Kleinstaaten sich künftig beschleunigen wird. Als Gegenmaßnahme müssen zum Ende des 20. Jahrhunderts wirkungsvolle internationale Richtlinien zum nationalen Minderheitenschutz sowie zum Einsatz von Friedenstruppen verbindlich festgelegt werden.

Nationalkommunismus

N. bezeichnet die Versuche osteuropäischer Staaten ab 1945/46, einen nationalen Sonderweg zu dem eigentlich auf Internationalität angelegten Kommunismus einzuschlagen. Um größere staatliche Unabhängigkeit von dem beherrschenden Einfluß der Sowjetunion zu erreichen, wurden politische, wirtschaftliche, kulturelle und historische Gründe als Rechtfertigung des N. angeführt. Lediglich Jugoslawien (1948) und Albanien (ab 1961) setzten in Europa eine eigenständige sozialistische Politik durch. Obwohl der XX. Parteitag der KPdSU unter Nikita S. Chruschtschow 1956 das Recht auf einen «eigenen nationalen Weg zum Kommunismus» anerkannt hatte, wurden Reformbestrebungen in Ungarn und der Tschechoslowakei 1956 bzw. 1968 militärisch niedergeschlagen.

Nationalrat

Mit N. wird die erste Kammer des Parlaments in Österreich und der Schweiz bezeichnet.
Österreich: In Österreich erfolgt die Gesetzgebung nach der Verfassung von 1920 durch N. (183 Sitze) und Bundesrat. Der Bundesrat ist die Vertretung der Länder, der N. in Wien wird alle vier Jahre vom Volk gewählt. Beide Kammern zusammen werden als Bundesversammlung bezeichnet. Der erstmals 1920 gewählte N. war zwischen 1933 und 1945 aufgelöst.
Schweiz: In der Schweiz übt die Bundesversammlung aus N. (200 Sitze) und Ständerat die Bundesgesetzgebung nach der Verfassung von 1874 aus. Im Ständerat sind die Kantone vertreten, der N. in Bern wird alle vier Jahre vom Volk gewählt. Bundesrat ist in der Schweiz die Bezeichnung für die Bundesregierung. In beiden Ländern heißen auch die Abgeordneten der ersten Kammer N.

Nationalsozialismus ❑

Mit N. wird die totalitäre Form der Herrschaft bezeichnet, die sich im Deutschen Reich (→ Drittes Reich) 1933–45 als Staatsform etablierte. Die wesentlichen Unterschiede zum → Faschismus waren die Betonung von → Rassismus und → Antisemitismus im N. Im Gegensatz zum strikt antikapitalistischen Faschismus stützte Adolf Hitler seine Macht zudem auf nationale Großunternehmen, die er zur Durchsetzung seiner Weltkriegsziele benötigte.
Der N. entwickelte sich im Deutschen Reich als chauvinistische, rassistische Bewegung nach dem 1. Weltkrieg. Er wandte sich gegen die alliierten Friedensbedingungen des → Versailler Vertrags und lehnte die → Weimarer Republik vehement ab. Seinem Selbstverständnis nach war der N. die schärfste Form der Opposition gegen → Demokratie und → Bolschewismus.
Zu den Zielen des N. gehörte außerdem die Herrschaft der «arischen» Rasse. Aus diesem Anspruch zog der N. ideologisch die «Rechtfertigung»

auf Unterjochung anderer Völker, systematische Vernichtung des europäischen Judentums und territoriale Ausdehnung des Deutschen Reiches («Lebensraum im Osten»).
Der N. entwickelte keine eigene Staatstheorie. Er basierte auf dem willkürlichen Konzept eines totalen Staats. Dieser Staat beruhte auf der Fiktion einer auf die Gemeinsamkeit der Rasse zurückgehenden → Nation, an dessen Spitze der Führer und Reichskanzler Adolf Hitler stand. Der nationalsozialistische Führerstaat galt somit als Überwindung des parlamentarischen Systems und des Pluralismus. Durch die angestrebte völlige Identität von Volk und Führung wurde der liberale Dualismus von Staat und Gesellschaft außer Kraft gesetzt. In diesem Konzept gab es keine individuelle Freiheit.
Es ist charakteristisch für den N., daß Hitler alle Versuche unterband, aus diesem Konglomerat diffuser Vorstellungen eine nationalsozialistische Verfassung zu entwickeln. Formal galt die Verfassung der Weimarer Republik bis 1945.
Hitler führte einen perfekt durchorganisierten Staat, der fast alle Lebensbereiche des Volkes einbezog und damit kontrollierte. In der → NSDAP war der N. parteipolitisch organisiert. Nach der → Machtergreifung Hitlers am 30.1.1933 avancierte sie im Juli 1933 zur alleinigen Staatspartei.
Die Verwandtschaft des N. zum Faschismus drückte sich in der Zusammenarbeit des Deutschen Reichs mit dem von Benito Mussolini diktatorisch regierten Italien aus. 1937 trat Italien dem ein Jahr zuvor in Berlin zwischen dem Deutschen Reich und Japan geschlossenen → Antikominternpakt bei, der sich gegen die Kommunistische → Internationale und insbesondere die UdSSR richtete (1941 um fünf Jahre verlängert). In einem geheimen Zusatzprotokoll wurden Neutralität und Gespräche bei Militärinterventionen vereinbart. Im → Spanischen Bürgerkrieg unterstützten Hitler und Mussolini die faschistische → Falange von General Francisco Franco Bahamonde.
Der N. endete 1945 mit der militärischen Niederlage des Deutschen Reiches im 2. Weltkrieg. Insgesamt entwickelte der N. eine in der Menschheitsgeschichte unerreichte kriminelle Energie. Er ist für die Vernichtung der europäischen Juden, Sinti und Roma ebenso verantwortlich wie für den Ausbruch des 2. Weltkriegs.

Adolf Hitler
(20.4.1889–30.4.1945)
Der Kriegsfreiwillige des 1. Weltkriegs trat 1919 der Deutschen Arbeiterpartei (DAP) bei und übernahm 1921 den Vorsitz der in Nationalsozialistische Deutsche Arbeiterpartei (NSDAP) umbenannten Organisation. Nach dem fehlgeschlagenen → Hitler-Putsch am 9.11.1923 in München gegen die verhaßte Republik erhielt Hitler fünf Jahre Festungshaft, von der er nur wenige Monate absitzen mußte. In dieser Zeit verfaßte er das Buch «Mein Kampf», in dem er seine Weltanschauung und politischen Ziele darlegte.
Der diktatorisch regierende Reichskanzler (ab 1933) strebte durch seine Politik zwei Hauptziele an: Krieg und Vernichtung der europäischen Juden. Durch den deutschen Überfall auf

Polen löste er am 1.9.1939 den 2. Weltkrieg aus. Eine Woche vor der deutschen Kapitulation nahm er sich im April 1945 das Leben.

Nationalversammlung

Die Volksvertretung tritt zur Diskussion und Beschlußfassung grundlegender staatlicher Angelegenheiten zusammen. Ihre meist gewählten Mitglieder beraten und entscheiden u. a. über die zukünftige Verfassung ihrer Nation. In Deutschland konstituierte sich eine N. zuletzt 1919, um die Verfassung der → Weimarer Republik zu beraten und zu verabschieden. 1848 hatte in Frankfurt die erste N. auf deutschem Boden getagt.
In Frankreich entstand eine N. erstmals 1789 durch die Abgeordneten des Dritten Standes im Rahmen der Französischen Revolution. In Anlehnung daran wird das französische Parlament als N. (Assemblée nationale) bezeichnet.

NATO ❑

Die **N**orth **A**tlantic **T**reaty **O**rganization (Nordatlantischer Verteidigungspakt) ist ein am 4.4.1949 zwischen Belgien, Dänemark, Frankreich, Großbritannien, Island, Italien, Kanada, Luxemburg, den Niederlanden, Norwegen, Portugal und den USA in Washington geschlossener Vertrag zur gegenseitigen Verteidigung. Am 25.2.1952 traten Griechenland und die Türkei, am 5.5.1955 die BRD dem Bündnis bei. Frankreich verließ die militärische Organisation der NATO 1966, arbeitet aber weiterhin in den politischen Organen mit. Spanien trat dem Bündnis 1982 bei, die spanischen Streitkräfte unterstehen wie die französischen Truppen im Verteidigungsfall nicht automatisch dem NATO-Oberbefehl.
Kernpunkt des NATO-Vertrags: Ein bewaffneter Angriff gegen einen oder mehrere Vertragspartner in Europa oder Nordamerika wird als Angriff gegen alle Mitgliedsländer angesehen und zieht den bewaffneten Beistand aller Mitglieder nach sich.
Geschichte: Die Auf- und Ausbauphase von 1949 bis 1955 endete mit dem Beitritt der BRD. Die Konsolidierungsphase ab 1955 ist einerseits durch die Konflikte um die → Suezkrise und die politische Situation Berlins gekennzeichnet, andererseits durch die Festigung der Bündnisstruktur bestimmt. Diese Phase endete 1966 mit dem Austritt Frankreichs aus dem militärischen Verband der NATO.
Den dritten Abschnitt charakterisierten erste Versuche zur internationalen Entspannungspolitik. Der 1967 verabschiedete Harmel-Bericht sah vor, neben der militärischen Verteidigung auch mit Hilfe politischer Maßnahmen die Sicherheit in Europa zu gewährleisten. Die vierte Phase setzte Mitte der 70er Jahre ein und wurde von Spannungen zwischen den europäischen und amerikanischen Verbündeten überschattet. Konfliktstoff boten die Debatten um den NATO-Doppelbeschluß von 1979, der von großen Teilen der westeuropäischen Bevölkerung kritisiert wurde. Der Doppelbeschluß sah als Antwort auf die Aufstellung sowjetischer Mittelstreckenraketen die westliche Nachrüstung mit Pershing-II-Raketen sowie Cruise Missile-Marschflugkörpern vor, falls es bis

Organisation der NATO

Die NATO gliedert sich in einen zivilen und einen militärischen Sektor. Der zivile Sektor umfaßt:
– den Nordatlantikrat, dem die Außen- und Verteidigungsminister der Mitgliedstaaten angehören. Er ist das höchste Gremium des Bündnisses.
– die Eurogroup (seit 1968) zur Koordinierung der europäischen Verteidigungsbereiche.
– den Ausschuß für Verteidigungsplanung, der für militärpolitische Entscheidungen zuständig ist.
– die nukleare Planungsgruppe (gegründet 1967), in der die Verteidigungsminister der Bündnisstaaten über die Einsatzplanung der Nuklearwaffen beraten.
– den nordatlantischen Kooperationsrat (gegründet 1991) zur Zusammenarbeit mit der GUS und den früheren Verbündeten der Sowjetunion.
– die nordatlantische Versammlung, die sich aus 500 Parlamentariern der 16 Mitgliedstaaten sowie der assoziierten Staaten Mittel- und Osteuropas zusammensetzt und bessere Kontakte zwischen den nationalen Parlamenten und dem Bündnis schaffen soll.
– den Generalsekretär, der Vorsitzender des Nordatlantikrats, des Ausschusses für Verteidigungsplanung und der nuklearen Planungsgruppe ist.
Die militärische Organisation der NATO umfaßt den Militärausschuß als höchstes militärisches Beratungsgremium, das sich aus den Stabschefs der Mitgliedstaaten zusammensetzt, sowie den internationalen Militärstab als ausführendes Organ des Militärausschusses.

1983 zu keinem Verhandlungsergebnis mit der Sowjetunion käme.
Die fünfte Phase (1985–89) wurde durch den innen- und außenpolitischen Kurswechsel der Sowjetunion unter Generalsekretär Michail Gorbatschow eingeleitet. Der letzte Abschnitt begann mit dem Zusammenbruch des → Warschauer Paktes 1991 und gipfelte zunächst in dem NATO-Programm «Partnerschaft für den Frieden». Dieses 1994 verkündete Programm bietet den Staaten der → KSZE enge politische und militärische Zusammenarbeit an. Durch gemeinsame politische und militärische Planung und Manöver soll vor allem zu den Staaten des früheren Warschauer Paktes ein Vertrauens- und Sicherheitsverhältnis aufgebaut werden.
Die Aufnahme der neuen demokratischen Staaten Osteuropas in die NATO (sog. Osterweiterung) scheitert bislang an der kritischen Haltung Rußlands, das seine Vormachtstellung in Osteuropa gefährdet sieht. Ein erster Schritt zu einer militärisch-politischen Partnerschaft gelang Ende Mai 1995 durch die Unterzeichnung eines Abkommens in Nordwijk (Niederlande), das die Ausarbeitung eines Zeitrahmens für die Zusammenarbeit mit Rußland vorsieht.
Im Rahmen des → Jugoslawienkriegs kam die NATO Anfang 1994 zu dem ersten Kampfeinsatz ihrer Geschichte.

Négritude ❑

Die in den 30er Jahren entstandene philosophische und politische Bewegung der Afrikaner und Afroamerikaner (französisch: Zugehörigkeit zur schwarzen Rasse) ging von einer Rückbesinnung auf afrikanische Kulturtraditionen aus. Sie sollte zu kultureller und politischer Selbständigkeit vor allem der französischsprachigen Länder Afrikas gegenüber den Kolonialstaaten beitragen. Der Begriff N. wurde von Aimé Césaire (Martinique) geprägt. Er gründete als Student zusammen mit Léopold Sédar Senghor (Senegal) und Léon-Gontran Damas (Guayana) 1934 in Paris die Zeitschrift «L'Etudiant Noir». Darin versuchten sie erstmals bewußt afrikanische Literatur zu schreiben und eine afrikanische Philosophie zu entwickeln. In der Tradition der N. entstanden Gedichte, Lieder, Romane und Zeitschriften.

Léopold Sédar Senghor (* 9. 10. 1906)

Mit dem von ihm mitentwickelten Konzept der Négritude wurde der Senegalese zum Vorreiter und zur Symbolfigur der afrikanischen Einheit und eines eigenständigen afrikanischen Bewußtseins. Nach der Unabhängigkeit Senegals von Frankreich avancierte er 1960 zum ersten Staatspräsidenten des Landes. 1963 war er Mitbegründer der Organisation für Afrikanische Einheit (→ OAU) und setzte sich für eine enge Kooperation mit dem Westen ein. Als erster Staatschef des Kontinents trat er 1980 freiwillig zurück und übernahm ein Jahr später den Vorsitz der Sozialistischen Internationale in Afrika.

Nelkenrevolution

Der so bezeichnete Umsturz vom 25. 4. 1974 beendete die Diktatur in Portugal und machte das Land zu einer Demokratie. 1932 hatte António de Oliveira Salazar in Portugal einen faschistischen Staat aufgebaut, den er bis 1968 regierte. Sein Nachfolger Marcelo Caetano wurde in der N. durch den Aufstand des Movimento das Forças Armadas (MFA; Bewegung der Streitkräfte) gestürzt, zu deren Kern rund 200 Offiziere unter Leitung des Majors Otelo Saraiva de Carvalho gehörten. Das gesamte Militär stellte sich hinter die MFA und besetzte Lissabon. Am Morgen des 25. April steckten Hunderttausende jubelnder Zivilisten den Soldaten als Zeichen der Solidarität rote Nelken in die Gewehrläufe. Der Anführer des Putsches, General António Spínola, übernahm einen Tag später das Amt des Staatspräsidenten. Die Zensur wurde aufgehoben, den Kolonien die baldige Unabhängigkeit angekündigt, die politischen Gefangenen wurden befreit, bürgerliche Grundrechte proklamiert und freie Wahlen avisiert. Die Wahlen zu einer verfassunggebenden Versammlung fanden am ersten Jahrestag der N. statt.

Neofaschismus

N. ist die Sammelbezeichnung für Bewegungen, Strömungen und Parteien, die nach dem Untergang der NS-Diktatur 1945 und des italienischen → Faschismus unter Benito Mussolini die Ideologie des Faschismus zu erneuern versuchen. Zum N. gehören auch die verknappt als «Neonazis» bezeichneten Gruppen in der BRD. Grundsätzlich bestehen bei der Zuordnung politischer Vereinigungen zum N. dieselben Klassifikationsprobleme wie beim Faschismus (Abgrenzung zum → Nationalsozialismus).

Westeuropa: In Italien bildete sich bereits 1946 die MSI (Movimento Sociale Italiano). Mussolinis Politik wird von der MSI zumindest in Teilen gerechtfertigt. In Frankreich gelang der FN (→ Front National) unter Jean-Marie Le Pen 1986 erstmals der Einzug ins Parlament (→ Rechtsextremismus). Auch in Belgien und den Niederlanden erstarkten rechte Vereinigungen, die dem N. nahestehen. In der BRD ist der N. verboten. Symbole des sog. Dritten Reiches dürfen nicht gezeigt, Parteien nicht zugelassen werden, die gegen die freiheitlich-demokratische Grundordnung agitieren. Tendenzen zum N. sind aber in zugelassenen Parteien wie der NPD und den Republikanern erkennbar.

Daneben erstarkt ein «wilder» N. innerhalb von Jugendgruppen (auch organisiert oder Organisationen nahestehend), der sich in Terroraktionen (Brand- und Mordanschläge) gegen ausländische Mitbürger und jüdische Einrichtungen zeigt. Auch in Österreich entstand ein terroristischer Untergrund (Briefbombenattentate).

Osteuropa und USA: Seit dem Zusammenbruch des Kommunismus bildet der zunehmende Nationalismus einen fruchtbaren Boden für den N. in Osteuropa. In der Ukraine und Weißrußland sind starke Parteien entstanden. In Rußland sammelt Wladimir Schirinowski Anhänger im rechtsnationalen und neofaschistischen Umfeld um sich und trat 1996 als Präsidentschaftskandidat an. In den USA haben rechtsradikale Strömungen insbesondere unter Rassisten im Süden Zulauf. Während Parteien eine politisch geringe Rolle spielen, besitzen Bewegungen wie der → Ku Klux Klan z. T. große Akzeptanz.

Neomarxismus

Die so bezeichnete philosophische Schule versuchte, die Lehren des → Marxismus weiterzuentwickeln und mit der gesellschaftlichen Situation in den kapitalistischen Staaten der 60er Jahre (Spätkapitalismus) in Einklang zu bringen. Der N. wurde hauptsächlich von Vertretern der → Kritischen Theorie bzw. Frankfurter Schule entwickelt, insbesondere den Philosophen Ernst Bloch, Erich Fromm, Herbert Marcuse und Jean-Paul Sartre.

Der N. ging – wie auch der Marxismus – davon aus, daß die bürgerliche Gesellschaft durch Revolution in eine klassenlose Gesellschaft übergehe. Da der Marxismus jedoch unter dem Eindruck der gesellschaftlichen Situation des 19. Jahrhunderts entstanden war, untersuchte der N., wann, unter welchen Bedingungen, auf welche Weise und durch wen der Prozeß im 20. Jahrhundert in Gang kommen würde. Der N. hatte Einfluß auf → Studentenbewegung und Außerparlamentarische Opposition (→ APO) in den 60er und 70er Jahren. Nach dem Ende der sozialistischen Systeme in den Staaten Osteuropas verlor er in den 90er Jahren seine Bedeutung.

NEP

Die Abkürzung bezeichnet die von Wladimir I. Lenin auf dem X. Parteitag der KPdSU im März 1921 eingeführte Neue Ökonomische Politik, die nach dem 1. Weltkrieg entscheidend zur wirtschaftlichen Reorganisation und Erholung der Sowjetunion beitrug.

Mit der NEP reagierte Lenin auf den immer größer werdenden Widerstand gegen die zentralistischen Zwangsmaßnahmen des Kriegskommunismus. Die Wirren des 1. Weltkriegs und des russischen Bürgerkriegs hatten die Wirtschaft schwer erschüttert. Die NEP lockerte das kommunistische Wirtschaftssystem und griff auf marktwirtschaftliche Mechanismen zurück. In kleinen und mittleren (Industrie-)Betrieben wurden private Initiativen toleriert, Investitionen aus dem Ausland und der freie Binnenhandel zugelassen.

1927 erreichte die industrielle Produktion den Vorkriegsstand, gleichzeitig verstärkten sich auch Spekulantentum und Arbeitslosigkeit. Der Industrialisierungsprozeß blieb hinter den Erwartungen zurück. 1928 wurde die NEP unter Josef Stalin von der → Planwirtschaft abgelöst.

Neue Linke

Die Mitte der 60er Jahre zunächst in den USA, dann auch in Europa (insbesondere BRD und Frankreich) aufkommende sozialistische Bewegung begehrte gegen das starre bürgerliche politische System auf und setzte sich als N. von der politischen Konzeption der → Arbeiterbewegung ab. Sie wurde von jungen Linksintellektuellen aus Kreisen der späteren → Studentenbewegung getragen.

Ein einheitliches Programm der N. fehlte. Es existierten unterschiedliche Modelle aus verschiedenen sozialistischen (vor allem marxistischen), philosophischen (Existentialismus, → kritische Theorie) und psychoanalytischen Ansätzen für eine revolutionäre Umgestaltung der Gesellschaft.

Gemeinsamkeiten bestanden im Widerstand gegen das sog. Establishment, die Repräsentanten des bürgerlichen Staats und der kapitalistischen Gesellschaft sowie gegen das konsumorientierte Wohlstandsbürgertum. Hinzu kamen die Kritik an den unzureichenden Einflußmöglichkeiten des einzelnen im politischen Entscheidungsprozeß und die Proteste gegen den → Vietnamkrieg. In den USA stand außerdem der Einsatz gegen Rassismus im Mittelpunkt.

Ende der 60er Jahre verlor die N. ihre breite Unterstützung in der Studentenschaft. Der Sozialistische Deutsche Studentenbund (SDS) löste sich auf, seine Anhänger verteilten sich auf diverse Gruppen, die sich fortan ideologisch bekämpften. Die N. bewirkte eine Veränderung des gesellschaftlichen Klimas und stieß politische Reformen an, in der BRD durch die sozialliberale Koalition Brandt/Scheel (Motto: «Mehr Demokratie wagen»).

Neue Rechte

Die rechtskonservative Bewegung organisierte sich Ende der 80er Jahre in der BRD. Durch die deutsche Vereinigung und die Debatte um die neue Rolle Deutschlands in der Weltpolitik erhielt die N. großen Zulauf, u.a. von Intellektuellen und

Politikern, vor allem aus Kreisen der FDP und CDU.

Ziele der N.: Außenpolitisch soll Deutschland selbstbewußter auftreten und die durch die Verbrechen des → Nationalsozialismus begründete Zurückhaltung aufgeben. Gegenüber den neu entstandenen osteuropäischen Nationalstaaten wird eine Führungsrolle Deutschlands propagiert. Mit diesen Forderungen knüpft die N. an nationalliberale Positionen des deutschen Kaiserreichs und der → Weimarer Republik an. Radikale Kreise fordern zudem die Loslösung von der europäischen Integration und der → NATO. Im Innern werden die Betonung deutscher Kultur (stärkere Abkehr von anglo-amerikanischer Kultur) und ein eigenes Nationalbewußtsein gefordert.

Neutralität

Politisch ist N. die Unabhängigkeit eines Staates von Großmächten; im völkerrechtlichen Sinn bedeutet N. die Nichtbeteiligung eines Staates an den Kriegen anderer Staaten, an Konflikten innerhalb eines anderen Landes und an militärischen Strafaktionen aufgrund von Kollektivsanktionen. Das Recht eines Staates, sich für neutral zu erklären, ist Bestandteil des allgemeinen Völkerrechts und wurde in der Schlußakte der KSZE 1975 ausdrücklich bestätigt.

Erstmals legte das Haager Abkommen von 1907 die Rechte und Pflichten neutraler Staaten und der Kriegführenden für den Kriegsfall fest: Der neutrale Staat darf weder direkt noch indirekt am Krieg teilnehmen, darf keine der Kriegsparteien begünstigen, z. B. durch Gewährung von Staatskrediten oder Waffenlieferungen, und muß sich gegen neutralitätswidrige Handlungen der Kriegführenden auf seinem Gebiet wehren. Bestimmte Eingriffe der Kriegführenden, wie die Kontrolle seiner Schiffe, muß er jedoch dulden. Die Kriegsparteien müssen ihrerseits das Territorium des neutralen Staates als unverletzlich anerkennen.

Zu den neutralen Staaten des 20. Jahrhunderts zählen u. a. die Schweiz (seit 1815), Schweden (seit 1855), der Vatikan (seit 1929), Irland (seit 1938), Finnland (seit 1948), Österreich (N.-Gesetz von 1955), Kambodscha (von 1954 bis zum Bürgerkrieg 1970; erneut 1991) und Costa Rica (seit 1983).

Für den 1995 erfolgten Beitritt der neutralen Staaten Finnland, Österreich und Schweden in die → EU mußten Sonderregelungen getroffen werden, um ihre N. durch die Verpflichtung zu einer gemeinsamen Verteidigungs- und Sicherheitspolitik nicht zu gefährden. So ließ sich Schweden beispielsweise militärische Allianzfreiheit zusichern.

Neutronenbombe

Mit N. werden atomare Sprengköpfe für Artilleriegeschosse und Mittelstreckenraketen bezeichnet, die den größten Teil ihrer Energie in Form von Neutronenstrahlung abgeben, jegliche Form des Lebens vernichten, Gebäude und technische Einrichtungen aber kaum beschädigen. Die 1977 in den USA entwickelte «verbesserte Strahlungswaffe» (enhanced radiation weapon) hinterläßt nur wenig radioaktiven Niederschlag, so daß das Zielgebiet nach

etwa 24 Stunden wieder betreten werden kann.
Die im Vergleich zur → Atombombe kalkulierbare Wirkung der N. sollte den militärischen Einsatz nach einem sowjetischen Vorstoß in Westeuropa ermöglichen. Diese Pläne zur Einbeziehung der N. in die Abwehrstrategie der → NATO waren jedoch politisch umstritten und lösten bei der westeuropäischen Friedensbewegung Proteste aus. Dennoch ordnete US-Präsident Ronald Reagan 1981 den Bau der N. an.

New Deal ❑

Das Sozial- und Wirtschaftsprogramm des US-Präsidenten Franklin D. Roosevelt sollte die Auswirkungen der → Weltwirtschaftkrise Anfang der 30er Jahre bekämpfen.
Die 1933 eingeleiteten Maßnahmen, mit denen die Regierung steuernd in die Marktwirtschaft eingriff, umfaßten in einer ersten Phase bis 1935 vor allem Arbeitsbeschaffungsmaßnahmen und Abbau der Überproduktion durch Arbeitszeitverkürzung, Anhebung der Mindestlöhne sowie Abbau der Konkurrenzsituation und der landwirtschaftlichen Überschüsse durch Reduzierung der Anbauflächen. Darüber hinaus wurde der Exporthandel ausgeweitet. In einer zweiten Phase (1935–38) erfolgten soziale Programme zur Stärkung der Gewerkschaften, der Aufbau einer Alters-, Arbeits- und Unfallversicherung und Zuwendungen für Landarbeiter. Außerdem wurden die Steuerprogression angehoben, Wirtschaftsmonopole entflochten (z. B. im Bereich der Energiewirtschaft) und Banken und Börsen reformiert.
Auf politischem Gebiet hatte der gegen den Widerstand konservativer Kräfte durchgesetzte N. große Bedeutung: Er schuf die Voraussetzung für die Entwicklung der USA zu einem modernen Sozialstaat. Der ökonomische Erfolg des N. blieb weitgehend aus. Nach 1938 kam es infolge der Kürzung öffentlicher Gelder sowie schwerer Arbeitskämpfe erneut zu einer Rezession.

Franklin Delano Roosevelt (30. 1. 1882 – 12. 4. 1945)

Nach einer überstandenen siebenjährigen Kinderlähmung wurde der Hoffnungsträger der Demokratischen Partei 1929 Gouverneur von New York und 1932 US-Präsident. Innenpolitisch setzte Roosevelt seine Politik des New Deal durch, außenpolitisch wandte er sich zunächst gegen jedwedes Eingreifen in Kriege. 1940 gab er die Nichteinmischung der USA in Europa auf, unterstützte Frankreich und Großbritannien gegen Hitler-Deutschland und verkündete nach dem japanischen Überfall auf Pearl Harbor (1941) den Eintritt der USA in den 2. Weltkrieg. Der einzige US-Präsident mit vier Amtszeiten (ab 1944) wollte die Nachkriegsordnung durch die von ihm vorangetriebene Gründung der UNO zur dauerhaften friedlichen Weltordnung machen.

Nixon-Doktrin ❑

Die von US-Präsident Richard Nixon am 25. 7. 1969 auf der Pazifik-Insel Guam veröffentlichte Richtlinie der amerikanischen Außenpolitik, mit der die → Truman-Doktrin abgelöst wurde, forderte die asiatischen Länder für die Zeit nach dem

→ Vietnamkrieg dazu auf, ihre ökonomische Entwicklung und konventionelle Verteidigung selbständig zu organisieren. Die Erklärung wurde am 18. 2. 1970 konkretisiert: Nixons sog. New Strategy of Peace (Neue Friedensstrategie) formulierte die Prinzipien für die zukünftigen Beziehungen der USA zu ihren Verbündeten insgesamt. Die Partner sollten danach ihr eigenes Verteidigungspotential stärken, um die USA zu entlasten. Neben einer verbesserten nuklearen Abschreckung durch die → NATO wurde gleichzeitig eine Kooperation mit den osteuropäischen Staaten in wirtschaftlichen und kulturellen Fragen angestrebt (→ Entspannungspolitik).
Ziel dieser Überlegungen war es, die Weltmachtposition der USA nach dem Vietnamkrieg durch engere Kooperation mit den Verbündeten wiederherzustellen, ohne eine Rolle als «Weltpolizei» übernehmen zu müssen, sowie eine Politik der Partnerschaft, Stärke und Verhandlungsbereitschaft aufzubauen.

Richard Milhous Nixon (9. 1. 1913–23. 4. 1994)
Der republikanische Senator von Kalifornien (1950–53) und amerikanische Vizepräsident unter Dwight D. Eisenhower (1953–61) war von 1969 bis 1974 der 37. Präsident der USA. 1972 besuchte er als erster US-Regierungschef China und die UdSSR und schloß das → SALT-I-Abkommen über die Begrenzung von Atomwaffen. Am 8. 8. 1974 trat er wegen seiner Verwicklung in die → Watergate-Affäre zurück.

NKWD
Das 1934 geschaffene Volkskommissariat für innere Angelegenheiten der UdSSR war bis 1946 das organisatorische Zentrum des stalinistischen Terrorregimes.
Eines der wichtigsten Ressorts dieses Innenministeriums stellte die GPU dar. Diese politische Staatspolizei überwachte nicht nur die politische Zuverlässigkeit der Bevölkerung, in ihren Zuständigkeitsbereich fiel auch der → Nachrichtendienst, die politische Strafjustiz sowie die Organisation der Straf- und Verbannungslager. 1941 trennte sich die Nachrichtendienststelle als NKGB (ab 1946 MGB) vom NKWD. Fünf Jahre später wurde das NKWD als Ministerium für innere Angelegenheiten in MWD umbenannt. MWD und MGB gingen 1953/54 im → KGB auf.
Unter dem Leiter Nikolai Jeschow hatte das NKWD großen Anteil an den Terrormaßnahmen, mit denen Josef Stalin 1934–38 die politische Opposition in der Sowjetunion beseitigte. Im August 1940 ermordeten Agenten des NKWD Leo Trotzki in seinem Exil in Mexiko.

Nordamerikanische Freihandelszone
→ NAFTA

Nordirland-Konflikt
N. ist die Bezeichnung für die zeitweilig bürgerkriegsähnliche Auseinandersetzung zwischen der irisch-katholischen Minderheit und der britisch-protestantischen Mehrheit in dem von Großbritannien verwalteten Nordirland.
1921 wurde Irland nach jahrhundertelangen Freiheitskämpfen der iri-

schen Bevölkerung gegen die britische Fremdherrschaft geteilt. Der südlicheTeil der Insel erhielt im Rahmen des Commonwealth die Unabhängigkeit (ab 1949: Austritt aus dem Commonwealth als Republik), während die Nordprovinz Ulster unter dem Namen Nordirland bei Großbritannien blieb. Die Forderung nach einer Wiedervereinigung Irlands und die politische und soziale Benachteilung der Katholiken begründeten den N. Seit den 50er Jahren organisierten sich militante Untergrundorganisationen, deren Terroranschlägen bis 1995 über 3000 Menschen zum Opfer fielen. Die Kämpfe wurden vor allem von der katholischen Irisch Republikanischen Armee (→ IRA) und der protestantischen Ulster Defense Association (UDA) geführt.

Die religiösen und sozialen Spannungen lösten 1969 schwere Unruhen in Londonderry aus, führten zur Stationierung britischer Truppen und 1972 zur Übernahme der Exekutivgewalt Großbritanniens über Nordirland. 1985 erkannte die Republik Irland die britische Hoheit in Nordirland für einen Übergangszeitraum an und erhielt Mitsprachemöglichkeiten bei der Verwaltung Nordirlands. Eine weitere Annäherung der britischen und irischen Standpunkte war 1993 die sog. Downing Street Declaration, mit der die britische und irische Regierung alle politischen Parteien, die der Gewalt abschworen, zu Gesprächen einluden. Am 31.8.1994 erklärten die IRA und ihr politischer Zweig, die Partei → Sinn Féin, nach 25 Jahren bewaffneten Kampfes den Waffenstillstand, die protestantischen Untergrundorganisationen folgten am 14.10.1994.

Nordischer Rat

Das gemeinsame Organ der Staaten Nordeuropas wurde 1952 von Dänemark, Norwegen und Schweden zur Förderung der kulturellen, wirtschaftlichen und sozialpolitischen Zusammenarbeit gegründet. Island trat noch 1952, Finnland 1955 bei. Sitz ist Kopenhagen. Im N. erörtern die von den jeweiligen Parlamenten gewählten Mitglieder gemeinsame Angelegenheiten. Der N. spricht Empfehlungen an die Regierungen aus, die über ihre Entscheidungen berichten müssen, aber nicht an die Entscheidungen des N. gebunden sind. Da die Staaten des N. Ende des 20. Jahrhunderts überwiegend auch in den europäischen Bündnissen → EFTA bzw. → EU und → EWR vertreten sind, hat die Bedeutung des N. abgenommen.

Nordseeschutz-Konferenz

Die ersten Gespräche der acht Küstenstaaten Belgien, BRD, Dänemark, Frankreich, Großbritannien, Niederlande, Norwegen und Schweden über die Reinhaltung der Nordsee fanden 1984 in Bremen statt (weitere Zusammenkünfte 1987 in London und 1990 in Den Haag). Anlaß für die Aufnahme der Gespräche war zunehmendes öffentliches Interesse gegenüber der Meeresverschmutzung. Die N. mündeten in Beschlüssen über die Verringerung der Schadstoffeinleitungen und eine Verbesserung von Überwachungsmaßnahmen. Schiffsabfälle dürfen ab 1991 nicht mehr ins Meer eingeleitet, die Verbrennung von Giftstoffen auf See soll ab 1995 gestoppt werden. Städtische Kläranlagen sollen eine biologische Reinigungsstufe bekommen, Einleitungen radioaktiver Stoffe beschränkt werden. Zahlreiche Kompromisse mußten aufgrund unterschiedlicher Auffassungen über den Grad der Verschmutzung und die daraus entstehende Bedrohung der Nordsee eingegangen werden. Daher betrachten Umweltschutzorganisationen den Umfang der vereinbarten Schadstoffverminderungen im Verhältnis zur Vielzahl der schädlichen Substanzen in der Nordsee Mitte der 90er Jahre als zu gering.

Nord-Süd-Konflikt ❑

Mit N. wird die Auseinandersetzung um die Verteilung des Wohlstands zwischen Erster und Zweiter Welt (westliche Industriestaaten und Ostblockländer) im Norden und Dritter Welt (Asien, Afrika, Lateinamerika) im Süden der Erde bezeichnet. Die Benachteiligung der von Europa zu Beginn des Jahrhunderts kolonisierten Gebiete weitete sich durch Bevölkerungsexplosion, Nahrungsmittelknappheit sowie mangelnde Industrialisierung aus und wird seit den 60er Jahren diskutiert. Die Entwicklungsländer werfen den Industriestaaten insbesondere Ausbeutung durch niedrige Preise für ihre als Rohstoffe im Norden benötigten Produkte vor. Seit 1964 finden Tagungen der UNO-Welthandelskonferenz → UNCTAD über Fragen des Handels zwischen Industrie- und Entwicklungsländern statt. 1977 wurde auf Initiative des deutschen Ex-Bundeskanzlers Willy Brandt (SPD) eine Nord-Süd-Kommission aus 18 regierungsunabhängigen Wissenschaftlern und Politikern, je zur Hälfte aus Industrie- und Entwicklungsländern, gegründet, deren Aufgabe die Verbesserung der gegenseitigen Verhältnisse ist. Berichte der Kommission und anschließende Gipfelkonferenzen brachten jedoch keine Änderung des Status quo: Zins- und Tilgungsverpflichtungen der Entwicklungsländer für erhaltene Entwicklungshilfe überstiegen in einigen Ländern in den 80er Jahren bereits die Höhe neu zufließender Kredite. Während Länder Ostasiens und Lateinamerikas Ende des 20. Jahrhunderts allmählich Anschluß an die Industriestaaten fanden, blieb die wirtschaftliche Entwicklung der Staaten Afrikas zurück, die zudem durch die mächtigen Wirtschaftsbündnisse → EU und → NAFTA im Norden behindert wird.

Olof Joachim Palme
(30. 1. 1927–28. 2. 1986)

Der persönliche Referent des schwedischen Ministerpräsidenten Tage Erlander war 1960–69 in verschiedenen Ressorts Minister der sozialdemokratischen Regierung, ehe er 1969 Partei- und Regierungschef wurde. Innenpolitisch setzte er das Reformprogramm des schwedischen Wohlfahrtsstaates fort, außenpolitisch wahrte er die Neutralität des Landes und baute die Kontakte zu sozialistischen Staaten aus. 1976 wurde Palme Vizepräsident der Sozialistischen Internationale und verlor die Parlamentswahlen gegen die bürgerliche Zentrumspartei. Als Mitglied der Nord-Süd-Kommission setzte er sich für einen Ausgleich zwischen Industrie- und Entwicklungsländern und für die Menschenrechte in aller Welt ein. Der 1982 wiedergewählte Ministerpräsident wurde 1986 in Stockholm erschossen.

Notenbank

→ Zentralbank

Notstand

N. bezeichnet eine Krisensituation, zu deren Bewältigung die Regierung mit zusätzlichen verfassungsrechtlichen Mitteln augestattet wird und Grundrechte einschränken kann.

N.-Gesetzgebung in Deutschland: Bereits die Weimarer Reichsverfassung sah Möglichkeiten zur N.-Gesetzgebung vor (Art. 48). Im einzelnen konnte die Regierung per Reichsexekution gegen einzelne Reichsländer vorgehen (Abs. 1) und erhielt diktatorische Kompetenzen bei erheblicher Störung der öffentlichen Sicherheit (Abs. 2). In diesem Fall konnten die Grundrechte der Verfassung außer Kraft gesetzt werden. Die Sondervollmachten bewirkten ab 1930 die schleichende Entmachtung der demokratischen Organe (z. B. Reichstag) zugunsten von Präsidialkabinetten.

Aus diesem Grund sah das Grundgesetz der BRD keine N.-Gesetzgebung vor. Nach dem 2. Weltkrieg waren Regelungen im Falle eines Staats-N. in der BRD bis 1968 den westlichen Besatzungsmächten überlassen. Mit den am 24.6.1968 verabschiedeten N.-Gesetzen erhielt die Bundesregierung weitgehende Kompetenzen, um im Verteidigungs- und Spannungsfall (äußerer N.) oder bei inneren Unruhen und Naturkatastrophen (innerer N.) angemessen handeln zu können. Anlaß für diese N.-Verfassung waren die durch die Studentenunruhen ausgelösten innenpolitischen Probleme. Im Verteidigungsfall erhält der Bundeskanzler die Befehls- und Kommandogewalt über die Streitkräfte; Wehrpflichtige und Frauen zwischen 18 und 25 Jahren können zu Dienstleistungen herangezogen werden. Zudem ist im N.-Fall die Einschränkung der Grundrechte möglich (z. B. Post-, Brief- und Fernmeldegeheimnis).

Andere Länder: Die österreichische Verfassung gibt dem Bundespräsidenten im Fall eines N. ein Notverordnungsrecht. Gefährdet ein Bundesland die öffentliche Ordnung, kann dessen Gesetzgebungskompetenz auf den Bund übergehen. In der Schweiz ist für den N. ein abgekürztes Beschlußverfahren bei Bundesbeschlüssen vorgesehen. Die Bundesversammlung hat die Möglichkeit, dem Bundesrat N.-Kompetenzen zuzubilligen. In den USA und Großbritannien ermächtigt der Kongreß in Krisenlagen den Präsidenten (bzw. das Parlament den Premierminister) zum Erlaß von Ausnahmemaßnahmen. Die Gouverneure der amerikanischen Bundesstaaten haben das Recht, den N. für ihren Staat auszurufen. Seit 1958 ist der französische Präsident durch Art. 16 der Verfassung mit N.-Vollmachten ausgestattet. Voraussetzungen sind die Bedrohung von Staat und Nation, internationaler Verpflichtungen oder der öffentlichen Ordnung. Der N. wurde erstmals am 18.5.1958 nach Unruhen infolge des → Algerienkriegs erklärt.

Notverordnung

N. können im Kriegsfall sowie bei Staats- und Gesetzgebungsnotstand von der Exekutive (Regierung) ohne

Mitwirkung der Legislative (Parlament) erlassen werden und haben den Rang von Gesetzen.

Die bis 1918 gültige konstitutionelle Monarchie des Deutschen Reichs räumte dem Kaiser ein N.-Recht für den Fall ein, daß das Parlament nicht versammelt war. Die Volksvertretung konnte die N. aber nachträglich wieder aufheben. Die Verfassung der → Weimarer Republik sah zwar keine N. vor, doch wurde für den Reichspräsidenten das Recht auf den Erlaß von N. vom sog. Diktaturparagraphen (Art. 48 Abs. 2) abgeleitet. Auf Verlangen des Reichstags konnte die N. wieder außer Kraft gesetzt werden. Die Regierung der BRD besitzt im Notfall kein N.-Recht, sondern kann nur mit einem vereinfachten Gesetzgebungsverfahren Rechtsverordnungen erlassen (→ Notstand).

Novemberrevolution

Der politische Umsturz im Deutschen Reich und in Österreich-Ungarn im November 1918 beseitigte die → Monarchie und leitete den Übergang zur parlamentarischen Demokratie ein.

Deutschland: Ursache der N. waren die Niederlage im 1. Weltkrieg und die Verzögerung innerer Reformen. Sie wurde ausgelöst durch die Weigerung von Matrosen der deutschen Hochseeflotte am 29. 10. 1918 in Wilhelmshaven, gegen die britische Flotte auszulaufen. Am 4. 11. 1918 solidarisierten sich in Kiel Arbeiterorganisationen mit den aufständischen Matrosen und bildeten einen Arbeiter- und Soldatenrat. Durch weitere Räte verbreitete sich die N. über ganz Deutschland und erreichte am 7. 11. 1918 München (→ Münchner Räterepublik) sowie am 9. 11. 1918 Berlin.

Unter dem Eindruck der N. verkündete Reichskanzler Max von Baden die Abdankung des Kaisers und übergab dem Mehrheitssozialdemokraten Friedrich Ebert die Amtsgeschäfte. Am selben Tag rief Philipp Scheidemann (→ SPD) die Republik aus. Ebert und Hugo Haase (USPD) bildeten am 10. 11. 1918 den Rat der Volksbeauftragten, der paritätisch aus je drei Mitgliedern von SPD und USPD besetzt war und als provisorische Reichsregierung fungierte. Die Kooperation des Rates mit den alten Kräften der Bürokratie wurde vom Spartakusbund und dem linken Flügel der USPD mit der Parole «Alle Macht den Räten!» bekämpft. Der Konflikt um die Zukunft des Landes – parlamentarische Demokratie oder Rätesystem nach russischem Vorbild – mündete in den → Spartakus-Aufstand der → KPD von 1919, den Gustav Noske (SPD) und Ebert durch → Freikorps niederschlagen ließen. Die Wahlen zur Nationalversammlung am 19. 1. 1919 beendeten die N. Ebert wurde Reichspräsident, eine Regierung aus SPD, → Zentrumspartei und DDP gebildet.

Während die SPD argumentierte, Ebert habe nur mit Hilfe der Freikorps die Republik verteidigen können, warfen USPD und KPD Ebert vor, die N. verraten zu haben. Bürokratie sowie rechtsgerichtete, antidemokratische Parteien und die Reichswehr blieben so während der N. unverändert bestehen.

Österreich: In Österreich berief eine Allparteiengruppe des früheren Wiener Reichsrats am 21. 10. 1918

Der NSDAP angegliederte Organisationen

BDM: Im Bund Deutscher Mädel waren weibliche Jugendliche organisiert.
DAF: Die Deutsche Arbeitsfront vereinte anstelle von Gewerkschaften Arbeiter, Angestellte und Unternehmer.
HJ: Die Hitler-Jugend strebte die organisatorische Kontrolle über alle deutschen Jugendlichen an.
NSDÄB: Im Nationalsozialistischen Deutschen Ärztebund mußten sich alle Ärzte zwangsorganisieren. Ähnliche Organisationen bestanden auch für andere Berufsgruppen (z. B. NS-Lehrerbund, NS-Rechtswahrerbund als Organisations- und Kontrollinstanz des Rechtswesens).
NSFK: Unter Leitung Hermann Görings fand die militärische und ideologische Schulung angehender Piloten statt.
NS-Frauenschaft: Der Zusammenschluß propagierte die Rolle von Frauen als Mütter.
NSKK: Im Nationalsozialistischen Kraftfahrkorps stand die Fahrausbildung für militärische Zwecke auf dem Programm.
NSV: Die Volkswohlfahrt widmete sich der Gesundheitsfürsorge und Wohlfahrtspflege (z. B. im Winterhilfswerk).
SA: Die Sturmabteilung war die Kampf- und Schutzeinheit der NSDAP.
SS: Die Schutzstaffel unter Heinrich Himmler zeichnete für Judendeportationen, Völkermord, Massaker an der Bevölkerung in kriegsbesetzten Gebieten und den Aufbau der Konzentrations- und Vernichtungslager verantwortlich. Die 1939 gegründete Waffen-SS war die berüchtigte militärische Spezialeinheit der SS und tat sich u. a. durch Greueltaten an KZ-Gefangenen hervor.

---

eine provisorische Nationalversammlung. Nachdem Kaiser Karl I. seinen Thronverzicht erklärt hatte, wurde die Republik Deutsch-Österreich am 12. 11. 1918 ausgerufen.

NSDAP ❑

Die **N**ational**s**ozialistische **D**eutsche **A**rbeiter**p**artei bezog sich auf die Ideologie des → Nationalsozialismus. Sie war nationalistisch, imperialistisch, rassistisch und antisemitisch ausgerichtet, strebte die Revision des → Versailler Vertrags an und verfolgte – unterstützt von Teilen der deutschen Großindustrie – den Aufstieg Deutschlands zur Weltmacht. Die NSDAP ging am 20. 2. 1920 aus der ein Jahr zuvor von Anton Drexler gegründeten rechtsradikalen Deutschen Arbeiter-Partei (DAP) hervor. Ab 1921 wurde die Partei maßgeblich durch die politische Agitation Adolf Hitlers geprägt. Ein erster Versuch, die Macht durch den sog. → Hitler-Putsch zu erobern, scheiterte am 9. 11. 1923. Hitler wurde verhaftet, die NSDAP verboten.

Nach der Entlassung Hitlers aus dem Gefängnis gründete er die Partei 1925 neu, strebte jedoch nun die legale → Machtergreifung an. Im Zuge der Weltwirtschaftskrise und der wirtschaftlichen Probleme des Deutschen Reichs durch die Reparationsregelungen nach dem 1. Weltkrieg avancierte die NSDAP bei den Reichstagswahlen am 31.7.1932 zur stärksten Partei (37,3% der Stimmen; 1928 nur 2,6%). Am 30.1.1933 wurde Hitler Reichskanzler, verbot in der Folgezeit alle anderen Parteien und schuf diktatorische Strukturen. Durch straffe Organisation und zahlreiche der Partei angegliederte Organisationen kontrollierte die Staatspartei das gesellschaftliche Leben in Deutschland. Die nationalsozialistische Diktatur entfaltete eine beispiellose Strategie der Diffamierung, Verfolgung und Vernichtung von politischen Gegnern, die im → Holocaust an den europäischen Juden, Sinti und Roma sowie Homosexuellen und in der Entfesselung des 2. Weltkriegs gipfelte. Nach dem Sieg der Alliierten über Deutschland wurde die NSDAP 1945 (Mitgliederstand: 8,5 Mio.) aufgelöst.

NS-Prozesse

→ Kriegsverbrecherprozesse; → Nürnberger Prozesse

Nuklearstrategie

Die Lehre vom Gebrauch von Nuklearwaffen zur Durchsetzung politscher Ziele entwickelte sich durch den ideologischen Gegensatz der Supermächte im → Kalten Krieg. Die zugrundeliegende Strategie der → Abschreckung versuchte durch die Drohung, Nuklearwaffen einzusetzen, politische Ziele zu erreichen.

Unter der Präsidentschaft Dwight D. Eisenhowers drohten die USA ab 1953 jedem Aggressor die massive Vergeltung (massive retaliation) mit → Atomwaffen an. Die → NATO übernahm diese Strategie 1954–60. Infolge des atomaren Patts der Supermächte entwickelte US-Präsident John F. Kennedy das Konzept der flexiblen Reaktion (flexible response). Im Rahmen dieser Strategie sollten auch ausreichende konventionelle Streitkräfte bereitgestellt werden, um eine sowjetische Aggression abschrecken und mit gleichen Mitteln abwehren zu können, ohne Atomwaffen einsetzen zu müssen.

Die 1974 von US-Verteidigungsminister James Schlesinger verkündete Strategie der selektiven nuklearen Option (limited nuclear options) sah gezielte Atomschläge gegen ausgewählte Ziele des Gegners vor. Ab 1981 versuchte die Regierung Ronald Reagan, das nach ihrer Meinung entstandene Ungleichgewicht der Nuklearrüstung durch amerikanische Nachrüstung auszugleichen. Laut National Security Decision Document (NSDD) vom Oktober 1981 sollte jede Aggression unverzüglich beantwortet werden. Auch in einem längeren Nuklearkrieg sollten sich die westlichen Streitkräfte durchsetzen können.

Nach 1989 wurde die auf einen bilateralen Konflikt angelegte N. der USA modifiziert.

Die Nuklearwaffen wurden nach Abrüstungsverträgen mit Rußland teilweise abgebaut und zerstört, obwohl die NATO ihre N. offiziell nicht veränderte.

Nullösung

Der Begriff N. bezeichnete den vollständigen Abzug aller Mittelstrekkenraketen aus Europa und umschrieb das westliche Verhandlungsziel in der ersten Phase der Abrüstungsverhandlungen über Mittelstreckenwaffen in Genf (Schweiz), die am 30.11.1980 begannen. Hintergrund war der NATO-Doppelbeschluß vom 12.12.1979, mit dem die Staaten des westlichen Bündnisses die Absicht bekräftigten, im Bereich der landgestützten atomaren → Mittelstreckenraketen in Europa nachzurüsten, falls es in Verhandlungen nicht gelänge, die Sowjetunion zum Abzug ihrer Mittelstreckenraketen in Europa zu bewegen. Die Verhandlungen wurden im Dezember 1983 ergebnislos abgebrochen, nachdem sich die NATO-Staaten zur Stationierung ihrer Waffen entschlossen hatten.

Nürnberger Gesetze

Die N. (auch Rassengesetze) wurden auf Anordnung Adolf Hitlers ausgearbeitet und vom Reichstag anläßlich des Nürnberger Parteitags der NSDAP am 15.9.1935 einstimmig gebilligt. Sie umfaßten das «Reichsbürgergesetz», nach dem Menschen jüdischen Glaubens keine Staats- und Gemeindebürger und damit Träger politischer Rechte sein konnten, sowie das Blutschutzgesetz («Gesetz zum Schutz des deutschen Blutes und der deutschen Ehre»), das ihnen Eheschließung und sexuelle Beziehungen mit Personen sog. deutschen oder artverwandten Bluts («Arier») verbot bzw. geschlossene Ehen für nichtig erklärte. In den folgenden Jahren wurden die N. durch 13 Verordnungen ergänzt. Zu den N. zählte außerdem das sog. Reichsflaggengesetz, das die Hakenkreuzfahne als Reichsflagge und die Farben Schwarz-Weiß-Rot als Nationalfarben festschrieb. Die N. schlossen Juden im Deutschen Reich aus der Gesellschaft aus und bildeten die Grundlage für deren Verfolgung und Ermordung. In den 40er Jahren wurde Juden die deutsche Staatsangehörigkeit entzogen. Außerdem waren sie ab 1943 von der ordentlichen Strafgerichtsbarkeit ausgeschlossen. Die N. gelten als eines der wichtigsten Beispiele für die Pervertierung des Rechtsstaatsprinzips im → Nationalsozialismus.

Nürnberger Prozesse ❑

Der Begriff bezeichnet die nach dem 2. Weltkrieg vor einem Internationalen Militärgerichtshof in Nürnberg geführten → Kriegsverbrecherprozesse. Während des Kriegs hatten die Außenminister Großbritanniens, der Sowjetunion und der USA bei ihrem Treffen vom 19. bis 30.10.1943 in Moskau vereinbart, die NS-Kriegsverbrecher nach einer deutschen Niederlage vor Gericht zu stellen. 1944 nahm in London eine Kommission zur Vorbereitung der Anklagen ihre Arbeit auf. Am 20.11.1945 eröffnete in Nürnberg ein paritätisch von den Alliierten (unter Einschluß Frankreichs) besetzter Internationaler Militärgerichtshof den sog. Haupt-Kriegsverbrecherprozeß: 22 führende Angehörige der → NSDAP, des nationalsozialistischen deutschen Staates und der Wehrmacht mußten sich für die von ihnen begangenen Untaten verantworten. Zudem verhandelte das Gericht gegen sechs als verbrecherisch bezeichnete Organisationen (u.a. → Gestapo, NSDAP, → SS). Am 1.10. 1946 verkündete das Gericht zwölf Todesurteile, sieben Haftstrafen und drei Freisprüche.

Verurteilte in den Nürnberger Prozessen

Martin Bormann (1900–1973; Todesurteil): Der Chef der Staatskanzlei und Sekretär Adolf Hitlers steuerte den Parteiapparat der NSDAP. Nach dem 2. Weltkrieg blieb Bormann unauffindbar und wurde 1973 für tot erklärt.
Karl Dönitz (1891–1980; zehn Jahre Haft): Der Kommandeur der U-Boot-Flotte (ab 1936) und Oberbefehlshaber der Kriegsmarine (ab 1943) leitete den deutschen Seekrieg. Nach Hitlers Selbstmord wurde er Reichspräsident.
Hans Franck (1900–1946; Todesurteil): Der Generalgouverneur von Polen (ab 1939) war mitverantwortlich für die brutale deutsche Besatzungspolitik.
Wilhelm Frick (1887–1946; Todesurteil): Der Reichsinnenminister (1933–43) zeichnete u. a. für die → Nürnberger Gesetze (1935) zur → Judenverfolgung verantwortlich.
Walter Funk (1890–1960; lebenslange Haft): Der Reichswirtschaftsminister (ab 1938) und Reichsbankpräsident (ab 1939) war mitverantwortlich für die Forcierung der Kriegsvorbereitungen. 1957 kam er frei.
Hermann Göring (1893–1946; Todesurteil): Göring rief 1933 die → Gestapo ins Leben und war einer der Hauptverantwortlichen für den Judenmord sowie den Einsatz von ausländischen Zwangsarbeitern. 1935 ernannte ihn Hitler zum Reichsluftfahrtminister. Vor der Urteilsvollstreckung beging Göring Selbstmord.
Rudolf Heß (1894–1987; lebenslange Haft): Der Stellvertreter Hitlers hatte maßgeblichen Anteil an der Ausgestaltung des Führerkults. 1941 flog Heß nach Großbritannien, um das Land durch einen Friedensschluß für eine gemeinsame Politik gegenüber der UdSSR zu gewinnen. 1987 verübte Heß Selbstmord.
Alfred Jodl (1890–1946; Todesurteil): Der Chef des Wehrmachtsführungsstabs (1939–45) war für die operative Planung des Kriegseinsatzes verantwortlich.
Ernst Kaltenbrunner (1903–1946; Todesurteil): Der Chef des Reichssicherheitshauptamtes (ab 1943) war maßgeblich am Massenmord an den europäischen Juden beteiligt.
Wilhelm Keitel (1882–1946; Todesurteil): Der Oberbefehlshaber der Wehrmacht (1938–45) unterstützte als engster militärischer Berater Hitlers kritiklos dessen Expansionspläne.
Erich Raeder (1876–1960; lebenslange Haft): Der Oberbefehlshaber der Kriegsmarine (1935–43) hatte maßgeblichen Anteil am deutschen Flottenaufbau. 1939 regte er die Invasion Norwegens an. 1955 kam er frei.
Konstantin Freiherr von Neurath (1873–1956; 15 Jahre Haft): Neurath war 1932–38 Reichsaußenminister und 1939–41 Reichsprotektor von Böhmen und Mähren.
Joachim von Ribbentrop (1893–1946; Todesurteil): Der Reichsaußenminister (1938–45) schloß u. a. den → Hitler-Stalin-Pakt, dessen geheimes Zusatzprotokoll Hitler den Überfall auf Polen ermöglichte.
Alfred Rosenberg (1893–1946; Todesurteil): Der Leiter des NSDAP-Organs «Völkischer Beobachter» propagierte in seinen Schriften einen neuen Rassenglauben. Als Reichsminister für die besetzten Ostgebiete war er ab 1941 mitverantwortlich für die Verbrechen in Polen und der Sowjetunion.

Fritz Sauckel (1894–1946; Todesurteil): Der Generalbevollmächtigte für den Arbeitseinsatz (ab 1942) leitete die Deportation von über 5 Mio. Menschen.
Baldur von Schirach (1907–1974; 20 Jahre Haft): Dem Reichsjugendführer (1933–40) unterstanden alle NS-Jugendorganisationen, u. a. die Hitlerjugend.
Arthur Seyß-Inquart (1892–1946; Todesurteil): 1938 vollzog Seyß-Inquart den Anschluß Österreichs an das Deutsche Reich. Als Reichskommissar war er ab 1940 für die Ausbeutung und Unterdrückung der Niederlande sowie für Judendeportationen verantwortlich.
Albert Speer (1905–1981, 20 Jahre Haft): Speer, führender Architekt im nationalsozialistischen Deutschen Reich, wurde 1943 Reichsminister für Rüstung und Kriegsproduktion.
Julius Streicher (1885–1946; Todesurteil): Der Herausgeber des Hetzblattes «Der Stürmer» (ab 1923) betrieb eine fanatische antisemitische Propaganda.

NVA

Die Nationale Volksarmee, im offiziellen Sprachgebrauch auch «Nationale Streitkräfte», war die Armee der DDR. Bereits seit 1952 existierten Einheiten der sog. Kasernierten Volkspolizei sowie der geheim aufgebauten Luft- und Seestreitkräfte. Die offizielle Gründung der NVA begann mit dem Beitritt der DDR zum → Warschauer Pakt im Mai 1955 und setzte sich mit der Einrichtung des Ministeriums für Nationale Verteidigung als oberster Befehlsebene sowie der Aufstellung erster NVA-Einheiten am 1. 3. 1956 (sog. Tag der NVA) fort. Sechs Wochen zuvor hatte die Volkskammer der DDR die gesetzliche Grundlage geschaffen.
Am 28. 1. 1956 beschloß der Politische Beratende Ausschuß des Warschauer Paktes, die Kontingente der NVA in die Struktur des östlichen Militärbündnisses einzubeziehen. Die NVA wurde mit sowjetischem Militärgerät ausgerüstet. Im Januar 1962 führte die DDR die allgemeine Wehrpflicht ein.
Nach dem Ende der DDR am 3. 10. 1990 wurde die NVA zum großen Teil aufgelöst, ein kleinerer Teil von Mannschaft und Gerät in die → Bundeswehr eingegliedert. In der Folgezeit tauchten Waffenbestände der NVA in zahlreichen Krisengebieten der Welt auf. Neben der NVA existierten in der DDR zudem Grenz- und Sicherheitstruppen sowie Betriebskampfeinheiten (sog. Kampfgruppen der Arbeiterklasse; 1989 aufgelöst).

O

OAS

Die am 30.4.1948 in Bogotá (Kolumbien) gegründete Organisation Amerikanischer Staaten (**O**rganization of **A**merican **S**tates) ging aus der Panamerikanischen Union hervor. Ziel der OAS ist die Friedenssicherung in Amerika und gegenseitiger Beistand bei Angriffen von außen. Zudem arbeiten die OAS-Mitglieder in kulturellen, sozialen, politischen und wirtschaftlichen Bereichen zusammen (z. B. gemeinsamer Markt der lateinamerikanischen Staaten ab 1967; Maßnahmen zum Abbau der Staatsverschuldung und gegen den Drogenhandel). Sitz des ständigen Rats und des Generalsekretariats der OAS ist Washington; das oberste Organ, die Vollversammlung, tritt einmal im Jahr zusammen. Der OAS gehören die meisten amerikanischen Staaten an (1995: 34). Kuba wurde 1962 ausgeschlossen (Neuaufnahme 1994), da die USA als dominierendes Mitglied eine Unvereinbarkeit der OAS-Politik mit kommunistischen Zielen durchsetzten. Bei militärischen Konflikten (z. B. → Falklandkrieg 1982; US-Intervention in Grenada 1983) konnten sich die OAS-Staaten nicht auf ein einheitliches Vorgehen verständigen. Durch den kontinuierlichen Rückzug des Militärs von politischen Schlüsselpositionen in den lateinamerikanischen Ländern verlor die von der OAS gewährleistete «Nationale Sicherheit» an Bedeutung; die Bereitschaft der Staaten Lateinamerikas, auch mit außeramerikanischen Staaten enger zu kooperieren, nahm seitdem zu.

OAU

Die **O**rganization of **A**frican **U**nity (Organisation für Afrikanische Einheit) ist ein am 25.5.1963 gegründetes Bündnis zur Zusammenarbeit afrikanischer Staaten in Politik, Wirtschaft, Wissenschaft und Kultur. Sitz der OAU ist Addis Abeba (Äthiopien); die Staatschefs treffen einmal jährlich zur Vollversammlung zusammen. Mit der Gründung verfolgten die Mitgliedsstaaten das Ziel, die nachkoloniale Phase in Afrika zu gestalten, den Kontinent als internationale Einheit zu etablieren, eine blockfreie Politik zu praktizieren und Konflikte zwischen den Mitgliedsstaaten zu regeln. Seit den 80er Jahren stehen Maßnahmen gegen die Verschuldung im Mittelpunkt der OAU-Politik. Der OAU gehörten Mitte der 90er Jahre alle 53 Staaten Afrikas an; als letztes Land wurde 1994 Südafrika aufgenommen.

Die Wirksamkeit des Bündnisses ist eher gering: Während die Ablehnung der südafrikanischen Apartheidpolitik einmütig war, konnte sich die OAU bei Konflikten in den Mitgliedsländern (z. B. während des Bürgerkriegs 1994 in Ruanda) nicht auf ein einheitliches Vorgehen verständigen.

Oberschlesienfrage

Um die Herrschaft in dem rohstoffreichen Industrierevier kam es nach dem 1. Weltkrieg zwischen dem Deutschen Reich und der neugebildeten Republik Polen zum Konflikt. Bis 1918 gehörte der Nordwesten Oberschlesiens als Regierungsbezirk Oppeln mit mehrheitlich polnischsprachiger Bevölkerung zum Deutschen Reich, der kleinere Nordosten zu Rußland und der Süden zu Österreich-Ungarn.

Noch während des Krieges forderte das polnische Nationalkomitee die Angliederung Oberschlesiens an Polen. Der → Versailler Vertrag sah für den größten Teil des Industriebezirks eine Volksabstimmung über die künftige Staatszugehörigkeit der Bevölkerung vor. Der ehemals österreichische Teil ging ohne Abstimmung an die Tschechoslowakei.

Obwohl die Volksabstimmung 1921 eine Mehrheit für den Verbleib im Deutschen Reich erbrachte, wurde 1922 nach mehreren polnischen Aufständen im Industriegebiet die «Genfer Konvention über Oberschlesien» zwischen dem Deutschen Reich und Polen geschlossen, die Oberschlesien zwischen den beiden Ländern aufteilte. Der Westteil blieb preußische Provinz, der Osten Oberschlesiens wurde zur polnischen Wojewodschaft Slask. In den ersten Tagen des 2. Weltkriegs fielen deutsche Truppen im Ostteil des Industriegebiets ein. Knapp sechs Jahre später eroberte die Rote Armee Oberschlesien. Nach dem 2. Weltkrieg wurde auch der Westen des Gebiets bis zur Neiße Polen zugesprochen, was auch der deutsche Bundestag 1990 endgültig bestätigte.

Oberster Sowjet

Dem höchsten Staatsorgan der bis 1991 bestehenden UdSSR oblag nominell die gesetzgebende Funktion. Die an der Spitze des Rätesystems (Sowjets) stehende Volksvertretung wurde 1936 mit der sog. Stalin-Verfassung eingerichtet und bestand aus zwei direkt gewählten Kammern, dem Unionssowjet und dem Nationalitätensowjet.

Die 750 Delegierten des O. standen alle fünf Jahre neu zur Wahl. Die Wähler hatten je eine Stimme für jede Kammer und bekamen eine Liste von KPdSU-Kandidaten präsentiert, die mit der Wahl im Grunde nur bestätigt wurde.

Der O. tagte zweimal im Jahr maximal drei Tage. In dieser Zeit fungierte es als reines Akklamationsorgan der Entscheidungen und Gesetze des von ihm gewählten Präsidiums. Dieses besaß mit seiner Legislativ- und Exekutivfunktion die eigentliche Macht in der Sowjetunion. Der jeweilige Vorsitzende des Präsidiums fungierte in Personalunion auch als Staatsoberhaupt.

Mit der Verfassungsänderung von 1988 übernahm der Volksdeputiertenkongreß die Funktion der Gesamtrepräsentation des sowjetischen Volkes. Der O. wandelte sich zum ständig tagenden Ausschuß des Volksdeputiertenkongresses. Nach der Auflösung der UdSSR blieb die Institution des O. in den Teilrepubliken für eine Übergangszeit zunächst bestehen. In Rußland wurde er mit Annahme der Verfassung von 1993 abgeschafft. Das russische demokratisch gewählte Abgeordnetenhaus setzt sich seitdem aus Staatsduma und Föderationsrat zusammen.

OCAM

Die **O**rganisation **C**ommune **A**fricaine et **M**auricienne (Gemeinsame Afrikanisch-Mauritische Organisation) – ein Bündnis afrikanischer Staaten mit Sitz in Bangui (Zentralafrikanische Republik) – wurde 1965 als Organisation Commune Africaine et Malgache (OCAM; Gemeinsame Afrikanisch-Madagassische Organisation) gegründet. Es entstand aus der 1961 gebildeten Union Africaine et Malgache (UAM; Afrikanisch-Madagassische Union). Nach Aufnahme von Mauritius benannte sich das Bündnis 1970 in Organisation Commune Africaine, Malgache et Mauricienne (OCAMM; Gemeinsame Afrikanisch-Madagassisch-Mauritische Organisation) um. Seit dem Austritt Madagaskars 1974 lautet der Name OCAM.

Die OCAM umfaßt westlich orientierte ehemalige französische Kolonien, die durch Zusammenarbeit die kulturelle, soziale, technische und wirtschaftliche Entwicklung in den Mitgliedsstaaten verbessern wollen. Die von der Elfenbeinküste betriebene Gründung sollte die prowestlichen gegenüber den kommunistisch ausgerichteten Staaten innerhalb der → OAU stärken und den Einfluß Frankreichs in Afrika sichern. Seit Mitte der 60er Jahre traten zahlreiche Staaten aus der OCAM aus (1965 Mauretanien, 1972 Zaire, 1973 Kongo, 1974 Kamerun, Madagaskar und Tschad, 1977 Gabun), die dadurch zunehmend an Einfluß verlor. Seit dem weitgehenden Verschwinden kommunistischer Tendenzen in afrikanischen Staaten setzt die OCAM verstärkt auf eine multinationale wirtschaftliche Einigung und Vertretung der Mitgliedsstaaten, die Anfang der 90er Jahre aus Benin, Burkina Faso, Elfenbeinküste, Mauritius, Niger, Ruanda, Senegal, Togo und der Zentralafrikanischen Republik bestanden.

Oder-Neiße-Linie

O. bezeichnet die auf der Potsdamer Konferenz der Siegermächte des 2. Weltkriegs 1945 festgelegte Grenze zwischen Polen und Deutschland. Am 24. 5. 1945 wurden die deutschen Gebiete östlich der O. von der sowjetischen Besatzungsmacht offiziell den Organen des polnischen Staates unterstellt. Die Regierung der DDR erkannte die O. im → Görlitzer Abkommen vom 6. 7. 1950 als Staatsgrenze an. Die BRD akzeptierte im Warschauer Vertrag vom 7. 12. 1970 (→ Ostverträge) die O. als polnische Westgrenze vorbehaltlich einer friedensvertraglichen Lösung.

Unmittelbar nach der staatlichen Einheit Deutschlands wurde am 14. 11. 1990 die im deutsch-deutschen Staatsvertrag (21. 6. 1990) sowie im → Zwei-plus-Vier-Vertrag (12. 9. 1990) vereinbarte Grenzziehung im deutsch-polnischen Vertrag in Warschau akzeptiert. Die Abkommen schreiben die O. als Staatsgrenze für alle Zeiten fest. Probleme bereiten nach wie vor der Status ehemaliger deutscher Staatsangehöriger und Vermögensfragen: Nach Auffassung des Bundesverfassungsgerichts haben die vertriebenen Deutschen ihr früheres Eigentum, das vom polnischen Staat konfisziert wurde, nicht verloren. Polen weist alle Ansprüche zurück und verlangt seinerseits Wiedergutmachung für erlittene Schäden aus der Zeit der NS-Besetzung.

OECD

Die **O**rganization for **E**conomic **C**ooperation and **D**evelopment (Organisation für wirtschaftliche Zusammenarbeit und Entwicklung) wurde am 1. 10. 1961 in Paris gegründet. Sie löste die 1948 für die Verteilung der Marshallplan-Gelder ins Leben gerufene → OEEC ab.

Mitglieder der OECD sind Australien (seit 1971), Belgien, die BRD, Dänemark, Finnland (seit 1969), Frankreich, Griechenland, Großbritannien, Irland, Island, Italien, Japan (seit 1964), Kanada, Luxemburg, Neuseeland (seit 1973), Niederlande, Norwegen, Österreich, Portugal, Schweden, die Schweiz, Spanien, die Türkei und die USA. Die EU-Kommission nimmt an der Arbeit der OECD teil, Jugoslawien war assoziiert.

Die Aufgaben der OECD umfassen Planung und Koordinierung der wirtschaftlichen Zusammenarbeit zwischen den marktwirtschaftlich orientierten Mitgliedstaaten und Hilfe für Entwicklungsländer. In Konjunkturprognosen und Länderanalysen kritisiert die OECD die Wirtschafts- und Sozialpolitik der Mitgliedsstaaten.

Die wichtigsten Organe der OECD sind der Rat, der einmal im Jahr die Außen-, Finanz- und Wirtschaftsminister der Teilnehmerstaaten vereinigt. Der Rat kann nur einstimmig beschließen; mit einem Veto kann ein Staat verhindern, daß ein gefaßter Beschluß für ihn bindend ist. Der Exekutivausschuß bereitet die Ratssitzungen vor. Darüber hinaus existieren verschiedene Fachausschüsse (z. B. für Entwicklungshilfe und Finanzfragen).

Die OECD hat aufgrund des Einstimmigkeitsprinzips keine starke institutionelle Macht. Sie entwickelte sich aber zu einem wichtigen politischen Diskussions- und Absprachegremium.

OEEC

Die **O**rganization for **E**uropean **E**conomic **C**ooperation (Organisation für wirtschaftliche Zusammenarbeit in Europa) wurde am 16. 4. 1948 in Paris von Belgien, Dänemark, Frankreich, Griechenland, Großbritannien, Irland, Island, Italien, Luxemburg, Norwegen, den Niederlanden, Österreich, Portugal, Schweden, der Schweiz und der Türkei gegründet. Westdeutschlands Vertretung übernahmen zunächst die Militärgouverneure der drei westlichen Besatzungszonen. Die BRD trat der OEEC 1949 bei, Spanien kam 1959 hinzu, die USA und Kanada folgten 1960. Ab 1. 10. 1961 wurde die OEEC durch die → OECD ersetzt.

Die OEEC leitete das im Rahmen des → Marshall-Plans durchgeführte europäische Wiederaufbauprogramm (European Recovery Programm, ERP). Nach dem Auslaufen der Marshallplan-Hilfe Anfang 1952 sollte die OEEC für die Verbesserung der Handelsbeziehungen der Mitgliedsländer durch Abbau von Handelsschranken und Modernisierung der Produktionsmittel sorgen. Oberstes Organ war der Europäische Wirtschaftsrat mit Sitz in Paris, der aus den Ministern der Mitgliedstaaten bestand und Entscheidungsbefugnis hatte. Zu den Unterorganisationen der OEEC zählte u. a. die

Europäische Zahlungsunion (EZU; 1950–58) zum internationalen Zahlungsbilanzausgleich.

Ökofonds

In diesen Investmentfonds wird das von Sparern eingezahlte Geld nur in Wertpapieren von Unternehmen angelegt, die auf dem Gebiet des Umweltschutzes tätig sind oder deren Geschäftsführung aus umweltpolitischer Sicht unbedenklich erscheint. Ö. gehören zur Gruppe der sog. Ethikfonds, die Möglichkeiten zur Geldanlage in moralisch einwandfreien Werten bieten wollen. Ethik- und Ökofonds entstanden Ende der 80er Jahre in den USA und Großbritannien. Hauptproblem der Ö. ist die Abgrenzung der Gruppe ökologisch einwandfreier Unternehmen. Zum einen muß eindeutig bestimmt werden, welche Produktion die Umwelt schädigt, zum anderen sind Großunternehmen zumeist in zahlreichen Geschäftsfeldern tätig und an anderen Unternehmen beteiligt.

Ökologie

Im naturwissenschaftlichen Bereich bezeichnet Ö. eine in der Biologie wurzelnde Wissenschaft, die die Beziehung von Lebewesen (Tieren und Pflanzen) untereinander und im Zusammenspiel mit ihrer Umgebung untersucht. Mitte der 60er Jahre wurde die Ö. im Rahmen der aufkommenden Diskussionen über Umweltverschmutzung und die Erschöpfung der Rohstoffreserven zum politischen Thema. Im Rahmen des wachsenden Umweltbewußtseins der Öffentlichkeit wandelte sich die Ö. von der Wissenschaft zur Weltanschauung. Ihre Vertreter setzten sich sowohl für eine umfassende wirtschaftliche Reform zum → Umweltschutz ein als auch für die Durchsetzung einer bewußteren, naturnahen Lebensweise.

1971 trat die internationale Umweltschutzorganisation → Greenpeace mit Protestaktionen gegen Atombombentests erstmals in Erscheinung. Ihr theoretisches Fundament erhielt die Ö.-Bewegung aus Studien wie der des → Club of Rome über die «Grenzen des Wachstums» (1972) oder dem 1980 veröffentlichten Bericht «Global 2000».

BRD: 1979 schlossen sich ökologisch engagierte Bürgerinitiativen zur Partei Die → Grünen zusammen. Angesichts des zunehmenden öffentlichen Interesses an ökologischen Problemen und der mangelnden Resonanz von seiten der etablierten Parteien verzeichnete die Partei wachsenden Zulauf und zog 1983 erstmals in den Bundestag ein.

Zu Beginn der 90er Jahre setzten sich auch die großen Parteien zunehmend mit ökologischen Fragen auseinander (z. B. Müllvermeidung, alternative Energien, Reduzierung landwirtschaftlicher Nutzflächen, Förderung des öffentlichen Nahverkehrs).

Weltweite Entwicklung: Auf internationaler Ebene widmete sich im Juni 1992 ein UN-Umweltgipfel mit Vertretern aus 170 Staaten in Rio de Janeiro ökologischen Problemen. Dabei wurden die Industriestaaten als Hauptverursacher der Umweltbelastungen zu einer Erhöhung ihrer finanziellen Unterstützung für Entwicklungsländer aufgefordert. 1995 wurde in Berlin eine internationale Klimakonferenz einberufen, die sich hauptsächlich mit der Zunahme der bodennahen Ozonkonzentrationen beschäftigte. Die verabschiedeten Vereinbarungen haben jedoch keinen bindenden Charakter und gelten lediglich als Orientierungsrahmen. Entscheidend für die künftige Durchsetzung ökologischer Maßnahmen ist deren Verbindung mit ökonomischer Politik, z. B. der Umbau des Produktionssystems unter ökologischen Gesichtspunkten. Über die in den 90er Jahren diskutierte Einführung von → Ökosteuern wurde bislang in keinem Land der Erde Einigung erzielt.

Ökonomie

→ Wirtschaft

Ökosteuern

Als Ö. werden Abgaben an den Staat bezeichnet. Durch die Steuern sollen den Verursachern (Unternehmen und privaten Haushalten) die Kosten angelastet werden, die der Allgemeinheit durch Schädigung der Umwelt entstehen (sog. Verursacherprinzip). Die finanziellen Abgaben sollen zudem über eine Änderung des Konsum- und Produktionsverhaltens zu einem Rückgang der Umweltverschmutzung führen. In diesem Fall gehen gleichzeitig die Einnahmen aus Ö. zurück.

Ö. wurden insbesondere in den Staaten der EU in den 90er Jahren diskutiert, u. a. als Mittel im Kampf gegen die Aufheizung der Erdatmosphäre durch Kohlendioxid (CO^2-Steuer). Überlegungen zu einer ökologischen Umgestaltung des Steuersystems in der BRD verfolgen das Ziel, die steuerliche Belastung der Arbeit auf Kosten einer verstärkten Besteuerung des Verbrauchs umweltschädigender Produkte, Energien und Rohstoffe zu verringern. Als Energie- bzw. Ökosteuer einsetzbar ist z. B. die Mineralölsteuer.

Die Kostenentlastung des Produktionsfaktors Arbeit soll zum Abbau der Arbeitslosigkeit beitragen. Gegner von Ö. sind vor allem energieintensive Branchen wie die Chemieindustrie, die Markt- und Absatznachteile sowie Beschäftigungsrückgang befürchten. Begünstigt würden der Dienstleistungssektor und die Entwicklung umweltfreundlicher, zukunftsweisender Produkte. Die Widerstände aus Reihen der Industrie konnten die Einführung von Ö. bis Ende des 20. Jahrhunderts weitestgehend verhindern. 1994 setzte Belgien als erstes EU-Land eine Ö. auf Verpackungen ein.

Oktoberrevolution

Die russische Revolution, die in der Nacht vom 6. auf den 7.11.1917 in Petrograd zur Machtübernahme der Bolschewiki führte, wird anhand des damals in Rußland geltenden Julianischen Kalenders als O. bezeichnet.

Aus der vorangegangenen → Februarrevolution, die den Zarismus in Rußland beendet hatte, war kein eindeutiger Sieger hervorgegangen. Es entstand eine rivalisierende Doppelherrschaft aus der provisorischen Regierung der → Duma und den konkurrierenden Sowjets.

Wichtigster Streitpunkt zwischen den Regierungen war die Frage nach der Fortsetzung des 1. Weltkriegs. Eine zentrale Rolle spielte Wladimir I. Lenin, der 1917 aus dem Schweizer Exil zurückgekehrt war. Er trat in seinen sog. Aprilthesen für den so-

fortigen Austritt aus dem Krieg ein. Auch die Bevölkerung stand dem Krieg nach schweren Verlusten und der sich drastisch verschlechternden Wirtschaftslage immer kritischer gegenüber. Die radikalen Bolschewisten unter Führung Lenins gewannen an Zulauf. Sie bildeten Arbeitermilizen (sog. Rote Garden), mit deren Hilfe der sog. Rat der Volkskommissare (Vorsitz Lenin) am 7.11. die Macht übernahm. Die Mitglieder der provisorischen Regierung um Ministerpräsident Alexander Kerenski wurden verhaftet. Einen Tag später verabschiedeten die Bolschwisten zwei Dekrete zur Stabilisierung ihrer Herrschaft: Durch ein Friedensangebot an alle Völker sicherte sich Lenin die weitere Unterstützung der demoralisierten Soldaten, das Landdekret hob das Eigentum an Grund und Boden auf und sprach das Nutzungsrecht den Bauern zu. Nach einem blutigen Bürgerkrieg etablierten die Bolschewisten eine sozialistische Ordnung.
Die O. veränderte die Welt nachhaltig. Zum erstenmal avancierte der → Bolschewismus in einem Land zur Staatsdoktrin. Der universale Machtanspruch der kommunistischen Ideologie bildete im 20. Jahrhundert einen entscheidenden Konfliktpunkt in den Beziehungen zu den kapitalistischen Staaten. (→ Kommunismus, → Sozialismus)

OPEC

Die **O**rganization of the **P**etroleum **E**xporting **C**ountries (Organisation der Erdöl exportierenden Länder) ist ein Kartell zur Absprache der Förder- bzw. Absatzmengen und Preise für Erdöl, um damit die Einnahmen aus Rohstoffexporten der Mitgliedsländer zu verbessern. Die OPEC wurde am 14.9.1960 als Schutzgemeinschaft zunächst der fünf Länder Irak, Iran, Kuwait, Saudi-Arabien und Venezuela in Bagdad (Irak) gegründet; Mitte der 90er Jahre hatte sie zwölf Mitglieder (Beitritte von Katar 1961, Indonesien 1962, Libyen 1962, Vereinigte Arabische Emirate 1967, Algerien 1969, Nigeria 1971, Ecuador 1973–92, Gabun 1973). Sitz der OPEC ist Wien (bis 1965 Genf).
Die OPEC-Staaten setzten bis 1971 zunächst eine höhere Gewinnbesteuerung der internationalen Mineralölkonzerne durch. Anschließend brachten sie durch Kapitalbeteiligungen und Verstaatlichung zunächst die Erdölquellen, später auch Verarbeitung und Vertrieb unter ihre Kontrolle. Seit 1973 legen die OPEC-Länder als Erzeugerkartell Preise ohne Verhandlungen mit den Ölkonzernen fest. Arabische Mitglieder der OPEC setzten 1973 ihre Erdölexporte als Waffe im Jom-Kippur-Krieg gegen Israel ein. Ausfuhren an westliche Staaten, die Israel nicht ablehnend gegenüberstanden, wurden gekürzt oder gestoppt, was die sog. Ölkrise auslöste. Der sich binnen Jahresfrist verfünffachende Preis verursachte eine weltweite Inflationswelle und Zahlungsbilanzprobleme der Importländer, sorgte umgekehrt für den Wohlstand der ölfördernden Entwicklungsländer. Die Erschließung anderer Energiequellen im Westen, neue Anbieter auf dem Weltmarkt (z.B. Rußland), die Ölförderung in der Nordsee und interne Streitigkeiten sowie Überschreitungen von Exportquo-

ten – z. B. der Golfkriegsgegner Iran und Irak – ließen den Einfluß der OPEC in den 80er Jahren sinken. 1993 verständigten sich die OPEC-Staaten (außer Irak) erstmals auf geringere tägliche Förderquoten (23,6 Mio. Barrel). Die OPEC hatte in den 90er Jahren einen 40%igen Anteil an der Weltölproduktion, kontrolliert jedoch zwei Drittel der bekannten Reserven.

Ostblock

Die umgangssprachliche Bezeichnung für die sozialistischen Volksdemokratien der sowjetischen Einflußsphäre in Europa kam in den 50er Jahren im Zuge des → Kalten Kriegs auf. Zum O. wurden Albanien, Bulgarien, die DDR, Polen, Rumänien, die Tschechoslowakei und Ungarn gerechnet. Jugoslawien gehörte ab 1948 offiziell nicht mehr zum O. Bisweilen wurden auch die außereuropäischen kommunistichen Staaten China, Kuba, die Mongolische Volksrepublik, Nordkorea und Vietnam hinzugezählt.
Der O. wurde von zwei Organisationen bestimmt:
– Rat für gegenseitige Wirtschaftshilfe (→ RGW): Das 1949 gegründete Bündnis sollte die Wirtschaftspläne der Mitgliedstaaten koordinieren. Der RGW beschränkte sich im wesentlichen auf den bilateralen Handel der einzelnen Staaten mit der Sowjetunion.
– Warschauer Pakt: Das Militärbündnis des O. wurde auf der Konferenz der O.-Staaten am 14. 5. 1955 als Reaktion auf den Beitritt der BRD zur → NATO gegründet.
Das Kominform bildete 1947–56 die ideologische Organisation des O. Bis zum Tode Josef Stalins 1953 war der O. eine feste ideologische und wirtschaftliche Einheit unter Führung der Sowjetunion. Im Zuge der → Entstalinisierung lockerten sich die Beziehungen der Staaten untereinander. Mit dem programmatischen Kurswechsel in der Sowjetunion seit 1985 und den osteuropäischen Revolutionen 1989/90 löste sich der O. auf.

Osteraufstand ❑

Durch die Erhebung von Anhängern der irischen Bewegung → Sinn Féin vom 24. bis 30. 4. 1916 gegen die britische Besatzungsmacht in Dublin wollten die Aufständischen die Unabhängigkeit von Großbritannien erreichen. Großbritannien hatte Irland zwischen 1171 und 1801 nach und nach unterworfen und dem eigenen Staat angegliedert. Seit dem 16. Jahrhundert hatte es Aufstände gegeben. Die Aufständischen von 1916 unter Roger Casement wollten die Verwicklung Großbritanniens in den 1. Weltkrieg ausnutzen. Dennoch endete der O. mit der Niederschlagung; die Anführer, die die Republik ausgerufen hatten, wurden erschossen.
1919 bildete die Sinn Féin unter Eamon de Valera ein Parlament mit einer revolutionären Regierung, um die Abtrennung der sechs überwiegend protestantischen nördlichen Grafschaften (Ulster) rückgängig zu machen. Nach erneuten Aufständen (1920/21) erreichte sie 1921 die Stellung als Freistaat Irland (Dominion) im Britischen → Commonwealth, die Zugehörigkeit Nordirlands zu Großbritannien wurde jedoch bestätigt. 1937 rief Valera den unabhängigen

Staat Eire aus. Die Auseinandersetzungen mit Großbritannien um Nordirland hielten an. Erst Mitte der 90er Jahre zeichneten sich Lösungsansätze ab (→ Nordirland-Konflikt).

Eamon de Valera
(14.10.1882–29.8.1975)
Der Aktivist des Osteraufstands entging nach dessen Niederschlagung seiner Hinrichtung, weil er amerikanischer Staatsbürger war. Der Sinn-Féin-Führer (1917–22) rief ein unabhängiges irisches Parlament in Dublin aus, wurde zum irischen Präsidenten gewählt und nahm 1920/21 einen erneuten Befreiungskrieg auf. Der Freistaatsvertrag von 1921 bestätigte jedoch die von Valera abgelehnte Teilung Irlands. Der irische Ministerpräsident (1932–48, 1951–54 und 1957–59) stellte 1932 die Verfolgung der militanten → IRA ein und setzte 1937 eine neue Verfassung durch, die das Ende der Freistaatsbeziehungen zu England markierte und die Voraussetzung für die Unabhängigkeit Irlands (ab 1948) schuf. 1959–73 hatte Valera das Amt des irischen Staatspräsidenten inne.

Ostermarschbewegung

Die O. entstand ab Ende der 50er Jahre als eine von politischen Organisationen unabhängige → Friedensbewegung in verschiedenen europäischen Staaten. Ihrem Selbstverständnis nach stellte sie eine außerparlamentarische Bürgerinitiative gegen Atombewaffnung dar. Vorbild für die ersten Ostermarschierer war die 1958 gegründete britische Campaign for Nuclear Disarmement, die jeweils zu Ostern Protestmärsche von London zum britischen Atombombenzentrum Aldermaston veranstaltete. 1960 rief der Hamburger Lehrer H. K. Tempel erstmals Kriegsdienstverweigerer aus der BRD zu einem Ostermarsch zum Raketen-Übungsgelände Bergen-Hohne auf. In den folgenden Jahren wuchs die O. in der BRD auf Hunderttausende von Teilnehmern an. In der zweiten Hälfte der 60er Jahre geriet die O. zunehmend unter den Einfluß der → APO und verschiedener kommunistischer Gruppen. Mit dem Ende der Studentenunruhen zu Beginn der 70er Jahre kam auch die O. zunächst zum Erliegen. Sie wurde 1980 im Rahmen der Proteste der Friedensbewegung gegen den NATO-Doppelbeschluß wiederbelebt.

Osthandel

O. bezeichnet den Austausch von Waren und Dienstleistungen der westlichen Industriestaaten mit den Ländern Osteuropas und Mittelasiens. Nach dem 2. Weltkrieg bis Ende der 80er Jahre war der Handel zwischen den marktwirtschaftlich und kapitalistisch organisierten Demokratien des Westens und den wirtschaftlich zentral planenden sozialistischen Diktaturen im Osten stark politisch geprägt. Für Rüstungs- und Hochtechnologie-Exporte des Westens in die unter Führung der Sowjetunion in der Wirtschaftsgemeinschaft → RGW zusammengeschlossenen Ostblockstaaten bestanden Beschränkungen, die vom → CoCom überwacht wurden. In der Zeit des Übergangs der östlichen Länder von der Plan- zur Marktwirtschaft in den 90er Jahren entwickelte sich der O.

zum Mittel der wirtschaftlichen Entwicklungshilfe des Westens.

Ostpolitik

Generell bezeichnet O. die Außenpolitik der BRD gegenüber den osteuropäischen Staaten. Im engeren Sinne ist O. der Begriff für den Neuansatz der bundesdeutschen Außenpolitik, den die sozialliberale Regierung Brandt/Scheel ab 1969 unternahm.

Bis 1969: Die Anfänge der O. liegen in den 50er Jahren. Am 13.9.1955 vereinbarte Bundeskanzler Konrad Adenauer (CDU) bei seinem Besuch in Moskau die Aufnahme diplomatischer Beziehungen zur Sowjetunion. Diplomatische Beziehungen zu anderen Ländern Osteuropas wurden durch die → Hallstein-Doktrin verhindert.

Ab 1969: Die neue O. war das Kernstück der Außenpolitik von Bundeskanzler Willy Brandt (SPD) und Außenminister Walter Scheel (FDP), die zu einer Reihe von bilateralen Verträgen (→ Ostverträge) führte. Ihr Ziel war es, durch eine Annäherung der Gesellschaftssysteme in Ost und West den → Kalten Krieg und die deutsche Teilung zu überwinden. Die Anerkennung der bestehenden Grenzen in Europa sollte die Grundlage für eine Verbesserung der Beziehungen zwischen den beiden deutschen Staaten bilden. Gleichzeitig setzte sich die O. für einen umfassenden Gewaltverzicht in den bilateralen Beziehungen ein. Gegenüber der DDR war eine staatsrechtliche (keine völkerrechtliche) Anerkennung vorgesehen.

Insgesamt führte die O. zu einer Normalisierung der politischen Beziehungen der Bundesrepublik mit dem Osten und bildete eine wichtige Voraussetzung für Abkommen zur → Abrüstung zwischen den Militärblöcken. In letzter Konsequenz schuf die O. die Grundlagen für die → deutsche Einheit von 1990.

Willy Brandt (18.12.1913–8.10.1992)

Das Mitglied der Sozialistischen Arbeiterjugend (ab 1929) floh 1933 vor den Nationalsozialisten nach Norwegen und Schweden. Der Regierende Bürgermeister von West-Berlin (1957–66) versuchte mit seiner «Politik der kleinen Schritte» die Folgen des Kalten Kriegs für die Deutschen zu mildern (1963: erstes → Passierscheinabkommen mit der DDR). Nach zweimaligem Scheitern als Kanzlerkandidat (1961 und 1965) war der SPD-Vorsitzende (1964–87) Außenminister in der Großen Koalition mit der CDU (1966–69). Nach den Bundestagswahlen von 1969 avancierte er zum ersten SPD-Bundeskanzler der BRD. Innenpolitisch verfolgte er gesellschaftliche Reformen (Slogan: «Mehr Demokratie wagen»), außenpolitisch sorgten die → Ostverträge der sozialliberalen Koalition für den Durchbruch der → Entspannungspolitik in Europa. Der Friedensnobelpreisträger von 1971 trat 1974 zurück, nachdem sein persönlicher Referent Günter Guillaume als DDR-Spion enttarnt worden war. Als Vorsitzender der Sozialistischen → Internationale (1976–92) und Präsident der Nord-Süd-Kommission (1977–89; → Nord-Süd-Konflikt) setzte er sich für den Ausgleich zwischen reichen Industriestaaten und den Entwicklungsländern ein.

Ostverträge

Unter dem Begriff O. wurden die im Rahmen der → Ostpolitik der sozialliberalen Regierung Brandt/Scheel abgeschlossenen Verträge mit den osteuropäischen Staaten zusammengefaßt:

→ **Moskauer Vertrag** (12.8.1970): Die BRD und die Sowjetunion erkannten die Genzen in Osteuropa als unverletzlich an, insbesondere die polnische Westgrenze (→ Oder-Neiße-Linie) und die innerdeutsche Grenze. Der formell bis zu diesem Zeitpunkt bestehende Kriegszustand wurde aufgehoben. Die Sowjetunion akzeptierte den Beitritt der beiden deutschen Staaten zu den Vereinten Nationen (18.9.1973). Die Rechte der vier Siegermächte des 2. Weltkriegs gegenüber Deutschland als Ganzem blieben erhalten. Der bundesdeutsche Anspruch auf staatliche Einheit wurde in Form eines «Briefes zur deutschen Einheit» dem Vertrag beigefügt.

Warschauer Vertrag (7.12.1970): Die BRD und Polen erklärten die bestehenden Grenzen für unverletzlich. Zudem verzichteten beide Seiten auf Gebietsansprüche. Der Vertrag band nur die BRD; für ein wiedervereinigtes Deutschland verlor er seine Geltung. Im Deutsch-Polnischen Vertrag vom 14.12.1990 erkannte die (durch den Beitritt der DDR erweiterte) Bundesrepublik die → Oder-Neiße-Linie endgültig als polnische Westgrenze an und verzichtete auf jedweden Gebietsanspruch.

→ **Grundlagenvertrag** (21.12.1972): Das Abkommen regelte erstmals das Verhältnis zwischen den beiden deutschen Staaten. BRD und DDR erkannten einander als unabhängig und als souverän an. Eine völkerrechtliche Anerkennung der DDR lehnte die Bundesregierung unter Hinweis auf das Ziel einer → deutschen Einheit ab. Eine wirtschaftliche Kooperation wurde durch zollfreien Handel angeregt. Beide Seiten vereinbarten darüber hinaus den Austausch von Ständigen Vertretern (nicht Botschaftern).

Deutsch-Tschechoslowakischer Vertrag (11.12.1973): Das Vertragswerk regelte ebenfalls Gewaltverzicht und Anerkennung der bestehenden Grenzen. Das → Münchner Abkommen von 1938 wurde für nichtig erklärt.

Zu den O. wird auch das Viermächteabkommen über Berlin vom 3.9.1971 gezählt, das unter maßgeblicher deutscher Beteiligung zustande kam. Die Sowjetunion gewährleistete den ungehinderten zivilen Personen- und Güterverkehr zwischen West-Berlin und der BRD. Die deutschen Behörden erhielten den Auftrag, Regelungen für den Besuchsverkehr zwischen West- und Ost-Berlin sowie über den Transitverkehr zwischen West-Berlin und der Bundesrepublik auszuarbeiten.

OSZE

Die **O**rganisation für **S**icherheit und **Z**usammenarbeit in **E**uropa ist nach dem Beschluß der 53 Mitgliedstaaten auf der Konferenz in Budapest seit Anfang 1995 die Nachfolgeorganisation der → KSZE (Konferenz für Sicherheit und Zusammenarbeit in Europa).

Aufgaben: Die OSZE übernimmt die Aufgaben der KSZE. Um den internationalen Frieden zu sichern, wurden gemeinsame Sicherheits-, Menschenrechts- und Wirtschaftsrichtlinien zwischen den Mitgliedsstaaten in Ost und West vereinbart. Eine Zusammenarbeit beschlossen die Teilnehmer der ersten Konferenz in Helsinki (1975) auch in den Bereichen Wissenschaft, Technik und bei humanitären Fragen. Ab Mitte der 80er Jahre kamen sog. vertrauensbildende Maßnahmen im Bereich der → Abrüstung (z. B. Informationen über Manöver und Truppenstationierungen mit gegenseitigen Kontrollen) sowie Abkommen zur konventionellen Abrüstung (ab 1989) hinzu. Seit den politischen Veränderungen in Osteuropa steht die Realisierung einer neuen europäischen Ordnung im Mittelpunkt: Im März 1995 unterzeichneten die Mitgliedsstaaten den sog. Stabilitätspakt für Europa, der Lösungen bei Grenz- und Minderheitenproblemen erarbeiten soll.

Aufbau: Die OSZE setzt sich aus folgenden Gremien zusammen:

– Ministerrat (zuvor Rat der KSZE): Er vereinigt einmal jährlich die Außenminister der Mitgliedstaaten. Der jährlich neugewählte Vorsitzende im Ministerrat führt die laufenden Geschäfte. Unterstützt wird der Rat vom Sekretariat mit Sitz in Prag und seit 1993 von einem Generalsekretär (Amtsperiode drei Jahre).

– Hoher Rat (zuvor Ausschuß hoher Beamter): Seine Mitglieder vertreten die Außenminister zwischen ihren Tagungen in allen aktuellen Angelegenheiten.

Weitere Organe der OSZE sind ein Zentrum für Konfliktverhütung in Wien und ein Büro zur Überwachung von Wahlen mit Sitz in Warschau. Zu einem wichtigen Instrument der OSZE auf dem Gebiet der Konfliktverhütung ist die Entsendung von Experten- und Beobachtergruppen geworden. Durch sie soll in internationalen Konflikten vermittelt werden. Ein eigener Schiedsgerichtshof in Genf soll bei Streitigkeiten zwischen den Mitgliedsstaaten schlichten.

Probleme: Kritiker der OSZE monieren vor allem, daß die Organisation nicht auf einem völkerrechtlichen Vertrag beruht, wie z. B. die Vereinten Nationen. Die OSZE verpflichtet ihre Teilnehmerstaaten daher nur politisch, nicht rechtlich zur Einhaltung ihrer Grundsätze. Zudem verfüge sie über keine Machtmittel, um einen Teilnehmerstaat, der gegen die Vereinbarungen verstößt, zur Rechenschaft zu ziehen, und sei in internationalen Krisen handlungsunfähig, da die OSZE ihre Entscheidungen nur mit Zustimmung aller Mitglieder treffen kann.

Overkill

Die theoretische militärische Meßgröße bezeichnet einen Stand der nuklearen Rüstung, der ausreicht, um einen potentiellen Gegner mehrfach zu vernichten. Die O.-Kapazitäten dienten Sowjetunion und USA zur Abschreckung der jeweils anderen Supermacht, die nach einem atomaren Erstschlag mit einem vernichtenden Gegenangriff rechnen mußte.

ÖVP ❑

Die am 17. 4. 1945 in Wien gegründete **Ö**sterreichische **V**olks**p**artei verstand sich zunächst als Vertretung aller «nichtmarxistischen Bürger». Bis 1970 war die ÖVP stärkste Partei im

Nationalrat und stellte den Bundeskanzler. Von 1970 bis 1987 war sie in der Opposition; seit 1987 hat sie sich zu einer Großen Koalition mit der → SPÖ zusammengeschlossen. Innenpolitische Skandale (z. B. Lucona- und Noricum-Affäre) sowie das zunehmende Agitieren der rechtsgerichteten → FPÖ führten jedoch dazu, daß die Koalition 1990 und 1994 hohe Wahlverluste hinnehmen mußte und seit 1994 nicht mehr über eine Zweidrittelmehrheit im Nationalrat verfügt.
Als bürgerlich-konservative Partei, die die Grundwerte der sozialen Marktwirtschaft vertritt, hat die ÖVP vor allem Anhänger in der Landwirtschaft, im Handwerk, bei den Angestellten und den Beamten. Die Partei gliedert sich in drei Bereiche: den Österreichischen Bauernbund, den Österreichischen Arbeiter- und Angestelltenbund sowie den Österreichischen Wirtschaftsbund. Außerdem sind ihr ein Jugendverband – die Junge ÖVP – und eine Frauenorganisation, die Österreichische Frauenbewegung, angegliedert.

Bundeskanzler und -präsidenten der ÖVP

Bundeskanzler:

1945–53	Leopold Figl
1953–61	Julius Raab
1961–64	Alfons Gorbach
1964–70	Josef Klaus

Bundespräsidenten:

1986–92	Kurt Waldheim
Ab 1992	Thomas Klestil

P

Palästina-Konflikt
Seit dem 19. Jahrhundert hatte die national-jüdische Bewegung (→ Zionismus) als Reaktion auf den wachsenden → Antisemitismus in Europa eine jüdische Heimstätte in Palästina gefordert, das als «Heiliges Land» ihr religiöses Zentrum ist. Nachdem Anfang des 20. Jahrhunderts mit der planvollen jüdischen Besiedlung Palästinas begonnnen worden war, sicherte Großbritannien, das 1917/18 das vom Osmanischen Reich beherrschte Gebiet eroberte, den Juden mit der → Balfour-Deklaration seine Unterstützung bei der Errichtung eines jüdischen Staates zu.
1920 erhielten die Briten Palästina als Völkerbundmandat zugesprochen. Das Ostjordanland wurde 1923 als Emirat Transjordanien abgetrennt; im übrigen Palästina siedelten sich immer mehr Juden an – vor allem aus Osteuropa. In den 30er Jahren führte die jüdische Landnahme zu blutigen Aufständen von seiten der Araber.
Vergeblich versuchten die Briten, der bürgerkriegsähnlichen Unruhen Herr zu werden, indem sie die Einwanderung der Juden im 2. Weltkrieg einschränkten. 1947 kündigten sie ihr Mandat auf und zogen ihre Truppen (bis 1948) ab. Die UNO setzte den britischen Vorschlag einer Teilung Palästinas in einen jüdischen und einen arabischen Staat 1947 um. Während die Juden den Plan akzeptierten und am 14.5.1948 den Staat Israel ausriefen, lehnten die Araber ab. Es kam zum ersten → Israelisch-Arabischen Krieg (1948–50), bei dem Israel sein Territorium erweitern konnte, Jordanien sich das Westjordanland eingliederte und Ägypten die Verwaltung des Gazastreifens übernahm. Rund 2 Mio. Araber flohen in die Nachbarländer. Die islamische Welt betrachtete die Gründung und das Fortbestehen Israels als Tiefpunkt ihrer neueren Geschichte.
Im Sechstagekrieg (1967) besetzte Israel den Gazastreifen, die Sinai-Halbinsel und das Westjordanland. Rund 1,3 Mio. Araber, die sich seit den 50er Jahren als Palästinenser bezeichnen, leben in diesen israelisch verwalteten Gebieten. Sozial benachteiligt und ohne Aussicht auf politische Eigenständigkeit, blieben die Palästinenser, unterstützt von der → PLO und der → Arabischen Liga, ein ständiger Unruheherd.
1987 brach in den israelisch besetzten Gebieten ein Palästinenseraufstand (→ Intifada) aus. Ein Jahr später proklamierte der palästinensische Nationalrat den unabhängigen Staat Palästina. Auf Druck der USA stimmte Israel 1991 Friedensverhandlungen mit den am P. Beteiligten zu. 1993 unterzeichneten Israel und die PLO ein Autonomieabkommen (→ Gaza-Jericho-Abkommen) für die in den besetzten Gebieten lebenden Palä-

stinenser und erkannten einander gegenseitig an. Als der mit der Autonomie versprochene wirtschaftliche Aufschwung ausblieb, begann eine neue Welle der Gewalt, die von der militanten islamistischen Widerstandsbewegung → Hamas (Ziel: Zerstörung des Staates Israel) geschürt wird.
Ab 1999 sollen das von der PLO verwaltete Westjordanland und der Gazastreifen territorial vollständig unabhängig sein.

Panafrikanismus
Die von amerikanischen und westindischen Schwarzen initiierte politisch-kulturelle Bewegung strebte eine stärkere Solidarität zwischen den Menschen schwarzer Hautfarbe und die Rückbesinnung auf die gemeinsame afrikanische Kultur an. Ein weiteres Ziel des P., dessen erster Kongreß 1900 in London stattfand, war die Aufhebung der Diskriminierung der Schwarzen durch die Weißen. Nach dem 2. Weltkrieg stand vor allem die Entkolonisierung in Afrika und die Schaffung der «Vereinigten Staaten von Afrika» im Mittelpunkt der Bewegung.
1958 fand auf Initiative des ghanaischen Ministerpräsidenten Kwame Nkrumah in Accra der erste Panafrikanische Kongreß auf afrikanischem Boden statt, an dem 63 afrikanische Organisationen teilnahmen. Nkrumahs Idee, ganz Afrika zu einem Bundesstaat zu vereinigen, scheiterte jedoch an der Entschlossenheit der mittlerweile zahlreichen unabhängigen afrikanischen Staaten, ihre Souveränität zu bewahren.
1963 formierte sich auf Anregung des äthiopischen Kaisers Haile Selassie die Organisation für Afrikanische Einheit (→ OAU). Anfang der 90er Jahre haben Stammesfehden und die wirtschaftliche Abhängigkeit der afrikanischen Staaten von den Industrienationen ein vereintes Afrika in weite Ferne rücken lassen. Ziel der OAU ist mittlerweile vornehmlich die Schlichtung von territorialen und ethnischen Konflikten zwischen seinen Mitgliedern sowie die Verbesserung ihrer wirtschaftlichen Lage.

Panamerikanismus
Die von den USA angeführte Bewegung ging auf die → Monroe-Doktrin zurück und setzte sich die Zusammenarbeit aller amerikanischen Staaten (außer Kanada) in wirtschaftlichen und politischen Fragen zum Ziel.
Nachdem es bereits im 19. Jahrhundert panamerikanische Kongresse gegeben hatte, kam es 1910 zur Gründung einer Panamerikanischen Union, die sich mit interamerikanischen Rechts- und Wirtschaftsfragen befaßte. Doch blieben die lateinamerikanischen Staaten dem P. gegenüber zurückhaltend, solange die USA mit ihrer Interventionspolitik die Souveränität dieser Staaten ignorierten. Erst nachdem die US-Präsidenten Herbert C. Hoover und Franklin D. Roosevelt (ab 1933) auf eine Politik der «Guten Nachbarschaft» setzten, ließen sich die lateinamerikanischen Staaten auf politische Zusammenarbeit ein. So erfolgte 1939 die gemeinsame Panama-Erklärung, die Kriegshandlungen innerhalb einer 300-Meilen-Zone um den amerikanischen Kontinent untersagte. 1948 wurde die Organisation Amerikanischer Staaten (→ OAS) gegrün-

det, die sich die Verteidigung der Souveränität ihrer mittlerweile 35 Mitglieder zum Ziel gesetzt hat. Die Eigenständigkeit der lateinamerikanischen Staaten gegenüber den USA wurde 1969 im Rahmen des sog. Lateinamerikanischen Konsenses von Viña del Mar durch die Schaffung einer Sonderkommission für lateinamerikanische Koordination (CECLA) betont.

Panarabische Bewegung

Die im 19. Jahrhundert unter dem Eindruck des europäischen → Imperialismus entstandene politische Sammlungsbewegung strebt die Schaffung eines einheitlichen arabischen Nationalstaats an. Die P., die im Gegensatz zu der die religiösen Gemeinsamkeiten betonenden → Panislamischen Bewegung vom arabischen Nationalismus getragen wird, richtete sich nach der jungtürkischen Revolution (1908; → Jungtürken) zunächst gegen die osmanische Vorherrschaft über die arabischen Gebiete.

Im 1. Weltkrieg trug eine von Großbritannien unterstützte arabische Erhebung zum Zusammenbruch des Osmanischen Reiches bei. Nach dem Krieg enstand jedoch nicht der angestrebte arabische Einheitsstaat, sondern es bildeten sich kleine regionale Einheiten, die unter alliiertes Mandat gestellt wurden.

Unter dem Eindruck der israelischen Ansiedlung in Palästina kam es 1945 zur Gründung der → Arabischen Liga, die sich u. a. die Wahrung arabischer Außeninteressen zum Ziel gesetzt hat. Die Liga trug z. B. dazu bei, daß die Staaten der → OPEC seit 1973 eine einheitlichere Erdölpolitik formulieren. Versuche, einen arabischen Staatenbund auf begrenzter zwischenstaatlicher Ebene zu etablieren, scheiterten: Die Vereinigte Arabische Republik zwischen Ägypten und Syrien endete 1961 nach dreijährigem Bestehen; Bemühungen Libyens um Staatenbündnisse ließen sich nicht realisieren.

Nach dem ägyptisch-israelischen Friedensschluß (1979) zerbrach die vorherige anti-israelische Allianz. Feindseligkeiten zwischen einzelnen Staaten, etwa zwischen Syrien und dem Irak, sowie die Uneinigkeit über eine islamische Ausrichtung trugen dazu bei, daß eine arabische Einheit auch Mitte der 90er Jahre in weiter Ferne liegt. Der Einmarsch des Irak in Kuwait führte 1991 zudem zu einer Spaltung der arabischen Welt, da sich einige arabische Staaten der von den USA geführten anti-irakischen Allianz anschlossen.

Paneuropa-Bewegung

Die 1923 von dem österreichischen Politiker Richard Nicolas Coudenhove-Calergi begründete Bewegung wollte den Zusammenschluß der europäischen Staaten zu einem politisch-wirtschaftlichen Zweckverband und zur Sicherung des Friedens erreichen. Als nach dem 1. Weltkrieg deutlich wurde, daß die geschwächten europäischen Staaten ihre politische Führungsposition in der Welt an die USA und die UdSSR abgeben mußten, plante Calergi einen Bundesstaat Europa, der der politischen und kulturellen Entwicklung seiner Mitglieder neuen Auftrieb geben sollte und sich vor allem gegen den sowjetischen Einfluß in Europa richtete. Die Appelle und Anregungen auf zahlreichen Kongressen der P. blieben ohne Relevanz. Erst die 1952 neugegründete P. konnte Impulse für den europäischen Einigungsprozeß und die Gründung der Europäischen Wirtschaftsgemeinschaft geben.

Panislamische Bewegung

Das Ziel der P. ist ein einziger islamischer Staat, dessen Führer die politische, militärische und religiöse Leitung in einer Hand vereinigt. Die P. entstand im 19. Jahrhundert als Reaktion auf den zunehmenden Einfluß der europäischen Kolonialmächte auf die islamische Welt.
Die erste Panislamische Gesellschaft wurde 1903 in London gegründet. Sie verlor nach dem Zusammenbruch des Osmanischen Reiches (1922) an Bedeutung, als die neu entstandenen islamischen Staaten auf eine eigenständige nationale Entwicklung setzten. Nach dem 2. Weltkrieg erhielt die P. u.a. durch die Gründung Pakistans (1947) und die von Saudi-Arabien initiierte Gründung der «Liga der Islamischen Welt» in Mekka neue Anstöße; die modernen islamischen Staaten waren jedoch mehr an zwischenstaatlichen wirtschaftlichen und politischen Bündnissen interessiert.
Einer der politisch bedeutendsten islamischen Zusammenschlüsse ist die 1971 gegründete Organisation der Islamischen Konferenz (OIK), der nach und nach zahlreiche Institutionen, wie die Islamische Nachrichtenagentur und die Islamische Entwicklungsbank, angeschlossen wurden. Die mehr als 50 Mitgliedsstaaten umfassende OIK trieb ihr Ziel, die islamische Welt als dritte Kraft zwischen den Blöcken zu installieren, schrittweise voran. So gelang ihr Anfang der 90er Jahre die politische Koordinierung der islamischen Staaten im Bosnien-Konflikt.
Seitdem Vertreter des islamischen Fundamentalismus 1979 im Iran die Regierung übernahmen, erhält eine extreme Variante der P., der Islamismus, immer mehr Zulauf. Er ist die Reaktion auf die schwere politische und wirtschaftliche Krise, in der sich einige moderne islamische Staaten befinden. Ziel der → Islamisierung ist die Überwindung der nationalstaatlichen Spaltung der islamischen Welt in Asien, Afrika und Europa.

Panmunjom

In dem Grenzort zwischen Nord- und Südkorea 56 km nördlich von Seoul wurde am 27.7.1953 der Waffenstillstand im → Koreakrieg unterzeichnet. Die Demarkationslinie, die beide Staaten voneinander trennt, verläuft nicht nur mitten durch die Stadt P. (Teilung 1976), sondern auch durch das Gebäude, in dem der Friedensvertrag geschlossen wurde. In P. versuchte eine militärische Kommission unter Teilnahme von UN-Vertretern in der Folgezeit, Konfliktsituationen (z.B. nach Terroraktionen) in Korea zu lösen. 1993/94 fanden in P. Verhandlungen zur Wiedervereinigung von Nord- und Südkorea statt.

Panslawismus ❑

Die Idee für Bestrebungen, die slawischen Völker kulturell und politisch zu einigen, basiert auf historischen und sprachwissenschaftlichen Forschungen, die zu Beginn des 19. Jahrhunderts die Zusammengehörigkeit der slawischen Völker belegen und ein Gemeinschaftsbewußtsein fördern sollten.

Grundlagen des Panslawismus

1837 propagierte z. B. der slowakische Dichter und Gelehrte Ján Kollár ein Programm der slawischen «Wechselseitigkeit». Der russische Historiker und Publizist Michail Pogodin entwikkelte auf dieser Basis um 1860 den politischen P. Er behauptete, daß den Russen als dem größten und bedeutendsten slawischen Volk die Führungsrolle in der slawischen Welt zukäme (Panrussismus). Viele slawische Völker, die unter Repressionen infolge des russischen Imperialismus auf dem Balkan zu leiden hatten, weigerten sich, diesem Vormachtanspruch zuzustimmen. Sie neigten eher dem Konzept des sog. Austroslawismus zu, der Vereinigung der slawischen Völker innerhalb von Österreich-Ungarn.

Mit der Verlagerung des russischen Interesses in den Fernen Osten (1880–1905) verlor der P. zunehmend an Bedeutung. Seine Ideen wurden vor dem 1. Weltkrieg von der liberal orientierten Bewegung des Neoslawismus aufgegriffen, der die Gleichberechtigung der slawischen Völker innerhalb der bestehenden Staaten zum Ziel hatte. Die → Balkankriege und der 1. Weltkrieg, in denen sich slawische Völker bekämpften, bedeuteten zunächst das Ende des P. Die neu entstandenen slawischen Nationalstaaten (z. B. das Königreich der Serben, Kroaten und Slowenen; ab 1929 Königreich Jugoslawien) und die UdSSR lehnten zunächst jede Form des P. ab. Nach dem deutschen Überfall auf die UdSSR (1941) griff die sowjetische Führung die Ideen des P. jedoch wieder auf, um im Kampf gegen das nationalsozialistische Deutsche Reich alle Slawen zu einigen.
Die Ohnmacht des P. gegenüber dem Nationalbewußtsein der einzelnen Völker trat insbesondere im blutigen Bürgerkrieg nach dem Zerfall des jugoslawischen Staates ab 1991 zutage.

Panthersprung

Der volkstümliche Begriff bezeichnet die Entsendung des deutschen Kanonenbootes «Panther» in den nordwestafrikanischen Hafen Agadir (1911). Der deutsche Staatssekretär Alfred von Kiderlen-Wächter reagierte damit auf die widerrechtliche Besetzung der marokkanischen Stadt Fes durch französische Truppenverbände.
Die Präsenz des Bootes in Agadir sollte die Wirtschaftsinteressen des Deutschen Reichs in Marokko unterstreichen und wurde formell damit begründet, daß deutsche Handelshäuser um militärischen Schutz gebeten hätten. Der überraschende Schritt löste die zweite → Marokkokrise aus, die durch die deutsche Anerkennung Marokkos als französisches Protektorat beigelegt wurde. Im selben Vertrag trat Frankreich einen Teil seiner Kolonie Äquatorialafrika an das Deutsche Reich ab.

Pariser Konferenzen

Als P. werden Konferenzen, die in der französischen Hauptstadt abgehalten wurden, bezeichnet. Die P. im 20. Jahrhundert waren:

– **25.–29.1.1921:** Die Ententekonferenz legte die zu zahlenden → Reparationen des Deutschen Reiches als Verlierer des 1. Weltkriegs auf insgesamt 226 Mrd. Goldmark in 42 Jahresraten fest.
– **11.2.–7.6.1929:** Auf der Sachverständigenkonferenz wurden von Vertretern Belgiens, Frankreichs, Großbritanniens, Italiens und Japans sowie des Deutschen Reiches die deutschen Reparationsleistungen neu geregelt. Der → Young-Plan löste den → Dawes-Plan ab.
– **25. 4. – 12. 7. 1946 und 23. 5. – 20.6.1949:** Die Konferenzen der alliierten Außenminister blieben ohne konkretes Ergebnis. Die Politiker konnten sich nicht auf eine einheitliche Politik gegenüber den ehemaligen Gegnern im 2. Weltkrieg einigen. Zwischen der UdSSR und den Westmächten kam es über die deutsche Frage zu einer weiteren Verhärtung der Fronten.
– **18.4.1951:** Auf der Sechsmächtekonferenz wurde der Vertrag über die Europäische Gemeinschaft für Kohle und Stahl (→ EGKS) unterzeichnet.
– **19.–23.10.1954:** Eine Neunmächtekonferenz beschloß das Ende des Besatzungsstatuts der Westmächte in der BRD. (→ Pariser Verträge)
– **26.2.–2.3.1973:** Die Internationale Vietnamkonferenz beriet über Möglichkeiten zur Beendigung des → Vietnamkriegs und bestätigte den am 27.1.1973 in Paris vereinbarten Waffenstillstand.

Pariser Verträge

Das aus drei Abkommen bestehende Vertragswerk zwischen den westeuropäischen Staaten, Kanada und den USA hob mit seinem Inkrafttreten 1955 das Besatzungsstatut der Westmächte über die BRD auf und legte den Grundstein für den Eintritt Westdeutschlands in die → NATO (5.5.1955).
Die Verhandlungen über die P. begannen am 19.10.1954, die Verträge wurden am 23.10. unterzeichnet und am 29.1.1955 vom Bundestag ratifiziert. Sie bestimmten die internationale Position der BRD. Die Bundesrepublik erhielt ihre Souveränität – wenn auch mit Einschränkungen: So behielten sich die westlichen Alliierten Rechte in bezug auf die Wiedervereinigung Deutschlands, einen Friedensvertrag und die Stationierung von Truppen vor. Mit der Ratifizierung des → Zwei-plus-Vier-Vertrages 1990 und der → deutschen Einheit erloschen diese Vorbehaltsrechte.
Im zweiten Teil der P. wurde das letztlich nicht ratifizierte Saarstatut zwischen Frankreich und der BRD ausgehandelt, das die Einsetzung eines Kommissars für das Saargebiet und eine eigenständige Saarregierung vorsah. Der dritte Abschnitt regelte die Gründung der Westeuropäischen Union (→ WEU), nachdem die Entstehung der geplanten Europäischen Verteidigungsgemeinschaft (→ EVG) am Widerstand Frankreichs gescheitert war.

Pariser Vorortverträge ❑

Die 1919/20 zwischen der → Entente und den Mittelmächten geschlossenen Friedensverträge zur Beendigung des 1. Weltkriegs waren das Ergebnis der Pariser Friedenskonferenz von 1919. Die Dokumente wurden nach den Vororten der französischen

Einzelne Pariser Vorortverträge

→ **Versailler Vertrag** (Abschluß 28. 6. 1919 mit dem Deutschen Reich): Die teilweise harten Verpflichtungen (→ Reparationen) des längsten und kompliziertesten Vertrags der P. ließen in der Folgezeit im Deutschen Reich nationalistische Kräfte erstarken, die für eine Revision des Versailler Vertrags agitierten.
Vertrag von → Saint-Germain-en-Laye: (Abschluß 10. 9. 1919 mit Österreich): Österreich wurde auf seine heutige Größe verkleinert, die Abtretung Südtirols an Italien festgeschrieben.
Vertrag von Neuilly-sur-Seine (Abschluß 21. 11. 1919 mit Bulgarien): Bulgarien verlor den Zugang zum Ägaischen Meer.
Frieden von → Trianon (Abschluß 4. 6. 1920 mit Ungarn): Durch den Vertrag verlor Ungarn rund zwei Drittel seines vorherigen Staatsgebiets.
Frieden von → Sèvres (Abschluß 10. 8. 1920 mit der Türkei): Der Vertrag regelte die Auflösung des Osmanischen Reichs und die Reduzierung des Landes auf neun Zehntel seines früheren Staatsgebiets, wurde von der Türkei aber nicht ratifiziert.

Hauptstadt benannt, in denen sie übergeben wurden.
Die P. gaben den Mittelmächten die alleinige Schuld am Kriegsausbruch. Bis auf die Türkei, die nach dem Griechisch-Türkischen Krieg im Frieden von → Lausanne (24. 7. 1923) wesentlich vorteilhaftere Friedensbedingungen aushandeln konnte, nahmen alle ehemaligen Mittelmächte die Verträge an.
Zu den umstrittensten Bestimmungen gehörten die Zerschlagung der ehemaligen Doppelmonarchie Österreich-Ungarn und die Schaffung der baltischen Staaten sowie Polens und der Tschechoslowakei.

Parität

1. Allgemein wird mit P. die Gleichstellung politischer, religiöser und sozialer Gruppen bezeichnet. In der Gesellschaftspolitik ist P. die Forderung nach Gleichbehandlung verschiedener Interessengruppen in allen Bereichen mit dem Ziel, mehr Gerechtigkeit zu schaffen (z. B. die zahlenmäßige Gleichstellung bestimmter Bevölkerungsgruppen bei der Besetzung von Stellen in Staat und Gesellschaft).
Als vorbildliches Beispiel für P. gilt das deutsche Montanmitbestimmungsgesetz (→ Mitbestimmung): Die Aufsichtratsposten sind zu gleichen Teilen mit Arbeitgeber- und Arbeitnehmervertretern zu besetzen. Um Einkommensgleichheit in verschiedenen Wirtschaftszweigen zu sichern, wurde beispielsweise 1957 in Österreich die Paritätische Kommission für Preis- und Lohnfragen eingerichtet. Sie untersteht dem Bundeskanzler und fungiert als Ausgleichsorgan zwischen Gewerkschaft und Arbeitgebern.
2. Im Bereich der Wirtschaft bezeichnet P. das Austauschverhältnis der Währungen zwischen zwei Staaten, das entweder anhand des Goldwertes, der Kursfestlegung des → IWF oder aufgrund der Kursnotierung an ausländischen Börsen bestimmt wird.

Parlament

Im weitesten Sinne ist ein P. jede Volksvertretung, deren Mitglieder vom Volk für einen bestimmten Zeitraum gewählt werden (z. B. Gemeinderat oder Landtag). Im engeren Sinne wird mit P. das von der gesamten wahlberechtigten Bevölkerung gewählte oberste Staatsorgan bezeichnet, das stellvertretend für das Volk als Staatssouverän handelt und entscheidet.

Das P. ist Kennzeichen jeder → Demokratie. Es entstand aus den beratenden Ständeversammlungen der → Monarchien und besteht aus ein oder zwei Kammern: Eine Kammer ist das eigentliche, allgemein gewählte «Volkshaus», die andere Kammer setzt sich aufgrund von Gesichtspunkten wie Zugehörigkeit zu einer bestimmten Nationalität oder zu einer ständischen Organisation zusammen. Über Einkammersysteme verfügt z. B. Dänemark (Folketing), Zweikammersysteme gibt es u. a. in der BRD, Frankreich, Großbritannien, Italien, Österreich, der Schweiz und den USA.

Mitgliedern des P., die als gewählte Abgeordnete des Volkes eine besondere Rechtsstellung besitzen (→ Immunität), obliegt in der Regel die Gesetzgebung (→ Legislative), die Haushaltsautonomie und die Überwachung von Regierung und Verwaltung. In parlamentarischen Demokratien wird der Regierungschef durch das P. gewählt. Das P. hat zudem als öffentliches Forum für politische Streitfragen eine wichtige Informationsfunktion für den Bürger.

Je nach Aufgabenstellung und Funktion werden verschiedene P.-Typen unterschieden, z. B. das Arbeits- und das Rede-P. Beim Arbeits-P., das vorwiegend aus Spezialisten besteht, liegt der Schwerpunkt auf detaillierter Gesetzesberatung in Ausschüssen. Als Prototyp gilt der amerikanische Kongreß. Ein typisches Beispiel für das Rede-P. ist das britische Unterhaus. Hier steht die parlamentarische Plenardebatte im Vordergrund. Die Parteien stellen den Wählern ihren Standpunkt zu bestimmten Fragen dar.

Parlamentarische Demokratie

In dem vom Volkswillen abgeleiteten Herrschaftssystem trifft und kontrolliert – im Gegensatz zur direkten → Demokratie – nicht der Bürger selbst, sondern eine von ihm demokratisch gewählte Volksvertretung die politischen Entscheidungen. → Parlamentarismus

Parlamentarischer Rat

Die 65 von den elf westdeutschen Landtagen bestimmten Mitglieder der verfassungsgebenden Versammlung der BRD arbeiteten in Bonn ab dem 1. 9. 1948 nach dem Willen und unter der Aufsicht der Militärgouverneure der drei Westzonen die vorläufige deutsche Verfassung aus, die aufgrund ihres provisorischen Charakters als → Grundgesetz bezeichnet wurde.

Der P., dessen Präsident der spätere erste deutsche Bundeskanzler Konrad Adenauer war, versuchte bei der Konzeptionierung des Grundgesetzes die in der Weimarer Reichsverfassung enthaltenen Mängel (z. B. starke Stellung des Staatsoberhaupts, Lähmung des Parlaments durch Splitterparteien) zu vermeiden. Zu Kontroversen zwischen der im P. gleich stark vertretenen CDU/CSU und SPD (zudem Mitglieder der DP, FDP, KPD und des Zentrums) kam es um die Verteilung der Kompetenzen zwischen Bund und Ländern. Das Grundgesetz wurde nach seiner Verabschiedung im P. am 8.5.1949 (53:12 Stimmen) von den westdeutschen Landtagen angenommen (Ausnahme Bayern, dessen Vertreter das Grundgesetz letztlich jedoch auch unterzeichneten) und trat am 23.5.1949 in Kraft.

Parlamentarismus ❑

Der Begriff P. bezeichnet im weitesten Sinne das parlamentarische Geschehen in Regierungssystemen, an deren Entscheidungsprozessen eine Volksvertretung mitwirkt. Mit dieser allgemeinen Definition findet die Bezeichnung P. auch Anwendung auf die parlamentarischen Monarchien des 19. Jahrhunderts, in denen die Volksvertretung (außer im Budgetrecht) nur wenig Einfluß auf die Regierungspolitik hatte. Der P. geht auf das von Charles de Montesquieu Mitte des 18. Jahrhunderts ausformulierte Konzept der → Gewaltenteilung zurück.

Im engeren Sinne bezieht sich der Begriff auf ein Regierungssystem, in dem das gewählte → Parlament (→ Legislative) die Herrschaft ausübt, weil es die mit der → Exekutive betraute Regierung kontrollieren und stürzen kann. Diese Idealvorstellung einer parlamentarischen Alleinherrschaft, in der die Versammlung der Delegierten mit Hilfe von sachgebundenen Koalitionen gemeinsam nach der bestmöglichen Lösung von Sachproblemen sucht, war schon zu Zeiten des klassischen P. im Großbritannien des 19. Jahrhunderts nicht zu realisieren und ist auch in den heute vorherrschenden Massendemokratien nicht verwirklicht.

Entwicklung im 20. Jahrhundert: Die Erweiterung des Wahlrechts führte zur Herausbildung von Massenintegrationsparteien, deren Wahlkämpfe weniger auf die einzelne Kandidatenpersönlichkeit zugeschnitten sind, sondern vielmehr auf die Unterstützung des Parteiprogramms abzielt. Der einzelne Parlamentsabgeordnete trifft seine Entscheidung nicht mehr einzig aus seiner persönlichen Grundüberzeugung heraus. Er orientiert sich stärker an der Ausrichtung seiner Parteifraktion, die je nach Mehrheitsverteilung die Regierung unterstützt oder gegen sie opponiert. Damit bilden sich in der parlamentarischen Auseinandersetzung zwei Blöcke heraus: Regierungsmehrheit und Opposition.

Kritiker werfen der heutigen Form des P. vor, daß die Blockbildung in der Volksvertretung die Kontrollaufgabe des → Parlaments einschränke. Außerdem fehle es den einzelnen Abgeordneten am nötigen Sachverstand, über wichtige Zukunftsfragen eigenständig entscheiden zu können. Mit dem Aufkommen der Studentenbewegung setzte Ende der 60er Jahre eine verschärfte Kritik am P. ein, der als Instrument der Klassenherrschaft ausgemacht wurde. Seit den 70er Jahren nahmen Forderungen nach mehr Basisdemokratie zu – mit dem Ziel, die Bürger durch Direktabstimmungen stärker in die Regierung einzubinden und so eine Entfremdung vom politischen Entscheidungsprozeß zu verhindern. Während Volksabstimmungen in der

BRD nur in einzelnen Bundesländern vorgesehen sind, wurden solche basisdemokratischen Elemente beispielsweise in den nationalen Parlamenten der Schweiz und Frankreichs (1995 ausgeweitet) realisiert.
Zum Ende des 20. Jahrhunderts hat sich die parlamentarische Demokratie – nach dem Zusammenbruch der sozialistischen Ordnung – in Europa und Amerika als bedeutendste Form des P. durchgesetzt.

Grundlagen des Parlamentarismus

Die Anfänge des Parlamentarismus lagen in Großbritannien. Die Verabschiedung der Magna Charta (1215) sah u. a. die Mitbestimmung des Adels (sog. Großer Rat) in Steuerfragen vor; 50 Jahre später wurde ein erstes Parlament aus Baronen und Städtevertretern gebildet (später auch Teilnahme des Klerus). 1376 konstituierten sich das House of Lords (Hochadel) und das House of Commons (Vertretung von Bürgertum und Grafschaften). 1688 wurde England die erste parlamentarische Monarchie. Nach der Bill of Rights (1689) mußte das Parlament allen Gesetzen vor deren Inkrafttreten zustimmen. 1787 entstand in den USA nach britischem Vorbild der Kongreß; zwei Jahre später erkämpfte sich die Nationalversammlung im Zuge der Französischen Revolution umfassende politische Rechte. In Deutschland wurde die erste Verfassung, die ein Parlament vorsah, 1814 in Hessen-Nassau verabschiedet. Eine erste gesamtdeutsche Volksvertretung (Frankfurter Nationalversammlung) konstituierte sich nach der Märzrevolution von 1848, konnte sich aber – wie auch in anderen europäischen Staaten – nicht gegen die Macht der Krone durchsetzen. Nach Gründung des Deutschen Reiches (1871) wird dem Reichstag die Kontrolle der Regierung zugestanden.

Partei ❑

Der langfristige Zusammenschluß einer größeren Zahl von Gleichgesinnten hat das Ziel, gemeinsame gesellschaftliche, politische und wirtschaftliche Vorstellungen auf staatlicher Ebene durchzusetzen. Im Gegensatz zu bloßen Interessenverbänden machen P. nicht nur auf Interessenkonflikte aufmerksam, sondern versuchen sie auch zum Nutzen aller Bürger zu lösen. Dazu strebt die P. Einflußnahme auf die politische Willensbildung an, um dann als Regierungs-P. Macht im Sinne der von ihr vertretenen gesellschaftlichen Ziele auszuüben.

Funktion und Organisation: In demokratischen Gesellschaftssystemen haben die P. folgende Funktionen (in der BRD u. a. im P.-Gesetz von 1967 verankert):
– Ermöglichung einer Einflußnahme des Bürgers auf die politische Willensbildung.
– Integration des einzelnen in das Gesellschaftssystem, in dem die P. als Interessenvertreter der Bürger fungieren.
– Förderung der Information und Diskussion über politische Fragen in der Öffentlichkeit und damit Organisation des öffentlichen Meinungs- und Willensbildungsprozesses.
– Bereitstellung von politischen Führungskräften.
– Einfluß auf Regierungsentscheidungen.

Voraussetzung für die Zulassung

einer P. ist u. a. deren Bekenntnis zur verfassungsmäßigen Ordnung des jeweiligen Staates. P., die programmatisch gegen die Verfassung ausgerichtet sind, müssen dementsprechend mit einem Verbot rechnen (BRD: nach Entscheidung des Bundesverfassungsgerichts gemäß Art. 21 Grundgesetz). Die P. müssen über Herkunft und Verwendung ihrer Mittel und Vermögen öffentlich Rechenschaft ablegen.

Die Organisation einer P. basiert auf einem dauernden Verband von Mitgliedern. Einzige Ausnahme ist die besondere Form der offenen P., die keine Mitgliedschaft kennt – wie sie z. B. in den USA üblich ist. Der hierarchische Aufbau der P. entspricht den Ebenen des Staates (z. B. in der BRD Orts-, Kreis-, Landes- oder Bundesverband).

In demokratischen P. werden die Funktionsträger gewählt. In der politischen Praxis der kommunistischen P. haben sich die P.-Mitglieder dem Willen der obersten P.-Führung unterzuordnen. In faschistisch bestimmten Parteien folgt die Hierarchie dem Führer-Prinzip.

Entscheidender Einfluß auf die Machtposition einzelner P. kommt zudem dem jeweiligen Wahlrecht zu: Während eine Betonung des → Verhältniswahlrechts (z. B. in der BRD) auch kleineren P. die Möglichkeit eröffnet, ihre Vertreter in die Parlamente zu entsenden, führt das → Mehrheitswahlrecht zumeist zur Ausbildung eines Zweiparteiensystems (z. B. in Großbritannien und den USA).

Geschichte im 20. Jahrhundert: Mit der Einführung des allgemeinen Wahlrechts und unter dem Eindruck schnell wachsender Mitgliederzahlen entwickelten sich zu Beginn des 20. Jahrhunderts Massen-P. mit fester Organisation und vorformuliertem Programm, um eine möglichst große Zahl von Menschen (Wählern) ansprechen zu können. Von diesem P.-Typ ausgehend, entstand in sozialistischen Staaten die zentral und straff geleitete Organisationsform der Kader-P., einer Staats-P., die ohne parlamentarische Opposition die Macht innehatte.

Mit der Durchsetzung parlamentarischer Demokratien und der Auflösung monarchistischer Staatsformen übernahmen die P. nach dem 1. Weltkrieg in zahlreichen Staaten die alleinige Regierungsverantwortung. Aus der Ablehnung des demokratischen Systems etablierten sich zunächst ab den 20er Jahren sog. Monopol-P., z. B. die faschistischen P. in Deutschland, Italien und Spanien. Nach dem 2. Weltkrieg wandelten sich die einstigen Interessen- und Massen-P. zu sog. Volks-P. Ausgangspunkt für die Idee zu diesen Volks-P. war die Überlegung, daß sich die klassische Abgrenzung zwischen sozialen Klassen in westlichen Demokratien zunehmend verwischte und Wahlen demnach nicht durch Vertretung einer bestimmten Ideologie sowie eingegrenzter Wähler- und Mitgliederschichten zu gewinnen waren. Die aus Teilen der → Zentrumspartei hervorgegangene CDU öffnete sich nach ihrer Gründung (1945) auch nichtkatholischen Bürgern, die SPD vollzog in ihrem Godesberger Programm 1959 eine Abkehr von der reinen Vertretung der Arbeiter.

In den 70er Jahren entstanden Protest-P. als Kritik an etablierten Normen in Staat und Gesellschaft

(z. B. in zahlreichen westeuropäischen Ländern die ökologisch, anfangs basisdemokratisch orientierten → Grünen), aber auch engumgrenzte Interessen-P. (wie die dänische Steuerprotest-P.).

Kritik: In den letzten Jahrzehnten des 20. Jahrhunderts ist das traditionelle P.-System zunehmend in die Diskussion geraten. P.-Kritiker prangern den «repräsentativen Absolutismus» der P. an, die bei der Gestaltung von Staat und Gesellschaft anderen gesellschaftlichen Organisationen gegenüber eine Monopolstellung innehätten, und fordern eine stärkere direkte Einbeziehung des Wählers in die Regierungsentscheidungen (→ Volksentscheid).

Skandale wie die → Watergate-Affäre (USA, 1972), die → Parteispendenaffäre (BRD, 70er und 80er Jahre) oder die Verwicklung von Politikern in Geschäfte der Mafia in Italien nehmen den P. vielerorts die Glaubwürdigkeit. In der BRD steht insbesondere der P.-Proporz, der den P. auch einen Anspruch auf die Besetzung von nichtstaatlichen Führungspositionen einräumt (Rundfunk und öffentlich-rechtliche Körperschaften) in der Kritik. Der geringe Anteil der P.-Mitglieder an der Zahl der Wahlberechtigten (in der BRD Mitte der 90er Jahre rund 2,4 Mio. P.-Mitglieder und etwa 60 Mio. Wahlberechtigte) wird außerdem als Zeichen für die mangelnde Identifikation der Bevölkerung mit den P. gewertet.

Durch den Versuch, multinationale politische Organisationsformen (→ EU) in Europa zu etablieren, muß die Rolle nationaler P. in Zukunft neu überdacht werden.

Grundlagen der Parteien

Die Geschichte der Parteien im modernen Sinn beginnt mit der Ausbildung der ersten parlamentarischen Regierungssysteme (18. Jahrhundert: Tories und Whigs in Großbritannien; Föderalisten und Republikaner in den USA). Zunächst formierten sich die dezentral und unprofessionell geführten Honoratioren-Parteien, die für den liberalen Parlamentarismus des 19. Jahrhunderts kennzeichnend waren und in denen Vertreter des wohlhabenden, unabhängigen Bürgertums Politik ehrenamtlich betrieben. In der Folgezeit etablierten sich die sog. Weltanschauungs-Parteien (politische Orientierung anhand eines einheitlichen Weltbildes, z. B. konfessionell) sowie die Interessen- oder Klassen-Parteien (als Vertreter z. B. von Berufsgruppen oder sozialen Klassen).

Parteienfinanzierung

Als P. werden private oder öffentliche Geldzuwendungen an politische Parteien bezeichnet, die diese für ihre allgemeine Parteiarbeit, die Bezahlung ihres Personals und für die Durchführung von Wahlkämpfen benötigen. Folgende Finanzquellen stehen Parteien in der Regel zur Verfügung:

- Beiträge von Partei- und Fraktionsmitgliedern, die einen Teil der Diäten an ihre Partei abführen müssen.
- Einkommen aus Parteivermögen.
- Einnahmen aus Veröffentlichungen und Veranstaltungen.
- Private, steuervergünstigte Spenden (→ Parteispendenaffäre).
- Staatliche Zuschüsse (insbesondere Wahlkampfkostenerstattungen).

Nach Art. 21 Grundgesetz müssen die Parteien «über die Herkunft und Verwendung ihrer Mittel sowie über ihr Vermögen öffentlich Rechenschaft geben».
Höhere Aufwendungen für den immer medienträchtiger inszenierten Wahlkampf und der Rückgang bisheriger Einnahmen, u. a. durch das Absinken von Mitgliederzahlen sowie durch Parteispenden- und Bestechungsaffären, läßt die Parteien immer höhere öffentliche Zuschüsse in Anspruch nehmen. Die Bezuschussung der Parteien ist in den westlichen Demokratien die Regel, wobei die Parteien über das Parlament die Höhe der staatlichen Zuschüsse selbst festlegen können.
Der Anteil der staatlichen Gelder bei der P. liegt mittlerweile nicht nur in der BRD, sondern auch in Italien, Schweden und Spanien weit über 50%. In der Bundesrepublik erhalten die Parteien aufgrund des 1993 vom Bundestag verabschiedeten Gesetzes zur Neuregelung der P. für die ersten fünf Millionen Wähler 1,30 DM je Stimme, für jede weitere Stimme 1 DM.
In den USA müssen Parteien und Politiker die benötigten Finanzmittel ausschließlich über private Geldgeber sicherstellen.
Kritik: Kritiker werfen der staatlichen P. vor, sie führe zu einer Erstarrung des bestehenden Parteiensystems, weil sie die etablierten großen Parteien gegenüber den neugegründeten begünstige. Darüber hinaus führe sie zu einem Abbau des Bevölkerungskontaktes der Parteien, weil die Bedeutung des einzelnen Bürgers als möglicher «Kleinspender» gegenüber dem Staat als Geldgeber abnehme. Langfristig entwickele sich so eine Entfremdung zwischen Partei und Wähler, die die P. als «Selbstbedienung» kritisieren.

Parteispendenaffäre

Im Rahmen des in den 80er Jahren aufgedeckten Skandals um die Spendenpraxis in deutschen Parteien wurde bekannt, daß Parteifunktionäre an sie gerichtete Spenden von Wirtschaftsunternehmen an gemeinnützige Vereine oder Institutionen umleiteten, die diese dann unzulässigerweise zur finanziellen Unterstützung an die Parteien zurückgaben. Diese sog. Umwegfinanzierung ermöglichte es den Unternehmen, auch Parteispenden über der gesetzlich verankerten Höchstgrenze (20000 DM) steuerlich abzusetzen. Die Parteien, vor allem CDU/CSU, FDP und – in geringerem Ausmaß – SPD, konnten so die eigentliche Herkunft der Gelder verschleiern.
Insgesamt wurden rund 1800 Ermittlungsverfahren wegen Steuerhinterziehung in Verbindung mit der P. eingeleitet. Von 1983 bis 1985 tagte ein Untersuchungsausschuß, der die Spendenaktivitäten des Flick-Konzerns beleuchten sollte. Dessen ehemaliger Manager Eberhard von Brauchitsch wurde angeklagt, Politiker mit Parteispenden bestochen zu haben, um Steuervorteile für die Wiederanlage des Verkaufserlöses von Aktien der Firma Daimler-Benz zu erhalten.
Im Zusammenhang mit der P. mußte der damalige Bundestagspräsident Rainer Barzel (CDU) zurücktreten. Die beiden früheren Bundesminister Hans Friderichs und Otto Graf Lambsdorff (beide FDP) wurden

1987 strafrechtlich wegen Steuerhinterziehung verurteilt. Der Vorwurf der Bestechung konnte nicht nachgewiesen werden. Die P. schadete langfristig dem Ansehen der Parteien in der Öffentlichkeit und führte zu einer Neuregelung der → Parteienfinanzierung (letzte Gesetzesnovellierung 1993).

Partikularismus

Der Begriff P. wird im allgemeinen abwertend für das Streben von Bevölkerungsteilen verwendet, ihre Sonderrechte und weitgehende Autonomie in einer größeren staatlichen Einheit zu bewahren. Als stärkste Ausprägung kann eine P.-Bewegung auch das Ziel verfolgen, sich völlig von dem Staat zu lösen (→ Separatismus). Mit dieser Tendenz, den Verbleib in einem größeren politischen Verband in Frage zu stellen, unterscheidet sich der P. vom → Föderalismus.

In Deutschland verzögerte der partikularistisch begründete Vorbehalt der Einzelstaaten gegenüber einer preußischen Vorherrschaft die Bildung eines deutschen Nationalstaates im 19. Jahrhundert. Ende des 20. Jahrhunderts haben insbesondere der indische Bundesstaat und die Russische Föderation mit dem P. ihrer Gliedstaaten zu kämpfen. In Indien sorgen militante Sikhs im Bundesstaat Punjab für blutige Unruhen. In Rußland führte das Unabhängigkeitsstreben Tschetscheniens 1994 zum Einmarsch russischer Truppen in die Kaukasusrepublik.

Partisanenbewegung

Die bewaffnete Gegenwehr paramilitärisch geschulter Zivilisten ist gegen die Eroberung ihres Landes durch feindliche Streitkräfte gerichtet. Erste Ansätze fanden sich schon im 19. Jahrhundert in dem von Franzosen eroberten Rußland sowie in der spanischen «Guerilla» gegen die napoleonische Besatzung. Der moderne Partisanenkrieg mit gezielten Sabotageakten gegen die militärische Infrastruktur der Besatzungstruppen wurde u. a. im Chinesischen Bürgerkrieg (1911–49) entwickelt.

Im 2. Weltkrieg operierten in fast allen von der deutschen Wehrmacht besetzten Gebieten Widerstandsbewegungen, die nicht im Rahmen der organisierten Streitkräfte agierten. Die deutschen Truppen reagierten mit brutalen Vergeltungsschlägen: Entgegen der Regelung für reguläre Soldaten schrieb die während des Kriegs gültige → Haager Landkriegsordnung von 1907 keine humane Behandlung gefangener «illegaler» Partisanen vor. Erst 1979 wurden Partisanen als sog. Kombattanten den offiziellen Streitkräften völkerrechtlich gleichgestellt.

Eine besondere Bedeutung gewann die kommunistische P. in Jugoslawien. Im Unterschied zu den russischen, tschechischen und polnischen P. entwickelte sie sich im 2. Weltkrieg unter der Führung von Marschall Josip Broz Tito zur zentralen politischen Macht und bildete nach Kriegsende die von den Alliierten anerkannte Regierung. Auch in Albanien übernahm die von den jugoslawischen Sozialisten unterstützte P. unter ihrem Führer Enver Hoxha nach 1945 die Macht. Andere, nichtkommunistische P. setzten nach dem 2. Weltkrieg – beispielsweise in den baltischen Republiken – den Kampf gegen die sowjetischen Truppen fort: In Polen wurden die Mitglieder der P. Armia Krajowa von den Kommunisten verfolgt und 50000 Mitglieder in sowjetische Lager deportiert.

Passierscheinabkommen

Der zusammenfassende Begriff bezeichnet vier Vereinbarungen, die zwischen 1963 und 1966 von Vertretern der DDR und Bevollmächtigten des West-Berliner Senats geschlossen wurden. Das P. vom 17.12.1963 (gültig bis 4.1.1964) ermöglichte es den Menschen im Westen der geteilten Stadt, erstmals seit dem Bau der Mauer (13.8.1961) mit Hilfe eines Passierscheins für einen Tag Verwandte in Ostberlin zu besuchen. Am 24.9.1964 folgte das zweite P., das vier über ein Jahr verteilte Besuchsperioden vorsah. Weitere P. kamen am 5.2.1965 und am 7.3.1966 hinzu. Die Bundesregierung lehnte das geplante fünfte P. ab, da einige Vertragsformulierungen eine unerwünschte Aufwertung der DDR bedeutet hätten.

Passive Bewaffnung

Die P. bezeichnet Maßnahmen, die von Demonstrationsteilnehmern zum Schutz in Auseinandersetzungen mit Ordnungskräften getroffen werden. Dazu gehört das Tragen von Schutzhelmen und Atemschutzmasken. Die zunehmende Gewalt bei Demonstrationen, z. B. gewaltsame Aktionen der Hamburger Hafenstraßen-Szene Mitte der 80er Jahre, führte 1989 zu einer Verschärfung des Demonstrationsrechts: P. wurde fortan unter Strafe gestellt.

Passiver Widerstand

Die Form des gewaltlosen Widerstandes trägt gesellschaftliche Konflikte unter Verzicht auf gewaltsame Mittel aus. Der P. äußert sich in Boykottmaßnahmen, Streiks, Blockaden oder der strikten Einhaltung eines Dienstes nach Vorschrift. 1923 rief die deutsche Reichsregierung die Bewohner des Ruhrgebiets, das von Franzosen als Pfand für die Sicherung der → Reparationen besetzt worden war, aus Protest gegen die französische Herrschaft zum P. auf. Um die indische Unabhängigkeit gegen die britische Kolonialmacht durchzusetzen, propagierte Mahatma Gandhi zwischen 1919 und 1948 mit Erfolg einen P. Seine «Satyagraha» (Festhalten an der Wahrheit) genannte Widerstandsmethode hatte er beim Kampf für die Rechte der indischen Minderheit in Südafrika (1893–1914) entwickelt. Auch Martin Luther King, der Führer der schwarzen Bürgerrechtsbewegung in den USA, bediente sich bei seinen Aktionen des P. Die Friedensbewegung der 70er und 80er Jahre griff bei ihrem Protest gegen die Stationierung von atomaren Mittelstrekkenraketen in Westeuropa ebenfalls auf den P. zurück und berief sich in der BRD auf das verfassungsrechtlich geschützte Widerstandsrecht. Gesetzesverletzungen gegenüber der Staatsgewalt wurden dabei bewußt hingenommen.

Passives Wahlrecht

Mit P. wird das Recht bezeichnet, sich in ein bestimmtes Amt oder Mandat wählen zu lassen. Es regelt die Voraussetzungen zur Wählbarkeit einzelner Personen für Wahlämter. In den meisten Staaten beginnt das P. mit der Volljährigkeit. In der BRD ist jeder Bürger, der bis zum Wahltag das 18. Lebensjahr vollendet hat und der seit mindestens einem Jahr Deutscher ist, wählbar. In Österreich gilt das P. erst ab Vollendung des 19. Lebensjahres. 1992 sahen die → Maastrichter Verträge vor, daß jeder Bürger der → EU in dem EU-Staat bei Kommunalwahlen das P. sowie das → aktive Wahlrecht ausüben darf, in dem er wohnt, ohne dessen Staatsbürgerschaft besitzen zu müssen (→ Wahlen).

Patriarchat
Die Herrschaft in dieser Gesellschaftsform, an deren Spitze der Familienvater, Sippenälteste oder andere ältere Männer Verhalten und Normen bestimmen, basiert auf Herkunft und tradierten Nachfolgeregelungen. Sie ist insbesondere das Kennzeichen agrarischer Gesellschaften, in denen sie die Weitergabe des Erfahrungswissens auf die nachfolgende Generation sicherstellen soll.
Der Evolutionismus des 19. Jahrhunderts stellte dem Begriff P. dem des → Matriarchats gegenüber, das dem P. weltweit vorangegangen sein soll. Im Gegensatz zum P., das seine Herrschaft auf Gewalt aufbaue, hätte sich das Matriarchat durch Friedensliebe ausgezeichnet. Diese negative Charakterisierung des neuzeitlichen P. nahm u.a. Friedrich Engels in seine Kritik an der Gesellschaft des 19. Jahrhunderts auf und verband seine Utopie einer kommunistischen Gesellschaft mit dem Gedanken der Befreiung der Frau vom patriarchalen Herrschaftssystem.
In den 70er Jahren des 20. Jahrhunderts benutzte die feministische Bewegung den Begriff P. als negatives Gegenbild zu dem idealisierten Matriarchat.
Mit P. wird zudem in der christlichen Kirche des Ostens das Hoheitsgebiet eigenständiger Kirchenprovinzen (bzw. Kirchen) sowie deren Herrschaftsinstanz bezeichnet.

Patriotismus
Die mit P. bezeichnete Vaterlandsliebe basiert auf einer emotionalen Bindung des einzelnen an sein Volk, seine Nation bzw. seine engere Heimat. Das Vaterland ist für den Patrioten nicht nur der staatliche und rechtliche Rahmen der eigenen Existenz, sondern hat für ihn auch die Funktion einer Gemeinschaft, die den einzelnen trägt.
Äußerlich zeigt sich der P. in der Achtung nationaler Symbole (z.B. Fahnen und Hymnen), historischer Traditionen, Personen und Institutionen. Die Hingabe an das eigene Vaterland ist mit der Bereitschaft verknüpft, Dienst und Opfer zu erbringen. Idealerweise weckt der P. soziales Verantwortungsbewußtsein. Er kann aber auch in seinen Extremformen zu → Nationalismus, der stärker als der P. auf die Interessen der eigenen Nation gerichtet ist, und Chauvinismus führen, der den Krieg als legitimes Mittel zur Verfolgung nationalistischer Ziele ansieht.

Pazifismus ❑
Die geistige Grundhaltung des P. lehnt jede Gewaltanwendung innerhalb einer Gesellschaft sowie zwischen Staaten ab und strebt eine weltweite Friedensordnung an.

Die P.-Bewegung geht auf die Anfang des 19. Jahrhunderts in den USA gegründeten christlichen Friedensgesellschaften der Mennoniten und Quäker zurück.

Internationalismus: Konkurrierend zum überwiegend vom Bürgertum getragenen P. entwickelte sich Ende des 19. Jahrhunderts der Internationalismus als zweite Richtung der → Friedensbewegung: Diese neue, vorwiegend von der Arbeiterschaft unterstützte Organisation sah in der Aufhebung der Klassengesellschaft die wichtigste Grundlage für den Frieden und lehnte Gewalt, z. B. in Form eines bewaffneten Aufstands – im Gegensatz zum bürgerlichen P. –, nicht gänzlich ab. Bürgerliche Liberale hofften, den Aufbau einer Friedensordnung durch freien Warenverkehr zu erreichen: Internationale Kooperation sollte unter dem Eindruck des → Imperialismus zur Schlichtung multinationaler Streitigkeiten beitragen. Zudem planten sie eine internationale Organisation zur Abrüstung und zur Verhinderung künftiger Kriege: Auf zwei → Haager Konferenzen (1899 und 1907) wurden u. a. die friedliche Regelung internationaler Streitfälle beschlossen und Vereinbarungen über Land- und Seekrieg sowie über den Kampfmitteleinsatz getroffen. Trotz umfangreicher Publikationen, der Gründung eines Internationalen Friedensbüros, dem 1910 der Friedensnobelpreis verliehen wurde, und zahlreicher Kongresse blieben die Warnungen des P., für dessen Ziele sich unter anderem Leo Tolstoi, Henri Dunant und Bertha von Suttner einsetzten, in Europa ungehört: Erst nach den Weltkriegen fand die Forderung des P. nach internationalen Friedensbemühungen durch die Gründung des → Völkerbundes bzw. der → UNO ein breiteres Echo.

Neubelebung: Nach 1945 stärkte die Erfahrung des Kriegsgrauens den P. Kriegsdienstverweigerung und Friedensforschung rückten in den Mittelpunkt der Diskussion. Mit der Protestbewegung gegen den → Vietnamkrieg in den 60er und 70er Jahren gewann der P. weiter an Bedeutung, aber erst in den 80er Jahren wurden die Grundsätze des P. bei der Rüstungsreduzierung in internationalen Verträgen und Abkommen (→ Abrüstung; → START) berücksichtigt. Uneinigkeit herrschte auch Ende des 20. Jahrhunderts über die Frage, mit welchen Mitteln Kriegsaggressoren entgegengetreten werden soll. Eine zunehmende Anzahl ehemaliger Radikalpazifisten setzte sich unter dem Eindruck des Bürgerkriegs im früheren Jugoslawien für ein militärisches Eingreifen von internationalen Friedenstruppen ein, wie es im Rahmen der UNO seit den 50er Jahren praktiziert wird.

Bedeutende Pazifisten

Dalai Lama
(* 6. 6. 1935)
Der XIV. Dalai Lama floh 1959 nach der chinesischen Invasion aus Tibet. In seinem indischen Exil erarbeitete er einen – nicht verwirklichten – Friedensplan für sein Land, für den er 1989 den Friedensnobelpreis erhielt.

Mahatma Gandhi
(2. 10. 1869 – 30. 1. 1948)
Der indische Politiker entwickelte – beeinflußt von der altindischen Lehre des Ahimsa, der christlichen Bergpredigt

und den Schriften Leo Tolstois – die Methode des gewaltlosen politischen Widerstands. Damit wollte er die nationalen Ziele seines Vaterlandes gegen die britische Kolonialmacht und die der indischen Minderheit in Südafrika durchsetzen.

Bertrand Russell (18.5.1872–2.2.1970)
Der walisische Mathematiker und Philosoph wandte sich gegen jede Form der Unterdrückung und organisierte zahlreiche Bürger-, Friedens- und Abrüstungsinitiativen. Zusammen mit Albert Einstein begründete er 1957 die sog. → Pugwash-Bewegung, die in Zeiten des Kalten Krieges eine Zusammenarbeit zwischen kommunistischen und westlichen Staaten propagierte. 1966 rief er das «Vietnam-Tribunal» in Stockholm ins Leben.

Bertha von Suttner (9.6.1843–21.6.1914)
Die österreichische Schriftstellerin erreichte mit ihrem Antikriegsroman «Die Waffen nieder!» (1889) ein Millionenpublikum und erhielt 1905 als erste Frau den Friedensnobelpreis.

PDS

Die Nachfolgeorganisation der 1990 in Partei des Demokratischen Sozialismus umbenannten → SED, der sozialistischen Staatspartei der ehemaligen DDR, präsentiert sich als Interessenvertreter der Ostdeutschen im vereinigten Deutschland. Mit einer Mischung aus politischem Programm (Aufbau einer sozialistischen Gesellschaftsordnung mit demokratischen Mitteln) und volksnaher Lebenshilfe errang sie 1994 bei den Bundestagswahlen 30 Sitze (1990: 17 Mandate). In den neuen Bundesländern war die PDS, zu deren prominentesten Vertretern der Fraktionsvorsitzende Gregor Gysi zählt, 1994 mit 131000 Mitgliedern die zahlenmäßig stärkste Partei.

Der Versuch des Parteivorsitzenden Lothar Bisky, die Partei Mitte der 90er Jahre für die SPD koalitionsfähig zu machen, stößt innerhalb der PDS auf den Widerstand der stalinistisch orientierten Kommunistischen Plattform, die 1993 vom Bundesamt für Verfassungsschutz als verfassungsfeindlich eingestuft wurde. Im Streit um das Parteivermögen der SED und daraus resultierender Steuerzahlungen der PDS wurde 1995 eine Einigung erzielt. Der Großteil des zuvor von der → Treuhand verwalteten SED-Vermögens von 1,2 Mrd. DM soll für die neuen Bundesländer verwendet werden.

Pearl Harbor

In dem US-Flottenstützpunkt an der Südküste der Hawaii-Insel Oahu griff die japanische Marineluftwaffe am 7.12.1941 um 7.55 Uhr die amerikanische Pazifikflotte ohne vorherige Kriegserklärung an, versenkte acht Schlachtschiffe, beschädigte elf Kreuzer und Zerstörer und vernichtete 188 auf dem benachbarten Flugfeld abgestellte Flugzeuge. Rund 3500 Menschen kamen ums Leben. Das strategische Ziel, die langfristige Ausschaltung der US-Pazifikflotte zur Sicherung der japanischen Eroberungen in Südostasien, erreichte der Überfall jedoch nicht, weil sich keiner der kampfstarken US-Flugzeugträger im Hafen von P. befand und auch die Treibstofflager unversehrt blieben. Statt dessen bewirkte der Angriff, daß das amerikanische

Volk einmütig den von der Regierung befürworteten Eintritt in den 2. Weltkrieg unterstützte. Der japanische Überfall von P. löste den Pazifikkrieg aus, der zuvor europäische Krieg weitete sich zum → Weltkrieg aus. Die Vermutung, daß die amerikanische Regierung von dem bevorstehenden Angriff gewußt, aber nichts unternommen habe, um so eine breite Unterstützung für ihre Kriegspolitik zu bekommen, blieb unbewiesen.

Pentagon

Der Name (von griechisch: Fünfeck) des 1941/42 errichteten Gebäudes des amerikanischen Verteidigungsministeriums in Arlington/Virginia wird auch als Synonym für die militärische Führung der USA verwendet. Das «Department of Defense» besteht aus den Ministerien der drei Waffengattungen (Air Force, Army und Navy).

Perestroika

Das Programm der P. (russisch für: Umbau, Umgestaltung) legte der KPdSU-Generalsekretär Michail Gorbatschow im April 1985 nach einer kritischen Analyse der Wirtschaftslage in der Sowjetunion zur Liberalisierung der gesellschaftlichen, politischen und wirtschaftlichen Strukturen vor. Als zentrales Ziel der Reform propagierte Gorbatschow die Überführung der sowjetischen Plan- in eine Marktwirtschaft. Die neue Offenheit (→ Glasnost) sollte durch die Zulassung von Meinungs- und Pressefreiheit das gesellschaftliche Klima verbessern.
Auf der Basis der P. rückte Gorbatschow außenpolitisch von den bisherigen Freund-Feind-Positionen der Sowjetunion ab und signalisierte im Sommer 1985 Verhandlungsbereitschaft für eine umfassende → Abrüstung. 1987 schlossen die UdSSR und die USA den INF-Vertrag, 1991 den → START-Vertrag, die den Abbau der weitreichenden Nuklearwaffen vorsahen und als wichtige Schritte der internationalen Friedenspolitik gelten. Schließlich führte die P. zur Beilegung des Ost-West-Konflikts und ermöglichte die Demokratisierung Osteuropas sowie die Vereinigung Deutschlands.
Trotz seiner außenpolitischen Erfolge geriet Gorbatschow Ende der 80er Jahre innerhalb der Sowjetunion immer stärker in die Kritik. Die zögerliche wirtschaftliche Umgestaltung brachte keine Besserung der ohnehin schlechten Versorgungslage; Korruption und Schattenwirtschaft nahmen zu. Gleichzeitig wurden die konservativen Kräfte der → KPdSU, die um Macht und Einfluß der UdSSR fürchteten, aber auch die Radikalreformer unter Boris Jelzin stärker. Mit dem Rücktritt Gorbatschows als Parteichef im August 1991 endete die Ära der P. Drei Monate später wurde die UdSSR aufgelöst.

Peronismus ❑

Die politisch-soziale Bewegung in Argentinien ist nach dem argentinischen General und Politiker Juan Domingo Perón (1895–1974) benannt. Unter maßgeblichem Einfluß seiner Frau, Evita Perón, entwickelte Perón während seiner ersten Präsidentschaft 1946–55 (zweite Amtszeit 1973/74) im Rahmen eines autoritären Regimes das Sozialprogramm des P., das er als «dritten Weg» zwischen Kommunismus und Kapitalismus bezeichnete. Ziel des P. war die gesellschaftliche Integration der ärmeren Schichten, insbesondere der städtischen Arbeiter, durch Wohlfahrtsprogramme. Eine machtvolle, nationalistische Außenpolitik, vor allem gegenüber den USA, sollte eine Stärkung Argentiniens herbeiführen. Getragen wurde die Bewegung von der Arbeiterpartei Partido Laborista und den Gewerkschaften. Diktatorische Maßnahmen, wie die Enteignung der Großgrundbesitzer, und eine kirchenfeindliche Politik führten 1955 zum Sturz Peróns und in der Folge zu einer Zersplitterung der Bewegung. Nach jahrzehntelanger Opposition eroberten die Perónisten 1973 erneut die Macht, wurden jedoch 1976 durch einen Militärputsch gestürzt. Erst 1989 kam mit Carlos Saul Menem wieder ein Peronist an die Spitze des Staates.

Evita Perón (7.5.1919–26.7.1952)

Gemeinsam mit ihrem Mann organisierte die frühere Schauspielerin 1945 einen Generalstreik, der den Ausgangspunkt für die Machtübernahme Juan Domingo Peróns (1946) bildete. Evita Perón übernahm inoffiziell das Amt einer Ministerin für Gesundheit und Arbeit, wobei sie ihre guten Verbindungen zur Gewerkschaft ausnutzte. Nachdem sie 1947 das Frauenwahlrecht durchgesetzt hatte, wurde sie als Gründerin zahlreicher Sozialeinrichtungen, Krankenhäuser und wohltätiger Stiftungen vom Volk als Heilige verehrt. Bei ihrem Begräbnis 1952 kam es zum größten Volksaufmarsch in der Geschichte Argentiniens.

Petersberger Abkommen

Die am 22.11.1949 zwischen den drei Hohen Kommissaren der Alliierten und der Bundesregierung unter Konrad Adenauer in Petersberg bei Bonn geschlossene Vereinbarung sah eine erste Revision des zwei Monate vorher in Kraft getretenen → Besatzungsstatuts vor. Während die Alliierten, insbesondere die USA, mit dem P. eine engere Anbindung der BRD an die Westmächte anstrebten, wollte der deutsche Bundeskanzler für sein Land größere innen- und außenpolitische Spielräume erreichen.

Das P. sah für das von den Alliierten besetzte Deutschland u. a. mehr Souveränitätsrechte vor (z. B. die Aufnahme von diplomatischen Beziehungen zu Staaten des Westens oder den Beitritt zu internationalen Organisationen wie dem Europarat und der Internationalen Ruhrbehörde), stoppte die Demontage bestimmter Produktionszweige (Chemie- und Stahlindustrie) und schuf die Voraussetzungen für eine eigenständige deutsche Regelung im Rahmen des → Marshall-Plans.

Petersburger Blutsonntag

Bei dem Massaker, das zaristische Truppen am 22.1.1905 vor dem Winterpalast Nikolaus' II. in St. Petersburg unter 140000 friedlich demonstrierenden Arbeitern anrichteten, kamen mehrere hundert Demonstranten, die dem Zaren eine Petition zur Verbesserung ihrer sozialen Lage überreichen wollten, ums Leben. Das Vorgehen der russischen Regierung löste landesweite Unruhen aus, die sich u. a. gegen die Ausbeutung der Arbeiter und Bauern durch das Regime des Zaren wandten und soziale wie politische Reformen zum Ziel hatten. Zur Schwächung der revolutionären Bewegung erlaubte Zar Nikolaus II. daraufhin die Bildung einer repräsentativ gewählten Volksvertretung, der → Duma. Schon 1907 nahm er jedoch alle Gesetze wieder zurück, die Rußland den Weg zu einer konstitutionellen Verfassung gebahnt hätten.

Petersburger Vertrag

Der zwischen Großbritannien und Rußland am 31. 8. 1907 in St. Petersburg geschlossene P. besiegelte die Aufteilung Persiens zwischen den Großmächten, das britische Protektorat in Afghanistan und kam der chinesischen Forderung auf Anerkennung ihrer Oberhoheit über Tibet nach. Auf diesen Vertrag bezog sich die Regierung Mao Zedongs, als chinesische Truppen das antikommunistische Nachbarland 1950 besetzten und 1951 zur autonomen Region Chinas erklärten.

Petitionsrecht

Das verfassungsmäßige Recht garantiert jedem Bürger, sich mit Bitten, Eingaben oder Beschwerden an Staatsoberhaupt, Volksvertretungen oder Behörden wenden zu können. Der Petent (Personen, Gruppen oder Körperschaften des öffentlichen Rechts) hat im Rahmen des P. außerdem Anspruch darauf, daß sein Anliegen sachlich geprüft und beantwortet wird. Dabei muß der Petition kein gesetzlicher Anspruch zugrunde liegen; auch Bitten oder allgemeine Mißstände müssen angenommen werden.

Das P. leitete sich ursprünglich von dem in einigen Monarchien althergebrachten Recht der Stände ab, Bitten und Beschwerden beim Herrscher vorzubringen; im 19. Jahrhundert wurde es auch Einzelpersonen zugestanden. In der BRD ist das P. in Art. 17 des Grundgesetzes festgeschrieben. Die Parlamente der Länder und des Bundes verfügen über spezielle Petitionsausschüsse, die die Anliegen untersuchen und – falls notwendig – an die zuständigen Stellen zu eingehender Prüfung weiterleiten. Der Petitionsausschuß des deutschen Bundestages, der auf Art. 45c des Grundgesetzes zurückgeht und 1975 eine gesetzliche Grundlage erhielt, bearbeitet jährlich etwa 10000–14000 Petitionen, wobei auch Personen ohne Stimmrecht, wie Jugendliche oder Ausländer, P. genießen. In Österreich räumt Art. 11 des Staatsgrundgesetzes jedermann das P. ein, in der Schweiz ist das P. in Art. 57 der Bundesverfassung geregelt.

Pflegeversicherung

Die 1994 vom deutschen Bundestag verabschiedete P. soll neben Arbeitslosen-, Kranken- und Rentenversicherung die vierte Säule der Sozialversicherung bilden und Privatpersonen gegen die finanziellen Auswirkungen einer Pflegebedürftigkeit absichern. Die Leistungen der P. umfassen Zuschüsse zur häuslichen Pflege (z. B. zum pflegegerechten Umbau der Wohnung oder zur Einstellung einer Ersatzpflegekraft) und zur Unterbringung in einem Alters- oder Pflegeheim. Finanziert wird die P. aus Beiträgen von Arbeitnehmern und Arbeitgebern. Die Arbeitnehmer müssen zur Entlastung der Ar-

beitgeber in einigen Bundesländern darüber hinaus zusätzlich auf einen Feiertag verzichten.
Mit der P. wird zudem die Absicht verfolgt, die Pflegekosten zu senken und – mit häuslicher Pflege – den durch Arbeitskräftemangel in Krankenhäusern und Altersheimen entstandenen Pflegenotstand abzumildern. Das Schlagwort des Pflegenotstands kam Mitte der 60er Jahre auf. Damals beklagte der Weltbund der Krankenschwestern den zunehmenden Personalmangel an Krankenhäusern. Ein niedriges Gehalt bei gleichzeitig schlechten Arbeitsbedingungen (Nacht-, Schicht- und Wochenendarbeit) sowie mangelnde Aufstiegsmöglichkeiten wurden für die Abwanderung der Arbeitskräfte aus dem pflegerischen Arbeitsbereich verantwortlich gemacht. Allein in deutschen Krankenhäusern und Altersheimen wird der Personalbedarf Anfang der 90er Jahre auf 60000 Pflegekräfte geschätzt.

Pingpong-Diplomatie

Mit P. wird die Wiederaufnahme der politischen Kontakte zwischen den USA und China (1971) bezeichnet. Nachdem die UdSSR nach einem militärischen Zwischenfall am Ussuri 1969 von China zum Hauptfeind erklärt worden war, versuchte die chinesische Regierung, ihre seit 1949 eingefrorenen Beziehungen zu den USA neu zu beleben, indem sie im April 1971 zunächst eine amerikanische Tischtennismannschaft nach Peking einlud. Nach diesen ersten zwischenstaatlichen Begegnungen auf sportlicher Ebene fanden auch politische Treffen statt: 1971 reiste der Sicherheitsberater des US-Präsidenten Richard Nixon, Henry Kissinger, in geheimer Mission nach China. Ein Jahr später traf Nixon mit Chinas Ministerpräsidenten Zhou Enlai und dem chinesischen Parteivorsitzenden Mao Zedong in Peking zusammen. Die politische Öffnung gegenüber dem Westen ebnete den Beitritt der Volksrepublik als Vertreterin Chinas zur → UNO (1971) und die Aufnahme diplomatischer Beziehungen zwischen China und den USA (1979).

PKK

Das Ziel der 1978 gegründeten Arbeiterpartei Kurdistans war bis 1994 die Schaffung eines autonomen Staates der Kurden, die eines der größten staatenlosen Völker bilden und derzeit im Irak, Iran, der Türkei, in Syrien und der UdSSR leben.
Seit 1984 führte die von Syrien aus geleitete marxistisch-leninistische PKK einen militärischen Kampf gegen die Türkei, um die Unabhängigkeit des mehrheitlich von Kurden besiedelten Südostanatolien zu erreichen. Der → Kurdenkonflikt führte 1994/95 zu einer Großoffensive der türkischen Armee, die bis auf nordirakisches Gebiet ausgedehnt wurde. Nach 1994 verzichtete die PKK auf den Kampf für einen eigenständigen Staat und strebt seitdem eine Autonomie mit ethnischer Gleichberechtigung an. In der BRD wurde die PKK 1993 nach gewalttätigen Kundgebungen und einer Attentatswelle auf türkische Einrichtungen verboten.

Planwirtschaft

Die auch Zentralverwaltungswirtschaft genannte P. bezeichnet ein Wirtschaftssystem, in dem eine staatliche Zentralstelle die Produktion plant, die Preise festsetzt und anschließend die Umsetzung der Pläne anordnet. In einer → Marktwirtschaft werden entsprechende Pläne von den einzelnen Wirtschaftsteilnehmern aufgestellt. In der Praxis war P. stets mit sozialistischem (gesellschaftlichem) Eigentum verbunden – im Gegensatz zum Privateigentum. Eingesetzt wurde die P. zumeist von Diktaturen, insbesondere von sozialistischen Staaten auf dem Weg zum Kommunismus, aber auch vom nationalsozialistischen Deutschen Reich zur Durchsetzung seiner Kriegsziele. Ausgehend von der UdSSR, setzte die P. ab 1917 ein. Nach dem 2. Weltkrieg standen sich als gegnerische Blöcke die kapitalistischen westlichen Marktwirtschaften und die sozialistischen östlichen P. gegenüber. Ab Ende der 80er Jahre gingen die osteuropäischen Staaten nach und nach zur Marktwirtschaft über. Als entscheidende Nachteile der P. hatten sich in der Praxis insbesondere bürokratische Schwerfälligkeit der Planungsbehörden, Ausschaltung der Privatinitiative und Unterschätzung des Eigennutzgedankens sowie die Unfähigkeit erwiesen, die Produktion dem heimischen bzw. weltweiten Bedarf anzupassen.

Auch in Marktwirtschaften ist jedoch in der Regel eine staatliche Rahmenplanung der Wirtschaft vorhanden. So verpflichtet in der BRD das sog. Stabilitätsgesetz die Exekutive, mit ihrer Geld- und Finanzpolitik auf die vorgegebenen gesamtwirtschaftlichen Ziele Vollbeschäftigung, Preisniveaustabilität, Wirtschaftswachstum und außenwirtschaftliches Gleichgewicht hinzuwirken. In Frankreich wurden mit der sog. Planification konkrete Ziele sogar bis in einzelne Wirtschaftsbereiche vorgegeben. Mit den staatlichen Eingriffen sollen Ziele erreicht werden, die der Markt nicht verwirklichen kann, z. B. eine gerechte Einkommensverteilung oder die Beachtung langfristiger Aspekte in der Produktion (beispielsweise Umweltschutz). Auf eine derartige staatliche Rahmenplanung verzichtete auch nach dem Zusammenbruch der sozialistischen P. gegen Ende des 20. Jahrhunderts kein Staat.

Plebiszit

Die Volksabstimmungen, bei der die stimmberechtigten Bürger an der staatlichen Willensbildung beteiligt werden, können sachliche Themen (z. B. Gesetze oder Verfassungsänderungen) betreffen, aber auch personelle Entscheidungen wie die Präsidentschaftswahlen in Frankreich und den USA. Darüber hinaus sind P. völkerrechtlich häufig bei Entscheidungen über die Zugehörigkeit eines Gebietes zu einem Staat vorgesehen: So wurden beispielsweise nach dem 1. Weltkrieg im → Versailler Vertrag Abstimmungen in Nordschleswig, Ostpreußen und Oberschlesien, Kärnten und dem Burgenland festgelegt. 1935 und 1955 kam es zu P. im Saargebiet.

Demokratien, in denen das P. das wichtigste Instrument zur Ermittlung des Volkswillens ist und bei regelmäßigen Versammlungen aller stimmberechtigten Bürger durchgeführt wird, gelten als plebiszitäre → Demokratien. Eine derartige Versammlungsdemokratie findet sich heute noch in einigen kantonalen

Landgemeinden der Schweiz. Das basisnahe P. kann die Entscheidungen der repräsentativen politischen Organe ergänzen und so zu mehr Mitbestimmung des Volkes an politischen Entscheidungen führen. In Österreich sind P. auf Bundes- und Landesebene vorgesehen. In der BRD wird das P. bisher nur in einigen Bundesländern bei kommunal- oder landespolitischen Entscheidungen eingesetzt. Die geringe Bedeutung, die dem P. im deutschen Grundgesetz eingeräumt wird (nur bei Neugliederung von Bundesländern vorgesehen), geht auf negative Erfahrungen während der Weimarer Republik und den Mißbrauch des P. während der nationalsozialistischen Herrschaft zurück. Dort wurden die P. als Propagandainstrument zur scheindemokratischen Bestätigung von Entscheidungen benutzt.
In zahlreichen Demokratien ist das Element des Volksbegehrens (bzw. der Volksinitiative) vorgesehen: Wenn sich eine ausreichende Anzahl von Bürgern in ausliegende Listen eingetragen hat, wird das Volksbegehren als P. zugelassen.

PLO ❑

Die 1964 unter Einfluß des ägyptischen Politikers Gamal Abd el-Nasser gegründete Palästinensische Befreiungsorganisation als Dachverband ziviler und militärischer Organisationen der Palästinenser strebte zunächst die Errichtung eines unabhängigen arabischen Staates im ehemaligen britischen Mandatsgebiet Palästina und damit die Beseitigung des Staates Israel an.
Die Anhänger der PLO rekrutierten sich vor allem aus den über 600000 nach dem ersten → Israelisch-Arabischen Krieg aus Palästina vertriebenen Arabern. Organisatorischen und finanziellen Rückhalt erhielt die PLO u. a. von Ägypten, Kuwait, Libyen und Saudi-Arabien.
Geschichte: Ab Mitte der 60er Jahre proklamierte die PLO den bewaffneten Kampf (Terroraktionen gegen Israel) als Mittel zur Befreiung Palästinas. Mit der Wahl von Yassir Arafat, dem Vorsitzenden der palästinensischen Terrororganisation Al Fatah, zum PLO-Führer (1969) übernahm der Guerilla-Flügel endgültig die Kontrolle der PLO.

Wichtigste Organisationen der PLO

Al Fatah (Bewegung zur Befreiung Palästinas): Die 1958 u. a. von Yassir Arafat gegründete palästinensische Kampforganisation verübte seit 1965 Guerilla-Anschläge gegen israelische Einrichtungen und gewann mit der Wahl Arafats zum Vorsitzenden der PLO 1969 maßgeblichen Einfluß auf den Dachverband.
PFLP (Volksfront zur Befreiung Palästinas): Die 1967 gegründete und von George Habbasch geführte marxistisch-leninistische Guerillagruppe trat zwischen 1969 und 1970 mit Flugzeugentführungen hervor und opponiert gegen den von PLO-Führer Arafat seit 1988 betriebenen Friedenskurs.
PLF (Palästinensische Befreiungsfront): Unter ihrem Vorsitzenden Abu Abbas lehnt die 1977 gegründete Terrororganisation den Friedensschluß mit Israel ab. Mitglieder der PLF überfielen 1985 das italienische Kreuzfahrtschiff «Achille Lauro».

1972 machte das Kommando «Schwarzer September» mit einem Terroranschlag gegen die israelische Mannschaft bei den Olympischen Spielen in München weltweit Schlagzeilen. 1974 erhielt die PLO den Beobachterstatus bei der UNO. Im selben Jahr erkannte die → Arabische Liga die PLO als Vertreterin des palästinensischen Volkes an. Interne Streitigkeiten führten in den 70er und 80er Jahren zeitweise zu einer Spaltung der Organisation.

Nachdem 1987 die → Intifada einen Palästinenseraufstand in den israelisch besetzten Gebieten begonnen hatte, strebte der fortan gemäßigte Flügel unter Yassir Arafat ab 1988 mit der Proklamierung eines Staates Palästina ohne genau definierte Grenzen eine politische Lösung des → Palästina-Konflikts an. In den 90er Jahren erkannte Arafat die Existenzberechtigung Israels an. Die von den USA unterstützten Bemühungen führten 1993 zum → Gaza-Jericho-Abkommen, das eine von der PLO geleitete Selbstverwaltung der zuvor von Israel besetzten palästinensischen Gebiete vorsieht. Widerstand von seiten der radikalen islamisch-fundamentalistischen Palästinenserorganisation → Hamas, die jede Aussöhnung mit Israel ablehnt, und große wirtschaftliche Probleme in den palästinensischen Gebieten erschweren jedoch die Friedenspolitik der PLO.

Yassir Arafat
(*27.8.1929)
Der Mitbegründer der Al Fatah und seit 1969 Vorsitzende der PLO war zunächst ein Verfechter der Zerstörung des Staates Israel. Seit Ende der 80er Jahre setzte Arafat auf eine pragmatische Politik, die 1993 zur gegenseitigen Anerkennung zwischen der PLO und Israel sowie zur Unterzeichnung des Autonomie-Abkommens für die von Palästinensern besiedelten Gebiete in Israel (1994) führte. Für seine Friedensbemühungen erhielt er im selben Jahr zusammen mit Israels Ministerpräsident Yitzhak Rabin und Außenminister Shimon Peres den Friedensnobelpreis.

Pluralismus

P. bezeichnet als Kennzeichen jeder Demokratie eine Gesellschaftsstruktur, in der eine Vielzahl von autonomen politischen, wirtschaftlichen und religiösen Gruppen miteinander um Einfluß ringen. Der P. strebt die Begrenzung der staatlichen Macht sowie Kompromisse an, die für die Allgemeinheit zufriedenstellend sind.

Grundlegend für den P. ist die Meinungs-, Versammlungs- und Koalitionsfreiheit. Alle Ideen und Werte werden toleriert, solange sie den P. nicht gefährden. Beispiele für P. sind die → Tarifautonomie oder die Missionsfreiheit der Kirchen.

Der Begriff des P. wurde 1915 von dem britischen Labour-Politiker Harold Laski definiert, der ihn dem staatlichen Souveränitätsanspruch gegenüberstellte. Laski lehnte das Gewaltmonopol des Staates ab, den er nur als einen Verband unter vielen betrachtete. Die Forderung des britischen Politologen, dem politischen P. durch die Aufhebung des Privateigentums auch einen wirtschaftlichen P. zur Seite zu stellen, ent-

sprach Forderungen der marxistischen Lehre und wurde vom sozialistischen P. aufgegriffen.
Während des → Kalten Krieges definierte der deutsche Politikwissenschaftler Ernst Fraenkel 1964 den sog. Neo-P. zur Abgrenzung der politischen Systeme von Ost und West. Er geht davon aus, daß der Konflikt zwischen den Interessenverbänden in pluralistischen Demokratien automatisch das für das Gemeinwohl beste Ergebnis hervorbringt.
Kritiker führen demgegenüber an, daß die Chancen einer sozialen Gruppe, ihre Interessen durchzusetzen, nicht immer gleich verteilt sind, z. B. wenn die Interessen von Konsumentenvereinigungen gegen die von Unternehmensverbänden stehen. Außerdem gäbe es auch Gruppen (Kinder, Senioren), deren Interessen nicht zur Sprache kommen, weil ihnen eine entsprechende Lobby fehlt.
Für die Probleme, die nach dem Ende des Sozialismus in den osteuropäischen Staaten durch die Vielzahl der ethnischen, regionalen und konfessionellen Gegensätze enstanden sind, existiert bisher kein pluralistischer Lösungsweg. Weder staatliche noch internationale Maßnahmen führten bisher zu einer friedlichen Beilegung der aufgebrochenen Konflikte.

Plutokratie

Die P. (von griechisch: Herrschaft der Reichen) ist eine Staatsform, in der die politischen Rechte an die Höhe des Vermögens gebunden sind. Die Macht geht von einer kleinen Gruppe der Besitzenden aus. Die Basis einer P. war häufig das Zensuswahlrecht, das den Stimmen wohlhabender Bürger ausschlaggebende Bedeutung zumaß. Auf diesem Prinzip basierte z. B. das bis 1918 gültige preußische Dreiklassenwahlrecht. Von sozialistischer wie von faschistischer Seite wurde der Demokratie des 20. Jahrhunderts der Vorwurf gemacht, sie sei eine vom Kapital beherrschte Ausdrucksform der P.

Pogrom

Die mit P. bezeichneten Ausschreitungen gegen Juden (von russisch: Verwüstung) waren mit Plünderungen und Gewalttaten verbunden und wurden seit dem Mittelalter vor allem in Notzeiten von Staat und Kirche als Ventil des Volkszorns gebilligt. Die im zaristischen Rußland zwischen 1881 und 1917 und im nationalsozialistischen Deutschen Reich seit der sog. Reichskristallnacht (9./10.11.1938) durchgeführten P. gegen Juden fanden mit Duldung und Förderung offizieller Stellen statt und lösten Auswanderungswellen aus. Zum Ende des 20. Jahrhunderts wird der Begriff allgemein für Übergriffe gegen Mitglieder nationaler, religiöser oder ethnischer Minderheiten verwendet.

Polisario

Die 1973 gegründete Guerillabewegung verfolgt das Ziel der Befreiung der Westsahara. Die 266000 km^2 große ehemalige spanische Kolonie an der Nordwestküste Afrikas wurde 1976 von Marokko annektiert. Daraufhin rief die P. 1976 die Demokratische Arabische Republik Sahara aus. Zwischen der P. und den Streitkräften Marokkos entwickelte sich ein bewaffneter Kampf, der 1991 mit einem von der UNO vermittelten Waffenstillstand endete. Bis 1994 hatten rund 70 Staaten die P. als rechtmäßige Regierung der Republik Sahara anerkannt, eine Volksabstimmung über die staatliche Autonomie bzw. den Verbleib bei Marokko wurde mehrfach verschoben.

Politbüro

Das P. war das oberste Führungsgremium und Machtzentrum der meisten früheren kommunistischen Parteien. Die von einem Parteisekretär geleitete und vom → Zentralkomitee nach dem Prinzip des demokratischen → Zentralismus gewählte Institution war die eigentliche Entscheidungsinstanz in den kommunistisch regierten Staaten Osteuropas. Die Beschlüsse des P. wurden vom Zentralkomitee (bzw. dessen Sekretariat) umgesetzt.
1917 als Parteiorgan der Bolschewisten in Rußland entstanden und 1919 als ständiges Leitungsorgan der → KPdSU eingerichtet, entwickelte es sich im Zuge der stalinistischen Diktatur zu einem Gremium, dem alle Parteiorgane, Massenorganisationen und auch die Staatsverwaltung untergeordnet waren.
Die zeitweise auch als Präsidium bezeichneten P. verloren in den osteuropäischen Staaten Ende der 80er Jahre infolge der Demokratisierung ihre Macht.

Politik

P. umfaßt alle Maßnahmen zur Organisation, Erhaltung oder Entwicklung eines Gemeinwesens nach innen und außen und bildet so die Grundlage für das Zusammenleben der Menschen in einem → Staat. Im Zuge der Internationalisierung politischer Entscheidungsgremien – z. B. durch die → EU – verliert die klassische Einteilung in Innen- und → Außen-P. zunehmend an Bedeutung.
Letztlich beruht P. auf Macht und ist nur mit ihrer Hilfe durchsetzbar. Die Verteilung der Macht auf Staatsinstitutionen, Parteien und Verbände und ihre gegenseitigen Beziehungen machen das politische System eines Staates aus.
Vor 1945: Zu Beginn des 20. Jahrhunderts existierten in Europa vor allem zwei Systeme: konstitutionelle → Monarchie und → Demokratie. Wichtigstes Unterscheidungsmerkmal ist der Grad der Volksbeteiligung am Entscheidungsprozeß und die Machtfülle des Parlaments. So war beispielsweise im zaristischen Rußland die Macht des Kaisers nur unwesentlich durch die Volksvertretung (→ Duma) beschnitten.
Die → Oktoberrevolution in Rußland (1917) und die Niederlage der → Mittelmächte im 1. Weltkrieg beseitigten in Europa die starken Monarchien (heute noch in Arabien und Afrika verbreitet). Der Sowjetkommunismus entstand als neues System, das sich als direktes Konkurrenzmodell zur westlichen Demokratie kapitalistischer Ordnung verstand (→ Kommunismus, → Bolschewismus). In den 20er Jahren begann in Italien die Zeit des → Faschismus, der sich bis zum Beginn des 2. Weltkriegs u. a. im Deutschen Reich (→ Nationalsozialismus), Portugal und Spanien etablierte.
Nach 1945: Nach dem 2. Weltkrieg entwickelten sich im Zuge der → Entkolonisierung auch in Afrika, Asien und Südamerika Diktaturen

faschistoiden Zuschnitts, die oft als Präsidialrepubiken getarnt waren (z. B. Uganda unter Idi Amin, 1971–79) oder offen vom Militär regiert wurden (z. B. Paraguay unter General Alfredo Stroessner, 1954–89). Mit der zunehmenden Unabhängigkeit der Kolonialstaaten von den früheren imperialistischen Mächten etablierten sich in vielen Staaten der → Dritten Welt sozialistische Regierungen, die im Zeitalter des → Kalten Kriegs von der UdSSR und China unterstützt wurden. Da die westlich orientierten Oppositionskräfte in diesen Staaten Hilfe von den USA und aus Westeuropa erhielten, kam es in zahlreichen Ländern zu → Stellvertreterkriegen. Die Konfrontation der politischen Systeme endete erst durch die Reformpolitik des KPdSU-Chefs Michail Gorbatschow, die Ende der 80er Jahre in den Zusammenbruch des → Sozialismus mündete.

Die Staaten des → Warschauer Pakts etablierten in der Folgezeit pluralistische Demokratien nach westlichem Vorbild. Sozialistische Regierungen existieren Mitte der 90er Jahre beispielsweise noch in China, Kuba, Nordkorea und Vietnam; in einigen osteuropäischen Staaten konnten sich ehemalige Kommunisten an der Staatsspitze etablieren (z. B. in Polen, Rumänien und Weißrußland).

Supranationale P.: Zum Ende des 1. Weltkriegs stellte US-Präsident Woodrow Wilson seinen → Vierzehn-Punkte-Plan vor, der die Beziehungen aller Staaten auf eine gemeinsame, friedenssichernde Basis stellen sollte. Der so entstandene → Völkerbund erlangte jedoch kaum machtpolitische Bedeutung, da insbesondere die europäischen Großmächte ihre nationale Interessen in den Vordergrund stellten. Konsequenz war der Ausbruch des 2. Weltkriegs, nach dessen Ende sich die → UNO als neue Weltorganisation etablierte. Die Vereinten Nationen schafften in den 60er Jahren zunächst die Einbindung der Dritte-Welt-Staaten. Im Zuge der weltpolitischen Entspannung nahm die politische Bedeutung der UNO in den 90er Jahren zu.

Die militärische Ohnmacht ihrer → Friedenstruppen im → Jugoslawienkrieg machte jedoch deutlich, daß die Zukunft der Organisation als friedenstiftender Weltmacht maßgeblich von ihren Möglichkeiten abhängt, die verhängten Sanktionen gegen Aggressoren machtvoll durchzusetzen.

Polnischer Korridor

Der durch den → Versailler Vertrag 1919 vom Deutschen Reich abgetrennte und Polen zugesprochene Landstreifen (Posen und Westpreußen) sollte dem 1918 neugeschaffenen polnischen Staat den Zugang zur Ostsee sichern. Das 15865 km² große Gebiet hatte seit 1772 zu Preußen gehört; es trennte Danzig und Ostpreußen vom deutschen Reichsgebiet ab. Während der Weimarer Republik kam es wegen des P. zu Spannungen zwischen Polen und dem Deutschen Reich. Diese Differenzen und die von Polen abgelehnte Forderung nach Angliederung des Freistaats Danzig benutzte Adolf Hitler 1939 als Anlaß für den Überfall auf Polen, der den 2. Weltkrieg auslöste.

Polnisch-Russischer Krieg

Die militärische Auseinandersetzung (1920/21) zwischen dem mit der Ukrainischen Nationalrepublik verbündeten Polen und dem bolschewistischen Rußland sollte die Festlegung der polnischen Ostgrenze klären, die im → Versailler Vertrag nicht bestimmt worden war. Mit dem Ziel, seine Grenzen von 1772 wiederherzustellen, rückte Polen gegen die Ukraine vor. Gegenoffensiven der Roten Armee führten zum Zusammenbruch der polnischen Front; im Sommer 1920 stand die russische Armee vor Warschau.

Erst mit Unterstützung Frankreichs konnte Polen unter Marschall Józef Klemens Pilsudski die Bolschewisten zum Rückzug zwingen (sog. Wunder an der Weichsel) und im Friedensvertrag von Riga am 18. 3. 1921 eine Ostgrenze aushandeln, die über 200 km östlich der vorherigen, von den Alliierten nach dem 1. Weltkrieg bestimmten → Curzon-Linie lag.

Populismus

Der gegen Ende des 19. Jahrhunderts aufgekommene abwertend verwendete Begriff bezeichnet eine opportunistische und häufig demagogische Politik. Kennzeichnend für den P. ist die gezielte Mobilisierung gängiger Ängste und Vorurteile. Durch eine Überzeichnung der Lage soll die Zustimmung der Massen zur Politik der Herrschenden gewonnen werden. Der P. ist personengebunden und rekrutiert seine Anhänger zumeist aus unterprivilegierten sozialen Schichten.

Beispielhaft für populistische Bewegungen ist der argentinische → Peronismus, dessen Führer Juan Domingo Perón Mitte des 20. Jahrhunderts die städtische Arbeiterschaft mit einem Sozialprogramm mobilisierte, sowie die französische Protestbewegung der Poujadisten in den 50er Jahren, die sich gegen die Großindustrie und für Kolonien einsetzte.

Posener Aufstand

Mit P. werden die blutigen (Arbeiter-) Unruhen während der Internationalen Messe in Posen am 28. 6. 1956 bezeichnet. Eine Demonstration, die sich gegen die Versorgungsmängel und das Preis-Lohn-Verhältnis in Polen wandte, weitete sich zu einem Generalstreik gegen die kommunistische Regierung und die allgegenwärtige sowjetische Präsenz aus, nachdem das Militär die gegen das Posener Polizei- und Parteigebäude vorgehenden Arbeiter mit Gewalt zurückgedrängt hatte.

Die Lage spitzte sich durch eine Massendemonstration bei der 300-Jahr-Feier der Krönung der Muttergottes von Tschenstochau zur Königin von Polen im August zu. Die Parteiführung sah sich gezwungen, öffentliche Selbstkritik zu üben, einigen Forderungen der Posener Arbeiter nachzugeben und Staatsämter umzubesetzen. Unter dem neuen Parteiführer der polnischen Kommunisten, Wladislaw Gomulka, wurde die Kollektivierung der Landwirtschaft aufgegeben und das Verhältnis der Partei zur katholischen Kirche verbessert. In Polen setzte ein bis zum Beginn der 60er Jahre anhaltendes politisches Tauwetter ein.

Potsdamer Abkommen

Das Kommuniqué der drei alliierten Großmächte Großbritannien (ver-

treten durch Premierminister Winston Churchill, ab 28.7. Clement Richard Attlee), UdSSR (Regierungschef Josef W. Stalin) und USA (Präsident Harry S. Truman) am Ende der Potsdamer Konferenz (17.7.–2.8.1945) bildete die Rechtsgrundlage der alliierten Deutschlandpolitik nach dem 2. Weltkrieg.
Die Bestimmungen des P., das zunächst nur als provisorisch formuliertes Zwischenergebnis zur Vorbereitung einer Friedenskonferenz gedacht war, sollte dem einstigen Gegner den Aufbau einer demokratischen und friedlichen Ordnung unter alliierter Kontrolle ermöglichen.
Wirtschaftlich legte das P. folgende Punkte fest:
- Behandlung Deutschlands als wirtschaftliche Einheit.
- → Demontage der für Reparationsleistungen entbehrlichen Industrieanlagen.
- Dezentralisierung, Entflechtung und Kontrolle der deutschen Wirtschaft.
- Höhe der Reparationszahlungen.

Zudem wurden die → Entnazifizierung Deutschlands, die Verfolgung der Kriegsverbrecher und die Dezentralisierung der Verwaltung sowie der Aufbau von Rede-, Presse- und Religionsfreiheit beschlossen. Auf Druck Stalins erkannten die Westmächte die → Oder-Neiße-Linie als deutsch-polnische Grenze an und stimmten der Ausweisung Deutscher aus Osteuropa zu.
Durch den 1990 abgeschlossenen → Zwei-plus-Vier-Vertrag wurden sämtliche noch bestehende Regelungen des P. aufgehoben; alle Sonderrechte der Alliierten in Deutschland erloschen.

Prager Frühling ❑

Mit P. wird die Reformbewegung in der Tschechoslowakei bezeichnet, die nach rund achtmonatiger Dauer am 20.8.1968 mit dem Einmarsch von Truppen des → Warschauer Pakts endete.
Nach Studentendemonstrationen im Oktober 1967 hatten sich in der tschechoslowakischen KP Reformpolitiker durchgesetzt. Die neue Führung unter Ministerpräsident Alexander Dubček, der den Stalinisten Antonín Novotný Anfang 1968 als Parteichef abgelöst hatte, propagierte das Aktionsprogramm «Sozialismus mit menschlichem Antlitz». Ziel war die Trennung von Staat und Partei sowie die Liberalisierung und Demokratisierung von Wirtschaft und Gesellschaft. Die Zensur wurde aufgehoben, die Presse-, Informations- und Versammlungsfreiheit durchgesetzt. Die Mitglieder des Zentralkomitees konnten erstmals in freier, geheimer Wahl bestimmt werden. Marktwirtschaftliche Elemente sollten die Wirtschaft reformieren.
Unter dem Eindruck des P. verlangten Vertreter Bulgariens, der DDR, Polens, der UdSSR und Ungarns eine Kursänderung der Prager KP. Verhandlungen zwischen der sowjetischen und der tschechoslowakischen Führung Ende Juli 1968 blieben ergebnislos. Die UdSSR und ihre Verbündeten befürchteten ein Übergreifen der Reformen auf ihre Länder. Am 20. und 21. August besetzten Truppen des Warschauer Pakts die ČSSR; Dubček und andere Reformpolitiker mußten sich dem Diktat aus Moskau (Rücknahme der Reformen, Duldung sowjetischer Truppen in der Tschechoslowakei)

beugen. Der sowjetische Generalsekretär Leonid Breschnew rechtfertigte den Einmarsch mit der gegenüber der UdSSR beschränkten Souveränität der anderen sozialistischen Staaten Osteuropas (→ Breschnew-Doktrin). In den folgenden Monaten wurden die Reformer aus der tschechoslowakischen KP gedrängt, der moskautreue Gustav Husák wurde als neuer KP-Chef eingesetzt.

Alexander Dubček (27.11.1921–8.11.1992)

Der Politiker war als Erster Sekretär der tschechoslowakischen KP 1968 die treibende Kraft der Reformbewegung des Prager Frühlings. 1970 wurde er aus der Kommunistischen Partei ausgeschlossen und zog sich zunächst von der Politik zurück. 1989 trat er als Symbolfigur der Demokratisierung auf, wurde rehabilitiert und zum Parlamentspräsidenten gewählt.

Präliminarfrieden

P. bezeichnet einen nach Beendigung der Kampfhandlungen von den Kriegsgegnern ausgehandelten Vorfrieden, der die wesentlichen Forderungen und Zugeständnisse des späteren Friedensvertrages enthält.

Präsidialkabinett

Bei dieser Form des → Präsidialsystems ist die Gewaltenteilung zwischen Exekutive und Legislative nicht mehr gewährleistet, weil die Regierung mit dem Präsidenten an ihrer Spitze das Recht besitzt, das Parlament aufzulösen. Die Exekutive hat damit die Möglichkeit, im Falle entgegengesetzter Interessenlagen Druck auf die Legislative auszuüben und ihr den Regierungswillen aufzuzwingen.

P. waren z. B. die Regierungen der → Weimarer Republik zwischen 1930 und 1933. In dieser Zeit legitimierte Reichspräsident Paul von Hindenburg nicht nur die Regierung, indem er den Reichskanzler ernannte (1930–32 Heinrich Brüning; 1932 Franz von Papen; 1932/33 Kurt von Schleicher), er nahm auch das Recht wahr, das Parlament aufzulösen. Das Notverordnungsrecht des Reichspräsidenten ermöglichte es der Reichsregierung zudem, ohne die Zustimmung der Legislative Gesetze zu erlassen. Die P. bedeuteten das Ende der Demokratie in der Weimarer Republik und standen am Übergang zur nationalsozialistischen Machtergreifung 1933.

Präsidialsystem

In dem mit P. bezeichneten repräsentativen Regierungssystem sind, im Gegensatz zur parlamentarischen Regierungsform, → Exekutive (Präsident/Regierung) und → Legislative (Parlament) strikt getrennt, um eine Machtbalance zu erreichen und eine Verflechtung von Machtinteressen zu verhindern.

Besonderes Kennzeichen des P. ist ein vom Volk gewählter Präsident, der sowohl Regierungschef als auch Staatsoberhaupt ist. Der Präsident bestimmt die Minister, die gegenüber dem Parlament nicht verantwortlich sind. Das Parlament kann die Regierung nicht stürzen, der Präsident hat im Gegenzug keine Möglichkeit, die Volksvertretung aufzulösen. Die Gesetzesinitiative liegt beim Parlament, der Präsident hat

nur ein Vetorecht. Regierungsvertreter und Präsident sind nicht Mitglied des Parlaments.
Kritiker des P. betonen, daß der institutionalisierte Gegensatz zwischen Exekutive und Legislative den politischen Entscheidungsprozeß verlangsame bzw. blockiere. Eine einseitige Ausweitung der Kompetenzen des Präsidenten könne zudem zur Bildung von → Präsidialkabinetten führen, die quasi diktatorische Befugnisse besitzen.
Der Prototyp des P. ist das amerikanische Regierungssystem, das im 18. Jahrhundert aufgrund der Theorie der → Gewaltenteilung des französischen Staatstheoretikers Charles de Montesquieu erarbeitet wurde. Am Beispiel der USA orientierten sich im 19. Jahrhundert viele Staaten Lateinamerikas.
Im 20. Jahrhundert enthielten die Verfassungen der Weimarer Republik und der V. Französischen Republik Elemente des P. Nach dem 2. Weltkrieg entstanden P. vor allem in den Entwicklungsländern, wie z. B. in Ghana und Pakistan. Auch die neuen Demokratien, die sich Ende des 20. Jahrhunderts in Osteuropa formiert haben, weisen Züge des P. auf: In Rußland wurde ein den USA vergleichbares Präsidentenamt geschaffen.

Präventivkrieg

Mit P. werden Kriege bezeichnet, die einem tatsächlichen oder vermeintlichen Angriff des Feindes zuvorkommen sollen. Der P. gilt dementsprechend nicht als Angriffs-, sondern als Verteidigungskrieg und ist daher völkerrechtlich erlaubt. Ihm geht meist eine Provokation durch das gegnerische Land voraus. So führte Israel 1967 nach arabischen Kriegsdrohungen einen Präventivschlag gegen Ägypten, Jordanien und Syrien und besetzte in einem Blitzfeldzug (→ Israelisch-Arabische Kriege) Gebiete in den angrenzenden arabischen Staaten.

Prohibition

Das Verbot der Einfuhr, Herstellung und des Verkaufs von Alkohol wurde von der britischen und amerikanischen Temperenzbewegung bereits im 19. Jahrhundert zur Bekämpfung des Alkoholismus gefordert. Ab 1900 erließen US-Bundesstaaten Alkoholverbote, von 1919 bis 1933 hatte die P. aufgrund eines Verfassungszusatzes in den USA landesweite Gültigkeit. Die Durchsetzung des Verbots erwies sich jedoch als unmöglich, statt dessen förderte es das organisierte Verbrechen (→ Mafia) und die Korruption im öffentlichen Leben.
Vor dem Hintergrund der Weltwirtschaftskrise wurde die P. in den USA 1933 wieder aufgehoben – die Staatskasse brauchte die Einnahmen aus der Alkoholsteuer. Seit 1966 ist die P. auch in allen US-Einzelstaaten aufgehoben, Verkaufsbeschränkungen bestehen aber zum Teil weiterhin. Eine indirekte P. in Form einer gesetzlichen Begrenzung des Alkoholverbrauchs gilt auch in Norwegen und Schweden.

Proletariat

Der im Römischen Reich eingeführte Begriff bezeichnete die unterste Gesellschaftschicht, die nichts außer ihren Nachkommen (proles) besaß. In der Neuzeit umschrieb der Begriff

soziale Außenseiter, vor allem Arme und Bettler, und wurde im Verlauf der Industriellen Revolution auf die entstehende Schicht der besitzlosen Fabrikarbeiter ausgeweitet.
Der → Marxismus räumte dem P. eine führende Rolle im Kampf gegen den Kapitalismus und für den Aufbau der klassenlosen kommunistischen Gesellschaft ein. P. wurde zu einem Schlagwort der marxistischen Theorie, verlor jedoch im Lauf des 20. Jahrhunderts durch die Ausdifferenzierung der Arbeiterklasse und die zunehmende soziale Absicherung der Arbeiter in kapitalistischen Staaten an Schärfe. In den 20er Jahren gingen auch die sozialistischen Länder dazu über, ihn durch die Bezeichnung → Arbeiterklasse zu ersetzen. Nach dem 2. Weltkrieg blieb P. als Kampfbegriff u.a. in der → Studentenbewegung gebräuchlich.

Propaganda

Die systematisch vereinfachende Werbung für politische, wirtschaftliche, religiöse und weltanschauliche Ideen wird sowohl zur Festigung als auch zum Sturz einer Herrschaft benutzt. Im Gegensatz zur kurzfristig angelegten → Agitation zielt die P. auf langfristige Beeinflussung einer breiten Bevölkerungsschicht ab, indem sie eingängige, häufig wahrheitswidrige ideologische Aussagen und Stereotypen verbreitet. Ursprünglich die Bezeichnung für die Verbreitung christlicher Glaubensüberzeugungen (1622 Gründung der päpstlichen Congregatio de propaganda fide), gewann die P. als Mittel zur Manipulation der Massen zunehmend negative Bedeutung.
P. avancierte insbesondere in totalitären Staaten zu einem wichtigen Element für die Durchsetzung und Verbreitung der jeweiligen Ideologie (→ Agitprop). Im 1. Weltkrieg wurde die Kriegs-P. mit Unterstützung der Massenpresse erstmals zu einem wichtigen Instrument der Kriegführung. Nach 1918 entstand die P.-Wissenschaft: P. wurde mit Werbung zugunsten nationaler Interessen verknüpft. Diese Erkenntnisse machten sich auch die Nationalsozialisten für die Durchsetzung ihrer Ziele zunutze und schufen ein eigenständiges Reichsministerium für Volksaufklärung und P. Zuvor nur über Zeitungen verbreitete P. wurde nun auch über den Rundfunk und in Filmen ausgestrahlt.
Während des Kalten Krieges trat die P. zum Teil an die Stelle kriegerischer Auseinandersetzungen. Auch in den 90er Jahren ist P. kennzeichnend für Staaten, in denen Diktaturen ihre Macht gegenüber dem eigenen Volk oder dem Ausland behaupten wollen (z. B. Irak).

Proporz

P. ist die Abkürzung für Proportionalwahl, bei der die Verteilung von Sitzen und Ämtern in Regierungen oder Aufsichtsgremien nicht nach dem Mehrheitsprinzip (→ Mehrheitswahlrecht), sondern nach dem Stärkeverhältnis von Parteien, Konfessionen, ethnischen Gruppen und Interessenverbindungen erfolgt. Mit Hilfe des P. soll die Beteiligung aller gesellschaftlich relevanten Gruppen einer Gesellschaft am politischen Entscheidungsprozeß gesichert und auf diese Weise eine dauerhafte Aus-

grenzung von Minderheiten, die zu Systemverdrossenheit führen könnte, verhindert werden.
In den westlichen Demokratien hat sich der P. in den ethnisch, konfessionell oder sprachlich gespaltenen Ländern, wie z. B. in Belgien, den Niederlanden und der Schweiz, durchgesetzt. Im Deutschen Reich war der P. ab 1918 im Wahlrecht gewährleistet, während der Weimarer Republik galt zwischen den Koalitionsparteien der Ämter-P. Das P.-Prinzip wird heute u. a. in der Kommunalpolitik der BRD und bei der Besetzung von Aufsichtsgremien der Rundfunkanstalten angewandt. Eine Sonderform des P. ist die Vertretung der dänischen Minderheit im schleswig-holsteinischen Landtag.

Protektionismus

P. als Maßnahme der staatlichen → Handelspolitik soll den Schutz der heimischen Wirtschaft vor ausländischer Konkurrenz gewährleisten. Insbesondere soll die Beschäftigung in den betroffenen Branchen gesichert werden. Fehlender Wettbewerb kann zu einer Begünstigung weniger leistungsfähiger heimischer Produzenten führen und für die eigene Bevölkerung geringere Güterqualität bzw. erhöhte Preise nach sich ziehen. Global verschlechtert sich durch P. die internationale Arbeitsteilung, die Entwicklung von Weltwirtschaft und Wohlstand wird behindert.
Klassisches Mittel des P. sind Zollerhöhungen und Einfuhrbeschränkungen. Da beide Formen durch das 1947 gegründete Allgemeine Zoll- und Handelsabkommen → GATT (→ WTO) verboten wurden, traten in der zweiten Hälfte des 20. Jahrhunderts zunehmend neue Formen des P. an ihre Stelle: sog. nichttarifäre Handelshemmnisse, komplizierte technische und rechtliche Vorschriften für Einfuhren.
Durch politischen Druck werden Branchen in Lieferländern zu freiwilligen Selbstbeschränkungsabkommen bezüglich ihres Exports veranlaßt; Subventionen fördern eigene Exporte. Preisgünstige Einfuhren werden unter dem Vorwurf des Dumping, d. h. des Angebots unter Herstellungskosten, abgewiesen. Industriestaaten kämpfen unter dem Vorwurf des Sozial- und Umweltdumpings gegen kostengünstige Produktionsmethoden in Entwicklungsländern. Handelsblöcke und Wirtschaftsgemeinschaften erschweren Drittländern den Marktzutritt. P. kann Gegenmaßnahmen des Auslands provozieren; im Extremfall können protektionistische Maßnahmen sogar in einen Handelskrieg (→ Embargo) münden.

Protektorat

P. ist die Bezeichnung für die jeweils unterschiedlich ausgeprägte Schutzherrschaft zumeist eines europäischen Staates (Protektor) über einen afrikanischen oder asiatischen Staat. Im Vergleich zur Kolonie bleibt dem ebenfalls als P. bezeichneten geschützten Gebiet ein Teil seiner Autonomie (z.B völkerrechtliche Selbständigkeit) erhalten. Der Protektor vertritt den protegierten Staat nach außen, zudem beeinflußt er die Innenpolitik.
Das Errichten von P. war zunächst ein Mittel des europäischen → Kolonialismus. Frankreich besaß bei-

spielsweise P. über Tunis und Marokko; Großbritannien über Ägypten, Kuwait und das heutige Sambia. Als eines der letzten P. hoben die Briten 1962 ihre Schutzherrschaft über Uganda auf.
Der Begriff wurde 1939 vom NS-Regime für die Eingliederung der im → Münchner Abkommen bei der Tschechoslowakei verbliebenen Gebiete Böhmen und Mähren in das Deutsche Reich benutzt. Die Nationalsozialisten zwangen der ČSR einen Vertrag auf, der die wirklichen Machtverhältnisse verschleierte, weil er eine vermeintliche Selbstverwaltung des Reichs-P. Böhmen und Mähren vorsah. Tatsächlich bauten die Deutschen eine strikte Kontrolle über das Gebiet auf und beuteten bis 1945 dessen Industrie für die deutsche Kriegswirtschaft aus.

Pugwash-Bewegung

Die von dem walisischen Philosophen und Mathematiker Bertrand Russell und dem Physiker Albert Einstein 1957 begründete internationale Vereinigung sollte die interdisziplinäre Zusammenarbeit zwischen sozialistischen und kapitalistischen Staaten in der Wissenschaft fördern und über die Gefahren des Atomzeitalters informieren. Sie basiert auf einem 1955 von Einstein und Russell formulierten Manifest. Die Mitglieder der P., deren Name auf den ersten Konferenzort in Kanada zurückgeht, tagen mindestens einmal jährlich, um die Auswirkungen des technischen Fortschritts auf den Menschen zu erforschen.
Die Wissenschaftler der P., die sich seit den 60er Jahren auch mit den Entwicklungschancen von Ländern aus der Dritten Welt beschäftigen, haben mit ihren Vorschlägen zur Abrüstung z. B. die 1969 begonnenen bilateralen Gespräche zwischen den USA und der Sowjetunion über die Begrenzung strategischer Waffen (→ SALT) unterstützt. 1995 erhielt die P. den Friedensnobelpreis.

Putsch

Ein P. ist eine revolutionäre Umwälzung, bei der die bestehende Regierung entmachtet wird und zumeist militärische Gruppen die Staatsgewalt übernehmen (Militär-P.). Ein P. gilt als Zeichen dafür, daß eine Gesellschaft ihre politischen Probleme nicht mehr mit friedlichen, verfassungskonformen Mitteln lösen kann.
Besonders anfällig für P. sind junge Nationalstaaten mit einem ungefestigten politischen System. Nach einem gelungenen Umsturzversuch etablieren sich häufig diktatorische Regierungsformen, die ihrerseits häufig durch P. beendet werden. So wurde die 1926 vom Militär etablierte Diktatur in Portugal 1974 durch die sog. Nelkenrevolution des Generals António Sebastião Ribeiro de Spínola gestürzt.
Waren P. zu Anfang des 20. Jahrhunderts noch selten, so sind sie seit etwa 1950 vor allem in der politisch und ökonomisch instabilen Dritten Welt relativ häufig.
Beim P. wird zwischen reaktionär-konterrevolutionären und progressiv-revolutionären Umsturzversuchen unterschieden. Der erste Typ versucht, demokratische Entwicklungen und gesellschaftliche Fortschritte im Interesse der herrschenden Klasse wieder rückgängig zu ma-

chen oder eine drohende Linksorientierung im politischen System zu verhindern. So sollte der sog. → Kapp-P. 1920 die demokratische Regierung der Weimarer Republik beseitigen und durch eine Militärdiktatur ersetzen. Spanische Generäle unter Führung General Francisco Franco Bahamondes putschten 1936 nach dem Wahlsieg der linken Volksfront, was zum Ausbruch des → Spanischen Bürgerkriegs führte. Mit dem Ziel der «vollständigen Ausrottung des Marxismus» führte Augusto Pinochet Ugarte 1973 einen blutigen Militär-P. gegen den marxistischen Staatspräsidenten Chiles, Salvador Allende Gossens, an. Als Diktator unterdrückte P. anschließend jede Opposition mit Gewalt. In der UdSSR versuchten orthodoxe Kommunisten 1991, den liberalen politischen Kurs von Michail Gorbatschow zu beenden.

Der progressiv-revolutionäre P. wird meist von politisch linken Organisationen zur Veränderung des staatlichen Systems durchgeführt. Mit diesem Ziel stürzte z. B. das Komitee der freien Offiziere unter Gamal Abd el-Nasser 1952 den ägyptischen König Faruk. In Äthiopien beendete ein Militär-P. 1974 die Monarchie unter Kaiser Haile Selassie und etablierte eine kommunistische Volksrepublik.

Q

Quellensteuer

Q. ist eine Abgabe an den Staat, die für erzielte Einkommen entrichtet werden muß. Beispiele für Q. sind Lohnsteuern, die der Arbeitgeber für jedes gezahlte Einkommen direkt an das Finanzamt abführt, und Kapitalertragsteuern, die Banken vor der Zinszahlung auf Spareinlagen und Wertpapiere abziehen.
1920 wurde im Deutschen Reich die Lohnsteuer als erste Q. eingeführt. Eine Q. auf Zinseinkünfte legte die konservativ-liberale Bundesregierung der BRD 1989 zur Verbesserung der Staatseinnahmen fest. Ein halbes Jahr später wurde diese Q. wieder abgeschafft, weil zu viele Kapitalanleger ins Ausland gingen. Nachdem das Bundesverfassungsgericht 1991 die geltende Besteuerung von Zinsen (der Steuerpflichtige gibt Zinseinkünfte an) wegen zu leichter Hinterziehungsmöglichkeit verwarf, entstand 1993 unter der Bezeichnung «Zinsabschlagsteuer» eine erneute Q. Die Angleichung der Zinsbesteuerung in der EU und darüber hinaus in allen westlichen Industriestaaten scheiterte bislang am Widerstand Großbritanniens und Luxemburgs.

Quisling

Die Bezeichnung für einen Landesverräter oder Kollaborateur leitet sich von dem norwegischen Politiker Vidkun Quisling (1887–1945) her. Der ehemalige Mitarbeiter Fridtjof Nansens und erbitterte Gegner des Bolschewismus begründete 1933 nach dem Vorbild der → NSDAP eine faschistische Bewegung («Nasjonal Samling») in Norwegen. Er befürwortete 1939 gegenüber Adolf Hitler die präventive Besetzung Norwegens durch deutsche Truppen, die 1940 erfolgte. In der Folgezeit arbeitete Q., 1940–45 norwegischer Ministerpräsident unter deutscher Besatzung, eng mit den Deutschen zusammen, indem er z. B. ein Spitzelnetz zur Überwachung der norwegischen Bevölkerung aufbaute. 1945 wurde Q. als Kollaborateur öffentlich hingerichtet.

Quotenregelung

Q. bezeichnet die Vergabe eines bestimmten Prozentsatzes von Ämtern und Funktionen an eine zuvor unterrepräsentierte Gruppe. Ziel ist die Beendigung des Ungleichgewichts.
Gesellschaftspolitik: Der Begriff Q. wurde Ende des 20. Jahrhunderts insbesondere im Zusammenhang mit der Gleichberechtigung von Mann und Frau verwendet. In den USA schrieb die Demokratische Partei bereits 1972 für die Delegierten ihres Nationalkonvents zur Nominierung des Präsidentschaftskandidaten Mindestquoten für Frauen vor.
Die bundesdeutsche SPD nahm 1988 eine Q. für Frauen (40%) in allen Parteiämtern in ihre Satzung auf;

ähnliches gilt für die Partei der → Grünen. Ein Versuch, die Q. in der CDU durchzusetzen, scheiterte 1995.
Die Befürworter der Q. nehmen für ihre Forderung den jeweiligen Gleichheitsgrundsatz ihrer Verfassung in Anspruch (BRD: Art. 3 Grundgesetz). Die Gegner der Q. kritisieren, daß der Wähler in seiner Wahlfreiheit eingeschränkt werde. Im Oktober 1995 entschied der Europäische Gerichtshof in Luxemburg gegen eine Q. im deutschen Arbeitsrecht des Öffentlichen Dienstes.
Agrarpolitik: In der → Agrarpolitik bezeichnet Q. die Begrenzung der landwirtschaftlichen Produktion, insbesondere der Milch. Die EU gleicht diese Q. durch Subventionen aus. Ziel ist der Abbau von Überproduktion.

R

Radikalenerlaß
→ Extremistenbeschluß

Radikalismus ❑
Als R. werden politische Theorien, Weltanschauungen und die mit ihnen verbundenen Bewegungen klassifiziert, die bestehende politische, soziale und wirtschaftliche Verhältnisse grundlegend, von der Wurzel (lateinisch: radix) umgestalten wollen. Ursprünglich auf demokratische Bewegungen angewandt, wurde der Begriff im 20. Jahrhundert auch auf die extreme politische Rechte ausgedehnt, die sich zwischen den Weltkriegen als → Faschismus und → Nationalsozialismus etablierte.
In den 60er Jahren gewann der Begriff R. in der BRD insbesondere zur Kennzeichnung der linksgerichteten Studentenbewegung an Bedeutung. Mit dem umstrittenen → Extremistenbeschluß (1972) wurden Mitglieder von Organisationen oder Parteien, die vom Verfassungsschutz als verfassungsfeindlich eingestuft waren, als Radikale aus dem Öffentlichen Dienst ausgeschlossen.
Ende der 80er/Anfang der 90er Jahre erstarkte der rechtsgerichtete R. (→ Rechtsextremismus). Während in Deutschland die rechtsextremistisch motivierte Gewalt eskalierte, gewannen rechtsradikale Organisationen in Frankreich, Italien, Österreich und Rußland durch Wahlerfolge an politischem Einfluß.

Grundlagen des Radikalismus

Der Begriff wurde erstmals im 18. Jahrhundert von britischen Wahlrechtsreformern gebraucht. Während der Französischen Revolution und im Zuge der im Vormärz einsetzenden demokratischen und republikanischen Bestrebungen des liberalen Bürgertums fand er in Europa weite Verbreitung. Bis zur Mitte des 19. Jahrhunderts stand der Begriff u. a. für das prinzipienfeste Eintreten für soziale Gleichheit und Freiheit.
Mit der aufkommenden Arbeiterbewegung Ende des 19. Jahrhunderts erhielt die Bezeichnung eine negative Bedeutung. Politiker brandmarkten mit dem Begriff eine die Gesellschaft gefährdende umstürzlerische Gesinnung (vor allem → Kommunismus und → Sozialismus).

Radikalsozialismus
Die politische Richtung in Frankreich geht auf die radikale republikanische Bewegung der Jakobiner während der Französischen Revolution zurück. Der R. propagiert seit Ende des 19. Jahrhunderts die Trennung von Kirche und Staat, den Schutz des Privateigentums und die Ablehnung des Klassenkampfes.
Sein Engagement für die Rehabilitierung des jüdischen Offiziers Alfred Dreyfus brachte dem R. um die Jahrhundertwende eine große Anhänger-

schaft ein und bewirkte 1901 die Gründung einer radikalsozialistischen Partei (Parti Républicain Radical et Radical-Socialiste, PRS). Die PRS stieg zur stärksten Fraktion in der französischen Abgeordnetenkammer auf, stellte mehrere Ministerpräsidenten (u.a. 1906–09 Georges Clemenceau) und war bis 1958 an fast allen Regierungen beteiligt. Nach internen Auseinandersetzungen und der Abspaltung des linksliberalen Flügels 1972 verlor die Bewegung an Bedeutung.

RAF ❑

Die terroristische **R**ote **A**rmee **F**raktion gilt als harter Kern der linksextremistischen Gewaltkriminalität in der BRD. Die Terrororganisation, die 1968 als Baader-Meinhof-Gruppe aus dem radikalen Flügel der → APO entstand, versuchte mit Anschlägen auf Personen und öffentliche Institutionen die staatliche Ordnung zu zerschlagen.
Die RAF unterhielt Kontakte zu anderen Terrorgruppen in Italien, Frankreich und dem Nahen Osten und wurde bis zum Mauerfall 1989 vom Staatssicherheitsdienst der DDR unterstützt, die einigen RAF-Terroristen Unterschlupf gewährte. 1977 erreichten die Terroraktionen der RAF u.a. mit dem Mord an Arbeitgeberpräsident Hanns-Martin Schleyer ihren Höhepunkt. Die Bundesregierung reagierte mit einer Reihe von Gesetzesverschärfungen, dem Ausbau des Bundeskriminalamtes und der Verstärkung von Polizei und Bundesgrenzschutz. Im Mai 1988 verabschiedete das Bundeskabinett die sog. Kronzeugenregelung (bis 1991; verlängert bis Ende 1995): Terroristen, die gegen Komplizen aussagen, kann ein Strafnachlaß zugestanden werden.
Bis Anfang der 90er Jahre konnte sich die Kommandoebene zunächst auch nach etlichen Verhaftungen immer wieder aus ihrem linksextremistischen Umfeld erneuern. Am 10.4.1992 erklärte sie das Scheitern ihres bewaffneten Kampfes, nachdem sich zahlreiche Mitglieder von diesem bewaffneten Kampf losgesagt hatten. Laut Verfassungsschutz löste sich in der Folgezeit die RAF-Organisationsstruktur zwischen dem aktiven Kern der Gruppe sowie Inhaftierten und Sympathisanten (z.B. den sog. Revolutionären Zellen) auf. Eine Art Nachfolgegruppierung stellen die sog. Antiimperialistischen Zellen dar, die Mitte der 90er Jahre mit ersten Anschlägen gegen Politiker hervortraten.

Rapacki-Plan

Der vom Außenminister Polens, Adam Rapacki, 1957 vor der UN-Vollversammlung vorgetragene Plan einer atomwaffenfreien Zone in Mitteleuropa sollte Herstellung und Einsatz von Kernwaffen in Polen, der Tschechoslowakei und beiden deutschen Staaten verhindern und gleichzeitig die Atommächte Frankreich, Großbritannien, UdSSR und USA verpflichten, dort keine Kernwaffen zu stationieren.
Im Gegensatz zu den osteuropäischen Staaten lehnte die NATO den R. ab, weil er nicht die Überlegenheit des Warschauer Pakts bei konventionellen Waffen berücksichtigte. Die bundesdeutsche Regierung fürchtete zudem, daß die Zustimmung zum R. eine Anerkennung der

Anschläge und Ereignisse in der Geschichte der RAF

3.4.1968: In Frankfurt a.M. verüben u.a. Andreas Baader und Gudrun Ensslin auf dem Höhepunkt der APO-Bewegung einen Brandanschlag auf ein Kaufhaus und werden zu drei Jahren Haft verurteilt.
14.5.1970: In Berlin wird Baader von vier bewaffneten Personen (darunter Ulrike Meinhof) aus der Haft befreit.
11.5.1972: Bei einem Anschlag auf ein Hauptquartier einer Einheit der US-Armee in Frankfurt a.M. wird ein Mensch getötet. 13 Tage später kommen drei US-Soldaten bei der Explosion einer Autobombe in Heidelberg ums Leben.
Juni 1972: Die RAF-Spitze (Baader, Ensslin, Meinhof, Holger Meins, Brigitte Mohnhaupt und Jan-Carl Raspe) wird verhaftet.
10.11.1974: Nach einer gescheiterten Entführung wird der Kammergerichtspräsident von Berlin, Günter von Drenkmann, erschossen.
24.4.1975: Drei Menschen sterben bei der Besetzung der bundesdeutschen Botschaft in Stockholm.
7.5.1977: In Karlsruhe wird Generalbundesanwalt Siegfried Buback ermordet.
30.7.1977: Die RAF erschießt in Frankfurt a.M. den Bankier Jürgen Ponto.
5.9.1977: Bei der Entführung von Arbeitgeberpräsident Hanns-Martin Schleyer kommen vier Menschen ums Leben. Die Bundesregierung verweigert die Freilassung von elf RAF-Häftlingen; Schleyer stirbt am 19.10.1977.
13.10.1977: Arabische Terroristen entführen eine Lufthansa-Maschine und fordern die Freilassung der RAF-Spitze. Nachdem die Geiseln fünf Tage später befreit werden, nehmen sich Baader, Ensslin und Raspe in ihren Zellen das Leben.
1.2.1985: Der Chef des Münchner Rüstungsunternehmens MTU, Ernst Zimmermann, wird in München ermordet.
9.7.1986: Siemens-Manager Karl-Heinz Beckurts und sein Chauffeur kommen bei einem Anschlag nahe München ums Leben.
10.10.1986: In Bonn wird der Abteilungsleiter im Auswärtigen Amt, Gero von Braunmühl, vor seinem Haus erschossen.
30.11.1989: Der Vorstandssprecher der Deutschen Bank, Alfred Herrhausen, fällt einem Bombenanschlag zum Opfer.
1.4.1991: In Düsseldorf wird Treuhandchef Detlev Karsten Rohwedder von der RAF erschossen.
27.6.1993: In Bad Kleinen wird die Terroristin Birgit Hogefeld gefaßt. Ihr Begleiter Wolfgang Grams kommt – nach Polizeiangaben durch Freitod – ums Leben; bei einem Schußwechsel stirbt ein Beamter des Bundesgrenzschutzes.

DDR und der deutsch-polnischen Grenze bedeuten würde.

Rapallo-Vertrag

Der R. wurde am 16.4.1922 am Rande der Weltwirtschaftskonferenz von Genua zwischen dem Deutschen Reich und Sowjetrußland (RSFSR) in der Stadt Rapallo südlich von Genua geschlossen. In dem Abkommen verzichteten beide Staaten auf Kriegsreparationen und regelten

die Wiederaufnahme diplomatischer Beziehungen.
Für die deutsche Regierung bedeutete der R. den ersten Schritt zu einer eigenständigen Außenpolitik nach der Niederlage im 1. Weltkrieg. Sowjetrußland versprach sich von dem Vertrag eine Verbesserung der wirtschaftlichen Beziehungen zum Westen und eine politische Aufwertung des sozialistischen Systems. Ein geheimes Zusatzabkommen sah auch eine militärische Zusammenarbeit zwischen beiden Ländern vor und erweiterte den R. auf alle Sowjetrepubliken (November 1922).
Das Abkommen richtete sich gegen den → Versailler Vertrag und den neu errichteten Staat Polen, auf dessen Territorum sowohl Sowjetrußland als auch das Deutsche Reich Anspruch erhoben. Der R. löste im Westen Irritationen aus und verschärfte die politische Auseinandersetzung mit Deutschland.

Rarotonga-Vertrag

Das 1985 zwischen elf Anrainerstaaten des Pazifiks geschlossene Abkommen regelt die Schaffung einer Atomwaffenfreien Zone im Südpazifik. Der Vertrag verbietet den Unterzeichnerstaaten Herstellung, Anschaffung, Installation und Tests von Kernwaffen für den gesamten Pazifikraum südlich des Äquators.

Rassismus ❑

Die politisch-ideologische Weltanschauung des R. unterscheidet Menschenrassen von höherem und geringerem Wert. Der R. wird zur Rechtfertigung bzw. Behauptung der Herrschaft einer selbsterklärten «Herrenrasse» über andere Gruppen und Völker benutzt (→ Nationalsozialismus, → Apartheid). Die angebliche historische, kulturelle, religiöse oder soziale Minderwertigkeit von Ethnien wird dabei pseudowissenschaftlich auf angeborene Unterschiede zurückgeführt.
Der R. tritt häufig als übersteigerte Form der Fremdenangst auf und kennzeichnet insbesondere den → Rechtsradikalismus. Die politischen und sozialen Auswirkungen des R. reichen von Diskriminierung und Ächtung bis zu physischer Vernichtung (→ Holocaust). Im Gegensatz zur Fremdenfeindlichkeit versucht der R. in der Regel, seine Theorien natur- und sozialwissenschaftlich zu untermauern.
Der → Nationalsozialismus nutzte die Rassenlehren des Ende des 19. Jahrhunderts im Deutschen Reich stark aufkommenden → Antisemitismus zur ideologischen Begründung der Eroberung Osteuropas und zum Völkermord an Juden, Roma und Sinti. Unter dem Eindruck dieser Massenmorde setzte nach 1945 eine starke Kritik des R. ein. Die → UNO ächtete den R. in ihrer Menschenrechtserklärung vom 10. 12. 1948.
In den 50er Jahren lenkten die antikolonialistischen Freiheitsbewegungen in den → Entwicklungsländern und die → Bürgerrechtsbewegung der Schwarzen in den USA die öffentliche Aufmerksamkeit auf die diskriminierenden Auswirkungen des R. Trotzdem lassen sich Ende des 20. Jahrhunderts weltweit rassistische Tendenzen feststellen, so beispielsweise bei der Ausgrenzung und Benachteiligung von Einwanderern und Flüchtlingen (→ Ausländer-

feindlichkeit) in den westlichen Industrienationen.
In Südafrika wurde die schwarze Bevölkerungsmehrheit bis in die 90er Jahre von politisch-wirtschaftlicher Macht und materiellem Wohlstand ausgeschlossen.

Grundlagen des Rassismus

Bis ins 19. Jahrhundert galt die Versklavung ganzer Völker als naturgegeben. Der Begriff der Rasse war als wertneutrale Bezeichnung Ende des 17. Jahrhunderts im Zeitalter der Aufklärung entstanden. Mit Ausbildung der «wissenschaftlichen» Anthropologie begann die systematische Festlegung einer moralischen Qualität bestimmter Menschengruppen.
Die Mitte des 19. Jahrhunderts veröffentlichten Werke über Rassenlehre beeinflußten nachhaltig die Rassenideologie der Nationalsozialisten im Deutschen Reich: So formte der Franzose Arthur de Gobineau in seinem zweibändigen Werk über menschliche Rassen (1853/55) den Begriff der «Rassenreinheit». Die von Charles Darwin entwickelte Evolutionstheorie lieferte ab 1859 die Rechtfertigung für die Unterdrückung «zurückgebliebener» Völker durch die imperialistischen Kolonialmächte im 19./20. Jahrhundert. In den USA entstanden Rassenlehren, um die Ausrottung der Indianer und die Versklavung der Schwarzen zu legitimieren. Die Wirkungen dieser Lehren halten auch am Ende des 20. Jahrhunderts weiter an.

Rat der Volksbeauftragten

Die erste provisorische deutsche Regierung nach dem 1. Weltkrieg wurde während der → Novemberrevolution 1918 von der Vollversammlung der Berliner Arbeiter- und Soldatenräte bestätigt und übernahm am 10.11. die Amtsgeschäfte vom bisherigen Reichskanzler Max von Baden. Unter Vorsitz von Friedrich Ebert (SPD) beschloß der zunächst aus je drei Vertretern von SPD und USPD (ab 29.12. ohne USPD) bestehende R. neben Sozialreformen (z.B. Acht-Stunden-Tag) die Demobilisierung und die Erfüllung der Waffenstillstandsbedingungen. Gegen die revolutionären Kräfte des Spartakusbundes, des linken Flügels der USPD und der KPD, setzte der R. die Wahl zur Nationalversammlung durch und ermöglichte damit die Entstehung der Weimarer Republik. Am 10.2.1919 übergab Ebert die Macht an die im Januar gewählte Regierung von Philipp Scheidemann.

Rätedemokratie

In diesem politischen Herrschaftssystem soll mit Hilfe der direkten → Demokratie die uneingeschränkte Selbstbestimmung der Arbeiter eines Landes erreicht werden. Ziel der R. war bislang stets eine antikapitalistische Staatsordnung.
Der demokratische Prozeß vollzieht sich auf mehreren Ebenen. In einer Vollversammlung bestimmen die «Urwähler» ihre lokalen Räte, die wiederum eine höhere Räteinstanz wählen: Dieser Vorgang setzt sich bis zu einem nationalen Zentralrat (z.B. dem → Rat der Volksbeauftragten) fort.
Zur Gewährleistung der permanenten Kontrolle durch die Basis sind die Räte strikt an die Weisungen ihrer Wähler gebunden (imperatives Man-

dat) und können jederzeit abgelöst werden. Um einen umfangreichen, sich verselbständigenden Verwaltungsapparat zu vermeiden, verzichtet die R. auf → Gewaltenteilung. Statt dessen besitzen die Räte uneingeschränkte gesetzgebende, richterliche und ausführende Kompetenzen. Mandate werden ehrenamtlich übernommen, die Amtsinhaber wechseln turnusmäßig (→ Rotationsprinzip).

Vor 1945: Das Modell der R. geht auf den Frühsozialisten Pierre Joseph Proudhon und auf Karl Marx zurück, der im republikanisch-revolutionären Stadtregime der Pariser Kommune von 1871 das Vorbild für die R. sah. Das Modell der R. wurde von Wladimir I. Lenin erweitert und zumeist in Revolutionen angewandt, so z. B. während der russischen Revolutionen 1905 und 1917. Während der deutschen Revolution 1918/19 bildeten sich nach dem Räteprinzip Arbeiter- und Soldatenräte, die sich jedoch auf Dauer nicht durchsetzen konnten (→ Münchner Räterepublik). Auch das russische Rätesystem wurde – nach einer Übergangsperiode – in ein scheinparlamentarisches System umgewandelt. In Ungarn beendete der Angriff rumänischer Truppen die Räterepublik von Sozialisten und Kommunisten (21.3.–1.8.1919).

Nach 1945: Nach dem 2. Weltkrieg etablierten sich in den osteuropäischen Staaten Arbeiterräte, die jedoch für die Ziele des Staatssozialismus instrumentalisiert wurden und daher keine basisdemokratischen Ziele verfolgen konnten. Lediglich in Jugoslawien ließen sich in den 50er Jahren unter Josip Broz Tito Formen der Arbeiterselbstverwaltung teilweise verwirklichen. Seit den 60er Jahren nahm die → Neue Linke in den USA und Westeuropa den Rätegedanken im Zusammenhang mit der Forderung nach einer Demokratie, die mehr Volksnähe gewährleistet, wieder auf. Gegen Ende des 20. Jahrhunderts hat der Gedanke einer R. seine reale politische Bedeutung weitgehend verloren.

Rat für Gegenseitige Wirtschaftshilfe

→ RGW

Rationalisierung

R. bezeichnet einen Veränderungsprozeß, bei dem herkömmliche Verfahren und Handlungsweisen durch geplante und im Sinne der Effektivität strukturierte Methoden ersetzt werden. Ursprünglich bezog sich die R. ausschließlich auf den Bereich der Wirtschaft – zur Steigerung der Unternehmensproduktion und -rentabilität.

Wirtschaftliche R.: Merkmale sind insbesondere die Mechanisierung und Technisierung der Arbeitsprozesse, die mit einer fortschreitenden Normierung der Produkte gekoppelt sind. Zu Beginn des 20. Jahrhunderts entwickelte der amerikanische Ingenieur Frederick Winslow Taylor in seinem Werk «The Principles of Scientific Management» (1911) eine der Grundlagen der R. Diese neue Methode der Unternehmensführung steigerte die menschliche Produktionskraft, indem sie die Arbeit in kleinste Einheiten aufteilte. Die Industrienationen setzten diesen R.-Ansatz u. a. durch Anwendung der Computertechnik und den Einsatz

von Industrierobotern kontinuierlich fort. Taylors strenges Konzept der Arbeitsteilung wird jedoch gegen Ende des 20. Jahrhunderts wegen seiner inhumanen Arbeitsabläufe sowie zunehmender Entfremdung des Arbeitnehmers von seiner Tätigkeit (Motivations- und Verantwortungsverlust) zunehmend abgelehnt.
Ziel der meisten Unternehmen bleibt es jedoch, die menschliche Arbeit durch die billigere Maschinenarbeit zu ersetzen. Die Produktion soll – wo immer möglich – automatisiert werden. So ermöglichen automatisierte Fabriken eine kontinuierliche Produktion über 24 Stunden täglich.
Gesellschaftliche Folgen: Die Normierung und Technisierung des Arbeitsprozesses beeinflußte auch die gesellschaftliche Entwicklung, indem z. B. durch Einführung der Fließbandproduktion breite Bevölkerungsschichten mit preiswerten Massenwaren versorgt werden konnten. Gleichzeitig verdrängte die R. die soziale Kommunikation. Der Produktionsbereich benötigt immer weniger Arbeitskräfte, die verbliebenen Tätigkeiten (z. B. technische Überwachung der Produktionsanlagen) müssen von hochqualifizierten Fachkräften erledigt werden. Schlecht ausgebildete Arbeitskräfte haben auf dem Arbeitsmarkt kaum Chancen und stellen einen Großteil der Langzeitarbeitslosen.

Reagonomics ❑

Das nach US-Präsident Ronald W. Reagan benannte Wirtschaftsprogramm sah neben einem drastischen Sparkurs mit Abbau von Sozialleistungen weitreichende Steuerentlastungen für Unternehmer vor. Das Sparprogramm wurde nötig, nachdem sich die USA aufgrund hoher Rüstungsausgaben (→ SDI) in den 80er Jahren zum größten Schuldnerland der Erde entwickelt hatten. Das Ziel – die Sanierung der amerikanischen Ökonomie – wurde jedoch wegen der US-Hochzinspolitik und das dadurch anwachsende Haushaltsdefizit nur teilweise erreicht.

Ronald Wilson Reagan (* 6. 2. 1911)

Der ehemalige Filmschauspieler wurde 1966 zum Gouverneur von Kalifornien gewählt. Reagan, der sich als vehementer Befürworter von Aufrüstung sowie von Recht und Ordnung einen Namen machte, gewann 1980 die Präsidentschaftswahl gegen den Demokraten Jimmy Carter. In seiner Amtszeit (1981–89) begann er ein weitreichendes Aufrüstungsprogramm (→ SDI). Der außenpolitische Hardliner, der u. a. durch seine Rolle bei der Finanzierung der sog. Contras in Nicaragua und durch Waffengeschäfte mit dem Iran (→ Iran-Contra-Affäre) in Bedrängnis geriet, wandelte sich unter dem Einfluß der Reformpolitik Michail Gorbatschows in der UdSSR zum Abrüstungsbefürworter: 1987 unterzeichneten beide Staatsmänner den → INF-Vertrag, der die Vernichtung aller atomaren Mittelstreckenwaffen festlegte.

Rechtsextremismus

Der Begriff bezeichnet eine antidemokratische Haltung, die sich gegen liberale und sozialistische Traditionen wendet und einen autoritären Staat anstrebt, der rassistische und nationalistische Ziele verfolgt. Bei

der Bekämpfung ihrer Gegner, zu denen Anhänger des R. vor allem Ausländer und Andersdenkende zählen, schrecken Rechtsextremisten auch vor Gewaltanwendung nicht zurück.
Zur Bildung rechtsextremistischer Bewegungen können sowohl individuelle Faktoren (z. B. Ängste vor sozialer Deklassierung, Unzufriedenheit mit der Lebenssituation, autoritäre Verhaltensmuster, Orientierungslosigkeit) als auch gesamtgesellschaftliche Erscheinungen (ökonomische und politische Krisen, mangelnde Akzeptanz der bestehenden Demokratie) führen.
Die wirtschaftliche und soziale Instabilität in den Jahren nach dem 1. Weltkrieg brachte dem R. großen Zulauf und führte im ersten Drittel des 20. Jahrhunderts im Deutschen Reich und in Italien zur Bildung von nationalsozialistischen bzw. faschistischen Diktaturen.
Nach dem 2. Weltkrieg entstand neben den rechtsextremistischen Bewegungen (→ Neofaschismus) in Europa und den USA, die auf nationalistischen Vorkriegstraditionen aufbauten, eine sog. → Neue Rechte. Die nationale Rechte in Frankreich konzentriert sich unter Führung von Jean-Marie Le Pen in ihrer Propaganda auf die angebliche Überfremdung und wachsende Kriminalität im Land und hat damit politischen Erfolg. In Italien beteiligte sich 1994 die Nationale Allianz als erste neofaschistische Partei in Europa nach dem 2. Weltkrieg an einer demokratisch legitimierten Regierung.
In den USA wird der R. von der fundamentalistischen «religiösen Rechten», aber auch von paramilitärischen Bürgerwehren, wie der bewaffneten Michigan Milicia propagiert. Ihr Widerstand gegen die US-Bundesregierung und die Polizeibehörden eskalierte 1995 im Bombenanschlag von Oklahoma: Die Zerstörung eines Gebäudes, in dem u. a. mehrere Bundesbehörden und ein Kindergarten untergebracht waren, kostete rd. 200 Menschenleben.
Auch in Osteuropa gewinnen rechtsextremistisch orientierte Bewegungen an Macht. 1993 wurde die großrussisch-nationalistische Liberaldemokratische Partei unter Führung von Wladimir Schirinowski stärkste Kraft im russischen Parlament.
In der BRD erhielt der R. – nach einem kurzfristigen Aufstieg der NPD in den 60er Jahren und einer Eskalation des neonazistischen Terrorismus Anfang der 80er Jahre – durch die Gründung der rechtsextremen Partei der Republikaner wieder verstärkten Zulauf. Eine erhöhte Gewaltbereitschaft führte zu zahlreichen Anschlägen und zu Gewaltaktionen gegen Ausländer, Homosexuelle und Obdachlose. Am 17.9.1991 griffen Jugendliche in Hoyerswerda – von Schaulustigen angefeuert – die Bewohner eines Ausländerwohnheims an und verletzten mehr als 30 Menschen. Ebenfalls mit Billigung von Zuschauern setzten Jugendliche am 22.8.1992 in Rostock ein Asylbewerberheim in Brand. Höhepunkte der Gewaltaktionen war ein Brandanschlag auf ein Haus in Mölln (23.11.1992), bei dem drei türkische Bewohner ums Leben kamen, sowie der Tod von fünf Türkinnen nach einem Brandanschlag in Solingen (29.5.1993).

Rechtsstaat ❑

Der R. ist eine Staatsform, in der die Staatstätigkeit durch eine auf Dauer angelegte Rechtsordnung begrenzt wird und die Rechtsstellung des einzelnen durch → Grundrechte garantiert ist. Der Begriff des bürgerlichen bzw. liberalen R. entstand im 19. Jahrhundert. Wesentliche Kennzeichen des R. sind:

– Verfassungsstaatlichkeit: Eine geschriebene Verfassung umgrenzt rechtlich die Macht des Staates und bildet gleichzeitig die für Staat und Bürger verbindliche oberste Rechtsnorm. Über deren Einhaltung wacht ein Verfassungsgericht (in der BRD das Bundesverfassungsgericht).

– Grundrechte: Das juristische Verhältnis zwischen Staat und Bürger wird durch die Grundrechte geregelt, die persönliche und politische Freiheiten sowie Rechtsgleichheit gewähren.

– Gewaltenteilung: Die Aufteilung der staatlichen Gewalt an verschiedene voneinander unabhängige Organe soll Machtmißbrauch verhindern bzw. eine Machtbalance herstellen. Es wird zwischen drei Gewalten unterschieden: → Exekutive (vollziehende Gewalt: Regierung/Verwaltung), → Judikative (rechtsprechende Gewalt: Gerichte) und → Legislative (gesetzgebende Gewalt: Parlament).

– Rechtssicherheit: Das Recht bildet die Grundlage und Schranke allen staatlichen Handelns – das Verfassungsrecht für die Gesetzgebung, die Gesetze für Verwaltung und Justiz. Dadurch soll das staatliche Handeln für die Bürger berechenbar werden. Rückwirkende Gesetzesänderungen sind grundsätzlich verboten.

– Rechtsschutz: Unabhängige Gerichte und ein gesetzlich geordneter Verfahrensweg sollen den Bürger gegenüber willkürlichen Eingriffen der Staatsgewalt schützen. Alle staatlichen Aktivitäten können durch Gerichte auf ihre Rechtmäßigkeit überprüft werden.

Grundlagen des Rechtsstaats

Das Verhältnis zwischen Staat und Recht wird seit der Antike diskutiert. Bereits der griechische Philosoph Platon forderte, daß nicht Menschen, sondern Gesetze den Staat beherrschen sollten. In Großbritannien fand das Rechtsstaatsdenken in der Idee vom «Rule of Law» seine Entsprechung, die im 16. und 17. Jahrhundert das Handeln staatlicher Organe begrenzte. In den USA stand der Gedanke des «Limited Government» Ende des 18. Jahrhunderts bei der Schaffung der amerikanischen Demokratie Pate. Mit der US-Verfassung wurden nicht nur die Menschenrechte, sondern auch die Normenkontrolle der Gerichte fixiert. Die Opposition des Bürgertums gegen den alles reglementierenden absolutistischen Staat machte den Begriff Rechtsstaat im 19. Jahrhundert in Deutschland zum Kernpunkt demokratischer Reformbewegungen.

Während der → Weimarer Republik mißlang der Versuch, einen bürgerlichen R. fest zu etablieren – trotz der Aufnahme des Grundrechtskatalogs in die Reichsverfassung. Mit Hilfe der → Notverordnungen des Reichspräsidenten konnten die Grundrechte außer Kraft gesetzt und der R. demontiert werden.

Das Grundgesetz erklärt die BRD zu einem sozialen R., dessen Ziel die Entwicklung einer Ordnung ist, die den sozialen Frieden wahrt und allen Bürgern ein menschenwürdiges Dasein sichert. Aufgrund der Erfahrungen während der nationalsozialistischen Herrschaft legten die Verfasser des Grundgesetzes besonderen Wert auf die Gewährung umfassender Grundrechte und Rechtsweggarantien.
Die Tendenz, in jedem Lebensbereich Rechtssicherheit zu gewähren, hat zu einem umfassenden Gesetzeswerk geführt, das mittlerweile für den einzelnen Bürger unüberschaubar geworden ist. Kritiker fordern deshalb eine «Deregulierung» des R. Zudem werden Klagen über ein zurückgehendes Rechtsbewußtsein laut: Immer mehr Bürger würden bestimmte Verstöße gegen Werte und Normen des R. als «Kavaliersdelikte» betrachten, was u. a. der Anstieg der Wirtschaftskriminalität (z. B. Steuerhinterziehung) belege.

Regierung

R. war ursprünglich die Bezeichnung für die leitende Tätigkeit der Staatsspitze (ausführende Gewalt oder → Exekutive), seit der Herausbildung der → Gewaltenteilung umfaßt der Begriff auch die leitenden Politiker selbst.
Die innere Struktur einer R. hängt ebenso wie ihre Funktionen von der jeweiligen Staatsform ab:
Parlamentarische Demokratie: In einer → parlamentarischen Demokratie (z. B. BRD, Österreich) setzt sie sich aus dem Chef der R. (z. B. Kanzler, Ministerpräsident, Premierminister) und den Ministern zusammen. Die vom Volk gewählten Abgeordneten des Parlaments bestimmen den Regierungschef. Dieser wählt seine Minister aus, die das Staatsoberhaupt (z. B. Bundespräsident) ernennt (und entläßt). Der Regierungschef ist dem Parlament für seine Politik verantwortlich. Die Umsetzung der R.-Politik erfolgt u. a. durch vom Parlament (→ Legislative) beschlossene Entscheidungen und Gesetze. Die Rechtmäßigkeit der R.-Maßnahmen kontrollieren in einem → Rechtsstaat die Gerichte (→ Judikative).
Präsidialsystem: Im → Präsidialsystem (z. B. Frankreich, UdSSR, USA) besteht die R. aus einem Staatspräsidenten und den von ihm benannten Ministern. Der Präsident wird in direkter Wahl bzw. über Wahlmänner und -frauen vom Volk bestimmt.
Diktatur: In → Diktaturen steht nur eine kleine Gruppe oder eine Person mit unbeschränkten Machtbefugnissen an der Staatsspitze.

Reichstag

R. ist die Bezeichnung für Volksvertretungen mit gesetzgebender Funktion, u. a. in Dänemark (Rigsdag; bis 1953), dem Deutschen Reich (bis 1945), Finnland (Eduskunta), Japan (Kokkai) und Schweden (Riksdag).
Deutschland: In Deutschland setzte sich der R. zur Zeit des Heiligen Römischen Reiches Deutscher Nation (9. Jh.–1806) aus den Kurfürsten, Fürsten und Abgesandten der Reichsstädte zusammen, die u. a. gemeinsam Steuern erließen. Der R. des Deutschen Kaiserreiches (1871–1918) verkörperte als Vertretung des Volkes zusammen mit dem

Monarchen die Reichseinheit. Er kontrollierte den Reichshaushalt und erließ – zusammen mit dem Reichsrat – Gesetze.
Während der → Weimarer Republik war der R. als oberster Träger der Staatsgewalt das eigentliche Gesetzgebungsorgan. Er konnte den Reichskanzler und seine Minister zum Rücktritt zwingen, indem er ihnen das Vertrauen entzog. Als sich im R. aufgrund weitgehender Parteienzersplitterung und der krisenbedingten Radikalisierung der politischen Ansichten keine entscheidungsfähige Mehrheit mehr fand, wurde er ab 1930 von Reichspräsident Paul von Hindenburg mit Hilfe von → Notverordnungen weitgehend ausgeschaltet. Mit seiner Zustimmung zum → Ermächtigungsgesetz entmachtete sich der R. am 23.3.1933 selbst. Während der nationalsozialistischen Herrschaft trat der R. nur noch sporadisch zusammen (letzte Sitzung am 26.4.1942). Er diente der NS-Führung als reines Akklamationsorgan.
R.-Wahlen: Die R.-Wahlen (ab 1871 allgemeines Wahlrecht für Männer) erfolgten im Deutschen Kaiserreich bis 1918 nach dem absoluten → Mehrheitswahlrecht, das zu einem Mißverhältnis zwischen den für eine Partei abgegebenen Stimmen und der Zahl ihrer R.-Abgeordneten führte. So erhielten die Sozialdemokraten 1871 zwar 3,2% der Stimmen, aber nur zwei R.-Mandate. Im Vergleich dazu zog die Welfen-Partei, die 1,6% der Deutschen wählten, mit neun Abgeordneten in den R. ein.
Um eine gerechtere Verteilung der Mandate zu erreichen, erfolgten die R.-Wahlen (Frauenwahlrecht ab 1918) während der Weimarer Republik nach dem → Verhältniswahlrecht mit gebundener Liste. Das Bemühen um eine Vertretung aller politischen Meinungen im R. führte jedoch dazu, daß auch kleinste Gruppierungen ein Mandat erhielten.
Eine Folge dieser Parteienzersplitterung waren labile Regierungen, die wegen der vielen Parteien des R. nur schwer Mehrheiten bilden konnte. Unter dem NS-Regime war bei den R.-Wahlen nur die Einheitsliste der NSDAP zugelassen.

Rentenversicherung

Die R. gewährleistet als Teil der → Sozialversicherung eine finanzielle Altersvorsorge, die zur Existenzsicherung bei Erwerbs- und Berufsunfähigkeit sowie beim altersbedingten Ausscheiden aus dem Beruf beitragen soll.
Internationale Einführung: Das R.-System in der BRD geht auf die Sozialgesetzgebung im Deutschen Kaiserreich zurück, das 1889 als erstes Land eine R. einführte. 1908 folgten die Schweiz und Großbritannien, zwei Jahre später Frankreich, 1913 die Niederlande und Schweden. Nach dem 1. Weltkrieg schufen auch Italien (1919) und Österreich (1927) eine R.; die USA zogen 1935 und Japan 1942 nach.
Im internationalen Vergleich ergeben sich zwei Modelle der R.:
Staatliche Grundversorgung: Sie stellt z.B. in Dänemark, Großbritannien, Irland und den Niederlanden das System der Altersvorsorge dar. Der Staat legt mit einer steuerfinanzierten Volksrente, die jedem Bürger zusteht, die Basis der R. Der

einzelne kann seine Rente durch private Beitragszahlungen zusätzlich aufstocken.

Öffentlich-rechtliche R.: Sie wird u.a. in Belgien, der BRD, Frankreich, Italien und Spanien praktiziert. Die finanzielle Basis dieser auf dem Sozialversicherungsmodell aufbauenden R. besteht aus Pflichtbeiträgen von Arbeitnehmern und Arbeitgebern, die durch Staatszuschüsse ergänzt werden. Die Berufstätigen führen einen bestimmten Anteil ihres Brutto-Einkommens an die Rentenkassen ab und finanzieren so die Zahlungen an die Rentner (sog. Generationenvertrag).

Angesichts einer immer höheren Lebenserwartung, des Rückgangs der Zahl der Beschäftigten und der Geburten wird von Kritikern die Absicherung der Renten für die Zukunft angezweifelt. Immer weniger Berufstätige müssen immer mehr Rentenempfänger finanzieren. Folge: Die Beiträge steigen kontinuierlich.

Reparationen

Die nach dem 1. Weltkrieg eingeführte Bezeichnung faßt die Entschädigungsleistungen zusammen, die der Sieger eines Krieges dem Besiegten zur Wiedergutmachung der entstandenen Verluste und Schäden auferlegt. Neben dem wirtschaftlichen Ausgleich der Kriegskosten sollen R. den ehemaligen Gegner politisch langfristig schwächen.

Ab 1918: Umfaßten die Kriegsentschädigungen bis 1914 Geldleistungen, die aus der Kasse des besiegten Staates zu zahlen waren, so erweiterte der → Versailler Vertrag seine R.-Forderungen auf das Privateigentum in den Verliererstaaten. Das Deutsche Reich mußte nicht nur eine Sofortzahlung von 20 Mrd. Goldmark (z. T. in Sachlieferungen) leisten, sondern auch seine Handelsflotte abtreten.

Auf der → Pariser Konferenz legten die Alliierten am 24.1.1921 u.a. die deutschen Zahlungen auf 226 Mrd. Goldmark in jährlichen Raten bis 1963 fest. Am 5.5. mußte die Reichsregierung dem Londoner Ultimatum (132 Mrd. Goldmark bis 1987) zustimmen, um eine drohende Besetzung des Ruhrgebiets (→ Ruhrbesetzung) abzuwenden.

Diese R. wurden ohne Rücksicht auf die wirtschaftliche Leistungsfähigkeit des Deutschen Reiches nach dem 1. Weltkrieg festgelegt und bedeuteten eine schwere Belastung für die politische Stabilität der → Weimarer Republik. Sie führten zum vorübergehenden Zusammenbruch der deutschen Wirtschaft und zu immer schärferen Kontroversen zwischen den demokratischen Parteien und den Rechtsextremen, die die R.-Regelungen ablehnten.

Nachdem Deutschland Anfang 1923 seine Zahlungsunfähigkeit erklärt hatte, folgte die Ruhrbesetzung durch Belgien und Frankreich sowie eine Neufestsetzung der R. – erstmals unter Mitwirkung der USA: Im sog. → Dawes-Plan wurden die Jahreszahlungen am 16.8.1924 reduziert. Der → Young-Plan (7.6.1929) legte rd. 2 Mrd. Goldmark jährlich bis 1987 fest. Erst die Haager Schlußakte der 2. → Haager Konferenz (20.1.1930) regelte die deutschen R. endgültig: 34,5 Mrd. RM bis 1988; dafür sagten die Alliierten die Räumung des Rheinlandes zu. Wegen deutscher Zahlungsprobleme schlug

der amerikanische Präsident Herbert C. Hoover am 6. 7. 1931 eine einjährige Aussetzung aller R. vor. Da sich die deutsche Finanzlage nicht besserte, sah die Konferenz von Lausanne am 9. 7. 1932 nach einer Zahlung von 3 Mrd. Goldmark – die nicht mehr geleistet wurde – das Ende der deutschen R. vor.
Ab 1945: Nach dem 2. Weltkrieg zogen die Alliierten R.-Leistungen auch durch → Demontage ganzer Industrieanlagen, durch Zwangsarbeit sowie in Form von Sachleistungen ein (Beschlagnahme der Handelsflotte, von Patenten und Lieferungen aus laufender Produktion). 1953 wurden die westdeutschen R.-Zahlungen mit dem Londoner Schuldenabkommen beendet, 1954 stellte die DDR ihre R. ein. Davon unberührt blieben Leistungen zur → Wiedergutmachung, die seit den 50er Jahren insbesondere an Israel gezahlt wurden.

Republik ❑

Als R. wird jede Staatsform ohne monarchisches Oberhaupt oder Diktator bezeichnet. Dementsprechend ist das Volk bzw. ein Teil desselben Träger der Macht in einer R., in der als Regierungsform neben der → Demokratie auch die → Oligarchie (Herrschaft einer kleinen Gruppe) und die → Plutokratie (politische Macht wird durch Besitz bestimmt) möglich ist. Die Macht des obersten Staatsorgans ist zeitlich befristet. Im 20. Jahrhundert bildeten sich neben der parlamentarisch-demokratischen R. (z. B. in der BRD) auch präsidiale R. (z. B. in Frankreich) sowie Räte-R. (→ Rätedemokratie) oder sozialistische Volks-R. (z. B. in der UdSSR) heraus.

Grundlagen der Republik

Schon im 6. Jahrhundert v. Chr. durften Teile des Volkes in griechischen Stadtstaaten (z. B. Athen, Korinth) politisch mitbestimmen. Im 4. Jahrhundert v. Chr. besaßen in Rom neben den Patriziern auch Plebejer politisches Mitspracherecht. Ab 1172 wurde der Herrscher Venedigs (Doge) von einem Großen Patrizierrat kontrolliert. 1291 schlossen sich die Gemeinden Schwyz, Unterwalden und Uri zur Schweizer Eidgenossenschaft zusammen, in der reiche Bauern und der Adel die politische Macht besaßen.
Nach der Revolution in England und der Hinrichtung König Karls I. wurde das Land unter Führung Oliver Cromwells faktische Republik. Mit der Französischen Revolution Ende des 18. Jahrhunderts entstand eine republikanische Bewegung, die mit der Republik die Verwirklichung der Volkssouveränität anstrebte.

Republik von Salò

Die nach ihrem Amtssitz am Gardasee benannte Italienische Soziale Republik wurde am 15. 9. 1943 von Benito Mussolini unter dem Schutz der deutschen Wehrmacht gegründet. Der Faschistenführer war als italienischer Staatschef wenige Monate vorher gestürzt und nach seiner Inhaftierung von deutschen Fallschirmjägern befreit worden. Sein Nachfolger, Marschall Pietro Badoglio, hatte Frieden mit den Alliierten geschlossen, an deren Seite Italien in den Krieg gegen Deutschland eingetreten war.
Die Gründung der R. war Mussolinis letzter – gescheiterter – Versuch, die Macht zurückzuerobern. Der voll-

ständig unter deutscher Kontrolle stehende faschistische Staat, der zunächst noch das von Deutschen besetzte Gebiet zwischen den Alpen und Rom umfaßte, wurde von einer immer stärkeren, von den Alliierten unterstützten antifaschistischen Partisanenbewegung bekämpft und verkleinerte sich zusehends. Bei dem Versuch, sich in die Schweiz abzusetzen, wurde Mussolini am 28.4.1945 von Partisanen ermordet.

Republikanische Partei ❑

Neben der → Demokratischen Partei ist die R. die zweite große politische Organisation der USA. Die auch als «Grand Old Party» bezeichnete R. formierte sich 1854 mit Abraham Lincoln an der Spitze, um eine Ausbreitung der Sklaverei zu verhindern. Die konservativ bestimmte Partei strebt auf wirtschaftlichem Gebiet einen Abbau des staatlichen → Interventionismus und des Wohlfahrtsstaates zugunsten der Eigeninitiative des einzelnen an.

Ende des 19. Jahrhunderts galt die R. vornehmlich als Vertreterin der Interessen von Industrie und Bankkapital. Unter US-Präsident Theodore Roosevelt öffnete sich die Partei 1901–09 für gesellschaftliche und soziale Reformen, blieb jedoch weiterhin die dominierende Wirtschaftspartei. Die → Watergate-Affäre, die den republikanischen US-Präsidenten Richard Nixon 1974 zum Rücktritt zwang, schmälerte das Ansehen der Partei.

Anfang der 80er Jahre verfolgten die Republikaner unter der Führung von Präsident Ronald Reagan einen neokonservativen Kurs. Die internationale Führungsposition der Vereinigten Staaten sollte u. a. durch Aufrüstung (→ SDI) gestärkt, ein Wirtschaftsaufschwung mit Hilfe von Steuersenkungen und dem Abbau staatlicher Sozialausgaben bewirkt werden (→ Reagonomics).

US-Präsidenten der Republikanischen Partei im 20. Jahrhundert

1897–1901	William McKinley
1901–09	Theodore Roosevelt
1909–13	William H. Taft
1921–23	Warren G. Harding
1923–29	Calvin Coolidge
1929–33	Herbert C. Hoover
1953–61	Dwight D. Eisenhower
1969–74	Richard M. Nixon
1974–77	Gerald R. Ford
1981–89	Ronald W. Reagan
1989–93	George Bush

Résistance

Die französische Widerstandsbewegung (→ Widerstand) formierte sich ab 1940 nach der französischen Niederlage im 2. Weltkrieg und kämpfte gegen die deutsche Besatzung und die → Kollaboration der von Marschall Philippe Pétain geführten → Vichy-Regierung. Ihren entscheidenden Anstoß erhielt die R. durch eine über die BBC verbreitete Rede des im Londoner Exil lebenden Generals Charles de Gaulle (18.6.1940). Er rief die aus zahlreichen unabhängigen, meist linksgerichteten Gruppen bestehende R. zu einer Weiterführung des Kampfes aus dem Untergrund auf.

Mit Flugblättern, Streiks, Anschlägen auf deutsche Nachschubwege und Fluchthilfeunternehmen sorgte die R. für ständige Unruhe unter den

Deutschen. Trotz einer zunehmenden Zahl von Sympathisanten bildete die R. eine Minderheit in der französischen Bevölkerung.
Nach der Landung der → Alliierten im Juni 1944 organisierte die inzwischen zum Teil militärisch aufgebaute R. in einigen Departements unter hohen Verlusten Aufstände gegen die deutschen Besatzer; insgesamt hatte die R. rd. 100000 Opfer zu beklagen. In der Folgezeit beteiligte sich die R. an der militärischen Befreiung des Landes. Nach dem Sieg über Deutschland forcierte die R. die Verurteilung und Hinrichtung zahlreicher Kollaborateure.

Revanchismus

Das politische Schlagwort kennzeichnet die nationalistische Forderung nach Vergeltung angeblich oder tatsächlich erlittenen Unrechts. R. kann auf die Rückgewinnung im Krieg verlorener Gebiete oder auf die Revision aufgezwungener (Reparations-)Verträge gerichtet sein.
Revanchistische Ziele verfolgte z. B. die französische Außenpolitik gegenüber dem Deutschen Reich, nachdem Frankreich im Deutsch-Französischen Krieg 1870/71 Elsaß-Lothringen abtreten mußte. Die Aufhebung des → Versailler Vertrags beherrschte ab 1919 in der → Weimarer Republik die revanchistisch ausgerichtete Agitation nationaler Kreise. Nach dem 2. Weltkrieg vertraten Teile der Vertriebenenverbände in der BRD das revanchistische Ziel, die «deutschen Ostgebiete» wiederzugewinnen, um so die Rückkehr in ihre – mittlerweile polnische, russische oder tschechoslowakische – Heimat zu ermöglichen. Im Zuge des → Kalten Kriegs wurde R. zunehmend zum Kampfbegriff des Ostens gegen die Außenpolitik des Westens: Dieser wollte die durch den 2. Weltkrieg geschaffenen Fakten (z. B. Existenz der sozialistischen Staaten) nicht anerkennen.

Revisionismus

1. Völkerrechtlich bezeichnet R. den Versuch, nachteilige Regelungen für das eigene Land in internationalen Verträgen rückgängig zu machen.
2. R. ist eine Entwicklung in der deutschen → Sozialdemokratie zu Beginn des 20. Jahrhunderts. Entgegen der herrschenden sozialistischen Auffassung, den → Sozialismus durch Revolution – also Bekämpfung des bürgerlichen Staates – zu verwirklichen, propagierten reformerische Kräfte der SPD einen neuen Ansatz: Die Umgestaltung der Gesellschaft sollte innerhalb des herrschenden Systems – also durch legale Parlamentsmehrheiten – erreicht werden. Zu den Hauptvertretern des R. gehörte Eduard Bernstein. Er entwarf eine Reformtheorie, in der die Prinzipien des → Marxismus erstmals abgelehnt wurden.
Marxisten und Kommunisten lehnten den R. ab; die kommunistischen Parteien gingen kompromißlos gegen Abweichler in ihren Reihen vor. Der R. spaltete die Linke und bildete die Grundlage sowohl des → Demokratischen Sozialismus als auch des sog. → Dritten Wegs zum Sozialismus, wie er z. B. in Jugoslawien nach 1945 versucht wurde.

Revolution ❑

Im weiteren Sinne wird mit R. die Umwälzung von Bestehendem, im engeren Sinne ein Umsturz bezeichnet, der eine grundlegende Umgestaltung der politisch-sozialen Ordnung nach sich zieht. Auslöser von R. sind z. B. gesellschaftliche Konflikte oder Mißstände sowie Vertrauenskrisen zwischen Bevölkerung und Regierung. Der Umsturz kann, muß aber nicht, mit Gewalt verbunden sein. Beispiele für friedliche R. sind die Umwälzungen in vielen osteuropäischen Staaten 1989/90.

Zur Behauptung der eigenen Machtposition kann eine Regierung eine R. von oben durchführen. Um seiner drohenden Entmachtung durch orthodoxe Kritiker zu entgehen, führte der chinesische Parteichef Mao Zedong 1966–69 die → Kulturrevolution durch. Auch der Versuch, mit Hilfe staatlicher Reformen eine R. des Volkes (R. von unten) zu verhindern, wird häufig als R. von oben bezeichnet.

R. werden nicht nur nach ihrer Ausrichtung (politische oder soziale R.) und ihrem Bezugsrahmen (nationale R., Welt-R.), sondern auch nach ihren Trägern unterschieden:

Bürgerliche R.: Sie war vornehmlich ein Kennzeichen des 17.–19. Jahrhunderts, richtete sich gegen Klerus und Adel und führte zu einer bürgerlichen Gesellschaft, in der sich häufig die kapitalistische Wirtschaftsordnung durchsetzte (z. B. im 18. Jahrhundert in den USA). Die bürgerliche R. in Rußland (1905) beschnitt die Herrschaft des Zaren durch die Einführung eines Parlaments (→ Duma). Nach der → Februar-R. in Rußland (1917) mußte der Zar abdanken; eine bürgerliche Regierung unter Alexander F. Kerenski übernahm kurzzeitig die Macht.

Proletarische R.: Wie in den politischen Theorien von Karl Marx und Friedrich Engels beschrieben, zielt sie auf die Befreiung der industriellen Arbeiterschaft vom Joch des Kapitalismus. Nach Marx ist die Entwicklung einer Gesellschaft von der Abhängigkeit im Feudalismus über die Klassengesellschaft des → Kapitalismus hin zur Gleichheit aller Menschen im → Sozialismus und letztendlich im klassenlosen → Kommunismus ein zwangsläufiger historischer Prozeß (→ Historischer Materialismus). Die russische → Oktoberrevolution wird häufig als Beispiel für diesen Typus der R. angeführt, obwohl die Wirtschaft Rußlands zu diesem Zeitpunkt noch vorwiegend agrarisch geprägt war. Wladimir I. Lenin paßte die R.-Theorie des → Marxismus daher an die spezifischen Verhältnisse in seinem Land an (→ Leninismus): Das revolutionäre Bewußtsein des Volkes könne erst nach erfolgreichem Umsturz entwickelt werden.

Agrarische R.: Sie ist charakteristisch für R. in der Dritten Welt. Der Führer der Kommunistischen Partei Chinas, Mao Zedong, beschrieb den Guerillakampf der unterdrückten Agrarbevölkerung als Vorstufe zum Sozialismus (→ Maoismus).

Nationale R.: Während sozialistische R. aufgrund der marxistischen Theorie zwangsläufig von einer Welt-R. ausgingen (alle Länder durchlaufen die Entwicklung zum bürgerlich-kapitalistischen Staat und werden dann durch die proletarische R. zum Sozialismus geführt), beschränkt sich die nationale R. nur auf jeweils einen Staat: Sie bezeichnet zumeist das Streben der vom → Ko-

Bedeutende Revolutionen im 20. Jahrhundert

1911, China: Die Revolution beendete die Mandschu-Dynastie. Kaiser Pu Yi mußte abdanken, Sun Yatsen wurde erster Präsident der chinesischen Republik.
1911–20, Mexiko: Die agrarrevolutionäre Bewegung Emiliano Zapatas erzwang 1911 den Sturz des Diktators Porfirio Díaz. 1920 gab Anführer Pancho Villa nach dem Tod Zapatas (1919) den Kampf um die Landreform auf.
1917, Rußland: Infolge der → Februarrevolution dankte Zar Nikolaus II. ab; Rußland wurde Republik. Durch die erste sozialistische → Oktoberrevolution übernahmen die Bolschewiki unter Wladimir I. Lenin die Macht, die sie im folgenden Bürgerkrieg behaupteten.
1918, Deutsches Reich und Österreich: Die → Novemberrevolution beseitigte die Monarchien. Beide Länder wurden zu parlamentarischen Republiken.
1959, Kuba: Zusammen mit Ernesto «Che» Guevara erzwang Guerillaführer Fidel Castro den Sturz des Diktators Fulgenico Batista y Zaldívar. Der Inselstaat wurde sozialistisch.
1966–69, China: Durch die → Kulturrevolution verhinderte Mao den drohenden Revisionismus des chinesischen Sonderwegs zum Kommunismus.
1986, Philippinen: Nach freien Präsidentschaftswahlen reklamierten Oppositionsführerin Corazón Aquino und der bisherige Diktator Ferdinand Marcos den Sieg für sich. Ein friedlicher Volksaufstand erzwang Marcos' Ausreise.
1979, Iran: Die islamische Revolution führte zum Sturz Schah Mohammad Resa Pahlawis. Neuer geistiger und politischer Führer wurde der Ajatollah Ruhollah Mussawi Khomeini.
1989, DDR: Durch eine friedliche Revolution erzwang das Volk den Fall der Mauer und den Sturz der SED-Regierung.

lonialismus unterdrückten Völker nach Eigenständigkeit. Der Versuch, die nationale Identität durch R. zu entwickeln, führte in den Ländern der Dritten Welt seit den 60er Jahren zu jahrelanger politischer Instabilität, die sich in → Bürgerkriegen, → Konter-R. und → Putschen äußerte.

Religiös motivierte R.: Mit der islamischen R. im Iran, bei der der Ajatollah Ruhollah Mussawi Khomeini 1979 die Herrschaft von Schah Mohammad Resa Pahlawi beendete und einen islamischen Gottesstaat aufbaute (→ Islamisierung), hatte erstmals im 20. Jahrhundert eine religiös motivierte R. Erfolg. In den 80er und 90er Jahren versuchten fundamentalistische Kräfte, die islamische R. auch auf andere arabische Staaten auszudehnen (z. B. Algerien).

Nach dem Ende der ideologischen Auseinandersetzung zwischen sozialistischen und kapitalistischen Staaten sowie der weitgehenden nationalen Selbstbestimmung aller Völker spielen R. eine zunehmend geringere Bedeutung in der Weltpolitik. Ins Blickfeld rückt eine neue Form revolutionärer Veränderungen – das Streben regionaler Volksgruppen nach Autonomie vom zuvor einenden staatlichen Bund (beispielsweise in mehreren ehemaligen Sowjetrepubliken).

RGW

Der **R**at für **G**egenseitige **W**irtschaftshilfe (englisch: COMECON; Council for Mutual Economic Assistance) war das Wirtschaftsbündnis der zentralplanwirtschaftlichen sozialistischen Staaten vor allem in Osteuropa. Der RGW wurde 1949 von Bulgarien, Polen, Rumänien, der Tschechoslowakei und Ungarn unter Führung der Sowjetunion mit Sitz in Moskau gegründet. Zunächst stellte er eine Art Ausgleich für die Hilfeleistungen des → Marshall-Plans an Westeuropa dar, deren Annahme den osteuropäischen Ländern von Josef W. Stalin verboten worden war. Der RGW sollte zudem ein Gegengewicht zu den marktwirtschaftlich organisierten, kapitalistischen westlichen Industriestaaten bilden und die wirtschaftliche und technische Zusammenarbeit der Mitgliedsstaaten fördern. Durch Spezialisierung der teilnehmenden Volkswirtschaften und ein zentrales Verrechnungssystem über sog. Transfer-Rubel wurde die Abhängigkeit von der UdSSR gewährleistet. 1950 kam die DDR als Mitglied hinzu. Das 1949 beigetretene Albanien stellte die aktive Mitarbeit 1962 ein. Die Mongolei gehörte dem RGW ab 1962 an, Kuba folgte 1972, Vietnam 1978. Jugoslawien war ab 1964 assoziiert. Nach der beginnenden Einführung der Marktwirtschaft in den Teilnehmerstaaten und dem Zusammenbruch der sozialistischen Staaten wurde der RGW 1991 aufgelöst. Der 1990 geplante Nachfolger (Organisation für internationale Zusammenarbeit; OIWZ) kam nicht zustande.

Rheinische Republik

Nach dem 1. Weltkrieg strebte eine konfessionell-separatistische Bewegung die Errichtung einer R. an. Dieser vom Deutschen Reich unabhängige Staat für «alle rheinischen Stammesteile» sollte in dem von den Alliierten besetzten Rheinland entstehen. Die beiden zwischen 1919 und 1923 unternommenen und von Frankreich unterstützten Versuche, eine autonome R. auszurufen, scheiterten am Widerstand der Bevölkerung. Die sog. Schlacht am Ägidienberg (16.11.1923) brachte die Entscheidung zugunsten der Reichsbefürworter. Als sich daraufhin auch die französische Regierung von den Plänen der Separatisten distanzierte, brach die Bewegung zusammen. Analoge Separationsversuche gab es 1919 und 1923 in Speyer (Pfälzische Republik).

Rifkabylen

Die Berberstämme, die im zentralen und östlichen Teil des marokkanischen Atlasgebirges (Rif) leben, erhoben sich 1919 gegen die spanische Kolonialherrschaft und riefen eine unabhängige islamische Republik aus. Zur Niederschlagung des Freiheitskampfes setzten die durch französische Verbände unterstützten spanischen Streitkräfte erstmals Giftgasbomben mit dem Hautgift Lost ein. 1926 kapitulierte der Führer der R., Abd El-Krim; die Kämpfe gingen jedoch bis 1934 weiter.

Riga, Friede von

Der am 18.3.1921 von Polen und Sowjetrußland unterzeichnete Vertrag beendete den → Polnisch-Russischen Krieg und legte als letzter einer Reihe von Friedensverträgen die russische Westgrenze fest. Polen konnte sein Staatsgebiet über die 1919 gezogene → Curzon-Linie hinaus ausdehnen und wurde durch litauische, russische und ukrainische Minderheiten zum Vielvölkerstaat.

Rio-Konferenz

1. Im Verlauf der Konferenz der selbständigen amerikanischen Staaten in Petropolis bei Rio de Janeiro unterzeichneten die teilnehmenden Länder am 2.9.1947 einen Vertrag über den gegenseitigen Beistand. Dieser sog. Riopakt legte fest, daß der Angriff auf einen amerikanischen Staat als Angriff gegen alle amerikanischen Staaten gewertet werden sollte. Die damit verbundene Verpflichtung zur solidarischen Unterstützung wurde auch in die Charta der 1948 gegründeten Organisation Amerikanischer Staaten (→ OAS) aufgenommen.

2. Bei der als Rio-Konferenz nach dem Tagungsort Rio de Janeiro bezeichneten Tagung sollten Vertreter aus 170 Staaten Maßnahmen zum Umweltschutz vereinbaren. Zwar wurden die Industrienationen als größte Verursacher der Umweltverschmutzung ausgemacht, das Abschlußpapier vom 3.6.1992 enthielt außer Absichtserklärungen jedoch nur wenig Konkretes: Die Industriestaaten erhöhten ihre Entwicklungshilfe auf 0,7% des jeweiligen Bruttosozialprodukts, die von 140 Ländern unterzeichnete Klimaschutzkonvention sieht die künftige Begrenzung des weltweiten Kohlendioxidausstoßes auf dem Stand von 1990 vor, ohne einen genauen Zeitpunkt für die Realisierung zu nennen.

Röhmputsch

R. ist die von den Nationalsozialisten geprägte Bezeichnung für einen angeblichen Umsturzversuch der von Ernst Julius Röhm geführten → SA Ende Juni 1934. In Wirklichkeit war der «Putsch» eine gesteuerte Mordaktion gegen die innerparteiliche Opposition. Die von Adolf Hitler persönlich geleitete, von → Gestapo und → SS organisierte und per Gesetz vom 3.7.1934 legitimierte «Staatsnotwehr» forderte mehrere hundert Todesopfer. Ihr Ziel war es

- die SA auszuschalten, deren Mitglieder größtenteils noch nicht mit den Ergebnissen der nationalsozialistischen Politik zufrieden waren;
- die Machtposition Hitlers nachhaltig zu festigen;
- die finanzstarken konservativen Kreise zu beschwichtigen, die eine von der SA propagierte zweite nationalsozialistische Revolution befürchteten;
- die Reichswehr von der Konkurrenz der SA zu befreien, nachdem die Forderung Röhms, die Reichswehr im Volksheer der SA aufgehen zu lasssen, Hitlers Pläne von einem klassischen Kaderheer bedrohten.

Die Ermordung der SA-Führung erfolgte anläßlich einer Tagung in Bad Wiessee am 30.6.1934 (sog. Nacht der langen Messer). In den folgenden zwei Tagen wurden weitere der NS-Spitze unliebsame Personen beseitigt, wie z.B. die vom Nationalsozialismus enttäuschten Rechtskonservativen Kurt von Schleicher und Gustav von Kahr.

Rollback

Das 1950 von dem amerikanischen Politiker John Foster Dulles vor dem Hintergrund des → Kalten Krieges entwickelte außenpolitische Konzept des «Zurückrollens» des Kommunismus richtete sich gegen die kommunistische Machterweiterung der Sowjetunion in einigen Staaten Asiens, Ost- und Mitteleuropas. Das R. löste als Primat der Außenpolitik Harry S. Trumans Konzept des Containment ab, das von Anhängern des R. als zu passiv gegenüber der UdSSR kritisiert wurde.

Die Strategie des späteren US-Außenministers Dulles ging von der nuklearen Überlegenheit der USA aus, um ständigen politischen Druck auf die UdSSR auszuüben. Dabei nahm die Politik des R. das Risiko eines Krieges bewußt in Kauf, um eine globale Umverteilung der Macht zu erreichen. Als Außenminister versuchte Dulles, den R. mit Hilfe von Militär- und Sicherheitsbündnissen (→ CENTO, → SEATO) sowie durch die Androhung eines Atomschlags umzusetzen.

Römische Verträge

Die am 25.3.1957 in Rom zwischen Belgien, der BRD, Frankreich, Italien, Luxemburg und den Niederlanden geschlossenen Abkommen begründeten die Europäische Wirtschaftsgemeinschaft (EWG; → EU) und die Europäische Atombehörde (→ EURATOM). Die R. bedeuteten – nachdem 1955 die Gründung einer Europäischen Verteidigungsgemeinschaft (→ EVG) und einer Europäischen Politischen Gemeinschaft gescheitert war – einen ersten wichtigen Schritt zur Einigung Europas. Die EWG bestimmte und förderte fortan die europäische Integrationspolitik. Bis 1969 sollte ein gemeinsamer Markt installiert und die wirtschaftliche Zusammenarbeit abgestimmt werden. Dazu wurden zunächst eine Zollunion und freier Warenaustausch vereinbart. Zweck der EURATOM war die Erforschung, Koordination und friedliche Nutzung von Atomenergie.

Rotationsprinzip

Nach dem R. muß der Inhaber eines Amtes nach Ablauf eines bestimmten Zeitraums seine Funktionen an einen Nachfolger abgeben. Das Verfahren geht auf das von Pierre Joseph Proudhon und Karl Marx entwickelte basisdemokratische Rätesystem (→ Rätedemokratie) zurück. Es will Machtkonzentration und Bestechlichkeit von Funktionsträgern vermeiden, die Nähe der Abgeordneten zu den Wählern sicherstellen und möglichst viele Personen an gesellschaftlichen Entscheidungsprozessen beteiligen.

In der BRD wurde das R. zu Beginn der 80er Jahre von den → Grünen propagiert. Die alle zwei Jahre durchgeführte Neubesetzung von Parteiamtern, Bundestags- und Landtagssitzen wirkte sich jedoch negativ auf die Kontinuität der politischen Arbeit aus. 1991 wurde das R. im Bundesvorstand der Grünen abgeschafft.

Rote Armee

Die Rote Armee der Arbeiter und Bauern (RKKA) wurde im Januar 1918 per Dekret des Rates der Volkskommissare als Streitmacht Sowjetrußlands gegründet. Ab Februar 1918 stand die 100000 Mann zählende R. unter Oberbefehl des Volkskommissars für Krieg, Leo Trotzki. Er baute das Freiwilligenheer u.a. durch Einführung der allgemeinen Wehrpflicht und die Einrichtung von Ausbildungsstätten bis zu seinem Sturz 1925 zu einem Instrument der von ihm angestrebten Weltrevolution aus.

1937 schwächte die stalinistische Säuberungswelle die auf 1,4 Mio. Soldaten erweiterten Streitkräfte: Tausende Offiziere fielen dem Terror zum Opfer und wurden durch stalintreue Führungskräfte ersetzt. Nach hohen Verlusten im Sowjetisch-Finnischen Winterkrieg (1939/40) und anfänglichen Niederlagen im 2. → Weltkrieg gegen die deutsche Wehrmacht brachte die Schlacht um → Stalingrad 1942/43 die militärische Wende zugunsten der R.

Nach dem Krieg wurde die R. in «Sowjetarmee» umbenannt. Als «Garant des Friedens» sicherten Truppenteile die sowjetische Vorherrschaft in den sozialistischen Staaten Osteuropas. Das Eingreifen der Sowjetarmee, z.B. in der DDR (1953), Ungarn (1956) und der Tschechoslowakei (1968), stabilisierte die Macht gefährdeter kommunistischer Regierungen gegenüber dem aufbegehrenden Volk.

Die militärische Intervention der R. in Afghanistan zur Unterstützung der kommunistischen Regierung geriet ab 1979 zu einem verlustreichen Krieg, der 1988 mit dem Rückzug der Truppen endete. Den politischen Reformen von KPdSU-Chef Michail Gorbatschow (→ Perestroika) stand die reaktionär eingestellte Armeeführung kritisch gegenüber. 1991 unterstützte ein Teil des Militärs den erfolglosen Putschversuch orthodoxkommunistischer Politiker gegen Gorbatschow. Mit der Auflösung der Sowjetunion im Dezember 1991 wurden die Streitkräfte unter das gemeinsame Oberkommando der zwölf neugebildeten souveränen Mitgliedsstaaten der Gemeinschaft Unabhängiger Staaten (→ GUS) gestellt.

Rote Armee Fraktion

→ RAF

Rote Brigaden

Die linksgerichtete Terrororganisation in Italien (italienisch: Brigate rosse) ging 1970 aus dem extremen Flügel der italienischen Studentenbewegung hervor. Ziel ihrer Attentate, Bombenanschläge und Entführungen war die Zerstörung des bestehenden Gesellschaftssystems. Verbindungen der R. bestanden u.a. zur deutschen → RAF, der französischen Action Directe sowie zur baskischen → ETA.

Die Entführung und Ermordung des christdemokratischen Politikers und ehemaligen italienischen Ministerpräsidenten Aldo Moro durch die R. löste 1978 eine Staatskrise aus (→ Aldo-Moro-Affäre). Nach zahlreichen Fahndungserfolgen gegen Mitglieder der R. zu Beginn der 80er Jahre setzte ab 1987 eine neue Terrorwelle der Organisation ein. Mitte der 90er Jahre sind die R. weitgehend bedeutungslos geworden.

Rote Kapelle

R. ist die von der deutschen → Gestapo geprägte Bezeichnung für ein in Westeuropa operierendes sowjetisches Spionagenetz im 2. Weltkrieg. Das kommunistisch gelenkte Widerstandsnetz wurde seit 1938 von dem aus Polen stammenden Leopold Trepper, Oberst des sowjetischen militärischen Geheimdienstes, zur Bekämpfung der NS-Herrschaft aufgebaut.
Die Aktivitäten der deutschen Sektion der R., die neben der Weitergabe von Informationen über Agenten, Aufmarschpläne und neue Waffen auch das Verteilen von Flugblättern und illegalen Zeitungen umfaßte, zielten auf eine militärische Schwächung des Deutschen Reichs. Ziel war die schnelle siegreiche Beendigung des 2. Weltkriegs und die Errichtung einer sozialistischen Republik in Deutschland.
Die deutsche Abwehr bildete im Juli 1942 ein Sonderkommando K., das die R. enttarnte: 600 Personen kamen in Haft, rd. 60 führende Mitglieder wurden hingerichtet.

Rote Khmer ❑

R. ist die Bezeichnung für die kommunistischen Guerillaverbände Kambodschas. Als südvietnamesische Truppen mit Unterstützung der USA in Kambodscha einrückten, Präsident Norodom Sihanouk 1970 entmachteten und eine von Vietnam abhängige Regierung unter General Lon Nol einsetzten, begann ein Bürgerkrieg, der 1975 mit dem Sieg der R. unter Führung Pol Pots endete.
In der Folgezeit errichteten die R. ein Terrorregime, dem über 1 Mio. Menschen zum Opfer fielen. Der Einmarsch vietnamesischer Truppen nach Kambodscha stürzte 1979 das Regime der R., die sich zum Dschungelkampf in den Nordwesten des Landes zurückzogen. Erst elf Jahre später kam es zu einem Waffenstillstand und zum Abzug der vietnamesischen Verbände. Trotz zahlreicher Versuche, die R. 1995 in die neugewählte kambodschanische Regierung einzubinden, setzten die Kommunisten ihren Guerillakampf fort.

Pol Pot
(* 19. 5. 1928)
Der Absolvent einer buddhistischen Klosterschule baute nach dem Sieg im Bürgerkrieg ab 1975 den sog. Steinzeitkommunismus auf: Er verbot das Leben in Städten, schickte die städtische Bevölkerung zur «Umerziehung» aufs Land, verfolgte und ermordete Intellektuelle und Oppositionelle. Nach dem Einmarsch vietnamesischer Truppen floh Pol Pot 1979 ins Grenzgebiet zu Thailand, wo er sich seitdem versteckt halten soll.

Norodom Sihanouk
(* 31. 10. 1922)
Der kambodschanische König (1941 – 55 und seit 1993) erreichte nach dem → Indochinakrieg den Abzug der französischen Truppen und ließ sich 1955 zum Ministerpräsidenten wählen (ab 1960 Staatschef). 1970 durch einen Militärputsch entmachtet, kehrte Sihanouk als Integrationsfigur seines Landes 1993 aus dem Exil zurück.

Roter Frontkämpferbund

Die Schutz- und Wehrorganisation der → KPD wurde 1924 in der → Weimarer Republik als Gegenge-

wicht zum rechtsgerichteten → Stahlhelm und zum sozialdemokratischen Reichsbanner Schwarz-Rot-Gold gegründet. Unter seinem Vorsitzenden Ernst Thälmann entwickelte sich der R. zu einer Kampforganisation, die u.a. bei Versammlungen für den Schutz sowie auch für die militärische Schulung der KPD-Mitglieder zuständig war. Thälmann benutzte seine Kampfgruppen auch für zahlreiche propagandistische Massenaufmärsche.
Ab Ende der 20er Jahre lieferte sich der R. insbesondere mit Anhängern der → NSDAP Auseinandersetzungen. 1929 wurde er nach einer blutig verlaufenen 1.-Mai-Demonstration in Berlin verboten, jedoch in der Illegalität weitergeführt. Nach 1933 zerschlugen Nationalsozialisten die Organisation und verfolgten deren Mitglieder.

Ruhrbesetzung

1923 nahmen Belgien und Frankreich einen Rückstand der deutschen Holzlieferungen – Bestandteil der vom → Versailler Vertrag 1919 festgelegten Reparationsleistungen – zum Anlaß, das Ruhrgebiet am 11.1.1923 zu besetzen. Die Besatzungsmacht verhängte den Belagerungszustand und unterstellte die industrielle und staatliche Verwaltung ihrer Kontrolle. Das Ruhrgebiet wurde durch eine Zoll- und Paßgrenze vom übrigen Deutschen Reich abgetrennt. Die deutsche Reichsregierung unter Reichskanzler Wilhelm Cuno reagierte mit dem Stopp aller Reparationslieferungen an Belgien und Frankreich und rief die Bevölkerung des Ruhrgebiets zum passiven Widerstand (u.a. Arbeitsniederlegung) auf. Gleichzeitig geriet die Reichsregierung aufgrund der sich verschlechternden wirtschaftlichen Lage in eine schwere Krise – die finanzielle Unterstützung der 2 Mio. zwangsweise Arbeitslosen im Ruhrgebiet verschärfte die Inflation; separatistische Bewegungen und Unruhen gefährdeten die Reichseinheit. Reichskanzler Cuno mußte zurücktreten, sein Nachfolger Gustav Stresemann brach den Ruhrkampf ab. Die R. wurde im August 1925 aufgehoben, nachdem der → Dawes-Plan die deutschen → Reparationen neu geregelt hatte.

Russisch-Japanischer Krieg

Die russische Wirtschaftsexpansion im Fernen Osten führte Ende des 19. Jahrhunderts zu Spannungen zwischen dem Zarenreich und der aufstrebenden Industrie- und Militärmacht Japan. Als die Russen Anfang 1904 japanische Verständigungsvorschläge über die Abgrenzung beider Einflußbereiche in Korea ablehnten, brach Japan die diplomatischen Beziehungen ab und vernichtete am 9.2.1904 ohne vorherige Kriegserklärung die russische Ostasienflotte in Port Arthur.
Im folgenden Land- und Seekrieg mußte Rußland schwere Niederlagen hinnehmen. Der von den USA vermittelte Frieden von Portsmouth (5.9.1905) regelte u.a. den russischen Verzicht auf Korea und Süd-Sachalin. Japan errang durch den Krieg die Vormachtstellung in Ostasien. In Rußland löste die Niederlage schwere Unruhen (1905: Revolution) und eine kurzfristige Liberalisierung der Innenpolitik aus. Die za-

ristische Außenpolitik wandte sich verstärkt dem Nahen Osten zu.

Rüstung

Im weiteren Sinne bezeichnet R. alle Vorbereitungen, die ein Staat oder ein Bündnissystem trifft, um Angriffe abzuwehren oder Kriege vorzubereiten und zu führen (→ Aufrüstung). Im engeren Sinne umfaßt R. Art und Stand der Bewaffung, die Stärke der Streitkräfte sowie alle militärisch verwendbaren Güter, Dienstleistungen und Einrichtungen eines Landes oder Bündnissystems.
R. verkörpert seit Jahrhunderten die Macht eines Staates. Auf internationaler Ebene hat sie als Mittel zur Selbstbehauptung die Funktion, eine gewaltsame Einflußnahme von außen zu verhindern bzw. abzuwehren. Im eigenen Land kann R. dazu eingesetzt werden, die Herrschaft im Inneren zu sichern. So setzte die chinesische Regierung 1989 Panzereinheiten ein, um Protestaktionen von Studenten auf dem Platz des Himmlischen Friedens in Peking zu beenden.
In der ersten Hälfte des 20. Jahrhunderts war R. eine nationale Angelegenheit: Vor allem die imperialistischen Staaten mußten zur Sicherung ihrer außenpolitischen Gebietsansprüche größere R.-Programme finanzieren. Vor dem 1. Weltkrieg rivalisierten insbesondere das Deutsche Reich und Großbritannien im Bereich der Flottenrüstung. Während des Kriegs kamen R.-Anstrengungen bei Panzern und – erstmals – Flugzeugen hinzu. Obwohl dem Deutschen Reich nach 1918 die Aufrüstung verboten war, begann das nationalsozialistische Deutschland nach 1933 das bis dahin größte deutsche R.-Programm, um das Land auf den 2. Weltkrieg vorzubereiten.
Nach dem 2. Weltkrieg ging die zuvor national ausgerichtete europäische R. in die Zuständigkeit internationaler Militärbündnisse über. Zu den Rahmenbedingungen, die die R.-Politik eines Landes nach 1945 bestimmen, gehören:
Aktuelle Konfliktsituation: Sie ergab sich von 1945 bis 1990 vor allem aus dem → Kalten Krieg und der daraus resultierenden Bildung der militärischen Blöcke (→ NATO und → Warschauer Pakt). Nach der Auflösung des Warschauer Paktes 1991 entstand mit dem Zerfall der UdSSR, der Nationalitätenfrage auf dem Balkan und den wirtschaftlichen Problemen der → Dritten Welt eine Vielzahl neuer, schwer kontrollierbarer Konfliktherde. 1993 gab es weltweit rd. 60 Kriege und militärische Auseinandersetzungen.
Nuklearstrategie: Die Nuklearstrategie führte zunächst zu einem Wettlauf der Staaten bei der Entwicklung der Atombombe sowie zum jahrzehntelangen «Gleichgewicht des Schreckens» zwischen den Atommächten USA und UdSSR. Nachdem 1960 die ersten Abfangraketen konstruiert worden waren, erfolgten immer höhere Investitionen in die Entwicklung eines umfangreichen Abwehrsystems. Den Höhepunkt bildete das → SDI-Programm der USA, das die Perspektive bieten sollte, selbst Atomkriege gewinnen zu können.
Technologische Innovation: Fortlaufende Neuentwicklungen von Waffensystemen machen R. für die einzelnen Staaten immer kostspieli-

ger. Die hohen Kosten führten innerhalb der Militärblöcke zu einer Kooperation bei der Entwicklung von Waffentypen.

Wirtschafts- und Gesellschaftssystem: Es legt die Rahmenbedingungen für jede rüstungspolitische Entscheidung fest. Die starke Belastung der Staatshaushalte durch die anwachsenden R.-Ausgaben führte insbesondere bei den Supermächten Ende der 80er Jahre zu konkreten Ansätzen der → Abrüstung (→ START).

Die wirtschaftliche und arbeitspolitische Bedeutung der R.-Produktion wird kontrovers diskutiert. Kritiker führen an, daß die zunehmende Automation der modernen R.-Systeme die Industrie zu hohen Investitionen bei hochspezialisierten Technologien zwinge. Die Rentabilität der Anlagen und die Sicherung von Arbeitsplätzen können nur durch ständige staatliche Rüstungsaufträge erreicht werden. R.-Befürworter betonen gerade diese arbeitsplatzsichernde Funktion der R.

R.-Export: Mitte der 90er Jahre waren die USA, Rußland und die BRD die drei größten Waffenexporteure der Welt. Größter Importeur ist Indien, gefolgt von Japan, Saudi-Arabien und der Türkei. Anfang der 90er Jahre ging der Waffenhandel zwar aufgrund der weltweiten Rezession und dem Ende des Ost-West-Konflikts leicht zurück, ein einschneidender Abbau des R.-Exports ist angesichts des hohen Waffenbedarfs der Entwicklungsländer – rund 100 Staaten verfügen in den 90er Jahren noch über keine eigene R.-Produktion – nicht in Sicht.

Illegale Waffenausfuhren, z. B. die Lieferung von Material und Unterlagen deutscher Firmen zur Produktion chemischer Waffen an den Irak (1991), führten international zu schärferen Exportkontrollen.

R.-Kontrolle: Gab es während des Kalten Krieges nur bescheidene Ansätze, die R. der rivalisierenden Militärblöcke zu reduzieren, so kam es nach dem Ende des Ost-West-Konflikts ab Mitte der 80er Jahre zu einer Beschleunigung bei Abbau und Reduzierung von Waffensystemen (→ Abrüstung). Zudem wurde die R.-Kontrolle verstärkt, um eine Regulierung der R. zu erreichen.

S

SA

Die paramilitärische Kampf- und Propagandatruppe der → NSDAP wurde 1921 von Adolf Hitler als «Ordnerdienst» gegründet, im November 1921 in «Sturmabteilung» (SA) umbenannt und nach dem gescheiterten → Hitler-Putsch im November 1923 verboten. Ab 1925 von Hitler u.a. mit Unterstützung der Reichswehr zur uniformierten und bewaffneten Parteiarmee ausgebaut, erhielt die SA während der Weltwirtschaftskrise ab Ende der 20er Jahre starken Zulauf insbesondere durch Arbeitslose. 1932 war sie mit 220000 Mann größer als die Reichswehr. Als Bürgerkriegsarmee der Rechtsradikalen entfesselte sie blutige, die → Weimarer Republik destabilisierende Straßen- und Saalschlachten.

Nach der Machtergreifung Hitlers (Januar 1933) diente sie der NSDAP als terroristische Hilfspolizei. Die mit ihrer eigenen machtpolitischen Rolle unzufriedene SA-Führung um Ernst Röhm forderte die Bildung einer Milizarmee auf Basis der SA, in die auch die Reichswehr integriert werden müsse. Hitler reagierte Ende Juni 1934 mit der Entmachtung der Organisation (→ Röhmputsch): In der sog. Nacht der langen Messer wurde die SA-Führung ermordet. An die Stelle der SA trat die Hitler direkt unterstellte → SS. Die SA blieb fortan auf Wehrsportfunktionen beschränkt.

Saarstatut

1. Als Bestandteil des → Versailler Vertrages (Art. 45–50) vereinigte das S. zwei bayerische und fünf preußische Landkreise (rd. 1900 km^2) 1920 zum Saargebiet. Das hochindustrialisierte Kohlerevier wurde gegen die Interessen Frankreichs, das die linksrheinischen Gebiete für sich beanspruchte, der Verwaltung des Völkerbundes unterstellt. Nach 15 Jahren sollte eine Volksabstimmung über die staatliche Zugehörigkeit des Saargebiets entscheiden. Innerhalb dieses Zeitraums erhielt Frankreich das Eigentumsrecht an den Saargruben (→ Reparationen). Nachdem im Januar 1935 90,76% der Bevölkerung für eine Rückgliederung des Saargebiets gestimmt hatten, erfolgte am 1.3.1935 die Wiedervereinigung mit dem Deutschen Reich.

2. In den → Pariser Verträgen von 1954 zwischen Frankreich und Deutschland bezeichnete der Begriff S. die Vereinbarung, die Saarfrage im Rahmen der europäischen Vereinigung zu lösen. Seit 1945 hatten die Franzosen versucht, das Saargebiet von Deutschland abzutrennen, waren aber in der Bevölkerung auf Widerstand gestoßen. Das S., das die Region bis zu einem Friedensvertrag einem Kommissar der Westeuropäischen Union (→ WEU) unterstellte, wurde jedoch bei einer Volksbefragung im Oktober 1955 von zwei Dritteln der Saarländer abgelehnt. Unter dem Eindruck dieses Votums schlossen Frankreich und Deutschland am 27. 10. 1956 im Luxemburger Vertrag den sog. Saarvertrag, der aus der Region ab 1957 ein Bundesland der BRD machte.

Saint-Germain-en-Laye, Vertrag von

Der Friedensvertrag zwischen den → Alliierten und den assoziierten Mächten sowie Österreich beendete als Teil des Versailler Vertragssystems (→ Pariser Vorortverträge) den 1. Weltkrieg. Das am 10. 9. 1919 unterzeichnete und am 5.11. ratifizierte Abkommen gab Österreich als Nachfolgestaat Österreich-Ungarns zusammen mit Ungarn und dem Deutschen Reich die alleinige Kriegsschuld. Der Vertrag bestätigte die Auflösung Österreich-Ungarns, beschränkte den österreichischen Staat auf das frühere deutschsprachige Kerngebiet und untersagte einen Zusammenschluß mit dem Deutschen Reich. Österreich mußte u. a. Südtirol an Italien sowie Böhmen und Mähren an die Tschechoslowakei abtreten. Galizien fiel an Polen, Dalmatien an Jugoslawien. Die Folge der Vereinbarungen waren wirtschaftliche und politische Schwierigkeiten, die eine Stabilisierung der jungen Demokratie längerfristig erschwerten.

SALT

Ziel der bilateralen Gespräche (englisch: **S**trategic **A**rms **L**imitation **T**alks) zwischen den USA und der UdSSR war die Begrenzung strategischer Nuklearwaffen.

SALT I: Erste Verhandlungen wurden 1969 aufgenommen und endeten am 22. 5. 1972 in Moskau mit der Unterzeichnung des SALT-I-Abkommens durch US-Präsident Richard Nixon und den sowjetischen KP-Chef Leonid I. Breschnew. Darin erkannten sich beide Staaten erstmals als gleichwertige Atommächte an. Der Vertrag bestand aus zwei Teilen: Das ABM-Abkommen begrenzte die Zahl der Raketenabwehrsysteme für unbefristete Zeit. Das Interimsabkommen legte für fünf Jahre den Bestand an Abschußvorrichtungen für nukleare Flugkörper fest. SALT I schuf die Voraussetzung für die Entspannung zwischen Ost und West Anfang der 70er Jahre.

SALT II: Die Ende 1972 begonnenen Gespräche zum SALT-II-Vertrag fielen in eine Phase der neuerlichen Abkühlung des amerikanisch-sowjetischen Verhältnisses. Das am 18. 6. 1979 von US-Präsident Jimmy Carter und Breschnew in Wien beschlossene Abkommen (Laufzeit bis Ende 1985) sah die Reduzierung von Abschußvorrichtungen und nuklearstrategischen Trägerraketen jeder Großmacht auf 2250 Stück sowie ein Stationierungsverbot von Massenvernichtungswaffen im Weltraum vor. Die USA ratifizierten SALT II jedoch nicht, weil sich die UdSSR weigerte, die Einhaltung des Abkommens überprüfen zu lassen. Dennoch hielten sich beide Großmächte an die Vereinbarungen.

SALT III: Die für 1982 geplante Fortsetzung der SALT-Gespräche fand nicht statt: Beide Seiten wollten statt dessen nicht nur wie bisher die Begrenzung der → Rüstung, sondern auch die Verringerung der strategischen Waffensysteme anstreben (→ START, → Abrüstung).

Samtene Revolution

Der Begriff S. bezeichnet den friedlichen demokratischen Umbruch in der Tschechoslowakei. Im November 1989 schloß sich die oppositionelle → Demokratiebewegung unter Leitung Václav Havels im sog. Bürgerforum zusammen. Sie organisierte tägliche Demonstrationen, die immer mehr Zulauf fanden und die kommunistische Regierung von Ministerpräsident Gustav Husák am 10. 12. 1989 zum Rücktritt zwangen. Der Weg für die demokratische Umgestaltung der Tschechoslowakei war frei.

San Francisco, Friede von

Der Abschluß des Vertrags am 8. 9. 1951 beendete formell den 2. Weltkrieg zwischen Japan und 48 seiner Gegner. Die Sowjetunion verweigerte die Unterschrift, da mit dem Friedensabkommen die Westintegration Japans verbunden war. Der S. gab Japan seine volle Souveränität zurück. Das Land erhielt das Recht auf Wiederbewaffnung; alle wirtschaftlichen Beschränkungen wurden aufgehoben. Japan verlor 45 % seines Staatsgebiets und mußte sich auf die ursprünglichen vier japanischen Inseln beschränken. Ein zusätzlicher Sicherheitsvertrag regelte u. a. die weitere Stationierung amerikanischer Truppenverbände in Japan.

Sandinisten

S. ist die Kurzbezeichnung für die nach dem nicaraguanischen Freiheitskämpfer Augusto César Sandino (1895–1934) benannte Sandinistische Front der Nationalen Befreiung (FSLN). Die 1962 als Guerilla-Organisation gegründete Widerstandsbewegung richtete sich gegen die von den USA gestützte Familiendiktatur der Somozas. Der linksgerichteten Bewegung gelang es bis 1979, sich in einem blutigen Bürgerkrieg gegen die Nationalgarde durchzusetzen.
Die FSLN bildete zusammen mit anderen oppositionellen Gruppen die Regierung, die von dem S. Daniel Ortega geführte sozialistische Junta des nationalen Wiederaufbaus. Sie begann – wirtschaftlich unterstützt von der UdSSR und Kuba – mit einer gemäßigten Verstaatlichungspolitik und sozialen Reformen, die u. a. die Kleinbauern begünstigten.
1984 gewann die FSLN zwar die ersten – von der Opposition boykottierten – freien Wahlen, geriet aber innenpolitisch durch wirtschaftliche Probleme des Landes sowie die Angriffe der rechtsgerichteten, mit US-Waffen unterstützten Contras (→ Iran-Contra-Affäre) unter Druck. Bei den Wahlen 1990 setzte sich die konservative Nationale Oppositionsunion mit Violeta Barrios de Chamorro gegen die S. durch, die die Staatschefin seit 1993 parlamentarisch unterstützen. 1994/95 führte der Streit um den künftigen Kurs der S. zur Spaltung der FSLN in einen orthodox-marxistischen und einen reformorientierten Flügel.

Sanktion

Der Begriff aus der Rechtssprache (von lateinisch sanctio: Strafandrohung) bedeutet im Völkerrecht wirtschaftliche oder politische Zwangsmaßnahmen zur Sicherung der internationalen Rechtsordnung. Die UN-Charta sieht vor, daß die internationale Völkergemeinschaft Staaten,

die den Frieden bedrohen oder Entscheidungen des → Internationalen Gerichtshofs mißachten, mit S. unter Druck setzen darf.
Vor 1945: Der → Versailler Vertrag enthielt eine S.-Klausel, die den Siegermächten als Druckmittel für die pünktliche Zahlung der → Reparationen dienen sollte (→ Ruhrbesetzung). Zu S. griff vor dem 2. Weltkrieg auch der → Völkerbund (Art. 16 der Satzung), um Verletzungen völkerrechtlicher Pflichten zu bestrafen. So verhängte die internationale Staatenorganisation 1935 wirtschaftliche S. gegen Italien, nachdem es Abessinien besetzt hatte.
Nach 1945: Als Kuba nach der Machtübernahme durch Fidel Castro ab 1959 US-Unternehmen verstaatlichte, versuchten die USA das Land durch eine Wirtschaftsblockade unter Druck zu setzen (1960). Nach der mißglückten → Schweinebucht-Invasion verschärfte sich die Situation 1962 im Rahmen der → Kuba-Krise weiter.
Die UNO griff seit ihrer Gründung (1945) mehrmals auf das Instrument der S. zurück. 1963 rief sie zum freiwilligen Waffenembargo gegen Südafrika auf, um eine Aufhebung der Rassentrennungspolitik zu erzwingen. Nach dem Volksvotum für die Abschaffung der → Apartheid erfolgte ab 1992 eine schrittweise Aufhebung der S.
Als sich der Irak 1990 nicht aus dem von ihm besetzten Kuwait zurückziehen wollte, billigte die UNO einen Militäreinsatz unter US-Führung und reagierte mit einer weltweiten Wirtschaftsblockade (→ Embargo). Auch gegen Kriegsparteien in Ex-Jugoslawien verhängte die UNO S. Die Wirksamkeit von S. ist umstritten, da ihre Einhaltung nur schwer zu kontrollieren ist.

SBZ

Die **S**owjetische **B**esatzungs-**Z**one bezeichnete den Teil Deutschlands, den die Sowjetunion durch das Londoner Protokoll vom 12.9.1944 als Besatzungsgebiet erhielt. Die 107862 km^2 große SBZ bestand aus den Ländern Brandenburg, Mecklenburg, Sachsen, Sachsen-Anhalt und Thüringen. Den größten Teil hatte bis zum Kriegsende die → Rote Armee besetzt; die von britischen und amerikanischen Truppen eingenommenen Teile Mecklenburgs, Sachsens und Thüringens wurden bis zum 1.7.1945 geräumt.
Die sowjetischen Besatzungstruppen betrieben nicht nur eine konsequente Politik der Entmilitarisierung und Entnazifizierung ihrer Zone, sondern nutzten ihre Macht insbesondere zur Demontage industrieller Anlagen. Aus der verbleibenden Industrieproduktion mußten hohe → Reparationen an die UdSSR geleistet werden (rd. 67 Mrd. DM bis 1953). Darüber hinaus bauten sie die SBZ kontinuierlich zu einem sozialistischen, von der UdSSR abhängigen Gebiet aus. Die Folge waren umfangreiche gesellschafts- und wirtschaftspolitische Umgestaltungen, z.B. Verstaatlichung von Industriebetrieben, Bodenreform und Installierung einer Einparteienregierung (→ SED). Durch die unterschiedlichen politischen Interessen der → Alliierten entwickelten sich die jeweiligen Besatzungszonen (→ Bizone, → Trizone) weiter auseinander (1948: → Währungsreformen). Am

7. 10. 1949 ging die SBZ in der neugegründeten DDR auf.

Schauprozesse ❑

Die in totalitären Staaten inszenierten Gerichtsverfahren verfolgen zwei Ziele: die Beseitigung mißliebiger Personen sowie die Einschüchterung von Bevölkerung und potentiellen Widersachern. Der Ablauf von S. ist meist zwischen Gericht und Anklage abgesprochen. Die Angeklagten werden durch Gehirnwäsche oder Folter zu Aussagen und Schuldgeständnissen gezwungen, die dem Regime zuträglich sind. Das Gericht verhängt hohe, der Abschreckung dienende Strafen.

Stalinismus: Als Inbegriff der S. gelten die Gerichtsverfahren, die in der Sowjetunion zur Zeit der sog. Säuberungen unter Josef W. Stalin durchgeführt wurden (→ Stalinismus). Ab 1930 mußten sich angebliche Staatsfeinde zu Hunderten vor Gerichten verantworten.

Nationalsozialismus: Die Nationalsozialisten richteten 1934 den Volksgerichtshof als Sondergericht für Hochverräter ein, nachdem kommunistische Angeklagte im Prozeß über den Reichstagsbrand (27. 2. 1933) nicht – wie von den NS-Machthabern gewünscht – verurteilt worden waren. Der Volksgerichtshof diente den Nationalsozialisten als Terrorinstrument zur Durchsetzung ihrer Willkürherrschaft. Die Verfahren, insbesondere die vom Vorsitzenden Roland Freisler geführten Verhandlungen, waren durch völligen Verzicht auf strafprozessuale Regeln gekennzeichnet. Ab 1942 erließ der Gerichtshof innerhalb von zwei Jahren rd. 5000 Todesurteile. Widerstandskämpfer und Oppositionelle erhielten harte Strafen, um andere Regimegegner abzuschrecken.

Stalinistische Schauprozesse in der UdSSR

26. 6. 1930: Der Ausschluß von rd. 100 000 Anhängern des → Trotzkismus wurde auf dem XVI. KPdSU-Parteitag gebilligt.

7. 12. 1930: Der erste Schauprozeß richtete sich gegen die Kritiker der Planwirtschaft in der UdSSR.

17. 1. 1935: Nach der Ermordung des Leningrader Parteisekretärs Sergej Kirow wurden die Trotzkisten Lew Kamenew (fünf Jahre Haft) und Grigori Sinowjew (zehn Jahre) zur «moralischen Verantwortung» gezogen.

19. 8. 1936: Im «Prozeß der 16» wurden 16 Trotzkisten (darunter Kamenew und Sinowjew) wegen «Verschwörung» gegen Stalin zum Tode verurteilt.

30. 1. 1937: Der «Prozeß der 17» endete mit 13 Todesurteilen gegen Trotzkisten; vier Angeklagte erhielten langjährige Kerkerstrafen.

11. 6. 1937: Das Todesurteil gegen Marschall Michail Tuchatschewski wegen «Hochverrats» bildete den Auftakt zu umfangreichen Säuberungen in der → Roten Armee, um die Macht der KPdSU in der Armee zu stärken.

13. 3. 1938: Im «Prozeß der 21» ergingen 18 Todes- und drei langjährige Kerkerstrafen gegen führende Mitglieder des «antisowjetischen Blocks der Rechten und Trotzkisten».

Osteuropa: Nach dem 2. Weltkrieg fanden in Osteuropa weitere S. im Zeichen des Stalinismus statt, z. B. das Verfahren gegen den tschechoslowakischen Kommunisten Rudolf Slánsky (→ Slánsky-Prozeß, 1952). Im Anschluß an den niedergeschlagenen → Ungarischen Volksaufstand (1956) setzten weitreichende «Säuberungen» in Staat und Partei ein. Der Anführer des Aufstands, Reformkommunist Imre Nagy, wurde 1958 nach einem S. hingerichtet.

McCarthy-Ära: Zwischen 1950 und 1954 entfachte der republikanische Senator Joseph R. McCarthy eine an Hysterie grenzende «Jagd» auf vermeintliche Kommunisten und deren Sympathisanten in den USA. Die Anhörungen des amerikanischen → McCarthy-Ausschusses wiesen durch ihre ideologische Zielsetzung, den Vorgeladenen Denunziationen und «Geständnisse» abzupressen, den S. ähnliche Züge auf.

Schengener Abkommen

Der 1985 in Schengen (Luxemburg) unterzeichnete Vertrag trat am 26. 3. 1995 für Belgien, die BRD, Frankreich, Luxemburg, die Niederlande, Portugal und Spanien in Kraft. Das S. regelt den freien Personen- und Warenverkehr ohne Grenzkontrollen zwischen Staaten der → EU sowie eine gemeinsame Asyl- und Sicherheitspolitik. Griechenland, Italien und Österreich wollen das S. in Kürze umsetzen; Dänemark, Finnland, Großbritannien, Irland und Schweden lehnten einen Verzicht auf Grenzkontrollen ab und traten dem S. zunächst nicht bei.

Die Öffnung der Binnengrenzen geht einher mit verschärften Kontrollen an den Außengrenzen des sog. Schengenraums. Zudem wurde grenzüberschreitende polizeiliche Zusammenarbeit bei der Verbrechensbekämpfung und zur einheitlichen Behandlung von Asylanträgen, Einreisevisa und des Waffen- und Drogenhandels vereinbart.

Die zunächst für 1990 geplante Verwirklichung des S. war mehrfach verschoben worden, da es technische Probleme bei der Einrichtung eines zentralen Fahndungcomputers in Straßburg (SIS, Schengener Informationssystem) gab.

Befürworter des S. sehen den freien Personenverkehr als eine der wichtigsten Voraussetzungen für ein politisches Zusammenwachsen Europas. Kritik am S. entzündete sich insbesondere an Datenschutzfragen sowie der Frage der parlamentarischen Kontrolle des SIS.

Schlichtung

Der Begriff S. bezeichnet das Einigungsverfahren, mit dem Meinungsverschiedenheiten zwischen Arbeitgebern und Arbeitnehmern bzw. ihren Verbänden bei der Aushandlung eines → Tarifvertrages oder einer Betriebsvereinbarung beigelegt werden. Voraussetzung für die Einleitung eines S.-Verfahrens ist die Erklärung einer der Verhandlungsparteien, daß die Tarifgespräche gescheitert sind. Die für das Einigungsverfahren eingerichtete S.-Stelle wird von beiden Seiten paritätisch besetzt; den Vorsitz erhält ein neutraler Schlichter. Während der S.-Verhandlungen werden → Streiks und → Aussperrung ausgesetzt. Der von der S.-Stelle erarbeitete Schiedsspruch ist nur dann verbindlich,

wenn beide Verhandlungsseiten zustimmen.
Erste gesetzliche Regelungen zur S. in Deutschland traf die Verordnung über Tarifverträge, Arbeiter- und Angestelltenausschüsse und Schlichtung von Arbeitsstreitigkeiten vom 23.12.1918. In der BRD erfolgte 1953 der Erlaß eines Bundesgesetzes zur Regelung des Tarifrechts (Tarifvertragsgesetz; 1969 und 1990 überarbeitet). In Österreich ist das Bundeseinigungsamt für die Vermittlung von Streitigkeiten bei der Regelung von kollektiven Arbeitsbedingungen zuständig. In der Schweiz sind in Gesamtarbeitsverträgen für diesen Zweck paritätisch zusammengesetzte Einigungsstellen vorgesehen.

Schlieffen-Plan

Die während der ersten → Marokkokrise 1905 vom Chef des deutschen Generalstabs, Alfred Graf von Schlieffen, entwickelte militärische Strategie war für den Fall eines deutschen Zweifrontenkrieges gegen Rußland und Frankreich vorgesehen. Der S. sah zunächst eine Blitzoffensive gegen Frankreich vor. Rußland sollte zunächst defensiv hingehalten und erst nach dem Sieg über Frankreich vernichtet werden. Der S. wurde im Deutschen Reich lange als sichere Strategie für einen militärischen Sieg angesehen. Die Anwendung des Plans scheiterte jedoch im 1. Weltkrieg: Der in Frankreich vom Nachfolger Schlieffens, Helmut von Moltke, eingesetzte rechte Flügel des deutschen Heeres war schwächer als ursprünglich gefordert. Er mußte in der → Marne-Schlacht eine strategische Niederlage hinnehmen, die einen langwierigen Stellungskrieg nach sich zog. Trotz dieses Fehlschlags setzte sich eine Kritik an der von Schlieffen vorgegebenen Taktik erst nach dem 2. Weltkrieg durch.

Schuldenkrise

S. bezeichnet die Probleme, die sich ab Anfang der 80er Jahre aus der hohen Auslandsverschuldung der → Entwicklungsländer ergeben haben. In den 70er Jahren hatten die Industrieländer eine Entwicklungspolitik verfolgt, die auf eine Stärkung des Wirtschaftswachstums der Entwicklungsländer mit Hilfe von ausländischem Kapital zielte. 1982 erklärten mehrere Entwicklungsländer (Argentinien, Brasilien und Mexiko) ihre Zahlungsunfähigkeit. Dadurch drohte eine Destabilisierung des internationalen Finanzsystems.
Zur Entstehung der S. hatten mehrere Faktoren beigetragen:
– drastischer Verfall der Rohstoffpreise, die für die Entwicklungsländer den größten Teil ihrer Exporterlöse ausmachten;
– weltweiter Zinsanstieg, verursacht durch den allgemeinen Trend zur Inflationsbekämpfung;
– unproduktiver Einsatz von Krediten; die Gelder verschwanden auf Auslandskonten korrupter Regierungsmitglieder;
– Zins- und Tilgungspflichten – oft höher als die finanzielle Hilfe – verhinderten eine wirtschaftliche Entwicklung der jeweiligen Staaten.
Die wirtschaftliche Stabilisierung der Schuldnerländer verfolgte 1989 der sog. Brady-Plan, benannt nach US-Finanzminister Nicolas Brady: Die Banken verzichteten auf einen Teil ihrer Forderungen und gewährten

Zinsermäßigungen. Als Ausgleich garantierten → IWF und → Weltbank die restlichen Zahlungen. Die Schuldnerländer sagten den Abbau von → Inflation und → Staatsverschuldung zu.
Während die Banken bis Mitte der 90er Jahre ihre ausstehenden Forderungen zu Lasten der Steuerzahler abgeschrieben hatten, verschlechterte sich die Lage der Schuldnerländer – insbesondere in Afrika – weiter: Die eingeleiteten Sparmaßnahmen führten zu wachsender Verelendung breiter Bevölkerungsschichten sowie zu sozialer und politischer Destabilisierung.
Neben die S. der Entwicklungsländer trat Anfang der 90er Jahre die Überschuldung in den ehemaligen Ostblockländern. Zur Unterstützung marktwirtschafllicher Reformen in Osteuropa beschloß der IWF 1993 die Vergabe von zinsgünstigen Krediten.

Schutzmacht

Eine S. ist ein Staat, der die Interessen eines anderen Landes und seiner Bürger gegenüber einem dritten Staat vertritt. Zu den Maßnahmen, die eine S. für einen anderen Staat ergreifen kann, zählen u. a. die diplomatische Vertretung (nach außen) und die Verwaltung (nach innen). Darüber hinaus kann die S. die (militärische) Sicherheit eines anderen Staates garantieren. Im Zeitalter des → Kolonialismus übernahmen zahlreiche europäische Staaten und die USA vor allem in Afrika S.-Funktionen. Sie mißbrauchten die von ihnen «beschützten» Staaten allerdings als billige Rohstofflieferanten und Absatzmärkte.
Seit der Gründung des → Völkerbundes (1919) übernahmen auch die Träger von Völkerbunds- bzw. UNO-Mandaten (nach 1945) die Funktionen von S. So war z. B. Großbritannien zwischen 1923 und 1947 Mandatsträger für Palästina (→ Palästina-Konflikt).
Im Kriegsfall zwischen zwei Staaten kann ein neutrales Land auch die Funktion einer S. für eine der kriegführenden Parteien übernehmen, indem es deren Interessen gegenüber dem Kriegsgegner vertritt. Beispielsweise war die Schweiz in beiden Weltkriegen S. für das Deutsche Reich gegenüber Frankreich.
In der Phase des → Kalten Krieges übten die Großmächte USA und UdSSR seit den 50er Jahren eine S.-Funktion gegenüber west- bzw. osteuropäischen Staaten aus, was sich u. a. in der Einrichtung der Militärblöcke → NATO und → Warschauer Pakt ausdrückte.
Im 2. → Golfkrieg erweiterten die USA 1991 die Funktion einer S., indem sie ihre Streitkräfte zur Befreiung des von irakischen Truppen überfallenen Kuwait einsetzten. Weniger erfolgreich war die → UNO bei ihren Bemühungen, die moslemische Minderheit in Bosnien-Herzegowina Mitte der 90er Jahre vor den Verfolgungen durch Serben zu schützen. 1995 wurden von der UNO eingesetzte, militärisch unterlegene Soldaten («Blauhelme») von den Serben als Geiseln benutzt; die Friedenstruppen mußten ausgewiesene Schutzzonen (u. a. Srebrenica und Gorazde) kampflos den Serben überlassen. Erst der militärische Einsatz der NATO schuf ab 1994 die Basis für ein Friedensabkommen.

Schwangerschaftsabbruch

→ Abtreibungsdebatte

Schwarze Reichswehr

Der Einsatz dieser illegalen Reservearmee der deutschen Reichswehr – z. B. zum Schutz der deutsch-polnischen Grenze – verstieß gegen die Entwaffnungsbestimmungen des → Versailler Vertrages. Die meist republikfeindlich eingestellten, rechtsgerichteten Mitglieder der S., die sich u. a. aus aufgelösten → Freikorps rekrutierten, waren meist als Freiwillige auf Zeit (ab 1919) oder zu sog. Arbeitskommandos (ab 1921) verpflichtet und unterstanden dem Stabschef der 3. Reichswehrdivision. Darüber hinaus hatten sie die Aufgabe, illegale Waffendepots zu bewachen und Wehrwillige auszubilden.
Die S., die 1923 rd. 20000 Mann umfaßte, gefährdete mit Fememorden an angeblichen «Wehrverrätern» den inneren Frieden des Deutschen Reiches. Zudem bedrohte sie die → Weimarer Republik mit Staatsstreichplänen, die von der regulären Reichswehr verhindert wurden und 1924 die Auflösung der S. (bei Zeitfreiwilligen) zur Folge hatten.

Schwarzer Freitag

Der erste S. – ein dramatischer Kurssturz oder Börsenkrach, der sich an einem Freitag ereignet – war der 24. 9. 1869: Manipulationen von Spekulanten ruinierten viele Anleger des amerikanischen Goldmarkts. Am 9. 5. 1873 leitete ein S. die Große Depression ein, mit der der Boom der Gründerjahre endete.
Hohe Börsenverluste verzeichnete die deutsche Wirtschaft am 13.5.1927 – eine Bankenkrise war die Folge. Freitag, der 25. 10. 1929, gilt als Inbegriff des S.: Nach hektischen Spekulationen an der New Yorker Börse begann an diesem Tag die → Weltwirtschaftskrise mit einem vollständigen Zusammenbruch der Kurse.
Der letzte große Börsenkrach kreierte die Bezeichnung «Schwarzer Montag»: Am 19. 10. 1987 sank der Dow-Jones-Index – der täglich in New York berechnete Kursindex der 65 wichtigsten US-Aktien – um 22,6%.

Schwarzhandel

Der Begriff S. kennzeichnet den Verkauf von Waren, Dienstleistungen und Devisen unter Umgehung gesetzlicher und polizeilicher Vorschriften. Zum S. zählen u. a. der Absatz von Schmuggelware, der Handel mit Rauschgift oder Hehlerware sowie der Verkauf nicht freigegebener Ware.
Blütezeit für S. sind Kriegs- und Nachkriegszeiten, in denen durch die Warenverknappung ein hoher Bedarf an den unterschiedlichsten Produkten besteht. Meist werden die knappen Güter auf einem Schwarzmarkt zu überhöhten Preisen angeboten.
In den USA entstand während der → Prohibition (1919–33) ein schwunghafter S. mit Alkohol, der zur starken Zunahme von Korruption und organisierter Kriminalität (→ Mafia) führte. In Deutschland blühte der S. nach dem 2. Weltkrieg bis zur → Währungsreform 1948; in dieser Zeit avancierten Zigaretten zu einer Art Zweitwährung.
In den Ostblockstaaten, in deren → Planwirtschaften die Preise für be-

stimmte Güter festgelegt waren und einige Produkte nur selten angeboten wurden, florierte der S. insbesondere mit westlicher Ware gegen Zahlung von Devisen.
Der S. mit Waffen, zum Teil aus Beständen der früheren Ostblockstaaten, nahm Ende der 80er Jahre angesichts immer strengerer Rüstungsexportkontrollen zu. Insbesondere der Handel mit waffenfähigem Plutonium, das u.a. den Bau von Atombomben ermöglicht, stieg an: 1994 wurden in der BRD mehrere Fälle von Plutoniumschmuggel – vermutlich aus russischen Beständen – bekannt. In den 90er Jahren entwickelte sich in der Bundesrepublik außerdem ein bandenmäßig organisierter illegaler Handel mit unversteuerten Zigaretten.

Schwarzmeer-Abkommen

Der 1992 von Albanien, Armenien, Aserbaidschan, Bulgarien, Georgien, Griechenland, Moldawien, Rumänien, Rußland, der Türkei und der Ukraine geschlossene Vertrag sieht den Ausbau der politischen und wirtschaftlichen Zusammenarbeit vor. Das 1991 von der Türkei initiierte S. regelt für die 400 Mio. Menschen der Gemeinschaft u.a. den Abbau von Zollschranken und damit den freien Waren- und Dienstleistungsverkehr. Zudem planen die elf Mitgliedstaaten die Gründung einer gemeinsamen Entwicklungsbank.

Schweinebucht-Invasion

Im April 1961 führte der gescheiterte Versuch von Exilkubanern, den kubanischen Ministerpräsidenten Fidel Castro zu stürzen, zu politischen Spannungen zwischen den USA und der UdSSR. Die amerikanische Regierung unter John F. Kennedy hatte befürchtet, daß die prosowjetische Regierung Kubas die Sicherheitsinteressen der USA in der Karibik gefährden könnte, und deshalb in den USA die Bildung eines Revolutionsrates von Exilkubanern zum Sturz Castros unterstützt.
Am 17.4.1961 landeten Invasionstruppen der Exilkubaner – in einer von der CIA geplanten Aktion – in der südkubanischen sog. Schweinebucht, lösten aber mit ihrem Eindringen keine Revolte gegen Castro, sondern erbitterten Widerstand gegen die in den USA ausgebildeten Invasoren aus. KPdSU-Chef Nikita Chruschtschow drohte mit einer sowjetischen Intervention auf Kuba und brandmarkte den amerikanischen Präsidenten als Aggressor. Insgesamt bedeutete die S. einen schweren außenpolitischen Rückschlag für die seit Januar 1961 amtierende Regierung Kennedy, zumal die Annäherung Kubas an die UdSSR beschleunigt wurde (→ Kuba-Krise).

Schweizerische Volkspartei

Die liberal-konservative Partei (Abkürzung SVP) bildete sich 1971 durch den Zusammenschluß der Bauern-, Gewerbe- und Bürgerpartei (BGB) mit den Bündner und Glarner Kantonalsektionen der Demokratischen Partei der Schweiz (DPS). Die Wähler der SVP, die 1994 rd. 80000 Mitglieder besaß, rekrutieren sich aus dem Mittelstand.
Seit 1959 ist die BRB (ab 1971: SVP) Teil der sog. Zauberformel: Die sieben Bundesräte (Schweizer Regierung) werden seitdem nach einem

festen Schlüssel zwischen den vier ständigen Koalitionsparteien Christliche Volkspartei (→ CVP), Freisinnige Demokratische Partei (→ FDP), → Sozialdemokratische Partei und SVP bestimmt, wobei der SVP ein Bundesrat zusteht. 1993 machte die SVP mit einer Volksinitiative Schlagzeilen, in der sie eine verschärfte Anwendung der Schweizer Asylgesetzgebung forderte. Als Verfechterin der bewaffneten Neutralität der Schweiz wandte sich die Partei 1994 gegen eine Entsendung von Schweizer Soldaten zu UNO-Friedensmissionen und lehnt zudem den Beitritt des Landes zur → EU ab.

Schwellenländer

Die von der UNO in den 70er Jahren geprägte Bezeichnung faßt Länder zusammen, die in ihrer wirtschaftlichen Entwicklung auf der Schwelle zum Industriestaat stehen. Der Entwicklungsstand eines Landes wird durch dessen Industrieanteil am Bruttoinlandsprodukt (rd. 30%), den Alphabetisierungsgrad, die Lebenserwartung, das Pro-Kopf-Einkommen (rd. 2000 US-Dollar/Jahr) und den Energieverbrauch bestimmt. Kennzeichnend für S. sind ein überdurchschnittlich hohes Wirtschaftswachstum (z. B. in Hongkong, Singapur, Südkorea und Taiwan) und eine breit angelegte Industrialisierung. Gleichzeitig kann die soziale und politische Entwicklung der S. hinter den industriellen Fortschritten weit zurückliegen.
Je nach Festlegung der Mindestwerte bei der Einstufung schwankt die Zahl der S. zwischen 20 und 40. Zu den S. zählen u. a. die EU-Länder Griechenland und Portugal sowie Argentinien, Brasilien, Israel, Kuwait, Mexiko, Saudi-Arabien und Südafrika.

SDI

Die **S**trategic **D**efense **I**nitiative (Strategische Verteidigungsinitiative) war ein 1983 von US-Präsident Ronald Reagan vorgestelltes Forschungs- und Rüstungsprogramm, mit dem die USA ein umfassendes weltraumgestütztes Abwehrsystem gegen feindliche Interkontinentalraketen aufbauen wollten. SDI löste das Programm ABM ab, das mit Hilfe eines bodengesteuerten Abwehrsystems land- und seegesteuerte Raketen abwehren sollte (→ ABM-Vertrag).
Ziel des 1984 gestarteten SDI-Programms war es, mit Hilfe von Weltraumsatelliten jede militärische Aktion des Gegners zu überwachen. Im All stationierte Sensoren und Laserwaffen sollten feindliche Raketen bereits beim Start bzw. beim Anflug bekämpfen. Die vom SDI-Programm angestrebte lückenlose Raketenabwehr sollte langfristig zur Ablösung der Politik der nuklearen Abschreckung durch eine «Strategie des gegenseitig gesicherten Überlebens» führen.
Kritiker des SDI-Programms befürchteten die Destabilisierung des strategischen Gleichgewichts, da erstmals die Möglichkeit bestand, einen Atomkrieg gewinnen zu können. Probleme bei der Finanzierung und technische Schwierigkeiten führten 1986 zur Einstellung des Programms. 1991 verkündete US-Präsident George Bush das Programm «Global Protection Against Limited Strikes» (GPALS), eine Art verringertes SDI. 1993 wurde das bis dahin

rd. 50 Mrd. Dollar teure SDI-Programm von der US-Regierung ganz aufgegeben. Als Nachfolgeprojekt entwickelten die USA eine auf land- und seegestützten Abwehrsystemen basierende Raketenabwehr.

SDP

1. Die britische **S**ocial **D**emocratic **P**arty spaltete sich 1981 von der → Labour Party ab. 1988 vereinigte sich die SDP mit den Liberalen zur SLDP, blieb jedoch ohne großen politischen Einfluß.
2. Die **S**ozial**d**emokratische **P**artei der DDR gründete sich als Opposition zu den Parteien der → Nationalen Front im Oktober 1989. Im Januar 1990 benannte sie sich in SPD um; nach der Vereinigung am 3.10.1990 ging sie in der → SPD der BRD auf.

SEATO

Die **S**outh **E**ast **A**sia **T**reaty **O**rganization (Südostasiatischer Verteidigungspakt) wurde am 8.9.1954 von Australien, Frankreich, Großbritannien, Neuseeland, Pakistan, den Philippinen, Thailand und den USA in Manila gegründet. Ziel war neben der gegenseitigen Verteidigungshilfe eine wirtschaftliche und technische Kooperation der Mitgliedstaaten. Die SEATO sollte wie → NATO und → ANZUS-Pakt die westlichen Interessensphären gegen kommunistische Expansionpläne absichern. Zudem versprachen sich die USA nach dem Ende des → Indochinakriegs von der SEATO eine Stabilisierung ihres abnehmenden Einflusses in der Region. Aufgrund ihrer Bedeutungslosigkeit u.a. im → Vietnamkrieg wurde die SEATO 1977 aufgelöst.

Sechstagekrieg

→ Israelisch-Arabische Kriege

Secret Service

1. Der US-Geheimdienst wurde 1865 nach dem amerikanischen Bürgerkrieg vom Finanzministerium zur Strafverfolgung von Geldfälschern gegründet. Zu den wichtigsten Aufgaben der rd. 4000 Mitglieder zählenden Organisation gehört seit der Ermordung des US-Präsidenten William McKinley (1901) der Schutz des Regierungschefs. Während der Weltkriege übernahm der S. zudem die Spionagetätigkeit.
Sein Versagen bei den Attentaten auf die Präsidenten John F. Kennedy (1963) und Ronald Reagan (1981) brachte den S. in die Kritik. Zuletzt wurde seine Effektivität 1994/95 nach mehreren Anschlägen auf das Weiße Haus angezweifelt. Bis dahin galt der vom S. überwachte Amts- und Wohnsitz des Präsidenten als eines der am besten abgesicherten Gebäude der Welt.
2. Nach dem bekannten britischen S., der insbesondere während der Weltkriege für die militärische Abwehr und die Staatssicherheit zuständig war, wird der Begriff gegen Ende des 20. Jahrhunderts häufig synonym für «Geheimdienst» verwendet.

SED ❑

Die **S**ozialistische **E**inheitspartei **D**eutschlands beherrschte als Staatspartei das politische, wirtschaftliche und gesellschaftliche Leben der DDR. Die SED wurde 1946 durch den – von der sowjetischen Besatzungsmacht erzwungenen – Zusammenschluß von → SPD und → KPD in der → SBZ gegründet. Unter ihren

Vorsitzenden Wilhelm Pieck und Otto Grotewohl entwickelte sich die SED zu einer marxistisch-leninistischen Kaderpartei, die eng an die sowjetische KPdSU angelehnt war.
Die Verfassung der DDR von 1949 schrieb in Art. 1 die Position der SED als alleinige Führungsmacht des Staates fest. Innerhalb der SED ging die Willensbildung vom Sekretariat und Politbüro des Zentralkomitees (ZK) aus, das vom alle fünf Jahre zusammentretenden Parteitag faktisch nur bestätigt wurde. Bezirks-, Kreis-, Stadt- und Ortsleitungen waren an die Weisungen der Parteiführung gebunden. An der Spitze des Politbüros, des höchsten Entscheidungsgremiums, stand der Generalsekretär, der (ab 1960) gleichzeitig auch als Staatsoberhaupt fungierte.
Erster Generalsekretär (ab 1953: Erster Sekretär) wurde Walter Ulbricht, der seinem Vorbild Sowjetunion sowohl ideologisch als auch in der politischen Praxis folgte. Er setzte seinen Kurs innerhalb der Partei zwischen 1950 und 1971 trotz innerparteilicher Kämpfe mit Hilfe von Säuberungen nach stalinistischem Muster durch. Ein wichtiges Herrschaftsinstrument war das → Ministerium für Staatssicherheit mit umfangreichem Überwachungsapparat in der DDR.
Unter Führung Erich Honeckers (ab 1971) kam es Mitte der 80er Jahre aufgrund der → Perestroika-Politik von Michail Gorbatschow zu Konflikten mit der UdSSR, weil die SED-Spitze jegliche Reformen ablehnte. 1989 mußte Honecker der wachsenden Protestbewegung in der DDR nachgeben und zurücktreten. Nachfolger Egon Krenz konnte weder die friedliche Revolution aufhalten noch den Sturz des SED-Herrschaftssystems verhindern. Im Februar 1990 wurde die → PDS zur Nachfolgepartei.

Otto Grotewohl
(11.3.1894–21.9.1964)
Grotewohl trat 1912 in die SPD ein, die er nach dem 2. Weltkrieg in der SBZ reorganisierte. Als die Partei 1946 mit der KPD zur SED zwangsvereinigt wurde, übernahm er zusammen mit Wilhelm Pieck den Vorsitz der Partei. Der DDR-Ministerpräsident (1949–64) unterstand in seinen Kompetenzen dem Ersten Sekretär, Walter Ulbricht.
Wilhelm Pieck
(3.1.1876–7.9.1960)
Der SPD-Politiker (ab 1899) gründete 1918 mit anderen Genossen die KPD und erhielt einen Sitz im Zentralkomitee. Nach fünf Jahren als Abgeordneter im Reichstag floh Pieck 1933 vor den Nazis in die Tschechoslowakei und die UdSSR. Unter Führung Walter Ulbrichts engagierte er sich ab 1945 für den Aufbau des Sozialismus in der SBZ. 1949–60 war Pieck Präsident der DDR.
Walter Ulbricht
(30.6.1893–1.8.1973)
Der in Leipzig geborene Altkommunist (seit 1919 Mitglied der KPD) lebte zwischen 1938 und 1945 in der UdSSR und kehrte 1945 als Vertrauter Josef Stalins in die Sowjetische Besatzungs-Zone zurück. Unter dem Einfluß des Parteichefs (1950–71) und Staatsratsvorsitzenden (1960–73) entwickelte sich die SED zur marxistisch-leninistischen Kaderpartei. 1961 war Ulbricht maßgeblich an der Entscheidung zum Bau der

Berliner Mauer beteiligt. Als er die sich ankündigende → Entspannungspolitik zwischen Ost und West Anfang der 70er Jahre ablehnte und die wirtschaftlichen Erfolge der DDR in größere ökonomische Eigenständigkeit gegenüber der UdSSR umzusetzen versuchte, wurde er 1971 entmachtet und von Erich Honecker als Erstem Sekretär der SED abgelöst.

Seekrieg

Mit S. wird der Kampf zwischen Seestreitkräften über und unter Wasser bezeichnet. Schauplatz von S., bei denen seit dem 1. Weltkrieg neben Kreuzern, Schlachtschiffen, Torpedobooten, Versorgungsschiffen und Zerstörern auch U-Boote zum Einsatz kommen, sind die See sowie Flußmündungen, Flottenstützpunkte, Küsten, Hafen- und Schiffbaueinrichtungen. Seit dem 2. Weltkrieg wurde auch der Luftraum über der See (See-Luft-Krieg) einbezogen (→ Luftkrieg).

Charakteristisch für den S. ist, daß sich die Aktivitäten der Seestreitkräfte einerseits auf den Schutz eigener Seeverbindungen konzentrieren, um Nachschub- und Transportwege freizuhalten, andererseits den Zugang des Feindes zu internationalen Seewegen blockieren sollen. Die mit dieser Taktik verbundene Beeinträchtigung neutraler Staaten verschafft dem S. eine größere politische Bedeutung als der Landkrieg. Das Seekriegsrecht wurde 1907 durch das Haager Abkommen (→ Haager Konferenzen), 1949 durch das Genfer Abkommen zur Verbesserung des Loses der Verwundeten im S. (→ Genfer Konventionen) sowie durch Völkergewohnheitsrecht geregelt (→ Seerecht).

Über die größte Kriegsmarine verfügte bis 1918 Großbritannien, nach dem 1. Weltkrieg konkurrierten auch die USA und Japan um die Position als stärkste Seemacht. Ab 1945 verloren die Briten ihre Führungsstellung endgültig an die USA, deren moderne, kampfstarke Flugzeugträger sich im 2. Weltkrieg bewährt hatten. Weltweit bauten die USA in der Folgezeit ein Netz von Marinestützpunkten auf.

Nach der → Kuba-Krise schuf auch die Sowjetunion ab 1961 eine schlagkräftige Flotte, was im → Kalten Krieg bis Ende der 80er Jahre zu weiteren Rüstungsanstrengungen der USA führte (→ Flottenabkommen). 1991 nutzten die Vereinigten Staaten im 2. → Golfkrieg ihre im Persischen Golf stationierten Kriegsschiffe u. a. als mobile Abschußrampen für Marschflugkörper gegen den Irak.

Seerecht

Das S. umfaßt internationale Regeln für Schiffahrt, Fischerei und sonstige Nutzung sowie den Schutz der Meere. 1958 schrieben vier Genfer S.-Abkommen zur Fischerei, zur Abgrenzung des Küstenmeers, des Festlandsockels und zur Freiheit der Meere auf hoher See fest, was zuvor durch Gewohnheitsrecht geregelt war. 1960 und 1973 berief die UNO weitere S.-Konferenzen ein. Themen waren der Meeresboden, die küstennahe Meereszone, Umweltverschmutzung, Meeresforschung und die Freiheit der Meere.

Nachdem auf einer S.-Konferenz von 1982 eine Konvention verabschiedet wurde (u.a. Ausdehnung des Hoheitsgebiets der Meeranrainer von drei auf zwölf Seemeilen; Regelung des Meeresbergbaus durch eine eigene Behörde), trat 1994 ein neues S.-Abkommen in Kraft. Es regelt u.a. die Ausbeutung von Bodenschätzen. Der Tiefseebergbau – die Förderung von Rohstoffen in mindestens 370 km Entfernung von der Küste und in einer Wassertiefe von mehr als 2500 m – soll die klimaregelnde Funktion der Meere nicht durch Vermischung kalten Tiefenwassers mit warmem Oberflächenwasser gefährden. Zur Schlichtung von Streitigkeiten im Rahmen der Konvention soll bis 1996 ein internationaler Seegerichtshof errichtet werden.

Separatismus

S. bezeichnet das Streben nach Abspaltung eines Gebietes aus einem bestehenden Staatsverband. Ziel ist die Gründung eines eigenen autonomen Landes bzw. der Anschluß an einen anderen Staat. Separatistische Bewegungen bilden sich häufig in Grenzgebieten eines Staates oder in Landesteilen, in denen sich ethnische, politische oder religiöse Minderheiten konzentrieren. Motive für S. entstehen, weil die jeweilige staatliche Verwaltung die Interessen der Minderheit nicht beachtet oder sie sogar unterdrückt.

Westeuropa: In Deutschland kam es insbesondere nach dem 1. Weltkrieg zu Ablösungstendenzen im Rheinland (→ Rheinische Republik), aber auch in der Pfalz (1923). In Frankreich entstand in den 60er Jahren eine Autonomiebewegung für die Insel Korsika, die ihren Forderungen mit terroristischen Anschlägen Nachdruck verleiht.

Häufiger Auslöser für separatistische Bewegungen sind ungelöste Nationalitätenfragen. So verschärfte sich nach dem 2. Weltkrieg der Konflikt um die Unabhängigkeit des zu Italien gehörenden Südtirol. Die Teilautonomie des → Gruber-De-Gasperi-Abkommens (1946) wurde danach 1969 durch den Südtirol-Vertrag erweitert. In Kanada verfolgen sowohl frankophone Bürger von Québec als auch die indianischen Ureinwohner (Indianer und Inuit) das Ziel nationaler Eigenstaatlichkeit. Trotz einer 1979 gewährten Teilautonomie für das Baskenland strebt die 1959 gegründete Separatistenorganisation → ETA weiterhin nach baskischer Eigenständigkeit.

Osteuropa: Seit Anfang der 90er Jahre treten in Ost- und Südosteuropa zahlreiche separatistische Bewegungen als Folge des Abbaus kommunistischer Machtstrukturen auf: Nach dem Tod des Staatschefs Josip Broz Tito (→ Titoismus) brachen ab 1980 in Jugoslawien die schwelenden Nationalitätenkonflikte zwischen Serben, Kroaten, Slowenen und muslimischen Bosniern auf und weiteten sich zu einem Bürgerkrieg aus (→ Jugoslawienkrieg). In der Gemeinschaft Unabhängiger Staaten (→ GUS) bedrohen Auseinandersetzungen zwischen Volksgruppen den Frieden und die wirtschaftliche Konsolidierung zahlreicher Gebiete. So kämpft seit 1991 die aserbaidschanische Region Berg-Karabach für den Anschluß an Armenien. In Moldawien wehrt sich seit 1992 eine ukrainische und russische Minderheit gegen den Anschluß des Landes an Rumänien; das Unabhängigkeitsstreben der russischen Kaukasusrepublik Tschetschenien führte

1994 zum Einmarsch russischer Truppen.

Dritte Welt: Zahlreiche separatistische Bewegungen gibt es auch in den Ländern der → Dritten Welt. Die Gründe sind zumeist in der willkürlichen Grenzziehung der früheren Kolonialmächte zu suchen, die ihre Herrschaftsgebiete ohne Rücksicht auf bestehende Stammesgebiete oder Clans absteckten. Unter Berufung auf das in der UN-Charta festgelegte Selbstbestimmungsrecht der Völker kam es nach der Entkolonisierung in vielen Staaten vor allem zu religiös und ethnisch motivierten S.-Bewegungen – z. B. im indischen Bundesstaat Punjab, wo die militante Religionsgemeinschaft der → Sikhs für einen unabhängigen Staat Khalistan kämpft.

Sèvres, Frieden von

Das Friedensabkommen im Rahmen der → Pariser Vorortverträge wurde am 10. 8. 1920 zwischen der Türkei als Nachfolgestaat des Osmanischen Reiches und den → Alliierten zur Beendigung des 1. Weltkriegs geschlossen. Mit dem 433 Artikel umfassenden Vertragswerk sollte die Lage nach dem Zusammenbruch des Osmanischen Reiches geklärt werden. Der Vertrag beschränkte die Türkei auf Konstantinopel, das Gebiet bis zur sog. Tschatalschalinie und auf Kleinasien. Darüber hinaus erkannte er die griechische Hoheit über die Ägais an und sah ein griechisches Mandat über Smyrna (Ismir) vor. Völkerbundmandate erhielten Großbritannien (Irak, Palästina) sowie Frankreich (Syrien, Libanon).

Der Vertrag wurde von der Regierung des Sultans akzeptiert, von der national-türkischen Bewegung um Kemal Atatürk jedoch nicht anerkannt, was zum Sturz des Sultans führte. Der Versuch, die Bestimmungen des S. durchzusetzen, löste den → Griechisch-Türkischen Krieg aus, der 1922 mit der Kapitulation Griechenlands und der Revision des Vertrages endete (Frieden von → Lausanne).

Sikhs

Die im 15. Jahrhundert begründete Religionsgemeinschaft mit straffer militärischer Organisation vereint hinduistische und muslimische Elemente und zählt in Indien rund 18 Mio. Anhänger. Nachdem der eigene, im 18. Jahrhundert geschaffene Staat Punjab 1849 der Kolonie Britisch-Indien einverleibt und 1947 zwischen den beiden unabhängigen Staaten Pakistan und Indien aufgeteilt worden war, streben die S., die gegen das indische System der → Kasten und für einen Monotheismus eintreten, gegen Ende des 20. Jahrhunderts einen selbständigen Staat (Khalistan) an.

Dieses Ziel versucht insbesondere der in den 70er Jahren entstandene fundamentalistische Zweig der S. mit zahlreichen Terroranschlägen durchzusetzen. Nach blutigen Auseinandersetzungen zwischen Hindus und S. im nordindischen Bundesstaat Punjab, wo die S. mit 52 % die Bevölkerungsmehrheit bilden, ließ die indische Regierung 1984 das S.-Heiligtum – den Goldenen Tempel von Amritsar – stürmen. Als Vergeltung ermordeten kurze Zeit später militante S. (Leibwächter der Regierungschefin) die Ministerpräsidentin Indira Gandhi.

Sinn Féin

Die 1905 von Arthur Griffith als Trägerin der irischen Unabhängigkeitsbewegung in Dublin gegründete republikanische Partei S. (gälisch: Wir selbst) kämpft für die Einheit Irlands. Bis 1916 versuchte die S. die von ihr angestrebte Loslösung Irlands von Großbritannien mit politischen Mitteln durchzusetzen. Nach dem blutigen → Osteraufstand wurde sie zum Sammelbecken radikaler nationalistischer Kräfte. 1921 führte der anglo-irischen Teilungsvertrag zu einem Irischen Freistaat – ohne die Provinz Ulster, die als Nordirland bei Großbritannien blieb. 1969 schloß sich der radikale Flügel der S. nach Beginn der Unruhen in Nordirland an die → IRA an. Seitdem gilt die S. als politischer Arm der militanten katholischen Untergrundorganisation, die den Anschluß Nordirlands gewaltsam durchsetzen wollte. Mitte der 90er Jahre zeichnete sich die Beteiligung der S. an den anglo-irischen Friedensgesprächen ab, nachdem die IRA einen Gewaltverzicht erklärt hatte.

Slánsky-Prozeß

Durch die → Schauprozesse gegen 14 Funktionäre der tschechoslowakischen KP – Hauptangeklagter war der ehemalige Generalsekretär Rudolf Slánsky – entledigte sich Ministerpräsident Klement Gottwald der innerparteilichen Opposition. Elf Angeklagte (darunter Slánsky) wurden am 20.11.1952 wegen angeblicher «titoistischer und zionistischer Umtriebe» zum Tode verurteilt, drei erhielten lebenslange Haftstrafen. Der S. war Teil der von Gottwald seit 1948 mit stalinistischen Mitteln durchgeführten Umwandlung des Landes in eine Volksdemokratie. Im Zuge des → Prager Frühlings wurde Slánsky 1968 rehabilitiert.

Soldatenräte

→ Arbeiter- und Soldatenräte

Solidarität

Die Kooperation einzelner oder von Gruppen – insbesondere im Kampf gegen Unrecht und soziale Benachteiligung – basiert auf einem Zusammengehörigkeitsgefühl, das sich zumeist aufgrund gleicher Interessenlagen oder wegen eines äußeren Drucks (z.B. politisch oder ökonomisch) ergibt. Der aus dem römischen Recht stammende Begriff gewann im ausgehenden 19. Jahrhundert für den Kampf der Arbeiterklasse um ihre wirtschaftliche, soziale und rechtliche Besserstellung zentrale Bedeutung. Das Manifest des radikalsozialistischen französischen Ministerpräsidenten Léon Victor Bourgeois («La solidarité», 1896/97) machte den Begriff über die gewerkschaftlich organisierte → Arbeiterbewegung hinaus populär.

In der deutschsprachigen → Sozialdemokratie wurde S. im 20. Jahrhundert als Mittelweg zwischen Individualismus und Kollektivismus zur zentralen Forderung. Der Appellcharakter des Begriffs fand sich auch im Rahmen der Sozialpolitik für die Durchsetzung des Solidarpakts (S.-Prinzip) in der → Sozialversicherung wieder. Ähnliches gilt für den ab Mitte der 90er Jahre von allen deutschen Steuerzahlern zu entrichtenden S.-Zuschlag, der dem wirtschaftlichen Aufbau der neuen Bundesländer zugute kommt.

Solidarność ❑

Die am 17.9.1980 aus einem Danziger Streikkomitee hervorgegangene Dachorganisation unabhängiger polnischer Gewerkschaften entwickelte sich zu einer anti-kommunistischen Massenbewegung. Sie strebte die Demokratisierung Polens an und erreichte durch das sog. Danziger Abkommen mit der kommunistischen Regierung am 31.8.1980 u.a. die Zulassung freier Gewerkschaften und des Streikrechts sowie soziale Verbesserungen.
Nachdem in Polen auf sowjetischen Druck am 13.12.1981 das Kriegsrecht verhängt worden war, erfolgte im Herbst 1982 das Verbot der S. Ihre führenden Mitglieder, darunter der 1980 zum Vorsitzenden gewählte Lech Walesa, wurden unter Hausarrest gestellt. Die Organisation steuerte ihre Aktivitäten aus dem Untergrund und dem Ausland weiter.
Mit dem Zusammenbruch des sozialistischen Herrschaftssystems in Polen wurde die S. 1989 wieder zugelassen. Im selben Jahr errang ihre parteipolitische Vertretung bei den Parlamentswahlen eine klare Mehrheit, Ende 1990 wurde Walesa zum Staatspräsidenten gewählt. In der Folge zerbrach die Oppositionsbewegung – vor allem wegen der schwierigen wirtschaftlichen Lage und über die Frage des künftigen Kurses des Landes – in zahlreiche Splitterparteien.
Ihre stärkste Gruppierung, die bürgerliche Demokratische Union, stellte bis 1993 die Regierung. Bei den Neuwahlen wandte sich die mit der wirtschaftlichen Situation unzufriedene Bevölkerung von der S.-Bewegung ab und wählte mehrheitlich die Nachfolgeorganisationen der KP.

Lech Walesa
(* 29.9.1943)
Der Arbeiter auf der Danziger Lenin-Werft kam als Beteiligter an den Aufständen 1970 kurzzeitig in Haft. Nach Kritik an der staatlichen Einheitsgewerkschaft verlor er 1976 seinen Arbeitsplatz. Die Danziger Streikbewegung erreichte 1980 seine Wiedereinstellung und machte ihn zum Führer der neugegründeten Gewerkschaft Solidarność. Nach dem Verbot der Gewerkschaft stand Walesa ab 1982 elf Monate unter Hausarrest sowie fortan unter ständiger Bewachung. Der Friedensnobelpreisträger von 1983 handelte mit der Regierung ab 1988 den sog. Gesellschaftsvertrag aus, der 1989 das kommunistische Machtmonopol beendete sowie freie Wahlen und die Wiederzulassung der Gewerkschaft ermöglichte. Seinen Sieg bei den Präsidentschaftswahlen (9.12.1990) konnte Walesa 1995 nicht wiederholen: Am 5.11. unterlag er dem Altkommunisten und jetzigen Sozialdemokraten Aleksander Kwasniewski.

Somme-Schlacht

Mit rund 1,2 Mio. Toten war die S. (Juli–November 1916) die verlustreichste Schlacht während des 1. Weltkriegs. Zwischen Saint-Quentin und Amiens begannen die Truppen der → Alliierten (Franzosen und Briten) auf einer 40 km langen Front entlang der Somme eine Großoffensive gegen die deutschen Stellungen. Die schwere Materialschlacht, bei der die Briten zum erstenmal Panzerwagen (sog. Tanks) einsetzten, brachte für die Alliierten nicht den erhofften militärischen Durchbruch.

Souveränität

S. bezeichnet die allumfassende, unabhängige und höchste Herrschaftsgewalt des Staates, die ihm die nötige Handlungsfreiheit sowohl nach innen als auch nach außen gibt.

Innere S.: Die innere S. basiert auf der Annahme, daß der Staat innenpolitisch Träger der rechtlich höchsten Gewalt ist, die keiner anderen gehorchen muß. Ihm sind nur Grenzen durch die Grundrechte des einzelnen gesetzt. In Demokratien wird die innere S. vom Volkswillen (Volkssouveränität) getragen, der sich in Wahlen und Abstimmungen unmittelbar äußert und durch wählbare Organisationen wie das → Parlament vertreten wird.

Äußere S.: Die äußere S. (völkerrechtliche S.) umfaßt die Unabhängigkeit und Handlungsfähigkeit eines Staates in internationalen Beziehungen. Das in der UN-Charta fixierte Völkerrecht geht von der Gleichheit aller souveränen Staaten aus und fordert den Schutz der schwächeren vor den stärkeren Nationen. Angesichts weitreichender internationaler Verflechtungen gibt es gegen Ende des 20. Jahrhunderts keine absolute äußere S. mehr: Selbständige Staaten müssen bei außenpolitischen Entscheidungen auf ihre Mitgliedschaften in staatsübergreifenden Bündnissen Rücksicht nehmen. Zudem haben supranationale Organisationen (z. B. → NATO und → EU) verschiedene Hoheitsrechte ihrer ansonsten souveränen Mitglieder übernommen.

Sowjetisch-Polnischer Vertrag

1. Der am 25. 7. 1932 in Moskau geschlossene Nichtangriffspakt sah u. a. die einvernehmliche Regelung von Grenzfragen vor. Die Streitigkeiten über die jeweiligen Staatsgebiete entstanden nach dem 1. Weltkrieg, als das russische Königreich Polen (seit 1815) als unabhängiger Staat anerkannt wurde und im Russisch-Polnischen Krieg (1920) weitere Gebiete gewann (Friede von → Riga). Der S. verlor 1939 seine Bedeutung durch das geheime Zusatzabkommen des Deutsch-Sowjetischen Nichtangriffspakts (→ Hitler-Stalin-Pakt), das die Aufteilung Polens zwischen der UdSSR und dem Deutschen Reich regelte.

2. Das nach dem deutschen Angriff auf die Sowjetunion am 30. 7. 1941 geschlossene Abkommen machte die polnische Exilregierung vorübergehend zum Verbündeten der UdSSR. Nachdem Polen im 2. Weltkrieg nur noch als sowjetisches und deutsches Besatzungsgebiet existierte, kooperierte die in Paris neu zusammengetretene Regierung Polens unter General Wladislaw Sikorski mit Josef W. Stalin, um das Land von den Deutschen zurückzugewinnen.
Unterschiedliche Vorstellungen über die Zukunft der polnischen Ostgebiete sowie die Aufdeckung der Erschießung fast des gesamten polnischen Offizierskorps durch den sowjetischen Staatsicherheitsdienst (→ Katyn) führten am 26. 4. 1943 zum Abbruch der diplomatischen Beziehungen zwischen den bisherigen Vertragspartnern.

Sozialdemokratie

Die S. – eine der politischen Hauptströmungen in Europa – umfaßte ursprünglich sowohl radikaldemokratische und reformerische als auch sozialistisch-revolutionäre Parteien und Gruppen. Ziel der S. war die politische und soziale Emanzipation der Arbeiterschaft (→ Arbeiterbewegung), insbesondere das allgemeine Wahlrecht, eine umfassende Sozialpolitik und die Verbesserung der Volksbildung. In der Theorie verfolgte die S. bis ins 20. Jahrhundert eine revolutionäre Umformung der Gesellschaft, in der Praxis dominierte jedoch das Bemühen, die materielle Lage der Arbeiterschaft mit Hilfe von Reformen zu verbessern (→ Demokratischer Sozialismus). Zu den Verdiensten der S., die sich ab Ende des 19. Jahrhunderts parteipolitisch organisierte (Parteigründungen z. B. 1863 in Deutschland, → SPD; 1882 in Italien; 1888 in der Schweiz; 1888/89 Österreich, → SPÖ; um 1900 in Großbritannien, → Labour Party), zählt die Realisierung des → Wohlfahrtstaates.

Vor 1945: Die Wurzeln der sozialdemokratischen Bewegung liegen in der ersten Hälfte des 19. Jahrhunderts. Sie entstand unter dem Einfluß sozialliberaler und sozialkonservativer Ideen als Widerstandsbewegung gegen die Praxis des dogmatischen → Liberalismus, der in seiner reinen Ausprägung (sog. Manchester-Liberalismus) keinen Schutz der Arbeiter vor rücksichtsloser Ausbeutung vorsah, und wurde zu einer der wichtigsten Triebkräfte bei der Bildung der → Gewerkschaften.

Anfang des 20. Jahrhunderts etablierte sich die S. in verschiedenen Ländern Europas als Massenpartei. Über die Frage, wie der → Sozialismus zu verwirklichen sei, spaltete sich die S.: In Rußland setzte sich während der → Oktoberrevolution 1917 die revolutionäre Linie durch (→ Bolschewismus), in Westeuropa dominierten vor allem die reformerischen Kräfte der Bewegung. Sie versuchten, auf der Basis des Konstitutionalismus und Parlamentarismus die Gesellschaft in ihrem Sinne zu verändern (→ Revisionismus). Die revolutionär orientierten Kräfte in Westeuropa, die eine Entwicklung wie in der UdSSR propagierten, spalteten sich von der S. ab und bildeten kommunistische Parteien (z. B. 1918/19: → KPD im Deutschen Reich). Die radikalen Kreise der S. lehnten zudem die Befürwortung des 1. Weltkriegs konsequent ab, während die gemäßigten Sozialdemokraten aus nationaler Überzeugung den jeweiligen staatlichen Kriegszielen zustimmten. Im Zuge der Spaltung der Bewegung brach auch die → Internationale nach dem 1. Weltkrieg auseinander.

Die sich vertiefenden Meinungsverschiedenheiten in der politischen Linken verhinderten in den 30er Jahren ein entschlossenes Vorgehen gegen → Nationalsozialismus und → Faschismus. In Italien verbot Benito Mussolini 1925 die Sozialistische Einheitspartei. Im Deutschen Reich wurde die S. von den Nazis 1933 zerschlagen; ihre Funktionäre wurden verfolgt.

Nach 1945: Während sozialdemokratische Tendenzen in Osteuropa von den sozialistischen Machthabern mit Gewalt unterbunden wurden, etablierte sich die S. in Westeuropa. Die einstigen proletarischen Massenparteien entwickelten sich zu Volksparteien, neben dem → Konservatismus das wichtigste demokratisch-politische Lager. Damit einher ging die

grundsätzliche Befürwortung von → Marktwirtschaft und → Kapitalismus, die durch staatliche Intervention sozial gerechter gestaltet werden sollten (Schweden). In der BRD markierte das Godesberger Programm 1959 die Abkehr von sozialistischen (Ökonomie-)Vorstellungen.
Blütezeit der S. waren die 70er Jahre, als die sozialdemokratischen Parteien in Westeuropa die politisch-gesellschaftlichen Jugendproteste der 68er-Bewegung in konkrete Reformvorhaben umzusetzen verstanden (BRD: «Mehr Demokratie wagen»). Zudem besetzte die S. das Feld der → Entspannungspolitik zwischen Ost und West. 1971 erhielt Bundeskanzler Willy Brandt (SPD) für seine → Ostpolitik den Friedensnobelpreis.
Seit Ende der 80er Jahre befindet sich die europäische S. in einer Phase der Neuorientierung: Der Zusammenbruch des Sozialismus in Osteuropa führte auch die S. in eine Legitimitätskrise. Zudem schwindet die klassische Klientel der S., die Arbeiterschaft. Bei der Suche nach neuen Themen und Wählerschichten vollzog zunächst die britische Labour Party einen radikalen Schnitt: Sie sagte sich von sozialistischen Passagen ihrer früheren Programme los und öffnete sich mit sozialliberalen Parolen zur Mitte, wodurch das Überleben als moderne Volkspartei gesichert scheint.

Sozialdemokratische Partei der Schweiz

Die 1888 gegründete SPS vertrat im 1. Weltkrieg radikale Positionen (Ablehnung von Krieg und Kapitalismus). Nach Gründung der Kommunistischen Partei (1921) beschritt die SPS den Weg zur bürgerlich ausgerichteten Massenpartei, verfolgte vor allem sozialreformerische Ziele und war 1943–53 in der Regierung. Seit 1959 gehört sie einer Vierparteienkoalition an, die nach einem festen Schlüssel (sog. Zauberformel) die sieben Bundesräte stellt (SPS: zwei).

Soziale Marktwirtschaft

→ Marktwirtschaft

Sozialfaschismus

Diesen ideolgisch-kommunistischen Kampfbegriff formulierte 1924 der führende KPdSU-Funktionär Grigori J. Sinowjew. Unter Josef W. Stalin gewann der S. besondere Bedeutung als Kennzeichnung des kommunistischen Hauptgegners, der → Sozialdemokratie, die auf die Revolution des Proletariats verzichtete (→ Revisionismus), Reformen innerhalb der kapitalistischen Staaten befürwortete und deshalb mit dem → Faschismus weitgehend gleichgesetzt wurde.

Sozialisierung

→ Verstaatlichung

Sozialismus ❑

S. ist die Bezeichnung für eine Vielzahl von Lehren, die gegen den → Kapitalismus gerichtet sind. Übereinstimmend wollen sie eine Gesellschaftsform durchsetzen, in der die Grundsätze der Französischen Revolution – Gleichheit, Freiheit und Brüderlichkeit – realisiert sind. Der Begriff S. wurde bis zu Beginn des 20. Jahrhunderts häufig mit → Kommunismus gleichgesetzt.
Die politische Bewegung des S. for-

mierte sich im 19. Jahrhundert, um die mit der Entwicklung der Industriegesellschaft verbundenen gesellschaftlichen Mißstände theoretisch zu analysieren und praktisch zu lösen. Als Gegenbewegung zum bürgerlichen → Liberalismus wurde sie zunächst hauptsächlich von der Arbeiterbewegung getragen, aber insbesondere von bürgerlichen Intellektuellen geführt.

Die verschiedenen Strömungen des S. teilten sich zu Beginn des 20. Jahrhunderts in einen radikalen und einen gemäßigten Flügel. Der radikale S., zu dem u. a. → Anarchismus, → Leninismus, → Maoismus, → Marxismus und → Syndikalismus zählten, forderte die Sozialisierung des privaten Eigentums, insbesondere an Produktionsmitteln, sowie die Umwandlung privatwirtschaftlicher Produktionsstätten in Arbeiterproduktionsgenossenschaften und die staatliche Lenkung der Güterproduktion und -versorgung (→ Planwirtschaft). Diese Ziele, an deren Ende die klassenlose Gesellschaft steht (Kommunismus), sollten mit Hilfe einer Revolution durchgesetzt werden.

Die gemäßigten Sozialisten (Reformsozialisten und Sozialdemokraten; → Sozialdemokratie) setzten sich für eine gerechtere Verteilung des Eigentums ein. Dabei stand nicht die Enteignung, sondern eine Gewinnbeteiligung und Mitbestimmung der Arbeiterschaft im Mittelpunkt. Neben der Errichtung gemeinwirtschaftlicher Formen von Produktionsstätten als Konkurrenz zum Privateigentum und einer sozialverträglichen → Marktwirtschaft durch planerische Eingriffe des Staates sollte die bestehende Gesellschaft in allen Bereichen durch Reformen verändert werden.

Bis 1945: In Rußland fand 1917 unter der Führung von Wladimir I. Lenin die erste sozialistische Revolution statt (→ Oktoberrevolution). Da die im Marxismus formulierten Voraussetzungen für den Übergang zum S. (hochkapitalistisches Wirtschaftssystem) im agrarisch geprägten Rußland nicht existierte, ersetzte der Leninismus die Diktatur des Proletariats durch eine Diktatur der Kommunistischen Partei, die die Revolution führen sollte.

Nach dem Tod Lenins und dem Machtantritt Josef W. Stalins etablierte sich ab Mitte der 20er Jahre in Rußland eine Form des S., die politische Abweichler gewaltsam verfolgte (→ Schauprozesse). 1924 führte die Mongolei als zweites Land eine sozialistische Revolution durch.

Ab 1945: Die Chancen für das Ziel des S., die Weltrevolution, verbesserten sich nach dem 2. Weltkrieg: Als Folge des Kriegs setzte sich der S. als Staatsdoktrin – unter Einfluß der UdSSR – in Jugoslawien, Polen und der Tschechoslowakei (alle 1945), sowie in Albanien und Bulgarien (1946), Rumänien (1947), Nordkorea (1948) sowie in Ungarn (1949) durch. Ebenfalls 1949 wurde die sozialistische DDR gegründet. Der Versuch, in einigen dieser autoritär beherrschten Staaten einen → Demokratischen S. zu etablieren, scheiterte u. a. 1956 in Ungarn (→ Ungarischer Volksaufstand) und 1968 in der Tschechoslowakei (→ Prager Frühling). Lediglich auf wirtschaftspolitischem Sektor bildeten sich in Ungarn Freiräume heraus, die zu einer

besseren Versorgung der Bevölkerung führten (sog. Gulaschkommunismus).
In China entschied die KP unter Leitung von Mao Zedong 1949 den Bürgerkrieg gegen die nationalchinesischen Truppen von Chiang Kaishek für sich. Nach Differenzen und Gebietsstreitigkeiten mit der UdSSR entwickelte China den Maoismus als eigenständigen Weg zum S. Die UdSSR mußte ihren Anspruch aufgeben, den Kommunismus weltweit nach sowjetischem Vorbild aufbauen zu wollen. Eigene Wege zum S. hatten auch Jugoslawien unter Josip Broz Tito (→ Titoismus) und Albanien unter Enver Hoxha eingeschlagen.
Mitte der 50er Jahre weitete sich der S. zunächst in Asien (Kambodscha und Nordvietnam; 1954) aus, ehe mit Kuba (1959) das erste amerikanische Land sowie mit dem Kongo (1960) der erste Staat Afrikas folgten. In den 60er und 70er Jahren dehnte die UdSSR während des → Kalten Kriegs ihr Einflußgebiet auf zahlreiche Entwicklungsländer aus: In den Kolonialgebieten Afrikas und Asiens bildeten sich mit sowjetischer Hilfe starke sozialistische Bewegungen, die die nationale Unabhängigkeit erkämpften und eine sozialistische Ordnung etablierten.
In Westeuropa waren marxistische Theoretiker angesichts des von autoritären Zügen bestimmten «real existierenden S.» sowjetischer Prägung bemüht, den S. mit Hilfe des marxistischen Frühwerks neu zu deuten. Dieser → Neomarxismus beeinflußte in den 60er Jahren die → Studentenbewegung, die der kapitalistischen Konsumgesellschaft zunehmend kritisch gegenüberstand, und führte zur Bildung einer → Neuen Linken.
Der Zwang zu wirtschaftlichen Reformen führte Ende der 80er Jahre zum Zusammenbruch der hochverschuldeten sozialistischen Staaten in Osteuropa.

Sozialistische Internationale
→ Internationale

Sozialstaat
S. bezeichnet einen Staat, dessen Rechtsordnung, Verwaltungstätigkeit und politischen Maßnahmen die soziale Gerechtigkeit innerhalb der Gesellschaftsordnung erreichen sollen. Der S. strebt die umfassende soziale Absicherung seiner Bürger sowie den Ausbau des Gesundheitswesens, die Humanisierung der Arbeitswelt und eine sozialverträgliche Umweltpolitik an. Gleichzeitig wird an den Bürger die Erwartung gestellt, daß er als Beitrag zum S. Steuern und Sozialabgaben zahlt. Diese Finanzierung macht den S. abhängig vom wirtschaftlichen Wachstum.
Als Musterbeispiel für einen modernen S. nach dem 2. Weltkrieg gilt Schweden, wo der sozialdemokratische Ministerpräsident Tage Erlander ab 1946 ein dichtes soziales Netz knüpfte. Der schwedische → Wohlfahrtsstaat entwickelte sich zum Vorbild für die → Sozialdemokratie in aller Welt.
In der BRD ist der S. als Staatsziel seit 1949 in Art. 20 und 28 des Grundgesetzes fixiert. Der kontinuierliche Ausbau des S. in den Demokratien des 20. Jahrhunderts hat zur Eindämmung von Not und Armut sowie zur Stabilisierung des politischen Systems beigetragen (→ Sozialversicherung). Angesichts der

Wichtige theoretische Ansätze des Sozialismus

Agrarsozialismus: Er entwickelte sich aus den Zielen der russischen Sozialrevolutionäre, die privates Grundeigentum zwar aufheben, aber die gesellschaftliche Ordnung nicht vollständig zerschlagen wollten. Nach dem Sieg der Bolschewisten in der Oktoberrevolution von 1917 wurde diese Form des Sozialismus nicht weiterverfolgt.
Anarchismus: Die als Anarchismus bezeichneten gesellschaftlichen Theorien und Utopien aus dem 19. Jahrhundert fordern den Verzicht auf Herrschaft und Macht von Menschen über Menschen. Als Ziel werden Freiheit des einzelnen, Gerechtigkeit, Gleichheit und Humanismus ohne Gesetzesregelungen angestrebt.
Leninismus: Aufbauend auf dem Marxismus, entwickelte Wladimir I. Lenin einen speziell auf die Situation der UdSSR (Agrar- statt Industriestaat) bezogenen Sozialismus. Der Leninismus schrieb die führende Rolle der Kommunistischen Partei bei Planung, Durchführung der Revolution und Durchsetzung des Sozialismus fest.
Maoismus: Die Theorie des chinesischen KP-Führers Mao Zedong fordert einen jeweils eigenständigen Weg jedes Staates hin zum Sozialismus, lehnt die marxistische Vorstellung der Weltrevolution ab und betont die avantgardistische Rolle von Agrarstaaten für den Aufbau des Sozialismus. Der hauptsächlich gegen intellektuelle Vorherrschaft gerichtete Maoismus propagiert die permanente Revolution, die besonders auf das Bewußtsein der Menschen abzielt (→ Kulturrevolution).
Marxismus: Durch Klassenkampf und Revolution soll die Herrschaft des Proletariats über die Produktionsmittel einer Gesellschaft erreicht werden. Die von Karl Marx und Friedrich Engels begründete Theorie geht von einer zwangsläufigen historischen Entwicklung vom feudalen Staat über den Kapitalismus bis zum Sozialismus aus. An dessen Ende ist als Ziel die klassenlose Gesellschaft (Kommunismus) erreicht.
Reformsozialismus: Die Vertreter dieser Richtung wollten die Umgestaltung der Gesellschaft durch Reformen von innen – und nicht durch die Zerschlagung des bürgerlich-kapitalistischen Staates erreichen. Der Reformsozialismus führte zur Spaltung der Arbeiterbewegung in Sozialdemokratie und revolutionäre sozialistische Bewegung (Kommunismus).
Stalinismus: Josef W. Stalin funktionierte den Marxismus zu einer dogmatischen, machtsichernden Ideologie um, die das Bild des Sozialismus seit Mitte der 30er Jahre prägte. Stalins «Revolution von oben» schloß Opposition aus und führte zu diktatorischen Vollmachten sowie umfassendem Personenkult.
Syndikalismus: Die in Frankreich, Spanien und Lateinamerika populäre Richtung trat für einen genossenschaftlich organisierten Staat ein, in dem es keine Parteien gibt und kollektive Selbsthilfe zur Maxime erhoben wird.
Trotzkismus: Der auf Leo Trotzki zurückgehende Ansatz zu Beginn der 30er Jahre sieht im Gegensatz zu Leninismus und Stalinismus die sozialistische Weltrevolution als wichtigstes Ziel an. Die Kritik an der UdSSR (bürokratisierter Arbeiterstaat) nutzte Stalin zu Schauprozessen, Verfolgung und Ermordung der politischen «Abweichler».

wirtschaftlichen Rezession in den 90er Jahren werden jedoch die steigenden Kosten des S. und die Auswirkungen der sozialstaatlichen Eingriffe für die Wirtschaft zunehmend kritisiert.

Sozialversicherung

S. ist der Sammelbegriff für alle staatlichen Zwangsversicherungen zur kollektiven Vorsorge der Bevölkerung. Die je nach Staat unterschiedlichen Leistungen umfassen zumeist Arbeitslosen-, Kranken-, Renten- und Unfallversicherung. Versichert sind alle Personen, die während ihres Berufslebens (Arbeits-, Dienst- oder Ausbildungsverhältnis) Beiträge entrichtet haben, sowie deren Ehepartner und Kinder. Ein Teil der Beiträge, deren Höhe sich in der Regel nach dem Bruttoeinkommen richtet, muß vom Arbeitgeber getragen werden (BRD: 50%). In einigen Ländern kommen Zuschüsse des Staates hinzu. Die Höhe der Leistungen ist im allgemeinen unabhängig von der Höhe der eingezahlten Beiträge (Solidaritätsprinzip; Ausnahme in der BRD ist die → Rentenversicherung).
Versicherungsträger sind öffentlich-rechtliche Körperschaften unter staatlicher Aufsicht (z. B. Krankenkassen, Berufsgenossenschaften sowie Bundes- und Landesversicherungsanstalten).
Historisch steht die S. in der Tradition der genossenschaftlichen Selbsthilfe, die bis in das Mittelalter zurückgreift. Das Deutsche Reich gilt mit der 1883 eingeführten → Krankenversicherung und der 1884 gesetzlich vorgeschriebenen Unfallversicherung als Vorreiter der S., die als Maßnahme einer Sozialpolitik von oben die Forderungen der Arbeitnehmerschaft aufgriff und so weitergehende gesellschaftliche Veränderungen verhinderte.
Dem deutschen Beispiel folgte 1888 Österreich-Ungarn mit einer Krankenversicherung (Großbritannien, Schweiz: 1911; Niederlande: 1913; Japan: 1926; Italien: 1928; Frankreich: 1930). In den USA scheiterte Präsident Bill Clinton zu Beginn der 90er Jahre mit dem Versuch, erstmals eine umfassende Krankenversicherung einzuführen. Eine Rentenversicherung existiert im Deutschen Reich seit 1889 (Großbritannien, Schweiz: 1908; Frankreich: 1910; Niederlande, Schweden: 1913; Italien: 1919; Österreich: 1927; USA: 1935; Japan: 1942). Eine → Arbeitslosenversicherung entstand zuerst 1911 in Großbritannien. Italien (1919), Österreich (1920), das Deutsche Reich (1927), Schweden (1934), die USA (1935), Japan (1947) und die Niederlande (1949) folgten. In Frankreich gibt es eine Arbeitslosenversicherung seit 1967, in der Schweiz erst seit 1976.

Spa, Konferenz von

An der ersten Konferenz über die Regelung von Entwaffnung und → Reparationen des Deutschen Reiches nach dem → Versailler Vertrag durften vom 5. bis 16.7.1920 auch Vertreter der deutschen Regierung teilnehmen. Die Höhe der Reparationssumme wurde nicht festgelegt, nur über die prozentuale Verteilung der Leistungen kam eine Einigung zustande (52,5% an Frankreich, 22% an England, 10% an Italien, 8% an Belgien; der Rest sollte unter den übrigen alliierten und assoziierten Siegermächten verteilt werden). Das Deutsche Reich erhielt eine Fristverlängerung, um das deutsche Heer auf 100000 Mann zu reduzieren (1. 1. 1921). Ein drohender alliierter Einmarsch in das Ruhrgebiet (→ Ruhrbesetzung) konnte mit der deutschen Zusicherung abgewendet werden, im nächsten halben Jahr monatlich 2 Mio. t Kohle als Reparationsleistung zu liefern.

Spanischer Bürgerkrieg ❑

Der 1936–39 dauernde Bürgerkrieg in Spanien wurde durch politisch-soziale Gegensätze in dem ökonomisch rückständigen Land ausgelöst. In dem unter hohen Verlusten geführten Konflikt (rd. 500000 Tote) standen sich Großbürgertum, Großgrundbesitzer, national-konservative Rechte und antirepublikanische Militärs auf der einen Seite sowie das landlose Agrarproletariat, Sozialisten, Kommunisten und Anarchisten auf der anderen Seite gegenüber.

Nach dem Sieg der linksgerichteten Volksfront bei den Parlamentswahlen (16. 2. 1936) und der Ermordung des Monarchistenführers José Calvo Sotelo (13.7.) putschte das Militär unter Francisco Franco Bahamonde am 17. 7. 1936 in Spanisch-Marokko gegen die Zweite Republik. Einen Tag später griff der Militärputsch auf Spanien über. Angeführt wurde er von der konservativen, mit den Faschisten sympathisierenden Generalität. Bis zum September 1936 kontrollierten die Putschisten große Teile Spaniens. Das nationalsozialistische Deutsche Reich und das faschistische Italien unterstützten die Rebellen mit Waffen und Soldaten. Weltweite Empörung rief die Bombardierung und Zerstörung der nordspanischen Stadt Guernica y Luno am 26. 4. 1937 durch die deutsche Legion Condor hervor.

Die linksgerichtete spanische Regierung erhielt einzig von der UdSSR und Mexiko konkrete militärische Hilfe. Aus weiteren Staaten – darunter Frankreich, Großbritannien, die USA sowie Italien und das Deutsche Reich – meldeten sich Freiwillige für die internationalen Brigaden. Am 26. 1. 1939 besetzten Francos Truppen kampflos Barcelona, zwei Monate später zogen die Faschisten ohne Gegenwehr in Madrid ein. Anfang April 1939 erklärte Franco den S. für beendet.

Der S. markierte den ersten militärischen Konflikt zwischen den faschistischen und demokratischen Kräften in Europa. Der siegreiche Franco errichtete in Spanien ein autoritäres Regime, dessen Ende erst mit dem Tod des Diktators 1975 kam.

Francisco Franco Bahamonde (4. 12. 1892–20. 11. 1975)

Der jüngste Hauptmann der spanischen Armee (ab 1915) leitete ab 1922 die Fremdenlegion seines Landes in Marokko, wo er 1925 den Aufstand der → Rifkabylen niederschlug. Unter dem Titel «Caudillo» führte der Sieger des Spanischen Bürgerkriegs ab 1939 einen weitgehend faschistischen Staat. Der Diktator näherte sich in den 60er Jahren den westlichen Demokratien an. In einem sog. Nachfolgegesetz hatte er schon 1947 die Rückkehr Spaniens zur Monarchie nach seinem Tod festgelegt. 1969 erkor Franco Juan

Carlos für die Position des Monarchen. Er bestieg den Thron am 22.11.1975 und führte Spanien zur Demokratie.

Spartakus-Aufstand

Mit dem S. versuchten radikale Kreise der deutschen → Novemberrevolution Anfang Januar 1919, die Reichsregierung – den von Friedrich Ebert und Philipp Scheidemann (SPD) geführten → Rat der Volksbeauftragten – nach dem Vorbild der russischen → Oktoberrevolution mit Gewalt zu stürzen. Treibende Kräfte waren u.a. die aus dem radikal-sozialistischen Spartakusbund entstandene Kommunistische Partei (→ KPD) und die USPD. Der S. wurde ausgelöst durch die Herausdrängung linkssozialistischer Politiker aus den Regierungsämtern, insbesondere die am 4.1.1919 verfügte Absetzung des Berliner Polizeipräsidenten Emil Eichhorn (USPD). Am Abend des 5.1. besetzten bewaffnete Kräfte der Linken das Berliner Zeitungsviertel, doch auf die in der Presse veröffentlichten Aufrufe zum Putsch reagierte nur ein Teil der Arbeiterschaft.

Der Rat der Volksbeauftragten rief die Wehrverbände der rechtsgerichteten → Freikorps zu Hilfe, die den S. innerhalb einer Woche blutig niederschlugen. Die Führer des 1916 gegründeten Spartakusbundes (Keimzelle der KPD), Karl Liebknecht und Rosa Luxemburg, wurden am 15.1. von Einheiten der «Bürgerwehr» ermordet.

SPD ❑

Die **S**ozialdemokratische **P**artei **D**eutschlands wurde 1890 nach Aufhebung der Bismarckschen Sozialistengesetze neu gegründet. Sie entstand aus dem 1863 von Ferdinand Lassalle ins Leben gerufenen Allgemeinen Deutschen Arbeiterverein (ADAV) und der 1869 von August Bebel und Wilhelm Liebknecht gegründeten Sozialdemokratischen Arbeiterpartei (SDAP).

Die SPD etablierte sich als Interessenvertretung der klassenbewußten Arbeiterschaft. Obwohl den revolutionären Forderungen des → Marxismus verpflichtet, versuchte die SPD unter dem Einfluß der Gewerkschaftsbewegung durch Reformen im Rahmen des parlamentarisch-demokratischen Systems die Lage der Arbeiterschaft zu verbessern und eine sozialere Gesellschaftsordnung ohne Revolution zu erreichen. Die Massenpartei (1912 erstmals stärkste Fraktion im Reichstag: 34,8% der Stimmen) spaltete sich nach 1914 wegen der mehrheitlichen Zustimmung zu den nationalen Kriegszielen. Der linke Flügel (USPD: ab April 1917; Spartakusbund) lehnte die von der SPD-Spitze unterstützte Beendigung der → Novemberrevolution (1918) ab und gründete die → KPD. Die SPD entwickelte sich zum systemtreuen Träger der → Weimarer Republik und führte mehrfach Koalitionsregierungen an.

Ab 1933 verfolgte das NS-Regime die SPD – viele führende Politiker der Partei starben im KZ oder emigrierten. Nach 1945 gründete sich die SPD neu. In der → SBZ mußte sie sich auf Druck der sowjetischen Besatzungsmacht mit der KPD 1946 zur → SED zusammenschließen.

Durch das Godesberger Programm von 1959 öffnete sich die SPD in der

BRD mit dem Bekenntnis zu freier → Marktwirtschaft und → Westintegration als Volkspartei auch für Angestellte und Beamte. 1969–82 stellte sie mit der → FDP die Regierung (Bundeskanzler 1969–74: Willy Brandt; 1974–82: Helmut Schmidt) und trug mit ihrer → Ostpolitik zur Beendigung des Kalten Krieges bei. Durch die Etablierung weiterer linker Oppositionsparteien im Bundestag (→ Grüne ab 1983; → PDS ab 1990), innerparteiliche Auseinandersetzungen und fehlende programmatische Erneuerung fürchtete die SPD Mitte der 90er Jahre um ihre führende Funktion als Volkspartei.

SPD-Vorsitzende

1890–1911	August Bebel/Paul Singer
1911–13	Bebel/Hugo Haase
1913–17	Friedrich Ebert/Haase
1917–19	Ebert/Philipp Scheidemann
1919–22	Hermann Müller/ Otto Wels
1922–31	Artur Crispien/Wels/ Müller (bis 1928)
1931–33	Crispien/Hans Vogel/ Wels
1946–52	Kurt Schumacher
1952–63	Erich Ollenhauer
1964–87	Willy Brandt
1987–91	Hans-Jochen Vogel
1991–93	Björn Engholm
1993–95	Rudolf Scharping
Ab 1995	Oskar Lafontaine

Sperrklausel

→ Fünfprozentklausel

Spiegel-Affäre

Die als S. bezeichnete Aktion der Polizei und der Staatsanwaltschaft gegen das Nachrichtenmagazin «Der Spiegel» löste am 26.10.1962 eine schwere innenpolitische Krise in der BRD aus. Nachdem das Magazin in seiner Ausgabe vom 10.10.1962 in einem Artikel über die Herbstübung der NATO eine Analyse militärpolitischer und strategischer Probleme veröffentlicht hatte, durchsuchten Polizisten die Redaktion und Privatwohnungen der Redakteure, da der «Spiegel» publizistischen Landesverrat begangen habe. Druckfahnen wurden beschlagnahmt, einige Spiegel-Redakteure verhaftet – u. a. auch der Herausgeber Rudolf Augstein.
Die mit Unterstützung von Dienststellen des Verteidigungsministeriums durchgeführten Maßnahmen lösten als Verstoß gegen die Pressefreiheit im In- und Ausland Proteste aus. Verteidigungsminister Franz Josef Strauß mußte zurücktreten, nachdem die FDP-Minister aus Protest gegen die Vorgehensweise ihr Amt aufgegeben hatten. Der Bundesgerichtshof verzichtete auf ein Hauptverfahren gegen die Redakteure.

Spionage ❑

S. umfaßt das Auskundschaften und Weitergeben von Staatsgeheimnissen – vor allem auf militärischem und wirtschaftlichem Gebiet – durch Agenten, Spione und V-Männer von Geheim- und → Nachrichtendiensten. Nach der Haager Landkriegsordnung von 1907, mit der die Gesetze des Landkrieges fixiert wurden, gilt S. nicht als völkerrechtliches Vergehen.
Waren die nationalen S.-Netze bis in die 30er Jahre noch im Aufbau begriffen, entfaltete während des 2. Weltkriegs vor allem die Sowjet-

Bekannte Spione im 20. Jahrhundert

Anthony F. Blunt: 1979 wurde der britische Geheimdienstler und Berater der Königin als sowjetischer Spion enttarnt.
Klaus Fuchs: Als Physiker war der 1933 nach Großbritannien emigrierte Deutsche am Bau der Atombombe in den USA beteiligt. Er leitete Informationen an den KGB weiter.
Günter Guillaume: 16 Jahre nach seiner Einreise in die BRD wurde Guillaume persönlicher Referent von SPD-Bundeskanzler Willy Brandt. Nach seiner Enttarnung (1974) trat Brandt zurück.
Mata Hari: Die niederländische Tänzerin spionierte während des 1. Weltkriegs sowohl für das Deutsche Reich als auch für Frankreich, wo sie 1917 hingerichtet wurde.
Kim Philby: Der sowjetische Spion war ab 1945 beim britischen Geheimdienst aktiv und ging 1963 in die UdSSR.
Alfred Redl: Der Österreicher betrieb als Oberst Militärspionage für Rußland (1901–13). Nach seiner Enttarnung beging er Selbstmord.
Julius und Ethel Rosenberg: Das Ehepaar verriet geheime Daten vom Bau der US-Atombombe an die UdSSR und wurde 1953 hingerichtet.
Richard Sorge: Der deutsche Kommunist spionierte ab 1929 für Rußland und ab 1933 für Japan. 1941 setzte er Josef W. Stalin von dem bevorstehenden deutschen Überfall und dem japanischen Angriff auf Pearl Harbor in Kenntnis.
Hansjoachim Tiedge: Der für Spionageabwehr zuständige Regierungsdirektor im Bundesamt für Verfassungsschutz der BRD setzte sich 1985 in die DDR ab.
Leopold Trepper: Der sowjetische Leiter der im Westen aktiven Organisation Rote Kapelle wurde 1942 von der Gestapo verhaftet, konnte jedoch fliehen.

union eine umfangreiche Spionagetätigkeit (→ Rote Kapelle). Nach 1945 verlegte sich die sowjetische S. angesichts der militärtechnischen und wirtschaftlichen Überlegenheit der USA auf das Ausspähen von Industriegeheimnissen und moderner Waffentechnik. So verschafften Spione wie der 1933 in die USA emigrierte deutsche Kernphysiker Klaus Fuchs der UdSSR Kenntnisse über die amerikanische Atombombe.

An der Schnittstelle zwischen West und Ost stand die BRD im Mittelpunkt internationaler Geheimdienstätigkeit. Nach Schätzungen des US-Nachrichtendienstes CIA waren in Westdeutschland bis zu 30000 DDR-Agenten aktiv. Der spektakulärste Fall führte 1974 zum Rücktritt von Bundeskanzler Willy Brandt, nachdem sein persönlicher Referent Günter Guillaume als Stasi-Offizier enttarnt worden war.

Angesichts der politischen Entspannung zwischen Ost und West verlor die Militär-S. in den 80er Jahren an Bedeutung. Demgegenüber nahm die S. auf wirtschaftlichem Gebiet (Industrie-S.) zu.

SPÖ ❑

Die **S**ozialdemokratische **P**artei **Ö**sterreichs wurde 1945 als Sozialistische Partei Österreichs und Nachfolgeorganisation der 1888/89 gegründeten und 1934 verbotenen SPÖ durch einen Zusammenschluß von revolutionären Sozialisten und Sozialdemokraten reaktiviert. In ihrem Aktionsprogramm von 1947 forderte die SPÖ eine neue sozialistische Gesellschaftsordnung, bedingungslose Demokratie, Planwirtschaft und Neutralität Österreichs. Ende der 50er Jahre erfolgte eine ideologische Erneuerung innerhalb der SPÖ: 1958 erklärte die Partei in ihrem Wiener Programm, daß die von ihr angestrebte klassenlose Gesellschaft durch Reformen auf parlamentarischem Wege erreicht werden soll. Unter der Führung von Bruno Kreisky entwickelte sich die SPÖ nach 1967 zur stärksten Partei Österreichs, die seit 1970 ununterbrochen die Regierung führt (Bundeskanzler 1970–83: Kreisky; 1983–86: Fred Sinowatz; ab 1986 Franz Vranitzky). Seit 1986 koaliert sie mit der → ÖVP.

Bruno Kreisky (22. 1. 1911–29. 7. 1990)
Der während der NS-Herrschaft mehrfach verhaftete Jungsozialist ging 1938 nach Schweden und wurde ab 1945 Funktionär der SPÖ. 1959–66 war er Außenminister, 1967–83 SPÖ-Vorsitzender. Der Kanzler einer Minderheitsregierung mit der → FPÖ (1970/71) erhielt 1971 bei Neuwahlen die absolute Mehrheit und regierte bis 1983. 1979 machte er Wien zum dritten Amtssitz der UNO. Als erster westlicher Regierungschef erkannte er 1980 die PLO an und setzte sich für den Frieden im Nahen Osten ein.

Sprung nach vorn

Mit S. wurde die vom linken Flügel der KP Chinas unter Führung von Staatspräsident Mao Zedong zwischen 1958 und 1961 betriebene Kampagne bezeichnet, die das sozialistische Gesellschaftssystem Chinas dem der UdSSR ebenbürtig machen sollte. Mit dem vor allem auf ökonomischen Fortschritt abzielenden Programm reagierte Mao auf die Unzufriedenheit des Volkes mit der wirtschaftlichen Situation. Neben Produktionssteigerungen der Industrie strebte Mao die Errichtung landwirtschaftlicher Volkskommunen an. Sie sollten die bisherigen kapitalintensiven landwirtschaftlichen Großprogramme ablösen und zudem eine ideologische Umerziehung der Chinesen einleiten.
Die Bevölkerung reagierte auf die militärisch strenge Organisation der Volkskommunen mit passivem Widerstand, das ehrgeizige Industrialisierungsprogramm scheiterte an mangelhafter Koordination und fehlenden Produktionsmitteln. Nach Naturkatastrophen und dem Abzug der sowjetischen Experten wurde die Kampagne abgebrochen. Mao mußte 1959 vom Amt des Staatspräsidenten zurücktreten, schaltete die wachsende Opposition aber sieben Jahre später durch die → Kulturrevolution aus.

SS

Die **S**chutz**s**taffel war die paramilitärische Eliteformation der → NSDAP. Als Hauptträgerin des Terrors und der Vernichtungspolitik des NS-Herrschaftssystems bildete sie im Deutschen Reich einen Staat im Staate («SS-Staat») und galt als

Verkörperung der nationalsozialistischen Herrenmenschenideologie. 1925 aus der sog. Stabswache zum persönlichen Schutz von Adolf Hitler hervorgegangen und formal der → SA unterstellt, entwickelte sich die SS zur innerparteilichen Schutz- und Sicherheitstruppe und zur «Führerexekutive», deren Grundelemente scharfe Disziplin, blinder ideologischer Glaube, unnachgiebige Härte gegenüber «rassisch Minderwertigen» und unbedingter Gehorsam gegenüber Hitler waren.
Nach der Entmachtung der SA 1934 durch den → Röhmputsch baute die eigenständige, nur Hitler unterstellte Organisation als Staatssicherheitskorps ihre Machtstellung aus. 1939 wurden Kriminal- und Sicherheitspolizei in die SS eingegliedert. Als Nachfolgerin der SA übernahm die sog. Waffen-SS die Verwaltung der Konzentrationslager (sog. SS-Totenkopfverbände) und war maßgeblich an der Massenvernichtung der Juden sowie sog. fremdvölkischer Bevölkerungsgruppen beteiligt. Darüber hinaus stellte die Waffen-SS militärische Kampfverbände im 2. Weltkrieg (1940: rd. 100000 Mann; 1944: rd. 900000 Mann). 1946 erklärte der Internationale Militärgerichtshof in Nürnberg die SS zur verbrecherischen Organisation.

Staat

S. bezeichnet die höchste Stufe der menschlichen Organisation. Definierende Elemente sind die in einem S. zusammengeschlossenen Personen (S.-Volk), das Hoheitsgebiet (S.-Raum) und die souveräne Herrschaftsmacht (S.-Gewalt), die sich aus Gesetzgebung (→ Legislative), Rechtsprechung (→ Judikative) und Regierung (→ Exekutive) zusammensetzt (→ Gewaltenteilung).
Der S. ist im Völkerrecht eine juristische Person: Seine Anerkennung durch andere S. bildet die unabdingbare Voraussetzung seiner Existenz. Da Ende des 20. Jahrhunderts die gesamte Landmasse der Erde auf die S. der Welt aufgeteilt ist, können neue S. nur noch durch Abspaltung von anderen S. (→ Separatismus) oder im Zuge von S.-Auflösungen (Jugoslawien) entstehen. Ziel des S. ist es u. a., das Zusammenleben der S.-Bürger durch allgemeine Normen und Gesetze zu ermöglichen. Dazu strebt der S. den Ausgleich der gesellschaftlichen Interessen im Innern und den Schutz seines Volkes nach außen an. Diese Aufgaben werden durch politische Institutionen (z. B. Regierung) wahrgenommen, die das Gewaltmonopol innerhalb einer Gesellschaft besitzen.
S.-Volk: Je nach ethnischer Zusammensetzung des S.-Volkes wird zwischen National- und Vielvölker-S. unterschieden. Typische National-S. sind die BRD, Frankreich und Italien trotz des hohen Anteils von Ausländern, die in diesen S. leben. Sie gelten nicht als Mitglieder des S.-Volkes, da sie die jeweilige S.-Bürgerschaft nicht besitzen.
Ein klassischer Vielvölker-S. war das bis 1918 existierende Österreich-Ungarn. Auch Jugoslawien konnte die Spannungen zwischen seinen einzelnen Ethnien nicht ausgleichen und fiel auseinander (→ Jugoslawienkrieg). Gelungene Beispiele für die Integration verschiedener Völker durch Assimilierung sind die USA und die Niederlande.

S.-Organisation: Im Einheits-S. (z. B. Frankreich) besitzen allein die staatlichen Institutionen Souveränitätsrechte. Der Bundes-S. (z. B. BRD und USA) vereint demgegenüber eine Anzahl von (Bundes-)S. mit eigenen Kompetenzen (→ Föderalismus). Seit den 70er Jahren werden Souveränitätsrechte einzelner Staaten zunehmend an international besetzte Institutionen oder Staatenbünde (z. B. → EU) abgetreten.

S.-Formen: In zwei großen Bereichen wird unterschieden zwischen → Monarchie und → Republik:

An der Spitze einer absoluten Monarchie steht der Monarch (z. B. Kaiser, König). Er besitzt die oberste Gewalt im S. und die Kontrolle über sämtliche Institutionen.

Als Republik werden S.-Formen bezeichnet, die nicht von einer einzelnen Person regiert werden, wobei die Klassifizierung als Republik unabhängig von der Herrschaftsstruktur ist (autokratisch, autoritär oder rechtsstaatlich).

Eine Sonderstellung nimmt die konstitutionelle Monarchie ein: Die Macht des Herrschers wird durch Gesetze beschränkt, die z. B. die Grundrechte des Volkes regeln. Diese Grundrechte können in einer Verfassung oder aufgrund traditioneller Werte festgelegt sein. Die gesetzgebende Funktion wird zumeist durch den Adel oder gewählte Vertreter ausgeübt.

Staatsrat

Der Begriff S. bezeichnet einen ranghohen Würdenträger bzw. ein staatliches Kollegialorgan und dessen Mitglieder. Aufgaben und Kompetenzen des S. sind je nach Nationalität, Staatsform und der historischen Epoche verschieden:

– Im 19. Jahrhundert waren S. in den Königreichen Preußen und Württemberg die Minister ohne Portefeuille. Im 20. Jahrhundert ist S. u. a. der Name für die Minister in China und Schweden sowie für einige Schweizer Kantonsregierungen. In der BRD wird der Titel S. in Baden-Württemberg an ehrenamtliche Mitglieder des Kabinetts verliehen. In Hamburg bezeichnet S. den → Staatssekretär, in Bremen den Leiter der Staatskanzlei.

– Das Gremium des S. entwickelte sich zunächst im Mittelalter (sog. Consilium status). Im 19. Jahrhundert wurde es in den parlamentarischen Monarchien als staatliches Gegengewicht zur parlamentarischen Meinungsvielfalt geschaffen. In Großbritannien hat sich der S. als Privy Council zur Beratung des Monarchen und als Gericht für die Dominions gehalten. In Frankreich entwickelte sich der Conseil d'État zum Obersten Verwaltungsgericht.

In den sozialistischen Ländern bildet der S. das kollektive Staatsoberhaupt (z. B. DDR: 1960–90). Als ständiger Ausschuß des weitgehend machtlosen Parlamentes übernimmt er wichtige legislative und exekutive Aufgaben, u. a. die allgemein verbindliche Auslegung der Gesetze.

Staatsverschuldung

Als S. werden Einnahmen der öffentlichen Haushalte durch Kreditaufnahme bezeichnet. Durch S. soll zumeist ein Defizit zwischen den Staatsausgaben und den Einnahmen aus Abgaben (Steuern, Gebühren,

Beiträge) gedeckt werden. Ferner kann sich der Staat bewußt verschulden, um die Konjunktur anzuregen: Mangelnde private Nachfrage, die zu Arbeitslosigkeit oder Rezession geführt hat, soll durch staatliche Nachfrage (insbesondere Investitionen) vorübergehend ersetzt werden. Nach einer Konjunkturbelebung sollen die höheren Steuereinnahmen das entstandene Defizit wieder ausgleichen. Der Staat verschuldet sich in der Regel über längerfristige Anleihen bei Bürgern und Unternehmen (vor allem Banken und Versicherungen). Hauptproblem der S. ist die Einschränkung des staatlichen finanziellen Handlungsspielraums durch die Zinszahlungspflicht. So kommt die jährliche Nettoneuverschuldung zum bereits erreichten Schuldenstand hinzu. Führen die staatlichen kreditfinanzierten Ausgaben nur zu einer Ausweitung der Nachfrage bei gleichbleibendem Angebot, drohen ferner Preissteigerungen (→ Inflation).

Von hoher S. betroffen waren Ende des 20. Jahrhunderts insbesondere die → Entwicklungsländer der → Dritten Welt, die sich zum Aufbau ihrer Wirtschaft bei internationalen Finanzunternehmen und Organisationen (z. B. → Weltbank und → IWF) verschuldet hatten. Ihr jährlicher Schuldendienst (Tilgung und Zinsen) überschritt oft die Höhe des im Rahmen der Entwicklungshilfe neu zufließenden Kapitals. Seit den 80er Jahren ist daher von einer → Schuldenkrise der Entwicklungsländer die Rede.

Auch in westlichen Industrieländern wie den USA steigt die S. (1995: fast 5 Bio. Dollar). Die Staaten der → EU setzten sich für ihre zur Jahrtausendwende geplante → Währungsunion erstmals Mindestkriterien für die staatliche Haushaltsführung: So soll die jährliche Kreditaufnahme 3%, der Schuldenstand aller öffentlichen Haushalte zusammen 60% des Bruttoinlandsprodukts nicht überschreiten.

Staatsvertrag

1. Die völkerrechtliche Vereinbarung zwischen Staaten zur Regelung ihrer künftigen Beziehungen dient der friedlichen Verständigung zwischen den Nationen. Damit der S. Gültigkeit erlangt, muß er von den Parlamenten der beteiligten Staaten ratifiziert werden. Die völkerrechtlichen Regeln, die beim Abschluß von S. zu beachten sind, wurden 1969 in einer UN-Konvention über das völkerrechtliche Vertragsrecht fixiert. Die S., an denen UN-Mitglieder beteiligt sind, werden vom UN-Sekretariat registriert und in den United Nations Treaties Series (UNTS) gesammelt und veröffentlicht.

Die Bezeichnung S. wird darüber hinaus insbesondere für wichtige, die politische Situation verändernde Abkommen verwendet, wie z. B. für den österreichischen S. von 1955, durch den der Staat Österreich unter der Voraussetzung «immerwährender Neutralität» von den → Alliierten in die Unabhängigkeit entlassen wurde. Beispiel für einen S. ist auch der → Einigungsvertrag von 1990 zwischen der BRD und der DDR über die → deutsche Einheit.

2. Der innerstaatliche S. regelt die Kompetenzen von Gliedstaaten innerhalb eines Bundesstaates (in der BRD z. B. Festsetzung der Rundfunkgebühren; Vergabe von Studienplätzen). In der Schweiz können die Kantone über Belange des kantonalen Rechts S. abschließen.

Stahlhelm

Der als S. bezeichnete Bund der Frontsoldaten wurde im Dezember 1918 von Franz Seldte in Magdeburg als zunächst staatsloyaler Wehrverband gegen sozialistische und kommunistische Aufstände gegründet. Die neben den Gewerkschaften größte außerparteiliche Organisation der → Weimarer Republik (Mitte der 20er Jahre rd. 400000 Mitglieder) entwickelte angesichts der schwierigen sozialen Situation früherer Soldaten und als Kritikerin des → Versailler Vertrags eine offen republikfeindliche Haltung, die nach dem Attentat auf Reichsminister Walther Rathenau 1922 zum zeitweiligen Verbot des S. in Preußen führte.
Der von Reichspräsident Paul von Hindenburg protegierte Verband beteiligte sich an illegalen militärischen Unternehmungen mit dem Ziel, eine nationale Diktatur einzurichten. Im Kampf gegen die Republik wandte sich der S. auch gegen den Katholizismus und die Juden. 1930 trat er offen für die Nationalsozialisten ein, als er mit ihnen in der → Harzburger Front paktierte. 1933 wurde der S. der → SA eingegliedert und 1935 ganz aufgelöst. Der Versuch, den S. 1951 neu zu gründen, war wenig erfolgreich.

Stahlpakt

Das zwischen dem Deutschen Reich und Italien am 22.5.1939 geschlossene zehnjährige Beistandsabkommen verpflichtete beide Seiten zur engen militärischen Zusammenarbeit und schloß im Kriegsfall einen einseitigen Sonderfrieden aus. Der S. schrieb außerdem den deutschen Verzicht auf Südtirol fest und ermöglichte eine Umsiedlung der Südtiroler ins Deutsche Reich.
Hitler erhoffte sich vom S. eine Absicherung des geplanten Angriffs auf Polen. Mussolini wollte den Kriegsbeginn hinauszögern und weigerte sich zunächst auch im September 1939, dem Krieg beizutreten. So gewann der Vertrag keine internationale Bedeutung, zumal Italien im September 1943 ohne Rücksicht auf den S. einen einseitigen Waffenstillstandsvertrag mit den → Alliierten schloß.

Stalingrad, Schlacht um

Die S., eine der entscheidenden Schlachten des 2. Weltkriegs, beendete den Vormarsch deutscher Truppen an der Ostfront und markierte den Wendepunkt des Krieges zugunsten der → Roten Armee. Auf Befehl Hitlers griff die sechste deutsche Armee unter Generaloberst Friedrich Paulus im Sommer 1942 die Stadt – das sowjetische Verkehrs- und Rüstungszentrum – an. Den sowjetischen Truppen gelang es, die von rumänischen und italienischen Verbänden unterstützten Deutschen bis zum 26.11. einzukesseln.
Die wegen der zunehmend schlechteren Versorgungslage entkräfteten deutschen Truppen, die auf Befehl Hitlers nicht kapitulieren durften, ergaben sich am 31.1. bzw. am 2.2.1943. Bilanz: rd. 150000 Tote; etwa 90000 Soldaten kamen in sowjetische Gefangenschaft, von ihnen kehrten nur 6000 zurück. Propagandaminister Joseph Goebbels nahm

die Niederlage zum Anlaß für eine Rede im Berliner Sportpalast, bei der er die Bevölkerung am 18. 2. 1943 zum totalen Krieg aufrief.

Stalinismus ❑

S. ist eine Weiterentwicklung des → Marxismus und → Leninismus, die von Josef W. Stalin 1924–53 in der Sowjetunion geprägt und von den meisten Ostblockstaaten nach dem 2. Weltkrieg übernommen wurde. Um eine auf seine Person zugeschnittene totalitäre Diktatur errichten zu können, vereinfachte Stalin die marxistische Theorie zu einem starren Dogmensystem, das einzig die bestehenden gesellschaftlichen Verhältnisse rechtfertigen sollte und keinerlei Kritik zuließ. Gleichzeitig paßte er die Ideologie taktisch der jeweiligen weltpolitischen Lage an.

Um die Notwendigkeit einer autoritären Herrschaft zu begründen, behauptete Stalin, daß sich die sozialistische Gesellschaft nur durch eine «Revolution von oben» weiterentwickeln könne. Zu den Merkmalen der stalinistischen Herrschaftsform zählten neben der Machtkonzentration in der Spitze der Kommunistischen Partei und der Aufhebung der politischen Freiheit in Staat, Partei und Gesellschaft auch ein starker Personenkult um den jeweiligen Parteiführer. Darüber hinaus praktizierte der S. Terror gegen Andersdenkende (→ Schauprozesse) und die Verfolgung von nationalen Minderheiten. Die Wirtschaft des Landes wurde streng zentralistisch aufgebaut und gelenkt (→ Planwirtschaft). Zur außenpolitischen Stärkung der Sowjetunion setzte Stalin nach dem 2. Weltkrieg mit Hilfe der Kommunistischen → Internationale den Führungsanspruch der UdSSR in der kommunistischen Weltbewegung durch. Dieser Vormachtanspruch führte 1948 zum Zerwürfnis mit dem jugoslawischen Staatschef Josip Broz Tito (→ Titoismus).

Innerhalb der Sowjetunion regte sich erst nach dem Tod Stalins 1953 Kritik am S. Unter seinem Nachfolger Nikita Chruschtschow setzte eine Phase der → Entstalinisierung ein. Nach Chruschtschows Sturz (1964) nahmen die stalinistischen Tendenzen in der Politik der Sowjetunion wieder zu. Erst die Wahl Michail Gorbatschows zum Generalsekretär der KPdSU führte 1985 zu einem grundsätzlichen Kurswechsel. Dennoch prägte der S. nachhaltig das Bild des real existierenden → Sozialismus im 20. Jahrhundert.

In Westeuropa hatte intensive Kritik am S. bereits in den 70er Jahren zur Ausbildung eines → Eurokommunismus in den kommunistischen Parteien geführt.

Josef Wissarionowitsch Stalin (21. 12. 1879–5. 3. 1953)

Nach dem Tod Wladimir I. Lenins (1924) setzte sich Stalin im Kampf um die Nachfolge als sowjetischer KP-Chef durch. In seiner Amtszeit (1924–53) baute er den auf seiner Schreckensherrschaft begründeten Stalinismus auf. Am 22. 8. 1939 schloß er mit Adolf Hitler den Deutsch-Sowjetischen Nichtangriffspakt mit einem geheimen Zusatzprotokoll, das die Aufteilung Polens regelte. Die militärischen Erfolge der Roten Armee nach dem Überfall der deutschen Wehrmacht auf die UdSSR (22. 6. 1941) nutzte Stalin zum

Aufbau eines übersteigerten Personenkults. Nach 1945 erweiterte er den sowjetischen Machtbereich auf zahlreiche osteuropäische Staaten und machte die UdSSR zur Atommacht.

Stammheim-Prozeß

In dem Prozeß gegen die Kommandoebene der terroristischen Rote-Armee-Fraktion (→ RAF) in Stuttgart-Stammheim standen 1975–77 Andreas Baader, Gudrun Ensslin, Ulrike Meinhof (Selbstmord 1976) und Jan-Carl Raspe vor Gericht. Den Angeklagten wurden vier Morde, 34 Mordversuche und die Bildung einer kriminellen Vereinigung (Baader-Meinhof-Gruppe) zur Last gelegt. Baader, Ensslin und Raspe erhielten dreimal lebenslange Haftstrafen und 15 Jahre Gefängnis. Sie begingen im Oktober 1977 in ihren Zellen Selbstmord.

Stamokap

Die 1917 von Wladimir I. Lenin geprägte Theorie vom **sta**ats**mo**nopolistischen **Kap**italimus sollte erklären, warum der nach dem → Marxismus zwangsläufige Zusammenbruch des → Kapitalismus ausblieb. Der nach 1945 vor allem in der UdSSR und der DDR aufgegriffene und weiterentwickelte Gedanke geht davon aus, daß die immer stärkeren gesellschaftlichen Krisen des Spätkapitalismus nur noch durch staatliche Eingriffe aufgefangen werden könnten. Der Staat sei nur noch «Erfüllungsgehilfe» der Wirtschaftsmonopole. Staats- und Wirtschaftsmacht würden zu einem einheitlichen Machtmechanismus verschmelzen, mit dessen Hilfe die Monopolinteressen gegen das Volk durchgesetzt würden. In den 60er Jahren griff die → Neue Linke diese Idee des S. auf.

START

Unter **St**rategic **A**rms **R**eduction **T**alks wird eine Serie von bilateralen Gesprächen (1982–93) zwischen den USA und der UdSSR bzw. deren Nachfolgestaaten über die Reduzierung der strategischen Nuklearwaffen verstanden. Nach 15 Verhandlungsrunden, die die UdSSR 1983 für zwei Jahre unterbrach, weil die → NATO in Europa mit der Aufstellung von Mittelstreckenraketen (NATO-Doppelbeschluß) begonnen hatte, wurde 1991 der START-I-Vertrag geschlossen. Dieses erste strategische Rüstungskontrollabkommen begrenzte die Höchstzahl der strategischen Gefechtsköpfe auf jeweils 6000, schränkte die Entwicklung neuer Waffen ein und führte wirkungsvolle Kontrollmöglichkeiten der Abrüstungsmaßnahmen (z. B. Vor-Ort-Inspektionen) ein. START I wurde 1993 durch START II ergänzt. Der amerikanisch-russische Vertrag sieht u. a. die Reduzierung der nuklearen Sprengköpfe beider Seiten um zwei Drittel (auf jeweils rd. 3000) bis zum Jahr 2003 vor und bedeutet den Verlust der Erstschlagfähigkeit.

Stasi

→ Ministerium für Staatssicherheit

Stellvertreterkriege

Der Begriff S. bezeichnet kriegerische Auseinandersetzungen, die aufgrund massiver Unterstützung beider Konfliktparteien durch dritte Staaten einem indirekten Krieg die-

ser Drittstaaten gleichkommt. In S. versuchen besonders Großmächte ihren Einflußbereich zum Schaden des Rivalen auszuweiten.
S. fanden in der zweiten Hälfte des 20. Jahrhunderts vor allem in Afrika und Asien statt – als indirekte Kriege der ideologisch verfeindeten Machtblöcke um die Supermächte UdSSR und USA (z. B. Bürgerkriege in Angola und Nicaragua, → Koreakrieg, → Vietnamkrieg). Eine direkte militärische Konfrontation barg demgegenüber ein zu hohes Risiko (Atomkrieg) und schien durch komplexe Bündnissysteme kaum begrenzbar.

Steuerpolitik

Als S. wird die Gestaltung der Abgaben an den Staat bezeichnet. Steuern sind die wichtigste Einnahmequelle der öffentlichen Haushalte. Weitere Einkünfte entstehen aus Gebühren, Beiträgen und Kreditaufnahme (→ Staatsverschuldung). Im Unterschied zu Gebühren und Beiträgen sind Steuereinnahmen nicht zweckgebunden und werden nicht für eine bestimmte Gegenleistung erhoben. Die Steuern werden jeweils nach direkten und indirekten Steuern unterschieden:
Direkte Steuern: Sie werden bei demjenigen erhoben, der die Steuer tragen soll. Die direkten Steuern werden in Ertrag- und Besitzsteuern eingeteilt. Besitzsteuern sind z. B. Vermögen-, Erbschaft- und Schenkungsteuer. Zu den Ertragsteuern gehören die Lohn- und Einkommensteuer sowie die Körperschaftsteuer der Unternehmen.
Indirekte Steuern: Sie sind im allgemeinen Verbrauchsteuern, die den privaten Verbrauch von Gütern belasten sollen, jedoch nicht direkt beim Konsumenten, sondern bei den Verkäufern erhoben werden. Die Händler sollen versuchen, die → indirekten Steuern durch einen Aufschlag auf ihre Preise an den Konsumenten weiterzugeben. Unterschieden wird zwischen allgemeinen und speziellen Verbrauchsteuern: Allgemeine Verbrauchsteuern sollen den gesamten privaten Konsum erfassen und werden in Form einer Umsatzsteuer bzw. Mehrwertsteuer erhoben. Spezielle Verbrauchsteuern gelten hingegen nur für einzelne Güter, deren besondere Belastung der Staat mit unterschiedlichen gesellschaftspolitischen Zielen rechtfertigt. So wird die Mineralölsteuer als → Ökosteuer zum Schutz der Umwelt eingesetzt, Tabaksteuer und Alkoholabgaben werden mit Gesundheitsschutzargumenten begründet.
Grund für die Erhebung von indirekten Steuern ist ihre geringere Spürbarkeit. Die im Rechnungsbetrag eines Händlers enthaltene Steuer erscheint leichter durchsetzbar. Als gerechter gelten die direkten Steuern, weil ihre Höhe in der Regel nach der Leistungsfähigkeit der Steuerpflichtigen gestaffelt ist. Eine Besteuerung des privaten Verbrauchs belastet hingegen die Bezieher niedriger Einkommen verhältnismäßig stärker. Sie wenden einen höheren Anteil ihres Einkommens für laufende Verbrauchsausgaben auf, zahlen dafür aber den gleichen Steuersatz wie Besserverdienende. Die Umsatzsteuer wurde in Deutschland 1916 zur Finanzierung der Kriegskosten im 1. Weltkrieg eingeführt.
Steuersystem: Ein Steuersystem besteht zumeist aus einer Kombination

aus den weniger spürbaren indirekten Steuern und den gerechteren, persönlich differenzierten direkten Steuern. Die wichtigsten Grundsätze der Besteuerung sind das Leistungsfähigkeitsprinzip, nach dem jede Person gemäß ihren finanziellen Möglichkeiten belastet werden soll, und das Äquivalenzprinzip, das Abgaben als Entgelt für staatliche Leistungen ansieht. Mit Steuerreformen wird meist versucht, eine zu hoch empfundene Steuerlast der Bürger zurückzuführen oder ein zu kompli ziertes Steuersystem zu vereinfachen. Eine zu hohe Abgabenbelastung kann zu Versuchen der Steuervermeidung (Kapitalflucht ins Ausland) und zur Beeinträchtigung der wirtschaftlichen Entwicklung durch verringerte Konsum- und Investitionsausgaben führen. Ein Instrument der internationalen Standortpolitik ist die Höhe der Steuerlast für Unternehmen: Niedrige Steuersätze sollen die Ansiedlung von Unternehmen fördern.

Streik

Bei den zeitlich befristeten Kampfmaßnahmen zur Durchsetzung bestimmter Ziele wird zwischen wirtschaftlichem und politischem S. unterschieden. Der wirtschaftliche S. gilt neben dem Boykott und der → Aussperrung als Mittel des Arbeitskampfes, um bessere Arbeits- oder Lohnbedingungen zu erreichen oder gegen Entscheidungen der Arbeitgeber zu protestieren.

Zu den politisch motivierten S. zählt u.a. der das gesamte wirtschaftliche Leben lähmende Generalstreik. Er wird als Druckmittel auf politische Instanzen eingesetzt. Vom → Syndikalismus wurde er als Instrument der gesellschaftlichen Umwälzung propagiert und in diesem Sinne vor allem in Frankreich und Spanien praktiziert. In der BRD ist er illegal; ausgenommen, die Streikenden können sich auf das im Grundrecht verankerte Widerstandsrecht berufen. Zu den Formen des politischen S. gehören auch der Sitz-S. und der Hunger-S. Ein S.-Recht für Beamte existiert in der Regel nicht.

Vor 1945: Das Instrument des S. erlangte Ende des 19. Jahrhunderts Bedeutung, als sich Arbeiter zu einem wirkungsvollen Widerstand gegen die Arbeitgeber formierten. Eng verknüpft mit der S.-Bewegung ist die Entstehung der → Gewerkschaften als Interessenvertretung des Proletariats, mit der die Arbeiter kollektiv handlungsfähig wurden.

In Rußland kämpften 1906 mehr als eine halbe Million Arbeiter für verbesserte Arbeitsbedingungen. Bei der international seit 1890 begangenen Maikundgebung (1.5.) kam es 1906 in Frankreich zum ersten General-S. (Forderung: Achtstundentag). Der S. war in Deutschland zunächst strafbar, die Bestimmungen wurden aber im Zuge der Zulassung von Gewerkschaften gelockert. Der zu Beginn des Jahrhunderts längste S. ereignete sich 1903 in Crimmitschau/Sachsen, als die dortigen rd. 8000 Textilarbeiter insgesamt 164 Tage im Ausstand waren. Die häufigsten S. gab es u.a. in Großbritannien (1921: über 1 Mio. Arbeiter) und im Deutschen Reich bis Anfang der 30er Jahre im Bergbau (1924: rd. 400000 Streikende im Ruhrgebiet). Im 32 Tage dauernden sog. Ruhreisenstreit reagierten die Arbeitgeber 1928 in

Nordwestdeutschland erstmals mit massiver Aussperrung.

Nach 1945: In den westlichen Industriestaaten nahmen die politischen Funktionen von S. seit den 50er Jahren zugunsten der wirtschaftlichen Ausrichtung ab. Im Mittelpunkt standen fortan Arbeitszeitverkürzungen, der arbeitsfreie Samstag sowie Lohnerhöhungen und verbesserte soziale Absicherung. In der → EU wurde das S.-Recht 1989 durch die sog. Gemeinschaftscharta der sozialen Grundrechte der Arbeitnehmer (→ Europäische Sozialcharta) verankert.

In den Staaten Afrikas und Asiens blieb der S. auch in der zweiten Hälfte des Jahrhunderts vor allem ein politisches Druckmittel der Arbeiterschaft – häufig gegen die Unterdrükkung durch die politische Führung des Landes. Auch bei der Überwindung des Sozialismus in Osteuropa spielten S. eine Rolle: In Polen leitete ein S. von Danziger Werftarbeitern 1980 die Gründung der Gewerkschaft → Solidarność ein, die demokratische Reformen erkämpfte.

Das S.-Recht der Arbeitnehmer leitet sich in der BRD von dem im Grundgesetz (Art. 9, Abs. 3) fixierten Koalitionsrecht der Arbeitnehmer ab. Je nach Einzelgewerkschaft entscheiden die Gewerkschaftsmitglieder innerhalb eines Tarifgebiets per Urabstimmung über den S., sofern vorherige Einigungsversuche mit den Arbeitgebern erfolglos waren. Seit den 70er Jahren greifen die Gewerkschaften darüber hinaus verstärkt zum Mittel des Warn-S. (Arbeitsniederlegung bis maximal einen Tag), um ihren Forderungen Nachdruck zu verleihen.

Strukturpolitik

Mit S. werden alle Maßnahmen bezeichnet, mit denen ein marktwirtschaftlich orientierter Staat den planmäßigen Aufbau und die zukünftige Entwicklung der Wirtschaft seines Landes stabilisierend steuert. Die S. greift jeweils dort ein, wo volkswirtschaftlich bedeutenden Industriezweigen (z. B. Landwirtschaft und Bergbau) der wirtschaftliche Niedergang droht, weil sie durch einschneidende längerfristige Veränderungen der Wirtschaftsstruktur (Strukturwandel) (international) nicht mehr konkurrenzfähig sind.

In der BRD ging z. B. in den 60er Jahren die Bedeutung des Kohlebergbaus zurück, weil sowohl die Industrie als auch die privaten Haushalte ihre Energieversorgung auf Erdöl oder -gas umstellten. Ergebnis dieses Strukturwandels war die Schließung zahlreicher Bergwerke sowie Massenentlassungen, die insbesondere im Ruhrgebiet zu einem wirtschaftlichen Niedergang (Ruhrkrise) führten.

Die S. will diesen Entwicklungen vorbeugen bzw. entgegenwirken; dazu setzt der Staat u. a. Steuerungsinstrumente wie Subventionen, Steuervergünstigungen, Importbeschränkungen, aber auch → Verstaatlichungen ein.

Grundsätzlich wird zwischen Maßnahmen unterschieden, die der Förderung einer bestimmten Wirtschaftsregion dienen (regionale S.) oder aber einzelne Wirtschaftszweige fördern (sektorale S.):

Regionale S.: Sie unterstützt wirtschaftlich unterentwickelte Gebiete, indem sie z. B. Zuschüsse zur Verbesserung der Infrastruktur (Straßenbau, Industrieansiedlung) gibt. Insgesamt soll der soziale Wohlstand der ganzen Region gehoben werden. So wird in Italien versucht, das Gefälle zwischen dem reichen Norden und dem armen Süden zu verringern. Nach der → deutschen Einheit sollte die regionale S. der Bundesregierung die ostdeutschen Länder fördern.

Sektorale S.: Sie soll einzelnen Industriezweigen oder Unternehmen bei der Entwicklung moderner, international konkurrenzfähiger Technologien helfen. Gleichzeitig sollen durch Subventionen die sozialen Härten abgemildert werden, die beim Abbau von Überkapazitäten, z. B. in der Stahlindustrie oder der Landwirtschaft, entstehen.

Seit den 80er Jahren hat auch die EG (→ EU) Fonds zur Unterstützung der S. für ihre Mitgliedsländer eingerichtet, so z. B. den Europäischen Regionalfonds oder den Europäischen Sozialfonds. Allein in der zweiten Hälfte der 90er Jahre fließen 26,2 Mrd. DM aus den EU-Strukturfonds nach Ostdeutschland, um dort den Aufbau einer international konkurrenzfähigen Industrie zu fördern.

Studentenbewegung

Die in den 60er Jahren an Universitäten entstandene politische Bewegung strebte – ausgehend von der Forderung nach einer Hochschulreform – gesellschaftliche Veränderungen an und mündete in ein allgemeines Aufbegehren der Jugend gegen die als repressiv und undemokratisch empfundenen Gesellschaftsstrukturen der westlichen Staaten.

Ab Mitte der 60er Jahre demonstrierte die S. zunächst in den USA, später auch in Europa gegen den → Vietnamkrieg (bzw. die Rolle der USA), Rassendiskriminierung sowie für die Emanzipation der Dritten Welt. Ideologisch vertraten vor allem europäische Studenten meist radikalsozialistische Vorstellungen.

Die Regierungen reagierten mit schroffer Abwehr. Der spanische Diktator Francisco Franco Bahamonde ließ Studenten nach Protesten 1967 verhaften und foltern und rief den Ausnahmezustand aus. In Frankreich führten die von Studenten und den mit ihnen solidarischen Arbeitern und Intellektuellen ausgelösten bürgerkriegsähnlichen Maiunruhen 1968 zu Neuwahlen.

Die treibende Kraft der S. in der BRD war der Sozialistische Deutsche Studentenbund (SDS). Er bildete den Kern der Außerparlamentarischen Opposition (→ APO) als Ersatz für die im Parlament nach dem Zustandekommen der → Großen Koalition kaum noch vorhandene Opposition im Bundestag. Nach dem Tod des Studenten Benno Ohnesorg während einer Demonstration in West-Berlin (2. 6. 1967) und dem Mordanschlag auf Studentenführer Rudi Dutschke im April 1968 eskalierten die Unruhen. Unterschiedliche Vorstellungen über die Realisierung der gemeinsamen Ziele führten schließlich zu einer Zersplitterung der S. Ein Teil der S. entschied sich für den bewaffneten Kampf gegen den Staat (→ RAF). Das Gros der S. setzte seine Hoffnungen auf gesellschaftliche Veränderungen in die ab 1969 regierende sozialliberale Koalition von Bundeskanzler Willy Brandt. Mit der Erfüllung wesentlicher Forderungen der S. (u. a. Bildungsreform) klang die Bewegung in den 70er Jahren aus.

Subventionspolitik

S. sind staatliche Ausgaben zur Förderung von Wirtschaftszweigen und privaten Haushalten oder von Gebieten (z. B. Regionen eines Landes). Sind Branchen in einem Land von einem dauerhaften Rückgang der Nachfrage nach ihren Produkten betroffen, soll staatliche Unterstützung den Abbau der Beschäftigung verzögern, um persönliche Härten für einen großen Kreis von Arbeitnehmern abzumildern. Aufhalten läßt sich der Niedergang einer Branche gegen die Marktkräfte zumeist jedoch nicht.
Beispiele für Krisenbranchen sind in den westlichen Industrieländern Ende des 20. Jahrhunderts die Landwirtschaft, Stahlindustrie, Werften und der Kohlebergbau.
Bei der sog. gebietsweiten Förderung will der Staat fehlende private Nachfrage durch staatliche Investitionen ersetzen, um die wirtschaftliche Entwicklung anzuregen. Zielgebiet können einzelne Regionen oder auch die gesamte Volkswirtschaft sein. So wurde Ende des 20. Jahrhunderts wegen schwacher wirtschaftlicher Entwicklung in Deutschland das Gebiet der 1990 zur BRD beigetretenen DDR gefördert; die → EU unterstützte die südlichen Randgebiete der Gemeinschaft. Internationale Hilfe kam der → Dritten Welt durch → Entwicklungshilfe zu.
Der Stützung einer Volkswirtschaft dienen Konjunktur-, Investitions-, Wachstums- und Beschäftigungsprogramme. Zu den Mitteln der S. gehören Finanzhilfen wie Zuschüsse, zinsgünstige Kredite, Garantien sowie Steuervergünstigungen. Hauptproblem der S. ist der Widerstand der Interessengruppen gegen den Abbau der Förderung, wenn staatliche Unterstützung nicht mehr gerechtfertigt ist. Mittel für staatliche Aufgaben bleiben so blockiert.

Südtirolfrage

→ Gruber-De Gasperi-Abkommen

Suezkrise

Der schwere internationale Konflikt wurde am 29. 10. 1956 durch den Angriff israelischer Streitkräfte auf die Sinaihalbinsel und den Gazastreifen (→ Israelisch-Arabische Kriege) ausgelöst und eskalierte durch die Landung französischer und britischer Truppen im Bereich des Suezkanals (5. 11.). Die drei Staaten hatten einen Geheimvertrag über das gleichzeitige Vorgehen abgeschlossen.
Franzosen und Briten wollten durch ihre Verbände und zeitweises Bombardement des Kanals ihre Rechte an dem für die Großschiffahrt wichtigen Wasserweg wahren, den Ägypten im Juli 1956 gegen den Widerstand der beiden ehemaligen Kolonialmächte verstaatlicht hatte. Israel wollte zum einen gegen die palästinensisch-arabische Untergrundorganisation der → Fedajin vorgehen, die vom Gazastreifen aus militärische Operationen gestartet hatte. Zum anderen sollte die Freigabe des für israelische Schiffe gesperrten Suezkanals erreicht werden.
Die Aktion wurde von der Generalversammlung der UNO als völkerrechtswidrig verurteilt. Die UdSSR drohte mit dem Einsatz von Raketen. Innerhalb der NATO kam es zu einem Konflikt, in dessen Verlauf die USA Großbritannien und Frankreich bis Dezember 1956 zum Rück-

zug zwangen. Israel mußte seine Soldaten bis März 1957 abziehen. Dafür wurden UN-Friedenstruppen Ende 1956 an der israelisch-ägyptischen Grenze stationiert.
Die S. führte zu einer Radikalisierung der Palästinenser (1959 Gründung der → Al Fatah) und langfristig zu einer Abwendung von Teilen der arabischen Welt vom Westen. So wurde der Assuan-Staudamm, der mit US-Krediten gebaut werden sollte, von der ägyptischen Regierung mit Hilfe der UdSSR von 1960 bis 1970 fertiggestellt.

Suffragetten

Die Bezeichnung (von lateinisch suffragium: Stimmrecht) bezog sich ursprünglich auf die radikalen Anhängerinnen der britischen → Frauenbewegung vor 1914. Mit spektakulären Aktionen (Hungerstreiks, Massendemonstrationen, aber auch Bombenanschlägen) wollten die S. insbesondere das Wahlrecht für Frauen durchsetzen (in Großbritannien 1918 mit Beschränkungen, 1928 allgemein eingeführt). Später wurde der Begriff eher abschätzig als Verallgemeinerung für militante Frauenrechtlerinnen benutzt.

SWAPO

Die **S**outh **W**est **A**frican **P**eople's **O**rganization (Südwestafrikanische Volksorganisation) kämpfte von 1960 bis 1988 für die Befreiung Namibias (ehemals Deutsch-Südwestafrika) von portugiesischer und südafrikanischer Fremdherrschaft. Die vor allem durch die stärkste ethnische Gruppe Namibias, die Ovambos, unterstützte sozialistische Unabhängigkeitsbewegung wurde bereits 1964 von der → OAU und 1976 der → UNO als Vertretung des namibischen Volkes anerkannt. Mit militärischer Hilfe der UdSSR und Kubas führte sie nach der Beendigung der portugiesischen Kolonialherrschaft 1975 von Angola aus einen Guerillakrieg gegen die auf namibischem Boden stationierten südafrikanischen Truppen. Auf internationalen Druck zog sich Südafrika nach dem Abschluß eines Waffenstillstands 1988 aus Namibia zurück. Die Wahlen zur verfassunggebenden Versammlung entschied die SWAPO für sich und stellte sowohl den ersten Premierminister (Hage Geingob) als auch den ersten Staatspräsidenten (Sam Nujoma) des seit 1990 unabhängigen Landes. Beide wurden 1994 in ihren Ämtern bestätigt.

Syndikalismus

Die gewerkschaftlich getragene politische Linksströmung (von französisch syndicat: Gewerkschaft) strebte eine soziale Revolution mit Hilfe der direkten Übernahme von Produktionsmitteln durch die Arbeiter in den Betrieben an. Die Ende des 19. Jahrhunderts in Frankreich entstandene Arbeiterbewegung lehnte Staat, Parlament und Herrschaft in jedweder Form ab. Mit Hilfe von Boykotts, Demonstrationen, Sabotageaktionen und Streiks wollte der dem → Anarchismus verwandte S. sein Ziel, eine föderativ strukturierte Gesellschaft (ohne Zentralgewalt) mit genossenschaftlichen Produktionsgemeinschaften erreichen. Der S., der insbesondere zwischen 1890 und 1914 einflußreich war, breitete sich auch in Südeuropa und Lateinamerika aus.

T

Tannenberg, Schlacht von

In der nach einem Ort in Masuren benannten Schlacht des 1. Weltkriegs (23.–31. 8. 1914) schlug die achte deutsche Armee trotz zahlenmäßiger Unterlegenheit die russische Narew-Armee. Während die militärische Bedeutung des Sieges gering blieb, war die psychologische Wirkung enorm. Oberbefehlshaber Paul von Hindenburg wurde als Kriegsheld gefeiert. Der Erfolg verschaffte dem späteren Reichspräsidenten während der Weimarer Republik großen Einfluß.

Tarifautonomie

T. bezeichnet das Recht der Tarifparteien (Arbeitgeber und Arbeitnehmer), unabhängig von staatlicher Einflußnahme ihre arbeitsrechtlichen Beziehungen (Arbeitsbedingungen und -löhne) in → Tarifverträgen zu regeln. Der Staat darf lediglich als Tarifpartei im öffentlichen Dienst auftreten oder bei Schlichtungsverhandlungen als Vermittler angerufen werden.
Die im Grundgesetz der BRD (Art. 9 Abs. 3) verankerte T. legitimiert zudem das Recht der → Gewerkschaften, nach dem Scheitern von Tarifverhandlungen ihren Forderungen mit Hilfe von Arbeitskämpfen (→ Streik) Nachdruck zu verleihen. Die T. endet dort, wo übergeordnete Bestimmungen (z. B. Gesetze zur Arbeitszeit) gelten.

Tarifpolitik

Die T. behandelt alle Maßnahmen und Ziele der an Tarifverhandlungen beteiligten Vertreter von Arbeitnehmern und Arbeitgebern (→ Tarifvertrag). Neben der Lohnpolitik umfaßt sie die Stabilisierung bestehender Arbeitsplätze, die Verkürzung der Arbeitszeit und die Verbesserung der Arbeitsbedingungen (beispielsweise Grenzwerte für Temperaturen, Abgase oder Strahlenbelastung). Darüber hinaus sind die Verbesserung der Qualifikation der Arbeitnehmer, die Abdeckung von sozialen Risiken sowie Fragen des Geltungsbereiches und der -dauer von Tarifverträgen Gegenstand der T.
Um Arbeitnehmerrechte auch international durchsetzen zu können, regten die → Gewerkschaften 1994 im Rahmen des Europäischen Binnenmarktes die Bildung von Euro-Betriebsräten an.

Tarifvertrag

Ein T. legt die Wirtschafts- und Arbeitsbedingungen zwischen den Tarifpartnern (Arbeitnehmer- und Arbeitgeberverbände) schriftlich fest. Erstmals wurde 1873 im Deutschen Reich ein T. (Buchdruckgewerbe) abgeschlossen; eine gültige T.-Verordnung gab es ab 1918. 1949 regelte die BRD das T.-Recht neu: Art. 9 Abs. 3 des Grundgesetzes erlaubt den Tarifparteien, im Rahmen der → Tarifautonomie arbeitsrechtliche

Fragen ohne staatliche Einmischung verbindlich zu regeln. Die aktuelle rechtliche Grundlage für den Abschluß von T. bildet das T.-Gesetz von 1969.
Inhaltlich wird der T. in einen normativen und einen schuldrechtlichen Teil aufgegliedert: Der normative Abschnitt enthält die zentralen Regelungen mit den arbeitsvertraglichen Rechten und Pflichten (z. B. Bestimmungen über Arbeitszeit, Betriebsverfassung, Vergütungshöhe). Der schuldrechtliche Abschnitt regelt die Rechtsbeziehungen zwischen den Tarifparteien. Er bindet die Vertragspartner an die Friedenspflicht, die Maßnahmen des Arbeitskampfes gegen Bestimmungen des T. verbietet, solange der T. nicht gekündigt worden ist. Außerdem enthält er die Einwirkungspflicht, die es den Tarifparteien auferlegt, ihre Mitglieder zur Einhaltung des T. anzuhalten.
Der T. ist für alle beteiligten Abschlußpartner und ihre Mitglieder bindend. Unterteilt werden T. nach Gegenstand und Parteien: Der Verbands-T. wird von einem oder mehreren Verbänden auf jeder Seite der T.-Parteien geschlossen und gilt für die Mitglieder eines bestimmten Arbeitsbereiches, während sich Firmen-, Werks- oder Haus-T. auf die Arbeitnehmer eines einzigen Unternehmens beschränken. Der Lohn- oder Gehalts-T. regelt für eine festgelegte Dauer (zumeist ein Jahr) ausschließlich Fragen der Entlohnung; ein Mantel-T. legt die langfristigen Bedingungen der Arbeitsverhältnisse fest (beispielsweise Arbeitszeiten, Urlaubsanspruch) und gilt für einen längeren Zeitraum (maximal bis zu sechs Jahren).

Teheran, Konferenz von

In der iranischen Hauptstadt Teheran trafen vom 28.11. bis 1.12.1943 erstmals die Regierungschefs Großbritanniens, der UdSSR und der USA (→ Alliierte) während des 2. Weltkriegs zusammen. Franklin D. Roosevelt und Winston Churchill sagten Josef W. Stalin u. a. die Errichtung einer zweiten Front im Westen zu: Die Landung der alliierten Truppen in Frankreich (6.6.1944) sollte zeitgleich mit einer sowjetischen Offensive im Osten einsetzen. Darüber hinaus beschäftigten sich die Konferenzteilnehmer mit Fragen der Besetzung Deutschlands, der Errichtung von Besatzungszonen, der Gründung einer Weltfriedensorganisation und der Westverschiebung Polens zugunsten der Sowjetunion. Nach dem militärischen Sieg über das Deutsche Reich sollte sich die UdSSR an einem Zweifrontenkrieg gegen Japan beteiligen. Eine während der Konferenz gegründete Europäische Beratende Kommission sollte detaillierte Vorlagen über die Zukunft Deutschlands nach dem Krieg erarbeiten.

Terms of Trade

Die Maßzahl (deutsch: Handelsbedingungen) wird aus dem Preisverhältnis zwischen Export und Import errechnet, um den Vorteil einschätzen zu können, den ein Land durch den Außenhandel erzielt. Sinken die Einfuhrpreise (oder bleiben konstant) und steigen gleichzeitig die Ausfuhrpreise, bedeutet dies auch eine Verbesserung der T., weil für dieselbe Menge exportierter Güter mehr Waren importiert werden können. In den 70er und 90er Jahren verschlechterten sich für viele Entwicklungsländer die T., weil für die von ihnen hauptsächlich exportierten Rohstoffe die Weltmarktpreise sanken. Als Folge mußten diese Staaten immer mehr für die von ihnen importierten Fertigprodukte bezahlen.

Diese negative Tendenz der T. trug dazu bei, daß viele Entwicklungsländer ihre Schulden in den 80er Jahren nicht mehr abbauen konnten (→ Schuldenkrise). Der argentinische Volkswirtschaftler Raúl Prebisch hat aus diesem Phänomen die These abgeleitet, daß die Entwicklungsländer gezwungen seien, immer mehr Rohstoffe zu exportieren, um immer teurere Industrieprodukte importieren zu können, und dies als eine der wesentlichen Ursachen für die Verschärfung des → Nord-Süd-Konflikts gewertet.

Terrorismus

Der Begriff T. bezeichnet die Durchsetzung extremistischer politischer Ziele mit Gewalt. Durch massive Gewaltanwendung soll die politische Macht eines Staates destabilisiert bzw. zerstört werden. Die Terroristen sehen sich als militärische Kämpfer, die sich entsprechend schulen lassen (z. B. die → RAF in Camps der Palästinenser). Darüber hinaus sollen Terrorakte als Fanal zum Aufstand gegen die Herrscher wirken, die «Unterdrückten» zum Aufstand mobilisieren und so Auftakt für eine Revolution sein.

Demgegenüber dient der T. «von oben» der Festigung und Erweiterung staatlicher Macht. In totalitären → Diktaturen ist dieser Staats-T. eine gängige Herrschaftspraxis zur Einschüchterung der Bevölkerung und zur gewaltsamen Beseitigung politischer Gegner. Zu diesem Zweck werden Polizei, Armee und Geheimdienste eingesetzt (→ Stalinismus; → Schauprozesse).

Europa: Der Begriff T. fand erst in der zweiten Hälfte des 20. Jahrhunderts breite Anwendung, obwohl es auch vor 1950 T. gab. So versuchte z. B. die Bewegung Schwarze Hand auf dem Balkan ein Großserbisches Reich mit Gewalt zu etablieren. Im Deutschen Reich strebten rechtsgerichtete paramilitärische Gruppierungen wie die Organisation Consul, die u. a. für den Mord am deutschen Reichsaußenminister Walther Rathenau verantwortlich war, den Sturz der Weimarer Republik an.

Ende der 60er Jahre entstand in Europa der Links-T., als im Rahmen der → Studentenbewegung die Hoffnung vieler Aktivisten auf umfassende gesellschaftliche Veränderungen enttäuscht wurde. In der Folgezeit bildeten sich terroristische Vereinigungen, z. B. die bundesdeutsche RAF, die italienischen → Roten Brigaden und die französische Action Directe. Der Links-T. wird von der gesellschaftlichen Utopie einer herrschaftslosen Ordnung freier und gleicher Menschen geleitet. Um diese humanistische Idee durchzusetzen, müssen die vermeintlichen Gegner gewaltsam beseitigt werden.

Demgegenüber beruht der Rechts-T. auf der ideologischen Überzeugung, daß Menschen erst innerhalb einer «natürlichen» Gemeinschaft, wie der → Nation oder Rasse, ihren Wert und ihre Würde gewinnen. Rechts-T. richtet sich daher vornehmlich gegen Ausländer und Men-

schen anderer Hautfarbe. Im Gegensatz zum Links-T. gab es bis in die 90er Jahre keine geschlossenen rechtsterroristischen Vereinigungen, doch nimmt deren (internationale) Organisierung zu.
Auch Untergrundbewegungen wie die → IRA und separatistische Bewegungen wie die baskische → ETA bedienen sich terroristischer Mittel (Bombenanschläge), um ihre Ziele zu erreichen. Dabei stellt sich die Frage, welche Mittel der Staat zu seiner Verteidigung anwenden darf: So sollen staatliche Stellen in Spanien mit Wissen der Regierung ein Terrorkommando aufgebaut haben, das gezielt ETA-Aktivisten umbrachte.
Anfang der 90er Jahre versuchte die kurdische Arbeiterpartei → PKK durch Terroraktionen einen von der Türkei unabhängigen Staat zu erreichen. Zunehmende Bedeutung im Bereich des T. erhält die organisierte Kriminalität, die den eigenen Machtzuwachs auf Kosten der Destabilisierung der staatlichen Ordnung anstrebt (z. B. Mafia in Rußland).
Afrika/Asien: In zahlreichen Staaten Afrikas und Asiens gewann seit Ende der 70er Jahre T. aus religiösen Motiven an Bedeutung. So kämpfen militärische Einheiten islamischer Fundamentalisten gegen die westliche Kultur, die als Feind der eigenen Religion empfunden wird. Ziel der → Islamisierung ist eine Weltrevolution, an deren Ende der Aufbau islamischer Gottesstaaten steht. Ein solcher Staat hat sich erstmals 1979 im Iran durchgesetzt.
Der jahrzehntelange Kampf zwischen Israelis und Arabern um die Existenz des jüdischen Staates führte zu religiös begründeten Terroranschlägen, wie z. B. auf die israelische Mannschaft bei den Olympischen Spielen 1972 in München. In der Folgezeit verschärfte sich der Konflikt durch weitere Anschläge gegen Israel, u. a. durch → Amalmiliz, → Hisbollah und → Islamischer Heiliger Krieg (Dschihad). Den in den 90er Jahren eingeleiteten Friedensprozeß zwischen ehemals terroristischen Kräften der → PLO (z. B. Yassir Arafat) und Israel versuchten militante Gegner der friedlichen Einigung mit Gewalt aufzuhalten. Als Höhepunkt ermordeten jüdische Extremisten 1995 ihren Ministerpräsident Yitzhak Rabin. Kurz zuvor hatte der israelische Geheimdienst Mossad einen militanten Führer der Bewegung Islamischer Heiliger Krieg umgebracht.
Südamerika: Zumeist marxistisch orientierte Gruppen kämpften in vielen Staaten Südamerikas gewaltsam gegen die oft von den USA unterstützten Diktatoren: Die 1962–75 in Uruguay aktive, maoistisch orientierte Stadtguerilla-Bewegung → Tupamaros galt aufgrund ihrer Anschläge in den Städten des Landes als Vorbild des europäischen Links-T. In Peru reagierte die Bewegung Leuchtender Pfad (Sendero Luminoso) ab 1980 mit Gewalt auf die Gründung einer präsidialen Republik.

Tet-Offensive

Mit T. – benannt nach dem buddhistischen Neujahrsfest – wird der Großangriff von kommunistischen → Vietcong während des → Vietnamkriegs im Januar 1968 auf zahlreiche südvietnamesische Städte bezeichnet, die im Machtbereich amerikanischer Truppen lagen. Militärisch war die T., die auf beiden Seiten zu hohen Verlusten führte, für die nordvietnamesischen Verbände zwar ein Mißerfolg, sie schwächte die US-Armee jedoch psychologisch und förderte die Verhandlungsbereitschaft. Wenige Monate später begannen in Paris die Waffenstillstandsgespräche (→ Pariser Konferenzen).

Thatcherismus ❑

T. bezeichnet die wirtschaftspolitische Strategie der britischen Premierministerin Margaret Thatcher während ihrer Amtszeit (1979–90). Ziel war eine Reduzierung des Staatsdefizits sowie die Freisetzung eigenverantwortlicher unternehmerischer Kräfte. Zur Realisierung verfolgte die Premierministerin der → Conservative Party eine Strategie, die eine staatliche Einflußnahme auf die Kräfte des Marktes rigoros ablehnte. Soziale Leistungen wurden ebenso radikal abgebaut wie staatliche Subventionen. Die Verringerung der Einkommensteuer und die Reprivatisierung verstaatlichter Unternehmen sollten die Unternehmer-Initiative wecken bzw. verstärken.

Einerseits gelang mit dem T. eine Eindämmung der Inflation und eine Konjunkturbelebung, andererseits kam es im Zuge der Subventionseinsparungen zu vielen Unternehmenszusammenbrüchen – verbunden mit einer drastischen Erhöhung der Arbeitslosigkeit. Die Kluft zwischen Arm und Reich verschärfte sich. Soziale Unruhen und innerparteilicher Protest gegen die Sozialpolitik der «Eisernen Lady» und den von ihr vertretenen autokratischen Führungsstil führten 1990 zum Rücktritt Thatchers und beendeten den T.

Margaret Thatcher (* 13. 10. 1925)

Die Chemikerin und Rechtsanwältin avancierte 1970 zur Ministerin für Erziehung und Wissenschaft unter Premier Edward Heath und übernahm nach der Wahlniederlage der Konservativen 1975 den Parteivorsitz. Die erste britische Premierministerin (1979–90) erwarb sich während des → Falklandkrieges (1982) auch den Ruf als außenpolitischer Hardliner und erwies sich als vehemente Kritikerin einer umfassenden Einheit innerhalb der Europäischen Union.

Theologie der Befreiung

Die Volkskirchenbewegung in der Dritten Welt (insbesondere Lateinamerika) versteht sich als Interessenvertreterin der Armen und tritt für eine gewaltlose Befreiung der Menschen von politischer und sozialer Bevormundung ein. Die T. entstand in der zweiten Hälfte der 60er Jahre vor dem Hintergrund der in den Entwicklungsländern zunehmenden Armut, Überbevölkerung, politischen Unterdrückung und ökonomischen Ausbeutung. Die Befreiungstheologen wenden sich gegen das traditionelle Christentum, das ein besseres Los erst im Jenseits verspricht, und gegen die westliche Missionarstheologie.

Die T. ist in sog. Basisgemeinden unhierarchisch organisiert. Ihre Mitglieder werden zur gemeinsamen Verantwortung und Aktivität aufgerufen. Aus diesen Gemeinden entwickelten sich zahlreiche zum Teil marxistisch orientierte Selbsthilfeorganisationen.

Der Vatikan warf der T. Verbreitung von marxistischem Gedankengut und Parteinahme bei politischen Konflikten vor und erteilte deren Vertretern Publikations- und Redeverbote. Zahlreiche Befürworter der T. wurden von politischen Gegnern verfolgt und getötet. Das prominenteste Opfer war 1980 der Erzbischof von El Salvador, Oscar A. Romero, den rechtsgerichtete Todesschwadronen in San Salvador ermordeten.

Titoismus ❑

Die nach dem jugoslawischen Staatspräsidenten Josip Broz Tito benannte nationale Variante des → Sozialismus führte in Jugoslawien 1948–80 im Vergleich mit den übrigen sozialistischen Staaten zu einem relativen wirtschaftlichen Wohlstand. Der T. war in der Geschichte des Sozialismus der erste Versuch, den → Kommunismus auf einem Weg zu erreichen, der von dem Vorbild der UdSSR abwich, und führte 1948 zum Bruch zwischen Jugoslawien und der Sowjetunion.

Kennzeichnend für den T. waren u. a. außenpolitische Blockfreiheit, Selbstverwaltung der Wirtschaft (Selbstverwaltungssozialismus) und Abschaffung des bürokratischen Zentralismus, wobei jedoch die KP Machtzentrum und ideologischer Motor des Staates blieb. Wie stark die Durchsetzung dieser Politik, die u. a. auch Wettbewerb, Profite und eine freie Preisentwicklung zuließ, von der ebenso charismatischen wie autoritären Persönlichkeit Titos abhängig war, zeigte sich nach seinem Tod 1980, als Inflation und steigende Auslandsschulden zu einer schweren Wirtschaftskrise mit hoher Arbeitslosigkeit führten, und nationale Konflikte den jugoslawischen Staat auseinanderbrechen ließen.

Josip Broz Tito
(25. 5. 1892–4. 5. 1980)
Der jugoslawische Untergrundkämpfer organisierte im 2. Weltkrieg den Widerstand der Partisanen gegen die deutschen Besatzer und rief 1945 die föderative Volksrepublik aus. Tito führte die Planwirtschaft ein, verstaatlichte die Industrie und schrieb Produktionsgenossenschaften für Bauern vor. Der Staatspräsident (ab 1953) avancierte in der Folgezeit zum Wortführer der → Blockfreien Staaten.

Tlatelolco-Vertrag

Der von 14 lateinamerikanischen Staaten am 14. 2. 1967 in Tlatelolco (einem nördlichen Bezirk von Mexiko-Stadt) unterzeichnete Atomwaffen-Sperrvertrag verbietet für das Gebiet südlich des 35. Breitengrades Produktion, Erwerb, Erprobung und Lagerung von Kernwaffen. Mitte der 90er Jahre waren 23 Staaten dem T. beigetreten.

Todesstrafe

Die international heftig umstrittene schwerste Kriminalstrafe ist Mitte der 90er Jahre noch in den Strafrechtsordnungen vieler Länder enthalten (1993: T. in 33 Staaten vollstreckt) und wird vor allem zur Sanktionierung von politischen oder militärischen Delikten eingesetzt. Befürworter verweisen auf die abschreckende Wirkung der T., deren Verhältnismäßigkeit schon die Anhänger der Aufklärung im 18. Jahr-

hundert bezweifelten. Für Verfechter der Menschenrechte ist die T. mit dem Schutz der Menschenwürde unvereinbar; ein Justizirrtum zudem nicht mehr revidierbar.
Dieser ablehnenden Argumentation folgend, schafften zahlreiche Staaten die Todesstrafe ab (u.a. Portugal 1867; Niederlande 1870; Norwegen 1905; Schweden 1921; Dänemark 1930; Schweiz 1938; Italien 1944; BRD 1949; Österreich 1950; Großbritannien 1969; Frankreich 1981; DDR 1987). In den USA, wo die T. 1972 eigentlich bundesweit abgeschafft worden war, kehrten einige Bundesstaaten ab 1976 zur T. zurück. Die westeuropäischen Staaten einigten sich 1985 auf ein Verbot der T. in Friedenszeiten.

Totalitarismus

Der Begriff T. bezeichnet autoritäre Herrschaftsformen, die alle gesellschaftlichen und persönlichen Lebensbereiche reglementieren. Der totalitäre Staat ist im Gegensatz zum → Rechtsstaat nicht vom Volk legitimiert und wird auch nicht durch ein Parlament oder unabhängige Gerichte kontrolliert. Er strebt zumeist die Verwirklichung einer sozialen Utopie und damit verbunden die Schaffung eines «neuen Menschen» an und setzt diese Ziele notfalls mit Gewalt durch.
Der 1923 in Italien für den → Faschismus in kritischem Sinne verwendete Begriff wurde 1925 von Benito Mussolini aufgegriffen und für sein Herrschaftssystem («stato totalitario») verwendet. Im Zuge des → Kalten Krieges wurde T. zu einem ideologisch verwendeten Kampfbegriff des Westens gegen die antipluralistisch orientierten Staaten des Ostens. In der Folge entwickelte sich im Rahmen einer wissenschaftlichen Diskussion eine umstrittene T.-Theorie, die Faschismus, → Nationalsozialismus sowie den → Kommunismus – insbesondere in seiner stalinistischen Ausprägung (→ Stalinismus) – und einige → Diktaturen der Dritten Welt als totalitär gleichsetzt und ihnen folgende ideologieunabhängige Merkmale zuweist:
- Einparteienstaat mit Personenkult um einen unumschränkten Herrscher;
- Indoktrination des Volkes bis hin zur Politisierung der Privatsphäre, z.T. unter Verwendung von moderner Technologie;
- Terror gegen Andersdenkende mit Hilfe einer perfekt organisierten Geheimpolizei.

Transitabkommen

Der Begriff T. bezeichnet allgemein zwischenstaatliche Verträge zur Regelung des Güter- und Personenverkehrs, die durch ein Land hindurchgeleitet werden. Im engeren Sinne bezieht sich der Begriff auf das zwischen der BRD und der DDR am 17.12.1971 unterzeichnete Abkommen, mit dem sich beide Staaten über den Transitverkehr zwischen der BRD und West-Berlin auf Straßen, Schienen und Wasserwegen der DDR einigten. Für die Benutzung der Strecken zahlte die Bundesrepublik jährlich eine Transit-Pauschale.
Die Bundesregierung verfolgte mit dem Vertrag das Ziel, für den Transitverkehr eine rechtliche Regelung zu schaffen, die politisch motivierte Behinderungen durch die DDR so weit wie möglich ausschloß. Die

SED-Spitze erhoffte sich durch den völkerrechtlich wirksamen Vertrag eine schrittweise Anerkennung der Eigenstaatlichkeit.

Treuhand

T. ist die Kurzbezeichnung für die am 1.3.1990 vom DDR-Ministerrat per Gesetz gegründete Anstalt zur treuhänderischen Verwaltung des Volkseigentums, deren Zweck die Privatisierung des volkseigenen industriellen Vermögens der DDR im Zuge eines «marktwirtschaftlichen Sozialismus» sein sollte. Die Gründung der T. war im deutsch-deutschen → Einigungsvertrag von 1990 vorgesehen worden. Mit dem Beitritt der DDR zur BRD am 3.10.1990 wurde die T. in eine Bundesanstalt des öffentlichen Rechts umgewandelt, die unter Aufsicht des Bundesfinanzministers stand und deren Aufgabe die Überführung der Zentralverwaltungswirtschaft der DDR in eine Marktwirtschaft war.

Bis zu ihrer Auflösung am 31.12.1994 beschäftigte sich die T. mit der Privatisierung, Sanierung und Auflösung von über 15000 Unternehmen. Insgesamt hat die T. rd. 95% des gesellschaftlichen Eigentums der ehemaligen DDR privatisiert, darunter 30000 Liegenschaften und 2,2 Mio. ha landwirtschaftlicher Nutzfläche. Zudem übernahm sie administrative Aufgaben wie die Verwaltung des SED-Vermögens. Etwa 2,5 Mio. Menschen verloren ihre Arbeitsplätze im Zuge der Umwandlung. Die T. hinterließ rd. 200 Mrd. DM Schulden, die auf die hohen Sanierungskosten der maroden DDR-Wirtschaft zurückgeführt und 1995 in den sog. Erblastentilgungsfonds des Bundes übernommen wurden. Als Nachfolgeorganisation der T. führt die Bundesanstalt für Vereinigungsbedingte Sonderaufgaben (BVS) die Tätigkeit der T. bis zum Jahr 1996 fort.

Trianon, Friede von

Durch den am 4.6.1920 zwischen den alliierten Siegermächten und Ungarn zur Beendigung des 1. Weltkriegs geschlossenen Vertrag verlor Ungarn rd. 71% seines ehemaligen Staatsgebietes (→ Pariser Vorortverträge). Als Rechtsnachfolger der Donaumonarchie wurde das Land ebenso wie Österreich zur besiegten Macht erklärt und mit harten Friedensbedingungen belegt (u.a. Wiedergutmachung und Heeresbegrenzung). Als Folge war die ungarische Politik in den folgenden 20 Jahren von Revisionismustendenzen beherrscht; das Land stellte sich Mitte der 30er Jahre auf die Seite des nach Expansion strebenden nationalsozialistischen Deutschen Reiches.

Tripelentente

→ Entente

Trizone

Mit dem Begriff T. wird das einheitliche Wirtschafts- und Verwaltungsgebiet im besetzten Nachkriegsdeutschland bezeichnet, das am 8.4.1949 durch den Beitritt der französischen Besatzungszone zu dem von Briten und Amerikanern verwalteten Vereinigten Wirtschaftsgebiet der → Bizone entstand. Auf dem Territorium der T. wurde am 23.5.1949 mit der Verkündigung des Grundgesetzes die Bundesrepublik Deutschland gegründet.

Trotzkismus ❑

Die von dem russischen Revolutionär Leo Trotzki auf der Basis des → Marxismus entwickelte politische Auffassung wandte sich mit ihrer 1905 entwickelten These von der sog. permanenten Revolution gegen die vom → Stalinismus vertretene Idee vom Sozialismus in einem Land und kritisierte die UdSSR als «entarteten», da bürokratisierten Arbeiterstaat. Ein Sieg der russischen Revolution schien ihm nur dann möglich, wenn sie insbesondere vom Proletariat der hochentwickelten Industriestaaten Westeuropas unterstützt würde (Internationalismus).

Nachdem Trotzki sich 1917 noch der von Wladimir I. Lenin geführten Partei der Bolschewiki angeschlossen hatte, wichen seine Vorstellungen von einer sozialistischen Gesellschaft immer stärker von der Praxis in der Sowjetunion ab. 1923 trat er mit seiner Kritik, die Bürokratie habe über die russische Revolution gesiegt, in offenen Widerspruch zu seinem Rivalen um die Macht, Josef W. Stalin. Stalin bezeichnete die von Trotzki und seinen Anhängern vertretene Auffassung als «linken Radikalismus», entmachtete den ehemaligen Volkskommissar des Äußeren und verfolgte die seit 1927 aus der KPdSU ausgeschlossenen trotzkistischen Abweichler mit unnachgiebiger Härte (→ Schauprozesse).

Der 1929 ins Ausland verbannte Trotzki bewegte seine Anhänger 1938 zur Gründung der 4. → Internationale als übernationaler Zusammenschluß des T. Die trotzkistische Bewegung blieb jedoch eine Minorität, die sich weiter zersplitterte. Nur in Bolivien und Ceylon entwickelten sich vorübergehend trotzkistische Massenparteien. In den 60er Jahren gab die → Studentenbewegung dem T. kurzzeitig neuen Auftrieb.

Leo (Lew) Dawidowitsch Trotzki (7.11.1879–21.8.1940)

Der Gründer des Südrussischen Arbeiterbundes (1897) wurde 1899 nach Sibirien verbannt, ehe ihm 1902 die Flucht nach London gelang. 1905 kehrte er nach Moskau zurück. Als Sprecher der Menschewiki im Petersburger Sowjet (1905) kam er erneut in Haft und erhielt eine lebenslange Verbannungsstrafe nach Sibirien. Er entkam ins westliche Ausland (1907), ging nach der → Februarrevolution 1917 nach Rußland zurück und war maßgeblich an der → Oktoberrevolution beteiligt. Das Mitglied des ZK (1917–27) und Politbüros der KP (1919–26) verlor nach Lenins Tod (1924) den Kampf um die Macht gegen Stalin, mußte daraufhin alle politischen Ämter aufgeben und wurde 1929 außerdem des Landes verwiesen. 1940 erschlug ihn ein Agent der sowjetischen Geheimpolizei in seinem Exil in Mexiko.

Truman-Doktrin ❑

Der von US-Präsident Harry S. Truman am 12.3.1947 vor dem Kongreß entwickelte Grundsatz der amerikanischen Außenpolitik sah vor, vom → Kommunismus «bedrohten» Staaten militärisch und finanziell beizustehen. Der Kongreß stimmte der Zahlung von 400 Mio. Dollar Militär- und Wirtschaftshilfe an Griechenland und die Türkei zu, um beide Staaten im Kampf gegen die Ausbreitung des Kommunismus zu un-

terstützen. Durch die Hilfeleistung übernahmen die USA im östlichen Mittelmeer die Schutzmachtrolle, die Großbritannien vor dem 2. Weltkrieg innegehabt hatte.
Mit seinem Vorstoß gewann Truman die amerikanische Öffentlichkeit für die von ihm verfolgte Politik der Eindämmung der sowjetischen Expansion (sog. Containment-Politik). Zudem wollte er eine ideologische Mobilisierung des Westens gegenüber dem Kommunismus erreichen. Die T. sorgte so maßgeblich für den Beginn des → Kalten Krieges.
Mit dem → Marshall-Plan für Europa (ab 1948), dem Vier-Punkte-Plan für die Dritte Welt (ab 1949) und der amerikanischen Intervention im → Koreakrieg setzte Truman seine Absicht fort, die Vereinigten Staaten als Garant der freiheitlichen Demokratie zu etablieren.

Harry Spencer Truman (8. 5. 1884–26. 12. 1972)
Der Hauptmann des 1. Weltkriegs machte zunächst eine Karriere als Richter, ehe er 1935 Senator des Bundesstaates Missouri wurde. Der US-Vizepräsident (ab 1944) übernahm nach dem Tod Franklin D. Roosevelts 1945 das Amt des Präsidenten (bis 1953). Das Mitglied der Demokratischen Partei legte die deutschen Kapitulationsbedingungen fest und befahl den Abwurf der Atombomben auf die japanischen Städte Hiroshima (6. 8. 1945) und Nagasaki (9.8.). Durch Militärbündnisse (1949: NATO) band er das westliche Lager weiter an die USA. Innenpolitisch zeichnete er u. a. für die Kommunistenjagd des Senators Joseph R. McCarthy verantwortlich.

Truppenabbau
Als Bestandteil der konventionellen → Abrüstung kam die Verringerung von Streitkräften zur Sicherung des Friedens in Ost und West nach dem 2. Weltkrieg zunächst über Ansätze nicht hinaus. 1973–89 fanden sog. Verhandlungen über beiderseitige Reduzierungen von Streitkräften und Rüstungen und damit zusammenhängende Maßnahmen in Mitteleuropa (→ MBFR) zwischen den Mitgliedern der NATO und den Warschauer-Pakt-Staaten statt. Der T. beider Militärblöcke auf jeweils 900000 Mann scheiterte jedoch, da der Osten sich nachhaltig gegen eine umfassende Überprüfung der Einhaltung sperrte.
Die sich Mitte der 80er Jahre abzeichnende Beendigung des Ost-West-Konflikts führte zu einer neuen Verhandlungsrunde über die konventionelle Abrüstung (März 1989 bis November 1990). Der auf dem KSZE-Gipfel von NATO und Warschauer Pakt unterzeichnete VKSE-Vertrag verpflichtete die Vertragspartner zu drastischen Reduzierungen je nach vorheriger Truppenstärke. Der VKSE-Vertrag wurde 1992 durch den KSE-Ia-Vertrag erweitert (→ KSE-Abkommen).
Die USA begannen 1990 mit der Verringerung ihrer Militäreinrichtungen in Europa und Übersee. Die Aufhebung des Besatzungsstatuts über Deutschland mit der Unterzeichnung des → Zwei-plus-Vier-Vertrages hatte 1990 außerdem einen T. durch die Besatzungsmächte zur Folge. Bis Ende 1994 waren beispielsweise die Land- und Luftstreitkräfte Rußlands aus Deutschland abgezogen.

Trust

Ein T., die englische Abkürzung für trust company (Treuhandgesellschaft), ist eine Form des Zusammenschlusses von Unternehmen der gleichen Branche. Ziele sind Marktbeherrschung und innerbetriebliche Rationalisierung. Im Gegensatz zu Konzernen und → Kartellen verlieren die Mitglieder eines T. ihre Selbständigkeit. Unter dem Dach einer Holdinggesellschaft werden sie zu einer straff organisierten produktionstechnischen und verwaltungsmäßigen Einheit zusammengefaßt.

T. entstanden zuerst in den USA. Dort avancierten Großunternehmen wie der 1882 gebildete Standard Oil Trust von John D. Rockefeller zu Wegbereitern des Konzentrationsprozesses, der die US-Wirtschaft im letzten Drittel des 19. Jahrhunderts prägte. Folgen dieser Monopolisierung waren die Zerschlagung zahlreicher Mittel- und Kleinbetriebe und die Kontrolle von Märkten und Preisen. Unter diesen Konsequenzen litt vor allem die amerikanische Landbevölkerung, die ihre Rohstoffe für immer weniger Geld verkaufen mußte und zunehmend verarmte.

Die Verschärfung der öffentlichen Kritik an den T. wurde ab 1912 von US-Präsident T. Woodrow Wilson aufgenommen. Er baute u.a. die Wettbewerbsnachteile des Mittelstandes ab. Seine Politik gegen die Macht der T. gipfelte 1914 im Anti-Trust-Gesetz, das zudem den Arbeitnehmern erstmals größere Rechte einräumte (insbesondere das Recht auf → Streik).

Im Deutschen Reich bildeten sich während der Weimarer Republik die ersten T. (z. B. I. G. Farbenindustrie 1925; Vereinigte Stahlwerke AG 1926). Erst nach 1945 erfolgten in Deutschland erste wirtschaftspolitische Maßnahmen zur Bekämpfung der Unternehmenskonzentration.

Tscheka

Die nach der russischen → Oktoberrevolution am 20.12.1917 vom Rat der Volkskommissare gegründete politische Geheimpolizei sollte zur Bekämpfung von Konterrevolutionären und Saboteuren eingesetzt werden. Unter Führung des polnischen Kommunisten Felix Dserschinski entwickelte sich die T. zum Unterdrückungsinstrument, das ab September 1918 auch selbst Urteile fällen und direkt ausführen konnte. 1921 nahm sie an der blutigen Niederschlagung des Arbeiter- und Matrosenaufstandes von Kronstadt (→ Kronstädter Aufstand) teil. Sie erstickte jegliche politische Opposition im Keim und trug damit zur Stabilisierung des politischen Systems der Bolschewiki bei. 1922 wurde die T. in die GPU umgewandelt (→ KGB).

Tschetniks

Ursprünglich bezeichnete der Begriff T. (serbokroatisch für: Freischärler) Freiwillige, die im 19. Jahrhundert auf dem Gebiet Serbiens, Griechenlands und Bulgariens gegen die Osmanenherrschaft kämpften. Im 1. Weltkrieg stellten die serbischen T. Regimenter gegen die Mittelmächte auf; im 2. Weltkrieg wandten sich die royalistisch eingestellten T.-Organisationen zunächst gegen die deutsche Besatzungsmacht, ab 1943 auch gegen die kommunistischen Partisanenverbände Josip Broz Titos (→ Titoismus).

Im → Jugoslawienkrieg verstanden sich einige radikal-nationalistische Verbände Serbiens, die nicht zu den regulären Truppen gehörten, als politisch-ideologische Erben der T. Ihre extremistischen Freischärlerorganisationen unterstützten die serbisch geführte Bundesarmee Rest-Jugoslawiens bei der sog. ethnischen Säuberung in Kroatien und Bosnien-Herzegowina. Ihr grausames Vorgehen insbesondere gegen die Zivilbevölkerung (Vergewaltigungen, willkürliche Exekutionen) führte 1993 zur Gründung des UNO-Kriegsverbrechertribunals in Den Haag.

Tschetschenienkrieg

Hintergrund des 1994 ausgebrochenen Krieges zwischen Tschetschenien und Rußland war zunächst die einseitige Unabhängigkeitserklärung der Kaukasusregion von der Russischen Föderation (Oktober 1991). 1992 lehnte Tschetschenien den russischen Föderationsvertrag ab. Nachdem 1994 der Versuch Moskaus gescheitert war, den Präsidenten der abtrünnigen Republik, Dschochar Dudajew, zu stürzen, marschierten russische Truppen in Tschetschenien ein (11.12.). Mitte 1995 kam es zu Friedensverhandlungen und einem Waffenstillstand, als tschetschenische Geiselnehmer die Insassen eines Krankenhauses in Budjonnowsk/Südrußland in ihre Gewalt gebracht hatten. Während der Verhandlungen wurden freie demokratische Wahlen in Tschetschenien in Aussicht gestellt; eine Entscheidung über den künftigen Status Tschetscheniens steht im Frühjahr 1996 noch aus.

Tupamaros

Die auch als Nationale Befreiungsbewegung bezeichneten marxistisch orientierten Guerillas in Uruguay entwickelten sich nach 1962 aus der Oppositionsbewegung der Zuckerrohrarbeiter gegen die autoritäre Regierung des Landes. Die T., deren Name auf Tupac Amaru, den indianischen Widerstandskämpfer des 18. Jahrhunderts, zurückgeht, fanden für ihre terroristischen Anschläge ab Ende der 60er Jahre die Zustimmung eines Teils der Bevölkerung. Die T. galten zudem aufgrund ihrer Anschläge in den Städten des Landes als Vorbild des linksgerichteten → Terrorismus in Europa. Bis 1975 wurden die T. von Militär, Polizei und ultrarechten Gruppen weitgehend zerschlagen.

U

U-Boot-Krieg

Die Seekriegführung, die sich auf den Einsatz von Unterseebooten stützt, wurde erstmals im 1. Weltkrieg von der deutschen Heeresleitung zum Ausgleich der quantitativ und qualitativ unterlegenen eigenen Kriegsmarine eingesetzt. Bei ihren Angriffen auf Handelsschiffe praktizierten die insgesamt 22 deutschen U Boote zunächst einen einge schränkten U.: Die U-Boote tauchten auf, ihre Besatzung durchsuchte das feindliche Schiff und versenkte es jeweils erst nach der Rettung der Schiffscrew.
Als Großbritannien die Nordsee 1915 für das Deutsche Reich zum Sperrgebiet erklärte, begannen die Deutschen mit dem uneingeschränkten U., bei dem feindliche und neutrale Handelsschiffe auch ohne Vorwarnung torpediert wurden. Diese gegen das Völkerrecht verstoßende Strategie gab die deutsche Kriegsmarine kurzzeitig auf, als die USA mit dem Kriegseintritt drohten. Im Januar 1917 nahm Deutschland den uneingeschränkten U. wieder auf. Die Alliierten reagierten mit der Verbesserung ihrer Ortungssysteme sowie dem Bau von Wasserbomben.
Im 2. Weltkrieg führte das Deutsche Reich von Anfang an einen uneingeschränkten U., doch konnten die Alliierten durch den Einsatz von Radar, Funkpeilgeräten und verbesserter Waffentechnik die anfängliche deutsche Überlegenheit brechen und den → Seekrieg in der Atlantikschlacht 1941/42 endgültig für sich entscheiden.
1955 stellten die USA das weltweit erste atombetriebene U-Boot in Dienst: Die «Nautilus» löste in der UdSSR verstärkte Forschungen aus (eigene Atom-U-Boote ab 1959). Diese neuen U-Boote waren fortan in der Lage, strategische → Atomwaffen abzufeuern.

UDEAC

Die 1966 gegründete **U**nion **D**ouanière et **E**conomique de l'**A**frique **C**entrale (Zentralafrikanische Zoll- und Wirtschaftsunion) strebt die Schaffung eines gemeinsamen Marktes ihrer Mitgliedstaaten Äquatorialguinea, Gabun, Kamerun, Komoren, Kongo, Tschad und Zentralafrikanische Republik an. Zudem koordiniert die U. die Entwicklungs- und Industrialisierungspolitik in Zentralafrika.

UDF

Die rechtsliberale französische Partei **U**nion pour la **D**émocratie **F**rançaise entstand 1978 aus dem liberalkonservativen Parteienbündnis zwischen Parti Républicain (PR), Centre des Démocrates Sociaux (CDS), Radikalsozialisten und weiteren Gruppierungen, deren gemeinsames Ziel die Unterstützung des Präsidenten Valéry Giscard d'Estaing war und die bis zum Ende von Giscards Amtszeit (1981) seine parlamentarische Basis bildete. Zusammen mit den Neogaullisten war die U. 1986–88 an der Regierung von Jacques Chirac und ab 1993 an der Regierung von Edouard Balladur beteiligt. Erklärtes Ziel des regierenden rechten Parteienblocks sind umfassende Einsparungen im Staatshaushalt, Arbeitsplatzbeschaffung und Maßnahmen gegen die Einwanderung in Frankreich.

Umsiedlung

Der staatlich geförderte oder erzwungene Umzug von Bevölkerungsgruppen innerhalb eines Staates oder zwischen mehreren Staaten wird zumeist von totalitären Ländern bzw. nach Kriegen praktiziert. Er kann macht-, bevölkerungs- oder wirtschaftspolitisch motiviert sein. Demgegenüber ist Vertreibung die erzwungene U. über Staatsgrenzen hinaus (→ Vertriebene).
Nach dem 1. Weltkrieg erzwang die Türkei 1923 einen Bevölkerungsaustausch mit Griechenland (1,5 Mio. Griechen und 600000 Türken), um die griechische Expansion auf türkisches Gebiet zu beenden und der griechischen Kultur in Kleinasien die Basis zu entziehen. Anfang der 30er Jahre zeichnete der sowjetische KP-Chef Josef W. Stalin für U. von Kulaken im Zuge der Zwangskollektivierung der Landwirtschaft verantwortlich (→ Deportation). Im 2. Weltkrieg verfolgte Nazi-Deutschland unter dem Schlagwort «Heim ins Reich» eine großangelegte U.-Politik: 960000 «Volksdeutsche» u.a. aus Estland, Lettland, Polen und der Sowjetunion wurden z. B. in der Untersteiermark und im Wartheland angesiedelt.
Eine der brutalsten U.-Aktionen fand in den 70er Jahre unter dem Pol-Pot-Regime (→ Rote Khmer) in Kambodscha statt. Millionen Stadtbewohner – von den kommunistischen Machthabern als politisch unzuverlässig eingestuft – mußten auf das Land ziehen, wurden dort interniert und gezwungen, mit der Landbevölkerung in Kooperativen zu arbeiten. Auch die Regierung der Volksrepublik China organisierte bis in die 90er Jahre immer wieder großangelegte U., um dichtbesiedelte Problemzonen ihres Landes zu entlasten. Während des → Jugoslawienkriegs siedelten serbische Besatzer die muslimische Bevölkerung aus weiten Gebieten Bosnien-Herzegowinas um. Aus den Anfang 1995 von Kroaten rückeroberten Regionen wurden dort ansässige Serben vertrieben, die vor allem in Mazedonien und dem Kosovo unterkamen.

Umweltschutz ❑

U. bezeichnet alle Maßnahmen und Bestrebungen, die auf die Erhaltung und Regeneration der natürlichen Lebensgrundlagen von Mensch und Natur abzielen.
Die weltweite Auseinandersetzung mit Umweltproblemen begann Anfang der 60er Jahre. 1961 gründete sich in Gland (Schweiz) der World Wide Fund for Nature (WWF), der internationale Projekte zum Schutz natürlicher Lebensräume fördert. Ein Jahr später erschien in den USA das Buch «Silent Spring» («Der stumme Frühling»), in dem die amerikanische Biologin Rachel Carson

Auswirkungen von Pestiziden auf Mensch und Tier schilderte. Auch die kritische Medienberichterstattung über Umweltverschmutzung (z. B. 1969 über das Fischsterben im Rhein) sowie der 1972 erschienene Bericht «Die Grenzen des Wachstums» des → Club of Rome lösten einen Bewußtseinswandel in der Öffentlichkeit aus («ökologischer Schock»).

In den USA und Japan entstanden Anfang der 70er Jahre erste Umweltbehörden. Die sozialliberale Regierungskoalition in der BRD stellte 1971 ein Umweltprogramm auf, verschärfte 1972 die U.-Gesetzgebung und schuf 1974 das Umweltbundesamt. Als erste internationale U.-Organisation wurde 1972 das UN-Spezialorgan, die UNEP (United Nations Environment Program) ins Leben gerufen.

Wirtschaftsrezession und Ölkrise verlangsamten Mitte der 70er Jahre vorübergehend die Maßnahmen zum U. Industrie und Gewerkschaften hoben die hemmende Wirkung umfassender umweltpolitischer Maßnahmen auf die Wirtschaft hervor. Die daraus resultierende mangelnde Handlungsbereitschaft der Politiker zog die Gründung von Bürgerinitiativen und politischen Organisationen (→ Grüne) für den U. nach sich. Diese Gruppierungen wandten sich auch gegen die friedliche Nutzung der Atomenergie, die im Zuge der Ölkrise intensiviert werden sollte.

Wachsender politischer Druck führte ab Anfang der 80er Jahre zu einer Wiederbelebung der Umweltpolitik. Die Reaktorkatastrophe von Tschernobyl (1986) trug zu einer stärkeren Internationalisierung des U.-Gedankens bei; globale Probleme des U. wie Müllentsorgung, Klima-, Gewässer- und Landschaftsschutz traten in den Mittelpunkt. 1990 riefen die Umweltminister der EG eine Europäische Umweltagentur ins Leben, die den länderübergreifenden U. koordinieren soll. Die Verabschiedung einer Klimakonvention auf der Konferenz der Vereinten Nationen 1992 in Rio de Janeiro über Umwelt und Entwicklung führte jedoch nicht zu den erhofften weitreichenden U.-Maßnahmen.

Die mangelnde Handlungsbereitschaft vieler Staaten im Bereich des U. ließ die Bedeutung von außerparlamentarischen internationalen U.-Organisationen ab Ende der 80er Jahre wachsen. So machte insbesondere → Greenpeace durch spektakuläre U.-Aktionen auf Mißstände aufmerksam. Das weltweit wachsende U.-Bewußtsein bewirkte verstärkte Reglementierung seitens des Gesetzgebers: Vor allem wurden die Auflagen für den Betrieb von Industrieanlagen verschärft (z. B. Einbau von Filterungsanlagen in Schornsteinen; Zulassungsbeschränkungen u. a. bei der industriellen Nutzung von Gewässern; Meldeverpflichtungen über den Ausstoß umweltbelastender Stoffe in der Industrieproduktion). Um Verstöße besser ahnden zu können, wurde das Umweltstrafrecht ausgebaut und die Zusammenarbeit neugegründeter U.-Ermittlungsbehörden intensiviert. Langfristig soll der U. beispielsweise durch Umstellung auf ökologisch vertretbare Energieerzeugung (durch Sonne, Wind, Wasser; → alternative Energien) sowie durch höhere Besteuerung umweltschädlicher Bereiche

Wichtige Umweltschutzabkommen (z. T. noch nicht in Kraft)

Allgemein
1986: Einheitliche Europäische Akte (mit Maßnahmen zum Umweltschutz; Genf)
1992: Leitlinien zum Umgang mit der Umwelt (Rio de Janeiro)
1992: Aktionsprogramm Umwelt (Rio de Janeiro)
Abfallentsorgung
1972: Prävention vor Verschmutzung durch Abladen von Abfall
1989: Baseler Übereinkommen über die Kontrolle von Giftmüllexporten
1989: EG-Richtlinie gegen Mülltourismus
Gewässerschutz
1974: Schutz der maritimen Ostsee-Umwelt (Helsinki)
1976: Mittelmeerabkommen (Barcelona)
1976: Schutz des Rheins vor chemischer Verschmutzung (Bonn)
1980: Schutz der lebenden Meeresressourcen in der Antarktis (Canberra)
Klima-, Emissionsschutz
1985: Abkommen zur Reduzierung von Schwefelemissionen (Helsinki)
1985/89: Abkommen zum Schutz der Ozonschicht (Wien/Helsinki)
1988: Abkommen zur Kontrolle von Stickstoffemissionen (Sofia)
1992: Abkommen zum FCKW-Ausstieg (Kopenhagen)
1992: Klimakonvention (Reduzierung von Treibhausgasen; Rio de Janeiro)
Landschaftsschutz
1991: Alpenkonvention (Salzburg)
1992: Alpentransitabkommen (Einschränkung des Güterverkehrs; Wien)
1994: Schutz des tropischen Regenwalds (Genf)
Tierschutz
1971: Schutz von Feuchtgebieten als Lebensraum für Wasservögel (Ramsar/Iran)
1973: Washingtoner Artenschutzabkommen
1992: Abkommen zum Schutz der Artenvielfalt (Rio de Janeiro)

(z. B. in der Industrie; → Ökosteuer) international gewährleistet werden.

Unabhängigkeitsbewegungen

→ Autonomie

UNCTAD

Die **U**nited **N**ations **C**onference on **T**rade **a**nd **D**evelopment (Welthandelskonferenz der → UNO) wurde 1964 wegen der Unzufriedenheit der → Dritten Welt mit den bestehenden internationalen Wirtschaftsorganisationen (→ IWF und → GATT) gegründet (Sitz Genf). Als wichtiges wirtschafts- und entwicklungspolitisches Forum zur Entschärfung des → Nord-Süd-Konfliktes strebt die UN-Unterorganisation, der alle Mitglieder der UNO angehören, eine neue Weltwirtschaftsordnung im Sinne der → Entwicklungsländer an. So empfahl sie u.a., daß die Industrieländer ein Prozent ihrer Bruttosozialprodukte als → Entwicklungshilfe abführen sollen.
Auf ihrer achten Weltkonferenz in Cartagena (Kolumbien) wies die

UNCTAD 1992 die Verantwortung für die schlechte wirtschaftliche Lage der Dritten Welt erstmals nicht nur den Industrieländern zu, sondern sprach von einer gleichwertigen nationalen Eigenverantwortung der Entwicklungsländer, z. B. bei der Korruptionsbekämpfung und dem Abbau von Militärausgaben.

UNESCO

Die **U**nited **N**ations **E**ducational, **S**cientific and **C**ultural **O**rganization (Organisation der → UNO für Erziehung, Wissenschaft und Kultur) wurde als Sonderorganisation der Vereinten Nationen 1945 mit dem Ziel gegründet, die internationale Zusammenarbeit auf diesen Gebieten zu fördern. So soll die elementare Schulbildung vor allem in Lateinamerika und Afrika (u. a. mit Alphabetisierungskampagnen) verbessert werden. Neben Kulturaustausch und der Förderung internationaler Forschungsvorhaben widmet sich die UNESCO auch dem Schutz des sog. Weltkulturerbes.

Die 181 Mitglieder zählende Institution soll u. a. den Nord-Süd-Dialog fördern. Konflikte um die hohen Ausgaben der UNESCO führten Mitte der 80er Jahre zum Austritt Großbritanniens, Singapurs und der USA, die der in Paris ansässigen Organisation Einseitigkeit zugunsten sozialistischer Staaten vorwarfen.

UN-Friedenstruppen

→ Friedenstruppen

Ungarischer Volksaufstand

Mit U. werden die blutigen Unruhen bezeichnet, die im Oktober/November 1956 zum vorübergehenden Sturz des stalinistischen Regimes in Ungarn führten. Unter dem Eindruck der vom XX. Parteitag der KPdSU eingeleiteten → Entstalinisierung demonstrierten Studenten am 23. 10. 1956 in Budapest für wirtschaftliche und demokratische Reformen. Als die Geheimpolizei auf die Demonstranten schoß, weitete sich die Kundgebung zum offenen Aufstand aus, dem sich auch die ungarische Armee und Polizei anschlossen. Im ganzen Land übernahmen Revolutionskomitees und Arbeiterräte die Verwaltung.

Der 1955 von orthodoxen Kommunisten entmachtete Imre Nagy kehrte in sein Amt als Ministerpräsident zurück (24.10.) und kündigte freie Wahlen an. Am 1.11. erklärte er den Austritt Ungarns aus dem → Warschauer Pakt sowie die Neutralität des Landes. Drei Tage später rückten sowjetische Einheiten auf Budapest vor. Die Regierung Nagy bat → UNO und Westmächte vergeblich um Hilfe. Bilanz des U.: über 30000 Tote, mehrere tausend Inhaftierte, über 200000 Emigranten.

Die neugebildete prosowjetische Regierung unter János Kádár ließ die Führer des Volksaufstandes, unter ihnen Imre Nagy, hinrichten. Nach der friedlichen Demokratisierung (1989) erklärte das erste Gesetz des frei gewählten ungarischen Parlaments im Frühjahr 1990 den U. zum Freiheitskampf; der 23.10. ist seitdem Feiertag.

UNICEF

Der **U**nited **N**ations **I**nternational **C**hildren's **E**mergency **F**und (Internationales Kinderhilfswerk der Vereinten Nationen), eine 1946 gegründete Unterorganisation der → UNO mit Sitz in New York, soll Kinder und Mütter in Not mit Lebensmitteln, Kleidern, Medikamenten und medizinischer Betreuung helfen. Bis 1950 versorgte UNICEF vor allem Kinder, die durch den 2. Weltkrieg in Not geraten waren. In der Folgezeit verlagerte UNICEF seinen Tätigkeitsbereich zunehmend auf die → Entwicklungsländer. Neben dem Kampf gegen Hunger und Krankheit engagiert sich das Kinderhilfswerk auch bei Schulbildung, Familienplanung und Katastrophenhilfe.

UNITA
Die Nationale Union für die völlige Unabhängigkeit Angolas, eine 1961 ins Leben gerufene Guerillabewegung, kämpfte unter Führung von Jonas Savimbi zunächst gegen die portugiesische Kolonialherrschaft in ihrem Land. Nach der Unabhängigkeit (1975) wandte sich die UNITA gegen die marxistische Befreiungsbewegung → MPLA, der von den Portugiesen die Rechte zum Aufbau eines unabhängigen Staates Angola übertragen worden waren.
Der folgende, bis Mitte der 90er Jahre andauernde → Bürgerkrieg gehört zu den blutigsten innerstaatlichen Auseinandersetzungen des 20. Jahrhunderts und spiegelte vor allem in den 70er und 80er Jahren den Ost-West-Konflik wider. Während Kuba und die Sowjetunion die marxistische MPLA unterstützten, erhielt die UNITA Waffen und Geld aus den USA und Südafrika. Ein 1991 geschlossener Friedensvertrag scheiterte, nachdem die MPLA die ersten freien Wahlen gewonnen hatte (September 1992) und die UNITA das Ergebnis nicht anerkannte. Erst im November 1994 unterzeichneten die Bürgerkriegsparteien unter dem Druck von UNO-Sanktionen einen neuen Friedensvertrag, dessen Einhaltung von UN-Blauhelmsoldaten überwacht werden soll.

Unitarismus
Im Gegensatz zum → Föderalismus bezeichnet U. das Streben in einem Bundesstaat oder Staatenbund nach Stärkung der politischen Kompetenzen der Zentralgewalt. Der entschiedene U. sieht einen zentralistischen, der maßvolle U. einen dezentralisierten Einheitsstaat vor.

UNO ❑
Die **U**nited **N**ations **O**rganization (Vereinte Nationen) wurde am 26. 6. 1945 mit der Annahme der Satzung (in Kraft seit 24. 10. 1945) durch 51 Staaten (1995: 185 Mitglieder) in San Francisco gegründet. Die Idee, nach dem Scheitern des → Völkerbundes ein neues internationales Sicherheitssystem zu entwerfen, ging maßgeblich auf eine Initiative von US-Präsident Franklin D. Roosevelt zurück. In einer Reihe von Erklärungen (→ Atlantikcharta vom 14. 8. 1941; Erklärung der Vereinten Nationen 1942; Moskauer und Teheraner Erklärungen 1943) entwickelten die Mächte der Anti-Hitler-Koalition (→ Alliierte) im 2. Weltkrieg ein entsprechendes Programm. Auf der Konferenz von Dumbarton Oaks (21. 4. – 7. 10. 1944) berieten China, Großbritannien, die UdSSR und die USA über den Entwurf einer Charta. Letzte offene Fragen, z. B. das Abstimmungsverfahren im Sicherheits-

rat, wurden auf der → Jalta-Konferenz (4.–11.2.1945) geklärt.

Aufgaben: Die wichtigsten Aufgaben der UNO sind die Aufrechterhaltung der internationalen Sicherheit und des Weltfriedens. Darüber hinaus soll sie Hilfe für Flüchtlinge leisten, die wirtschaftliche und kulturelle Situation von → Entwicklungsländern verbessern, für die Wahrung der Menschenrechte eintreten und Katastrophenhilfe gewähren. Zur Sicherung des Weltfriedens stehen zwei Strategien zur Verfügung:

– Verhinderung/Beendigung zwischenstaatlicher Gewaltanwendung: Die Mitglieder der UNO verpflichten sich, auf jede Gewaltanwendung, die mit den Zielen der Vereinten Nationen unvereinbar ist, zu verzichten (Art. 2, Ziffer 4 UN-Charta). Die internationalen Streitigkeiten sollen mit friedlichen Mitteln beigelegt werden (Art. 2, Ziff. 3.). Zu diesem Zweck fungieren der Sicherheitsrat als politische und der Internationale Gerichtshof als juristische Instanz. Bedroht ein Mitglied den Weltfrieden, so ist der Sicherheitsrat ermächtigt, politische, wirtschaftliche und militärische Maßnahmen gegen den Aggressor zu verhängen und alle Mitglieder zu verpflichten, sich daran zu beteiligen.

– Intensivierung der internationalen Zusammenarbeit zur Vermeidung von Konflikten: Zusätzlich zur Satzung des Völkerbunds, die nur eine Bestrafung von Aggressionen zur Kriegsvermeidung vorsah, enthält die UN-Charta Möglichkeiten zur präventiven Beseitigung von Konfliktursachen. Sie umfassen ein Programm zur fortschreitenden Entwicklung des Völkerrechts, Zusammenarbeit auf kulturellem und erzieherischem Gebiet, zur sozialen und wirtschaftlichen Kooperation sowie zur allgemeinen Achtung und Wahrung von Menschenrechten und Grundfreiheiten.

Geschichte: Einen der ersten Einsätze bestritt die → Friedenstruppe der UNO im Rahmen des Nahost-Konflikts. 1950–53 kam während des → Koreakriegs der erste Kampfauftrag hinzu. In der Folgezeit wurden die Blauhelme bei zahlreichen weiteren Konflikten eingesetzt, u.a. der → Suezkrise (ab 1956) und im Kongo (1960–64). Dabei versuchte die UNO sowohl Interessengegensätze zwischen den Supermächten im Kalten Krieg auszugleichen als auch Konflikte bei der → Entkolonisierung zu beheben und die neuen eigenständigen Staaten der → Dritten Welt in die Vereinten Nationen zu integrieren. Nach dem Wegfall des Ost-West-Konflikts seit Ende der 80er Jahre häuften sich die UN-Friedensmissionen, wobei zunehmend über die Rolle der UN-Kontingente gestritten wurde: So sah der Auftrag für die Blauhelme im → Jugoslawienkrieg zwar die Verteidigung der von der UNO eingerichteten Schutzzonen für die muslimische Bevölkerung vor, doch besaßen die Friedenstruppen keinen Kampfauftrag, so daß sie die Erstürmung zweier Schutzzonen und die Verschleppung der Einwohner nicht verhindern konnten. Mitte der 90er Jahre setzte daher eine Diskussion über eine Reform der UNO ein.

Organe: Die Tätigkeit der UNO basiert auf sechs Hauptorganen:

– Generalversammlung: Die Teilnahme an den Sitzungen der Gene-

ralversammlung ist für alle Mitglieder verbindlich. Sie tritt einmal im Jahr für drei Monate zusammen. Jedes Mitglied hat eine Stimme. Abgesehen von Bereichen wie Budget, Personal und Geschäftsordnung kann die Generalversammlung nur Empfehlungen abgeben.
– Sicherheitsrat: Er besteht (seit 1964) aus 15 Mitgliedern, von denen fünf (China, Frankreich, Großbritannien, Rußland, USA) ständige Mitglieder sind. Die ständigen Mitglieder besitzen ein Veto-Recht gegen alle Entscheidungen. Die übrigen zehn werden von der Generalversammlung nach einem regionalen Schlüssel für zwei Jahre gewählt. Der Sicherheitsrat ist das einzige Gremium, das im Bereich der kollektiven Sicherheit Beschlüsse fassen kann, die alle Mitglieder verpflichten.
– Wirtschafts- und Sozialrat (→ ECOSOC): Er besteht seit 1973 aus 54 Mitgliedern, die von der Generalversammlung für jeweils drei Jahre gewählt werden (pro Jahr 18). Der zweimal jährlich tagende Rat ist zuständig für die Intensivierung der internationalen Zusammenarbeit, insbesondere auf den Gebieten Erziehung, Gesundheit, Kultur, Soziales und Wirtschaft.
– Treuhandrat: Er setzt sich aus allen Staaten zusammen, die Treuhandgebiete verwalten, sowie aus den ständigen Mitgliedern des Sicherheitsrates. Der Treuhandrat wurde durch die Unabhängigkeit des letzten Treuhandgebietes (Papua-Neuguinea) am 19.6.1975 praktisch bedeutungslos.
– Internationaler Gerichtshof. Das 1946 etablierte Gericht mit Sitz in Den Haag ist zwar den anderen Hauptorganen gleichgestellt, besitzt aber eine unabhängige Stellung. Es besteht aus 15 Richtern verschiedener Staatsangehörigkeit, die vom Sicherheitsrat und der Generalversammlung gewählt werden. Der → Internationale Gerichtshof erstellt Rechtsgutachten für die UN-Organe und entscheidet bei Streitigkeiten zwischen Mitgliedsstaaten, um militärische Konflikte abzuwenden.
– Sekretariat: An der Spitze der UN-Verwaltung steht der von der Generalversammlung auf Vorschlag des Sicherheitsrates für fünf Jahre gewählte UN-Generalsekretär, der höchste Verwaltungsbeamte der Organisation. Bei der Klärung zwischenstaatlicher Probleme kommt es zumeist auf sein diplomatisches Geschick an. Seine Aufgabe ist darüber hinaus die Vorbereitung von Tagungen der Organe und Hilfsorgane, die Erstattung von Berichten und Durchführung von Beschlüssen.

Generalsekretäre der UNO

1946–52	Trygve Lie (Norwegen)
1953–61	Dag Hammarskjöld (Schweden)
1961–71	Sithu U Thant (Birma)
1972–81	Kurt Waldheim (Österreich)
1982–91	Javier Pérez de Cuéllar (Peru)
Ab 1992	Butros Butros-Ghali (Ägypten)

Die UN-Charta räumt dem Sicherheitsrat und der Generalversammlung das Recht ein, Sonder- und Unterorganisationen einzusetzen. Ihnen kommt eine erhebliche politische und wirtschaftliche Bedeutung zu, z. B. der Welthandelskonferenz (→ UNCTAD), der Organisation für Erziehung, Wissenschaft und Kultur (→ UNESCO), dem Hohen Flüchtlingskommissar (UNHCR), dem Kinderhilfswerk (→ UNICEF) und der Welthandelsorganisation (→ WTO).

Untergrundbewegungen

U. sind politische Organisationen, die aus der Illegalität heraus das Regierungs- und Gesellschaftssystem ihres Landes stürzen wollen. Zu den Merkmalen der U. zählen ein Netz konspirativer Stützpunkte, die Tarnung der Mitglieder durch falsche Identitäten, illegaler Waffenbesitz und die Bildung von Kampfformationen. Militante Gruppen der zumeist ethnischen oder religiösen Minderheiten entwickeln sich zu U., wenn keine legale Opposition erlaubt ist oder bewußt auf ein legales Vorgehen verzichtet wird, um einen radikalen Umsturz zu erreichen.
Im 2. Weltkrieg bildeten sich zahlreiche antifaschistische Widerstandsbewegungen (z. B. → Résistance in Frankreich; → Partisanenbewegung in Osteuropa) gegen die deutschen Besatzer. Nach 1950 formierte sich vielerorts eine Opposition im Untergrund gegen die Kolonialregierungen (z. B. → UNITA und → MPLA gegen die portugiesische Herrschaft in Angola; → Mau-Mau-Bewegung gegen die Briten in Kenia). In Europa kämpft die → ETA in Spanien für die Unabhängigkeit des Baskenlandes; die → IRA will Nordirland mit der Republik Irland vereinigen. Seit den 60er Jahren wird die Bezeichnung U. auch für radikale Terrorgruppen wie die → RAF (BRD), → Rote Brigaden (Italien) und Action directe (Frankreich) verwendet (→ Terrorismus).

Untersuchungsausschuß

U. ist die Bezeichnung für eines der wichtigsten Instrumente der parlamentarischen Kontrolle, das von der Volksvertretung eingesetzt wird, um rechtlich strittige Sachverhalte (z. B. Bestechungsvorwürfe) zu klären. Die Tätigkeit eines U. ist zeitlich befristet, seine Anhörungen von Sachverständigen und Zeugen sind meist öffentlich. Das Kontrollorgan hat keine strafrechtlichen oder disziplinarischen Befugnisse. U. legen dem Parlament als Ergebnis einen Abschlußbericht vor.
Weltweite Beachtung fanden die U. zur → Watergate-Affäre und zur → Iran-Contra-Affäre in den USA, zur → Lockheed-Affäre in den Niederlanden sowie zur → Parteispendenaffäre in der BRD. Darüber hinaus wurden U. häufig von der Opposition auch parteipolitisch instrumentalisiert, um die Verantwortung der Regierung für Mißstände aufzudekken. In der BRD hat der Bundestag laut Art. 44 des Grundgesetzes die Pflicht, einen U. einzurichten, wenn es mindestens ein Viertel der Abgeordneten verlangt.

V

Vasallenstaat

Ein V. bezeichnet einen Staat, der trotz innerer Autonomie von einer stärkeren Macht abhängig ist und ihm Gefolgschaft leisten muß. Nach dem 2. Weltkrieg galten viele sozialistische Länder (z. B. in Osteuropa) als V. der Sowjetunion, deren außenpolitischen Entscheidungen sie sich beugen mußten (→ Breschnew-Doktrin).

Verdun, Schlacht um

Bei der elfmonatigen sog. Abnutzungsschlacht im 1. Weltkrieg griff das deutsche Heer im Februar 1916 die französische Stellungsfront an der stark ausgebauten Festung Verdun an, um die französische Verteidigungslinie aufzureiben. Der deutsche Generalstabschef Erich von Falkenhayn verfolgte dabei eine «Ermattungsstrategie»: Hohe Verluste an Menschen und Material sollten den Gegner kriegsentscheidend schwächen.

Die V. entwickelte sich zu einer der verlustreichsten Schlachten des 1. Weltkriegs (Bilanz: über 700000 Tote). Die Kämpfe flauten Mitte Dezember 1916 ab. Für Frankreich wurde der Ausgang der V. zum Symbol der eigenen Verteidigungsstärke, für das Deutsche Reich zur moralischen Niederlage. Falkenhayn wurde noch vor dem Ende der V. durch Paul von Hindenburg ersetzt, der zuvor Oberbefehlshaber an der Ostfront war.

Vereeniging, Friede von

Der 1902 geschlossene Vertrag beendete den seit 1899 mit großer Härte geführten → Burenkrieg zwischen dem britischen Empire sowie den südafrikanischen Burenrepubliken Transvaal und Oranje-Freistaat, die zu britischen Kronkolonien wurden. Das Empire sagte im V. jedoch die baldige Autonomie beider Gebiete zu. Mit dem Krieg wollte Großbritannien seine Ansprüche auf die südafrikanischen Goldminen durchsetzen und den Einfluß britischer Einwanderer stärken. Die von der britischen Armee, die den Buren militärisch weit überlegen war, verfolgte Politik der «verbrannten Erde», bei der die Farmen der Buren niedergebrannt, das Vieh erschossen und Frauen wie Kinder in Konzentrationslager gebracht wurden, hatte Großbritannien international isoliert und seine Stellung als Weltmacht geschwächt.

Vereinte Nationen

→ UNO

Verfassungsschutz ❑

1. V. bezeichnet alle Maßnahmen zur Verteidigung der verfassungsmäßigen Ordnung gegen Bestrebungen, diese aufzuheben, zu ändern oder zu stören. In freiheitlich-demokratischen Grundordnungen ist V. ein Bestandteil der Verfassung selbst (sog. konstruktiver V.). Die Möglichkeiten zur Verfassungsänderung sind genau definiert (zumeist Entscheidungen mit Zweidrittelmehrheit). Einige Verfassungsbestimmungen gelten als unabänderlich (z. B. Ewigkeitsklausel). Als Kontrollorgan für die Verfassungsmäßigkeit von Gesetzen und deren Auslegungen fungiert ein Verfassungsgericht (BRD: Bundesverfassungsgericht in Karlsruhe).

2. Element des V. sind außerdem staatliche Behörden, deren Aufgabe es ist, Informationen über Bestrebungen gegen die freiheitlich-demokratische Grundordnung und über geheimdienstliche Tätigkeiten fremder Staaten zu sammeln (präventiver bzw. repressiver V.). In der BRD wurden 1950 per Gesetz die Errichtung des Bundesamtes für V. und die Schaffung von V.-Behörden der Länder beschlossen (→ Nachrichtendienste). Sie sollen u. a. Personen, die Zugang zu geheimhaltungsbedürftigen Unterlagen haben, und Bewerber für den öffentlichen Dienst auf ihre Verfassungstreue überprüfen. Das deutsche V.-Gesetz von 1990 zählt erstmals alle nachrichtendienstlichen Mittel auf, die vom V. angewandt werden dürfen, und regelt die Datenschutz-Bestimmungen bei der Arbeit des V. Polizeiliche Befugnisse (z. B. Verhaftungen) besitzt der V. nicht.

Grundlagen der Verfassung

Entscheidend für die Einführung der geschriebenen Verfassung, wie sie Ende des 20. Jahrhunderts in den meisten demokratisch organisierten Staaten existiert, war die amerikanische Unabhängigkeitsbewegung. Die Verfassung für Virginia von 1776 (1787: Verfassung der USA) wurde zum Vorbild für eine ganze Reihe von Verfassungen, wie z. B. der französischen Verfassung vom 3. 9. 1791.

Diese ersten Verfassungen legten die durch Revolution neu entstandenen staatlichen Ordnungen schriftlich fest, regelten das Verfahren zur politischen Willensbildung und bestimmten die Grenze zwischen Staatsgewalt und Bürgerrecht. Der → Liberalismus des 19. Jahrhunderts entwickelte ein festes Grundschema der Verfassung mit einem Grundrechtsteil und einem Abschnitt über die Staatsorganisation. Dieses Schema, mit dem insbesondere die → Gewaltenteilung, das Mitbestimmungsrecht des Volkes und die Garantie der → Menschenrechte festgeschrieben werden sollten, bildet die Basis der modernen Verfassung.

Verhältniswahlrecht

Neben dem → Mehrheitswahlrecht ist das V. das zweite grundlegende Wahlsystem in Demokratien, bei dem sich der Wähler zwischen Kandidatenlisten entscheiden muß (Listenwahl), die von den Parteien aufgestellt werden. Das V. kam im 19. Jahrhundert mit der Entstehung der Parteien auf. Im Gegensatz zum Mehrheitswahlrecht wählen die Bürger weniger eine einzelne Person, sondern vielmehr die von einer Partei in ihrer Gesamtheit vertretenen politischen Ziele. Jede Partei erhält ihre Parlamentssitze im Verhältnis zu der für ihre Listen abgegebenen Stimmenzahl. Die Kandidaten der Parteien bekommen ihr Mandat gemäß der Reihenfolge ihrer Plazierung auf der Liste.

Ziel des in den westlichen Demokratien dominierenden V. ist eine möglichst genaue Wiedergabe der verschiedenen Richtungen des Volkswillens im → Parlament, bei der auch die kleinen Parteien Berücksichtigung finden. Um jedoch eine zu starke Zersplitterung des Parteiensystems – und die damit verbundenen Probleme der Mehrheitsbildung im Parlament – zu verhindern, muß das Wahlergebnis der Parteien in manchen Ländern über einer definierten Grenze liegen (BRD: → Fünfprozentklausel).

Vermittlungsausschuß
Das zum Interessenausgleich vorgesehene Organ ist Bestandteil eines parlamentarischen Systems, in dem zwei Kammern an der Gesetzgebung beteiligt sind und sich durch Einspruch gegenseitig blockieren können. In der BRD besteht der auf Art. 77 des Grundgesetzes basierende V. aus je 16 Mitgliedern des Bundesrates und -tages. Der V. tritt in Aktion, wenn eine Gesetzesvorlage des Bundestages der Zustimmung des Bundesrates bedarf, dieser aber eine abweichende Meinung vertritt und Einspruch erhebt.
Über einen V. verfügt u.a. auch die → EU. Er besteht aus den Mitgliedern des Europäischen Rates und Vertretern des Europäischen Parlaments und hat die Aufgabe, im Verlauf des Rechtssetzungsverfahrens der EU einen im Europäischen Parlament und Rat konsensfähigen Gesetzesvorschlag zu erarbeiten.

Vernichtungslager
Als V. werden die von den Nationalsozialisten im besetzten Polen ab Herbst 1941 eingerichteten Lager bezeichnet, die – im Unterschied zu den → Konzentrationslagern – einzig der Ermordung von Juden, Sinti, Roma, Homosexuellen und politischen Gegnern dienten. Den deutschen Plan zur systematischen Vernichtung vor allem der Juden («Endlösung») erläuterte der stellvertretende Reichsprotektor von Böhmen und Mähren, Reinhard Heydrich, am 20.1.1942 auf der → Wannseekonferenz erstmals ausführlich. Zunächst war eine «Vernichtung durch Arbeit» geplant. Die V. Auschwitz-Birkenau und Lublin-Majdanek (→ Majdanek-Prozeß) waren deshalb zunächst mit Arbeitslagern gekoppelt, in denen die Häftlinge als Arbeitskräfte ausgebeutet wurden, bevor sie umgebracht wurden. In den sechs V. (Auschwitz, Belzec, Chelmno, Majdanek, Sobibor und Treblinka) kamen über 3 Mio. Menschen ums Leben; die meisten von ihnen wurden vergast.

Versailler Vertrag
Der am 28.6.1919 zwischen 27 Siegerstaaten des 1. Weltkriegs und dem Deutschen Reich im Spiegelsaal des Versailler Schlosses unterzeichnete Vertrag beendete als Teil der → Pariser Vorortverträge formell den 1. Weltkrieg. Der 440 Artikel in 15 Teilen umfassende V. wurde unter Ausschluß des Deutschen Reiches auf der Pariser Friedenskonferenz von den Siegermächten (insgesamt 32 Staaten) ausgearbeitet und von der deutschen Delegation um Außenminister Hermann Müller (SPD) unter Protest angenommen. Fünf Tage zuvor hatte das deutsche Parlament die Regierung ermächtigt, den

V. anzunehmen. Der V., der von den USA abgelehnt wurde, trat am 10. 1. 1920 in Kraft.
Regelungen: Die Siegermächte verfolgten mit dem V., der in Artikel 231 Deutschland und seinen Verbündeten die alleinige Kriegsschuld gab, eine nachhaltige Schwächung des Deutschen Reiches in wirtschaftlicher und politischer Hinsicht. Die Bestimmungen des V., die für das Deutsche Reich Gebietsabgaben (über 70000 km^2) und Bevölkerungsverluste (7,3 Mio. Einwohner) bedeuteten, sahen u.a. vor, daß Deutschland Elsaß-Lothringen, große Teile Pommerns und Posens, Westpreußen und das Memelgebiet verlor. Über die Abgabe weiterer Gebiete – Eupen-Malmedy, Nordschleswig, Oberschlesien – sollten Volksabstimmungen entscheiden. Die deutschen Kolonien fielen an den neu geschaffenen → Völkerbund.
Wirtschaftlich sollte der Kriegsverlierer durch die Auslieferung fast seiner gesamten Handelsflotte, die Liquidierung des deutschen Eigentums im Ausland und durch die Zahlung von → Reparationen, deren Höhe erst später festgelegt wurde, geschwächt werden. Außerdem mußte das Deutsche Reich, auf zehn Jahre verteilt, 40 Mio. t Kohle an Belgien, Frankreich, Italien und Luxemburg liefern sowie Industrieanlagen, Maschinen und Rohstoffe in jährlichen Mengen abtreten. Als Faustpfand für die Einhaltung der Vertragsbedingungen wurde das Saarland abgetrennt und unter die Kontrolle des Völkerbundes gestellt (→ Saarstatut). Alliierte Truppen hielten zudem die linksrheinischen deutschen Gebiete besetzt. Die Abschaffung der allgemeinen Wehrpflicht im Deutschen Reich, die Reduzierung des deutschen Heeres auf eine Stärke von 100000 Mann und das Verbot einer Luftwaffe sollten der Friedenssicherung ebenso dienen wie die Einbeziehung der Völkerbundsatzung in den V.
Folgen: Der friedenstiftende Wert des Vertrages blieb in der Folgezeit umstritten. Der V. trug mit seinen harten Bedingungen zur wirtschaftlichen Destabilisierung der → Weimarer Republik bei. Gleichzeitig bot er nationalistischen und rechtsradikalen Parteien wie Gruppierungen Gelegenheit, die demokratisch gewählten Mitglieder der Reichsregierung als «Erfüllungsgehilfen» des «Schanddiktats von Versailles» zu beschimpfen. Der V. bildete für die Nationalsozialisten so den Vorwand, gegen den Verfassungsstaat vorzugehen. Gleichzeitig konnte der Vertrag den Wiederaufstieg Deutschlands zur Militärmacht nicht verhindern. Zwei Jahre nach seiner → Machtergreifung wagte es Adolf Hitler 1935, den V. durch die Wiedereinführung der → Wehrpflicht offen zu brechen.

Verstaatlichung

V. ist die Vergesellschaftung von Privateigentum (besonders an Produktionsmitteln), d.h. dessen Überführung in Gemeineigentum (z.B. an Genossenschaften, öffentlich-rechtliche Körperschaften oder den Staat). Die V. dient zumeist sozialpolitischen Zielsetzungen, z.B. der Grundversorgung der Bevölkerung mit bestimmten Gütern und Dienstleistungen (Gesundheitswesen, Was-

ser- und Energieversorgung). Darüber hinaus sind in Westeuropa (z.B. Italien, Österreich) auch Industriebereiche wie Chemie- oder Stahlbetriebe in staatlichem Besitz.
V. wurden insbesondere in Osteuropa nach dem Beginn sozialistischer Herrschaft durchgeführt (z.B. Kolchosen in der UdSSR). Darüber hinaus spielten sie eine Rolle in den Staaten der → Dritten Welt, die nach ihrem erfolgreichen Unabhängigkeitskampf die Besitztümer der ehemaligen Kolonialherrscher häufig vergesellschafteten. Die V. von Großgrundbesitz und Betrieben in der → SBZ (z.B. Überführung des landwirtschaftlichen Besitzes in → LPG) entsprach nach 1945 der Ausrichtung am marxistischen → Sozialismus (→ Kollektivierung). In der BRD ist V. nach Art. 15 des Grundgesetzes aufgrund eines Gesetzes bei angemessener Entschädigung erlaubt.
Der wirtschaftliche und sozialpolitische Nutzen von V. ist umstritten. Bund, Länder und Kommunen bemühen sich in zahlreichen westlichen Staaten seit den 80er Jahren verstärkt um die Privatisierung gemeinwirtschaftlicher Betriebe, um die öffentlichen Haushalte zu entlasten.

Vertrauensfrage

Die V. ermöglicht es dem Kabinett bzw. dem Regierungschef in einem parlamentarischem System, an die Volksvertretung den Antrag zu stellen, ihm das Vertrauen auszusprechen. Das → Parlament wird mit der V. vor die Wahl gestellt, mehrheitlich für die Regierung zu stimmen und damit wieder auf deren Kurs einzuschwenken oder gegen die Regierung und damit für deren Rücktritt zu votieren. Die Ablehnung der V. ist zumeist mit Auflösung des Parlaments und mit Neuwahlen verbunden, falls die Volksvertretung nicht gleichzeitig einen neuen Regierungschef wählt (konstruktives → Mißtrauensvotum).
In der BRD wurde die V. erst dreimal angewandt: Am 22.9.1972 erreichte die sozialliberale Koalition unter SPD-Bundeskanzler Willy Brandt die angestrebten Neuwahlen, in denen sich die SPD/FDP-Regierung eine tragfähige Mehrheit sicherte. Am 5.2.1982 sprach der Bundestag Kanzler Helmut Schmidt (SPD) noch das Vertrauen aus, am 1.10.1982 stürzte ihn das Parlament per konstruktives Mißtrauensvotum und wählte Helmut Kohl (CDU) zum Regierungschef. Dieser nutzte die V. am 17.12.1982, um Neuwahlen zu erzwingen, die eine Bestätigung der neuen christlich-liberalen Regierung brachten.
In anderen westlichen Demokratien (z.B. in Frankreich, Großbritannien und Italien) ist die V. ein häufiges Mittel der Politik: Die Regierungschefs verbinden eine strittige politische Sachentscheidung mit der V., um so z.B. die Annahme eines Gesetzes zu erzwingen. Auf diese Weise entwickelte sich die V. von einem Kontrollinstrument der Parlamentarier zu einem Herrschaftsinstrument der Regierung.

Vertriebene

Im weiteren Sinne sind V. Personen, die aufgrund ihrer Zugehörigkeit zu ethnischen oder religiösen Minderheiten aus ihrer Heimat ausgewiesen

wurden. Die häufig staatlich gesteuerte Vertreibung zielt auf die Schaffung eines ethnisch oder religiös einheitlich strukturierten Gebietes.
Die Wurzeln des V.-Problems liegen im → Nationalismus des 19. Jahrhunderts. Bereits in der Napoleonischen Ära wurde die «Reinigung» eines Nationalstaates von Angehörigen fremder Völker zum politischen Schlagwort. Im 20. Jahrhundert verschärften Massenumsiedlungen und -ausweisungen (z. B. Umsiedlung von Bulgaren aus Griechenland, 1919; von Josef W. Stalin befohlene → Deportation der Wolgadeutschen nach Zentralasien, 1941; Ausweisung von Asiaten aus Uganda, 1972; Vertreibung der muslimischen Bevölkerung aus Bosnien-Herzegowina im → Jugoslawienkrieg ab 1991; Hutus und Tutsis in Ruanda, 1994) das durch Krisen und Konflikte hervorgerufene Flüchtlingsproblem.
Im engeren Sinne werden mit V. deutsche Staatsbürger oder Volksangehörige bezeichnet, die ihre Heimat (ehemalige deutsche Ostgebiete) infolge des 2. Weltkriegs verlassen mußten. In der BRD regelte das Bundesvertriebenengesetz die jeweilige Rechtsstellung der V., die sich je nach Herkunftsregion in eigenen Selbsthilfeorganisationen zusammenschlossen.

Vetorecht

V. ist die Möglichkeit von Amtsträgern, Behörden oder Gremien, einen Mehrheitsbeschluß durch Einspruch zu blockieren. Das V., das auf das Einspruchsrecht der römischen Volkstribune zurückgeht, dient gegen Ende des 20. Jahrhunderts vor allem dem Minderheitenschutz. Unterschieden werden das uneingeschränkte V., das ein Scheitern – z. B. einer Gesetzesvorlage – bewirkt (absolutes V.), und das eingeschränkte V., das eine endgültige Entscheidung lediglich verzögert (suspensives V.).
In der → UNO haben alle fünf ständigen Mitglieder ein V. gegen Entscheidungen des Sicherheitsrates. Ähnliches gilt für den EU-Ministerrat, in dem das Veto eines Mitgliedes nicht zu überstimmen ist. Der deutsche Bundesrat kann gegen sog. zustimmungspflichtige Gesetze des Bundestages sein Veto einlegen. In Präsidialsystemen (z. B. USA) besitzt der Präsident ein V. gegen Entscheidungen des Kongresses.

Vichy-Regierung

Die in dem französischen Heilbad Vichy gebildete Regierung Frankreichs übernahm im 2. Weltkrieg nach dem deutsch-französischen Waffenstillstand vom 22. 6. 1940 die Verwaltung über das von den Deutschen zuerst nicht besetzte französische Gebiet. Chef dieses antiparlamentarischen «État Français» wurde der autoritäre Marschall Philippe Henri Pétain, der gegenüber der deutschen Besatzungsmacht einen Doppelkurs zwischen begrenzter Zusammenarbeit und Verweigerung verfolgte.
Im September 1942 mußte Pétain auf deutschen Druck Pierre Laval als Regierungschef akzeptieren, der stärker zur Kollaboration bereit war. Im Dezember 1942 besetzten die Deutschen auch das Gebiet der V., bauten einen Zwangs- und Polizeistaat auf, ließen die Industriebetriebe für die deutsche Kriegsproduk-

tion arbeiten und ließen sich von einheimischen Milizen bei der Judenverfolgung unterstützen.
Die weiterhin tätige, aber machtlose V. wurde von der französischen Exilregierung unter General Charles de Gaulle von außen und durch die Widerstandsbewegung der → Résistance von innen bekämpft. Als die → Alliierten Vichy einzunehmen drohten, wurde die V. von den Deutschen erst nach Belfort (August 1944) und dann nach Sigmaringen (September 1944) gebracht, wo sie ihre Tätigkeit einstellte.

Viererbande

V. ist ein propagandistisch-abwertendes Schlagwort der kommunistischen Partei- und Staatsführung der VR China für eine Gruppe von vier linksextremen Oppositionellen, die sich nach dem Tod Mao Zedongs (9.9.1976) dem pragmatisch ausgerichteten Kurs der Partei widersetzten und radikale ideologische Positionen vertraten. Unter dem Vorwurf, einen Umsturz geplant und in den chinesischen Provinzen Unruhe gestiftet zu haben, wurden zwei der vier ehemaligen Spitzenpolitiker, zu denen auch Maos Witwe Jiang Qing gehörte, in öffentlichen Schauprozessen zum Tode verurteilt (1983 zu lebenslanger Haft begnadigt). Die beiden anderen Mitglieder der V. erhielten lebenslänglich bzw. 20 Jahre Gefängnis.

Viermächteabkommen

→ Berlin-Abkommen

Vierte Welt

Der von der → UNO geprägte Begriff bezeichnet die rd. 50 am wenigsten entwickelten Länder der Erde. Diese ärmsten unter den → Entwicklungsländern der → Dritten Welt sind durch eine geringe Rohstoffbasis sowie eine landwirtschaftliche und industrielle Entwicklung auf niedrigster Stufe gekennzeichnet. Ihr Bruttoinlandsprodukt beträgt weniger als 355 Dollar pro Kopf, die Alphabetisierungsquote liegt unter 20%. Hunger und Armut sind vorherrschend. Zwei Drittel der V.-Staaten liegen in Afrika – insbesondere südlich der Sahara.

Vierzehn-Punkte-Plan ❑

Mit dem Friedensplan, den der amerikanische Präsident T. Woodrow Wilson am 18.1.1918 dem US-Kongreß vorlegte, sollte der 1. Weltkrieg beendet und eine dauerhafte Friedensordnung geschaffen werden. Als Antwort auf den russischen Friedensvorschlag vom 28.11.1917, der eine sozialistische Umgestaltung der Welt vorsah, vertrat der V. einen moralischen Führungsanspruch der westlichen Demokratien. Die einzelnen 14 Grundsätze des von Wilson angestrebten Versöhnungsfriedens, durch den er eine demokratische Völkergemeinschaft aufbauen wollte, lauteten:

- Abschaffung der multilateralen Geheimdiplomatie;
- Freiheit der Meere in Krieg und Frieden;
- Aufhebung aller Handels- und Wirtschaftsschranken;
- Garantien für allgemeine und kontrollierte Abrüstung;
- unparteiische Regelung aller kolonialen Ansprüche unter Berücksichtigung der Bedürfnisse der Kolonialvölker;

– Räumung der russischen Gebiete durch die Deutschen;
– Freigabe der von Deutschen annektierten Territorien in Belgien;
– Räumung der von den Deutschen besetzten französischen Gebiete (auch Elsaß-Lothringen);
– Grenzberichtigung in Italien nach Nationalitätenlinien;
– Autonomie für die Völker Österreich-Ungarns;
– Räumung von Serbien, Rumänien und Montenegro;
– Autonomie der Völker des Osmanischen Reiches und freie Schiffahrt durch die Dardanellen;
– Errichtung eines unabhängigen polnischen Staates;
– Gründung des Völkerbundes.

Die Vorschläge Wilsons fanden zunächst die Billigung der → Alliierten und trugen dazu bei, daß das Deutsche Reich bei seinem Waffenstillstandsgesuch am 4. 10. 1918 auf einen milden Friedensschluß hoffte. Zwar wurden die meisten Punkte des V. im → Versailler Vertrag verankert, doch stimmten die Alliierten dem Aufbau des → Völkerbunds erst zu, nachdem Wilson die hohen französischen und britischen Reparationsforderungen an das Deutsche Reich gebilligt hatte. Über den Teilerfolg konnte sich Wilson nicht freuen: Der US-Senat lehnte den ausgehandelten Friedensplan und den Beitritt der USA zum Völkerbund ab.

Thomas Woodrow Wilson (28. 12. 1856–3. 2. 1924)

Der promovierte Jurist wurde 1910 demokratischer Gouverneur von New Jersey und zwei Jahre später US-Präsident. Wilson beschäftigte sich mit sozialen und wirtschaftlichen Reformen (sog. Progressive Movement): Er verbot die Kinderarbeit, führte ein Lohnsteuersystem ein und baute Wettbewerbsnachteile des Mittelstands ab. Die Macht der Unternehmer beschnitt Wilson 1914 durch die Anti-Trust-Gesetze. Außenpolitisch gab er seine anfängliche Neutralitätspolitik in Europa ab 1917 auf. Der von Wilson verantwortete Eintritt in den 1. Weltkrieg besiegelte die deutsche Niederlage. 1919 erhielt der US-Präsident den Friedensnobelpreis.

Vietcong

V. ist die Bezeichnung für die 1957–75 in Südvietnam kämpfenden kommunistischen Guerillaverbände. Sie waren eng an die → Vietminh angelehnt und setzten sich aus einer kommunistisch orientierten Partei, einem nationalen Frontverband und einer kommunistischen Militärgruppe zusammen.

Unter ihrer Führung schlossen sich 1960 rd. 20 kommunistische und bürgerliche Gruppierungen in der Befreiungsfront Südvietnams (FNL) zusammen, um Südvietnam vom diktatorischen Regime Ngô Dinh Diêms zu befreien. Im → Vietnamkrieg führten die V. einen Guerillakrieg gegen die seit 1964 in die Kämpfe verwickelten US-Truppen. 1973 beendeten die USA ihr militärisches Engagement in Vietnam, 1975 übernahmen die V. die Regierung in Südvietnam.

Vietminh ❑

Die Kampffront für ein unabhängiges Vietnam war die 1941 von dem kommunistischen Politiker Ho Chi

Minh in Südchina gegründete Unabhängigkeitsbewegung Vietnams. Die V. mobilisierten zunächst vor allem Bauern, Arbeiter und Kleinbürger gegen die japanischen Besatzer im 2. Weltkrieg. 1945 proklamierten sie ein unabhängiges V. Als die Franzosen nach dem 2. Weltkrieg ihre Kolonialherrschaft über Indochina erneuerten, wandten sich die V. von 1946 an auch gegen die restaurierte französische Herrschaft (→ Indochinakrieg).
Nach der Bildung der Volksrepublik Vietnam 1954 ging die V. in der kommunistischen Partei Nordvietnams auf (→ Vietcong), ihre militärischen Verbände bildeten die Basis der nordvietnamesischen Armee.

Ho Chi Minh
(19.5.1890–3.9.1969)
Der Staatspräsident Nordvietnams (1954–69) und Ministerpräsident (1954/55) galt als Symbolfigur des vietnamesischen Freiheitskampfes nach dem 2. Weltkrieg. Nach Ende des Indochinakriegs gegen Frankreich (1954) baute Ho Nordvietnam als sozialistischen Staat auf. Ab 1964 führte er sein Land im Vietnamkrieg gegen die USA.

Vietnamkrieg

Als erste Phase des V. wird der → Indochinakrieg bezeichnet. Im engeren Sinne umfaßt der V. den Zeitraum ab 1964: Die Konfrontation begann mit der militärischen Intervention der USA auf seiten des antikommunistischen Südvietnam und der Unterstützung der kommunistischen Nordvietnamesen durch die UdSSR und China und eskalierte bis 1973 zum asiatischen Schauplatz des Ost-West-Konflikts.
Die USA verstanden sich als Schutzmacht Südvietnams, das nach seiner Weigerung, eine Volksabstimmung über die Wiedervereinigung Vietnams abzuhalten, durch nordvietnamesische Guerillakämpfer (→ Vietcong) Anfang der 60er Jahre immer stärker unter Druck geriet. Die Amerikaner fürchteten, daß sie mit einem Sieg der nordvietnamesischen Kommunisten ihren Einfluß im östlichen und südöstlichen Pazifik verlieren könnten (Dominotheorie), und nahmen den Angriff nordvietnamesischer Torpedoboote auf zwei amerikanische Zerstörer im Golf von Tongking im August 1964 (Tongking-Zwischenfall) zum Anlaß, Nordvietnam wenige Tage später zu bombardieren.
Bis 1968 verstärkten die USA ihre Bombardierungen, mit denen sie weniger die nordvietnamesischen Guerillakämpfer als vielmehr die Zivilbevölkerung trafen, und erhöhten die Zahl ihrer Bodentruppen (Januar 1965: 23000 Soldaten; Juni 1968: 550000 Soldaten). Trotz dieses massiven militärischen Einsatzes zeigte die im Januar/Februar 1968 von den Vietcong betriebene → Tet-Offensive, daß die USA die Lage in Südvietnam nicht kontrollierten. Als Reaktion verübten US-Einheiten ein Massaker an den Bewohnern des Dorfes → My Lai. Durch den Abwurf von rd. 7 Mio. t Bomben – darunter auch → Napalm – sowie den Einsatz von Entlaubungsmitteln zerstörten die USA das Land weitgehend und büßten ihr internationales Ansehen als moralischer Anwalt für die Demokratie ein.

Angesichts der zunehmenden Demoralisierung der im Dschungelkampf unterlegenen US-Truppen, des wachsenden innenpolitischen Drucks – auch durch Anti-Vietnam-Demonstrationen der → Studentenbewegung – zeigte sich die US-Regierung verhandlungsbereit. Im Mai 1968 begannen in Paris Waffenstillstandsgespräche zwischen den USA, Nord- und Südvietnam sowie einer Delegation der Vietcong; fünf Monate später stellten die USA ihre Bombenangriffe ein.
Die Gespräche zogen sich bis 1973 hin. Während dieser Zeit betrieb US-Präsident Richard Nixon eine Politik der «Vietnamisierung» des Konflikts, indem er immer mehr Truppen abzog. Auch der Versuch, durch den Einmarsch in die Nachbarstaaten Kambodscha und Laos die Vietcong-Nachschubwege zu unterbrechen, scheiterte Anfang der 70er Jahre. Nach dem Abschluß eines Waffenstillstands (27.1.1973) wurden die letzten amerikanischen Soldaten abgezogen, die südvietnamesische Regierung kapitulierte jedoch erst 1975. Die Kommunisten übernahmen die Macht in Südvietnam.
Der V. kostete rd. 1 Mio. Zivilisten und 1,2 Mio. Soldaten das Leben und zeigte, daß die USA mit ihrem Anspruch, weltweit die Verantwortung für den Kampf gegen den Kommunismus übernehmen zu wollen (→ Truman-Doktrin), offensichtlich überfordert waren.

Völkerbund

Die 1920–46 bestehende Weltorganisation zur Wahrung des Friedens und zur Förderung der internationalen Zusammenarbeit mit Sitz in Genf wurde auf Anregung von US-Präsident T. Woodrow Wilson (→ Vierzehn-Punkte-Plan) geschaffen. Wilson griff dabei auf Pläne der angloamerikanischen Friedensbewegung (→ Pazifismus) während des 1. Weltkriegs zurück.
Die Satzung des V. war Bestandteil der → Pariser Vorortverträge und trat mit der Ratifizierung des → Versailler Vertrages am 10.1.1920 in Kraft. Mitglieder waren 32 Siegermächte – außer den USA, die dem Versailler Vertrag nicht zugestimmt hatten – und 13 neutrale Staaten. Zu den Aufgaben des V., mit dem künftige → Weltkriege verhindert werden sollten, zählten die Verwaltung des Saarlandes (→ Saarstatut) und der Stadt Danzig sowie die Aufsicht über die ehemaligen Kolonien der Kriegsverlierer (→ Mandatsgebiete). Darüber hinaus gewährte der V. seinen Mitgliedern Schutz auf Unversehrtheit ihres Gebietes und sicherte ihnen volle Unabhängigkeit zu. Zudem wollte der V. u.a. das Flüchtlingsproblem nach dem Krieg lösen, die Sklaverei bekämpfen sowie den Frauen- und Kinderhandel abschaffen.
Die Regelung der wichtigsten Nachkriegsprobleme (z.B. Festlegung der → Reparationen) entzog sich der Zuständigkeit des V. Wilson hatte die Zustimmung der europäischen Alliierten zu seinem Vierzehn-Punkte-Plan und dem darin verankerten V. nur erhalten, indem er den hohen Reparationsforderungen von Frankreich und Großbritannien an das Deutsche Reich zustimmte. Dieser Mangel an Kompetenzen sowie das Fehlen der USA, die nach dem Krieg zum → Isolationismus zurückkehr-

ten, schwächten den V., der insbesondere von den Großmächten nicht vollständig akzeptiert wurde.
Zwar gelang es dem V., bei Konflikten zwischen kleinen Staaten zu vermitteln und auf humanitärem und wirtschaftlichem Gebiet Erfolge zu erzielen, aber bei der zentralen Frage der → Abrüstung und Friedenssicherung scheiterte er (1932: Abbruch der Abrüstungsverhandlungen in Genf). Gegen die italienische Invasion in Abessinien blieb der V. ebenso machtlos wie gegen japanische Eroberungsfeldzüge in Asien und den → Spanischen Bürgerkrieg. Seine völlige Ohnmacht verdeutlichte der 2. Weltkrieg. Nach Gründung der → UNO löste sich der V. am 18.4.1946 offiziell auf.

Völkermord

V. bezeichnet die teilweise oder völlige Ausrottung einer nationalen, ethnischen, religiösen oder sozialen Gruppe. Die meisten V. wurden im Verlauf von Expansions-, Religions- oder Kolonialkriegen als Mittel zur Machtausweitung oder zur Schaffung von Siedlungsraum für das eigene Volk verübt.
V.-Verbrechen wurden im 20. Jahrhundert u.a. durch die Türkei vor und während des 1. Weltkriegs an der armenischen Bevölkerung begangen. Auch völkische Minderheiten waren vom V. betroffen, wie z.B. Wolgadeutsche und Krimtataren in der Sowjetunion während des 2. Weltkriegs. Das nationalsozialistische Deutsche Reich machte die Ermordung aller Juden, Sinti und Roma zum Staatsziel. In den Statuten des Internationalen Militär-Tribunals gegen die NS-Verbrecher (→ Nürnberger Prozesse) wurde V. als Verbrechen gegen die Menschlichkeit aufgeführt. Das von der → UNO am 9.12.1948 einstimmig verabschiedete Abkommen zur Verhütung und Bestrafung des Verbrechens des V. erklärte den V. zum völkerrechtlichen Delikt und verpflichtete die Signatarstaaten, ihn unter Strafe zu stellen. 1954 trat die BRD dem 1951 in Kraft getretenen Abkommen bei und bedrohte den V. mit lebenslanger Freiheitsstrafe.
In den 90er Jahren nahm der V. an nationalen Minderheiten erneut zu: Im → Jugoslawienkrieg verfolgten bosnische Serben die muslimische Bevölkerung in Bosnien-Herzegowina. 1993 begann der vom UNO-Sicherheitsrat eingerichtete internationale Strafgerichtshof für Kriegsverbrecher in Den Haag mit seiner Arbeit, der die jugoslawischen Kriegsverbrecher zur Verantwortung ziehen soll. In dem ostafrikanischen Staat Ruanda verübte 1994 die Bevölkerungsmehrheit der Hutu Massaker an den Angehörigen des Tutsi-Stammes.

Volksaufstände

Die Erhebung einer größeren Bevölkerungsgruppe gegen das bestehende Herrschaftssystem, meist provoziert durch gesellschaftliche und wirtschaftliche Mißstände, versucht grundlegende Forderungen (z.B. Beteiligung an der politischen Entscheidungsgewalt; Sturz korrupter Herrscher) durchzusetzen. V. können Revolutionen auslösen, wie beispielsweise 1917 die russischen Februarunruhen. Die → Februarrevolution führte nicht nur zum Sturz des Zaren, sondern schuf die Vor-

aussetzungen für die weitreichende → Oktoberrevolution.
In den folgenden Jahrzehnten scheiterten viele V. an der militärischen Macht der Herrschenden. So schlugen die französischen und spanischen Kolonialherren den Aufstand der → Rifkabylen in Marokko 1921 brutal nieder. Versuche kommunistisch regierter Völker, sich gegen das totalitäre Partei-Regime aufzulehnen (1953: → Juniaufstand der Arbeiter in der DDR; 1956 → ungarischer Volksaufstand; 1968 → Prager Frühling), wurden mit sowjetischer Militärhilfe unterbunden.
Ende der 70er Jahre waren V. sowohl in Nicaragua als auch im Iran erfolgreich. 1986 gelang sowohl auf den Philippinen als auch auf Haiti der Sturz diktatorisch regierender Herrscher. Drei Jahre später setzte das Volk in Bulgarien, der DDR, Polen, Rumänien, der Tschechoslowakei und Ungarn sein Selbstbestimmungsrecht durch und beendete die sozialistische Herrschaft. In Mexiko kam es 1994 zu einem Aufstand der ethnischen Minderheit der Indios in der Provinz Chiapas.

Volksentscheid

→ Plebiszit

Volksfront

Das 1935 von der Kommunistischen → Internationale unter maßgeblichem Einfluß der UdSSR propagierte Bündnis bezeichnet die Kampf-, Wahl- und Regierungskoalitionen der KP mit Sozialisten und bürgerlicher Linken. Mit den V.-Bündnissen zogen die Kommunisten Mitte der 30er Jahre die Konsequenz aus ihrer erfolglosen Bekämpfung von → Faschismus und → Nationalsozialismus.
Eine V. von Kommunisten und Sozialisten (Aktionsbündnis gegen Faschismus und Krieg) kam 1934 erstmals in Frankreich zustande. Zwei Jahre später siegte das V.-Bündnis bei den französischen Wahlen. Die folgenden vier Kabinette der Aktionseinheit der Arbeiterklasse unter dem Sozialisten Léon Blum (bis 1938) wurden von den Kommunisten jedoch lediglich toleriert. Die spanische V. bestand aus acht Parteien und bildete 1936–39 die im → Spanischen Bürgerkrieg von den rechtsgerichteten Nationalisten unter Francisco Franco Bahamonde bekämpfte Regierung.
In Chile (1938–47 sowie unter Präsident Salvador Allende Gossens 1970–73) existierten ebenso wie in Finnland (1966–70) V.-Regierungen. Der Führungsanspruch der Kommunisten innerhalb der V. diente langfristig dem Ziel der alleinigen kommunistischen Machtübernahme und Revolution und war so auch gegen die potentiellen Bündnispartner gerichtet, die den Kapitalismus auf parlamentarischem Wege verändern wollten.

Volksgerichtshof

Das von den Nationalsozialisten am 24.4.1934 per Gesetz geschaffene Sondergericht mit Sitz in Berlin diente vor allem der Verfolgung von Regimegegnern (über 5000 Todesurteile bis 1945). Der für das NS-Regime unbefriedigend verlaufene Reichstagsbrandprozeß von 1934 – einige Verdächtige hatten Freisprüche erhalten – bildete den Anstoß zum Aufbau des V. als Konkurrenz-

instanz zum Reichsgerichtshof. Abweichend vom Gerichtsverfassungsgesetz konnte Reichskanzler Adolf Hitler die V.-Mitglieder selbst ernennen.
Der zunächst nur als Sondergericht für Hoch- und Landesverrat eingerichtete V. wurde 1936 in ein ordentliches Gericht mit erweiterten Kompetenzen umgewandelt. Unter seinem Präsidenten Roland Freisler entwickelte sich der V. ab 1942 endgültig zum Terrorinstrument des NS-Regimes. Insbesondere die Verfahren gegen die Widerstandskämpfer des 20. Juli 1944 und der → Weißen Rose waren gekennzeichnet durch völlige Aufgabe rechtsstaatlicher Prinzipien. Freisler schlachtete die von ihm geführten, zum Teil gefilmten Prozesse zu propagandistischen Zwecken aus, indem er lange Reden über den → Nationalsozialismus hielt und die Angeklagten anbrüllte und beleidigte. Während des 2. Weltkriegs behandelte der V. zudem auch Fälle von Deserteuren und sog. Wehrkraftzersetzern (zumeist Todesurteile).

Volkssturm

Der Begriff V. bezeichnet das letzte militärische Aufgebot, mit dessen Mobilisierung das NS-Regime ab September 1944 begann. Aufgabe der V.-Einheiten war die Unterstützung der → Wehrmacht bei der Verteidigung von gefährdeten deutschen Gebieten. Zum V. eingezogen wurden alle Männer zwischen 16 und 60 Jahren, die zuvor aus beruflichen, Alters- oder Gesundheitsgründen freigestellt worden waren. Ausbildung und Ausrüstung dieses von Heinrich Himmler militärisch und von Martin Bormann politisch geführten Ersatzheeres waren völlig unzureichend. Militärisch erlangte der V. kaum Bedeutung, erlitt aber hohe Verluste (Zahl der Toten unbekannt, rd. 175000 Vermißte). Ab dem 12.2.1945 wurden Frauen und Mädchen zum Hilfsdienst für den V. aufgerufen.

Volkszählung

Der Begriff V. bezeichnet die zu einem bestimmten Zeitpunkt (Stichtag) von staatlicher Seite durchgeführte statistische Erhebung von Bevölkerungsdaten, wie Einwohnerzahl, Berufs- und Wohnverhältnisse. Die Ergebnisse dieses Zensus dienen der öffentlichen Verwaltung als Grundlage für wirtschafts- und sozialpolitische Entscheidungen.
Maßgeblich für die moderne V. wurde die unter der Leitung des Mathematikers und Statistikers Lambert Adolphe Quételet durchgeführte belgische V. von 1846. Durch die verbesserten Methoden der empirischen Sozialforschung sowie durch effiziente Auswertungsmöglichkeiten (Einsatz von EDV) erbrachten in der zweiten Hälfte des 20. Jahrhunderts auch repräsentative Stichproben (sog. Mikrozensus) der zu untersuchenden Grundgesamtheit genaue Ergebnisse.
Zur Überprüfung der Stichprobengüte und um exaktere Planungsdaten zu erhalten, führen fast alle Staaten regelmäßig komplette V. durch (BRD: 1950, '61 und '70). Die für 1983 geplante letzte bundesdeutsche V. war wegen nicht gesicherten → Datenschutzes vom Bundesverfassungsgericht verhindert worden und fand 1987 statt.

W

Wahlen

Die allgemeinen, gleichen, direkten und geheimen W. zählen u. a. neben der Meinungs-, Presse-, Rede-, Vereinigungs- und Versammlungsfreiheit zu den → Grundrechten in einer modernen → Demokratie. W. sollen die Regierenden legitimieren und kontrollieren sowie die Regierten integrieren und an der Macht teilhaben lassen. Unterscheiden lassen sich folgende Gegensatzpaare:

– Allgemein oder beschränkt: Bei allgemeinen W. ist jeder Staatsbürger zur W. zugelassen bzw. kann gewählt werden. Begrenzungen bestehen zumeist nur im Hinblick auf Alter und den Besitz der bürgerlichen Ehrenrechte. Bei beschränkten W. dürfen nicht alle Staatsbürger wählen. So erhielten Frauen in den meisten Staaten erst im 20. Jahrhundert das W.-Recht. In den USA blieben in manchen Bundesstaaten schwarze Bürger bis 1964 (Aufhebung der Rassentrennung im Civil Rights Act) von W. ausgeschlossen.

– Gleich oder gestuft: Bei gleichen W. hat jeder Staatsbürger die gleiche Zahl von Stimmen; bei gestuften W. werden einige Wähler, z. B. aufgrund ihrer hohen Steuerzahlungen priviligiert (preußisches Zensuswahlrecht bis 1918) und haben mehr Stimmen als «einfache» Bürger.

– Direkt oder indirekt: Bei unmittelbaren W. entscheidet der Wähler mit der W. eines Kandidaten direkt über die Besetzung von Ämtern und Mandaten. Beim mittelbaren W.-Recht werden zunächst sog. W.-Männer bestimmt, die in einem weiteren W.-Gang die eigentliche Entscheidung treffen. Auf diese Weise wird in den USA der Präsident gewählt.

– Offen oder geheim: Offene W. haben zwar eine lange Tradition, bergen jedoch die Gefahr, daß der Wähler – wie z. B. in diktatorisch beherrschten Staaten – unter Druck gesetzt werden kann, da seine Entscheidung bekannt ist. Die geheime W. in eigenen W.-Kabinen und mit verschlossenen Umschlägen, die in einer W.-Urne gesammelt werden, gehört in den westlichen Demokratien zu den Kennzeichen der freien W.

Die Repräsentativität von W. hängt von den Wettbewerbsbedingungen ab, die in gesetzlichen Grundlagen für die Abhaltung von W. festgelegt sind. In pluralistischen Demokratien können sich die Bürger zwischen mehreren gleichberechtigten Parteien entscheiden (sog. kompetitive W.). Demgegenüber steht z. B. in sozialistischen Einparteienstaaten faktisch nur eine Partei in offener Abstimmung zur W. (sog. nichtkompetitive W.). In einigen Diktaturen der → Dritten Welt gibt es W., bei denen zwar verschiedene Parteien antreten, die aber durch W.-Fälschung oder nachträgliche Entmachtung keinen Einfluß auf Regierungsbildungen besitzen.

W.-Recht: Im engeren Sinne bezeichnet W.-Recht das Recht zu wählen (→ aktives W.-Recht) oder sich für ein Amt bzw. ein Mandat wählen zu lassen (→ passives W.-Recht). Im weiteren Sinne umfaßt es alle Vorschriften, die bei der Durchführung einer W. zu beachten sind. Je nach Bedeutung, die ein Staat der W. in seinem Regierungssystem einräumt, ist das W.-Recht in der Verfassung bzw. in speziellen W.-Gesetzen oder aber in eigenen Statuten und Satzungen fixiert.
Über Ablauf und Ergebnis der W. entscheidet auch das System, nach dem die Stimmen verteilt werden: Beim → Mehrheitswahlrecht steht die Abstimmung über Persönlichkeiten im Vordergrund, beim → Verhältniswahlrecht wird über einzelne Parteien abgestimmt.
Neue Entwicklungen des W.-Rechts sind insbesondere im Rahmen der → EU zu beobachten. So sehen die → Maastrichter Verträge von 1992 die Einführung einer Unionsbürgerschaft innerhalb der EU vor. Sie soll jedem EU-Bürger die Möglichkeit geben, in dem EU-Staat bei Kommunalwahlen das aktive und das passive W.-Recht auszuüben, in dem er wohnt, dessen Staatsbürgerschaft er aber nicht besitzt.

Währungspolitik

W. bezeichnet die staatliche Einflußnahme auf das Wertverhältnis der Geldeinheiten verschiedener Länder untereinander. Das Weltwährungssystem ist dabei die wesentliche Grundlage, um den internationalen Austausch von Waren, Dienstleistungen und Kapital abzuwickeln (→ Außenwirtschaft).
Anfang des 20. Jahrhunderts standen die Währungen der Welt in einem festen Austauschverhältnis zum Gold. Dadurch waren auch die Wechselkurse festgelegt; der Goldstandard bildete eine verläßliche Basis für den → Außenhandel. Der 1. Weltkrieg und die → Weltwirtschaftskrise ließen das Währungssystem zusammenbrechen, das meiste Gold wurde in die USA verlagert. Die gaben die Goldbindung ihrer Währung auf und konzentrierten sich auf binnenwirtschaftliche Probleme, der Außenhandel ging dramatisch zurück.
Ein Jahr vor Ende des 2. Weltkriegs wurden auf der UNO-Konferenz von → Bretton Woods (USA) die Grundlagen für das Weltwährungssystem der Nachkriegszeit gelegt. Neben das Gold trat ab 1945 als Leitwährung der Dollar der stärksten Wirtschaftsmacht USA. Die US-Notenbank garantierte das jederzeitige Umtauschrecht von Dollar in Gold zu einem festen Wechselkurs. Der auf der Konferenz geschaffene Internationale Währungsfonds → IWF sollte das Weltwährungssystem sichern und den Welthandel fördern. Das System verschaffte der → Weltwirtschaft einen starken Aufschwung. Es scheiterte, weil die USA wesentlich mehr Güter einführten, als sie exportierten. Die Dollars der ausländischen Lieferanten überschwemmten die Welt. Die nationalen Zentralbanken lösten die Dollars zum festen Kurs ein. Schließlich überstiegen die weltweiten Dollarbestände die Goldreserven der amerikanischen Zentralbank. Mit der Aufhebung des Umtauschrechts von Dollar in Gold durch die US-Notenbank am

15.8.1971 brach das Währungssystem zusammen.
Die 1969 vom IWF geschaffene Kunstwährung SZR (Sonderziehungsrechte) war bereits 1970 als Leitwährung neben den Dollar getreten und sollte ihn ab 1971 ablösen. 1973 ging die Weltwährungsordnung jedoch in ein System freier Kurse über. Ab den 80er Jahren gewannen die Währungen der erstarkenden Handelsmächte Japan (Yen) und BRD (D-Mark) neben dem Dollar an internationaler Bedeutung. In der Folgezeit griffen die internationalen Zentralbanken in den Devisenmarkt ein, um allzu große Schwankungen einzelner Währungen abzumildern. Die EG-Staaten versuchten nach dem Zusammenbruch des Systems von Bretton Woods für ihre Währungen feste Wechselkurse zu schaffen. 1979 wurde das Europäische Währungssystem → EWS gegründet, das bis zum Ende des 20. Jahrhunderts zur → Währungsunion ausgebaut werden soll.

Währungsreform

Als W. werden Maßnahmen des Staates zur Neuordnung des Geldwesens bezeichnet. Ziel ist, z. B. eine durch → Inflation zerrüttete Währung zu stabilisieren. Dabei wird zumeist eine alte durch eine neue Geldeinheit ersetzt. In Deutschland kam es 1923 und 1948 zu W.
Nach dem 1. Weltkrieg ließ das Deutsche Reich uneingeschränkt Geldnoten drucken, um die Reparationsforderungen der Alliierten erfüllen zu können. In der Folge stiegen die Preise immer schneller, der Wert der Papiermark verfiel zusehends. 1923 ersetzte die Rentenmark als Übergangswährung die bis dahin gültige Papiermark (1 Bio. Papiermark = 1 Rentenmark). An ihre Stelle trat 1924 als endgültige Währung die Reichsmark (Umtauschverhältnis 1:1).
Die W. von 1948 beschränkte sich zunächst auf die westlichen Besatzungszonen. Die Kriegswirtschaft des nationalsozialistischen Deutschen Reichs hatte die Geldbestände über alle Maßen erhöht. Die Reichsmark büßte rapide an Wert ein; nach dem Ende des 2. Weltkriegs blühte der Tauschhandel. Als Voraussetzung für eine durchgreifende wirtschaftliche Gesundung der Westzonen ersetzte daher am 21.6.1948 die D-Mark die Reichsmark. Jeder Einwohner erhielt als Grundbetrag 60 DM; Reichsmarkguthaben wurden im Verhältnis 10:1 umgestellt. Die W. löste einen erheblichen wirtschaftlichen Aufschwung aus (→ Wirtschaftswunder). Angebot und Nachfrage bei Konsumgütern stiegen sprunghaft an.
Am 23.6.1948 kam es auch in der Sowjetischen Besatzungszone (→ SBZ) zu einer W. Sie benachteiligte die Privatwirtschaft zugunsten kleiner Sparer.
In Österreich ersetzte der Schilling 1945 die Reichsmark. Jeder Bürger erhielt 150 Schillinge und 40% seiner Sparguthaben umgetauscht. Zwei Jahre später erfolgte eine zusätzliche Pro-Kopf-Zahlung von 150 Schillingen; gleichzeitig wurden alle noch nicht getauschten Sparguthaben gestrichen.
In der DDR trat im Zuge der deutsch-deutschen → Währungsunion (→ deutsche Einheit) am 1.7.1990 die D-Mark anstelle der Mark der

DDR. Das Umtauschverhältnis betrug in der Regel 1:1. Für Sparguthaben galten Höchstumtauschgrenzen. Zahlreiche Staaten der → Dritten Welt, in denen hohe Inflationsraten herrschen, bedienen sich des Mittels der W., um ihre wirtschaftlichen Probleme unter Kontrolle zu halten. So wurde in Brasilien seit den 80er Jahren die Währung dreimal umgestellt.

Währungsunion

Der Begriff W. bezeichnet die Einführung gemeinsamen Geldes in verbündeten Staaten und gilt als einer der wichtigsten Schritte zu einer politischen und wirtschaftlichen Einheit verschiedener Nationen.

Belgien/Luxemburg: Die Nachbarstaaten schufen 1922 eine Währungs- und Wirtschaftsunion. Der Belgische und der Luxemburger Franc gelten seitdem als Zahlungsmittel auch im jeweils anderen Staat. Jedes Land gibt weiterhin seine eigenen Banknoten und Münzen heraus, bei der Wechselkursermittlung am Markt gegenüber anderen Währungen werden beide Francs jedoch als eine Währung behandelt.

BRD: Im Zuge der Realisierung der → deutschen Einheit löste die D-Mark im Juli 1990 die Mark der DDR als Zahlungsmittel ab. Für private Guthaben wurde überwiegend ein Umtauschverhältnis von 1:1 festgesetzt, im übrigen galt ein Kurs von 2 bzw. 3 Mark der DDR für 1 DM.

Europa: Die → EU strebt eine W. bis 1999 an; als Grundlage soll das Europäische Währungssystem → EWS mit seiner Währungseinheit → ECU dienen. Als Voraussetzung für die Einführung müssen Geld , Währungs- und Finanzpolitik der EU-Staaten Anfang 1997 bestimmte Stabilitätsbedingungen erfüllen, die jedoch kaum ein Land zusagen kann: Das Staatsdefizit darf 3% des Bruttoinlandsprodukts (BIP) nicht überschreiten, die staatliche Gesamtverschuldung nicht mehr als 60% des BIP betragen. Die Inflationsrate soll maximal 1,5% betragen, die langfristigen Zinsen sollen nicht höher als 2% über dem Wert der drei stabilsten Länder liegen. Zudem müssen sich die Wechselkursschwankungen seit zwei Jahren im EWS-Toleranzbereich bewegen.

Anfang 1996 wurde erwartet, daß zu Beginn der W. zunächst nur die Wechselkurse der beteiligten Währungen untereinander endgültig festgelegt werden und anschließend die gemeinsame Währung (wahrscheinlicher Name: EURO) für grenzüberschreitende Zahlungen verwendet wird. Die Nutzung im Inland der Europäischen Union sowie die Ausgabe von Geldnoten und Münzen sollen erst nach Ablauf einer mehrjährigen Übergangsfrist folgen.

Wannseekonferenz

W. bezeichnet die unter Führung von Reinhard Heydrich, dem Leiter des NS-Reichssicherheitshauptamtes, durchgeführte Besprechung hoher Beamter der NSDAP am 20.1.1942 in Berlin. Zweck der Unterredung war die reibungslose Koordination der verschiedenen Reichsbehörden bei der sog. Endlösung der Judenfrage (→ Judenverfolgung). Die systematische Deportation und Ermordung der europäischen Juden hatte bereits kurz nach dem deutschen Angriff auf die Sowjetunion am 22.6.1941 begonnen. Die W. leitete den größten → Völkermord der Geschichte ein.

Warschauer Aufstand

1. Mit W. wird der Staatsstreich des polnischen Marschalls Józef Klemens Pilsudski bezeichnet, der mit seinen Einheiten die Regierungstruppen Mitte Mai 1926 in Warschau besiegte und zum autoritären Herrscher Polens avancierte.
2. W. bezeichnet die Erhebung der im Warschauer Getto eingeschlossenen polnischen Juden gegen die deutsche → SS (19.4.–16.5.1943). Nach der Deportation von über 300000 Juden in die → Vernichtungslager der Nationalsozialisten wehrte sich die 1500 Mann starke Kampforganisation ZOB des Judenrates im Getto mit heimlich beschafften Waffen und gestützt auf ein umfangreiches Bunker- und Tunnelsystem gegen die einrückenden Deutschen. Die SS reagierte mit Massenerschießungen, Flutung der unterirdischen Kanäle und Niederbrennen der Häuser. Als sich Mitte Mai die letzten Aufständischen ergaben, waren insgesamt 12000 Juden in den Kämpfen umgekommen, weitere 7000 Menschen starben durch Gas.
3. Mit der Erhebung nationalpolnischer Einheiten gegen die deutsche Besatzungsmacht in Warschau (1.8.–2.10.1944) wollten die rd. 20000 unzureichend bewaffneten Männer und Frauen der sog. Armia Krajowa einer Befreiung durch die heranrückende Rote Armee zuvorkommen, um so einer sowjetischen Besatzung und Machtübernahme zu entgehen. Als nach ersten Erfolgen die erhoffte Hilfe gegen die Deutschen ausblieb – Josef W. Stalin ließ seine Truppen östlich der Weichsel warten –, kapitulierten die Widerstandskämpfer. Rund 160000 Zivilisten kamen um, die gesamte Stadt war zerstört. Nach der sowjetischen Eroberung Warschaus im Januar 1945 übernahm eine sozialistische Regierung die Macht.

Warschauer Pakt

Das Militärbündnis der sozialistisch regierten Staaten Osteuropas wurde am 14.5.1955 in Warschau gegründet – dem Jahr des NATO-Beitritts der BRD –, um ein militärisches Gegengewicht zum westlichen Verteidigungspakt zu schaffen. Dem W. mit Sitz in Moskau, der aus bilateralen Beistandsverpflichtungen hervorging, gehörten Albanien (bis 1968), Bulgarien, die DDR (1956–90), Polen, Rumänien, die Sowjetunion, die Tschechoslowakei und Ungarn an. Den Vorsitz über das Vereinigte Oberkommando führte ein sowjetischer General.
Der Vertrag sah einen militärischen Beistand im Falle eines Angriffs auf ein Migliedsland vor. Die Mitglieder akzeptierten die Stationierung sowjetischer Truppen auf ihrem Territorium und räumten der UdSSR das Monopol auf die Produktion schwerer Waffen ein. Darüber hinaus verständigten sich die Mitglieder auf gegenseitige Konsultationen über internationale Fragen und hoben eine friedliche Beilegung internationaler Konflikte hervor.
Gegenüber der NATO besaßen die Truppen des W. Vorteile im Bereich der konventionellen Rüstung. Aus westlicher Sicht ermöglichte dies die Führung eines Überraschungsangriffs. Zu einer offenen Konfronta-

tion der beiden Militärblöcke kam es – trotz kontinuierlicher Drohgebärden (Politik der → Abschreckung) und des → Kalten Krieges – nicht. Die Truppen des W. wurden nur innerhalb des Militärbündnisses eingesetzt. 1956 schlugen sie den → ungarischen Volksaufstand blutig nieder, 1968 beendeten sie den → Prager Frühling. Aus Protest gegen diese Aktion trat Albanien aus dem W. aus.
Ab Mitte der 80er Jahre zeichnete sich im Zuge der Reformpolitik des KPdSU-Chefs Michail Gorbatschow das Ende des Militärbündnisses ab. Die 1990 frei gewählten Regierungen Polens, der Tschechoslowakei und Ungarns sahen den W. nun vor allem als Herrschaftsinstrument der Sowjetunion über ihre Länder an. Am 1. 4. 1991 erfolgte die Auflösung des Bündnisses. Die jahrzehntelange Aufteilung der Welt in zwei sich gegenüberstehende feindliche Blöcke gilt seitdem als überwunden.

Warschauer Vertrag

→ Ostverträge

Washingtoner Erklärung

Der vom jordanischen König Hussein II. und dem israelischen Regierungschef Yitzhak Rabin am 25. 7. 1994 bei ihrem ersten offiziellen Gipfeltreffen in der amerikanischen Hauptstadt unterzeichnete Beschluß beendete den seit 1948 herrschenden Kriegszustand zwischen Israel und Jordanien. Beide Staaten verpflichteten sich, terroristische Anschläge auf den jeweils anderen Staat zu verhindern, die territoriale Aufteilung der Ufer des Jordan- und des Yarmouk-Flusses anzuerkennen, direkte Telefonverbindungen zwischen beiden Ländern einzurichten und zwei neue Grenzübergänge zu eröffnen.
Die auf Initiative des amerikanischen Präsidenten Bill Clinton abgegebene W. war ein wichtiger Schritt zur Beilegung des → Nahostkonflikts. Die Erklärung stellte einen Friedensvertrag in Aussicht, der am 26. 10. 1994 an der Grenze zwischen Israel und Jordanien unterzeichnet wurde und sofort in Kraft trat.

Washingtoner Flottenabkommen

Die 1921/22 geschlossenen Verträge zwischen Frankreich, Großbritannien, Italien, Japan und den USA sollten den Rüstungswettlauf im Bereich der Flotte beenden. Das W. legte u. a. die Flottenstärke der verschiedenen Großmächte im Verhältnis zueinander fest und verhängte einen zehnjährigen Baustopp für Großkampfschiffe. Politisch mußte die führende Seemacht Großbritannien die USA als gleichwertig anerkennen. Das nach dem 1. Weltkrieg stark expandierende Japan kündigte das bis 1936 gültige W. 1934 auf.

Wasserstoffbombe

Die Entwicklung der auch als H-Bombe bezeichneten Massenvernichtungswaffe ordnete der amerikanische Präsident Harry S. Truman 1949 vor dem Hintergrund des → Kalten Krieges an. Die Grundlagen zum Bau der W. schuf der amerikanische Physiker Edward Teller. 1952 gelang Kernphysikern aus den Vereinigten Staaten im Pazifik erstmals die Zündung eines entsprechenden thermonuklearen Sprengkörpers. Der erfolgreiche Test verschärfte das

Wettrüsten zwischen den USA und der Sowjetunion weiter. Ein Jahr später zog die UdSSR in der W.-Technologie gleich.

Watergate-Affäre

Der als W. bekannte innenpolitische Skandal in den USA löste 1974 eine Staatskrise und schließlich den Rücktritt des republikanischen US-Präsidenten Richard Nixon aus. Die W. wurde 1973 von der Zeitung «Washington-Post» aufgedeckt: Das Wahlkampfkomitee von Präsident Nixon hatte 1972 im Rahmen des Wahlkampfes einen Einbruch in das Hauptquartier der → Demokratischen Partei im Washingtoner Watergate Tower organisiert. Zweck der kriminellen Aktion war die Installation von Abhörgeräten.

Nachdem sich die Anzeichen für Nixons Mitwisserschaft verdichtet hatten, strengte das Repräsentantenhaus gegen den Präsidenten ein Amtsenthebungsverfahren an. Auf Drängen von Parteifreunden trat Nixon, dem zudem die Vertuschung der Affäre vorgeworfen wurde, im August 1974 als erster US-Präsident von seinem Amt zurück.

Der Machtmißbrauch im Rahmen des W. löste in den USA eine politische Vertrauenskrise aus und schädigte vor allem das Ansehen der Republikaner. Das Repräsentantenhaus nutzte die Schwächung des Präsidentenamtes, um seinen eigenen Handlungsspielraum gegenüber der Exekutive zu erweitern.

Wehrmacht

W. war die von den Nationalsozialisten mit dem Gesetz über den Aufbau der deutschen W. am 16.3.1935 an Stelle des zuvor verwendeten Begriffs «Reichswehr» eingeführte Bezeichnung für die deutschen Streitkräfte. Das NS-Regime rüstete die aus Heer, Luftwaffe und Marine bestehende W. in den folgenden Jahren – entgegen den Bestimmungen des → Versailler Vertrags – systematisch auf.

Zudem wurde die W. von den Nationalsozialisten mit Unterstützung des Offizierskorps schrittweise ideologisch eingebunden und dem NS-Herrschaftsapparat untergeordnet (→ Gleichschaltung). Reichskanzler Adolf Hitler, ab 1938 Oberbefehlshaber der W., machte die Streitkräfte zum Instrument seiner auf Expansion gerichteten Politik.

Im 2. Weltkrieg verlor die W. gegenüber der → SS zunehmend an Einfluß. Nach Anfangserfolgen (1939–41) mußte sie ab 1942 schwere Niederlagen hinnehmen (→ Stalingrad), zudem war sie ab dem Beginn des Krieges gegen die Sowjetunion 1941 in völkerrechtliche Verbrechen in den besetzten Gebieten verwikkelt, z. T. wurde sie von SS, → Gestapo und Sicherheitsdienst (SD) hineingezogen. Als Reaktion auf die Kriegslage und die Verstrickung der W. mit dem NS-Regime entwickelte sich in kleinen Teilen des Offizierskorps eine Widerstandsbewegung, die u. a. zum Umsturzversuch des 20. Juli 1944 führte (→ Widerstand).

Wehrpflicht

W. ist die zumeist gesetzlich geregelte öffentlich-rechtliche Pflicht jedes wehrfähigen Bürgers, einen zeitlich begrenzten Wehrdienst abzuleisten, um für die Verteidigung des Staates vorbereitet zu sein. Die allgemeine

W. bezieht sich auf alle männlichen Staatsangehörigen innerhalb bestimmter Altersklassen (BRD: 18–25 Jahre). Frauen erfaßt die W. nur in wenigen Staaten (beispielsweise in Israel).
Während die allgemeine W. in fast allen Staaten der Welt vorgesehen ist, verzichtet beispielsweise Großbritannien (Berufsarmee) auf die Einberufung aller Wehrfähigen. In Deutschland bestand die W. bereits 1813–1920 und 1935–45. In der BRD ist sie verfassungsrechtlich in Art. 12 a des Grundgesetzes verankert und seit 1956 durch ein Gesetz geregelt. Danach können alle Wehrpflichtigen ihren Dienst in der Bundeswehr, aber auch als Entwicklungshelfer oder in Zivil- und Katastrophenschutzeinrichtungen ableisten. Bei einer → Kriegsdienstverweigerung tritt an die Stelle des Dienstes in der Bundeswehr der Zivildienst, der mit 13 Monaten Dienstzeit drei Monate länger dauert als der Wehrdienst.

Weimarer Republik ❏

Die erste gesamtdeutsche Republik zwischen 1918 und 1933 wurde nach dem Tagungsort der verfassunggebenden Nationalversammlung benannt. Die W. entstand als Folge der deutschen Niederlage im 1. Weltkrieg nach der Abdankung Kaiser Wilhelms II. und der → Novemberrevolution am 9.11.1918 (Proklamation der W. durch Philipp Scheidemann, SPD). Für die meisten Deutschen blieb sie ein ungeliebter Staat, dessen demokratisches System in ihren Augen vom Ausland aufgezwungen worden war.
Die Weimarer Reichsverfassung ging vom Prinzip der Volkssouveränität aus und setzte ein positives Verhältnis zur Demokratie voraus, ohne zu berücksichtigen, daß ein Großteil von Bevölkerung, Militär sowie Justiz- und Verwaltungsapparat noch Anhänger der autoritären Strukturen der → Monarchie war. Durch die harten Friedensbedingungen des → Versailler Vertrages und die mangelnde Kompromißbereitschaft der im Reichstag zu kleinen und kleinsten Gruppierungen zersplitterten Parteien konnte sich die junge Republik nicht genügend stabilisieren. Sie blieb anfällig für wirtschaftliche und politische Krisen, die dem → Nationalsozialismus den Boden bereiteten und 1933 mit dem → Ermächtigungsgesetz zur faktischen Aufhebung der Demokratie führten.
Die Geschichte des republikanischen Bundesstaates (18 Länder) läßt sich in drei Phasen einteilen:
Revolution und Gegenrevolutionen (1918–23): Erhebungen und Putschversuche von links und von rechts gefährdeten das demokratische System (z.B. → Hitler-Putsch, → Kapp-Putsch), separatistische Bewegungen in Bayern und im Rheinland bedrohten die Reichseinheit. Die hohen → Reparationen und die → Inflation führten die W. ins wirtschaftliche Chaos.
Relative Stabilisierung (1924–29): Eine → Währungsreform (1923) und die Neuregelung der Reparationsfrage (→ Dawes-Plan) leiteten eine wirtschaftliche Erholung ein. Außenpolitische Erfolge wie der → Locarnopakt und der Beitritt des Deutschen Reiches zum → Völkerbund (1926) wirkten zudem beruhigend auf das innenpolitische Klima. Die li-

berale Kulturpolitik ermöglichte die Entwicklung der unterschiedlichsten Lebens- und Kunstformen («Goldene Zwanziger»).

Auflösung (1930–33): Die → Weltwirtschaftskrise (1929) leitete den Zerfall der W. ein und bewirkte die Verarmung breiter Bevölkerungskreise – vor allem der Mittelschicht. Die enttäuschten Bürger wandten sich von den bürgerlichen Parteien ab und der → NSDAP zu. 1930 wurde die SPD-geführte Reichsregierung Hermann Müller durch ein → Präsidialkabinett unter Leitung von Heinrich Brüning ersetzt. Dieses Kabinett stützte sich auf → Notverordnungen nach Art. 48 der Weimarer Reichsverfassung, der den konservativen Reichspräsidenten Paul von Hindenburg mit quasi diktatorischen Vollmachten ausstattete und so für das Ende des demokratischen → Parlamentarismus sorgte. Mit der Absicht, die → parlamentarische Demokratie abzulösen und am Reichstag vorbei zu regieren, machte sich die Reichsregierung unter Franz von Papen und Kurt von Schleicher ab 1932 zum «Steigbügelhalter» der nationalsozialistischen Diktatur.

Friedrich Ebert
(4.2.1871–28.2.1925)
Der gelernte Sattler schloß sich 1889 der SPD an und war ab 1912 Mitglied des Reichstags. Der Parteivorsitzende (ab 1913; zusammen mit Hugo Haase) wollte die SPD zur staatstragenden Partei machen und strebte eine Veränderung der kapitalistischen Gesellschaft durch Reformen an. Der erste Reichskanzler der Weimarer Republik wurde am 11.2.1919 auch erster Reichspräsident. Durch seinen Einsatz gegen die ihn bekämpfenden rechts- und linksextremen Kräfte stabilisierte er die junge Demokratie.

Paul von Hindenburg
(2.10.1847–2.8.1934)
Durch seinen Sieg über die russische Armee bei Tannenberg avancierte Hindenburg zum Helden des 1. Weltkriegs und zum Aushängeschild der politischen Rechten. Der Monarchist prägte nach der Kriegsniederlage die sog. Dolchstoßlegende, nach der die Revolution in der Heimat den «im Felde unbesiegten Truppen» in den Rücken gefallen sei. Obwohl Hindenburg die Republik ablehnte, wurde er 1925 als Kandidat der Rechten Reichspräsident. Nachdem er den Nationalsozialisten die Machtübernahme ermöglicht hatte, setzte er nach dem Reichstagsbrand mit der «Verordnung zum Schutze von Volk und Staat» die Grundrechte außer Kraft. Hindenburgs Tod machte den Weg frei zur totalen Herrschaft Hitlers.

Weiße Rose

W. ist der Name für die studentische Widerstandsgruppe, die 1942/43 zum passiven → Widerstand gegen die nationalsozialistische Diktatur aufrief. Die christlich motivierte W. um die Geschwister Hans und Sophie Scholl prangerte die Verbrechen des NS-Regimes in den besetzten polnischen Gebieten sowie gegen Juden und den Mißbrauch der Jugend für den Krieg an. Nach dem Verteilen von Flugblättern an der Münchner Universität wurde die Gruppe im Februar 1943 von der → Gestapo verhaftet. Wenige Tage später verhängte der → Volksgerichtshof über die führenden Mitglieder der W. die Todesstrafe, die am 22.2.1943 vollstreckt wurde.

Weltbank

Die Internationale Bank für Wiederaufbau und Entwicklung (kurz: W.) ist eine Sonderorganisation der → UNO mit Sitz in Washington und will die wirtschaftliche Entwicklung ihrer Mitgliedsländer (1995: 177 Staaten) fördern. Die Gründung der W. wurde 1944 zusammen mit dem Aufbau des Internationalen Währungsfonds (→ IWF) auf der UNO-Konferenz in → Bretton Woods (USA) beschlossen. Die W. ging auf eine Initiative der USA zurück. Die Organisation sollte ab 1945 zunächst zur Neuordnung der internationalen Wirtschaftsbeziehungen in der Nachkriegszeit beitragen. Bis zum Inkrafttreten des → Marshall-Plans förderte die W. den Wiederaufbau des kriegszerstörten Europa.

Ab Anfang der 50er Jahre bildete die wirtschaftliche Förderung der → Dritten Welt den Arbeitsschwerpunkt. Mit ihren Tochterorganisationen (Internationale Entwicklungsorganisation, IDA; Internationale Finanzkooperation, IFC) entwickelte sich die W. als sog. W.-Gruppe zur wichtigsten Organisation für Kapitalhilfe in den → Entwicklungsländern. Dabei förderte die W. u.a. Infrastrukturmaßnahmen, private Direktinvestitionen, den Außenhandel, die Armutsbekämpfung (seit den 70er Jahren) sowie die Lösung von Umweltproblemen. Darüber hinaus stellt sie seit Beginn der 90er Jahre Aufbauhilfen für die ehemaligen Ostblockstaaten zur Verfügung.

Während die harten Bedingungen für Kredite und Darlehen der W. bei den Entwicklungsländern auf Kritik stoßen und die großangelegten W.-Projekte (z.B. Staudämme, Stadtsanierungen, Übertagebergbau) den Protest von Umwelt- und Menschenrechtsorganisationen hervorrufen, genießt die Analyse- und Beratungstätigkeit der W. auf technischem und wirtschaftlichem Gebiet international hohes Ansehen.

Weltkriege

Mit W. werden die beiden Kriege der Jahre 1914 bis 1918 und 1939 bis 1945 bezeichnet, in die zahlreiche Staaten der ganzen Welt einbezogen waren.

Erster Weltkrieg: Die in der Epoche des → Imperialismus entstandenen Spannungen zwischen den Großmächten sorgten zunehmend auch für Konflikte in Europa. Das russische Interesse konzentrierte sich auf den Balkan sowie die Meerenge der Dardanellen und kreuzte sich dort mit den Zielen der Zweibundmächte Deutsches Reich und Österreich-Ungarn (→ Mittelmächte). Infolge der Krise, die durch die Ermordung des habsburgischen Thronfolgers Franz Ferdinand in Sarajevo (28.6.1914) ausgelöst worden war, erklärte Österreich dem mit Rußland verbündeten Serbien den Krieg. Das Deutsche Reich sicherte Österreich seine uneingeschränkte Unterstützung zu und nahm so bewußt die Ausweitung des Konflikts in Kauf. Da Rußland seinerseits in der Tripelentente (→ Entente) einen Beistandspakt mit Frankreich und Großbritannien geschlossen hatte, weitete sich die Krise ab dem 1.8.1914 (deutsche Kriegserklärung an Rußland) zum 1. W. aus.

Materialkrieg: Neu war die Totalität der Kriegführung, die die gesamte Nation für die Kriegswirtschaft mobilisierte; auch Frauen wurden zur Arbeit in Rüstungsfirmen herangezogen. Erstmals trat der → Luftkrieg (Bomber, Jagdflieger) neben den Einsatz von Heer und Marine. In den von Bomben, Granaten und Schützengräben zerwühlten Todeslandschaften an der Westfront erwiesen sich die neuen britischen Panzer (Tanks) als großer Vorteil. Den → Seekrieg bestimmten erstmals U-Boote. Die Grausamkeit des 1. W. unterstrich der Einsatz von Gaswaffen (Schlacht von → Ypern).

Verlauf: An der Westfront marschierte das Deutsche Reich nach seiner Kriegserklärung an Frankreich (3.8.1914) in das neutrale Belgien ein. Dies veranlaßte Großbritannien zum Kriegseintritt. Nach dem → Schlieffen-Plan sollte die deutsche Reichswehr den Krieg gegen Frankreich schnell entscheiden, um dann gegen Rußland vorzurükken. Entgegen der deutschen Erwartung gab es keinen raschen militärischen Sieg: Der W. entwickelte sich zu einem Stellungskrieg mit hohem Materialaufwand und riesigen Verlusten an Menschenleben. Nach anfänglichen Erfolgen wurden die Deutschen in der → Marne-Schlacht (September 1914) zurückgeschlagen; eine deutsche Offensive bei → Verdun scheiterte 1916. Am 6.4.1917 brachte der Kriegseintritt der USA gegen das Deutsche Reich die Entscheidung an der Westfront zugunsten der → Alliierten. Am 11.11.1918 wurde in Compiègne der Waffenstillstand unterzeichnet.

An der Ostfront schlug das deutsche Heer die russische Armee in der Schlacht bei → Tannenberg (August 1914) vernichtend. Unter General Paul von Hindenburg verzeichnete die Reichswehr weitere militärische Erfolge und konnte auch die anfangs positiv verlaufene russische → Brussilow-Offensive unterbinden (Juni 1916). Die Mittelmächte besetzten Galizien, Kurland, Litauen, Montenegro, Polen, Serbien und Rumänien (1915/16). Nach der → Februarrevolution und der → Oktoberrevolution (1917) suchte das vom Bürgerkrieg erschütterte Rußland um einen Waffenstillstand nach (15.12.1917 realisiert). Am 3.3.1918 muß Rußland im Frieden von → Brest-Litowsk großen Gebietsverlusten zustimmen. Als die deutsch-türkische Palästinafront und die bulgarische Front in Mazedonien zusammenbrachen, gab die deutsche Oberste Heeresleitung den Krieg im Osten verloren (29.9.1918).

Folgen: Die Niederlage im 1. W. brachte das Ende der → Monarchie in Deutschland, Österreich und Ungarn; die → Doppelmonarchie brach auseinander. Auf der → Pariser Konferenz setzte US-Präsident T. Woodrow Wilson im Rahmen seines → Vierzehn-Punkte-Plans die Gründung des → Völkerbunds zur Schaffung einer dauerhaften Friedensordnung durch. Der → Versailler Vertrag legte die Friedensbedingungen für das Deutsche Reich fest, die → Pariser Vorortverträge regelten die Konditionen für die anderen Verlierer des 1. W.

Zweiter Weltkrieg: Der Versailler Vertrag hatte dem Deutschen Reich hohe Strafen (→ Reparationen) auferlegt und führte zu einer dauerhaften Destabilisierung der wirtschaftlichen und politischen Situation in der → Weimarer Republik. Konservative und rechtsextreme Kräfte strebten die Revision des Friedensvertrags an. Nach der → Machtergreifung der → NSDAP verfolgte der deutsche Reichskanzler Adolf Hitler eine Politik, die auf → Aufrüstung und Kriegsvorbereitung ausgerichtet war. Mit der Annexion von Teilen der Tschechoslowakei (→ Münchner Abkommen) und dem «Anschluß» Österreichs begann Hitler die territoriale Ausdehnung des Deutschen Reichs gegen die auf Friedenssicherung bedachte Politik Frankreichs und Großbritanniens (→ Appeasement). Der 2. W. war die zwangsläufige Folge der deutschen Ziele – Schaffung von Lebensraum im Osten für das deutsche Volk und Vernichtung der europäischen Juden (→ Judenverfolgung). Das Deutsche Reich richtete → Vernichtungs- und → Konzentrationslager ein; insgesamt starben etwa 6 Mio. Juden.

Verlauf: Dem deutschen Angriff auf Polen am 1.9.1939 folgten die Kriegserklärungen Großbritanniens und Frankreichs, die zuvor Garantien für Polen abgegeben hatten. Die erste Phase des 2. W. bestimmten die Kapitulationen von Polen (1939), Norwegen und Dänemark (April 1940) sowie der Niederlande, Belgiens, Luxemburgs und Frankreichs (Mai/Juni 1940). Diese Phase fand ihr Ende mit der Besetzung des Balkans durch deutsche und italienische Verbände im April 1941. Im selben Jahr mußte Hitler die 1940 begonnene Luftschlacht um Großbritannien abbrechen und konzentrierte seine Kriegsabsichten daraufhin auf Afrika, wo er die britischen Verbände zu schlagen hoffte.

Die schnellen militärischen Erfolge gaben Hitler die Möglichkeit, sein eigentliches Kriegsziel, die Eroberung der UdSSR, anzugehen, nachdem er mit Josef W. Stalin vor Kriegsbeginn einen Nichtangriffspakt (→ Hitler-Stalin-Pakt) geschlossen hatte.

Am 22.6.1941 überfiel die deutsche Wehrmacht die UdSSR. Nach anfänglichen Geländegewinnen scheiterte Hitlers sog. → Blitzkrieg im Dezember 1941 vor Leningrad und Moskau. Mit dem japanischen Angriff auf die US-Flotte in → Pearl Harbor am 7.12.1941 und der folgenden Kriegserklärung Deutschlands und Italiens an die USA flossen der europäische und der pazifische Krieg (japanische Expansion in China seit 1931) zusammen. Die deutschen Niederlagen in → Stalingrad (Februar 1943) und in Nordafrika (13.5.1943) ließen die Initiative in Europa auf die Mächte der Anti-Hitler-Koalition übergehen. Auch im Pazifik gewannen die Alliierten nach der japanischen Niederlage in der Seeschlacht bei → Midway zunehmend die Oberhand.

Als am 6.6.1944 alliierte Truppen in Frankreich landeten (→ D-Day), war die Entscheidung gegen Japan und Deutschland bereits gefallen. Italien hatte schon nach der Landung alliierter Truppen in Sizilien (10.7.1943) kapituliert. Auf drei Kriegskonferenzen in → Teheran, → Jalta und → Potsdam berieten die «Großen Drei» (Winston Churchill, Franklin D. Roosevelt und Stalin) über die künftige Gestalt Europas.

Im August 1944 erreichte die → Rote

Armee die deutsche Grenze in Ostpreußen, und die Alliierten befreiten Paris. Im April 1945 begannen die Sowjets die Offensive auf Berlin, das am 2.5.1945 kapitulierte. Zwei Tage zuvor hatte sich Hitler das Leben genommen. Die Wehrmacht kapitulierte am 7./9.5.1945. Der Krieg in Ostasien wurde am 2.9.1945 mit der Kapitulation Japans beendet, nachdem die USA je eine Atombombe auf Hiroshima (6.8.) und Nagasaki (9.8.) abgeworfen hatten. Mit den deutschen Verbündeten in Europa (Bulgarien, Italien, Rumänien, Ungarn) schlossen die Alliierten am 10.2.1947 Friedensverträge; ein Friedensabkommen mit Japan folgte am 8.9.1951 in San Francisco.

Folgen: Insgesamt verloren rd. 55 Mio. Menschen ihr Leben, davon waren 55% Zivilisten. Der 2. W. beschleunigte die sich schon im Krieg 1914–18 abzeichnende Verlagerung des weltpolitischen Machtzentrums von Westeuropa auf die USA und die UdSSR. Die neuen Supermächte teilten die Welt in zwei gesellschaftlich und politisch rivalisierende Blöcke. Deutschland blieb unter alliierter Kontrolle und mußte die Teilung in zwei Staaten hinnehmen. Der einsetzende → Kalte Krieg wurde erst durch die Reformpolitik des KPdSU-Chefs Michail Gorbatschow ab Mitte der 80er Jahre und den Zusammenbruch des → Sozialismus (ab 1989) endgültig überwunden.

Weltmächte

Als W. werden Staaten bezeichnet, die aufgrund ihrer wirtschaftlichen, militärischen oder politischen Macht international eine Spitzenstellung einnehmen und mit ihrer Politik globale Entwicklungen steuern können. Ende des 19. Jahrhunderts zählten Rußland, Frankreich und vor allem Großbritannien mit seinem weltumspannenden Kolonialreich zu den W. Nachdem die europäischen W. im 1. Weltkrieg durch die Kriegsfolgen geschwächt waren, gelang es den wirtschaftlich expandierenden USA, die Stellung einer W. einzunehmen.

Der 2. Weltkrieg, in dem das Deutsche Reich zusammen mit Japan wiederum vergeblich einen W.-Status zu erreichen versuchte, brachte eine Bipolarität der W. zwischen den USA und der Sowjetunion. Die beiden «Supermächte» bestimmten in der Folgezeit die Weltpolitik, die bis zur Mitte der 80er Jahre durch den Ost-West-Konflikt geprägt war. Nach dem Auseinanderbrechen der Sowjetunion 1991 wurden die USA zur einzigen wirklichen W.

Weltraumvertrag

Das am 27.1.1967 zwischen Großbritannien, der UdSSR und den USA in Moskau unterzeichnete Abkommen sah die friedliche Nutzung des Weltraums und die gegenseitige Unterstützung bei Unfällen im All vor. Der von den Vereinten Nationen ausgearbeitete W. schuf die rechtlichen Rahmenbedingungen für die Erforschung und Nutzung des Weltraums. Der Vertrag legte die Freiheit der Raumfahrt fest und verbot sowohl die nationale Aneignung des Weltraums als auch die Stationierung von Massenvernichtungswaffen (ABC-Waffen) im All, nicht aber die Nutzung zur Verteidigung und Friedenssicherung (→ SDI).

Weltsicherheitsrat

Die Hauptaufgabe des seit 1945 tätigen Hauptorgans der Vereinten Nationen (→ UNO) ist die Sicherung des Weltfriedens – u. a. durch Handelsblockaden und Truppeneinsätze. Dem W. gehören fünf ständige Mitglieder (China, Frankreich, Großbritannien, Rußland und die USA) sowie zehn für zwei Jahre gewählte Staaten an, von denen fünf aus Afrika bzw. Asien, je zwei aus Lateinamerika und den westeuropäischen Staaten stammen müssen. In den 90er Jahren wurde die Erweiterung des ständigen Sicherheitsrates (u. a. um die BRD und Japan) diskutiert.

Die Beschlüsse des W. sind für alle UN-Mitglieder verbindlich. Die ständigen Mitglieder haben jedoch die Möglichkeit, die Entscheidungen durch ein Veto zu blockieren. Aus diesem Grund war der W. in Fragen des Ost-West-Konflikts nur selten handlungsfähig.

Die in der UN Charta vorgesehene ständige internationale Streitmacht, die vom W. gegen Friedensbrecher eingesetzt werden soll, kam bisher nicht zustande. Statt dessen ist der W. bei friedenstiftenden und friedenerhaltenden Maßnahmen auf die freiwillige Hilfe von Truppen seiner Mitglieder (→ Friedenstruppen) angewiesen. Bis Mitte der 90er Jahre hat der W. über 600000 Militärpersonen aus 70 Staaten in insgesamt 27 Krisengebieten eingesetzt.

Weltwirtschaft

Allgemein bezeichnet der Begriff W. die Gesamtheit der internationalen Wirtschaftsbeziehungen. Im engeren Sinne umfaßt er Lage und Entwicklung der weltweiten → Konjunktur. Indikatoren sind Arbeitslosigkeit, Inflationsrate, Wirtschaftswachstum, Handelsbilanz (außenwirtschaftliche Beziehungen), Einkommensverteilung und der Zustand der Umwelt. Die wichtigsten Gruppen der W. sind Ende des 20. Jahrhunderts die westlichen Industrieländer, die → Entwicklungsländer in Asien und Lateinamerika, die übrigen Entwicklungsländer inklusive der Erdölstaaten sowie die Staaten auf dem Weg von der Zentralverwaltungs- zur → Marktwirtschaft in Osteuropa und Mittelasien. Vor dem Eintritt in den Kreis der Industrieländer stand eine Gruppe von Entwicklungsländern in Südamerika und Asien (sog. → Schwellenländer). Die größten Industrieländer treffen sich seit 1975 jährlich zur Abstimmung ihrer Wirtschafts- und Finanzpolitik zu sog. Weltwirtschaftsgipfeln (→ G-7).

Vor 1945: Auf den ersten W.-Konferenzen der wichtigsten Handelsländer stand zu Beginn des 20. Jahrhunderts die Schutzzollpolitik im Mittelpunkt. Ein Umdenken über den Sinn dieses → Protektionismus setzte auf der W.-Konferenz in Genf (1927 und 1930/31) ein. Infolge der hohen Schulden der europäischen Kriegsparteien nach dem 1. Weltkrieg (→ Reparationen) und einer einsetzenden Rezession im Kreditgeberland USA brach die W. 1929–32 vollständig zusammen (→ Weltwirtschaftskrise).

Nach 1945: Durch das 1947 ebenfalls in Genf geschlossene Allgemeine Zoll- und Handelsabkommen → GATT löste sich die W.-Politik von ihrer nationalen Fixierung. Die vereinbarte weitestmögliche Senkung der Zölle erleichterte den internatio-

nalen Handel. Eine weitere Verbesserung der Handelsbeziehungen brachte ein Jahr später die Konferenz der Vereinten Nationen in Havanna (Kuba).
Im Rahmen des GATT wurden die internationalen Handelsschranken in der zweiten Hälfte des 20. Jahrhunderts weiter abgebaut. Die stärkere Einbeziehung der Dritte-Welt-Länder kam 1964 auf einer Welthandelskonferenz der → UNO in Genf zustande (→ UNCTAD).
Forderungen nach einer neuen W.-Ordnung zielen seit Ende der 60er Jahre insbesondere auf eine Befreiung der Entwicklungsländer von ihrer Schuldenlast, auf kontinuierliche Einnahmen der Dritte-Welt-Staaten aus Rohstoffexporten und eine Begrenzung der Macht multinationaler Konzerne. Die größten Probleme der W. sind Ende des 20. Jahrhunderts die hohe Arbeitslosigkeit in den westlichen Industriestaaten, Streitigkeiten im Welthandel insbesondere zwischen dem Defizitland USA und dem Überschußland Japan (Protektionismus), ungerechte Einkommensverteilung zu Lasten der Dritten Welt, die hohe Verschuldung der Entwicklungsländer sowie die Belastung der Erdatmosphäre durch den Energieverbrauch.

Weltwirtschaftskrise

Als am 25.10.1929 (→ Schwarzer Freitag) an der New Yorker Börse die Kurse auf Tiefstwerte sanken, brach die Wirtschaft in zahlreichen Staaten der Welt zusammen. Ursache für die erst in den 30er Jahren überwundene W. war u.a. die angespannte Finanzsituation (→ Schuldenkrise) der europäischen Wirtschaftsnationen durch den 1. Weltkrieg (→ Reparationen). Als auch die Wirtschaft in den USA wegen steigender Zinssätze, Überproduktion und einer Agrarkrise auf eine Rezession zusteuerte, blieb der vorherige stetige Zufluß amerikanischen Kapitals nach Europa aus. Als Folge weitete sich die US-Baisse zur W. aus. Über 30 Mio. Menschen verloren ihre Arbeit, radikale Parteien (Deutsches Reich: → NSDAP) erhielten Zulauf. Der Welthandel brach zusammen und machte einem stärkeren → Protektionismus Platz. Langfristig verlor der US-Dollar seinen Stellenwert als alleinige Leitwährung (Konferenz von → Bretton Woods).

Westeuropäische Union

→ WEU

Westintegration

Die W. bildete ein Kernstück der vom ersten deutschen Bundeskanzler Konrad Adenauer in den 50er Jahren verfolgten Außenpolitik. Vor dem Hintergrund des sich verschärfenden → Kalten Krieges strebte Adenauer die Eingliederung der BRD in die westliche Staatengemeinschaft, insbesondere in die → NATO an. Gegen starke innenpolitische Widerstände setzte der Bundeskanzler seine von den USA unterstützte Idee im Rahmen der 1954 geschlossenen → Pariser Verträge durch. Diese sahen die Souveränität des Landes sowie die Wiederbewaffnung und den Beitritt der BRD zur NATO vor.
Darüber hinaus förderte die W. die Aussöhnung mit den westlichen Staaten und intensivierte deren Hilfe

beim wirtschaftlichen Wiederaufbau. Gleichzeitig verschärfte sich jedoch der deutsch-deutsche Gegensatz. Die DDR trat 1955 dem → Warschauer Pakt bei, die im Grundgesetz geforderte Wiedervereinigung rückte in weite Ferne.

Westmächte

W. ist die im Deutschen Reich geprägte Bezeichnung für die Mitglieder der 1904 begründeten Entente cordiale (→ Entente), eines Bündnisses zwischen Großbritannien und Frankreich. Die W. standen dem Deutschen Reich sowohl im 1. (ab 1917 um die in den Krieg eingetretenen USA erweitert) als auch im 2. Weltkrieg gegenüber (→ Alliierte). Nach 1945 umfaßte der Begriff – als Gegensatz zu den im → Warschauer Pakt zusammengeschlossenen Staaten Osteuropas – alle Mitgliedsländer der → NATO. Seit dem Ende des → Kalten Krieges hat die Bezeichnung ihren politisch abgrenzenden Charakter verloren.

WEU

Die **W**est**e**uropäische **U**nion wurde 1955 als militärischer Beistandspakt im Rahmen der → NATO vor dem Hintergrund des Ost-West-Konflikts (→ Kalter Krieg) zwischen Belgien, der BRD, Frankreich, Großbritannien, Italien, Luxemburg und den Niederlanden geschlossen. Das in den → Pariser Verträgen verankerte Militärbündnis mit Sitz in Brüssel, dem 1989 auch Spanien und Portugal sowie 1992 Griechenland beitraten, sollte Rüstungskontrolle, Selbstverteidigung und die politische wie ökonomische Einigung Europas gewährleisten. Einen Beobachterstatus innerhalb der WEU besitzen Dänemark, Finnland, Irland, Österreich und Schweden. In den 90er Jahren wurden Bulgarien, Estland, Lettland, Litauen, Polen, Rumänien, die Slowakei, Tschechien und Ungarn als assoziierte Partner aufgenommen, Island, Norwegen und die Türkei gelten als assoziierte Mitglieder. Gegenüber der NATO hat die WEU keine eigenständigen politischen Entscheidungsbefugnisse. 1991 wurden Überlegungen, die WEU als Militärorgan der → EU zu etablieren, in den → Maastrichter Verträgen konkretisiert. Ziel ist es, eine starke europäische Sicherheits- und Verteidigungspolitik zu entwickeln. Seit 1992 werden Militärverbände der WEU, die sog. Eurokorps, für Blauhelm-Einsätze der → UNO zur Verfügung gestellt. Darüber hinaus existieren eine schnelle Eingreiftruppe (Eurofor) und eine Einheit gemeinsamer Marineverbände (Euromarfor). 1994 beteiligten sich die Truppen an der Durchsetzung des internationalen Wirtschafts- und Waffenembargos gegen Jugoslawien und am Wiederaufbau der bosnischen Stadt Mostar (→ Jugoslawienkrieg).

WHO

Das Ziel der 1946 gegründeten **W**orld **H**ealth **O**rganization (Weltgesundheitsorganisation) ist die Verbesserung der Gesundheitsvorsorge und medizinischen Versorgung der Weltbevölkerung. Die Sonderorganisation der → UNO mit Sitz in Genf, der Mitte der 90er Jahre 187 Staaten angehörten, bearbeitet alle gesundheitspolitischen Fragen, die über den Rahmen nationaler Gesundheitsorganisationen hinausgehen.

Die WHO trug durch ihre weltweit koordinierte Impfkampagne in den 70er Jahren beispielsweise zum Rückgang der Pocken bei und engagierte sich in den 90er Jahren schwerpunktmäßig für die Erforschung und Bekämpfung der Immunschwächekrankheit AIDS. Zudem bietet sie einen weltweiten Warndienst für Seuchen, leistet Hilfe beim Aufbau von öffentlichen Gesundheits- und Fürsorgeeinrichtungen – insbesondere in der Dritten Welt –, fördert die dortige medizinische Ausbildung sowie die wissenschaftliche Forschung im Bereich Medizin, Hygiene und öffentliches Gesundheitswesen und unterstützt darüber hinaus weltweite Umweltschutzmaßnahmen.

Widerstand

Diese Form der Reaktion auf den Machtmißbrauch von Regierungen oder Herrschaftssystemen kann sowohl gewalttätig (aktiver W.) als auch friedlich – z. B. durch zivilen Ungehorsam oder politischen → Streik – sein (→ passiver W.).
Die meisten der im 20. Jahrhundert gebildeten W.-Gruppen kämpften unter strikter Geheimhaltung und in kleinen Gruppen gegen totalitäre Regime und wurden von diesen deshalb wegen Hoch- und Landesverrats verfolgt.
Insbesondere die Kriegspolitik und Gewaltherrschaft der faschistischen → Diktaturen in Europa führte zwischen 1922 und 1945 zur Bildung von W.-Bewegungen. Gegen das nationalsozialistische Hitler-Regime lehnten sich im Deutschen Reich u. a. der → Kreisauer Kreis, die → Rote Kapelle und die → Weiße Rose auf. Ein Attentatsversuch der aus Offizieren der Wehrmacht gebildeten W.-Gruppe des 20. Juli auf Reichskanzler Adolf Hitler schlug 1944 fehl; die rd. 200 Beteiligten wurden hingerichtet. Nach den Erfahrungen mit der NS-Diktatur wurde das W.-Recht als letztes Notwehrrecht der Bürger in das Grundgesetz der BRD aufgenommen (Art 20 Abs. 4).
Der W. in Italien gegen das faschistische Regime Benito Mussolinis begann Mitte der 20er Jahre. Im 2. Weltkrieg gründeten sich nach der deutschen Besetzung (September 1943) nationale Befreiungskomitees (z. B. im Norden das freiwillige Freiheitskorps der Partisanen).
Auch in anderen von Deutschen besetzten Gebieten entwickelten sich W.-Gruppen. Diese von → Wehrmacht und → SS verfolgten Organisationen kämpften unter hohen Verlusten gegen die Besatzer, die zahlreiche Massaker an der Zivilbevölkerung verübten. Zielscheibe des W. waren auch Kollaborateure im eigenen Land (z. B. in Norwegen gegen die Regierung von Vidkun → Quisling). Die unterdrückten politischen Kräfte sammelten sich zumeist in Einheitsbewegungen wie dem dänischen Freiheitsrat, dem Nationalen W.-Rat in Frankreich (→ Résistance) und der Großen W.-Kommission in den Niederlanden. In Belgien entwickelten sich u. a. die linksorientierte Unabhängigkeits- und Befreiungsfront sowie die konservative Belgische Nationalbewegung; auch in Griechenland waren die W.-Verbände gespalten (kommunistische Befreiungsfront und antikommunistische Demokratische Nationalarmee).

In den von Deutschland besetzten Staaten Osteuropas sammelten sich die W.-Kämpfer in zumeist kommunistischen → Partisanenbewegungen (z. B. Bulgarien: Patriotische Front; Brigade Petöfi in Ungarn). Die jugoslawischen königstreuen → Tschetniks konkurrierten mit der kommunistischen W.-Bewegung unter Josip Broz Tito, der sich mit alliierter Unterstützung im September 1944 an die Spitze des nationalen W. setzte.
In Asien erreichten die → Vietminh unter Ho Chi Minh weitreichende Bedeutung. Sie kämpften in Indochina sowohl gegen die französischen Kolonialherren (→ Indochinakrieg) als auch gegen die Japaner, die das Land 1941 besetzt hatten. 1945 proklamierten die Vietminh in Hanoi die Demokratische Republik Vietnam. Auch in Indonesien und Birma etablierten sich W.-Bewegungen gegen die japanischen Besatzer, wobei sie teilweise von den → Alliierten militärisch unterstützt wurden.

Wiederbewaffnung

W. ist die Wiederaufrüstung eines Staates, dessen Streitkräfte z. B. aufgrund einer Kriegsniederlage entwaffnet und aufgelöst wurden. Der Begriff wird vor allem im Zusammenhang mit dem Aufbau des deutschen Heeres nach dem 2. Weltkrieg verwendet. Die W. stand im Gegensatz zu den Entmilitarisierungs-Bestimmungen der deutschen Kapitulation vom 7./8. Mai 1945 und dem → Potsdamer Abkommen vom 2.8.1945. In der DDR hatte die SED-Regierung 1952 mit der Gründung der Kasernierten Volkspolizei (Vorläufer der Nationalen Volksarmee → NVA) begonnen. In der BRD wurde die → Bundeswehr nach dem Beitritt Westdeutschlands zur → NATO 1955 aufgebaut. Vor dem Hintergrund des → Koreakrieges (1950–53) und dem sich zuspitzenden Ost-West-Konflikt (→ Kalter Krieg) forderten die NATO-Staaten einen bundesdeutschen Beitrag zur «Verteidigung der freien Welt».
In der BRD entbrannte ein Streit um diese Form der → Westintegration der Regierung Adenauer. 1950 war Innenminister Gustav Heinemann (CDU) aus Protest gegen die W.-Pläne als erster Minister in der Geschichte der BRD zurückgetreten.

Wiedergutmachung

Im Völkerrecht bezeichnet W. den materiellen Ersatz für eine durch ein Völkerrechtsdelikt geschädigte Person oder Bevölkerungsgruppe. Die W. besteht entweder aus der Wiederherstellung des Zustands vor Eintritt des Schadens oder – ist dies nicht möglich – aus Geldleistungen.
Zumeist wird der Begriff für die (freiwillige) finanzielle W. der BRD gegenüber den Opfern der nationalsozialistischen Gewaltherrschaft (bzw. deren Hinterbliebenen) seit den 50er Jahren verwendet. Neben mehreren Entschädigungsgesetzen unterzeichnete die BRD 1952 ein W.-Abkommen mit Israel, in dem sich die Bundesrepublik verpflichtete, innerhalb von 14 Jahren 3 Mrd. DM an Sachwerten nach Israel zu liefern und 400 Mio. DM an die jüdische Weltorganisation zu zahlen. Auch mit anderen Ländern, die von der nationalsozialistischen Gewaltpolitik betroffen waren, hat die BRD bilaterale W.-Verträge geschlossen, die – wenn möglich – auch die Rück-

erstattung früher beschlagnahmten Vermögens vorsehen.
Nach der → deutschen Einheit ist die W. für DDR-Justizopfer seit 1992 gesetzlich geregelt (550 DM für jeden Haftmonat).

Wilhelminismus ❑

W. ist die Epochenbezeichnung für die politische, soziale und kulturelle Situation des Deutschen Reiches um die Jahrhundertwende während der Regierungszeit des letzten deutschen Kaisers, Wilhelms II. (1888–1918). Besonders charakteristisch für die Wilhelminische Ära ist das Nebeneinander von Modernität und Konservatismus: Während sich das Deutsche Reich mit zahlreichen technischen und naturwissenschaftlichen Erfindungen zur modernen Industrienation entwickelte, blieb die Gesellschaftsstruktur auf dem Stand vor der Industrialisierung: Soziales Elend und wirtschaftliche Not des Proletariats wurden nur ansatzweise bekämpft (→ Sozialversicherung).
In dem feudal-absolutistischen Obrigkeitsstaat blieb der Adel als Herrschaftselite tonangebend. An ihm orientierte sich das aufstrebende Großbürgertum. Der Namensgeber der äußerlich glanzvollen Epoche, Wilhelm II., ließ sich als machtvoller Herrscher feiern. Mit seinem kolonialen Weltmachtstreben förderte er → Militarismus und übersteigerten → Nationalismus, die den W. prägten. Wilhelms unbesonnenes politisches Handeln trug dazu bei, daß das Deutsche Reich beim Ausbruch des 1. Weltkrieges 1914 weitgehend isoliert war.

Wilhelm II.
(27.1.1859–4.6.1941)
Wilhelm II. bestieg 1888 den Thron und zwang zwei Jahre später Reichskanzler Otto von Bismarck zum Rücktritt. In der Folgezeit bekämpfte der Kaiser die Sozialdemokratie und beschwor ein neues deutsches Weltreich. 1900 sorgte er mit der sog. Hunnenrede für Aufsehen, in der er den deutschen Imperialismus rechtfertigte. Er unterstützte die von Admiral Alfred von Tirpitz betriebene Flottenaufrüstung, die zum Konflikt mit Großbritannien führte. Nach seiner erzwungenen Abdankung 1918 ging Wilhelm II. ins Exil in die Niederlande, wo ihm jegliche politische Aktivität untersagt blieb.

Winterkrieg

W. ist die Bezeichnung für die militärische Auseinandersetzung zwischen Finnland und der Sowjetunion im Winter 1939/40. Nachdem das Deutsche Reich Finnland im → Hitler-Stalin-Pakt der UdSSR als Einflußsphäre zugestanden hatte, forderte Josef W. Stalin Ende 1939 vom neutralen Finnland ultimativ die Herausgabe von strategisch wichtigen Gebieten. Als der skandinavische Staat sich weigerte, wurde er am 30.11.1939 von der → Roten Armee angegriffen. Die sowjetischen Truppen scheiterten zunächst an dem 125 km langen finnischen Befestigungsgürtel. Erst umfangreiche Verstärkungen brachten einen unter schweren Verlusten erkämpften sowjetischen Sieg. Aufgrund der drohenden Intervention der Westmächte gab sich die UdSSR am 12.3.1940 im Frieden von Moskau mit einem Gebietsgewinn von 35000 km^2 zufrieden. Der mühsame Sieg wurde von Adolf Hitler als Versagen der Roten Armee gewertet und führte zur Unterschätzung der militärischen Schlagkraft der Sowjetunion. Finnland versuchte nach dem deutschen Angriff auf die UdSSR 1941 die Friedensbedingungen von Moskau durch einen Fortsetzungskrieg an der Seite des Deutschen Reiches zu revidieren, doch wurden die Gebietsverluste 1947 in Paris endgültig bestätigt.

Wirtschaft

W. bezeichnet alle Aktivitäten und Einrichtungen, um den menschlichen Bedarf an Gütern und Dienstleistungen zu decken bzw. die Produktion, die Verteilung und den Verbrauch der Waren zu regeln. Allgemein wird zwischen Betriebs-W. (Aufbau von und Vorgänge im einzelnen Unternehmen) und Volks-W. (gesamtes wirtschaftliches Geschehen in einem Land) unterschieden. Generell zielt die W. darauf, das jeweils angestrebte Ziel mit geringstmöglichem Aufwand zu erreichen (sog. Minimalprinzip) bzw. mit einem festgelegten Aufwand den größtmöglichen Ertrag zu erzielen (sog. Maximalprinzip).

Die Volkswirtschaftslehre versucht, die wirtschaftlichen Abläufe zu analysieren und zu erklären, Gesetzmäßigkeiten aufzuzeigen und künftige W.-Entwicklungen zu prognostizieren. Streitpunkt war im 20. Jahrhundert insbesondere die Frage, ob der → Staat die W. sich selbst überlassen (freie → Markt-W.) oder planend und lenkend eingreifen soll (→ Plan-W.). Die in den sozialistischen Ländern praktizierte Zentralverwaltungs-W. erwies sich dabei als ungeeignet, um die Bevölkerung ausreichend mit Gütern zu versorgen und effektiv zu wirtschaften. Doch auch die kapitalistische freie Markt-W. zeigte sich als krisenanfällig, so daß sich in den Industrienationen die Einsicht durchsetzte, daß der Staat in der W. intervenieren müsse; z. B. sollen Subventionen die Krisenanfälligkeit einiger W.-Bereiche (Kohle, Stahl, Land-W.) mindern. Ein weiteres Augenmerk des Staates liegt auf der sozialen Absicherung der Bevölkerung (soziale Markt-W.).

W.-Politik: Die vom Staat betriebene W.-Politik versucht, die Rahmenbedingungen für eine effektive W. bereitzustellen (→ Konjunktur). Sie ist darauf ausgerichtet, die Arbeitslosigkeit gering und das Preisniveau stabil zu halten, das reale Bruttosozialprodukt des Landes kontinuierlich zu erhöhen (stetiges W.-Wachstum), die Einkommen leistungsgerecht zu verteilen, den Umweltschutz einzubinden und für eine ausgeglichene Zahlungsbilanz zu sorgen (→ Welt-W.).

W.-Bereiche: Unterschieden werden in einer Volks-W. der sog. primäre W.-Sektor (Forst-, Fischerei-, Land-W.) sowie der sekundäre (insbesondere produzierendes und verarbeitendes Gewerbe, Energie-W.) und der tertiäre Bereich (Dienstleistungen, Handel, Verkehr). Während in den → Entwicklungsländern überwiegend die beiden ersten Sektoren im Zentrum der staatlichen W.-Politik stehen, gewinnt in den westlichen Industriestaaten der dritte Bereich seit Ende der 70er Jahre zunehmend an Bedeutung.

Politische Ökonomie: Die klassische politische Ökonomie faßt die W. als Unterbereich des gesellschaftlichen Systems auf, dessen Regeln ähnlich wie Naturgesetze erforscht werden können. Die Ergebnisse sollen dem Staat für die Ausgestaltung seiner W.-Politik dienen. Nach der marxistischen Kritik der politischen Ökonomie führt das W.-System des → Kapitalismus zur Entfremdung des Menschen von seiner Arbeit und schließlich zur Überwindung des Kapitalismus durch systembedingte Krisen, die in eine Revolution des Proletariats münden. Die Kritik der politischen Ökonomie avancierte so zu einer Art Wissenschaft von der Überwindung der kapitalistischen W.- und Gesellschaftsordnung. Darauf aufbauend, wollte die politische Ökonomie der sozialistischen Staaten die Bedingungen für eine sozialistische bzw. kommunistische W.-Ordnung schaffen, deren Regeln sich nach der marxistischen Lehre zwangsläufig ergeben. Mit der Abkehr der Staaten Osteuropas vom → Sozialismus Ende der 80er Jahre verlor die Kritik der politischen Ökonomie des → Marxismus und Sozialismus ihre Bedeutung.
Als Neue Politische Ökonomie (auch Ökonomische Theorie der Politik) wird ein in den 70er Jahren in den USA entwickeltes Denkmodell der Volks-W. bezeichnet – mit dem Ziel, klassische ökonomische Regeln auf politische Realitäten anzuwenden. So wird menschliches Verhalten beispielsweise mit Kosten-Nutzen-Kurven erläutert, das Verhalten politischer Parteien mit dem Ziel der Stimmenmaximierung erklärt.

Wirtschaftswunder ❑

W. ist die umgangssprachliche Bezeichnung für einen schnellen und nachhaltigen wirtschaftlichen Aufschwung, der mit hohem Wachstum der Produktion und einer deutlichen Verbesserung des Lebensstandards verbunden ist. Der Begriff bezieht sich insbesondere auf den wirtschaftlichen Aufstieg der drei Verlierermächte des 2. Weltkriegs – Italien, Japan und Deutschland – nach 1945. Italien und Japan wandelten sich von eher agrarisch geprägten Ländern zu entwickelten Industriestaaten. In der BRD setzte aufgrund des hohen Qualifikationsgrades der Arbeitskräfte und der trotz Zerstörungen und → Demontagen leistungsfähigen Industrie ein Wirtschaftsboom ein. Die Basis für das W. legte die alliierte Wirtschaftshilfe (→ Marschall-Plan) nach 1945; die → Währungsreform stabilisierte die Entwicklung weiter. Positiv wirkten sich auch die soziale → Marktwirtschaft, günstige Exportmöglichkeiten und die Leistungsbereitschaft der deutschen Bevölkerung aus. Das Ende der W. setzte um 1957/58 ein. Die erste schwerwiegende Rezession nach dem 2. Weltkrieg begann 1966.
Neben den positiven Auswirkungen des W. (u.a. Abbau der Arbeitslosigkeit) gab es auch negative Begleiterscheinungen, wie die starke Ungleichheit der Vermögens- und Einkommensbildung (trotz des Entstehens einer breiten Mittelschicht) und die Fixierung der bundesdeutschen Gesellschaft auf materielle Güter als Ausweis von Erfolg und sozialem Status.

Ludwig Erhard
(4.2.1897–5.5.1977)
Der Betriebs- und Volkswirtschaftler wurde nach 1945 zum Wirtschaftsberater der US-Alliierten in Franken. Ab 1947 bereitete er in Frankfurt a.M. die Währungsreform vor und setzte im folgenden Jahr sein Konzept der sozialen Marktwirtschaft durch: Er beendete die Rationierung von Verbrauchsgütern, die Preisfestlegungen sowie den Lohnstopp und setzte auf freien Wettbewerb. Durch diese Maßnahmen avancierte der Wirtschaftsminister (1949–63) und Bundeskanzler (1963–66) zum «Vater» des Wirtschaftswunders in der BRD.

Wohlfahrtsstaat ❑

Als W. wird jeder Staat bezeichnet, der den materiellen Wohlstand seiner Bürger fördern und sichern will, dabei eine Politik des → Interventionismus verfolgt und steuernd in marktwirtschaftliche Prozesse eingreift. Zudem strebt er die Chancengleichheit für seine Bürger an, die in der Regel durch gleiche Bildungsmöglichkeiten und soziale Absicherung (→ Sozialversicherung) erreicht werden soll.

Die negativen sozialen Auswirkungen des wirtschaftlichen → Liberalismus im Verlauf der Industrialisierung führten im 19. Jahrhundert zu der – vor allem von der Arbeiter- und Gewerkschaftsbewegung vertretenen – Forderung, der Staat müsse stärker für die soziale Sicherheit des einzelnen aufkommen. Dieses Ideal des → Sozialstaats, der Freiheit und Fürsorge verbindet, wurde im 20. Jahrhundert in vielen Staaten realisiert. Zum Musterbeispiel eines W. avancierte Schweden, das unter Ministerpräsident Tage Erlander ab 1946 den Kapitalismus sozial reformierte und so eine umfassende Versorgung der Bevölkerung garantierte (u.a. Ausbau der → Rentenversicherung; umfassende Krankenversorgung; gleiche Bildungschancen; Anreize zur Gründung genossenschaftlicher Betriebe, ohne Privatunternehmen zu verstaatlichen). Die Finanzierung des W. erfolgt zumeist über hohe Steuern und Abgaben – insbesondere bei Spitzenverdienern. Kritiker monieren, daß der hohe Versorgungsgrad zur Abnahme von Eigeninitiative und Selbstverantwortung führe.

Tage Fritjof Erlander
(13.6.1901–21.6.1985)
Der Experte für Sozialpolitik in der Sozialdemokratischen Partei Schwedens und Reichstagsabgeordnete (1933–45) wurde nach Ende des 2. Weltkriegs zunächst Erziehungsminister (1945/46) und ab 1946 Ministerpräsident und Parteivorsitzender. Er betonte die Neutralität des Landes, verstärkte die Zusammenarbeit mit den anderen skandinavischen Staaten und intensivierte die schwedische Entwicklungshilfepolitik. Sein moderner Wohlfahrtsstaat (Motto: «Volksheim für alle») entwickelte sich zum Vorbild zahlreicher sozialdemokratisch regierter Industrieländer.

WTO

Die 1995 gegründete **W**orld **T**rade **O**rganization (Welthandelsorganisation) mit Sitz in Genf soll den Welthandel überwachen. Die Sonderorganisation der → UNO versucht durch den Abbau von Handelshemmnissen und die Schlichtung von Handelskonflikten die Entwicklung von → Weltwirtschaft und Wohlstand zu fördern. Die Nachfolge-Organisation des Welthandelsabkommens → GATT (1947–94) besitzt Sanktionsmöglichkeiten, um Handelskonflikte zu schlichten.

Die → Handelspolitik der WTO beruht insbesondere auf folgenden Abkommen: Das Allgemeine Zoll- und Handelsabkommen (GATT) regelt den freien Warenhandel. Das GATS (Allgemeines Abkommen für den Handel mit Dienstleistungen) unterwirft auch Bereiche wie Banken und Tourismus den Regeln des GATT. Im Rahmen des TRIPS (Abkommen über handelsrelevante Aspekte geistiger Eigentumsrechte) werden Patente, Markenzeichen und andere Urheberrechte geschützt.

Die Ministerkonferenz der 118 Mitgliedsstaaten (Stand 1995), die mindestens alle zwei Jahre stattfindet, faßt mit einfacher Stimmenmehrheit Beschlüsse. Erster Präsident der WTO (bis 1999) wurde der Italiener Renato Ruggiero.

Y

Yom-Kippur-Krieg

→ Israelisch-Arabische Kriege

Young-Plan

Der vom amerikanischen Industriellen Owen D. Young als Leiter einer Sachverständigenkonferenz entwikkelte Plan wurde am 7.6.1929 in Paris unterzeichnet. Der Y. sollte die deutschen → Reparationen nach dem 1. Weltkrieg endgültig festlegen. Das Deutsche Reich verpflichtete sich bis 1987 zur jährlichen Zahlung von rd. 2 Mrd. Goldmark. Die alliierten Siegermächte verzichteten auf zuvor übliche wirtschaftliche und finanzielle Kontrollen und Eingriffsmöglichkeiten. Außerdem wurde die vorzeitige Räumung des Rheinlandes von alliierten Truppen für 1930 in Aussicht gestellt und eine internationale Anleihe (300 Mio. US-Dollar) für das Deutsche Reich beschlossen. Der Y. löste den seit 1924 bestehenden → Dawes-Plan ab, an dessen Entstehung Young ebenfalls führend beteiligt gewesen war. Der Y. wurde durch die Schlußakte der 2. Haager Konferenz in der sog. Haager Schlußakte am 20.1.1930 modifiziert und durch den Lausanner Vertrag (9.7.1932) ungültig. Sein Ziel, die deutsche Zahlungsfähigkeit sicherzustellen und den Aufbau der deutschen Wirtschaft nicht zu gefährden, erreichte der Y. nicht. Zwar verringerte der Y. gegenüber dem Dawes-Plan die vom Deutschen Reich zu erbringenden Leistungen, doch stärkte die Festsetzung der weiterhin hohen Reparationen die Position der nationalistischen Zahlungsgegner.

Ypern, Schlacht von

In der Schlacht nahe der westbelgischen Stadt Ypern setzten deutsche Truppen im 1. → Weltkrieg am 22.4.1915 Giftgas gegen die alliierten Verbände ein. Erstmals in der Geschichte überhaupt wurden damit größere Mengen chemischer Kampfstoffe benutzt. Durch die verwendeten 168 t Chlorgas erstickten rd. 5000 Soldaten, etwa doppelt so viele wurden schwer vergiftet. Der Einsatz chemischer Waffen war in der → Haager Landkriegsordnung 1899 und 1907 völkerrechtlich verboten worden. Als Reaktion benutzten auch die Alliierten ab Ende 1915 Giftgas. Insgesamt wurden im 1. Weltkrieg rd. 113000 t chemischer Kampfstoffe verbraucht, u.a. auch Phosgen und Senfgas.

Z

Zar ❑

Der slawische Begriff (von lateinisch: Caesar) war der Monarchentitel in Rußland (bis 1917) und Bulgarien (1908–46). Der Titel wurde 1547 von Iwan IV. («der Schreckliche») in Rußland eingeführt und sollte das Großmachtstreben des Landes unterstreichen. Mit der Abdankung Nikolaus' II. endete 1917 die rd. 300jährige Herrschaft des Hauses Romanow.

Nikolaus II. Alexandrowitsch (18.5.1868–16.7.1918)

Der letzte russische Zar trat 1894 die Nachfolge seines Vaters, Alexanders III., an. Ein Jahr nach der ersten Russischen Revolution (1905) mußte er gegen seinen Willen eine Verfassung und eine Volksvertretung (→ Duma) zulassen, deren Bedeutung er jedoch einzuschränken versuchte. Der Oberbefehlshaber der russischen Armee im 1. Weltkrieg (1915–17) mußte nach der → Februarrevolution 1917 abdanken. Ein Jahr später wurde Nikolaus II. mit seiner Familie von Revolutionären in Jekaterinburg ermordet.

Zehnergruppe

Als Z. (auch Zehnerclub) wird ein 1962 von zehn Mitgliedsstaaten des Internationalen Währungsfonds (→ IWF) geschlossenes Abkommen bezeichnet. Die großen Industrieländer Belgien, BRD, Frankreich, Großbritannien, Italien, Japan, Kanada, Niederlande, Schweden und USA erklärten sich darin zu Kreditzahlungen an den IWF bereit, falls dieser die verstärkten Spekulationstendenzen insbesondere gegen die Reservewährungen Dollar und Pfund nicht allein eindämmen und so die Zahlungsbilanz ausgleichen kann. 1983 kam die Schweiz als weiteres Mitglied hinzu. In der Praxis erwies sich die Z. als effektives Instrument zur Milderung der weltweiten Folgen von Währungskrisen. (→ Weltbank)

Zensur

Der Begriff Z. bezeichnet die Manipulation der Meinungsbildung in der Bevölkerung durch Kontrolle und Verbot von öffentlichen Äußerungen besonders in den Massenmedien (Presse, Rundfunk) und im Kulturbereich (Kunst, Film, Literatur). Eine umfassende Z. wird vor allem in totalitären Staaten als Instrument der Machtsicherung angewandt. Auch innerhalb von Organisationen wie Parteien und Kirchen wird Z. geübt, um mißliebige Meinungsäußerungen zu unterdrücken. Der in der katholischen Kirche seit dem 16. Jahrhundert bestehende Index verbotener Bücher wurde 1966 abgeschafft.

Die Ablehnung von Z. ist in allen demokratischen Verfassungen ver-

ankert (BRD-Grundgesetz: Art. 5 Abs. 1). Lediglich die sog. Nach-Z. bereits veröffentlichter Werke ist in Einzelfällen (z. B. bei strafbaren Handlungen) möglich. Die allgemeine Presse-, Informations- und Meinungsfreiheit findet ihre Grenzen bei Verletzung anderer Grundrechte und Gesetze (z. B. Jugend- und Persönlichkeitsschutz).
Im militärischen Bereich wird Z. als taktisches Mittel eingesetzt, um den Gegner über die eigenen Absichten und den Ausrüstungsstand zu täuschen, so beispielsweise über die von den USA geführten UNO-Truppen im 2. → Golfkrieg 1991.

Zentralafrikanische Wirtschaftsunion

→ UDEAC

Zentralasiatische Wirtschaftszone

Die Economic Cooperation Organization (Organisation für wirtschaftliche Zusammenarbeit) ist ein 1964 von Iran, Pakistan und der Türkei gegründetes Wirtschaftsbündnis.
1992 traten Afghanistan, Aserbaidschan, Kasachstan, Kirgistan, Tadschikistan, Turkmenistan und Usbekistan bei. Der Abbau von Handelshemmnissen soll die wirtschaftliche Entwicklung in den zumeist islamischen Mitgliedsländern fördern.

Zentralbank

Die Z. (auch Notenbank) ist die oberste Behörde eines Staates auf dem Gebiet der Geld- und → Währungspolitik. Sie gibt die Banknoten aus, fördert den Zahlungsverkehr und regelt Geldumlauf und Kreditversorgung der Wirtschaft mit dem Ziel, die Währung vor → Inflation zu sichern und außenwirtschaftlich für einen stabilen Wechselkurs zu sorgen. Als Instrument stehen ihr z. B. die Leitzinsen zur Verfügung, mit deren Festlegung sie die Höhe des Zinsniveaus beeinflußt. In ihrer politischen Stellung sind die Z. teilweise dem Finanzministerium unterstellt, teilweise sind sie unabhängig von Regierungsweisungen (z. B. Deutsche Bundesbank, → Europäische Zentralbank), um Forderungen der öffentlichen Hand nach Kreditgewährung durch die Z. – und damit der Gefahr von Inflation durch zusätzliche Geldschöpfung – vorzubeugen. Nur in wenigen Ländern (z. B. Großbritannien) hatten Ende des 20. Jahrhunderts noch Privatbanken neben der Z. das Recht, eigene Banknoten auszugeben.

Zentralismus

Mit Z. wird das Prinzip der Regierung und Verwaltung bezeichnet, das danach strebt, alle Führungsbefugnisse einer zentralen obersten Stelle zu übertragen. Idealform des Z. auf Staatsebene ist der Einheitsstaat. In ihm geht alle Gewalt von der Regierungszentrale aus; regionale, soziale oder kulturelle Besonderheiten werden dabei vernachlässigt (→ Unitarismus). Im Gegensatz zum Z. steht der Bundesstaat mit einer Vielzahl von relativ selbständigen Untereinheiten (→ Föderalismus). Eine Mittelposition nimmt der dezentralisierte Einheitsstaat ein.

Zentralkomitee

Das Z. (Abkürzung ZK) ist in kommunistischen Parteien nach den Parteitagen das nominell höchste Organ, besitzt jedoch nur wenig politische Macht. Das vom Parteitag gewählte Z. bestimmt die Mitglieder des → Politbüros (Leitung des Staates) und des Sekretariats des Z. (Vollzugsorgan), der eigentlichen politischen Führung. Die Beschlüsse von Parteitagen, Politbüro und Sekretariat werden vom Z. ausgeführt. Neben den offiziellen Mitgliedern des Z. gibt es sog. Kandidaten mit beratender Funktion. Das Z., das in den sozialistischen Staaten nach dem Vorbild der sowjetischen → KPdSU aufgebaut wurde, bildet einzelne Abteilungen, die den westlichen Ministerien entsprechen.

Zentralverwaltungswirtschaft

→ Planwirtschaft

Zentrumspartei ❑

Die Deutsche Z. – benannt nach ihrem Platz im Zentrum des Parlaments und ihrer Ansiedlung in der politischen Mitte – vertrat ab 1858 in Preußen und ab 1871 im Deutschen Reich die Interessen des deutschen Katholizismus. Die Regierungspartei (1881–1912) und stärkste Reichstagsfraktion (1916–18) trat gegen Ende des 1. Weltkriegs für einen Verständigungsfrieden ein und befürwortete in der → Weimarer Republik als einzige konservative Partei die republikanische Staatsform. Außenpolitisches Hauptziel war die Wiederherstellung Deutschlands als europäische Großmacht. Bis 1932 war die Z. an allen Weimarer Regierungen beteiligt. Die Z. stimmte dem → Ermächtigungsgesetz 1933 zu und löste sich nach der → Machtergreifung Adolf Hitlers zwangsweise auf. Zahlreiche Politiker der Z. waren 1945 Mitbegründer der → CDU; eine Neugründung der Z. hatte nach dem 2. Weltkrieg nur in Nordrhein-Westfalen kurzzeitigen Erfolg.

Reichskanzler der Zentrumspartei in der Weimarer Republik

1920/21	Konstantin Fehrenbach
1921/22	Joseph Wirth
1923–25	Wilhelm Marx
1926–28	Wilhelm Marx
1930–32	Heinrich Brüning

Zionismus ❑

Die internationale politische Bewegung des Z. strebte die Errichtung eines jüdischen Staates in Palästina mit Zion (Jerusalem) als Mittelpunkt an. Mit der Gründung Israels erreichte die Zionistische Weltorganisation 1948 ihr Ziel. Seither bemüht sich der Z. um engere Kontakte zwischen den Juden in aller Welt.
Die zionistische Bewegung entstand im 19. Jahrhundert als Folge des zunehmenden → Antisemitismus in Europa (Pogrome in Polen und Rußland) und durch den sich ausbreitenden Nationalstaatsgedanken. Auf dem ersten Zionistischen Weltkongreß wurde die Zionistische Weltorganisation gegründet, die die jüdische Auswanderung (vor allem aus Osteuropa) nach Palästina förderte. Mit der → Balfour-Deklaration, in der die britische Regierung 1917 ihre Unterstützung für die zionistischen Siedlungsziele zusagte, verbuchte der Z. unter seinem Führer Chaim Weizmann einen ersten diplomatischen Erfolg. Die Errichtung des britischen Völkerbundmandats über Palästina 1922 gab der Bewegung

weiteren Auftrieb. In den 30er Jahren verstärkte die nationalsozialistische → Judenverfolgung die Einwanderung nach Palästina. Dies führte zu Konflikten zwischen Juden und Arabern. Nach der Aufhebung des britischen Völkerbundmandats riefen die Juden 1948 in Palästina den Staat Israel aus.

Theodor Herzl
(2.5.1860–3.7.1904)
Der österreichische Schriftsteller und Politiker veröffentlichte unter dem Eindruck der Dreyfus-Affäre 1896 seine Schrift «Der Judenstaat», in der er als Reaktion auf den um sich greifenden Antisemitismus die Gründung eines jüdischen Staates forderte. Herzl organisierte 1897 den ersten Zionistischen Weltkongreß und warb als Präsident der Weltorganisation für eine sichere Heimstätte der Juden.

Zwangsarbeit

Mit Z. wird Arbeit bezeichnet, die unfreiwillig – unter Androhung von Strafe – ausgeführt wird. Die Europäische Menschenrechtskonvention von 1950 erklärte Z. für unzulässig. In der BRD ist sie durch das Grundgesetz (Art. 12) verboten. Ausnahmen bilden – nach völkerrechtlicher Übereinkunft – allgemein übliche öffentliche Dienstleistungspflichten (z. B. Wehrdienst) und Z. aufgrund einer gerichtlichen Verurteilung (beispielsweise in Frankreich und Großbritannien).
Das nationalsozialistische Deutsche Reich zog die in → Konzentrationslagern Inhaftierten sowie Kriegsgefangene zur Z. heran. Darüber hinaus wurden im 2. Weltkrieg Menschen aus den besetzten Gebieten zur Z. nach Deutschland deportiert.
Nach 1945 diente Z. insbesondere in sozialistischen Staaten zur «Umerziehung» Oppositioneller durch schwere körperliche Arbeit. Unter Josef W. Stalin waren in der UdSSR seit Ende der 20er Jahre insbesondere in Sibirien sog. → Gulags (Internierungslager) entstanden. Im Zuge der Ausweitung des sowjetischen Herrschaftsbereichs auf andere osteuropäische Länder nach dem 2. Weltkrieg wurde Z. auch dort in eigens eingerichteten Lagern als politisches Unterdrückungsmittel eingesetzt. Ein besonders brutales Beispiel für Z. war die Beschäftigung der (intellektuellen) Stadtbevölkerung zwischen 1976 und 1979 in Kambodscha bei der Landarbeit. Das Schreckensregime Pol Pots (→ Rote Khmer) verfolgte das Ziel, die Städte abzuschaffen und zu einer Agrarwirtschaft zurückzukehren.

Zweikammersystem

Diese Form des parlamentarischen Systems setzt sich aus zwei getrennten Kammern zusammen. In föderativ organisierten Staaten wird eine Kammer vom Volk gewählt (BRD: Bundestag; USA: Repräsentantenhaus). Das andere Gremium (BRD: Bundesrat; USA: Kongreß) besteht aus gewählten oder ernannten Vertretern der jeweiligen Gliedstaaten. In einigen Ländern (z. B. Großbritannien) wählt das Volk eine der Kammern (Unterhaus) direkt, während die andere Kammer (Oberhaus) die traditionelle Vertretung von Adel, Klerus und Berufsständen ist, deren Mitglieder ernannt werden oder durch Geburtsrecht einen Platz

erhalten. Bis zum Anfang des 20. Jahrhunderts lag die politische Macht zumeist beim Oberhaus. Seitdem hat sich die politische Bedeutung zugunsten des vom Volk gewählten Parlaments verschoben, das die Zentralregierung bestimmt und dem die Regierung unmittelbar Rechenschaft ablegen muß.
Im Gegensatz zum Z. existiert in zahlreichen Ländern (z. B. den skandinavischen Staaten) ein Einkammersystem aus den vom Volk gewählten Repräsentanten.

Zwei-plus-Vier-Vertrag

Der am 12.9.1990 unterzeichnete Vertrag zwischen den beiden deutschen Staaten und den vier Siegermächten des 2. Weltkriegs (Frankreich, Großbritannien, UdSSR und USA) «über die abschließende Regelung in bezug auf Deutschland» schuf die Voraussetzungen für die → deutsche Einheit. Die → Alliierten gestanden dem vereinigten Land die volle Souveränität zu und verzichteten somit auf alle Sonderrechte, die nach dem 2. Weltkrieg entstanden waren. Der Z. schreibt die bestehenden deutschen Grenzen als endgültig fest. Ferner verzichtete die BRD fortan auf einen Angriffskrieg sowie auf die Entwicklung und den Einsatz von ABC-Waffen und verpflichtete sich, die Bundeswehr auf eine Stärke von 370000 Soldaten zu reduzieren. Der Z. legte zudem den Abzug der sowjetischen Truppen aus der ehemaligen DDR bis 1994 fest. Das im Z. verbriefte Recht der BRD, Bündnissen anzugehören, machte die Mitgliedschaft des gesamten Landes (West- und Ostdeutschland) in der → NATO möglich.

Zweiter Weltkrieg

→ Weltkriege

Zypern-Konflikt ❑

Der Konflikt zwischen türkischen und griechischen Zyprioten gipfelte 1975 in der Teilung der Mittelmeerinsel in den zypriotischen Staat im Südteil der Insel und die international nicht anerkannte türkische Republik im Nordteil. Verhandlungen über eine Aufhebung der Trennung waren bislang erfolglos.
Der Konflikt um die stärkere politische Mitbestimmung der türkischen Minderheit (20% Bevölkerungsanteil) in dem seit 1960 unabhängigen Staat führte 1963 zum Bürgerkrieg zwischen griechischen und türkischen Zyprioten. 1964 wurde eine UN-Friedenstruppe auf der Insel stationiert. Als zehn Jahre später der Anschluß an Griechenland drohte, besetzten türkische Truppen den Nordteil Zyperns, wo 1975 der Türkische Föderationsstaat von Zypern entstand. 1983 rief deren Präsident Rauf Denktasch die Türkische Republik Nordzypern aus.

Makarios III.
(13.8.1913–3.8.1977)
Der Führer der orthodoxen Kirche des Landes führte Zypern 1960 in die Unabhängigkeit von Großbritannien und fungierte 1960–74 als Staatspräsident. Der Erzbischof, der stets für die Eigenständigkeit der Inselrepublik kämpfte, wurde 1974 durch einen Putsch der von Griechenland gesteuerten Nationalgarde entmachtet und floh nach London. Ende des Jahres kehrte Makarios zurück und wurde Staatspräsident im zypriotischen Reststaat.
